I0762919

PARAMAHANSA YOGANANDA
«La última sonrisa»
(Una hora antes de su fallecimiento, 7 de marzo de 1952)

La Segunda Venida de Cristo

La resurrección del Cristo que mora en tu interior

Un revelador comentario sobre las enseñanzas originales de Jesús

Paramahansa Yogananda

Volumen III

Título de la obra original en inglés publicada por
Self-Realization Fellowship, Los Ángeles (California):
The Second Coming of Christ: The Resurrection of the Christ Within You
ISBN-13: 978-0-87612-555-7

Traducción al español: *Self-Realization Fellowship*

Los textos bíblicos han sido tomados de la edición española de la BIBLIA DE JERUSALÉN editada por Desclée De Brouwer S.A., Bilbao (España) —salvo unas pocas citas señaladas a lo largo de la obra (véase la nota de la página VIII).

La sección de agradecimientos aparece en la página 544.

Esta edición ha sido autorizada
por el Consejo de Publicaciones Internacionales
de *Self-Realization Fellowship*

Self-Realization Fellowship fue fundada en 1920 por Paramahansa Yogananda, como el órgano difusor de sus enseñanzas en el mundo entero. En todos los libros, grabaciones y demás publicaciones de SRF aparecen el nombre y el emblema de *Self-Realization Fellowship* (tal como se muestran en esta página), los cuales garantizan a las personas interesadas que una determinada obra procede de la sociedad establecida por Paramahansa Yogananda y refleja fielmente sus enseñanzas.

Primera edición en español de la editorial
Self-Realization Fellowship: 2013 (volumen III)

Primera impresión en rústica: 2013 (volumen III)

ISBN-13: 978-0-87612-137-5
ISBN-10: 0-87612-137-7

Impreso en Estados Unidos de América
1439-J2734

Dedicado a mi reverenciado gurú,
Swami Sri Yukteswar Giri,
cuya sabiduría universal esclareció por vez primera ante mi mirada
la unidad de la verdad eterna
que subyace en las enseñanzas de Jesucristo
y la antigua ciencia de la religión de la India;

y a las almas devotas de todas partes,
a quienes convoco a penetrar
en la luz interior de la percepción divina que revela
la infinita Conciencia Crística
que busca resucitar en el interior de cada ser.

EL LEGADO ESPIRITUAL DE PARAMAHANSA YOGANANDA

Todos sus escritos, conferencias y charlas informales

Paramahansa Yogananda fundó *Self-Realization Fellowship*[1] en 1920 con la finalidad de difundir mundialmente sus enseñanzas y preservar su pureza e integridad para las generaciones futuras. Desde sus primeros años en América, fue un prolífico escritor y conferenciante, y creó un renombrado y vasto volumen de obras sobre la ciencia de la meditación del yoga, el arte de llevar una vida equilibrada y la unidad que constituye el fundamento de todas las grandes religiones. En la actualidad, este extraordinario y trascendente legado espiritual sigue vivo y es fuente de inspiración para millones de buscadores de la verdad en el mundo entero.

De conformidad con el deseo expreso del gran maestro, *Self-Realization Fellowship* continúa llevando a cabo la incesante tarea de publicar permanentemente *Las obras completas de Paramahansa Yogananda.* Éstas incluyen no sólo las ediciones finales de todos los libros que él publicó durante su vida, sino también numerosos títulos nuevos: obras que todavía permanecían inéditas en el momento de su deceso, en 1952, o que a lo largo de los años habían aparecido en series de artículos, de manera incompleta, en la revista de *Self-Realization Fellowship,* así como cientos de charlas informales y conferencias profundamente inspiradoras que se hallaban grabadas o transcritas pero que no se imprimieron antes de su fallecimiento.

Paramahansa Yogananda escogió y entrenó personalmente para este propósito a varios de sus discípulos más cercanos que dirigen el Consejo de Publicaciones de *Self-Realization Fellowship,* dándoles pautas específicas para la preparación y publicación de sus enseñanzas. Los miembros del Consejo de Publicaciones de SRF (monjes y monjas que han profesado votos perpetuos de renunciación y de servicio desinteresado) se atienen al cumplimiento de tales directrices como un deber sagrado, a fin de que el mensaje universal de este amado maestro mundial perdure con su fuerza y autenticidad originales.

El emblema de *Self-Realization Fellowship* (que se muestra en la parte superior) fue diseñado por Paramahansa Yogananda para identificar la organización sin fines de lucro que él fundó como la fuente autorizada para difundir sus enseñanzas. En todas las publicaciones y grabaciones de SRF aparecen el nombre y el emblema de *Self-Realization Fellowship,* los cuales aseguran al lector que una determinada obra procede de la sociedad fundada por Paramahansa Yogananda y expresa fielmente sus enseñanzas, tal como él deseaba que se impartiesen.

SELF-REALIZATION FELLOWSHIP

---

[1] Literalmente, «Confraternidad de la realización del Ser». Paramahansa Yogananda ha explicado que el nombre de *Self-Realization Fellowship* significa «confraternidad con Dios a través de la realización del Ser, y amistad con todas las almas que buscan la verdad». Véase «realización del Ser» y «*Self-Realization Fellowship*» en el Glosario y también «Metas e ideales de *Self-Realization Fellowship*».

Índice del volumen III

Índice de ilustraciones

(página opuesta)

Nota del editor:

La Biblia de referencia utilizada —con el permiso correspondiente de su editor— a lo largo de toda esta obra es la edición en español de la *Biblia de Jerusalén* (Ed. Desclée De Brouwer, Bilbao), excepto en el caso de unos pocos versículos cuya transcripción responde al texto de la *King James Bible* —la versión inglesa de la Biblia preferida por Paramahansa Yogananda—, cuando se ha considerado que el contenido literal de la citada Biblia en inglés era el más pertinente en el contexto de las enseñanzas de Paramahansa Yogananda. A fin de evitar cualquier confusión sobre la autoría de tales versiones en español de la *King James Bible,* éstas siempre se señalizan con un asterisco volado (*).

En medio de unas pocas citas bíblicas, se pueden encontrar incisos entre corchetes: éstos siempre indican la traducción al español de alguna palabra o expresión homóloga contenida en la *King James Bible,* o bien una aclaración complementaria, y el editor los ha incluido con el fin de facilitar la comprensión del comentario de Paramahansa Yogananda.

Los incisos entre paréntesis que aparecen en varias citas bíblicas a lo largo del comentario son siempre glosas de Paramahansa Yogananda.

DISCURSO 57

¿Serán unos pocos o serán muchos los que alcancen la salvación?

Jesús reafirma el papel del gurú en la liberación del discípulo

Cómo la intercesión del gurú mitiga los efectos del mal karma pasado

❖

Sin la gracia salvadora de su gurú, el discípulo no puede entrar en el reino de Dios

❖

El destino de los devotos que desoyen la guía del gurú que Dios les ha asignado

❖

Todos pueden alcanzar el cielo, sin importar su raza, casta o credo

❖

Las obras que los maestros liberados realizan en la tierra ¿les generan karma?

«Todos los que se esfuercen por entrar en el reino de la Conciencia Cósmica con la ayuda de un gurú y de sus liberadoras técnicas espirituales hallarán la puerta estrecha y el camino angosto de la realización del Ser que conducen al Infinito».

En aquel mismo momento llegaron algunos que le contaron lo de los galileos, cuya sangre había mezclado Pilato con la de sus sacrificios. Les respondió Jesús: «¿Pensáis que esos galileos eran más pecadores que todos los demás galileos, porque han padecido estas cosas? No, os lo aseguro; y si no os convertís, todos pereceréis del mismo modo. ¿O pensáis que aquellos dieciocho sobre los que se desplomó la torre de Siloé y los mató eran más culpables que los demás hombres que habitaban en Jerusalén? No, os lo aseguro; y si no os convertís, todos pereceréis del mismo modo».

Les dijo esta parábola: «Un hombre tenía plantada una higuera en su viña; fue a buscar fruto en ella y no lo encontró. Dijo entonces al viñador: "Ya hace tres años que vengo a buscar fruto en esta higuera y no lo encuentro. Córtala. ¿Para qué ha de ocupar inútilmente el terreno?". Pero él le respondió: "Señor, déjala por este año todavía. Mientras tanto, cavaré a su alrededor y echaré abono, por si da fruto en adelante. Y si no lo da, la cortas"».

* * *

Mientras caminaba hacia Jerusalén, iba atravesando ciudades y pueblos enseñando. Uno le preguntó: «Señor, ¿son pocos los que se salvan?». Él les respondió: «Esforzaos por entrar por la puerta estrecha, porque os digo que muchos pretenderán entrar y no podrán.

»Cuando el dueño de la casa se levante y cierre la puerta, los que estéis fuera os pondréis a llamar a la puerta, diciendo: "¡Señor, ábrenos!". Pero os responderá: "No sé de dónde sois". Entonces empezaréis a decir: "Hemos comido y bebido contigo, y has enseñado en nuestras plazas". Pero os volverá a decir: "No sé de dónde sois. ¡Apartaos todos de mí, malhechores!".

»Allí será el llanto y el rechinar de dientes, cuando veáis a Abrahán, Isaac y Jacob y a todos los profetas en el Reino de Dios, mientras a vosotros os echan fuera. Y vendrán de oriente y occidente, del norte y del sur, y se pondrán a la mesa en el Reino de Dios.

»Pues hay últimos que serán primeros y hay primeros que serán últimos».

En aquel mismo momento se acercaron algunos fariseos y le dijeron: «Sal y vete de aquí, porque Herodes quiere matarte». Él les contestó: «Id a decir a ese zorro: "Yo expulso demonios y llevo a cabo curaciones hoy y mañana, y al tercer día soy consumado. Pero conviene que hoy y mañana y pasado siga adelante, porque no cabe que un profeta perezca fuera de Jerusalén".

»¡Jerusalén, Jerusalén!, la que asesina a los profetas y apedrea a los que le son enviados. ¡Cuántas veces he querido reunir a tus hijos, como una gallina a su pollada bajo las alas, y no habéis querido! Pues bien, vuestra casa va a quedar desierta. Os digo que no me volveréis a ver hasta que llegue el día en que digáis: '¡Bendito el que viene en nombre del Señor!'».

Lucas 13:1-9, 22-35[1]

[1] Los versículos 10-17 se comentan en el discurso 32 (volumen II). Los versículos 18-21 se tratan en el discurso 37 (volumen II) junto con sus paralelos del Evangelio según San Mateo.

DISCURSO 57 

¿Serán unos pocos o serán muchos los que alcancen la salvación?

Jesús reafirma el papel del gurú en la liberación del discípulo

«En aquel mismo momento llegaron algunos que le contaron lo de los galileos, cuya sangre había mezclado Pilato con la de sus sacrificios. Les respondió Jesús: "¿Pensáis que esos galileos eran más pecadores que todos los demás galileos, porque han padecido estas cosas? No, os lo aseguro; y si no os convertís, todos pereceréis del mismo modo. ¿O pensáis que aquellos dieciocho sobre los que se desplomó la torre de Siloé y los mató eran más culpables que los demás hombres que habitaban en Jerusalén? No, os lo aseguro; y si no os convertís, todos pereceréis del mismo modo"» (*Lucas* 13:1-5).

En este pasaje, Jesús esclarece el funcionamiento de la ley kármica de causa y efecto, y corrige un error cometido por los que suponían que quienes habían muerto a manos de Pilato o por la caída de la torre de Siloé debían de ser grandes pecadores para merecer semejante destino. Jesús sabía que las personas con las que estaba hablando eran también pecadoras y que a ellas mismas les aguardaba el peso de la justicia conforme a la ley del karma.

Los que quebrantan la ley y siguen todavía impunes no deberían pensar por ello que son menos culpables que aquellos que han sido juzgados y castigados por sus delitos, porque cuando sean aprehendidos pagarán ineludiblemente la pena que les corresponda.

En realidad, el propósito de las palabras de Jesús era sacar a sus oyentes de un error de concepto, que consistía en creer que las meras circunstancias en que una persona muere —ya sea como resultado del mandato de las leyes de la sociedad o por causa de un accidente— podrían emplearse de manera simplista para evaluar el grado de su pecaminosidad. Es obvio que la destrucción del cuerpo físico en el plano terrenal a instancias de la muerte (lo cual libera al alma para que continúe su camino hacia los reinos astrales) no siempre es el resultado de la iniquidad. La ley divina del karma, por otra parte, tampoco decreta que el único castigo prescrito para todos los que transgreden la justicia sea sufrir una muerte física antinatural. Algunos de los que viven muchos años, gozando incluso de buena salud y de prosperidad material, bien podrían ser peores transgresores de la ley divina que aquellos cuyo cuerpo padece sufrimientos o es aniquilado.

La consecuencia kármica del pecado no es la muerte física, sino la muerte espiritual

En cualquier caso, el pecado ciertamente provoca la muerte espiritual, o sea, el olvido de la bienaventuranza e inmortalidad del alma. El pecado tortura la conciencia e inflige un castigo mental al transgresor que le corroe internamente: un sufrimiento que, en ocasiones, es más doloroso que la muerte física. Por ese motivo, Jesús hace esta advertencia: «No supongáis que quienes fueron asesinados eran mayores pecadores que vosotros. A no ser que enmendéis vuestro comportamiento y desistáis de las acciones malignas, vuestras iniquidades causarán la muerte de vuestra vida espiritual». Sus palabras son una advertencia contra la actitud autocomplaciente de quienes creen ser bastante virtuosos porque hasta ese momento no han sufrido las desgracias que les acontecen a otros. Puesto que están sumidos en el sueño de la ignorancia, jamás se analizan a sí mismos ni hacen esfuerzo alguno por espiritualizar su vida hasta que el sufrimiento físico, mental o espiritual los despierta con rudeza: una consecuencia kármica que seguramente podrían evitar o minimizar si se arrepintiesen y cultivaran el conocimiento de Dios ahora.

~

«Les dijo esta parábola: "Un hombre tenía plantada una higuera en su viña; fue a buscar fruto en ella y no lo encontró. Dijo entonces al viñador: 'Ya hace tres años que vengo a buscar fruto en esta higuera y no lo encuentro. Córtala. ¿Para qué ha de ocupar inútilmente el terreno?'. Pero él le respondió: 'Señor, déjala por este año todavía. Mientras tanto, cavaré a su alrededor y echaré abono, por si da fruto en adelante. Y si no lo da, la cortas'"» (Lucas 13:6-9).

«Merced al arrepentimiento, la oración y la gracia de Dios, el pecador logra la compañía de un gurú preceptor y de su grupo de devotos virtuosos. El Señor espera que ese pecador acreciente el buen karma que le llevó a dicho entorno espiritual (de tal modo que merezca permanecer allí), reformándose y produciendo en su vida frutos tangibles de rectitud. Pero si después de cierto tiempo el devoto no muestra perfeccionamiento alguno, el Señor —por medio de la ley divina del karma— "habla" o hace que su vibración cree las circunstancias que son la consecuencia justa de la indolencia del devoto: "Es inútil permitir que este pecador, que hace caso omiso de los consejos, permanezca entre esas buenas compañías. Expulsémosle".

Cómo la intercesión del gurú mitiga los efectos del mal karma pasado

»Sin embargo, el gurú enviado por Dios —la personificación de los nobles deseos del Padre Celestial de redimir a sus hijos— ora para que, con los renovados estímulos de la inspiración y de la gracia divina, se le permita al pecador permanecer junto a los discípulos virtuosos durante un año más, concediéndole así a ese devoto una nueva oportunidad de producir dentro de sí los frutos del progreso hacia Dios: "Padre Celestial, inculcaré especialmente en esta alma pecadora algo de tu sabiduría y, para su crecimiento espiritual, agregaré el 'abono' de la disciplina y del amor divino. Si en el término de un año no progresa ni da señales de arrepentimiento, tendré entonces que dejar que su karma siga su curso y pedirle que se vaya"».

En esta parábola, Jesús ilustra el poder del gurú para interceder por un discípulo que ha caído en el error y para ayudarle a evitar que sufra las terribles consecuencias de sus malas acciones del pasado. La *«viña»* es una referencia a los buenos discípulos; la *«higuera»* representa al discípulo rezagado, y el *«viñador»* simboliza al gurú, cuya disciplina le permite cuidar con esmero el desarrollo de los frutos de la percepción de Dios en las ramas de sus vidas[2]. La intercesión de un gurú que está en sintonía con Dios es capaz de mitigar karma del pasado que, de otro modo, podría retrasar o incluso destruir la vida espiritual del discípulo.

Aprendí tempranamente en mi juventud la importancia de la bendición del gurú (antes de encontrar a mi propio maestro), a través de un relato verídico que me contó Swami Pranabananda, un gran discípulo de Lahiri Mahasaya (gurú de mi gurú)[3]. Él solía practicar la meditación en compañía de otro discípulo durante ocho horas cada noche, cuando reinaba el silencio en la bulliciosa ciudad de Benarés. Había tenido visiones de santos y otras percepciones maravillosas, pero aún seguía existiendo una barrera que le impedía la visión definitiva de Dios.

Lahiri Mahasaya continuó alentándole: «Medita profundamente; es preciso que venzas los obstáculos de tu karma pasado». Sin embargo, después de haber meditado durante muchos años con profundidad siempre creciente, todavía no vislumbraba la anhelada «unión irrevocable y definitiva» y comenzó a sentir una insoportable angustia espiritual.

Una noche tomó la determinación de obtener de su gurú la promesa de interceder divinamente por él. La promesa de la unión con Dios, que rasga los oscuros velos del engaño perdonando los errores del pasado, no es algo que se otorgue a la ligera. Lahiri Mahasaya procuró eludir la persistente insistencia de su discípulo con su acostumbrada respuesta: «¿Qué puedo hacer yo? Debes meditar más profundamente». Pero no logró disuadir a Pranabananda de su anhelo. Éste continuó expresando las razones de su angustia, importunándole amorosamente como haría un hijo para convencer a su madre a fin de obtener algún favor. Después de implorar a su gurú durante muchas horas, finalmente Lahiri Mahasaya le dio su bendición y dijo: «Ahora puedes irte a meditar: he intercedido por ti ante Brahma»[4].

---

[2] «¡Cuán tremenda responsabilidad se asume cuando se trata de mejorar a la gente! —exclamó el Maestro—. La rosa se ve hermosa en su vaso, pero uno se olvida de todo el trabajo de jardinería que ayudó a hacerla hermosa. Y si es tan difícil producir una bella rosa, ¡cuánto más esfuerzo no requerirá el producir un ser humano perfecto!» *(Máximas de Paramahansa Yogananda,* publicado por *Self-Realization Fellowship).*

[3] Véase «El santo con dos cuerpos», la narración completa de mi encuentro con el reverenciado Swami Pranabananda, en el capítulo 3 de *Autobiografía de un yogui.*

[4] El Espíritu en su aspecto de Dios el Creador. Cuando el poema de Emerson titulado «Brahma» apareció en la revista *Atlantic Monthly,* en 1857, la mayor parte de los lectores quedaron desconcertados. Emerson sonrió, y dijo: «Díganles que usen la palabra "Yahvé" en lugar de "Brahma" y entonces no se sentirán perplejos».

En un estado de elevada inspiración, el discípulo regresó a su hogar. «Esa noche, en meditación —me dijo—, el Ideal de mi vida quedó realizado. Desde entonces, el Bendito Creador nunca ha permanecido oculto a mis ojos, tras la pantalla de la ilusión». Para este swami iluminado, ni siquiera la meditación era ya un requisito para percibir al Espíritu.

Las escrituras hindúes señalan: «La flor se extingue cuando el fruto aparece». Es preciso alimentar concienzudamente las flores de la meditación y de la oración a fin de que florezcan en el jardín de la conciencia del devoto, pero cuando aparece el fruto de la unión divina, las flores de la meditación y de la oración, habiendo cumplido su cometido, se marchitan. El devoto que ha logrado la unión con Dios y ha alcanzado el estado más elevado de la Conciencia Cósmica, el *nirvikalpa samadhi,* ya no necesita dedicarse al proceso meditativo que conduce a la meta divina. El avatar Bhagavan Krishna le preguntó a una de sus devotas, la santa Draupadi, por qué no practicaba la meditación, el camino de la unión divina por medio del yoga para alcanzar la salvación. Ella le respondió: «¡Oh Krishna!, mi mente se halla noche y día tan absorta en el Señor, plenamente manifestado en ti, que no puedo apartar mis pensamientos para practicar la meditación». Puesto que esta devota había alcanzado la unidad perfecta con el Espíritu, que se hallaba tanto en la omnipresencia como encarnado en Krishna, había trascendido la necesidad de seguir aplicando la ciencia yóguica de la meditación.

Hecha esta aclaración, es importante observar que incluso los maestros que han alcanzado la unidad total con Dios —en particular cuando desempeñan activamente un papel en el escenario del mundo externo— continúan con su práctica de la oración y de la meditación a fin de establecer un ejemplo de guía e inspiración para los demás, así como con el objeto de rejuvenecer el instrumento corporal a través del cual otorgan el inmenso poder de sus bendiciones espirituales y energía curativa a aquellos a quienes sirven. En diversas instancias de la vida de Jesús se hace referencia a este hecho.

Los devotos que aún no han alcanzado la unión definitiva con Dios no deben caer en la ilusoria creencia de que ya han llegado a la meta, ni imaginar que se han ganado una pensión de jubilación que los exime de esforzarse por cultivar la conciencia divina. Swami Pranabananda, por ejemplo, no obtuvo la emancipación sólo por haber dedicado muchas horas a la meditación profunda a lo largo de ocho años. Durante varias vidas de fervientes esfuerzos, él acumuló karma conducente a la liberación. Pero aun así, ciertos pertinaces lazos del karma negativo del pasado siguieron obstaculizando su unión final con el Infinito hasta que intercedió por él Lahiri Mahasaya, el gurú que Dios le había enviado para elevar su alma hasta la Presencia Infinita.

Los devotos que en su vida presente sienten una poderosa inclinación hacia la búsqueda de Dios y son atraídos hacia el sendero de la meditación, con toda certeza han meditado y practicado la divina comunión interior en una o varias de sus recientes vidas pasadas. En contraste, hay millones que jamás consideran la posibilidad de meditar o que se resisten a intentar la práctica de esta disciplina, debido a una falta de disposición que proviene del hecho de haber llevado una vida materialista en sus encarnaciones anteriores. Quienquiera que haya sido bendecido con tendencias espirituales debería sentirse muy alentado a avivar, con la práctica renovada de la meditación concentrada, esos esfuerzos devocionales acumulados durante encarnaciones, lo cual con el tiempo le proporcionará sin duda el ansiado contacto con Dios[5].

Ningún devoto puede usar los esfuerzos realizados en la meditación como un medio para negociar con Dios y convencerle de que se manifieste ante él. Es preciso que el devoto abandone el egoísmo metafísico que consiste en pensar: «He meditado durante mucho tiempo; por lo tanto, Dios debe presentarse ante mí». Además de practicar la meditación en forma profunda y continua, el devoto debe manifestar devoción y entrega a Dios, pues Él se deja atrapar voluntariamente cuando el devoto arroja una y otra vez las redes de su amor incondicional en las profundidades de la meditación. Al perseverar en sus repetidas experiencias de establecer contacto con Dios y mediante la ayuda de las bendiciones del gurú, el devoto logra al fin la emancipación absoluta y la unión irrevocable con el Bienamado Infinito.

~

[5] «Siguiendo diligentemente su sendero y habiéndose perfeccionado mediante los esfuerzos realizados a lo largo de muchos nacimientos, el yogui se purifica de todo pecado (imperfección kármica) y finalmente conquista la Suprema Bienaventuranza. El yogui es superior a los ascetas consagrados a la disciplina corporal, superior incluso a quienes siguen la senda de la sabiduría o la senda de la acción; ¡sé tú, oh Arjuna, un yogui!» *(God Talks With Arjuna: The Bhagavad Gita* VI:45-46. Véase *El Yoga del Bhagavad Gita).*

«Mientras caminaba hacia Jerusalén, iba atravesando ciudades y pueblos enseñando. Uno le preguntó: "Señor, ¿son pocos los que se salvan?". Él les respondió: "Esforzaos por entrar por la puerta estrecha, porque os digo que muchos pretenderán entrar y no podrán.

»"Cuando el dueño de la casa se levante y cierre la puerta, los que estéis fuera os pondréis a llamar a la puerta, diciendo: '¡Señor, ábrenos!'. Pero os responderá: 'No sé de dónde sois'. Entonces empezaréis a decir: 'Hemos comido y bebido contigo, y has enseñado en nuestras plazas'. Pero os volverá a decir: 'No sé de dónde sois. ¡Apartaos todos de mí, malhechores!'"» (*Lucas* 13:22-27).

En este pasaje, Jesús destaca la importancia de seguir al gurú designado por Dios, que desempeña el papel de salvador o redentor del alma de las trampas del engaño. La bendición y la intercesión del gurú son de fundamental importancia. El gurú —que en su unidad con la Conciencia Crística universal es *«el dueño de la casa»*— abre la *«puerta»* interior que conduce a la trascendencia y a la salvación[6]. *«Esforzaos por entrar por la puerta estrecha»*, porque sin la gracia salvadora del gurú *«muchos pretenderán entrar* (al reino celestial de la Conciencia Cósmica) *y no podrán»*.

Sin la gracia salvadora de su gurú, el discípulo no puede entrar en el reino de Dios

Jesús había dicho en el Sermón del Monte: *«¡Qué estrecha la entrada y qué angosto el camino que lleva a la Vida! Y pocos son los que lo encuentran»*[7]. De modo similar, en las escrituras hindúes se

---

6 *«Yo* (la Conciencia Crística presente en mí y que se halla unida a Dios) *soy la puerta de las ovejas. [...] Si uno entra por mí, estará a salvo; entrará y saldrá, y encontrará pasto»* (*Juan* 10:7, 9; véase el discurso 52, en el volumen II).

7 *Mateo* 7:14. (Véase el discurso 30, en el volumen I). La «entrada estrecha» y el «camino angosto» están entre las numerosas expresiones que Jesús utiliza con doble sentido en sus enseñanzas: La «entrada estrecha» de las tendencias virtuosas y el «camino angosto» de las disciplinas espirituales que conducen a las acciones justas; además, en el sentido metafísico, estas frases son una referencia a la entrada del sutil centro astral situado en la base de la espina dorsal, que se abre hacia el estrecho y extremadamente delicado camino astral de la columna vertebral, a través del cual ascienden la vida y la conciencia hacia los centros cerebroespinales más elevados de la percepción espiritual, el sendero único para ascender a la Conciencia Crística y a la unión con Dios en la conciencia cósmica. Ambos significados están presentes también en estos versículos, en el contexto de la guía y de las bendiciones del gurú, quien no sólo conduce al discípulo por la entrada estrecha del camino de la virtud, sino que también abre finalmente la puerta astral interior a través de la cual se asciende hasta Dios.

hace referencia al camino que conduce a la liberación, comparándolo con un sendero estrecho como el filo de una navaja. El avance exitoso requiere que el buscador se concentre en la meta con determinación inquebrantable, porque nunca se sabe en qué momento las tentaciones del engaño pueden distraerle y activar en él las tendencias latentes del mal karma del pasado, desviándole de su camino. Satanás trabaja constantemente para apartar al devoto de las recomendaciones y prohibiciones divinas que atañen al sendero que conduce hacia Dios, insinuando en su mente la idea de que así ejerce su independencia. Sin embargo, quienes se hallan esclavizados por el ego, con su correspondiente acumulación kármica de hábitos y deseos, son cualquier cosa menos independientes y raramente están en condiciones de adoptar el rumbo correcto. No obstante, la ayuda y las bendiciones de un gurú que conoce a Dios constituyen una influencia mucho más poderosa que el propio karma. Si uno sigue con toda reverencia los consejos de un maestro, puede liberarse de todos los dictados del karma del pasado arraigados en su ser.

El camino más seguro para llegar a Dios es seguir fielmente los principios de la relación gurú-discípulo, que ha sido establecida por Dios mismo. El devoto que carece de guía deambula sin rumbo y cae en las dificultades espirituales y en el desengaño. En cambio, para el discípulo que entrega su lealtad y su obediencia a alguien que ha encontrado a Dios, el sendero espiritual se vuelve sencillo y directo. Su devoción y su fe le permiten establecer una constante sintonía interior, de modo que puede confiar en que, a pesar de los ataques de Satanás, la ayuda encubierta o manifiesta de su maestro crístico le mantendrá seguro y a salvo en su avance hacia la libertad.

Éste es el fundamento de la respuesta de Jesús a la pregunta: *«Señor, ¿son pocos los que se salvan?»*. El significado de sus palabras es el siguiente: «Todos los que se esfuercen por entrar en el reino de la Conciencia Cósmica con la ayuda de un gurú y de sus liberadoras técnicas espirituales hallarán la puerta estrecha y el camino angosto de la realización del Ser que conducen al Infinito. Pero os aseguro que habrá muchos que pretenderán entrar en el reino de Dios por sí mismos, después de haber rechazado al gurú que Dios les designó, y no lo lograrán porque hicieron caso omiso del mensajero de Dios.

»Una vez que *"el dueño de la casa"*, el gurú crístico, abandone esta tierra, cerrará la puerta de sus enseñanzas: de su voz, ahora silenciosa, ya no fluirán nuevas revelaciones o guía personal. Aquellos que tuvieron la oportunidad de beneficiarse de su presencia física, pero no cultivaron una sintonía perdurable con el maestro —pues le rechazaron de modo infame, fueron desleales o traicioneros, o prefirieron la compañía de sus malos hábitos y tendencias—, descubrirán que el canal de la intercesión de su maestro se ha cerrado para ellos[8]. Si algunos llaman tardíamente a la puerta de la oración, el maestro les responderá a través de sus conciencias: "Tuvisteis la oportunidad de recibirme, pero no lo hicisteis; por consiguiente, no puedo aceptaros ahora". Entonces ellos le recordarán al maestro que antes habían estado relacionados con él: "Señor, comimos y bebimos en tu presencia cuando enseñabas entre nosotros. ¿Por qué no habrías de responder a nuestras oraciones?". Y el maestro les dará a entender a los suplicantes a través de sus conciencias: "Puesto que me rechazasteis y no quisisteis entrar por la puerta de la salvación que os abrí, sé que no sois devotos sinceros y leales. A causa de la iniquidad de vuestras propias acciones ignorantes, os habéis excluido vosotros mismos"»[9].

El destino de los devotos que desoyen la guía del gurú que Dios les ha asignado

Jesús intentaba que las gentes de su época tomasen conciencia de la magnitud de las divinas bendiciones que recibían al permitírseles acceder fácilmente a la presencia de Dios por medio de la Conciencia Crística encarnada en él. La única manera de que el devoto reciba la guía segura y la intercesión necesarias para entrar finalmente en el reino de Dios es seguir a un maestro en quien la Conciencia Crística se haya manifestado y que haya vivido y enseñado en una encarnación terrenal. El Señor en su aspecto de Omnipresencia Sin Forma no enseña directamente a los buscadores, sino que emplea las palabras,

---

[8] Véase también, en el discurso 50 (volumen II), el comentario sobre *Juan* 7:33-34: *«Voy a estar con vosotros todavía un poco de tiempo, y volveré al que me ha enviado. Me buscaréis y no me encontraréis; y vosotros no podéis ir adonde yo estoy»**.

[9] Jesús reiteradamente hacía estas advertencias a aquellos que le rechazaban como enviado de Dios: *«No todo el que me diga "Señor, Señor" entrará en el Reino de los Cielos, sino el que haga la voluntad de mi Padre que está en los cielos. Muchos me dirán aquel Día: "Señor, Señor [...]. Pero entonces les declararé: "¡Jamás os conocí; apartaos de mí, malhechores!"»* (*Mateo* 7:21-23; véase el comentario correspondiente en el discurso 30, volumen I).

Este punto se explica con mayor detalle más adelante (en el presente discurso) en el comentario sobre *Lucas* 13:35: *«Pues bien, vuestra casa va a quedar desierta. Os digo que no me volveréis a ver hasta que llegue el día en que digáis: '¡Bendito el que viene en nombre del Señor!'»*.

la mente y la conciencia de un maestro iluminado en quien se halla encarnada la Inteligencia Crística divina. Los maestros verdaderos se han entregado por completo a Dios; por esa razón, Él a su vez se entrega a estos maestros en forma de infinita sabiduría y amor. El Señor llama a los buscadores de la verdad que aún no han despertado para que se acerquen a Él a través de estos representantes divinos que han alcanzado la perfección.

A menudo, el gurú y el discípulo se encarnan en la misma época o en un período muy cercano en el tiempo. Sin embargo, los maestros que tienen una misión universal (o, en ocasiones, los que suelen tener numerosos discípulos con diferente grado de desarrollo) dejan en la tierra el legado de sus enseñanzas e ideales cuando abandonan su forma mortal. En el caso de los maestros que pueden abarcar la infinitud de la omnipresencia, no existe diferencia alguna entre su presencia visible o su presencia invisible, ni tampoco en las bendiciones que derraman sobre aquellos discípulos que se encuentran en sintonía, ya sea durante la vida terrenal del maestro o después de que haya partido de este mundo.

Por consiguiente, lo que Jesús deseaba expresar con sus palabras no pudo haber sido que la puerta de su divina intercesión estaría cerrada después de que él abandonase su cuerpo. Más bien, él les advertía que cuando un discípulo rechaza al gurú que Dios le ha enviado, la salvación de ese devoto se demora, a causa de su inquieto estado mental de descreimiento, o debido a la inconstancia de su corazón, o por su debilidad interior que le hace ceder ante las iniquidades del ego apegado al engaño. Deberá deambular entonces durante una o más encarnaciones, hasta que se halle preparado kármicamente para encontrar de nuevo al mismo mensajero, el gurú designado por Dios y que él rechazó. Rechazar al mensajero de Dios significa rechazar a Dios mismo. El Señor, sin duda, dirá a los devotos desorientados que acuden a Él para que les guíe: «¿Por qué buscas una vez más mi ayuda, si rechazaste la que te envié a través de tu gurú?».

Los devotos que hacen caso omiso del canal de salvación que Dios les envía comprenden con el tiempo, angustiados por su búsqueda infructuosa, que han perdido la guía divina no sólo en esa vida, sino también en la celestial vida astral ulterior a la muerte. No obstante, si en la vida siguiente, o en una encarnación posterior, el castigo que el devoto se autoinfligió y que le condena a padecer insatisfacción espiritual le impulsa a renovar su búsqueda y a realizar un esfuerzo espiritual continuo que le prepare para convertirse en un discípulo digno y receptivo, comprobará que, merced a la sinceridad de sus oraciones y de su meditación, Dios le envía nuevamente a su divino mensajero para redimirle.

Dijo Jesús: *«Nadie puede venir a mí, si el Padre que me envía no lo atrae; y yo le resucitaré el último día»*[10]. Ésta es una afirmación verdadera aplicable a cualquier auténtico gurú, y los buscadores deberían tomar conciencia de su importancia. Todo emisario divino cuenta con el respaldo de Dios. No es el gurú quien exhorta a las almas para que se conviertan en sus discípulos; es Dios mismo el que llama a los devotos y decreta esta sagrada relación. Las almas que reciben esa invitación de Dios y siguen la guía del representante divino encontrarán con toda certeza al Bienamado Infinito. Más allá del mundo material y de la danza de la vida y la muerte, el Padre Eterno trata constantemente de atraer a sus hijos de regreso a Él. Los que tengan oídos para oír, que oigan, porque ésta es una verdad divina, la única forma de recibir la liberación definitiva en Dios. Un ciego no puede guiar a otro ciego; sólo quienes están totalmente iluminados con la presencia de Dios pueden ser verdaderos pastores de almas. Los buscadores superficiales, que deambulan de un pastizal de nuevas ideas a otro, se extravían y sufren la falta de alimento espiritual, en tanto que comen hasta hartarse una mezcla indigesta de verdades a medias y de inútiles dogmas. Jesús censura a los devotos inestables que, cegados por la ignorancia, no fueron capaces de reconocerle y no le recibieron como el salvador enviado en su propia época para abrirles el camino hacia Dios.

~

> *«Allí será el llanto y el rechinar de dientes, cuando veáis a Abrahán, Isaac y Jacob y a todos los profetas en el Reino de Dios, mientras a vosotros os echan fuera»* (*Lucas* 13:28).

Nadie es capaz de encontrar al gurú que Dios le ha destinado, ni siquiera de manera fortuita, si no posee buen karma. Por lo tanto, incluso un devoto negligente que haya desoído la mayor parte de la guía de su gurú, si más tarde se arrepiente y desea con toda sinceridad conocer a Dios, posiblemente posea suficiente buen

[10] *Juan* 6:44. (Véase el discurso 43, en el volumen II).

karma —o podrá desarrollarlo a través de su constancia en la meditación y en el cultivo de las cualidades espirituales— como para aproximarse al cielo. Cuando abandone su cuerpo al llegar la muerte, ese devoto podría tener una vislumbre de los elevados reinos celestiales; pero eso es todo lo que obtendría. Tal vez vea a los santos liberados y devotos avanzados que siguieron la guía de su gurú —*«a Abrahán, Isaac y Jacob y a todos los profetas»*— y que moran en forma permanente en la Conciencia Cósmica, pero él mismo no podrá entrar en esa ocasión en el reino supremo de Dios. Sentirá una gran agonía espiritual al ver que le *«echan fuera»*, de regreso a la tierra: un lugar de arrepentimiento y esfuerzos espirituales, concebido para el perfeccionamiento del hombre. Allí habrá de emprender de nuevo el sendero de la disciplina que le indique el gurú que Dios le envió, y deberá orar para que interceda y le ayude a hallar la salvación.

Aquellos devotos que después de la muerte, en el mundo astral, pueden al menos vislumbrar las regiones celestiales son bendecidos de ese modo con un intenso anhelo por alcanzar el reino de Dios. Cuando esas almas se reencarnan, sienten desde su nacimiento un innato e irresistible deseo de conocer a Dios. Por medio de la oración, de las buenas acciones y de la búsqueda espiritual, su anhelo les atrae, una vez más, a la misma situación en que habían interrumpido la relación con su legítimo gurú, que está siempre dispuesto a mostrarle al devoto el sendero que conduce al Reino Celestial.

~

En *Mateo* 8:11-12 se ofrece una variante que puede compararse con el anterior versículo de *Lucas:*

> *«Y os digo que vendrán muchos de oriente y occidente y se pondrán a la mesa con Abrahán, Isaac y Jacob en el reino de los Cielos, mientras que los hijos del Reino serán echados a las tinieblas de fuera. Allí será el llanto y el rechinar de dientes»* (*Mateo* 8:11-12).

En esta versión, se hace referencia a los devotos que se hallan lo suficientemente avanzados como para entrar en las esferas más elevadas de los cielos, donde moran las almas divinas, pero que después de permanecer cierto tiempo en el reino de la bienaventuranza son arrojados una vez más a las «*tinieblas de fuera*», a la engañosa región de la encarnación material, a causa del karma terrenal que aún no han expiado. Atrapadas de nuevo en la tierra, estas almas se encuentran llenas de melancolía por sus tenues e indefinidos recuerdos del paraíso perdido. De manera subconsciente, sienten resentimiento e indiferencia hacia las falsas promesas que el mundo puede ofrecer —sufren la agonía espiritual del anhelo divino, a la que los santos se refieren como una dulce tristeza—, lo cual las impulsa a realizar un esfuerzo espiritual más profundo.

~

> «*Y vendrán de oriente y occidente, del norte y del sur, y se pondrán a la mesa en el Reino de Dios.*
>
> »*Pues hay últimos que serán primeros y hay primeros que serán últimos*» (*Lucas* 13:29-30)[11].

«Yo profetizo que en el futuro muchos devotos surgirán en la región oriental del mundo, en la región occidental del mundo, en la región septentrional del mundo y en la región meridional del mundo y, gracias a su devoción, serán atraídos hacia auténticos gurús, y aprenderán la ciencia correcta de la meditación, mediante la cual elevarán su conciencia hasta alcanzar la conciencia cósmica de Dios Padre. Mas he aquí que entre esos devotos habrá muchos que son *"últimos"*, ya que se habrán demorado más que otros en iniciar el sendero de la liberación, pero perseverarán con tanta dedicación en la meditación que, entre sus contemporáneos espirituales, *"serán primeros"* en entrar en el reino de la Conciencia Cósmica. Y habrá muchos que son *"primeros"*, que habrán comenzado muy temprano y con gran entusiasmo en el sendero espiritual, pero, al carecer de constancia y de profundidad en la meditación, serán *"últimos"*, es decir, tardarán mucho tiempo en alcanzar la meta final de la Conciencia Cósmica, aunque lo lograrán si perseveran».

Todos pueden alcanzar el cielo, sin importar su raza, casta o credo

Con las anteriores palabras, Jesús infunde esperanzas de alcanzar el cielo a todos los hijos pródigos de Dios, en cada uno de los

---

11 «*Hay últimos que serán primeros*»: Compárese con las referencias paralelas que aparecen en *Mateo* 19:30 y 20:16 (discurso 63).

cuales —sin importar su raza, casta o credo— se halla oculta y en potencia la Imagen Divina. En respuesta a la pregunta: «¿Son pocos los que entran al reino de Dios?», Jesús no restringe el número de los que pueden hacerlo, ni establece que el cielo sea el monopolio de unos cuantos aristócratas espirituales. Tampoco se refiere al reino de Dios como la recompensa exclusiva de los miembros de una religión en particular. Por el contrario, Jesús incluye a los buscadores sinceros de la Verdad de los cuatro puntos cardinales, afirmando que serán capaces de atraer hacia sí a un gurú enviado por Dios, con cuya guía e intercesión podrán *«entrar por la puerta estrecha»* y ser conducidos a través del pasaje del ojo espiritual hasta la Conciencia Cósmica.

Alcanzarán la meta aquellos que se mantengan firmes en su resolución a lo largo de todo el sendero divino, desde el inicio mismo hasta llegar con éxito al final. Según Jesús, lo que importa no es iniciar el sendero espiritual temprano o tarde, sino perseverar en la senda con toda dedicación.

En un examen por oposición, muchos de los que primero ingresan en el curso pueden ser los últimos en aprobarlo, y muchos de los que se registran al final pueden obtener una mejor calificación en la prueba como resultado de su sincera dedicación. Los devotos cuyo entusiasmo espiritual es constante y uniforme desde el comienzo hasta el fin son los *«primeros»* en alcanzar la Conciencia Cósmica. Sin embargo, aquellos devotos que son primeros en su entusiasmo por entrar en el sendero espiritual, pero luego se vuelven indolentes, es posible que se demoren más de una encarnación en llegar finalmente a la Conciencia Cósmica y alcanzar la emancipación suprema.

Jesús les asegura a los buscadores de la verdad que con certeza todos ellos encontrarán al Señor, y que empezarán a progresar cuando abandonen su pródigo vagabundear por la tierra de la ignorancia y de la conciencia material, y sigan, en cambio, la guía de su gurú que conoce a Dios. Todos los seres humanos, incluso aquellos que son pecadores recalcitrantes, se arrepentirán a su debido tiempo cuando tomen conciencia de su insensatez. A quienes abandonan sus malas acciones y se esfuerzan fervientemente por seguir el camino espiritual, el salvador que Dios les ha enviado los guiará, sin duda alguna, hacia el estado trascendental de la Conciencia Cósmica; finalmente *«se pondrán a la mesa en el reino de Dios»* para establecer por siempre su conciencia en la Conciencia Cósmica.

~

«En aquel mismo momento se acercaron algunos fariseos y le dijeron: "Sal y vete de aquí, porque Herodes quiere matarte". Él les contestó: "Id a decir a ese zorro: 'Yo expulso demonios y llevo a cabo curaciones hoy y mañana, y al tercer día soy consumado. Pero conviene que hoy y mañana y pasado siga adelante, porque no cabe que un profeta perezca fuera de Jerusalén'[12].

»"¡Jerusalén, Jerusalén!, la que asesina a los profetas y apedrea a los que le son enviados. ¡Cuántas veces he querido reunir a tus hijos, como una gallina a su pollada bajo las alas, y no habéis querido! Pues bien, vuestra casa va a quedar desierta. Os digo que no me volveréis a ver hasta que llegue el día en que digáis: '¡Bendito el que viene en nombre del Señor!'"» (*Lucas* 13:31-35)[13].

Con divina clarividencia, Jesús replicó: «Id y decidle al astuto Herodes que he venido a expulsar la ignorancia y los demonios durante un período determinado, tal como lo ordenó el Padre Celestial; después de eso —mas no antes— seré crucificado. Alcanzaré entonces la perfección (seré "*consumado*") con la ayuda del Padre, "*al tercer día*" de estar sanándome en el mundo astral, desatando las triples ataduras kármicas de mis cuerpos físico, astral y causal, las cuales mantenían mi alma encarnada. A pesar del malvado Herodes y de todo su poder, seguiré libre "*hoy y mañana y pasado*" y en los días sucesivos hasta que sea la hora de mi muerte, pues nadie podrá detenerme hasta que llegue ese momento divinamente profetizado y establecido por el karma».

La declaración de Jesús «*al tercer día soy consumado*» pone en evidencia su doble naturaleza, humana y divina, que es un requisito de todo maestro que desciende a la tierra para cumplir una misión encomendada por Dios. Todas las almas son divinas en esencia, pero mientras se encuentran en el cuerpo físico están sujetas —en mayor o menor medida, dependiendo de su estado individual de evolución

---

[12] El comentarista John Gill explica que estas palabras estaban justificadas «porque en Jerusalén era donde tenía su sede el Gran Sanedrín, al cual le correspondía someter a juicio a los profetas; y si los hallaba falsos, los condenaba y ejecutaba».

[13] Compárese con la referencia paralela que aparece en *Mateo* 23:37-39.

espiritual— a las limitaciones impuestas por las imperfecciones características de la manifestación ilusoria. A causa de los apegos y deseos corporales, las personas mundanas que aún no se han desarrollado espiritualmente acumulan mucho karma como resultado del engaño. Aun cuando las almas de las encarnaciones divinas han alcanzado la completa liberación, incluso ellas deben someterse al menos a un cierto grado de engaño cósmico, simplemente para poder conservar una forma finita separada del Espíritu.

Las obras que los maestros liberados realizan en la tierra ¿les generan karma?

El «karma» así acumulado por los maestros liberados es fruto del funcionamiento natural del principio de causa y efecto que gobierna todas las acciones en la esfera de la manifestación; también puede estar constituido por tareas inconclusas de encarnaciones anteriores, tales como ayudar a la liberación de discípulos avanzados, o revivir la verdad y exponerla de manera renovada, o incluso jugar con alguna fantasía pasajera a la que habían renunciado y que habían ya olvidado, pero que Dios, con amorosa y enigmática sabiduría, se digna satisfacer[14]. Los maestros pueden expiar o destruir su karma mediante la oración y a través de actos de divina voluntad, bien sea en la meditación o en las regiones espirituales que hay más allá de la muerte. Jesús utilizó ambas formas de liberación.

Así pues, el «karma» de los maestros no mantiene en cautiverio sus almas liberadas, sino que actúa como un lazo terrenal que sujeta levemente a aquellos salvadores que eligen utilizar su libertad para hacer el bien en la tierra, ya sea desde el reino celestial de Dios o bien reencarnándose periódicamente. Podría decirse que el karma humano de los maestros es semejante a una cuerda quemada: en apariencia los mantiene sujetos, pero si lo desean, se desprende dejando sólo cenizas.

Durante el transcurso de su misión, Jesús era consciente de que, conforme a la ley de causa y efecto, sus divinas obras y palabras (tomar sobre sí el karma de muchas personas a las que sanaba y quebrantar las leyes impuestas tanto por las autoridades religiosas como por

---

[14] Por ejemplo, en una encarnación previa, Lahiri Mahasaya había abrigado el deseo de disfrutar de las bellezas de un palacio. La Divina Voluntad consideró apropiado satisfacer ese deseo en forma milagrosa, aun cuando Lahiri Mahasaya era un maestro totalmente liberado y hacía ya largo tiempo que había trascendido los engañosos deseos personales y no se hallaba sometido a ellos. (Véase «La materialización de un palacio en el Himalaya», *Autobiografía de un yogui*, capítulo 34).

las seculares) seguramente conducirían a la crucifixión de su cuerpo. Su naturaleza divina se hallaba establecida interiormente en la conciencia de «*Yo y el Padre somos uno*», pero su naturaleza humana reconocía el hecho de que el cumplimiento irrevocable de su unidad absoluta con el Padre no ocurriría hasta que él disolviese la matriz ilusoria de sus cuerpos físico, astral y causal (que él había asumido voluntariamente), así como también el karma que dichos cuerpos habían acumulado. El esfuerzo final necesario para ello tendría lugar durante tres días, es decir, tres etapas de purificación posteriores a su crucifixión.

Jesús lamentaba que el pueblo de Jerusalén, una ciudad santificada por los profetas de Dios, no estuviese dispuesto a escuchar los dictados de la sabiduría, aun teniendo la gran oportunidad de recibir la salvación a través de esos mensajeros divinos y de él mismo:

«¡Oh pueblo de Jerusalén!, pesa sobre vosotros una historia de masacre de profetas y de apedreamiento de los enviados de Dios[15]. ¡Cuán dispuesto habría estado yo a cobijaros bajo mi protección divina, como protege una gallina a su pollada bajo las alas! Pero no quisisteis ser salvados de los estragos de la ignorancia. Por esa razón, las casas de vuestras vidas quedarán vacías y desiertas, porque os resultará imposible percibirme como la Conciencia Crística omnipresente, plena de sabiduría, bienaventuranza y amor infinitos.

»¡Oh Jerusalén, pueblo mundano que no me ha reconocido como el Cristo Infinito encarnado en este cuerpo llamado Jesús!, algún día me buscaréis como esa Conciencia Crística, pero no me encontraréis hasta que os arrepintáis de vuestras costumbres materialistas y hayáis progresado espiritualmente. La Conciencia Crística omnipresente, que se ha manifestado en la conciencia de este cuerpo —Jesús—, permanecerá en lo sucesivo oculta y no se revelará ante vosotros hasta que, por medio de la meditación, logréis expandir vuestra conciencia lo suficiente como para expresar: "¡*Bendito* (la bienaventurada Conciencia Crística) *el que viene* (que se le revela a la percepción intuitiva del devoto que se ha sintonizado) *en nombre del Señor* (a través de la vibración de *Om* —el Espíritu Santo— que se oye en la quietud interior

---

[15] El apedreamiento de los profetas se narra en *II Crónicas* 24:17-21 (pasaje mencionado en el discurso 55, volumen II). Véase también *I Reyes* 19:10, donde se citan las palabras que el profeta Elías dirigió a Dios: «*Los israelitas han abandonado tu alianza, han derribado tus altares y han pasado a espada a tus profetas. Sólo quedo yo, y tratan de quitarme la vida*».

de la meditación)!". La Conciencia Crística, que se ha manifestado en mí en la era presente, se manifestará por segunda vez en vuestra conciencia expandida por la práctica de la meditación. Entonces, y sólo entonces, os será posible comprender mi verdadera naturaleza infinita y, asimismo, contemplar en visión mi cuerpo, que es un templo de la Conciencia Crística».

DISCURSO 58

Las parábolas de Jesús acerca de la humildad y del discipulado, y la parábola del hijo pródigo

La humildad es la expresión natural de toda alma que conoce a Dios

❖

Cómo responder a la invitación de Dios
para participar en el banquete de la liberadora sabiduría

❖

Hay regocijo en el cielo cuando un alma que había caído en el error
retorna sus pasos hacia Dios

❖

El significado espiritual más profundo de la parábola del hijo pródigo

❖

Incluso el hombre más malvado puede convertirse en santo
si con inquebrantable resolución decide encontrar a Dios

«Por el hecho de ser tanto Padre como Madre, [...] Dios ama incondicionalmente y sin reservas a sus incontables generaciones de hijos y se preocupa cuando alguno de ellos, aunque sólo sea uno, se extravía temporalmente. Jesús describe en forma maravillosa y con gran belleza el inmenso amor de Dios por sus devotos».

Un sábado fue a comer a casa de uno de los jefes de los fariseos. Ellos le estaban acechando. Había allí casualmente, delante de él, un hombre hidrópico. Entonces preguntó Jesús a los legistas y a los fariseos: «¿Es lícito curar en sábado, o no?». Pero ellos guardaron silencio. Entonces le tomó, le curó y lo despidió. Y a ellos les dijo: «¿Quién de vosotros, si se le cae un hijo o un buey a un pozo en día de sábado, no lo saca al momento?». Y no supieron qué responder.

Notando cómo los invitados elegían los primeros puestos, les dijo una parábola: «Cuando alguien te invite a una boda, no te pongas en el primer puesto, no sea que haya invitado a otro más distinguido que tú y, viniendo el que os invitó a ti y a él, te diga: "Deja el sitio a éste", y tengas que ir, avergonzado, a sentarte en el último puesto. Al contrario, cuando te inviten, vete a sentarte en el último puesto, de manera que, cuando venga el que te invitó, te diga: "Amigo, siéntate en un lugar más digno". Y esto será un honor para ti delante de todos los que estén contigo a la mesa. Porque todo el que se ensalce será humillado, y el que se humille será ensalzado».

Dijo también al que le había invitado: «Cuando des una comida o una cena, no llames a tus amigos, ni a tus hermanos, ni a tus parientes, ni a tus vecinos ricos, no sea que ellos te inviten a su vez y tengas ya tu recompensa. Cuando des un banquete, llama a los pobres, a los lisiados, a los cojos y a los ciegos. Así serás dichoso, porque, al no poder corresponderte, serás recompensado en la resurrección de los justos».

Al oír esto, uno de los comensales le dijo: «¡Dichoso el que pueda comer en el Reino de Dios!». Él le respondió: «Un hombre dio una gran cena y convidó a muchos. A la hora de la cena, envió a su siervo a decir a los invitados: "Venid, que ya está todo preparado". Pero todos a una empezaron a excusarse. El primero le dijo: "He comprado un campo y tengo que ir a verlo. Te ruego que me dispenses". Otro dijo: "He comprado cinco yuntas de bueyes y voy a probarlas. Te ruego que me dispenses". Otro dijo: "Me acabo de casar, y por eso no puedo ir".

»Regresó el siervo y se lo contó a su señor. Entonces, el dueño de la casa, airado, dijo a su siervo: "Sal en seguida a las plazas y calles del pueblo, y haz entrar aquí a los pobres y lisiados, a ciegos y cojos". Respondió el siervo: "Señor, se ha hecho lo que mandaste, y todavía hay sitio". Dijo entonces el señor al siervo: "Sal a los caminos y cercas, y obliga a la gente a entrar, hasta que se llene mi casa. Porque os digo que ninguno de aquellos invitados probará mi cena"».

Caminaba Jesús acompañado de mucha gente. Entonces se volvió y les dijo: «Si alguno viene donde mí y no odia a su padre, a su madre, a su mujer, a sus hijos, a sus hermanos, a sus hermanas e incluso a sí mismo, no puede ser discípulo mío. El que no cargue con su cruz y venga en pos de mí, no puede ser discípulo mío.

»¿Quién de vosotros, si quiere edificar una torre, no se sienta primero a calcular los gastos y ver si tiene para acabarla? De lo contrario, si resulta que ha puesto los cimientos de la obra y no ha podido terminarla, todos los que lo vean se pondrán a burlarse de él, y dirán: "Éste comenzó a edificar y no pudo terminar". O ¿qué rey, antes de salir contra otro rey, no se sienta a deliberar si con diez mil hombres puede salir al paso del que viene contra él con veinte mil? Y si no, cuando el otro está todavía lejos, envía una embajada para negociar condiciones de paz. Pues, de igual manera, cualquiera de vosotros que no renuncie a todos sus bienes no puede ser discípulo mío.

»Buena es la sal; mas si también la sal se desvirtúa, ¿con qué se la sazonará? No es útil ni para la tierra ni para el estercolero; la tiran fuera. El que tenga oídos para oír, que oiga»[1].

Todos los publicanos y los pecadores se acercaban a él para oírle. Los fariseos y los escribas murmuraban: «Éste acoge a los pecadores y come con ellos». Entonces les dijo esta parábola:

---

[1] La parábola de la sal (*Lucas* 14:34-35) se comenta en los discursos 26 (volumen I) y 48 (volumen II), donde aparecen sus versículos paralelos (*Mateo* 5:13 y *Marcos* 9:50).

«¿Quién de vosotros, si tiene cien ovejas y pierde una de ellas, no deja las noventa y nueve en la estepa y va a buscar la que se perdió, hasta que la encuentra? Y cuando la encuentra, se la pone muy contento sobre los hombros. Luego, al llegar a casa, convoca a los amigos y vecinos, y les dice: "Alegraos conmigo, porque he hallado la oveja que se me había perdido". Os digo que, de igual modo, habrá más alegría en el cielo por un solo pecador que se convierta que por noventa y nueve justos que no tengan necesidad de conversión.

»O ¿qué mujer, si tiene diez dracmas y pierde una, no enciende una lámpara y barre la casa y busca cuidadosamente hasta que la encuentra? Y cuando la encuentra, convoca a las amigas y vecinas, y les dice: "Alegraos conmigo, porque he hallado la dracma que había perdido". Os digo que, del mismo modo, habrá alegría entre los ángeles de Dios por un solo pecador que se convierta».

Les contó también lo siguiente: «Un hombre tenía dos hijos. El menor de ellos dijo al padre: "Padre, dame la parte de la hacienda que me corresponde". Y el padre les repartió la hacienda. Pocos días después, el hijo menor lo reunió todo y se marchó a un país lejano, donde malgastó su hacienda viviendo como un libertino.

»Cuando se lo había gastado todo, sobrevino una hambruna extrema en aquel país y comenzó a pasar necesidad. Entonces fue y se ajustó con uno de los ciudadanos de aquel país, que le envió a sus fincas a apacentar puercos. El muchacho deseaba llenar su vientre con las algarrobas que comían los puercos, pues nadie le daba nada. Entonces se puso a reflexionar y pensó: "¡Cuántos jornaleros de mi padre tienen pan en abundancia, mientras que yo aquí me muero de hambre! Me pondré en camino, iré donde mi padre y le diré: Padre, he pecado contra el cielo y ante ti. Ya no merezco ser llamado hijo tuyo; trátame como a uno de tus jornaleros". Entonces se avió y partió hacia su padre.

»Estando él todavía lejos, lo vio su padre y se conmovió; corrió, se echó a su cuello y le besó efusivamente. El hijo le dijo: "Padre, he pecado contra el cielo y ante ti. Ya no me-

rezco ser llamado hijo tuyo". Pero el padre dijo a sus siervos: "Daos prisa. Traed el mejor traje y vestidle; ponedle un anillo en el dedo y calzadle unas sandalias. Traed el novillo cebado, matadlo, y comamos y celebremos una fiesta, porque este hijo mío había muerto y ha vuelto a la vida; se había perdido y ha sido hallado". Y comenzaron la fiesta.

»Su hijo mayor estaba en el campo. Al volver, cuando se acercaba a la casa, oyó la música y las danzas. Llamó entonces a uno de los criados y le preguntó qué era aquello. Él respondió: "Es que ha vuelto tu hermano, y tu padre ha matado el novillo cebado, porque le ha recobrado sano". Él se irritó y no quería entrar. Salió su padre y le rogó que entrase. Pero él replicó a su padre: "Hace muchos años que te sirvo y jamás dejé de cumplir una orden tuya. Sin embargo, nunca me has dado un cabrito para tener una fiesta con mis amigos. Y ahora que ha venido ese hijo tuyo, que ha devorado tu hacienda con prostitutas, has matado para él el novillo cebado".

»Pero él replicó: "Hijo, tú siempre estás conmigo, y todo lo mío es tuyo. Pero convenía celebrar una fiesta y alegrarse, porque este hermano tuyo había muerto y ha vuelto a la vida, se había perdido y ha sido hallado"».

Lucas 14:1–15:32

DISCURSO 58

Las parábolas de Jesús acerca de la humildad y del discipulado, y la parábola del hijo pródigo

«Un sábado fue a comer a casa de uno de los jefes de los fariseos. Ellos le estaban acechando. Había allí casualmente, delante de él, un hombre hidrópico. Entonces preguntó Jesús a los legistas y a los fariseos: "¿Es lícito curar en sábado, o no?". Pero ellos guardaron silencio. Entonces le tomó, le curó y lo despidió. Y a ellos les dijo: "¿Quién de vosotros, si se le cae un hijo o un buey a un pozo en día de sábado, no lo saca al momento?". Y no supieron qué responder» (*Lucas* 14:1-6).

A los numerosos asistentes a la reunión que eran hipócritas en sus pretensiones acerca de la estricta observancia del sábado, Jesús les señaló que no hay ocasión que no sea propicia para hacer el bien; refutó entonces la silenciosa oposición de los presentes y sanó al hombre enfermo.

~

«Notando cómo los invitados elegían los primeros puestos, les dijo una parábola: "Cuando alguien te invite a una boda, no te pongas en el primer puesto, no sea que haya invitado a otro más distinguido que tú y, viniendo el que os invitó a ti y a él, te

diga: 'Deja el sitio a éste', y tengas que ir, avergonzado, a sentarte en el último puesto. Al contrario, cuando te inviten, vete a sentarte en el último puesto, de manera que, cuando venga el que te invitó, te diga: 'Amigo, siéntate en un lugar más digno'. Y esto será un honor para ti delante de todos los que estén contigo a la mesa. Porque todo el que se ensalce será humillado, y el que se humille será ensalzado"» (*Lucas* 14:7-11)[2].

La ley divina revela la verdad y pone al descubierto la falsedad: El que pretende ser más grande de lo que realmente es quedará sin duda en evidencia ante el espejo de la crítica pública, en tanto que quien es auténticamente grande pero oculta su nobleza bajo el velo de la humildad será descubierto y admirado. Todo aquel cuya «grandeza» es obra de su exacerbada imaginación comprueba, tarde o temprano, que sus pretensiones lo dejan expuesto y humillado ante la mirada crítica de las mismas personas que él desea que lo admiren. Aquel que es naturalmente humilde porque se siente satisfecho en su propia alma se encuentra saturado de magnetismo divino; aun cuando no busque la alabanza de los demás, atrae automáticamente el elogio y el reconocimiento de los hombres y de Dios.

La humildad es la expresión natural de toda alma que conoce a Dios

El devoto sincero busca la aprobación del Señor, no el aprecio de los mortales. Quienes se presentan a sí mismos como un dechado de espiritualidad, ya sea como devotos o como instructores, lo que en realidad están poniendo en evidencia es su falta de santidad, porque *«Dios resiste a los soberbios y da su gracia a los humildes»*[3]. En cuanto uno se vuelve vanidoso, Dios se aleja.

Jesús reprendió a los invitados a la cena que trataban de ocupar una posición de prestigio, y les hizo notar que el engaño satánico del egoísmo degrada al hombre, mientras que la humildad lo ennoblece. El Señor Omnipotente, con toda su grandeza, jamás intenta destacar, sino que oculta humildemente su majestad y su todopoderosa voluntad con el objeto de que sus hijos no se sientan sobrecogidos

---

[2] Jesús repite esta última afirmación en otros contextos en *Lucas* 18:14 (véase el discurso 61) y *Mateo* 23:12 (véase el discurso 55, en el volumen II). Compárese también con *Mateo* 18:4: *«Así pues, el mayor en el Reino de los Cielos será el que se humille como este niño»* (véase el discurso 47, en el volumen II).

[3] *Santiago* 4:6.

ante su grandeza y así no teman emplear el libre albedrío que Él les ha concedido[4]. Los ignorantes desdeñan a Dios; pero Él es ensalzado y alabado como el Altísimo en el altar del corazón del devoto que le entrega su amor por voluntad propia. La humildad fluye como un manantial desde aquellos que han unido su ser a Dios y se expresa con naturalidad a través de toda alma que se identifica conscientemente con el Espíritu.

Así como una persona que aparenta ser humilde puede en realidad no poseer verdadera humildad, así también una persona que comenta sus logros con total objetividad o que es consciente de sus buenas cualidades no necesariamente ha de ser considerada egoísta. En contraste con los que se cubren con un barniz de humildad para aparentar ser grandes cuando no lo son, aquellos que no fingen, que son sinceros y francos, pueden hablar en forma impersonal acerca de sus cualidades, sin exagerar ni fomentar la vanidad.

El rey Janaka, un gran santo de la India, se hallaba ofrendando flores con toda reverencia en el altar de Dios cuando de pronto comenzó a colocar flores sobre su propia cabeza, diciendo: «Me inclino ante mí mismo; yo soy quien sostiene el universo». No se trataba de un acto egoísta: en estado de éxtasis, el rey Janaka repentinamente contempló a Dios en todos y también en sí mismo. Es responsabilidad de todas las almas ser conscientes en cada momento de que son reflejos del Ser Supremo. La conciencia del ego desvanece cualquier posibilidad de que se produzca dicha percepción; en la unión con el Espíritu debe existir una renuncia total al ego. Cuando uno abandona su identificación con el ser inferior y se identifica con su Ser divino, se alegra inmensamente —como lo hace Dios— de ser el servidor de todos.

~

«Dijo también al que le había invitado: "Cuando des una comida o una cena, no llames a tus amigos, ni a tus hermanos, ni a tus parientes, ni a tus vecinos ricos, no sea que ellos te inviten a su vez y tengas ya tu recompensa. Cuando des un banquete,

---

[4] «El Creador, al adoptar infinitas precauciones para ocultar el misterio de su presencia en cada átomo de la creación, podría tener un solo motivo: que el hombre le busque por su propia voluntad. ¡Con qué guante de terciopelo de extremada humildad no habrá Él cubierto la mano de hierro de la omnipotencia!» (*Autobiografía de un yogui,* capítulo 24).

llama a los pobres, a los lisiados, a los cojos y a los ciegos. Así serás dichoso, porque, al no poder corresponderte, serás recompensado en la resurrección de los justos"» (*Lucas* 14:12-14).

Jesús habla de lo espiritualmente infructuosa que era la costumbre que prevalecía en aquellos días de celebrar grandes fiestas con el único propósito de satisfacer la vanidad social, sólo para complacer a aquellos que no tenían necesidad de ser alimentados y así tratar de ganarse su favor. Jesús deplora el hecho de que la gente se concentre en fomentar el veleidoso prestigio social por medio de celebraciones en las que se obtiene un beneficio social —un favor se paga con otro favor—, pero que no aportan ningún provecho espiritual.

Utilizar en cambio el dinero, el tiempo y el esfuerzo para alimentar a los pobres y ayudar a los necesitados —de quienes no cabe esperar reciprocidad— significa reconocer y servir desinteresadamente a Dios en los templos corporales de los menos afortunados.

Con las palabras *«la resurrección de los justos»*, Jesús señala que cuando a su debido tiempo la ley de causa y efecto pondere y juzgue las acciones justas de aquellos que sirven a los pobres y a los afligidos, su generosidad será recompensada kármicamente con el poder de atraer buena voluntad y prosperidad hacia sí mismos.

~

«Al oír esto, uno de los comensales le dijo: "¡Dichoso el que pueda comer en el Reino de Dios!". Él le respondió: "Un hombre dio una gran cena y convidó a muchos. A la hora de la cena, envió a su siervo a decir a los invitados: 'Venid, que ya está todo preparado'. Pero todos a una empezaron a excusarse. El primero le dijo: 'He comprado un campo y tengo que ir a verlo. Te ruego que me dispenses'. Otro dijo: 'He comprado cinco yuntas de bueyes y voy a probarlas. Te ruego que me dispenses'. Otro dijo: 'Me acabo de casar, y por eso no puedo ir'.

»"Regresó el siervo y se lo contó a su señor. Entonces, el dueño de la casa, airado, dijo a su siervo: 'Sal en seguida a las plazas y calles del pueblo, y haz entrar aquí a los pobres y lisiados, a ciegos y cojos'. Respondió el siervo: 'Señor, se ha hecho lo que mandaste, y todavía hay sitio'. Dijo entonces el señor al siervo: 'Sal a los caminos y cercas, y obliga a la gente a entrar,

hasta que se llene mi casa. Porque os digo que ninguno de aquellos invitados probará mi cena'"[5].

»*Caminaba Jesús acompañado de mucha gente. Entonces se volvió y les dijo: "Si alguno viene donde mí y no odia a su padre, a su madre, a su mujer, a sus hijos, a sus hermanos, a sus hermanas e incluso a sí mismo, no puede ser discípulo mío. El que no cargue con su cruz y venga en pos de mí, no puede ser discípulo mío.*

»*"¿Quién de vosotros, si quiere edificar una torre, no se sienta primero a calcular los gastos y ver si tiene para acabarla? De lo contrario, si resulta que ha puesto los cimientos de la obra y no ha podido terminarla, todos los que lo vean se pondrán a burlarse de él, y dirán: 'Éste comenzó a edificar y no pudo terminar'. O ¿qué rey, antes de salir contra otro rey, no se sienta a deliberar si con diez mil hombres puede salir al paso del que viene contra él con veinte mil? Y si no, cuando el otro está todavía lejos, envía una embajada para negociar condiciones de paz. Pues, de igual manera, cualquiera de vosotros que no renuncie a todos sus bienes no puede ser discípulo mío"*» (*Lucas* 14:15-33).

«Dios envía de tiempo en tiempo a un maestro específico, que organiza un gran banquete espiritual de sabiduría al cual invita, a través del siervo de las vibraciones magnéticas divinas, a los buscadores de la verdad. Pero muchos declinan esa oportunidad tan propicia y se excusan, pues se encuentran totalmente absortos en sus intereses y compromisos materiales. Cuando expresan su imposibilidad de unirse al banquete espiritual de sabiduría que ofrece el maestro, él se siente apenado por estos buscadores de la verdad a los que había invitado y que prefirieron la muy inferior satisfacción de los deseos materiales antes que ser agasajados con la felicidad espiritual eterna.

Cómo responder a la invitación de Dios para participar en el banquete de la liberadora sabiduría

»El maestro envía entonces a su siervo de las vibraciones espirituales para que invite de modo selectivo a su banquete de sabiduría a aquellos que sufren la pobreza de los desengaños materiales pero que

[5] Jesús relata una parábola similar en *Mateo* 22:1-14. (El comentario correspondiente aparece en el discurso 65).

espiritualmente son ricos en su anhelo por Dios, y también a quienes necesitan curación física pero que se encuentran espiritualmente sanos en la fe, así como a los que están lisiados físicamente pero avanzados en el aspecto espiritual, o que están cegados por el engaño del mundo físico pero se hallan ansiosos de obtener la visión espiritual. El dedicado siervo del magnetismo divino cumple lo que se le ordena y aún queda sitio para otros comensales en el gran banquete de la sabiduría del maestro.

»El siervo de las vibraciones espirituales sigue avanzando, no sólo a través del éter, sino también en el interior de aquellos devotos que han absorbido las enseñanzas del maestro. A ellos les dice: "Dondequiera que vayáis, bien sea que os encontréis en los ajetreados caminos o en los campos, con el persuasivo poder de vuestro ejemplo espiritual y de vuestra palabra atraed a otros buscadores de la verdad, a fin de que compartan el extraordinario banquete de sabiduría que estoy ofreciendo. Todos los buscadores de la verdad que asistan a él disfrutarán con gran júbilo del agasajo, ya que me ocuparé de servirles; pero aquellos a los que invité a la celebración y rechazaron mi ofrecimiento de ayuda, por hallarse absortos en sus apegos mundanos, no participarán del banquete"».

A quienes le seguían, Jesús continuó explicándoles el significado de la parábola:

«Así pues, si una persona recibe una invitación para buscar la inteligencia universal de la Conciencia Crística que se manifiesta en mí, pero se muestra renuente a abandonar su apego a los vínculos parentales, conyugales o filiales, o a los deberes y aspiraciones de la vida material, no es un invitado-discípulo digno de ser agasajado con la emancipadora sabiduría divina. Quien no está preparado para realizar el sacrificio supremo de su conciencia material, incluso hasta sufrir el martirio en la cruz de sus pruebas y padecimientos, no puede ser mi invitado-discípulo que se regocija en el banquete del Espíritu[6].

»Aquel que emprende la edificación de una torre y no calcula primero la suma de dinero que necesitará para terminarla y, después de colocar los cimientos, detiene su construcción por falta de fondos, queda en ridículo ante los demás. De igual manera, un rey prudente sopesa si su ejército de diez mil soldados podrá luchar con éxito

---

[6] Véase también el comentario sobre las referencias paralelas a estos versículos en *Mateo* 10:37-38 (discurso 41, volumen II), y *Mateo* 16:24 y *Marcos* 8:34 (discurso 45, volumen II).

contra los veinte mil de su enemigo o si debe entablar conversaciones para lograr una capitulación pacífica.

»De modo similar, todo devoto que quiera convertir su vida en una torre de sabiduría que llegue hasta el cielo debe tomar en cuenta el precio que habrá de pagar en forma de renunciación, autodisciplina y meditación. El devoto que desee conservar el linaje real de su alma debe aprender, con la ayuda de Dios y la sabiduría de un maestro, el método para desarrollar su fortaleza por medio de la meditación y la compañía espiritual a fin de combatir y vencer a sus malignos hábitos enemigos y a las poderosas hordas de tendencias perjudiciales que invaden su mente y su cuerpo.

»Todo aquel que desee ser invitado al fastuoso banquete de la liberadora sabiduría que ofrece un maestro debe contar con los medios necesarios y estar dispuesto a pagar el precio: el sacrificio de "todo cuanto posee", es decir, sus ataduras sociales, políticas, mundanas y físicas, junto con los hábitos mentales y corporales que lo mantienen cautivo. Recibe el nombre de discípulo aquel que, por medio de la autodisciplina, abandona todos los compromisos materiales que le impiden sumarse al banquete de sabiduría de su maestro».

~

«Todos los publicanos y los pecadores se acercaban a él para oírle. Los fariseos y los escribas murmuraban: "Éste acoge a los pecadores y come con ellos". Entonces les dijo esta parábola:

»"¿Quién de vosotros, si tiene cien ovejas y pierde una de ellas, no deja las noventa y nueve en la estepa y va a buscar la que se perdió, hasta que la encuentra? Y cuando la encuentra, se la pone muy contento sobre los hombros. Luego, al llegar a casa, convoca a los amigos y vecinos, y les dice: 'Alegraos conmigo, porque he hallado la oveja que se me había perdido'[7]*. Os digo que, de igual modo, habrá más alegría en el cielo por un solo pecador que se convierta que por noventa y nueve justos que no tengan necesidad de conversión.*

»"O ¿qué mujer, si tiene diez dracmas y pierde una, no enciende una lámpara y barre la casa y busca cuidadosamente

---

[7] Compárese con la referencia paralela que aparece en *Mateo* 18:12-14 (discurso 48, volumen II).

hasta que la encuentra? Y cuando la encuentra, convoca a las amigas y vecinas, y les dice: 'Alegraos conmigo, porque he hallado la dracma que había perdido'. Os digo que, del mismo modo, habrá alegría entre los ángeles de Dios por un solo pecador que se convierta"» (*Lucas* 15:1-10).

«¿Existe algún pastor divino que, aun teniendo cien seguidores obedientes, al descubrir que uno de ellos se ha extraviado en el desierto de la tentación, no busque, encuentre y ponga a salvo a aquel que se había perdido? ¿No es acaso natural que, cuando logra hallar y rescatar al discípulo perdido, el gurú lo abrace y se regocije por haberle salvado de la destrucción que el engaño provoca?».

El gurú designado por Dios nace generalmente en la misma época que algunos de sus discípulos irredentos de pasadas encarnaciones. Cuando los encuentra, grande es su alegría. Y si halla a un discípulo que había estado perdido por largo tiempo en el desierto de las encarnaciones, su alegría es inmensa.

Hay regocijo en el cielo cuando un alma que había caído en el error retorna sus pasos hacia Dios

«Así como el gurú se regocija al recobrar a un discípulo extraviado, así también el Padre Celestial y las almas liberadas que están en el cielo se colman de júbilo cuando un alma que había caído en el error se arrepiente de su malvado proceder del pasado y se esfuerza por regresar al reino celestial. El Padre Celestial se deleita con todas las almas virtuosas, pero el regreso de un alma extraviada a su divino reino suscita en Él un gozo especial.

»Del mismo modo que una mujer comparte con sus amigas la alegría de haber encontrado, con la ayuda de la luz de una vela, la moneda que se le había perdido, así también Dios, cuando un alma se pierde en las tinieblas del engaño, envía la luz de la buena compañía, de la inspiración interior y de la guía del gurú para salvar a esa alma en el momento en que ésta siente el anhelo de regresar al hogar de su Padre; y cuando dicha alma, arrepentida de sus errores del pasado, regresa al reino de la conciencia divina, las almas liberadas del cielo comparten el regocijo de Dios».

Jesús compara al gurú y sus discípulos con el pastor y sus ovejas. La metáfora ilustra de modo atractivo la naturaleza protectora del gurú, que salva a sus discípulos de caer en las garras de los lobos del engaño y de la mala compañía. Se compara a los discípulos con las ovejas porque siguen la sabia guía de su maestro con obediencia, mansedumbre y humildad, con gozo, inocencia y perfecta fe. Dios desea que sus devotos tengan estas cualidades de las ovejas, ¡pero no su estupidez animal!

Un pastor que posee cien ovejas se siente feliz con su rebaño, pero si pierde una y luego la recupera siente un gozo aún mayor. Lo mismo ocurre con el pastor divino que rescata a un discípulo que había estado perdido en el mundo por causa de su desobediencia, de las tentaciones, del entorno negativo y del mal karma oculto[8].

Jesús emplea la metáfora de la mujer y sus monedas de plata para ilustrar la cualidad femenina del sentimiento profundo. Una mujer que con genuino sentimiento atesora unos pequeños ahorros de diez monedas de plata, se siente emocionalmente afectada si extravía una sola de ellas, aunque esa pérdida pueda parecer insignificante; y se siente sumamente feliz cuando la recupera. Si un hombre pierde algún dinero, la cualidad masculina del razonamiento le permite ser intelectualmente consciente de la magnitud de su pérdida; y si ésta es intrascendente, no se preocupa. Del mismo modo, cada vez que uno de sus hijos se aleja del reino celestial, el Espíritu, por el hecho de ser tanto Padre como Madre, no sólo es consciente de tal pérdida y sabe de manera objetiva que, con el transcurso del tiempo, esa alma retornará a Él por acción de la ley cósmica, sino que además, en su aspecto de Madre amorosa, Dios desea de todo corazón recuperar a ese hijo de las garras del engaño. Dios ama incondicionalmente y sin reservas a sus incontables generaciones de hijos y se preocupa cuando alguno de ellos, aunque sólo sea uno, se extravía temporalmente.

Jesús describe en forma maravillosa y con gran belleza el inmenso amor de Dios por sus devotos al revelar que el Señor se regocija en el cielo, junto con los santos y los ángeles liberados, cuando un hijo pecador se arrepiente de su insensatez y realiza un sincero esfuerzo por

---

[8] «Los Maestros, los Buenos Pastores de este mundo, descienden de sus elevadas moradas y ofrecen su vida en la búsqueda de los discípulos que se hallan extraviados en la oscuridad. Ellos los encuentran en parajes desolados y peligrosos, los despiertan, los colocan sobre su divino hombro y los llevan con regocijo hasta un sitio seguro en el redil. Les dan de comer alimento celestial, y agua viva para beber; quien coma ese alimento y beba esa agua vivirá para siempre. Les confieren el poder de convertirse en hijos de Dios. Entregan su propia vida, hasta el último gramo de carne y hasta la última gota de sangre, por la redención de las ovejas que conocen su voz» (Sri Gyanamata, en *God Alone: The Life and Letters of a Saint,* publicado por *Self-Realization Fellowship*).

regresar al reino de Dios. Lo anterior también se ilustra en la parábola del hijo pródigo tal como la relata Jesús:

~

«Les contó también lo siguiente: "Un hombre tenía dos hijos. El menor de ellos dijo al padre: 'Padre, dame la parte de la hacienda que me corresponde'. Y el padre les repartió la hacienda. Pocos días después, el hijo menor lo reunió todo y se marchó a un país lejano, donde malgastó su hacienda viviendo como un libertino.

»"Cuando se lo había gastado todo, sobrevino una hambruna extrema en aquel país y comenzó a pasar necesidad. Entonces fue y se ajustó con uno de los ciudadanos de aquel país, que le envió a sus fincas a apacentar puercos. El muchacho deseaba llenar su vientre con las algarrobas que comían los puercos, pues nadie le daba nada. Entonces se puso a reflexionar y pensó: '¡Cuántos jornaleros de mi padre tienen pan en abundancia, mientras que yo aquí me muero de hambre! Me pondré en camino, iré donde mi padre y le diré: Padre, he pecado contra el cielo y ante ti. Ya no merezco ser llamado hijo tuyo; trátame como a uno de tus jornaleros'. Entonces se avió y partió hacia su padre.

»"Estando él todavía lejos, lo vio su padre y se conmovió; corrió, se echó a su cuello y le besó efusivamente. El hijo le dijo: 'Padre, he pecado contra el cielo y ante ti. Ya no merezco ser llamado hijo tuyo'. Pero el padre dijo a sus siervos: 'Daos prisa. Traed el mejor traje y vestidle; ponedle un anillo en el dedo y calzadle unas sandalias. Traed el novillo cebado, matadlo, y comamos y celebremos una fiesta, porque este hijo mío había muerto y ha vuelto a la vida; se había perdido y ha sido hallado'. Y comenzaron la fiesta.

»"Su hijo mayor estaba en el campo. Al volver, cuando se acercaba a la casa, oyó la música y las danzas. Llamó entonces a uno de los criados y le preguntó qué era aquello. Él respondió: 'Es que ha vuelto tu hermano, y tu padre ha matado el novillo cebado, porque le ha recobrado sano'. Él se irritó y no quería entrar. Salió su padre y le rogó que entrase. Pero él replicó a su padre: 'Hace muchos años que te sirvo y jamás dejé de cumplir

una orden tuya. Sin embargo, nunca me has dado un cabrito para tener una fiesta con mis amigos. Y ahora que ha venido ese hijo tuyo, que ha devorado tu hacienda con prostitutas, has matado para él el novillo cebado'.

»"*Pero él replicó: 'Hijo, tú siempre estás conmigo, y todo lo mío es tuyo. Pero convenía celebrar una fiesta y alegrarse, porque este hermano tuyo había muerto y ha vuelto a la vida, se había perdido y ha sido hallado'*"» (*Lucas* 15:11-32).

Además de la obvia moraleja, consagrada por el tiempo, acerca del arrepentimiento y el perdón, esta parábola tiene también una implicación espiritual más profunda:

«Dos devotos nacieron en la tierra con una gran herencia de sabiduría que recibieron como resultado de sus acciones espirituales de vidas pasadas y de la gracia del Padre Celestial. El devoto más joven, orgulloso de poseer el tesoro de la sabiduría que le fue concedido, se volvió demasiado confiado y negligente. Con las riquezas de la sabiduría ocultas en su pecho, viajó al lejano país del engaño y de la tentación, donde derrochó sus buenas cualidades al identificarse con los placeres sensuales del cuerpo. Después de permanecer por largo tiempo sumido en el engaño bajo la influencia de las malas compañías, le acometió la fuerte hambruna del sufrimiento interno y sintió el anhelo de recibir nuevamente el alimento de la sabiduría, pero no le fue posible hallarlo en su vida asolada por la sequía.

El significado espiritual más profundo de la parábola del hijo pródigo

»Buscó refugio junto a un buen hombre que se dedicaba a disciplinar a almas rebeldes embrutecidas como animales (los "*puercos*") y les inculcaba algunas instrucciones morales básicas. El joven devoto, que había perdido su tesoro de sabiduría por vivir una vida de libertinaje, se sentía tan profundamente arrepentido de su mal proceder que estaba dispuesto a recibir incluso las "*algarrobas*" de la disciplina rudimentaria, pero al parecer no pudo hallar nada que le permitiera satisfacer su hambre lacerante de pan divino.

»Cuando el joven, por su constancia en el arrepentimiento, abandonó su identificación con los sentidos y se concentró en su Ser interior *("se puso a reflexionar")*, llegó a la siguiente conclusión: "Mi Padre Celestial posee una provisión inextinguible del pan de la sabiduría y de la divina bienaventuranza, y aquí estoy yo padeciendo hambre de paz, de sabiduría y de gozo. Ahora me levantaré, elevaré mi conciencia por encima del plano de las sensaciones y regresaré a mi Padre en el reino de la Conciencia Cósmica, y dirigiré hacia Él las vibraciones de mis oraciones intuitivas interiores: 'Padre mío, Padre Celestial, he infringido las leyes de la felicidad celestial dejándome llevar por la promiscuidad sensorial. He opacado con la ignorancia tu verdadera imagen que se halla dentro de mi alma. Por eso, en mi actual estado de conciencia no merezco decir que soy tu hijo. Recíbeme de nuevo y asígname cualquier función o tarea que pueda cumplir en esta tierra, por insignificante que sea, para reparar mis malas acciones'".

»El joven devoto se levantó luego y elevó su conciencia hacia la Conciencia Cósmica (el Padre). Cuando aún se hallaba muy lejos de la meta de la Conciencia Cósmica debido a su comportamiento libertino del pasado, el Padre Celestial le vio avanzar resueltamente hacia su reino. Colmado de amor incondicional por su hijo pródigo, derramó sobre él la divina conciencia de su bendita Presencia y lo envolvió en el abrazo omnipresente de la bienaventuranza.

»El Padre Celestial recibió así nuevamente al devoto pródigo en su glorioso reino astral, donde incontables devotos avanzados y santos liberados reinan con su Majestad Suprema. El Padre Celestial ordenó a sus ángeles que trajesen al joven los mejores ropajes de luces astrales y de percepciones interiores para adornar el alma de su hijo. Ellos lo engalanaron con el anillo de diamantes de la verdad y calzaron sus pies con las sandalias del poder eterno. Hubo celebraciones en el mundo astral por el regreso del hijo pródigo, y recibió como ofrenda el novillo cebado de la sabiduría y de la divina bienaventuranza. El Padre Celestial les dijo a sus ángeles: "Regocijémonos todos en comunión con este devoto, porque él es mi hijo pródigo que había muerto espiritualmente, pero ya ha renacido para siempre en mi Conciencia Cósmica; estaba perdido en el engaño y ahora ha sido hallado, porque su conciencia ha vuelto sus pasos y se dirige hacia mi hogar en la Conciencia Cósmica". Y todos ellos comulgaron en el gozo de la bienaventuranza.

»El hermano mayor del joven devoto también deambulaba por la región de las visiones cósmicas. Al profundizar en su meditación y acercarse adonde se llevaba a cabo la celebración astral, percibió la música de las esferas y la danza de los ángeles. En su visión, llamó a uno de los ángeles y le preguntó por qué se celebraba esa fiesta especial en el cielo. El ángel respondió: "Tu hermano pródigo, que había estado vagabundeando en el engaño, ha regresado al reino divino, y tu

Padre Celestial le ha concedido las eternas bendiciones de la sabiduría y del gozo eternamente renovado. El Padre Celestial se siente feliz porque tu hermano menor, que había caído en el error, ha recuperado su conciencia divina liberándose así de su largo cautiverio en los ciclos kármicos de la reencarnación".

»Al oír esto, el devoto mayor se sintió desconcertado y no se acercó a la presencia del Padre. Por lo tanto, la Conciencia Cósmica se aproximó a él, a través de su intuición, inspirándole algunos pensamientos y percepciones interiores espirituales. No obstante, el hermano mayor emitió en su visión las vibraciones de su perplejidad: "¡Padre Celestial, mira durante cuántos años te he honrado y reverenciado fielmente en la Conciencia Cósmica! Jamás he faltado a tus mandamientos ni he transgredido tus divinas leyes impulsado siquiera por el más mínimo deseo de satisfacer los apegos sensoriales. Sin embargo, Tú jamás me has dado semejante muestra de tus bendiciones. En cambio, tan pronto como este hijo pródigo llegó a tu reino —este hijo que desperdició tus dones de sabiduría con su libertinaje—, le obsequiaste con el novillo cebado de la sabiduría para que, sin merecerlo, lo disfrutase".

»El Padre Celestial envió las vibraciones de la sabiduría intuitiva hacia el corazón del devoto avanzado que aún no lograba comprender, diciéndole: "Hijo y devoto mío, tú estás en todo momento en mi Conciencia Cósmica, y la fiesta de la verdad, que incluye el novillo cebado de la sabiduría, siempre te ha pertenecido. No deberías sentirte menospreciado porque nos pareció justo y apropiado celebrar, llenos de júbilo cósmico, una fiesta especial en honor de tu hermano extraviado que estaba espiritualmente muerto y que ahora vive en el Espíritu, pues ha regresado a nuestro reino, aumentando nuestro gozo y también el tuyo. ¡Regocíjate!"».

En esta parábola, Jesús señala el hecho de que el Padre Celestial se siente muy complacido al ver que sus hijos, que se hallaban perdidos en los placeres materiales, regresan a la bienaventuranza celestial de la meditación profunda y del éxtasis divino. Cuando Jesús se refiere al hijo pródigo con estas palabras: *«Estando él todavía lejos, lo vio su padre y se conmovió; corrió, se echó a su cuello y le besó efusivamente»*, le está asegurando a la humanidad doliente que el Padre Celestial sale al encuentro y alcanza, cuando menos a mitad del camino, al devoto que con toda constancia y diligencia ora por regresar al reino celestial.

Jesús advierte además a los devotos a quienes Dios ya les ha concedido la gracia de la conciencia divina que no deberían comparar su acervo espiritual con los dones que les son concedidos a otros devotos. Medida por medida, el amor incondicional de Dios asigna a cada alma, en el momento justo, aquello que le corresponde como herencia divina.

El devoto que se esfuerza al máximo por conocer a Dios comprueba que, tarde o temprano, el Ser Divino responde de modo consciente a sus oraciones. Es importante recordar que Dios secretamente responde a cada oración sincera y bendice toda aspiración y esfuerzo espirituales; pero es el devoto quien no reconoce esa respuesta porque no siempre concuerda con lo que él esperaba o anhelaba. Ningún aspirante espiritual debe sentirse desalentado si no recibe una manifestación visible de Dios en respuesta a sus oraciones. Dios responde consciente y abiertamente sólo cuando se ha convencido de la sinceridad total y la entrega absoluta del devoto. En tanto le suplica sin cesar al Señor que le revele su presencia, el devoto no debe sentirse satisfecho con oraciones unilaterales, sino que ha de continuar orando hasta saber de manera consciente, y sin lugar a duda, que el Padre Celestial ha escuchado sus oraciones y las ha respondido.

Incluso el hombre más malvado puede convertirse en santo si con inquebrantable resolución decide encontrar a Dios

«Incluso un malhechor consumado que se aparta de todo para adorarme exclusivamente a Mí puede contarse entre los hombres buenos a causa de su virtuosa resolución. Rápidamente se convertirá en un hombre justo y obtendrá paz sin fin. ¡Oh Arjuna, asegúrales a todos que mi devoto jamás perece! Al buscar refugio en Mí, todos los seres pueden alcanzar la Suprema Plenitud»[9].

De este modo, el *Bhagavad Guita* ofrece divina esperanza a los caídos hijos pródigos de Dios, aparentemente desvalidos por causa de sus malas acciones. Por más perniciosa que sea su maldad, ésta jamás podrá destruir su bondad inherente. Es Dios quien se ha convertido en todas las almas, y cada una de ellas es una expresión finita del Señor. Sin importar cuánto se haya apartado la vida del ser humano de su Fuente divina debido a la centrífuga fuerza del mal, si lleva a cabo un esfuerzo consciente por comportarse en forma virtuosa será atraído de regreso a Dios por la fuerza magnética del amor divino, cuyo poder es mayor que el del mal.

[9] *God Talks With Arjuna: The Bhagavad Gita* IX:30-32. (Véase *El Yoga del Bhagavad Guita*).

Por consiguiente, incluso un hombre malvado muy corrompido por los placeres malignos puede convertirse en un santo si, con sagrada e inquebrantable resolución, decide reformarse. Podrá reclamar la identidad de su alma con Dios si practica la meditación con toda constancia y firmeza, abandona sus costumbres impías (las malas compañías externas y las erróneas inclinaciones internas) y mantiene su atención alejada de las cautivantes sirenas de los deseos materiales.

Al practicar con firme determinación la meditación profunda, esa persona gradualmente recuerda la verdadera imagen divina que está siempre presente en su interior. Merced a la constante vigilancia, se desprenderá del mal que se halla temporalmente injertado en su conciencia externa atada al cuerpo. Tan pronto como experimenta en estado de éxtasis que su eterna naturaleza es el bien, olvida esa adquirida «segunda naturaleza», es decir, la maldad.

Aun cuando en el mundo de los sueños una persona puede soñar por mucho tiempo que es un ser malvado, al despertar se libera de esa identidad. Incluso en el caso de las almas que han vivido muchas encarnaciones de maldad, los hábitos del engaño se desprenden y se olvidan instantáneamente tan pronto como el alma despierta en el éxtasis y experimenta su inherente e indeleble bondad. Todos los seres provienen de Dios; e incluso en el sueño amnésico de la mortalidad, cada uno continúa siendo en potencia un Dios dormido. Al abandonar los pensamientos obsesivos que ha abrigado durante toda su vida, los cuales le hacían imaginar que era un irremediable renegado espiritual, el ser humano despierta en Dios.

DISCURSO 59

«No podéis servir a Dios y al dinero»

El uso y el abuso de la riqueza

Los principios divinos y leyes cósmicas
para lograr el éxito y la prosperidad material

❖

En el mundo moderno, el amor al dinero
es el principal instrumento del engaño

❖

Las diferentes regiones vibratorias del mundo astral
a las que van las almas después de la muerte

❖

En qué consisten el «cielo» y el «infierno»
que se experimentan en el estado posterior a la muerte

«Las miopes muchedumbres del mundo persiguen esos regalos mundanos y efímeros de Dios que son los objetos y placeres materiales, en tanto que olvidan por completo al Dador […]. Los hijos sabios del Padre Celestial que descubren que han sido creados a su divina imagen buscan, en primer lugar, el reino de la felicidad eterna de su Padre, oculto en el interior del ser humano».

Decía también a sus discípulos: «Había un hombre rico que tenía un administrador a quien acusaron ante él de malbaratar su hacienda. Un día le llamó y le dijo: "¿Qué oigo decir de ti? Dame cuenta de tu administración, porque ya no seguirás en el cargo". Entonces se dijo para sí el administrador: "¿Qué haré ahora que mi señor me quita la administración? Cavar, no puedo; mendigar, me da vergüenza. Ya sé lo que voy a hacer, para que cuando sea destituido del cargo me reciban en sus casas".

»Llamó entonces uno por uno a los deudores de su señor. Dijo al primero: "¿Cuánto debes a mi señor?". Respondió: "Cien medidas de aceite". Él le dijo: "Toma tu recibo, siéntate en seguida y escribe cincuenta". Después preguntó a otro: "Tú, ¿cuánto debes?". Contestó: "Cien cargas de trigo". Dícele: "Toma tu recibo y escribe ochenta".

»El señor alabó al administrador injusto, porque había obrado con sagacidad. ¡Y es que los hijos de este mundo son más sagaces con los de su clase que los hijos de la luz!

»Así que os digo: Haceos amigos con el dinero injusto, para que, cuando llegue a faltar, os reciban en las eternas moradas. El que es fiel en lo insignificante, lo es también en lo importante; y el que es injusto en lo insignificante, también lo es en lo importante. Entonces, si no fuisteis fieles con el dinero injusto, ¿quién os confiará el verdadero? Y si no fuisteis fieles con lo ajeno, ¿quién os dará lo vuestro?

»Ningún criado puede servir a dos señores, porque aborrecerá a uno y amará al otro; o bien se dedicará a uno y despreciará al otro. No podéis servir a Dios y al dinero».

Estaban oyendo todas estas cosas los fariseos, que son amigos del dinero, y se burlaban de él. Pero él les dijo: «Vosotros os las dais de justos delante de los hombres, pero Dios os conoce por dentro; y para Dios es abominable lo que los hombres consideran estimable. [...][1]

[1] Se han omitido los versículos 16 al 18 de este pasaje. El versículo 16 se comenta en el discurso 34 (volumen II) junto con su paralelo, *Mateo* 11:12. El versículo 17 se comenta en el discurso 27 (volumen I) junto con su paralelo, *Mateo* 5:18. El versículo 18 se comenta en el discurso 62 junto con su paralelo, *Mateo* 19:9.

»Había un hombre rico que vestía de púrpura y de lino, y celebraba todos los días espléndidas fiestas. Y había uno pobre, llamado Lázaro, que, echado junto a su portal y cubierto de llagas, deseaba hartarse de lo que caía de la mesa del rico... pero hasta los perros venían y le lamían las llagas. Cuando murió el pobre, los ángeles lo llevaron al seno de Abrahán. Murió también el rico y fue sepultado.

»Estando en el Hades entre tormentos, levantó los ojos y vio a lo lejos a Abrahán, y a Lázaro en su seno. Dijo entonces a gritos: "Padre Abrahán, ten compasión de mí y envía a Lázaro a que moje en agua la punta de su dedo y refresque mi lengua, porque estoy atormentado en estas llamas". Pero Abrahán le respondió: "Hijo, recuerda que recibiste tus bienes durante tu vida, y Lázaro, al contrario, sus males; ahora, pues, él es aquí consolado y tú atormentado. Y además, entre nosotros y vosotros se interpone un gran abismo, de modo que los que quieran pasar de aquí a vosotros no puedan hacerlo; ni de ahí puedan pasar hacia nosotros".

»Replicó: "Pues entonces, te ruego, padre, que lo envíes a la casa de mi padre, porque tengo cinco hermanos, para que les advierta y no vengan también ellos a este lugar de tormento". Abrahán le dijo: "Ya tienen a Moisés y a los profetas; que les hagan caso". Él dijo: "No, padre Abrahán, que si alguno de entre los muertos va a ellos, se convertirán". Le contestó: "Si no hacen caso a Moisés y a los profetas, tampoco se convencerán aunque un muerto resucite"».

Lucas 16:1-31

DISCURSO 59 

«No podéis servir a Dios y al dinero»

El uso y el abuso de la riqueza

«Decía también a sus discípulos: "Había un hombre rico que tenía un administrador a quien acusaron ante él de malbaratar su hacienda. Un día le llamó y le dijo: '¿Qué oigo decir de ti? Dame cuenta de tu administración, porque ya no seguirás en el cargo'. Entonces se dijo para sí el administrador: '¿Qué haré ahora que mi señor me quita la administración? Cavar, no puedo; mendigar, me da vergüenza. Ya sé lo que voy a hacer, para que cuando sea destituido del cargo me reciban en sus casas'.

»"Llamó entonces uno por uno a los deudores de su señor. Dijo al primero: '¿Cuánto debes a mi señor?'. Respondió: 'Cien medidas de aceite'. Él le dijo: 'Toma tu recibo, siéntate en seguida y escribe cincuenta'. Después preguntó a otro: 'Tú, ¿cuánto debes?'. Contestó: 'Cien cargas de trigo'. Dícele: 'Toma tu recibo y escribe ochenta'.

»"El señor alabó al administrador injusto, porque había obrado con sagacidad. ¡Y es que los hijos de este mundo son más sagaces con los de su clase que los hijos de la luz!

»"Así que os digo: Haceos amigos con el dinero injusto, para que, cuando llegue a faltar, os reciban en las eternas moradas. El que es fiel en lo insignificante, lo es también en lo importante; y el que es injusto en lo insignificante, también lo es en lo impor-

tante. Entonces, si no fuisteis fieles con el dinero injusto, ¿quién os confiará el verdadero? Y si no fuisteis fieles con lo ajeno, ¿quién os dará lo vuestro?

»"Ningún criado puede servir a dos señores, porque aborrecerá a uno y amará al otro; o bien se dedicará a uno y despreciará al otro. No podéis servir a Dios y al dinero".

»Estaban oyendo todas estas cosas los fariseos, que son amigos del dinero, y se burlaban de él. Pero él les dijo: "Vosotros os las dais de justos delante de los hombres, pero Dios os conoce por dentro; y para Dios es abominable lo que los hombres consideran estimable"» (*Lucas* 16:1-15).

Los principios divinos y leyes cósmicas para lograr el éxito y la prosperidad material

Dentro del conjunto de verdades profundas que Jesús entretejió en la sencilla elocuencia de sus parábolas, los versículos anteriores se centran en el hecho de que la rectitud material es una virtud requerida para obtener riquezas espirituales eternas. El administrador deshonesto estaba a punto de perder su cargo por haber quedado al descubierto su comportamiento indigno de la confianza que se había depositado en él; por esa razón, aumentó sus acciones inescrupulosas urdiendo planes deshonestos que beneficiaban a otras personas con el fin de obtener de ellas favores que le asegurarían su propio futuro. Tan hábil fue la sagacidad del administrador que su rico empleador —también avezado en los procedimientos materialistas para lograr el éxito— no pudo menos que admirar la astucia de su empleado, aun cuando no le dio la oportunidad de seguir malversando los fondos de su hacienda. El mundo alaba a las personas exitosas que se conducen conforme a las costumbres mundanas, pero no compartirá la responsabilidad que les corresponde por las consecuencias de tales comportamientos.

Jesús señala que las personas de mentalidad materialista *(«los hijos de este mundo»)*, a pesar de tener un comportamiento moralmente censurable y reñido con la ética, en ocasiones muestran mayor aptitud para los asuntos prácticos que las personas espirituales *(«los hijos de la luz»)*. Por eso Jesús aconseja a sus seguidores que no se comporten como ineptos cuando cumplen con sus deberes prescritos y satisfacen sus necesidades materiales. Dios creó un universo pleno de abundancia para asegurar el bienestar de sus hijos. Sin embargo, las ganancias obtenidas ilícitamente son un robo a la reserva infinita y conllevan el pago de un alto precio en pérdidas compensatorias del tesoro espiritual imperecedero.

«Así que os digo —advierte Jesús—: puesto que la riqueza *("el dinero injusto")* es un recurso necesario para desarrollar los asuntos materiales, es preciso que os hagáis amigos de los principios y las leyes divinas del éxito y de la prosperidad material para que, merced a la sintonía con esas fuerzas cósmicas, vuestro buen karma siempre se haga cargo de vuestro bienestar, tanto en este mundo como en las *"eternas moradas"* del cielo, sin importar los reveses que pudierais sufrir.

»Sed fieles a Dios y a la Verdad en los asuntos insignificantes, y cultivaréis esa rectitud que os permitirá ser fieles en toda circunstancia. Mas si sois deshonestos en aquello que es insignificante, también lo seréis cuando os sintáis tentados a cometer faltas más graves. Si habéis sido corruptos en el cuidado de vuestros asuntos materiales, sucumbiendo al egoísmo, la avaricia y la falsedad, ni los hombres ni Dios os confiarán sus verdaderas riquezas. Y si no habéis sido fieles en el uso de los dones cósmicos de la vida, compartiéndolos y ayudando a los demás a recibir el auxilio legítimo proveniente de las riquezas universales, no seréis dignos de recibir en la tierra ni en el cielo la manifestación de vuestra propia herencia divina: las cualidades del alma, que todo lo satisfacen.

»Nadie puede consagrarse al mismo tiempo a la virtud y al mal. No podéis seguir el divino camino de la verdad, el amor y el servicio a los demás mientras simultáneamente os dedicáis a la búsqueda inescrupulosa del dinero o del poder mundano con fines egoístas. Si os ponéis al servicio de las gratificaciones instantáneas que los abundantes ofrecimientos materialistas prometen, no tendréis aspiraciones de alcanzar la unión con Dios. Pero si amáis a Dios en forma suprema, los males del mundo no podrán manteneros en cautiverio»[2].

En el mundo moderno, el amor al dinero es el principal instrumento del engaño

Entre los curiosos que escuchaban las palabras antes mencionadas que Jesús había dirigido a sus discípulos, había algunos fariseos, cuyo amor por las riquezas y la posición social desmentía su supuesta devoción a Dios. Cuando los fariseos menospreciaron las advertencias de Jesús, él dijo algunas palabras adicionales dirigidas especialmente a ellos:

[2] Véase también, en el discurso 29 (volumen I), el comentario sobre *Mateo* 6:24, donde Jesús expresa este mismo concepto: que el hombre no puede servir a Dios y al dinero al mismo tiempo.

«¡Oh vosotros, hipócritas, que buscáis justificar vuestra vergonzosa codicia ante los ojos de los hombres espiritualmente ciegos! Pero el Omnisciente Dios, que está presente dentro de vuestros mismos corazones, conoce y juzga vuestro ser interior. Ante la sabiduría de Dios, las riquezas terrenales y la gloria humana, que gozan de tan alta estima entre la gente de mentalidad materialista, son despreciablemente insignificantes. Y a aquellos que obtienen riquezas o preeminencia social por medios indignos y contrarios a la ética, Él los considera innobles».

Jesús se refiere tanto al bien como al mal que pueden ocasionar las riquezas materiales. El dinero en sí carece de cerebro; no se le puede culpar de ser intrínsecamente maligno: aporta el bien o el mal de acuerdo con el uso noble o censurable que de él se haga. Tanto los santos como los bandidos utilizan el dinero. Las personas virtuosas atraen el dinero mediante la aplicación de las leyes que gobiernan la prosperidad material y lo destinan a preservar la vida y proporcionar ayuda material, mental y espiritual a los demás. Los malhechores y los esclavos de los sentidos tratan de ganar dinero por cualquier medio que les convenga, sin tomar en consideración el daño o la destrucción que puedan causar a los demás, y emplean lo obtenido para gratificar todo tipo de depravaciones y deseos egoístas.

Los sabios conocedores de Dios declaran que las tres mayores tentaciones a las que el ser humano está expuesto son el dinero, el sexo y las bebidas o sustancias embriagantes. En épocas primitivas, en las civilizaciones poco desarrolladas, el sexo y el alcohol eran los principales escollos; en la presente época industrial, en que la vida individual y la de la sociedad en general dependen de los recursos monetarios, puede decirse que el dinero es el principal instrumento del engaño, porque es el medio con el que se compra alcohol, y estimula la gratificación de las pasiones sensuales nocivas, y ejerce sobre las personas una poderosa hipnosis que exacerba su vanidad y sentido de falsa seguridad. De ahí la importancia de que el hombre moderno, loco por el dinero, preste atención a la sabiduría de las escrituras, que condena la adoración del *«dinero injusto»*.

San Pablo se hizo eco de las enseñanzas de Jesús: *«Los que quieren enriquecerse caen en la tentación, en el lazo y en muchas codicias insensatas y perniciosas que hunden a los hombres en la ruina y en la perdición. Porque la raíz de todos los males es el afán de dinero [...]. Tú, en cambio, hombre de Dios, huye de estas cosas; corre al alcance de la justicia, de la piedad, de la fe, de la caridad, de la paciencia en el sufrimiento, de la dulzura. Combate el buen combate de la fe, conquista la vida eterna a la que has sido llamado y de la que hiciste aquella solemne profesión delante de muchos testigos»*[3].

~

«Había un hombre rico que vestía de púrpura y de lino, y celebraba todos los días espléndidas fiestas. Y había uno pobre, llamado Lázaro, que, echado junto a su portal y cubierto de llagas, deseaba hartarse de lo que caía de la mesa del rico... pero hasta los perros venían y le lamían las llagas. Cuando murió el pobre, los ángeles lo llevaron al seno de Abrahán. Murió también el rico y fue sepultado.

»Estando en el Hades entre tormentos, levantó los ojos y vio a lo lejos a Abrahán, y a Lázaro en su seno. Dijo entonces a gritos: "Padre Abrahán, ten compasión de mí y envía a Lázaro a que moje en agua la punta de su dedo y refresque mi lengua, porque estoy atormentado en estas llamas". Pero Abrahán le respondió: "Hijo, recuerda que recibiste tus bienes durante tu vida, y Lázaro, al contrario, sus males; ahora, pues, él es aquí consolado y tú atormentado. Y además, entre nosotros y vosotros se interpone un gran abismo, de modo que los que quieran pasar de aquí a vosotros no puedan hacerlo; ni de ahí puedan pasar hacia nosotros".

»Replicó: "Pues entonces, te ruego, padre, que lo envíes a la casa de mi padre, porque tengo cinco hermanos, para que les advierta y no vengan también ellos a este lugar de tormento". Abrahán le dijo: "Ya tienen a Moisés y a los profetas; que les hagan caso". Él dijo: "No, padre Abrahán, que si alguno de entre los muertos va a ellos, se convertirán". Le contestó: "Si no hacen caso a Moisés y a los profetas, tampoco se convencerán aunque un muerto resucite"» (*Lucas* 16:19-31).

En la parábola del rico y el mendigo, Jesús hace alusión a las diferentes regiones vibratorias del mundo astral donde las almas virtuosas y aquellas cubiertas de maldad son atraídas después de la

[3] *I Timoteo* 6:9-12.

muerte, conforme a los méritos o deméritos que ellas mismas han creado:

«Después de su muerte, las vibraciones divinas del Espíritu Santo (*"los ángeles"* de Dios) condujeron al mendigo desamparado —un alma virtuosa, a pesar de que en apariencia todos le habían abandonado— a las elevadas regiones astrales donde las almas espirituales son recibidas por seres avanzados y profetas liberados (el *"seno de Abrahán"*). En cambio, el hombre rico, que vivió con desenfreno sin hacer esfuerzo alguno por cultivar la conciencia de Dios, se encontró en el estado posterior a la muerte en la tenebrosa región vibratoria del bajo mundo astral donde las almas malvadas o ansiosas de satisfacer deseos materiales son atormentadas por turbulentas pesadillas tras permanecer sumidas en la inconsciencia durante el sueño astral (que es la primera etapa después de la muerte)[4].

Las diferentes regiones vibratorias del mundo astral a las que van las almas después de la muerte

»En su somnolienta visión, el hombre pecador contempló desde lejos, a través de su percepción astral, la región donde el cuerpo astral de Lázaro se hallaba en compañía de otras grandes almas, y su alma exclamó con su voz astral: "Padre Abrahán, ten misericordia y envíame a Lázaro para que, con su presencia astral y el dedo de su voluntad sumergido en las frescas aguas de la sabiduría, pueda aliviarme y refrescar mi lengua de las vibraciones materiales erróneas que yo mismo he creado y que he traído conmigo de mi pasada vida terrenal, en la que viví en el error. Me atormentan las llamas de mis deseos materiales insatisfechos y de mi apego y mis ansias por disfrutar de la existencia carnal".

»Respondió Abrahán: "Hijo, recuerda que en la tierra recibiste aquello que tu corazón anhelaba: disfrutar de la prosperidad material. Pero al estar absorto e inmerso en la materialidad, te olvidaste de Dios. Por el contrario, Lázaro no dejó de desarrollar la conciencia de Dios a pesar de que le acosaba el sufrimiento físico, y comulgó interiormente con Él mediante la práctica de la oración y la meditación. La ley de causa y efecto decreta que, puesto que no te esforzaste por alcanzar la felicidad divina en tu vida terrenal, no puedes reclamar la cosecha de

---

[4] Véase el discurso 21 (volumen I), donde se hace mención a la *«trompeta de Gabriel»*, que resucita a las almas después de su muerte para que despierten en aquellas moradas que han merecido kármicamente en el mundo astral y en su siguiente encarnación en la tierra.

la bienaventuranza en el más allá, en tanto que Lázaro ahora es *'consolado'* y está cosechando los resultados de sus acciones espirituales: el gozo eternamente renovado del Gran Confortador (el Espíritu Santo, la manifestación de la Sagrada Vibración de Dios).

»"Además, entre la oscura región de las vibraciones densas que corresponde a los barrios bajos de la tierra astral, hacia los cuales has sido atraído, y el celestial reino vibratorio donde Lázaro y yo residimos, existe un inmenso e infranqueable abismo de vibración divisoria que los separa. A través de tus propias acciones malvadas, elegiste morar en una región en la que has de experimentar y respirar las sofocantes vibraciones de tus deseos insatisfechos. Sólo por vía de tu arrepentimiento y transformación podrás liberarte de los ciclos recurrentes de vidas desperdiciadas y del consecuente confinamiento en una tenebrosa prisión astral después de la muerte. Así como los peces están condicionados a vivir en la vibración densa del agua y no pueden hacerlo en la rarificada atmósfera gaseosa de tierra firme, en el presente no puedes abandonar la región astral de vibraciones densas (que tú mismo elegiste) para trasladarte a la región astral más sutil en que nosotros residimos y donde respiramos las celestiales vibraciones de la luz, el amor y la bienaventuranza divinas. Te has habituado a las vibraciones densas y por ello debes permanecer en ese estrato hasta que decidas perfeccionarte y ser así digno de que se te ascienda a una esfera de existencia terrenal más espiritual y, de allí, a una existencia más elevada en el plano en que nosotros nos encontramos. Los seres astrales que moran a nuestro lado y cuyas vibraciones son sutiles no pueden acercarse a ti sin permiso divino, ni tampoco puede alguien de los que viven en las regiones inferiores venir aquí sin el consentimiento divino"».

Una ilustrativa advertencia a quienes descuidan el desarrollo de la conciencia espiritual por ser esclavos de los sentidos y estar confinados al cuerpo

En esta parábola, al describir el destino del hombre rico y apegado a los deseos, Jesús hace una advertencia muy ilustrativa a quienes se encuentran confinados al cuerpo y abusan de los regalos de Dios, gratificando en forma descontrolada los deseos materiales con total olvido de la necesidad de recobrar el eterno reino de la bienaventuranza de su Padre. Según la ley de causa y efecto, en el estado posterior a la muerte tales personas viven —durante un período determinado kármicamente— en un infierno del mundo astral de su propia creación y allí se lamentan de la pérdida de su cuerpo físico dotado de sentidos, de la reconfortante respiración, de los placeres sensoriales, de los deseos insatisfechos y del acostumbrado sustento mediante las suculentas comidas predilectas (a las que se hace referencia en la parábola, en que se relata que el hombre rico *«celebraba todos los días espléndidas fiestas»*). Tales personas no están en condiciones de experimentar el estado divino de bienaventuranza celestial eternamente renovada que podrían haber disfrutado en el estado posterior a la muerte.

«Las miopes muchedumbres del mundo persiguen esos regalos mundanos y efímeros de Dios que son los objetos y placeres materiales, en tanto que olvidan por completo al Dador, el benefactor eterno de sus hijos que le buscan. Los hijos sabios del Padre Celestial que descubren que han sido creados a su divina imagen buscan, en primer lugar, el reino de la felicidad eterna de su Padre, oculto en el interior del ser humano, y, en segundo lugar, los objetos materiales, pues comprenden que ningún sustituto material espurio podrá jamás mitigar la sed de felicidad verdadera que su alma padece. Por esa razón Jesús había dicho: *«Por todas esas cosas se afanan los paganos»*, pero vosotros que sois sabios *«buscad primero el Reino de Dios y su justicia»*. Él aconsejaba a todas las almas que se hallan en la tierra que aprendan a vivir *«no sólo de pan [...], sino de toda palabra que sale de la boca de Dios»*, a fin de que en el estado posterior a la muerte ya estén familiarizadas de manera consciente con el modo de vivir por la palabra de Dios o Vibración Cósmica, así como por la Bienaventuranza Cósmica[5].

Los grandes santos que practican en forma voluntaria el ayuno, la suspensión de la respiración y el control del corazón en el estado meditativo de *samadhi,* la renunciación interior, los métodos para trascender la conciencia corporal, así como otras disciplinas, comprueban en el estado posterior a la muerte que, en lugar de experimentar con angustia la pérdida del cuerpo y la consiguiente privación de las comodidades y sensaciones terrenales, gozan de la percepción consciente e irrestricta de la maravillosa bienaventuranza y libertad divinas. Pero quienes están apegados al cuerpo y esperan encontrar sopa y galletas al atravesar las puertas del cielo deberán adaptarse a un menú mucho más ligero en esa atmósfera sutil; ¡no deben suponer que partirán de aquí después del almuerzo y llegarán allí a tiempo para disfrutar de una suculenta cena!

---

[5] Véase el discurso 8 (volumen I).

La mayoría de las personas pueden esperar una gloriosa experiencia de paz, libertad y bendito alivio de las cargas y aflicciones de la vida cuando su espíritu abandone el cuerpo a la hora de la muerte[6]. Sin embargo, los que, a semejanza del hombre rico de la parábola, están sumamente apegados a su forma física se horrorizan ante la perspectiva de ser arrancados del instrumento corporal y de sus diversas aptitudes materialistas de las que tanto abusaron. Durante el proceso en que la energía vital que anima todos los sentidos y órganos se desplaza hacia el bulbo raquídeo y luego hacia el exterior de la forma física, el deseo insta a aquellas almas sometidas a los dictados del ego a intentar llevar de nuevo la conciencia hacia el cuerpo. Tales personas tratan una y otra vez, de manera infructuosa, de hacer funcionar los pulmones y otros órganos o de activar los músculos por medio de la voluntad que ya se ha desprendido del cuerpo, pero finalmente abandonan sus inútiles esfuerzos y se sumergen en una especie de sueño sin ensueños —un período de descanso de las tribulaciones de la vida.

En qué consisten el «cielo» y el «infierno» que se experimentan en el estado posterior a la muerte

Después del sueño astral inicial, las almas que abandonaron el cuerpo con poderosos hábitos perjudiciales y que abusaron de los sentidos de su forma física despiertan parcialmente y atraviesan de manera intermitente por experiencias astrales que guardan semejanza con las experiencias oníricas, en las que sienten el anhelo infructuoso de complacer los deseos sensuales del vehículo físico perdido. Esta frustración, fruto de la imposibilidad de satisfacer y aplacar las ansias mortales, ocasiona una agonía mental que es el verdadero infierno que se experimenta en el estado posterior a la muerte[7]. Una vez que concluye el período de sufrimiento o de recompensa astral kármicamente establecido, el alma despierta en otro cuerpo en una nueva

---

[6] Véanse también los discursos 10 y 24 (volumen I), donde se encontrará una explicación más detallada de las experiencias positivas que, después de su muerte, disfrutan en el mundo astral la mayoría de las almas como resultado de sus méritos, en contraste con las desagradables lecciones kármicas que aguardan a los seres envilecidos, tal como lo menciona Jesús en la parábola que se comenta en el presente pasaje.

[7] Véase también, en el discurso 48 (volumen II), el comentario sobre *Mateo* 18:8-9: *«Por eso, si tu mano o tu pie te es ocasión de tropiezo, córtatelo y arrójalo de ti; más te vale entrar en la Vida manco o cojo que ser arrojado en el fuego eterno con las dos manos o los dos pies. Y si tu ojo te es ocasión de tropiezo, sácatelo y arrójalo de ti; más te vale entrar en la Vida con un solo ojo que ser arrojado a la Gehenna [al infierno] del fuego con los dos ojos».*

encarnación sobre la tierra, dotado de los instrumentos físicos con los cuales puede proseguir una vez más con sus deseos y experiencias de aprendizaje (es de esperar que en esta oportunidad manifieste un poco más de esa sabiduría adquirida por medio de las dolorosas lecciones que aprendió con anterioridad).

El cuerpo físico y el mundo material se perciben a través de los dos ojos físicos; el cuerpo astral celestial y el cosmos astral se ven exclusivamente por medio del poder intuitivo del ojo espiritual único. *«Si tu ojo es único, todo tu cuerpo estará iluminado»**[8]. Cuando el ojo «único» u ojo espiritual se abre, se pueden percibir las luminosas fuerzas pránicas que componen el cuerpo y el cosmos astrales.

Aquellos que son extremadamente materialistas, que han llevado una existencia corrupta, después de la muerte no pueden despertar y tomar plena conciencia de los maravillosos potenciales de su cuerpo astral. Su conciencia ensombrecida sólo percibe una región de tinieblas y sufrimiento mental.

Por el contrario, incluso al encarnar en la tierra, las almas avanzadas que meditan profundamente experimentan, a través de su ojo espiritual, la intuición omnisciente del alma como una lámpara que alumbra sin luz y que disipa la oscuridad de los ojos cerrados. Con esa sola facultad pueden ver, oír, oler, gustar y tocar en el mundo astral interior. Por esa razón, cuando mueren, la intuición acude en su auxilio, como una luz reveladora que les permite percibir la resplandeciente belleza del mundo astral y la de su propio cuerpo astral. Sólo aquellos que han desarrollado la intuición del alma y han cultivado antes de morir la trascendencia del cuerpo inherente a la conciencia divina son capaces de ascender en forma consciente a las regiones más elevadas del mundo astral celestial y percibirlas plenamente; y si lo desean, pueden también mirar a través del abismo vibratorio que separa el cielo de la vida terrenal.

Todos los esfuerzos que uno lleve a cabo para desarrollar el «sexto sentido» de la intuición mientras reside en la tierra serán de gran ayuda después de la muerte. Dado que lo que determina la experiencia de una persona en la región astral es el grado de comunión divina y de rectitud que haya manifestado en la tierra, hay mucha tarea por hacer con objeto de purificar la conciencia por medio del contacto con Dios y de la constancia en la práctica de las virtudes espirituales.

---

[8] *Mateo* 6:22. (Véase el discurso 28, en el volumen I).

Al describir el ascenso astral de Lázaro —el desdichado pordiosero—, Jesús brinda consuelo a las personas virtuosas que sufren y les asegura que no deben desalentarse ni envidiar a aquellos que poseen ventajas materiales. Si uno utiliza las bendiciones terrenales de modo inapropiado, es posible que pase por experiencias de extremada incomodidad en el estado posterior a la muerte. Las personas justas que conservan su bondad hasta el final de su vida, sea cual sea el sufrimiento y las privaciones que deban soportar, al abandonar el cuerpo descubren que han logrado la libertad y el gozo celestiales en el reino astral. Dios no desea que sus hijos sufran y, ciertamente, no ha decretado que el sufrimiento constituya un prerrequisito para alcanzar su reino; sin embargo, ningún dolor que uno padezca conscientemente permanece sin recompensa, ya sea el efecto purificador de haber destruido parte del karma pasado o, bien, de haber encendido una luz interior que hizo despertar una virtud naciente del alma y ayudó a consolidarla. Cada sacrificio que se ofrece en el altar del cuerpo recibe el reconocimiento de Dios[9]. Aquellos que sufren en el transcurso del servicio a Dios y a sus hijos, y que voluntariamente lo sacrifican todo por Él, como hizo Jesús, alcanzarán con toda certeza la bienaventuranza divina.

¿Pueden recibir ayuda de los seres celestiales las almas que están en la tierra o en el infierno del bajo mundo astral?

En esta parábola, Jesús explica, a través de los comentarios de Abrahán, las razones por las cuales no era posible enviar a Lázaro para aliviar los sufrimientos astrales del hombre rico. Abrahán hace referencia al *«abismo»* de vibraciones divisorias que separa, unas de otras, las esferas vibratorias astrales. Así como el universo material se encuentra dividido en regiones vibratorias definidas —la tierra, el agua, el aire y la energía del fuego—, así también existen diversas regiones diferenciadas en el cosmos sutil, cada una de las cuales tiene numerosas subdivisiones, a excepción del plano más elevado, donde todo es uno. El espacio saturado de éter actúa como una muralla vibratoria que impide que las personas materialistas de la tierra se introduzcan en el celestial reino astral. De igual modo, diversas divisiones vibratorias de espacio etérico cada vez más sutiles separan las regiones astrales inferiores de las superiores, y apartan el

---

9 «Sin un auténtico sacrificio, ¡oh Arjuna!, ¿cómo es posible experimentar un mundo mejor (una existencia mejor o un estado elevado de conciencia)?» *(God Talks With Arjuna: The Bhagavad Gita* IV:31. Véase *El Yoga del Bhagavad Guita).*

reino causal —que es aún más sutil— del reino astral[10]. Por ello, el reino astral al que había sido enviado el rico se hallaba separado por una barrera vibratoria de la morada celestial, relativamente más sutil, que Lázaro había atraído por su karma espiritual, *«de modo que los que quieran pasar de aquí a vosotros no puedan hacerlo; ni de ahí puedan pasar hacia nosotros»*.

Cuanto más desarrollada se encuentra el alma, mayor es su libertad para trasladarse dentro del vasto territorio del reino de Dios. No existen limitaciones de movimiento para las almas totalmente liberadas, pero las que sufren restricciones kármicas no pueden desplazarse libremente de una esfera a otra. Los que se hallan en la oscuridad de la engañosa ignorancia, que han cometido delitos u otros actos erróneos y, por ello, después de la muerte, han sido arrastrados a residir en forma temporal en los «barrios bajos» de la región astral no podrían siquiera soportar las vibraciones más refinadas de las esferas superiores y de sus residentes —las almas espirituales—, de igual modo que en este mundo las personas malignas no soportan permanecer en un entorno espiritual o en compañía de los santos. En la tierra no se puede tomar contacto con una corriente eléctrica de alto voltaje sin que uno sufra quemaduras; de modo similar, en el reino astral las almas cuya conciencia posee una naturaleza vibratoria inferior experimentan, al entrar en contacto con vibraciones más elevadas, una conmoción causada por una descarga de energía. Así como en el mundo una persona sufre si colisiona contra la materia, de igual modo en el mundo astral el cuerpo astral sufre si choca contra vibraciones más elevadas que la suya.

A pesar de todo, Dios en su misericordia nunca deja —en ninguna región de la creación— abandonadas y desprovistas de auxilio a las almas que sufren. En el mundo astral hay almas bondadosas avanzadas que ayudan a los malvados que se han arrepentido a expiar sus penitencias kármicas (como también lo hacen las oraciones y la buena voluntad que les envían sus seres queridos desde la tierra). Sólo quienes han perfeccionado en grado suficiente la conciencia espiritual y han desarrollado la intuición durante sus encarnaciones terrenales pueden dedicarse conscientemente a la buena obra de ayudar a otras personas en el mundo astral, así como a proporcionar asistencia invisible a las almas que se encuentran en la tierra.

---

[10] Véase el capítulo 43 de *Autobiografía de un yogui*, «La resurrección de Sri Yukteswar», donde mi gurú proporciona una incomparable explicación acerca de los reinos astral y causal.

Tanto en la tierra como en el más allá, las almas deben ascender o descender; nadie puede mantenerse inmutable, sino hasta haber logrado la unión permanente con Dios. Aquellos que parten al mundo astral después de la muerte física con deseos materiales insatisfechos deben regresar al parque de atracciones del mundo físico para satisfacer sus deseos. Las almas que se han liberado del karma terrenal y que continúan desarrollando su conciencia divina en el mundo astral ascienden al celestialmente bienaventurado reino causal.

La mayoría de las personas comunes y corrientes, cuyos pecados son leves y poco numerosos, renacen en la tierra con relativa rapidez, en comparación con las almas más avanzadas; después de permanecer cierto tiempo en el mundo astral renovando su alma, despiertan en otro cuerpo físico con nuevas oportunidades de progreso. Debido a la magnitud de su karma, los pecadores por lo general permanecen confinados durante un tiempo mayor en aquella esfera astral que más contribuya al aprendizaje de las lecciones que habrán de prepararlos para su redención final. A diferencia de las almas comunes, las almas virtuosas pueden residir en el mundo astral por un período considerable, cosechando la recompensa de bienaventuranza que merecen por su buen karma.

Aun cuando el hombre rico de la parábola estaba atrapado en el infierno de los hábitos libertinos y de los deseos insatisfechos que él mismo se había creado y no contaba con alivio para su sufrimiento, fue lo suficientemente generoso de espíritu como para pedirle a Abrahán que enviase a Lázaro a advertir a sus descarriados hermanos y evitarles así un destino similar. Aunque la ley divina no le permitía a Abrahán acceder a ese deseo, la lección implícita en el relato es que el arrepentimiento del hombre rico y la notable generosidad que mostró al pensar en la libertad de sus hermanos, incluso mientras se hallaba sufriendo las agonías de su propio tormento, le ayudarían a expiar los efectos de sus propias acciones licenciosas y a liberarse de su sufrimiento en la región astral inferior. Así como en el mundo físico el hombre puede actuar erróneamente y avanzar hacia el calabozo de la ignorancia y del sufrimiento o actuar correctamente y avanzar de ese modo hacia la libertad, así también las almas que se encuentran en el mundo astral pueden intensificar su maldad con pensamientos de rebeldía o consumir su mal karma por medio del arrepentimiento, la oración y la determinación consciente de poner en práctica la virtud.

La negativa de Abrahán de enviar a Lázaro a la tierra para advertir a los cinco hermanos del hombre rico acerca de las consecuencias de una vida disoluta concordaba con el decreto divino según el cual Dios no impone un espectacular despliegue de poderes para coaccionar el libre albedrío del ser humano. Tampoco se vale de los muertos para que sean su portavoz[11]. Su modo de actuar consiste en enviar profetas divinos cuyo mensaje, vida elevada y servicio espiritual alientan a aquellos de sus hijos que han caído en el error a comprender cuáles son las recompensas que se obtienen al seguir los liberadores senderos de la rectitud. Si el hombre se encuentra tan habituado a la ignorancia que no le conmueven ni la sabiduría, ni el amor, ni las sagradas vibraciones de bienaventuranza de los emisarios elegidos por Dios, tampoco el testimonio de un espíritu menor que apareciera del mundo astral podría tener en él un efecto beneficioso perdurable. El ser humano, por su libre albedrío, debe tomar la firme resolución de sintonizar su vida con las enseñanzas y bendiciones de los gurús, santos y profetas que Dios envía para redimirle.

---

[11] «Muchas personas suponen erróneamente que "los muertos" —los seres humanos que han partido al mundo astral— están en contacto con grandes maestros o que son una profunda fuente de sabiduría. Lo cierto es que la mayoría de los seres astrales no constituyen mensajeros fiables, ni han arribado a una comprensión definitiva del Grandioso Misterio. El alma es divina, pero mientras el hombre no haya alcanzado la unión de su alma con Dios será incapaz de manifestar después de la muerte una divinidad mayor de la que expresó durante su vida terrena. Sólo aquellos seres que han alcanzado la iluminación mientras se hallan en el cuerpo físico pueden, después de abandonar su cuerpo, unirse a Dios e impartir iluminación a los demás.

»De acuerdo con el *Guita,* aquellos que creen en la práctica de consultar a los "espíritus de los difuntos" son personas ignorantes, ya que confían en la guía de entidades astrales en lugar de buscar la comunión con Dios, el Padre Celestial y Amigo de todos. Si se cuenta con la ayuda de Dios, ¿qué necesidad hay de buscar la protección de los seres astrales?» (*God Talks With Arjuna: The Bhagavad Gita,* comentario sobre la estrofa XVII:4).

DISCURSO 60

«Yo soy la resurrección y la vida»

Jesús resucita a Lázaro de entre los muertos

Las almas avanzadas reciben la guía de «la luz de este mundo» para llevar a cabo todo cuanto emprenden

❖

El significado físico, astral y espiritual de la resurrección

❖

El verdadero significado de las palabras de Jesús: «Yo soy la resurrección y la vida»

❖

Quien se halla en sintonía con la Conciencia Crística vence tanto la muerte física como la espiritual

❖

Jesús se dirige a Dios como a un Padre cálidamente personal y supremamente bondadoso

❖

El proceso científico mediante el cual Jesús revivió a Lázaro

«Jesús llevó a cabo esta curación [...] con el propósito de demostrar una vez más que en el interior de cada alma se encuentra latente el poder para vencer toda condición mortal restrictiva y que no existe un destino irrevocable».

***H**abía un enfermo llamado Lázaro. Era de Betania, pueblo de María y de su hermana Marta. María era la que ungió al Señor con perfumes y le secó los pies con sus cabellos; su hermano Lázaro era el enfermo. Las hermanas enviaron a decir a Jesús: «Señor, aquel a quien tú quieres está enfermo». Al oírlo Jesús, comentó: «Esta enfermedad no es de muerte; es para la gloria de Dios, para que el Hijo de Dios sea glorificado por ella».*

Jesús amaba a Marta, a su hermana y a Lázaro.

Cuando se enteró de que estaba enfermo, permaneció dos días más en el lugar donde se encontraba. Al cabo de ellos, dijo a sus discípulos: «Volvamos de nuevo a Judea». Replicaron los discípulos: «Rabbí, hace poco los judíos querían apedrearte, ¿y vuelves allí?». Jesús respondió:

«¿No tiene el día doce horas? Si uno anda de día, no tropieza, porque ve la luz de este mundo; pero si uno anda de noche, tropieza, porque no hay luz en él».

Tras decir esto, añadió: «Nuestro amigo Lázaro duerme; pero voy a despertarle». Le dijeron sus discípulos: «Señor, si duerme, ya se curará». Jesús lo había dicho de su muerte, pero ellos creyeron que hablaba del descanso del sueño. Entonces Jesús les dijo abiertamente: «Lázaro ha muerto; y me alegro por vosotros de no haber estado allí, para que creáis. Pero vayamos allá».

Entonces Tomás, llamado el Mellizo, dijo a los otros discípulos: «Vayamos también nosotros a morir con él». Cuando llegó Jesús, se encontró con que Lázaro llevaba ya cuatro días en el sepulcro. Betania estaba cerca de Jerusalén, a unos quince estadios, y muchos judíos habían venido a casa de Marta y María para consolarlas por su hermano. Cuando Marta supo que había venido Jesús, le salió al encuentro, mientras María se quedó en casa. Dijo Marta a Jesús: «Señor, si hubieras estado aquí, no habría muerto mi hermano. Pero aun ahora yo sé que Dios te concederá cuanto le pidas». Jesús replicó: «Tu hermano resucitará». Le respondió Marta: «Ya sé que resucitará en la resurrección, el último día». Jesús le respondió: «Yo soy la resurrección y la vida. El que cree* *en mí, aunque muera, vivirá; y todo el que vive y cree en mí no morirá jamás. ¿Crees esto?».*

Respondió ella: «Sí, Señor, yo creo que tú eres el Cristo, el Hijo de Dios, el que iba a venir al mundo».

Dicho esto, fue a llamar a su hermana María y le dijo al oído: «El Maestro está ahí y te llama». Ella, en cuanto lo oyó, se levantó rápidamente y fue a su encuentro. Jesús todavía no había llegado al pueblo; seguía en el lugar donde Marta lo había encontrado. Los judíos que estaban con María en casa consolándola, al ver que se levantaba rápidamente y salía, la siguieron pensando que iba al sepulcro para llorar allí.

Cuando María llegó donde estaba Jesús y lo vio, cayó a sus pies y le dijo: «Señor, si hubieras estado aquí, mi hermano no habría muerto». Viéndola llorar Jesús y observando que también lloraban los judíos que la acompañaban, se conmovió interiormente, se turbó y preguntó: «¿Dónde lo habéis puesto?». Le respondieron: «Señor, ven y lo verás». Jesús se conmovió entre lágrimas. Los judíos comentaron entonces: «Mirad cómo le quería». Pero algunos de ellos dijeron: «Éste, que abrió los ojos del ciego, ¿no podía haber hecho que éste no muriera?». Entonces Jesús se conmovió de nuevo en su interior y fue al sepulcro. Era una cueva, y tenía puesta encima una piedra. Dijo Jesús: «Quitad la piedra». Marta, la hermana del muerto, le advirtió: «Señor, ya huele; es el cuarto día». Replicó Jesús: «¿No te he dicho que, si crees, verás la gloria de Dios?». Quitaron, pues, la piedra. Entonces Jesús levantó los ojos a lo alto y dijo:

«Padre, te doy gracias por haberme escuchado. Bien sé que tú siempre me escuchas; pero lo he dicho por éstos que me rodean, para que crean que Tú me has enviado».

Dicho esto, gritó con fuerte voz: «¡Lázaro, sal afuera!». El muerto salió, atado de pies y manos con vendas y envuelto el rostro en un sudario. Jesús les dijo: «Desatadlo y dejadle andar».

Muchos de los judíos que habían venido a casa de María, viendo lo que había hecho, creyeron en él. Pero algunos de ellos fueron a los fariseos y les contaron lo que había hecho

Jesús. Entonces los sumos sacerdotes y los fariseos convocaron consejo y se preguntaban: «¿Qué hacemos? Es cierto que este hombre realiza muchos signos. Si le dejamos que siga así, todos creerán en él, y vendrán los romanos y destruirán nuestro Lugar Santo y nuestra nación». Pero uno de ellos, Caifás, que era el Sumo Sacerdote aquel año, les dijo: «Vosotros no sabéis nada, ni caéis en la cuenta de que conviene que muera uno solo por el pueblo, y así no perezca toda la nación». Esto no lo dijo por su propia cuenta, sino que, como era Sumo Sacerdote aquel año, profetizó que Jesús iba a morir por la nación —y no sólo por la nación, sino también para reunir en uno a los hijos de Dios que estaban dispersos—. Desde ese día, se pusieron de acuerdo para matarlo. Por eso, Jesús no andaba ya en público entre los judíos, sino que se retiró a la región cercana a la estepa, a un pueblo llamado Efraín, donde se estableció con sus discípulos.

Como estaba cerca la Pascua de los judíos, muchos del país habían subido a Jerusalén para purificarse. La gente buscaba a Jesús, y los que estaban en el Templo se preguntaban: «¿Qué os parece? ¿No vendrá a la fiesta?». Los sumos sacerdotes y los fariseos habían dado órdenes de que, si alguno sabía dónde estaba, lo notificara para detenerle.

Juan 11:1-57

 DISCURSO 60 

«Yo soy la resurrección y la vida»

Jesús resucita a Lázaro de entre los muertos

«Había un enfermo llamado Lázaro. Era de Betania, pueblo de María y de su hermana Marta. María era la que ungió al Señor con perfumes y le secó los pies con sus cabellos; su hermano Lázaro era el enfermo[1]*. Las hermanas enviaron a decir a Jesús: "Señor, aquel a quien tú quieres está enfermo". Al oírlo Jesús, comentó: "Esta enfermedad no es de muerte; es para la gloria de Dios, para que el Hijo de Dios sea glorificado por ella"»* (*Juan* 11:1-4).

«Aunque esta enfermedad de Lázaro pueda provocar la muerte, no acabará en muerte. Lázaro vivirá, a fin de que el poder de Dios manifestado en el Hijo de Dios se muestre en toda su gloria para infundir esperanza de vida eterna a los hombres acosados por la muerte».

Jesús no estaba dando a entender con estas palabras que la muerte de Lázaro hubiese sido dispuesta de antemano sólo para ofrecer una ocasión de demostrar[2] *«la gloria de Dios»*. En realidad, Jesús había

[1] *Juan* 12:3. (Véase el discurso 64).

[2] Véase también el discurso 52 (volumen II), donde se comenta el versículo *Juan* 9:3, acerca del hombre que había nacido ciego: *«Ni él pecó ni sus padres; es para que se manifiesten en él las obras de Dios»*.

visto a través de su profético ojo de la intuición omnisciente que el karma de su discípulo determinaba que fuese víctima de una enfermedad fatal, lo cual proporcionaría la oportunidad —con el consentimiento del Padre Celestial— para que se manifestara el poder divino de la resurrección a través del Hijo, la Conciencia Crística encarnada en Jesús.

~

«Jesús amaba a Marta, a su hermana y a Lázaro.

»Cuando se enteró de que estaba enfermo, permaneció dos días más en el lugar donde se encontraba. Al cabo de ellos, dijo a sus discípulos: "Volvamos de nuevo a Judea". Replicaron los discípulos: "Rabbí, hace poco los judíos querían apedrearte, ¿y vuelves allí?"[3]*. Jesús respondió:*

»"¿No tiene el día doce horas? Si uno anda de día, no tropieza, porque ve la luz de este mundo; pero si uno anda de noche, tropieza, porque no hay luz en él"» (*Juan* 11:5-10).

Cuando los discípulos expresaron su preocupación por la decisión de Jesús de regresar a Judea, donde su vida podía correr peligro, él les aseguró que la Divinidad guiaba sus pasos: «Así como la luz del día nos permite caminar por un sendero dificultoso sin tropezar, de igual manera aquel que mediante la percepción interior ve la gran luz que gobierna el cosmos (la inteligencia omnipresente de la Conciencia Crística y la Vibración Cósmica que da forma y luz al universo) camina sabiamente y no comete errores al elegir su curso de acción. Por el contrario, aquel que deambula en la noche de la engañosa ignorancia yerra y tropieza en la vida, pues no cuenta en su interior con la orientadora luz de la sabiduría divina».

Las almas avanzadas reciben la guía de «la luz de este mundo» para llevar a cabo todo cuanto emprenden

Al llevar a cabo todas sus acciones, los devotos avanzados se rigen por *«la luz de este mundo»:* la Energía Cósmica, imbuida de la Conciencia Crística, que ellos perciben como una luz interior de entendimiento intuitivo o como la guía de la sabiduría que oyen en la vibración del Sonido Cósmico de *Om.*

[3] Tal como se relata en *Juan* 10:33-42 (discurso 52, volumen II).

~

«Tras decir esto, añadió: "Nuestro amigo Lázaro duerme; pero voy a despertarle". Le dijeron sus discípulos: "Señor, si duerme, ya se curará". Jesús lo había dicho de su muerte, pero ellos creyeron que hablaba del descanso del sueño» (*Juan* 11:11-13).

Aun cuando se hallaba a kilómetros de distancia, al otro lado del río Jordán, Jesús supo en qué momento había muerto Lázaro en Betania. No recibió esta información a través de ninguno de los medios convencionales, como lo demuestra el desconcierto que mostraron sus acompañantes. La certeza de Jesús provenía de la Conciencia Crística universal manifestada en él, mediante la cual sentía que estaba presente no sólo en su propio cuerpo sino también en el cuerpo de su amigo distante.

El conocimiento de Jesús provenía de la Conciencia Crística, no de los poderes psíquicos o de la telepatía

Quienes cuentan con cierto grado de desarrollo espiritual pueden captar a distancia, por medio de la telepatía mental, los pensamientos y experiencias de otras personas. El conocimiento de Jesús, sin embargo, no procedía de poderes psíquicos sino de su omnipresente percepción crística —un estado superior de conciencia—. Por medio de su percepción expandida, que abarcaba el vasto ámbito del universo, él podía sentir cada suceso que ocurría en la superficie de la tierra, dentro de ella, en otro punto del universo material, o bien, en cualesquiera de las esferas más sutiles de la creación vibratoria.

Si una persona fuese objeto de empujones en medio de una multitud, podría saber con exactitud en qué momento y lugar de su cuerpo experimentó cada presión, aun cuando no hubiera visto cómo se produjo cada contacto. El Padre Celestial, a través de la ubicua Conciencia Crística, es consciente de todo cuanto ocurre en su inmenso cuerpo del cosmos. De la misma manera, Jesucristo, Bhagavan Krishna y todas las almas imbuidas de la Conciencia Crística *(Kutastha Chaitanya)* poseen el sentido universal de la Inteligencia Infinita omnipresente, que les permite ser instantáneamente conscientes de acontecimientos que suceden a distancia, de igual modo que Jesús se enteró de la muerte de Lázaro.

Cuando Jesús dijo a sus discípulos: *«Nuestro amigo Lázaro duerme»*, sus palabras significaban: «Lázaro duerme el ilusorio sueño de la muerte. Iré hasta donde él se encuentra para que la Conciencia Crística manifestada en mí le despierte del engaño de su muerte onírica».

El sueño es una muerte temporal, porque otorga al hombre una libertad parcial con respecto a la conciencia del cuerpo mortal. La muerte es sólo un «sueño» prolongado, un descanso astral que se le concede al ser humano entre una encarnación física y la siguiente[4]. Tanto el sueño diario como el sueño de la muerte son parte del onírico engaño cósmico, y se superponen a la conciencia del alma. Al igual que en el sueño nocturno uno puede caminar, dormir o morir, de manera semejante, cuando los seres humanos se encuentran bajo el influjo del sueño cósmico, contemplan sus imágenes oníricas como si estuviesen realmente vivos, o como si durmieran el sueño de la muerte, o como si despertasen en el estado posterior a la muerte. Cristo contemplaba el universo como un sueño cósmico y por esa razón dijo: «Veo que el alma de Lázaro está soñando el sueño de la muerte. Haré que su alma sueñe con la vida en lugar de soñar con la muerte».

~

«Entonces Jesús les dijo abiertamente: "Lázaro ha muerto; y me alegro por vosotros de no haber estado allí, para que creáis. Pero vayamos allá".

»Entonces Tomás, llamado el Mellizo, dijo a los otros discípulos: "Vayamos también nosotros a morir con él". Cuando llegó Jesús, se encontró con que Lázaro llevaba ya cuatro días en el sepulcro. Betania estaba cerca de Jerusalén, a unos quince estadios, y muchos judíos habían venido a casa de Marta y María para consolarlas por su hermano. Cuando Marta supo que había venido Jesús, le salió al encuentro, mientras María se quedó en casa. Dijo Marta a Jesús: "Señor, si hubieras estado aquí, no habría muerto mi hermano. Pero aun ahora yo sé que Dios te concederá cuanto le pidas". Jesús replicó: "Tu hermano resucitará". Le respondió Marta: "Ya sé que resucitará en la resurrección, el último día"» (*Juan* 11:14-24).

---

[4] Véanse el discurso 13 (volumen I) y el discurso 52 (volumen II), donde se trata el tema del sueño y la muerte en relación con los estados de conciencia del ser humano.

«El alma de Lázaro ya ha abandonado el cuerpo físico, y el hecho de que yo no estuviese allí para evitarlo tiene la finalidad de fortalecer vuestra fe, pues de otro modo no tendríais la oportunidad de presenciar el milagro supremo de la resurrección. El propósito de este suceso es que mediante la resurrección de Lázaro, por voluntad de Dios, podáis comprender la gloria y el poder del Padre Celestial».

El significado físico, astral y espiritual de la resurrección

Cuando Jesús decidió ir a Betania, que se encontraba a unos tres kilómetros de Jerusalén, los discípulos sabían que él regresaba a un territorio hostil y dijeron: *«Vayamos también nosotros a morir con él»*.

Angustiada por la muerte de su hermano, Marta salió al encuentro de Jesús, reprochándole que no hubiese llegado antes, lo cual le habría permitido sanar a Lázaro; pero también tenía fe de que, incluso entonces, Jesús podía lograr que la voluntad de Dios le concediese la gracia suprema de desatar los lazos de la muerte.

«Resucitará en la resurrección, el último día» no alude a un día determinado en el tiempo en el cual todas las almas reaparecerán en sus cuerpos muertos al sonido de la trompeta de Gabriel. Se refiere al momento específico en que cada alma, después de la muerte, es juzgada por la ley cósmica de la acción (la ley del karma) y, conforme a ese juicio, resucita con la finalidad de vivir en alguna de las regiones astrales, o en la tierra en una nueva encarnación[5]. En ese contexto, resurrección significa el despertar de las almas del estado de sueño o de descanso posterior a la muerte y la transición a un estado de vigilia en las esferas astrales inferiores o superiores, o también el paso del alma de un cuerpo a otro en la tierra, tal como ocurrió con Elías, que renació como Juan el Bautista.

Asimismo, la resurrección puede significar el regreso de un cuerpo muerto a la vida, como sucedió en el caso de Lázaro.

Además, la resurrección denota la elevación de la conciencia desde un estado inferior a otro superior: en especial, del estado de identificación con el cuerpo a la supraconciencia, a la Conciencia Crística o a la Conciencia Cósmica, por medio de la comunión con la

---

[5] Véase también, en el discurso 21 (volumen I), el comentario sobre *Juan* 5:28-29: *«No os extrañéis de esto: llega la hora en que todos los que estén en los sepulcros oirán su voz; y los que hayan hecho el bien saldrán para una resurrección de vida, y los que hayan hecho el mal, para una resurrección de juicio»*.

Vibración de *Om* del Espíritu Santo, con el Cristo Infinito o con el Espíritu, respectivamente.

~

«Jesús le respondió:

»"Yo soy la resurrección y la vida. El que cree en mí, aunque muera, vivirá; y todo el que vive y cree en mí no morirá jamás. ¿Crees esto?".*

»Respondió ella: "Sí, Señor, yo creo que tú eres el Cristo, el Hijo de Dios, el que iba a venir al mundo"» (*Juan* 11:25-27).

«Puesto que mi alma no está identificada con la vida corporal, no se encuentra circunscrita por la conciencia del ego *("yo soy")*. Por el contrario, el *"yo soy"* de mi conciencia —mi espíritu individualizado— es uno con la Conciencia Crística y con la Vida Cósmica inherente a dicha Conciencia. Por medio de esta conciencia omnipresente, contemplo las almas que resucitan de diversas maneras del estado de sueño posterior a la muerte y despiertan en las esferas de existencia inferiores o superiores del mundo astral, o se dirigen a una nueva vida en el plano terrenal, o a estados trascendentes de conciencia.

El verdadero significado de las palabras de Jesús: «Yo soy la resurrección y la vida»

»El devoto que mediante la práctica de la meditación comulgue con la Conciencia Crística y con la Vida Cósmica percibirá también que éstas se han manifestado en mí. Incluso si se encuentra física o espiritualmente muerto, podrá resucitar su vida y su conciencia por medio de la Conciencia Crística y de ese modo revivir su cuerpo muerto, o elevar su alma por encima del sueño de la muerte y ascender al celestial reino de Dios, o resucitar espiritualmente su conciencia de la dominación que ejerce el engaño hasta lograr experimentar la Conciencia Cósmica. Aquellas almas avanzadas que aprendan a percibir en forma permanente la vida eterna, tal como se halla encarnada en mí, y que crean en la Conciencia Crística manifestada en mí y en ellos, y que comulguen con dicha Conciencia, trascenderán la muerte a la que están sometidos los mortales: jamás volverán a ser obligados a reencarnar ni a experimentar la consiguiente e indigna transición de la muerte por la que ha de atravesar el cuerpo físico. ¿Crees en todo esto que te digo?».

Cada vez que Jesús dice *«yo soy»,* lo hace basándose en la percepción de que su alma es una con la Conciencia Crística[6]. En contraposición, si una persona común y corriente dice «yo soy» está haciendo referencia a su cuerpo, a su conciencia del ego y a sus posesiones físicas y logros intelectuales, como cuando dice, por ejemplo: «soy fuerte», «soy rico» o «soy especialista en literatura o en filosofía». Al decir «estoy enfermo» o «estoy lleno de vitalidad», se está refiriendo a su vida como si ésta se limitara sólo a las condiciones en que se halla su cuerpo físico.

Cuando Jesús afirma *«Yo soy la resurrección»,* sus palabras significan: «Yo soy la Conciencia Crística en la cual las almas resucitan desde un estado inferior de conciencia a un estado más elevado de desarrollo interior». Cuando dice «Yo soy la vida», no existe ni un ápice de egoísmo en esta declaración, con la cual expresa que experimenta lo siguiente: «Mi vida es una con la Vida Cósmica de todo cuanto existe; por medio de ella, yo siento que todas las criaturas vivientes nacen de mí y duermen en mí»[7].

«El que cree en mí» no es una alusión a quienes simplemente creen en la existencia física y las obras de Jesús, sino a aquellos devotos avanzados que han comenzado a experimentar la expansión de su conciencia para alcanzar la Conciencia Crística omnipresente.

«Aunque muera» es una referencia tanto a la muerte física como a la muerte espiritual; *«vivirá»* es una alusión a la resurrección del cuerpo físico que vuelve a la vida, o a la resurrección del alma que asciende desde una esfera inferior de conciencia hacia una esfera más elevada.

Quien se halla en sintonía con la Conciencia Crística vence tanto la muerte física como la espiritual

Quien se halla en sintonía con la Conciencia Crística puede revivir su cuerpo muerto y reaparecer en ese mismo cuerpo si así lo desea. Sin embargo, reparar y reanimar el mismo terrón de arcilla muerto es una complicación innecesaria que exige, también innecesariamente, la conservación de las ilimitadas sustancias creativas de la vida. A no ser

[6] Véase el comentario acerca de un uso similar de «yo soy» en *Juan* 6:35, *«Yo soy el pan de vida»* (discurso 43, volumen II), y en *Juan* 8:12, *«Yo soy la luz del mundo»* (discurso 51, volumen II). Jesús hablaba de modo impersonal desde su ego divino o conciencia humana espiritualizada, que era una con la infinita Conciencia Crística y con su presencia que impregna toda la manifestación vibratoria.

[7] Hablando desde el mismo estado de conciencia universal, Bhagavan Krishna declaró de modo similar: «Comprende, ¡oh Arjuna!, que mi naturaleza superior y diferente (Para-Prakriti) es el *jiva* —la autoconciencia y el principio vital— que sostiene el cosmos» *(God Talks With Arjuna: The Bhagavad Gita* VII:5. Véase *El Yoga del Bhagavad Guita).*

que los impulse un propósito específico excepcional, los maestros resucitados prefieren crear un nuevo cuerpo igual al de su forma física desechada, y fiel a su imagen anterior en todos sus pormenores materiales, tal como lo fue la manifestación viviente de mi maestro Sri Yukteswarji cuando apareció ante mí después de su muerte[8].

Aquel que en forma temporal se encuentra espiritualmente muerto en el sueño del engaño puede recobrar la unidad de su alma con la Conciencia Crística a través de sus esfuerzos divinos.

«Todo el que vive y cree en mí» es una referencia a todo aquel que comulga de modo permanente con la Conciencia Crística presente en su interior y que, por consiguiente, cree o está convencido de que la Conciencia Crística inmortal se encuentra por igual tanto en él mismo como en Jesús.

«No morirá jamás» es una alusión tanto a la muerte física como a la espiritual. Todas las almas que pueden comulgar de manera permanente con la Conciencia Crística jamás conocen la muerte espiritual causada por la ignorancia, ni experimentan la muerte física característica de las reencarnaciones forzosas. Las almas identificadas con el cuerpo crean deseos humanos que las obligan a regresar a la tierra numerosas veces, hasta que logran consumir sus deseos. En cambio, toda alma liberada —la que ha superado los deseos materiales— se convierte en *«columna»* en la mansión de Dios y *«ya no saldrá de allí»*, pues se le exime de los rigurosos ciclos alternantes de nacimientos y muertes. Por su parte, las almas que hayan alcanzado la unidad con la Conciencia Crística jamás padecerán la muerte de la sabiduría causada por la ignorancia[9], aunque vivan y se relacionen con las multitudes sumidas en el engaño.

Siendo Marta una discípula avanzada que se encontraba en sintonía con Jesús, comprendió a qué se refería él cuando expresó: *«Yo soy la resurrección y la vida»**, y por ello, a diferencia de los creyentes comunes espiritualmente ciegos, ella confirmó desde su estado de comunión divina las palabras de Jesús: «Sí, Señor, yo creo que tú eres el Cristo, el Hijo de Dios que se ha manifestado en el cuerpo llamado Jesús».

---

[8] Véase *Autobiografía de un yogui*, capítulo 43, «La resurrección de Sri Yukteswar».

[9] Compárese con el comentario sobre *Juan* 8:51 que aparece en el discurso 51 (volumen II): *«En verdad, en verdad os digo que si alguno guarda mi palabra* (permanece continuamente inmerso en la Conciencia Crística), *no gustará la muerte jamás»*.

~

«Dicho esto, fue a llamar a su hermana María y le dijo al oído: "El Maestro está ahí y te llama". Ella, en cuanto lo oyó, se levantó rápidamente y fue a su encuentro. Jesús todavía no había llegado al pueblo; seguía en el lugar donde Marta lo había encontrado. Los judíos que estaban con María en casa consolándola, al ver que se levantaba rápidamente y salía, la siguieron pensando que iba al sepulcro para llorar allí.

»Cuando María llegó donde estaba Jesús y lo vio, cayó a sus pies y le dijo: "Señor, si hubieras estado aquí, mi hermano no habría muerto". Viéndola llorar Jesús y observando que también lloraban los judíos que la acompañaban, se conmovió interiormente, se turbó y preguntó: "¿Dónde lo habéis puesto?". Le respondieron: "Señor, ven y lo verás". Jesús se conmovió entre lágrimas. Los judíos comentaron entonces: "Mirad cómo le quería". Pero algunos de ellos dijeron: "Éste, que abrió los ojos del ciego, ¿no podía haber hecho que éste no muriera?". Entonces Jesús se conmovió de nuevo en su interior y fue al sepulcro. Era una cueva, y tenía puesta encima una piedra» (*Juan* 11:28-38).

Cuando Jesús, cuya naturaleza era tanto humana como divina, vio a María y a sus acompañantes llorando, la compasión universal de su magnánimo espíritu percibió las vibraciones del dolor de ellos. Jesús no lloró porque se sintiera emocionalmente abrumado por la tristeza, sino porque su corazón tierno y divinamente sensible percibió el inconsolable dolor que experimentaban sus amadas discípulas Marta y María y los amigos de ellas.

La compasión es una expansión natural del amor de Dios en aquellos que han comenzado a experimentar la Conciencia Crística. La misericordia es el latido del corazón de esa gran conciencia, un sentimiento que debería ser cultivado con toda constancia hasta que brote del interior de nuestro ser en forma de compasión crística: el anhelo de dar solaz y consuelo a quienes están afligidos o padecen dolor.

~

«Dijo Jesús: "Quitad la piedra". Marta, la hermana del muerto, le advirtió: "Señor, ya huele; es el cuarto día". Replicó

Jesús: "¿No te he dicho que, si crees, verás la gloria de Dios?"» (*Juan* 11:39-40).

«¿Acaso no te he hecho sentir las vibraciones de mi voluntad divina y te he dicho que, si estás convencida de que la omnipotente Conciencia Crística está presente en mí, podrás contemplar el poder y la gloria de la Conciencia Cósmica que ahora se manifestarán?».

La alusión que Jesús hace a *«la gloria de Dios»* no significa que Dios, mediante un despliegue de su gloria, busque el reconocimiento del hombre, sino que a los devotos avanzados en la fe y en la virtud Él les concede presenciar una demostración privilegiada mediante la cual pueden contemplar la gloria o manifestación activa del poder divino sobre la tierra.

~

«Quitaron, pues, la piedra. Entonces Jesús levantó los ojos a lo alto y dijo:

»"Padre, te doy gracias por haberme escuchado. Bien sé que Tú siempre me escuchas; pero lo he dicho por éstos que me rodean, para que crean que Tú me has enviado"» (*Juan* 11:41-42).

«¡Oh Padre eternamente consciente, eternamente sabio y eternamente accesible, oh infinita Conciencia Cósmica!, te doy gracias por haber hecho vibrar tu poder absoluto en la Conciencia Crística que mora en mí. Sin sombra de duda yo sé, intuitivamente y con toda certeza, que Tú siempre haces vibrar la omnipotencia de tu Conciencia Cósmica en respuesta a los divinos deseos vibratorios de mi Inteligencia Crística; sin embargo, para beneficio de los que están a mi alrededor, he declarado que Tú has oído mi ruego, a fin de que pudiesen saber que mi Conciencia Crística es el reflejo de tu Conciencia Cósmica, que por tu deseo soberano se ha manifestado en este cuerpo llamado Jesús».

Cuando Jesús dice: *«Padre, te doy gracias por haberme escuchado»*, él le está enseñando a la humanidad entera que Dios no sólo es Espíritu impersonal, sino también un Padre cálidamente personal que responde a la devoción de aquellos que le aman. La bondad que el padre humano prodiga a sus hijos no es sino un reflejo limitado de la infinita bondad del Padre Celestial. Por lo tanto, ¡cuánto más amoroso es el Padre Celestial con todos sus hijos humanos! Cuando Jesús afirma: «*Bien sé que Tú siempre me escuchas*», sus palabras significan que la Inteligencia Crística, que él percibía dentro de su propio ser, dirige de modo inteligente el funcionamiento de toda la creación por medio del poder que recibe de la Conciencia Cósmica. «*Siempre*» indica que por toda la eternidad la Conciencia Crística lleva a cabo en el universo la voluntad de la Conciencia Cósmica.

Jesús se dirige a Dios como a un Padre cálidamente personal y supremamente bondadoso

~

«Dicho esto, gritó con fuerte voz: "¡Lázaro, sal afuera!". El muerto salió, atado de pies y manos con vendas y envuelto el rostro en un sudario. Jesús les dijo: "Desatadlo y dejadle andar"» (*Juan* 11:43-44).

«¡Oh alma desencarnada de Lázaro, reaparece en el cuerpo que ha sido sanado por la Energía Cósmica de Dios!».

La orden perentoria de Jesús —«*¡Lázaro, sal afuera!*»— estaba reforzada por el dominio que él ejercía sobre las leyes divinas ocultas que aplicó para llevar a cabo esta suprema proeza de curación. Al realizar este prodigio, Jesús demostró que la muerte no constituye el terrible final al que las personas mundanas temen, y que incluso los decretos aparentemente irreversibles del karma están sujetos a mitigación por la gracia de Dios y de los santos que han alcanzado la unión con Él. Jesús permitió que el karma de Lázaro siguiese su curso establecido y, a pesar de enterarse de que su discípulo se hallaba gravemente enfermo, «*permaneció dos días más en el lugar donde se encontraba*», hasta después de que Lázaro falleció. Habiéndose cumplido de este modo el mandato de la ley kármica, Jesús acudió para llevar a cabo el milagro de la resurrección.

El proceso científico mediante el cual Jesús revivió a Lázaro

Cuando Jesús llegó a Betania, el cuerpo de Lázaro había ya comenzado el proceso de descomposición, pues era «*el cuarto día*». Por lo tanto, resultaba necesario cubrir varias etapas para revertir ese proceso. Primero, Jesús estableció contacto con Lázaro en el mundo astral, a fin de pedirle que regresara. Luego, proyectando su propia conciencia (divinamente invulnerable) hacia el cuerpo muerto de Lázaro, tomó sobre sí mismo —absorbió y neutralizó— la fuerza del karma específico que había obligado al alma de Lázaro a abandonar su cuerpo. Una vez que la huella kármica de la muerte grabada en las células corporales dejó de tener efecto, Jesús pudo ordenarle a la Energía Cósmica, por medio de su voluntad unida a la voluntad de Dios, que restableciese la viabilidad de las células, de manera que estuviesen en condiciones de albergar nuevamente un alma viviente dotada de las facultades de vida y conciencia, tanto astrales como causales. Finalmente, invitó al alma de Lázaro a habitar una vez más en su residencia carnal renovada que, de hecho, Jesús resucitó del estado de materia inerte al restituirle los poderes del conocimiento y de la acción, así como la mente y la energía, que habían abandonado esa residencia con la partida de los cuerpos astral y causal. *«El muerto salió, atado de pies y manos con vendas y envuelto el rostro en un sudario. Jesús les dijo: "Desatadlo y dejadle andar"».*

Jesús llevó a cabo esta curación no sólo porque sentía compasión de sus amadas discípulas Marta y María, sino con el propósito de demostrar una vez más que en el interior de cada alma se encuentra latente el poder para vencer toda condición mortal restrictiva y que no existe un destino irrevocable.

~

«Muchos de los judíos que habían venido a casa de María, viendo lo que había hecho, creyeron en él. Pero algunos de ellos fueron a los fariseos y les contaron lo que había hecho Jesús. Entonces los sumos sacerdotes y los fariseos convocaron consejo y se preguntaban: "¿Qué hacemos? Es cierto que este hombre realiza muchos signos. Si le dejamos que siga así, todos creerán en él, y vendrán los romanos y destruirán nuestro Lugar Santo y nuestra nación". Pero uno de ellos, Caifás, que era el Sumo Sacerdote aquel año, les dijo: "Vosotros no sabéis nada, ni caéis en la cuenta de que conviene que muera uno solo por el pueblo, y así no perezca toda la nación". Esto no lo dijo por su propia cuenta, sino que, como era Sumo Sacerdote aquel año, profetizó que Jesús iba a morir por la nación —y no sólo por la nación, sino también para reunir en uno a los hijos de Dios que estaban dispersos—. Desde ese día, se pusieron de acuerdo para matarlo.

Por eso, Jesús no andaba ya en público entre los judíos, sino que se retiró a la región cercana a la estepa, a un pueblo llamado Efraín, donde se estableció con sus discípulos.

»*Como estaba cerca la Pascua de los judíos, muchos del país habían subido a Jerusalén para purificarse. La gente buscaba a Jesús, y los que estaban en el Templo se preguntaban:* “*¿Qué* os *parece? ¿No vendrá a la fiesta?*”. *Los sumos sacerdotes y los fariseos habían dado órdenes de que, si alguno sabía dónde estaba, lo notificara para detenerle*» (*Juan* 11:45-57).

DISCURSO 61

«El Reino de Dios está dentro de vosotros»

Las enseñanzas de Jesús acerca del reino de Dios: el núcleo del mensaje que Jesucristo impartió al mundo

❖

La Conciencia Cósmica se halla oculta tanto en nuestro interior como más allá de las capas constituidas por la materia, la energía y el pensamiento

❖

Para hallar el Cielo es preciso dirigir la atención hacia el reino interior y enfocarla en los centros cerebroespinales de la conciencia espiritual

❖

Raja Yoga: la ciencia regia para experimentar el reino de Dios dentro de nuestro propio ser

❖

Por medio de la meditación el devoto accede a la infinitud interior del reino de Dios

❖

El reino divino del gozo supremo es el derecho de nacimiento de toda alma

«Una vez que el hombre se ha establecido en ese reino interior de conciencia divina, la ya despierta percepción intuitiva del alma rasga los velos de la materia, de la energía vital y de la conciencia, dejando al descubierto la esencia de Dios que se encuentra presente en el corazón de todas las cosas».

«¿Quién de vosotros, si tiene un siervo arando o pastoreando, le dice cuando regresa del campo: "Pasa al momento y ponte a la mesa"? ¿No le dirá más bien: "Prepárame algo para cenar y cíñete para servirme; y, después que yo haya comido y bebido, entonces comerás y beberás tú"? ¿Acaso tiene que dar las gracias al siervo porque hizo lo que le mandaron? De igual modo vosotros, cuando hayáis hecho todo lo que os han mandado, decid: "No somos más que unos pobres siervos; sólo hemos hecho lo que teníamos que hacer"».

De camino a Jerusalén, pasó por los confines entre Samaría y Galilea. Al entrar en un pueblo, salieron a su encuentro diez hombres leprosos, que se pararon a distancia y, levantando la voz, dijeron: «¡Jesús, Maestro, ten compasión de nosotros!». Al verlos, les dijo: «Id y presentaos a los sacerdotes». Y resulta que, mientras iban, quedaron limpios. Uno de ellos, viéndose curado, se volvió alabando a Dios en alta voz, y, postrándose rostro en tierra a los pies de Jesús, le dio las gracias. Era un samaritano. Dijo entonces Jesús: «¿No quedaron limpios los diez? ¿Dónde están los otros nueve? ¿No ha habido quien volviera a dar gloria a Dios, sino este extranjero?». Y añadió: «Levántate y vete; tu fe te ha salvado».

Al preguntarle los fariseos cuándo llegaría el Reino de Dios, les respondió: «El Reino de Dios no vendrá con observación, ni se dirá: "Vedlo aquí o allá", porque, mirad, el Reino de Dios está dentro de vosotros».*

Lucas 17:7-21[1]

[1] El resto del capítulo 17 del Evangelio de San Lucas (versículos 22-37) tiene su paralelo en el capítulo 24 del Evangelio de San Mateo y se comenta en ese contexto en el discurso 67.

Les propuso una parábola para inculcarles que era preciso orar siempre sin desfallecer: «Había en un pueblo un juez que ni temía a Dios ni respetaba a los hombres. Había en aquel mismo pueblo una viuda que acudió a él y le dijo: "¡Hazme justicia contra mi adversario!". Durante mucho tiempo no quiso, pero después se dijo a sí mismo: "Aunque no temo a Dios ni respeto a los hombres, como esta viuda me causa molestias, le voy a hacer justicia para que deje de importunarme de una vez"».

Y añadió el Señor: «Ya oís lo que dijo el juez injusto. ¿No hará entonces Dios justicia a sus elegidos, que están clamando a Él día y noche? ¿Les hará esperar? Os digo que les hará justicia pronto. Pero, cuando el Hijo del hombre venga, ¿encontrará la fe sobre la tierra?».

Dijo la siguiente parábola a algunos que se tenían por justos y despreciaban a los demás: «Dos hombres subieron al templo a orar: uno fariseo y otro publicano. El fariseo, de pie, oraba en su interior de esta manera: "¡Oh Dios! Te doy gracias porque no soy como los demás hombres: rapaz, injusto y adúltero; ni tampoco como este publicano. Ayuno dos veces por semana y doy el diezmo de todas mis ganancias". En cambio el publicano, manteniéndose a distancia, no se atrevía ni a alzar los ojos al cielo, sino que se golpeaba el pecho y decía: "¡Oh Dios! ¡Ten compasión de mí, que soy pecador!". Os digo que éste regresó a su casa justificado, y aquél no. Porque todo el que se ensalce será humillado, y el que se humille será ensalzado».

Lucas 18:1-14

DISCURSO 61

«El Reino de Dios está dentro de vosotros»

«¿Quién de vosotros, si tiene un siervo arando o pastoreando, le dice cuando regresa del campo: "Pasa al momento y ponte a la mesa"? ¿No le dirá más bien: "Prepárame algo para cenar y cíñete para servirme; y, después que yo haya comido y bebido, entonces comerás y beberás tú"? ¿Acaso tiene que dar las gracias al siervo porque hizo lo que le mandaron? De igual modo vosotros, cuando hayáis hecho todo lo que os han mandado, decid: "No somos más que unos pobres siervos; sólo hemos hecho lo que teníamos que hacer"» (*Lucas* 17:7-10).

Jesús hace referencia al principio según el cual ningún devoto debe ufanarse, ni jactarse de su rectitud, ni esperar gratitud y honores del Padre Celestial, sólo porque sigue el sendero divino y obedece sus mandamientos. Comportarse correctamente redunda en su propio beneficio y le conduce a la emancipación; no se trata de un favor que le hace a Dios, sino más bien de una privilegiada e ineludible obligación moral a la que está sujeto el hombre por hallarse bajo el régimen cósmico del Soberano Divino.

~

«De camino a Jerusalén, pasó por los confines entre Samaría y Galilea. Al entrar en un pueblo, salieron a su encuentro diez

hombres leprosos, que se pararon a distancia y, levantando la voz, dijeron: "¡Jesús, Maestro, ten compasión de nosotros!". Al verlos, les dijo: "Id y presentaos a los sacerdotes". Y resulta que, mientras iban, quedaron limpios. Uno de ellos, viéndose curado, se volvió alabando a Dios en alta voz, y, postrándose rostro en tierra a los pies de Jesús, le dio las gracias. Era un samaritano. Dijo entonces Jesús: "¿No quedaron limpios los diez? ¿Dónde están los otros nueve? ¿No ha habido quien volviera a dar gloria a Dios, sino este extranjero?". Y añadió: "Levántate y vete; tu fe te ha salvado"» (*Lucas* 17:11-19).

Jesús hace hincapié en la naturaleza materialista de la mayoría de las personas que, si bien se regocijan de su buena fortuna, muestran falta de consideración y de reconocimiento hacia el Dador, incluso cuando son beneficiarias de regalos providenciales. ¡Imagínatelo!: de los diez leprosos que fueron bendecidos con la curación instantánea de su insidiosa enfermedad mediante el poder divino que se hallaba en Jesús, ¡sólo uno se sintió impulsado a expresar la debida gratitud!

Los judíos puristas de la época de Jesús se conceptuaban espiritualmente superiores a sus contemporáneos y consideraban que sus tradiciones religiosas también eran mucho mejores que las de los demás. Por esa razón Jesús puso de relieve el hecho de que fue un *«extranjero»* a dichas tradiciones —un samaritano de «baja casta», de raza y costumbres mixtas[2]— el que había tenido la sensibilidad espiritual de mostrar agradecimiento a Jesús y glorificar a Dios.

~

*«Al preguntarle los fariseos cuándo llegaría el Reino de Dios, les respondió: "El Reino de Dios no vendrá con observación, ni se dirá: 'Vedlo aquí o allá', porque, mirad, el Reino de Dios está dentro de vosotros"»** (*Lucas* 17:20-21).

Jesús se dirige en estos términos al ser humano en su aspecto de eterno buscador de la felicidad perdurable y de la liberación de todo sufrimiento: «El reino de Dios —el reino de la eterna, inmutable, siempre renovada y gozosa Conciencia Cósmica— está dentro de ti.

[2] Véase también el comentario sobre *Juan* 4:5-10 en el discurso 17 (volumen I).

Contempla tu alma como un reflejo del Espíritu inmortal y descubrirás que tu Ser abarca el imperio infinito de amor divino, sabiduría divina y bienaventuranza divina que está presente en cada partícula de la creación vibratoria, así como en el Absoluto Trascendental no vibratorio».

Las enseñanzas de Jesús acerca del reino de Dios: el núcleo del mensaje que Jesucristo impartió al mundo

Podría afirmarse que las enseñanzas de Jesús acerca del reino de Dios —a veces en lenguaje directo y a veces en forma de parábolas plenas de significado metafísico— son el núcleo del mensaje completo que él impartió. El Evangelio deja constancia de que, en el comienzo mismo de su ministerio público, «*marchó Jesús a Galilea; y proclamaba la Buena Nueva [del Reino] de Dios*». Su exhortación a «buscar primero el Reino de Dios» constituye el tema central de su Sermón del Monte. La única oración que —según se sabe— dio a sus discípulos eleva una súplica a Dios: «*Venga tu Reino*». Una y otra vez se refirió al reino del Padre Celestial y al método para alcanzarlo:

«*El que no nazca de agua y de Espíritu no puede entrar en el Reino de Dios*»[3].

«*Esforzaos por entrar por la puerta estrecha, porque os digo que muchos pretenderán entrar y no podrán*»[4].

«*Nadie ha subido al cielo, sino el que bajó del cielo: el Hijo del hombre, que está en el cielo*. Y, del mismo modo que Moisés elevó la serpiente en el desierto, así tiene que ser elevado el Hijo del hombre*»[5].

«*Y si tu ojo te es ocasión de tropiezo, sácatelo; más vale que entres con un solo ojo en el Reino de Dios que ser arrojado con los dos ojos a la Gehenna*»[6].

«*Yo soy la puerta. Si uno entra por mí, estará a salvo; entrará y saldrá, y encontrará pasto*»[7].

«*Yo soy el Camino, la Verdad y la Vida. Nadie va al Padre sino por mí*»[8].

Tomadas en conjunto, estas y otras declaraciones de Jesús

[3] *Juan* 3:5. (Véase el discurso 13, en el volumen I).

[4] *Lucas* 13:24. (Véase el discurso 57).

[5] *Juan* 3:13-14. (Véase el discurso 14, en el volumen I).

[6] *Marcos* 9:47. (Véase el discurso 48, en el volumen II).

[7] *Juan* 10:9. (Véase el discurso 52, en el volumen II).

[8] *Juan* 14:6. (Véase el discurso 70).

referidas al reino de Dios permiten comprender de modo más amplio la sencilla afirmación, expresada en estos versículos, acerca de que el reino de Dios no podrá hallarse mediante la «observación» —la utilización de los sentidos de la vista, el oído, el olfato, el gusto y el tacto sintonizados con la materia—, sino por medio del recogimiento interior de la conciencia con el fin de percibir la Divina Realidad «dentro de vosotros».

«El reino de Dios no llega en respuesta a la observación sensorial, ni puede ser hallado por quienes dicen: "Mira, está aquí o allá, en algún lugar entre las nubes". Concéntrate, más bien, en tu interior y hallarás la esfera de la conciencia de Dios oculta detrás de la conciencia material».

Mucha gente supone que el cielo es un lugar físico, un remoto punto del espacio situado por encima de la atmósfera o más allá de las estrellas. Otros interpretan las afirmaciones de Jesús acerca del advenimiento del reino de Dios como una referencia a la llegada de un Mesías que establecerá y gobernará un reino divino en la tierra. De hecho, el reino de Dios y el reino de los cielos constan, respectivamente, de las infinitudes trascendentales de la Conciencia Cósmica y de los celestiales reinos causal y astral de la creación vibratoria, los cuales son mucho más sutiles y están más armonizados con la voluntad de Dios que las vibraciones físicas cuyo agrupamiento da lugar a los planetas, al aire y al ambiente terrenal[9].

La Conciencia Cósmica se halla oculta tanto en nuestro interior como más allá de las capas constituidas por la materia, la energía y el pensamiento

Los objetos materiales que conocemos en forma de sensaciones de la vista, el oído, el olfato, el gusto y el tacto son el producto de la interacción de fuerzas que se originan y existen más allá de la capacidad de observación de la conciencia humana. El origen primigenio de todos los objetos y vibraciones materiales se encuentra en la Conciencia Cósmica. La materia es energía física condensada, la energía física es energía astral condensada, y ésta, a su vez, es la fuerza condensada del pensamiento original de Dios. Por consiguiente, la Conciencia Cósmica se halla oculta tanto en el interior como más allá de las capas constituidas por la materia, la energía física, la energía astral y el pensamiento o conciencia.

---

[9] Véase el discurso 37 (volumen II), donde se hallará la explicación del significado de *«el reino de Dios»* y *«el reino de los cielos»*, utilizados como conceptos específicos o también como conceptos intercambiables.

Lo mismo que ocurre en el macrocosmos sucede también en el microcosmos del cuerpo humano: la Conciencia Cósmica, cuyo rasgo característico es el gozo siempre renovado y la inmortalidad, es la que ha creado la conciencia humana y, por lo tanto, se encuentra dentro de ella. Cada alma fue concebida a partir de la infinita Conciencia Cósmica; estas ideaciones individuales del pensamiento de Dios fueron revestidas con otras dos cubiertas de manifestación externa, mediante la condensación de las fuerzas magnéticas causales propias de la conciencia, a fin de engendrar el cuerpo astral de energía vital luminosa y el cuerpo mortal de carne y hueso.

Así pues, el reino de Dios no está separado del reino de la materia, sino que se halla tanto en su interior —lo impregna sutilmente, dado que es su origen y sostén— como fuera de él, en las mansiones infinitas del Padre, más allá del limitado cosmos físico[10].

Por eso, Jesús señaló que es en vano buscar el Cielo con la conciencia enfocada en las vibraciones materiales e identificada con las sensaciones y placeres corporales y las comodidades terrenales[11]. En el

---

[10] «Si os dicen vuestros guías: "Mirad, el Reino está en el cielo", entonces los pájaros del cielo os precederán. Si os dicen: "Está en el mar", entonces los peces os precederán. Pero el Reino está dentro de vosotros y está fuera de vosotros. Cuando os lleguéis a conocer, entonces seréis conocidos y sabréis que vosotros sois los hijos del Padre Viviente. Pero si vosotros no os conocéis, entonces vosotros estáis en la pobreza y vosotros sois la pobreza» (*Evangelio de Tomás,* versículo 3, citado de la obra de Antonio Piñero y col., *Textos gnósticos: Biblioteca de Nag Hammadi* Vol. II [Trotta, Madrid, 1999]).

«Sus discípulos le dijeron: "[...] ¿Qué día vendrá el mundo nuevo?". Les dijo: "Lo que esperáis ha llegado, pero vosotros no lo conocéis"» *(Evangelio de Tomás,* versículo 51, *op. cit.).*

«Sus discípulos le dijeron: "¿Qué día vendrá el reino?". (Jesús dijo:) "No vendrá en expectativa, ni dirán: 'Mirad aquí' o 'mirad allá'; sino que el Reino del Padre está difundido sobre la tierra y los hombres no lo ven"» *(Evangelio de Tomás,* versículo 113, *op. cit.). (Nota del editor).*

[11] Entre los evangelios no canónicos que han perdurado del primer período de la era cristiana, hay un manuscrito incompleto conocido como «Diálogo del Salvador», escrito alrededor del año 150 d. C. y que permaneció perdido hasta el hallazgo de los manuscritos de Nag Hammadi, ocurrido en 1945 (véase la nota 4 al pie de la página 79 s., en el volumen I). La traducción que se encuentra en *Textos gnósticos: Biblioteca de Nag Hammadi* Vol. II incluye el siguiente pasaje (132:27-30):

«Mateo dijo: "Señor, deseo ver ese lugar de vida, ese lugar que no tiene tinieblas, sino luz pura".

»Dijo el Señor: "Hermano Mateo, no podrás verlo en tanto estés revestido de carne".

»Mateo dijo: "Señor, aunque no pueda verlo, permíteme conocerlo".

»Dijo el Señor: "Todo aquel que se ha conocido a sí mismo lo ha visto"». *(Nota del editor).*

reino de la materia y de la conciencia corporal, el ser humano padece enfermedades y sufrimiento físico y mental; si, por el contrario, dirige su atención hacia el reino interior, halla al Confortador, el Espíritu Santo o Vibración Cósmica de *Om,* manifestado en los sutiles centros cerebroespinales de la conciencia espiritual. Dejarse llevar por la corriente de la conciencia material que fluye hacia el exterior implica ser arrastrado inexorablemente hacia el Hades del reino de Satanás, la esfera de los apegos y limitaciones terrenales del cuerpo mortal; en cambio, meditar en *Om* para seguir la corriente de la conciencia que fluye hacia el interior es alcanzar el bienaventurado reino de Dios que se encuentra más allá del opaco obstáculo del cuerpo físico.

Para hallar el Cielo es preciso dirigir la atención hacia el reino interior y enfocarla en los centros cerebroespinales de la conciencia espiritual

La comunión con el santo Confortador brinda la sintonía con la Conciencia Crística que mora en el cuerpo como el alma siempre perfecta. Al comulgar aún más profundamente con la Conciencia Crística, se llega a experimentar la unidad del alma con el Espíritu omnipresente: el pequeño Ser se expande hasta alcanzar la magnitud de su Ser infinito y abarca así el ilimitado reino divino de la Dicha siempre existente, siempre consciente y eternamente renovada.

El reino de Dios aguarda ser descubierto por aquellas almas que, hallándose confinadas en el cuerpo, ahondan en la meditación para trascender la conciencia humana y alcanzar los estados sucesivamente más elevados de la supraconciencia, la Conciencia Crística y la Conciencia Cósmica. Quienes meditan con profundidad, concentrándose intensamente en el silencio interior (el estado en que los pensamientos se encuentran neutralizados), retiran su mente de los objetos materiales percibidos a través de la vista, el oído, el olfato, el gusto y el tacto —es decir, de toda sensación corporal e inquietud mental perturbadora—. En esa concentrada quietud interior, descubren un inefable sentimiento de paz. La paz es la primera vislumbre del reino interior de Dios.

Los devotos que pueden lograr a voluntad ese recogimiento interior de la mente y concentrarse por completo en el sentimiento de paz resultante lograrán con toda certeza entrar al reino de la conciencia de Dios. Esta percepción se transforma poco a poco en omnipresencia, omnisciencia, dicha siempre renovada y visiones de los reinos de luz eterna por los cuales se desplazan, en el seno de Dios, todas las almas liberadas, materializándose y desmaterializándose a voluntad. Nadie puede entrar en ese reino de la Conciencia Cósmica a no ser que sea capaz de penetrar en su conciencia hasta lo más profundo de su ser, a través de los portales de la concentración y meditación fervientes. Por ese motivo, Jesús afirmó de manera inequívoca: *«El Reino de Dios está dentro de vosotros»**, es decir, en los estados trascendentes de las percepciones del alma.

Raja Yoga: *la ciencia regia para experimentar el reino de Dios dentro de nuestro propio ser*

Existe una bella concordancia entre las enseñanzas de Jesucristo relativas a entrar en el «Reino de Dios que está dentro de vosotros» y las enseñanzas del yoga expuestas en el *Bhagavad Guita* por el Señor Krishna acerca de devolverle al Rey Alma —el reflejo de Dios en el ser humano— su justa potestad sobre el reino corporal y su plena realización de los celestiales estados de conciencia espiritual[12]. Una vez que el hombre se ha establecido en ese reino interior de conciencia divina, la ya despierta percepción intuitiva del alma rasga los velos de la materia, de la energía vital y de la conciencia, dejando al descubierto la esencia de Dios que se encuentra presente en el corazón de todas las cosas.

> «Él reside en el mundo y envuelve todo por doquier; sus manos y pies están presentes en todas partes, al igual que sus ojos, oídos, bocas y cabezas; resplandece en todas las facultades sensorias y, sin embargo, trasciende los sentidos; permanece desapegado de la creación y, no obstante, es el Fundamento de todo; está libre de las *gunas* (modalidades de la naturaleza) y, sin embargo, disfruta de todas ellas.
>
> »Él está dentro y fuera de todo cuanto existe —animado e inanimado—; es cercano y a la vez lejano; es imperceptible por ser tan sutil.
>
> »Él, el Indivisible, se manifiesta en forma de incontables seres; Él los conserva y los destruye, y de nuevo los crea.
>
> »La Luz de todas las Luces, más allá de las tinieblas, el Conocimiento mismo, Aquello que debe conocerse y la Meta de todo saber, Él mora en el corazón de todos»[13].

---

12 Véase el capítulo 1 de *God Talks With Arjuna: The Bhagavad Gita,* donde se analiza en forma detallada esta analogía espiritual.

13 *God Talks With Arjuna: The Bhagavad Gita* XIII:13-17. (Véase *El Yoga del Bhagavad Guita*).

Jesús orando en el recogimiento interior de la meditación

«El Reino de Dios no vendrá con observación, *ni se dirá: "Vedlo aquí o allá", porque, mirad, el* Reino de Dios está dentro de vosotros»*.

Lucas 17:20-21

El reino de Dios aguarda ser descubierto por aquellas almas que [...] ahondan en la meditación [...]. Los devotos que pueden lograr a voluntad ese recogimiento interior de la mente y concentrarse por completo en el sentimiento de paz resultante lograrán con toda certeza entrar al reino de la conciencia de Dios. Esta percepción se transforma poco a poco en omnipresencia, omnisciencia, dicha siempre renovada [...].

Nadie puede entrar en ese reino de la Conciencia Cósmica a no ser que sea capaz de penetrar en su conciencia hasta lo más profundo de su ser, a través de los portales de la concentración y meditación fervientes. Por ese motivo, Jesús afirmó de manera inequívoca: «El Reino de Dios está dentro de vosotros»*, *es decir, en los estados trascendentes de las percepciones del alma. [...]*

El Raja Yoga, *el camino regio de la unión con Dios, es la ciencia de la auténtica realización del reino de Dios que está dentro de cada ser. Gracias a la práctica de las sagradas técnicas yóguicas de recogimiento interior recibidas de un verdadero gurú durante la iniciación, es posible hallar dicho reino mediante el despertar de los centros astrales y causales de fuerza vital y conciencia que se encuentran en la espina dorsal y el cerebro, y que son las puertas de acceso a las regiones celestiales de conciencia trascendente.*

Paramahansa Yogananda

Pintura: V. V. Sapar

El *Raja Yoga,* el camino regio de la unión con Dios, es la ciencia de la auténtica realización del reino de Dios que está dentro de cada ser. Gracias a la práctica de las sagradas técnicas yóguicas de recogimiento interior recibidas de un verdadero gurú durante la iniciación, es posible hallar dicho reino mediante el despertar de los centros astrales y causales de fuerza vital y conciencia que se encuentran en la espina dorsal y el cerebro, y que son las puertas de acceso a las regiones celestiales de conciencia trascendente. Quien logra despertar dichos centros conoce al Dios omnipresente, tanto en su Naturaleza Infinita como en la pureza de su propia alma e incluso bajo el manto ilusorio de las mutables formas y fuerzas de la materia.

Patanjali, el más destacado de los antiguos exponentes del *Raja Yoga* en la India, formuló los ocho pasos que han de seguirse para ascender al reino de Dios que se encuentra dentro del propio ser.

1. *Yama,* la conducta moral: evitar el daño a los demás y la falsedad y el hurto y la inmoderación y la codicia.
2. *Niyama:* la pureza de cuerpo y mente, el contentamiento en toda circunstancia, la autodisciplina, la introspección (contemplación) y la devoción a Dios.

Estos dos primeros pasos conducen al autocontrol y a la calma mental.

3. *Asana:* la disciplina del cuerpo, de modo que pueda adoptar y mantener la postura correcta para la meditación sin fatiga ni inquietud física o mental.
4. *Pranayama:* la práctica de técnicas de control de la fuerza vital que calman el corazón y el aliento y eliminan de la mente las distracciones sensoriales.
5. *Pratyahara:* el poder de recoger la mente en el interior y aquietarla por completo, lo cual es resultado de retirar la mente de los sentidos.
6. *Dharana:* el poder de utilizar la mente interiorizada para concentrarse totalmente en Dios en alguno de los aspectos a través de los cuales Él se revela ante la percepción interna del devoto.
7. *Dhyana:* la meditación (cuya profundidad se ha acrecentado por la intensidad de la concentración, *dharana*) que permite concebir la vastedad de Dios y de sus atributos tal como se manifiestan en la expansión ilimitada de la Conciencia Cósmica.
8. *Samadhi,* la unión con Dios: la realización total de la unidad del alma con el Espíritu.

Todos los devotos pueden hallar la puerta que conduce al reino de Dios a través de la concentración en el ojo espiritual, que es el centro de la Conciencia Crística, ubicado a nivel del entrecejo. La meditación profunda y prolongada, tal como la enseña un verdadero gurú, le permite al devoto dejar gradualmente de enfocar la atención en el cuerpo material para hacerlo en el cuerpo astral y, mediante las facultades de percepción astral que han despertado, intuir estados cada vez más profundos de conciencia hasta alcanzar la unidad con la Fuente misma de la conciencia. Al entrar por la puerta del ojo espiritual, deja atrás todo apego a la materia y al cuerpo físico y accede a las infinitudes interiores del reino de Dios.

Por medio de la meditación el devoto accede a la infinitud interior del reino de Dios

Los tejidos del cuerpo físico están constituidos por células; el tejido del cuerpo astral se compone de vitatrones —unidades inteligentes de luz o energía vital—. Cuando el ser humano se encuentra en el estado de apego al cuerpo, caracterizado por la tensión o contracción de la energía vital que se transforma en los componentes atómicos, los vitatrones del cuerpo astral se compactan y permanecen confinados a causa de la identificación con la forma física. A través de la relajación metafísica, la estructura vitatrónica comienza a expandirse: las ataduras de la carne, que mantienen sujeta la identidad, se sueltan. Por medio de la meditación cada vez más profunda, el cuerpo astral de energía se expande y supera los límites del cuerpo físico. Dado que el cuerpo vitatrónico pertenece a una esfera de existencia que no está sometida a la restricción ilusoria del mundo físico tridimensional, tiene la capacidad de unificarse con la Energía Cósmica que impregna el universo entero. Dios en su aspecto de Espíritu Santo (la Vibración Sagrada) es la Luz de la Energía Cósmica; el hombre, hecho a imagen de Dios, está compuesto de dicha luz. Somos esa Luz que se ha compactado y, asimismo, somos esa Luz de nuestro Ser Universal.

Como primer paso para entrar en el reino de Dios, el devoto debe sentarse quieto en la postura correcta de meditación, con la espina dorsal erguida, y tensar y relajar el cuerpo, ya que la relajación libera la conciencia de su confinamiento en los músculos. El yogui comienza con la práctica apropiada de la respiración profunda: inhalando y tensando todo el cuerpo, exhalando y relajando; este procedimiento lo repite varias veces. Con cada exhalación debe desecharse todo movimiento y tensión de los músculos, hasta alcanzar un estado de quietud corporal. Después, mediante la práctica de técnicas de concentración, se elimina la inquietud mental. En el estado de perfecta quietud del cuerpo y de la mente, el yogui disfruta la paz inefable conferida por la presencia del alma. En el templo del cuerpo reside la vida; en el templo de la mente, la luz; en el templo del alma, la paz. Cuanto más profundamente se adentre en el alma, mayor será la paz que sienta: ese estado es la supraconciencia. Cuando por medio de la meditación más profunda el devoto amplía su percepción de la paz, y siente que su conciencia se expande junto con esa paz por el universo entero y que todos los seres así como toda la creación se encuentran inmersos en ella, está entrando entonces en la Conciencia Cósmica. Siente esa paz por doquier —en las flores, en cada ser humano, en la atmósfera—. Ve que la tierra y la totalidad de los mundos flotan como burbujas en ese océano de paz[14].

La paz interior que primero experimenta el devoto en la meditación es su propia alma; la inmensa paz que siente cuando profundiza aún más es Dios. El devoto que experimenta la unidad con todas las cosas ha establecido a Dios en el templo de su infinita percepción interior.

En el templo del silencio,
en el templo de la paz,
te encontraré, te sentiré, te amaré.
Y al altar de mi paz Tú vendrás.

En el templo del *samadhi,*
en el templo de la dicha,
te encontraré, te sentiré, te amaré.
Y al altar de mi dicha Tú vendrás[15].

---

14 «Manteniendo con firmeza la columna vertebral, el cuello y la cabeza en posición erguida e inmóvil, el yogui enfocará la mirada en el punto donde comienza la nariz (el entrecejo) y no mirará en ninguna otra dirección.

»Con serenidad y sin temor alguno, con perseverancia en la práctica de *brahmacharya,* con la mente bajo control, con los pensamientos centrados en Mí, el yogui debe sentarse y meditar en Mí como su Meta Final.

»El yogui que se gobierna a sí mismo —que controla por completo su mente— y, de ese modo, mantiene su alma absorta en la incesante unión meditativa con el Espíritu alcanza la paz de mi Ser: el Nirvana final (la liberación)» *(God Talks With Arjuna: The Bhagavad Gita* VI:13-15. Véase *El Yoga del Bhagavad Guita).*

15 Citado del libro de Paramahansa Yogananda *Cosmic Chants: Spiritualized Songs for Divine Communion* (publicado por *Self-Realization Fellowship*).

Al disiparse los pensamientos inquietos, la mente se convierte de inmediato en un sagrado templo de paz. Dios insinúa su presencia en el templo del silencio y luego en el templo de la paz. El devoto le conoce primero como la paz que fluye de aquel estado mental en que todos los pensamientos se han transformado en sentimiento intuitivo puro; con el amor de su corazón, conmueve al Señor y le siente como gozo; su amor puro persuade a Dios para que se manifieste en el altar de su percepción de la paz. A medida que avanza, el devoto es consciente de Dios no sólo en la meditación, sino que le mantiene en todo momento en el altar de paz de su corazón.

En el templo del *samadhi* —la unidad con esa paz que constituye la primera manifestación de Dios en la meditación—, el devoto descubre un estado de dicha eternamente renovada, un gozo que jamás se extingue. La dicha es un estado mucho más profundo que la paz. Así como una persona muda que bebiera néctar se llenaría de deleite con su ambrosíaco sabor aunque no pudiera describirlo con palabras, así también el éxtasis de la dicha que se percibe en el templo del *samadhi* lleva a quien lo experimenta a un estado de callada elocuencia. Sólo ese gozo puede satisfacer el innato anhelo del corazón humano. Por medio de la paciente y persistente meditación, día tras día y año tras año, el devoto reclama amorosamente de su Señor: «¡Ven a mí como gozo en la unión del *samadhi* y permanece por siempre en mi corazón, en el altar de la dicha!». Cuando en nuestro corazón, y en armonía con los corazones de todos aquellos que aman a Dios en el templo interior del silencio y de la dicha, nos regocijamos en el gozo de nuestro único Bienamado, ese gozo unificado crea un vasto altar de Dios.

Le atañe al hombre como alma practicar ese silencio interior y encontrar a Dios ahora. Mientras emplea sus sentidos en el cumplimiento de las exigencias de la vida diaria, el devoto conserva dentro de su conciencia este pensamiento: «Estoy sentado en el trono de paz del silencio interior». En medio de la actividad, permanece en un estado de recogimiento interno: «Soy el dios del silencio sentado en el trono de cada acción». Su ecuanimidad no se ve afectada por sentimientos ingobernables: «Soy el príncipe del silencio sentado en el trono del equilibrio». Su verdadero Ser, en perfecta armonía con la eternidad, en la vida y en la muerte, expresa con júbilo: «Soy el soberano de la inmortalidad que reina en el trono del silencio. La destrucción del cuerpo, las ofensas del engaño infligidas al alma, los imperativos de la inquietud y las tribulaciones de la vida no son más que dramas que estoy representando y contemplando como un divino entretenimiento. Tal vez actúe por cierto tiempo, pero siempre, desde el refugio de mi silencio interior, observo con el calmado gozo de la inmortalidad el desarrollo del guion de la vida».

Si durante la práctica de la meditación el devoto llama una y otra vez a las puertas del silencio, Dios responderá: «Entra. Te hablé en susurro a través de todos los disfraces de la naturaleza y ahora te digo: soy el Gozo, la Fuente viviente del Gozo. Báñate en mis aguas —lava con esas aguas tus hábitos y purifícate de todo temor—. Forjé un bello sueño para ti; mas, hijo mío, hiciste de él una pesadilla». Dios no desea que sus hijos continúen siendo hijos pródigos, sino que representen sus papeles en la vida como inmortales, a fin de que al abandonar el escenario de esta tierra puedan decir: «Padre, fue un hermoso espectáculo, pero ahora estoy listo para regresar a mi Hogar».

El reino divino del gozo supremo es el derecho de nacimiento de toda alma

Es un pecado contra la naturaleza divina del alma pensar que no existe la posibilidad de ser feliz, y abandonar toda esperanza de hallar la paz; hay que desenmascarar estos pensamientos, considerándolos como errores psicológicos que se originan cuando Satanás interfiere en la mente humana. La felicidad y la paz infinitas están siempre al alcance de la mano, justo detrás de la cortina de ignorancia del hombre[16]. ¿Cómo sería posible que le fuera vedado por siempre a un ser humano el acceso al reino de Dios, si ese divino reino se halla precisamente dentro de él? Lo único que debe hacer es darle la espalda a la oscuridad del mal y seguir la luz de la bondad.

La felicidad se encuentra tan próxima a nosotros como nuestro propio Ser; no se trata siquiera de alcanzarla, sino sólo de levantar el velo de la ignorancia que envuelve al alma. La palabra misma «alcanzar» implica algo que uno desea pero que no posee, lo cual es un error metafísico. La dicha es el divino e irrevocable derecho de nacimiento de cada alma. Rasga ese velo que se interpone entre tú y Dios, y experimentarás de inmediato el contacto con la suprema felicidad. El Espíritu es felicidad. El alma es el reflejo puro del Espíritu. El ser humano apegado al cuerpo no puede percibir esta verdad, porque su conciencia está distorsionada: el lago de su mente se agita sin cesar

16 «Los hombres ignorantes, que olvidan mi naturaleza trascendental como el Hacedor de todas las criaturas, niegan también mi presencia dentro de la forma humana» *(God Talks With Arjuna: The Bhagavad Gita* IX:11. Véase *El Yoga del Bhagavad Guita).*

por la invasión de pensamientos y emociones. La meditación aquieta las olas del sentimiento *(chitta)*, de modo que la imagen de Dios como alma gozosa puede reflejarse con claridad en su interior.

La mayoría de los principiantes en el sendero que conduce hacia el divino reino interior comprueban que al meditar son presa de la inquietud. Ésa es la guarida de Satanás. El devoto debe escapar por medio de la devoción y de la perseverancia en la práctica del yoga. «Toda vez que la voluble e inquieta mente se extravíe —cualquiera que sea la razón—, debe el yogui retirarla de las distracciones y volverla a poner bajo el exclusivo control del Ser. [...] Sin duda alguna, la mente es voluble y muy ardua de gobernar, pero a través de la práctica del yoga y el desapasionamiento, ¡oh Arjuna!, la mente puede, no obstante, ser controlada. Ésta es mi promesa: aunque para el hombre indisciplinado la meta del yoga es difícil de alcanzar, aquel que se domine a sí mismo, esforzándose mediante los métodos apropiados, la logrará»[17].

Es preciso desarrollar el hábito de mantenerse interiormente en la calmada presencia de Dios, a fin de conservar ese estado mental de manera constante, noche y día. El esfuerzo vale la pena, ya que vivir en la conciencia de Dios es terminar con la esclavitud de la enfermedad, del sufrimiento y del temor. Permanece, simplemente, en la compañía de Dios: ésa es la única finalidad de la vida. Si uno toma la resolución de no irse a dormir por la noche hasta haber meditado y haber sentido la Divina Presencia, descubrirá en su vida una felicidad que supera toda expectativa. Es necesario hacer el esfuerzo, pero ese esfuerzo nos convierte en reyes, sentados en el trono del reino de la paz y del gozo. El tiempo que emplea el hombre en la búsqueda de objetos materiales ajenos a su verdadero Ser es un derroche de las valiosas oportunidades que posee de conocer a Dios. Te digo esto desde el fondo de mi alma: bienaventurado aquel que toma la determinación de no descansar jamás hasta encontrar a Dios.

Experimentar una felicidad interior que perdura sin estar condicionada por influencias externas es prueba evidente de que Dios ha respondido con su presencia. El único modo de avanzar hacia la comunión divina es meditar con regularidad y con profunda concentración y devoción. La meditación de cada día debe ser más profunda que la del día anterior. El devoto que convierte la búsqueda divina en

---

[17] *God Talks With Arjuna: The Bhagavad Gita* VI:26, 35-36. (Véase *El Yoga del Bhagavad Guita*).

un asunto de primordial importancia hallará eterna seguridad en el reino de Dios; ni el más leve asomo de preocupación o de aflicción puede cruzar el umbral de este santuario de silencio donde a nada se le permite entrar, salvo al bienaventurado y amoroso Padre-Madre Dios.

Aquel que halla dentro de sí el «amparo del Altísimo» permanece envuelto en la felicidad suprema y la seguridad divina[18]. Ya sea que se encuentre rodeado de amigos, o esté durmiendo o trabajando, reserva ese sitio exclusivamente para Dios. Con la conciencia centrada en el Señor, ve descorrerse de súbito los velos concéntricos de *maya;* henchido de gozo, el devoto comprueba que Dios juega con él al escondite en los capullos de las flores; ve que las estrellas brillan con Luz aún más resplandeciente y que el cielo sonríe con la inmensidad del Infinito. Cuando sus ojos se hallan espiritualmente abiertos, el devoto contempla que los ojos del Infinito le observan a través de todas las miradas. En el fondo de las voces amables o descorteses de todas las personas, oye la voz veraz del Infinito. En el fondo de la voluntad sabia o caótica de los demás, percibe la constancia de la voluntad de Dios. En el fondo de todos los amores humanos, siente el supremo amor de Dios. ¡Cuán maravillosa se torna la existencia cuando todos los disfraces de Dios quedan a un lado y el devoto se encuentra cara a cara con el Infinito, en la bienaventurada unidad de la comunión divina!

Permanece por siempre embriagado con el Ser Divino y permite que la ola de tu conciencia repose en todo momento en el seno del Océano Eterno. Cuando uno patalea y chapotea en el agua, no es muy consciente del océano, sino más bien del esfuerzo que está realizando. Por el contrario, cuando uno se entrega y se relaja, el cuerpo flota y, en tal estado, siente que el mar entero lo acaricia. Ése es el modo en que el devoto que se halla en calma percibe a Dios: siente que el universo entero de la Divina Felicidad se mece suavemente bajo su conciencia.

El reino de Dios está dentro de ti; *Él* está dentro de ti. En el fondo de tus percepciones, de tus pensamientos, de tus sentimientos, justo allí se encuentra Él. Cada partícula de alimento que ingieres y cada

---

[18] *«El que habita al amparo de Elyón [el Altísimo] y mora a la sombra de Shaddai [el Omnipotente], diga a Yahvé: "Refugio, baluarte mío, mi Dios, en quien confío". [...]*

»El mal no te alcanzará, ni la plaga se acercará a tu tienda; que Él ordenará a sus ángeles que te guarden en todos tus caminos. Te llevarán ellos en sus manos, para que en piedra no tropiece tu pie [...].

»Puesto que me ama, lo salvaré, lo protegeré, pues me reconoce. Me llamará y le responderé, estaré a su lado en la desgracia, lo salvaré y lo honraré. Lo saciaré de larga vida, haré que vea mi salvación» (*Salmos* 91:1-16).

soplo de aire que inhalas es Dios. No vives gracias a los alimentos ni al oxígeno, sino gracias a la Palabra Cósmica de Dios. Todos los poderes que utilizas, ya sean mentales o de acción, los has recibido de Dios. Piensa en Él todo el tiempo —antes de actuar, mientras llevas a cabo tus actividades y una vez que las hayas finalizado—. Al cumplir con tus responsabilidades hacia los demás, recuerda sobre todas las cosas tu deber hacia Dios, sin cuyo poder delegado en ti no te sería posible cumplir con responsabilidad alguna. Percíbele oculto en los sentidos de la vista, el oído, el olfato, el gusto y el tacto. Siente su energía en los brazos, las piernas y los pies. Siéntele como vitalidad en cada exhalación e inhalación. Siente su poder en tu voluntad, su sabiduría en tu cerebro, su amor en tu corazón. Dondequiera que percibas conscientemente la presencia de Dios, se desvanecerá la ignorancia mortal.

Aquellos que son sabios jamás pasan por alto su diaria cita con Dios en la meditación. Establecer contacto con Él se convierte en la apasionada meta de su existencia. Todos los que perseveren con tal clase de sinceridad entrarán en el reino de Dios en esta vida. Quien mora en ese reino es libre por toda la eternidad.

~

> *«Les propuso una parábola para inculcarles que era preciso orar siempre sin desfallecer: "Había en un pueblo un juez que ni temía a Dios ni respetaba a los hombres. Había en aquel mismo pueblo una viuda que acudió a él y le dijo: '¡Hazme justicia contra mi adversario!'. Durante mucho tiempo no quiso, pero después se dijo a sí mismo: 'Aunque no temo a Dios ni respeto a los hombres, como esta viuda me causa molestias, le voy a hacer justicia para que deje de importunarme de una vez'".*
>
> *»Y añadió el Señor: "Ya oís lo que dijo el juez injusto. ¿No hará entonces Dios justicia a sus elegidos, que están clamando a Él día y noche? ¿Les hará esperar? Os digo que les hará justicia pronto. Pero, cuando el Hijo del hombre venga, ¿encontrará la fe sobre la tierra?"»* (*Lucas* 18:1-8).

«Tened presente que, si un juez injusto responde a las peticiones persistentes, cuánto más hará Dios —el más justo de los jueces— para castigar al enemigo satánico de sus devotos elegidos que han clamado día y noche orando por ayuda espiritual y a quienes Él ha escuchado pacientemente durante largo tiempo, soportando con ellos su angustia. Os digo que cuando el llamado de las oraciones constantes de los verdaderos devotos alcanza el cenit de su sincera intensidad, Él responde con rapidez, destruyendo al enemigo —la ignorancia satánica— que tortura sus mentes con sufrimientos e infelicidad. De modo similar, la Conciencia Crística encarnada en mí ha venido en respuesta al clamor del alma de los devotos sinceros de la tierra que anhelan deshacerse del engaño satánico, causante de todo sufrimiento. Aquellos que tengan fe en el poder divino serán liberados del azote de este adversario».

Todos los devotos que busquen con sinceridad, ahínco y perseverancia recibirán la respuesta de Dios

Jesús exhorta a todos los devotos a *«orar siempre sin desfallecer»:* a no abandonar sus esfuerzos aunque Dios parezca no responder. A modo de ejemplo, pone el caso de un juez despiadado e insensible que finalmente accede a las incansables peticiones de una atribulada viuda. Jesús promete que Dios, en su infinita bondad, también responderá —y con mayor prontitud— a las incesantes oraciones sinceras de sus hijos.

Los devotos leales, mediante sus continuas plegarias, tratan de liberarse del tormento que proviene del artero engaño satánico, anhelando que su enemigo sea castigado y desterrado del territorio de la mente, a fin de que su adoración a Dios permanezca, de ese modo, libre de toda mácula de distracción.

Jesús menciona el hecho de que durante su permanencia sobre la tierra encontrará fe en ella; es decir, hallará devotos receptivos que han desarrollado la fe o intuición del alma. Estos devotos avanzados justifican la encarnación de Jesús.

De acuerdo con el *Bhagavad Guita,* de cuando en cuando Dios se manifiesta y desciende a la tierra en el cuerpo de un avatar o salvador, con el propósito de redimir a las almas y elevar la conciencia de la humanidad. Fue la necesidad que asediaba a un mundo convulsionado y, también, la fe o convicción intuitiva de devotos muy avanzados, como Pedro y Juan, lo que actuó como un imán de incesantes oraciones que atrajo la respuesta de Dios: la venida de Jesucristo a la tierra en esa época y región en particular.

En repetidas ocasiones, Jesús enfatiza la importancia de la fe para que el devoto pueda recibir y comprender la respuesta de Dios. La creencia —la condición inicial de la mente que intenta reflexionar acerca de Dios— es incierta; la fe, en cambio, es la convicción suprema e inmutable a la que se llega después de conocer a Dios con absoluta certeza al establecer contacto con Él en la meditación.

Cuando el devoto medita profundamente y ora con toda intensidad, experimenta por medio de la intuición la presencia de Dios como un sentimiento de Gozo sin igual que inunda por completo su ser. A través de la práctica constante de la comunión intuitiva con Dios en su aspecto de Gozo eternamente renovado y tangible, esta bienaventurada Presencia que percibe en la meditación inspira la expansión de la fe o convicción intuitiva del devoto acerca de la existencia infinita de Dios en su Esencia absoluta.

~

> *«Dijo la siguiente parábola a algunos que se tenían por justos y despreciaban a los demás: "Dos hombres subieron al templo a orar: uno fariseo y otro publicano. El fariseo, de pie, oraba en su interior de esta manera: '¡Oh Dios! Te doy gracias porque no soy como los demás hombres: rapaz, injusto y adúltero; ni tampoco como este publicano. Ayuno dos veces por semana y doy el diezmo de todas mis ganancias'. En cambio el publicano, manteniéndose a distancia, no se atrevía ni a alzar los ojos al cielo, sino que se golpeaba el pecho y decía: '¡Oh Dios! ¡Ten compasión de mí, que soy pecador!'. Os digo que éste regresó a su casa justificado, y aquél no. Porque todo el que se ensalce será humillado, y el que se humille será ensalzado"»* (*Lucas* 18:9-14)[19].

Aunque el publicano era menos virtuoso que el fariseo, aun así era humilde y sincero; en consecuencia, creó el buen karma necesario como para justificar que recibiese la purificadora vibración de Dios.

El arrogante fariseo no pudo recolectar y almacenar en la elevada cima de su ego las gotas de lluvia de las bendiciones divinas que se derramaban por igual sobre él y sobre el publicano, en tanto que las gotas de la misericordia se acumularon copiosamente en el profundo valle del humilde corazón del publicano.

---

[19] El último de estos versículos se repite en *Lucas* 14:11. (Véase el discurso 58, donde se encontrará un comentario adicional).

Un hombre pretencioso que se considere importante es un necio a los ojos de Dios y de su propia alma. Quien se encuentra empapado de natural humildad exuda la fragancia del magnetismo divino, ese «algo» especial que palpita detrás de sus ojos y de su comportamiento, que atrae respeto y reconocimiento tanto de los seres humanos como de Dios.

Al respaldar la oración sincera del publicano pecador y menospreciar la oración egotista del fariseo, Jesús no daba a entender con ello que el indigno publicano superase en virtud al fariseo respetuoso de la ley. Jesús deseaba simplemente destacar lo valiosa que es la humildad para atraer la misericordia divina. Si el devoto respeta la ley y practica también la humildad, estará cultivando la naturaleza ideal de su alma.

DISCURSO 62

Jesús señala que el propósito original del matrimonio es la unión de las almas

«Quien pueda entender, que entienda»

Las profundas verdades metafísicas
en que se basan las enseñanzas de Jesús acerca del matrimonio

❖

Los ideales de un matrimonio espiritualmente armonioso

❖

La forma más elevada de «matrimonio espiritual»:
la unión del alma con el Espíritu

❖

Con la práctica de la meditación es posible recobrar la pureza propia
de los «niños» y el paraíso perdido de la bienaventuranza

❖

La respuesta de Jesús a la pregunta de los saduceos:
¿perdura el vínculo matrimonial después de la muerte?

«El verdadero matrimonio sirve como un mecanismo espiritual cuyo propósito es perfeccionar la expresión completa de cada alma y liberarla en Dios […] merced al restablecimiento y la percepción de su divina naturaleza, con la ayuda que ofrece el compañerismo del cónyuge ideal».

Se le acercaron entonces unos fariseos que, para ponerle a prueba, le preguntaron: «¿Puede uno repudiar a su mujer por un motivo cualquiera?». Él respondió: «¿No habéis leído que el Creador, desde el comienzo, 'los hizo varón y hembra', y que dijo: 'Por eso dejará el hombre a su padre y a su madre y se unirá a su mujer, y los dos se harán una sola carne'? De manera que ya no son dos, sino una sola carne. Pues bien, lo que Dios unió no lo separe el hombre». Le preguntaron: «¿Por qué entonces prescribió Moisés dar acta de divorcio y repudiarla?». Les respondió: «Moisés os permitió repudiar a vuestras mujeres a causa de vuestra cerrazón de mente. Pero al principio no fue así. Pues bien, os digo que quien repudie a su mujer —no por fornicación— y se case con otra comete adulterio».

Le dijeron sus discípulos: «Si tal es la condición del hombre respecto de su mujer, no trae cuenta casarse». Pero él respondió: «No todos entienden este lenguaje, sino aquellos a quienes se les ha concedido. Porque hay eunucos que nacieron así del seno materno, y hay eunucos que fueron hechos tales por los hombres, y hay eunucos que se hicieron tales a sí mismos por [causa de] el Reino de los Cielos. Quien pueda entender, que entienda».

Entonces le fueron presentados unos niños para que les impusiera las manos y orase; pero los discípulos les reñían. Mas Jesús les dijo: «Dejad que los niños vengan a mí; y no se lo impidáis, porque de los que son como éstos es el Reino de los Cielos». Y, después de imponerles las manos, se fue de allí.

Mateo 19:3-15

Se le acercan unos saduceos, esos que niegan que haya resurrección, y le preguntaron: «Maestro, Moisés nos dejó escrito que si muere alguno y deja viuda sin hijos, su hermano deberá tomar a la mujer para dar descendencia al difunto. Pues bien, había siete hermanos. El primero tomó mujer, pero murió sin dejar descendencia; también el segundo la tomó y murió sin dejar descendencia; y el tercero lo mismo. Ninguno de los siete dejó descendencia. Después de todos, murió también la mujer. En la resurrección, cuando resuciten, ¿de cuál de ellos será mujer? Porque los siete la tuvieron por mujer».

Jesús les contestó: «¿No creéis que estáis en un error, precisamente por no entender las Escrituras ni el poder de Dios? Pues cuando resuciten de entre los muertos, ni ellos tomarán mujer ni ellas marido, sino que serán como ángeles en los cielos. Y acerca de que los muertos resucitan, ¿no habéis leído en el libro de Moisés, en lo de la zarza, cómo Dios le dijo: 'Yo soy el Dios de Abrahán, el Dios de Isaac y el Dios de Jacob'? No es un Dios de muertos, sino de vivos. Estáis en un gran error».

Marcos 12:18-27

DISCURSO 62

Jesús señala que el propósito original del matrimonio es la unión de las almas

«Quien pueda entender, que entienda»

«Se le acercaron entonces unos fariseos que, para ponerle a prueba, le preguntaron: "¿Puede uno repudiar a su mujer por un motivo cualquiera?". Él respondió: "¿No habéis leído que el Creador, desde el comienzo, 'los hizo varón y hembra', y que dijo: 'Por eso dejará el hombre a su padre y a su madre y se unirá a su mujer, y los dos se harán una sola carne'? De manera que ya no son dos, sino una sola carne. Pues bien, lo que Dios unió no lo separe el hombre"[1]. Le preguntaron: "¿Por qué entonces prescribió Moisés dar acta de divorcio y repudiarla?". Les respondió: "Moisés os permitió repudiar a vuestras mujeres a causa de vuestra cerrazón de mente. Pero al principio no fue así. Pues bien, os digo que quien repudie a su mujer —no por fornicación— y se case con otra comete adulterio"» (*Mateo* 19:3-9)[2].

---

[1] Jesús hace referencia a *Génesis* 1:27 y 2:24.

[2] Compárese con las referencias paralelas que aparecen en *Marcos* 10:2-12 y *Lucas* 16:18.

«¿Acaso no habéis leído que desde el comienzo de la creación Dios creó almas gemelas entre varones y hembras, y señaló que, debido a la divina atracción que existe entre el alma de un hombre y la de su compañera, él dejaría a su padre y a su madre para unirse a su mujer? Cuando el esposo y la esposa están unidos como verdaderas almas gemelas, se vuelven una sola carne y obran en armonía y al unísono en cuerpo, mente y alma; sus almas no actúan con diferentes ideales, sino como dos cuerpos, dos mentes y dos almas que abrigan un solo ideal.

El ideal de las almas gemelas y el origen del divorcio

»Por consiguiente, cuando varón y hembra son auténticas almas gemelas y se unen con el objeto de alcanzar la liberación en este mundo por medio de la unión espiritual que perfecciona la expresión de la naturaleza espiritual completa de cada alma, entonces, conforme al decreto divino, esa ley no debe profanarse ni invalidarse por el hecho de que las personas ignorantes interpreten erróneamente la ley de divorcio que Moisés estableció. Puesto que habéis perdido el amor y el sentimiento puros que Dios implantó en vuestro corazón y en vuestra alma, Moisés os concedió la ley de divorcio. Él se percató de que ya no poseíais el magnetismo divino necesario para atraer a vuestra alma gemela, sino que vuestros impuros corazones atraían compañeras inapropiadas, lo cual ocasionaba problemas matrimoniales; por esa razón os dio la ley de divorcio, a fin de que no maltrataseis a ninguna esposa incompatible con la que estuvierais casados.

»En el principio, cuando Dios creó al hombre y a la mujer, la ley de divorcio no era necesaria, porque el hombre y la mujer originales estaban destinados a llevar una vida natural en la que su conciencia se mantendría espiritualmente elevada, libre de los peligros de un emparejamiento inapropiado motivado por el sexo y de la consiguiente necesidad de separación.

Las profundas verdades metafísicas en que se basan las enseñanzas de Jesús acerca del matrimonio

»Todo aquel que repudie al esposo o a la esposa con quien se haya desposado adecuadamente y se case con otra persona cometerá adulterio, excepto si el repudio es motivado por razones de transgresión sexual; es decir, una persona así infringe la ley del amor en lo que respecta a la unión de las almas, impulsada por el estímulo sexual que puede proporcionarle un nuevo matrimonio físico inapropiado. De igual modo, aquel que, con el deseo de satisfacer su lujuria, se siente atraído hacia alguien que se ha divorciado por ser infiel y contrae matrimonio con esa persona licenciosa, en lugar de procurar hallar a su propia alma gemela y casarse con ella, también es culpable de adulterio».

En estos versículos, Jesús cita la ley divina original según la cual el matrimonio debería ser una unión entre almas gemelas, atraídas la una hacia la otra por el magnetismo divino y no por el magnetismo animal del sexo. A fin de comprender correctamente el significado de sus palabras acerca del matrimonio, del divorcio y del adulterio, es preciso conocer las profundas verdades metafísicas relativas a la creación y divino propósito del ser humano. Estas verdades fueron enunciadas por los *rishis* védicos y también se hallan compendiadas en el libro del Génesis, a cuyos versículos Jesús mismo hizo referencia en su respuesta a los fariseos.

Como ya se explicó en el comentario de los versículos iniciales del Evangelio de San Juan —«El Génesis según San Juan»[3]—, antes del comienzo de la creación el Espíritu era Uno: Bienaventuranza siempre existente, siempre consciente y eternamente renovada. Pero Él pensó: «En verdad, soy Bienaventuranza; pero no existe nadie más que pueda disfrutar de Mí». Al pensar esto, se dividió en el Creador y lo creado: el Espíritu Trascendente y la Naturaleza Cósmica Vibratoria. Cubriendo una parte de su conciencia no manifestada con la ilusión de la diferencia o las aparentes particularidades, el Espíritu manifestó los objetos finitos, utilizando la ley de la dualidad y de la relatividad para diversificar su Única Conciencia y Energía Cósmica en incontables pares de fuerzas y formas polarizadas: los elementos positivo y negativo, macho y hembra, hombre y mujer.

Todo en el universo está constituido por la conciencia única de Dios. Cuando una chispa de esa conciencia es individualizada por Dios, dicha chispa se transforma en un alma, capaz de expresar en última instancia la imagen de Dios a semejanza de la cual ha sido creada. El alma es perfecta y completa en esencia; es un reflejo exacto de la bienaventuranza siempre existente, siempre consciente y eternamente renovada de Dios. Sin embargo, cuando el alma se encarna, adopta la naturaleza dual de la creación y externamente expresa de manera primordial la mitad de su esencia: masculina o femenina, positiva o negativa.

Por esa razón, en las escrituras orientales se señala que cuando Dios reflejó su conciencia en las formas creadas éstas se convirtieron en «medias almas», al adoptar las cualidades de las unidades de

[3] Véase el discurso 1 (volumen I).

creación manifestadas e identificarse con ellas: positiva o negativa, impregnada de razón o de sentimiento, masculina o femenina. Estas cualidades duales son «almas gemelas» la una de la otra, que finalmente se unirán —*«se harán una sola carne»*— con el objeto de que el alma, al expresar por completo su naturaleza divina, halle la liberación en el Espíritu.

La manifestación creativa de Dios está constituida por la Fuerza Omnipotente (la Bienaventuranza de Dios estimulada por la voluntad para crear) y la Conciencia (el Sentimiento Omnisciente). Éstas a su vez dan lugar a la Energía Cósmica Inteligente, de cuyo seno nace toda manifestación. Las almas del hombre y de la mujer fueron creadas a partir de estos divinos potenciales y son reflejos individualizados perfectos de esta esencia que consta de tres aspectos. El ser encarnado experimenta dichos aspectos como la razón (la voluntad que discierne), el sentimiento (aquello que le aporta al ser humano tanto la conciencia como la capacidad para disfrutar) y la energía (la sustancia que crea y activa el instrumento corporal).

Cuando Dios se dividió en hombre y mujer, ambos expresaban la misma conciencia unificada, sin la diferenciación dual o polaridad necesaria para mantener la apariencia de individualidad en el mundo creado. Concibió entonces un plan inteligente, un ardid, que haría que hombre y mujer conservaran las diferencias entre sí y se mantuviesen separados de Él: creó distintas particularidades superficiales en sus cuerpos y mentes. Cuando Él hizo al hombre, empleó la razón, el sentimiento y la energía cósmica, dando preponderancia a la razón y dejando oculto el sentimiento, por lo cual los rasgos del hombre expresan la razón objetiva. Dios creó a la mujer empleando el sentimiento, la razón y la energía cósmica, dando preponderancia al sentimiento y dejando oculta la razón; por ese motivo, sus rasgos expresan suavidad e inspiran el sentimiento. La razón, al ser dinámica, le dio al hombre una polaridad positiva con prominencias sexuales positivas; la mujer, dotada de profundo sentimiento, tenía polaridad negativa y por lo tanto desarrolló profundas concavidades sexuales[4].

El propósito del matrimonio es poner de manifiesto el sentimiento que se halla oculto en el hombre y la razón oculta en la mujer

[4] Véase también el discurso 2 (en el volumen I), donde se encontrará una explicación acerca de la creación inmaculada (la materialización directa).

La unión espiritual ideal entre hombre y mujer se decretó con el propósito de que el hombre pudiese hacer aflorar la razón oculta en la mujer, y que la mujer ayudara al hombre a poner de manifiesto su sentimiento oculto. Al ayudarse mutuamente a desarrollar un perfecto equilibrio entre estas cualidades puras y divinas del alma, ambos podrían trascender la diferencia engañosa que los identifica como hombre y mujer; de ese modo, experimentarían que su verdadera naturaleza es la de almas invulnerables. Para alcanzar la liberación, primero han de unirse ambos en la amistad divina —la expresión más pura del amor de Dios que pueden compartir dos personas— y después, habiéndose perfeccionado de esa manera, estarán listos para su unión definitiva con Dios.

Es obvio, por la alusión que hace Jesús al Génesis en estos versículos, que él se refería a la ley de las auténticas almas gemelas, la ley inmutable del amor espiritual, que debería ser el móvil de todo matrimonio. Tal como puntualizó Jesús, ésta era la ley divina *«desde el comienzo»:* para cada hombre genuino había una genuina mujer, y cada persona que viviese correctamente sobre la tierra sería atraída de manera automática hacia una unión de compañerismo entre almas gemelas por acción y mandato de esta ley. El verdadero matrimonio sirve como un mecanismo espiritual cuyo propósito es perfeccionar la expresión completa de cada alma y liberarla en Dios mediante la unión adecuada: un proceso de evolución a través del cual las almas, que provienen de Dios, recorren en la creación el camino de regreso hacia Él merced al restablecimiento y la percepción de su divina naturaleza, con la ayuda que ofrece el compañerismo del cónyuge ideal.

El concepto de almas gemelas puede dar lugar a ideas totalmente erróneas si se desconoce una verdad fundamental: solamente en el plano de la creación, donde prevalece la ley de la relatividad, un alma identificada con una forma *(jivatman)* puede ser considerada como «media alma», ya sea masculina o femenina. La verdadera naturaleza del Ser (el *atman* inmaculado), como reflejo del Espíritu Trascendente, que se encuentra más allá de los ilusorios requisitos que existen en los mundos creados, está libre del sexo y de la dualidad.

La naturaleza esencial de cada alma es completa y perfecta, y se halla libre del sexo y de la dualidad

En el capítulo 1 del Génesis, que cita Jesús en los versículos mencionados anteriormente, leemos: *«macho y hembra los creó»* (*Génesis* 1:27). Se trata de una referencia a la creación de estas dos naturalezas en el cuerpo espiritual (causal/astral), en que ambas naturalezas —la masculina y la femenina— estaban unidas *«desde el comienzo»*, tal como señaló Jesús. Dios creó al hombre y a la mujer —las primeras parejas de seres ideales— como compañeros espirituales. Cada partícula vibratoria, ya sea material o etéreamente espiritual, tiene una fuerza o naturaleza que puede ser positiva o negativa (masculina o femenina); y si bien estas características se hallaban unificadas en el cuerpo espiritual de los seres divinos[5], se separaron o diferenciaron cuando Dios creó el cuerpo humano material. Esta dicotomía de lo masculino y lo femenino que están destinados a reunificarse por medio del matrimonio espiritual se describe en el capítulo 2 del Génesis, del cual Jesús también cita el siguiente pasaje: *«Entonces Yahvé Dios hizo caer un profundo sueño sobre el hombre, que se durmió. Le quitó una de las costillas y rellenó el vacío con carne. De la costilla que Yahvé Dios había tomado del hombre formó una mujer y la llevó ante el hombre. [...] Por eso deja el hombre a su padre y a su madre y se une a su mujer, y se hacen una sola carne»* (*Génesis* 2:21-22, 24).

«Se durmió» es una referencia al poder de *avidya* (la ilusión individual, en contraposición a *maya,* la ilusión universal), mediante el cual se produce una diferenciación entre el hombre y la mujer. *«Costilla»* significa vibración. De la vibración de la fuerza divina que creó al hombre o Adán —que manifiesta una naturaleza en la que predomina la razón—, Dios quitó una costilla —o vibración en la que predomina el sentimiento— para crear a la mujer.

De ese modo, hombre y mujer reflejan las dos naturalezas de Dios, la razón (el conocimiento) y el sentimiento (la conciencia, la reacción emocional), que se expresan en el plano material en cuerpos diferenciados. Dios concedió a los primeros seres humanos el poder de comulgar con Él a pesar de estar sujetos a esta conciencia dual impuesta por la ilusión cósmica. Él puso al hombre y a la mujer en el paraíso (es decir, en la conciencia unificada del alma que se manifiesta tanto en el ojo espiritual despierto como en la expresión pura y divina de los cuerpos causal y astral). En el plan original de la creación, el hombre y la mujer —almas gemelas ideales— estaban destinados a llevar una vida celestial durante la cual mantendrían sus mentes centradas en la divina región de la Bienaventuranza y de la

[5] Compárese con el comentario acerca de *Marcos* 12:25 (páginas 128 ss.): *«Pues cuando resuciten de entre los muertos, ni ellos tomarán mujer ni ellas marido, sino que serán como ángeles en los cielos».*

Voluntad, situada en la frente. El matrimonio espiritual consistía en unir la fuerza femenina o sentimiento con la fuerza masculina o razón y, a través de este proceso, alcanzar la plenitud al unirse con Dios. Las almas emanadas de Dios regresarían a Él después de restablecer la armonía en el cuerpo, la mente y el alma.

El equilibrio armonioso entre la razón y el sentimiento conduce a la percepción intuitiva y a la capacidad de conocer la Verdad. Al alcanzar ese equilibrio, el hombre y la mujer se convierten en dioses. Cuando la conciencia humana se encuentra desequilibrada, la cualidad femenina o sentimiento pierde su sereno poder intuitivo bajo la influencia de la inquietud causada por la conciencia del cuerpo y la excitación emocional; el atributo masculino o razón, por su parte, pierde sus calmados poderes intuitivos cuando sucumbe a la inquietud de la conciencia corporal y a la autosuficiencia egoísta. El hombre y la mujer originales descendieron del estado de percepción de su divinidad debido al abuso físico de la fuerza sexual; de ese modo, se extinguió la unión celestial entre la razón y el sentimiento, y se identificaron con su cuerpo material, en vez de hacerlo con la celestial conciencia causal-astral dotada de la facultad intuitiva para percibir a Dios; así olvidaron la unidad de sus almas con Él[6].

Los papeles contrastantes de la unión de las almas y de la unión sexual en el matrimonio espiritual y en el matrimonio social

Cuando dos almas se unen y cada una pone de manifiesto la perfección de la otra y, finalmente, se unifican con el Espíritu, esa unión constituye el verdadero matrimonio entre dos almas gemelas. Puesto que se encuentran unidas de manera primordial en el Espíritu y por el amor, estas almas comprueban que el gozo perpetuamente renovado de Dios es el aliento de su existencia. Cuanto más se unen en el Espíritu, menos se concentran en la vida sexual. Las almas gemelas unidas en un matrimonio perfecto —incluso si se unen en forma sexual para procrear hijos espirituales, con el propósito de traer buenas almas a la tierra— mantienen la mente ocupada y absorta, ante todo, en el perfecto amor de Dios.

La culminación del matrimonio entre almas gemelas se caracteriza por el hecho de que esposo y esposa no viven ya en el plano sexual, aunque no como resultado de una abstinencia obligada, sino porque han trascendido ese plano. Al estar juntos en el amor perfecto, alcanzan

[6] Véanse los discursos 2 y 7 (en el volumen I), donde se explica la caída de Adán y Eva.

la unión con Dios. Todas las supuestas almas gemelas que aún no han extinguido sus apetitos sexuales no se hallan unidas como verdaderas almas gemelas. Un matrimonio que sea muy armonioso pero carezca de realización divina puede constituir un matrimonio con valores morales muy elevados —una relación socio-religiosa ideal a nivel humano—, mas no llega a ser un verdadero matrimonio espiritual entre almas gemelas, cuya finalidad es alcanzar la liberación en Dios.

En las palabras que Jesús dirige a los fariseos, da por sentado que cualquier lazo entre hombre y mujer que pueda considerarse como matrimonio legítimo debe basarse, por encima de todo, en las leyes espirituales de la unión divina. Él dio a entender que una pareja inapropiada —en la que el hombre y la mujer se unen para satisfacer principalmente la lujuria— no constituye un verdadero matrimonio de acuerdo con los propósitos de Dios: una institución divina cuyo fin es la propagación de la especie y ofrecer a las almas gemelas ideales su liberación en el mundo espiritual. Si el matrimonio carece del cimiento de la vida espiritual, no es un verdadero matrimonio de almas sino una unión fortuita, como las que suceden en el reino animal. Mediante un apareamiento oportunista e indiscriminado, los animales obtienen descendencia perfectamente sana y propagan su especie; a diferencia de ello, la institución original del matrimonio que Dios estableció para el hombre —su creación especial, superior a los animales y capaz de expresar la divinidad— fue formulada por el Padre Divino de la creación sobre la base del amor espiritual. Un matrimonio en que el amor espiritual no esté presente se mantiene en el plano de la ley natural de la unión animal y no puede considerarse como un verdadero matrimonio divino, es decir, una unión de las almas.

El significado espiritual de las palabras de Jesús acerca del adulterio y del divorcio

Cuando se leen las palabras de Jesús acerca del divorcio se deben tener presentes los conceptos anteriores. Si bien la ley de Moisés permitía el divorcio, *«al principio no fue así»* —como enfatiza una vez más Jesús—. Los matrimonios inapropiados y las consiguientes separaciones no formaban parte del plan original de Dios. En las ya desaparecidas civilizaciones avanzadas de eras superiores que la Historia no conoce, los seres dotados de iluminación divina llevaban vidas más naturales y espirituales, que se hallaban en armonía con la voluntad de Dios. El hombre y la mujer se unían con su compañera o compañero adecuado, por lo que no existía causa alguna ni necesidad de divorcio. Pero con la decadencia de las civilizaciones, a lo largo de los dilatados ciclos cósmicos ascendentes y descendentes, el ser humano adoptó una mentalidad materialista como resultado del uso incorrecto de la voluntad y del raciocinio. A causa de la impureza de su corazón, no podía atraer a su legítimo compañero del alma.

Ésta era la situación que prevalecía en la época de Moisés, razón por la cual él consideró necesario conceder la ley condicional de divorcio como un medio de que, en el caso de matrimonios inapropiados, se salvaguardara a las esposas de la tiranía de esposos abusivos y se protegiese a los esposos de la crueldad de sus incompatibles esposas, de manera especial si uno de los cónyuges era culpable de fornicación en cuerpo o mente.

La «fornicación» implica la unión sexual de dos personas que no están casadas. Sin embargo, cuando Jesús dijo: *«Quien repudie a su mujer —no por fornicación— y se case con otra comete adulterio»*, él se refería más específicamente al verdadero matrimonio espiritual antes descrito. El significado de sus palabras era el siguiente: «Si un alma, después de haber hallado a la verdadera compañera espiritual del alma y haberse unido a ella conforme al divino propósito del matrimonio, abandona a esa compañera bajo el influjo de la tentación y se casa con otra para satisfacer su lujuria, quebranta la ley de la sagrada unión en Dios y cae en el abismo del pecado de adulterio, con las consecuencias kármicas que ello acarrea».

Por lo general, las personas pasan por un proceso de selección de compañeros o compañeras y por el sufrimiento y las pruebas inherentes a uno o más matrimonios inapropiados, hasta que su conciencia se espiritualiza lo suficiente como para poder atraer a un verdadero compañero del alma. Si dos almas gemelas se han unido en matrimonio espiritual —ya sea en su primer matrimonio o luego de atravesar las experiencias de matrimonios erróneos e insostenibles— y después se separan por causa de las tentaciones sexuales, en ese caso cometen adulterio y hacen fracasar el único propósito de todo matrimonio espiritual: la liberación en Dios mediante una genuina unión matrimonial.

El término «adulterar» significa «degradar, corromper o volver impuro». Los grandes profetas advierten acerca del uso inapropiado del sexo, no porque la fuerza de procreación sea en sí misma maligna (de hecho, se convirtió en el medio propio de la naturaleza para propagar la especie cuando el hombre perdió su poder creativo espiritual de materialización directa), sino porque cuando esa fuerza se disipa de manera indiscriminada deteriora la conciencia celestial del alma y engaña al hombre haciendo que se identifique con la sensualidad del cuerpo físico y con el mundo material.

Jesús indica, por consiguiente, que cuando hombre y mujer se unen sexualmente con el propósito principal de satisfacer sus instintos sexuales, en términos metafísicos eso es «*fornicación*». Se abandona la finalidad original del matrimonio verdadero, la unión de las almas, y en lugar de ello se cohabita con los sentidos del cuerpo físico, lo cual significa ser infiel a la verdadera pareja matrimonial —el alma— debido a la cohabitación lujuriosa con el cuerpo. Puesto que los involucrados se encuentran concentrados por completo en la sensualidad y la expulsión física de la fuerza vital, la mente de ambos desciende del gozo celestial inherente a la unión espiritual. Cuanto mayor es la fuerza de la unión sexual, mayor es la desunión que experimentan en el Espíritu. La unión adúltera es diametralmente opuesta a la unión divina de las almas gemelas en el matrimonio espiritual. En el estado de conciencia desde el cual hablaba Jesús —el elevado plano esotérico de la verdad—, aquellos matrimonios que no son matrimonios espirituales entre compañeros del alma ideales y en los que la gratificación sexual eclipsa la meta más elevada se consideran «adúlteros»; por lo tanto, el hombre y la mujer casados deben elevar su nivel espiritual si desean hallar juntos la felicidad perdurable —en la que no existe el divorcio— y el perfeccionamiento del alma. Así pues, el matrimonio socio-religioso por sí solo no libera al ser humano de cometer adulterio metafísico; a diferencia de ello, el matrimonio espiritual, cuyo objeto es trascender gradualmente el impulso sexual a fin de elevar la conciencia y retornar al Edén de la unión con Dios, a la postre libera al hombre del «pecado original» ocasionado por la caída de Adán y Eva, el cual fue heredado por las subsiguientes generaciones adúlteras.

La interpretación correcta de las verdades absolutas para ser aplicadas en la presente etapa de evolución humana

Esto no significa ni menospreciar la institución moderna del matrimonio ni desalentar la práctica de sus nobles ideales tal como se comprenden en el presente estado de evolución del hombre. No sólo es recomendable contraer algún tipo de compromiso que haya sido santificado mediante un voto ante Dios, sino que resulta esencial para poner un freno espiritual a las inclinaciones indisciplinadas del ser humano. En términos comparativos, pocas son las personas capaces de superar el lento paso de la evolución natural y vivir adelantadas a su tiempo, es decir, como se hará en una época futura cuando lo normal en la tierra sea emprender el regreso al Edén perdido: la conciencia divina.

No obstante, las Verdades Eternas que animan las ideas puras de Dios que modelaron el cosmos deben esclarecerse nuevamente en cada época, a pesar de que su carácter prístino resulte importuno y no sea bienvenido en la forma de pensar prevalente de una generación que se siente cómoda con sus normas socialmente aceptadas. El progreso espiritual avanza en proporción a la buena disposición del hombre para que la fácil entrega a los impulsos placenteros sea reemplazada por aspiraciones más elevadas. ¡Los principios absolutos iluminan el sendero, aun cuando su consecución diste de ser instantánea!

Así pues, las aseveraciones de Jesús expresan los principios puros y absolutos del idealismo manifestados por Dios en la creación, que existieron tanto en el comienzo como en los ciclos evolutivos espirituales más elevados (denominados *Satya Yuga* en las escrituras hindúes; en ellos, el hombre vive de nuevo conforme a la naturaleza del alma). Puesto que la aplicación de dichos principios absolutos se degradó con la caída de la conciencia del hombre, tal como lo señaló Jesús, en cada época se requiere de un código interpretativo que reconozca la etapa evolutiva imperante en lo que respecta al entendimiento y las posibilidades del hombre, y que a la vez ponga de relieve y honre la verdad inmutable para beneficio de aquellos que son capaces de aspirar a ella. Los Diez Mandamientos enunciados a través de Moisés son un ejemplo de las eternas leyes espirituales que fueron adaptadas para ayudar al hombre a recobrar la conciencia pura y divina que el alma había perdido. Al obedecer el mandamiento que lo exhorta a no cometer adulterio físico, el hombre da un paso necesario de fidelidad que fortalece su autocontrol y que finalmente le permitirá alcanzar el dominio de sí mismo y la percepción de su alma.

Ni Jesús ni ninguno de los otros grandes maestros esperarían la práctica del celibato por parte de quienes no están preparados espiritual y emocionalmente para tan elevada disciplina. (Jesús hace referencia a dicha disciplina en los versículos siguientes de este mismo pasaje)[7]. Lo aconsejable sería, más bien, lograr de manera gradual la sublimación completa de la conciencia física —incluyendo el sexo—, hasta alcanzar

[7] Véase el comentario que aparece en las páginas 120 ss., en referencia a las palabras de Jesús acerca de los *«eunucos que se hicieron tales a sí mismos por el Reino de los Cielos»*.

la conciencia espiritual, por medio de la práctica cotidiana de métodos científicos de meditación y del desarrollo de las cualidades puras del alma. En el matrimonio, los aspirantes espirituales deben observar la moderación en sus relaciones físicas y, sobre todo, cultivar una actitud de amor, servicio, lealtad y amistad divina entre esposo y esposa.

El propósito espiritual de la vida familiar es expandir la conciencia a través del purificador cultivo de la amistad y el amor divinos, que no estén condicionados por el sexo ni por motivaciones egoístas. En la unión sexual conyugal debe predominar el amor. Con el transcurso del tiempo, a medida que se cultiva el amor verdadero, la conciencia sexual se va desvaneciendo en forma natural y es reemplazada por el gozo supremo de la bienaventuranza y de la comunión entre las almas. Cuando el objetivo fundamental es el amor, el respeto y la amistad, la relación es exitosa y avanza con toda seguridad hacia la consecución del elevado propósito divino del matrimonio.

Los ideales de un matrimonio espiritualmente armonioso

Amar al cónyuge con el amor puro de Dios, compartir un matrimonio bendecido por el autocontrol que se ha logrado al desarrollar la mente y traer al mundo hijos espirituales constituye una noble manera de vivir. Ahogarse en las preocupaciones materiales, la fatiga, el exceso de trabajo y la ambición por el dinero, así como dedicar un tiempo excesivo a los entretenimientos, adquirir demasiados objetos materiales, esclavizarse por obtener más dinero y no reservar tiempo para Dios lleva a los cónyuges al reino de Satanás, donde impera el sufrimiento. Una vida matrimonial feliz, simple, satisfecha y armoniosa que se halle regida por el autocontrol y la meditación conduce, en cambio, hacia Dios.

Es muy difícil lograr el éxito en el matrimonio si los miembros de la pareja esperan demasiado el uno del otro. Cuando cada cónyuge exige su plenitud a través del otro y ese imperativo no se cumple, ambos se convierten en enemigos. Por esa razón, estoy convencido de que en la mayoría de los casos es imposible lograr un matrimonio perdurable y satisfactorio si la espiritualidad no está presente, ni se lleva a cabo un esfuerzo mutuo por hacer realidad el anhelo que el alma siente de amor perfecto y de experimentar el gozo de la plenitud en el único lugar donde éstos pueden hallarse: la comunión con Dios.

El instinto animal que lleva a un apetito sexual falto de control es la principal causa del fracaso en los matrimonios modernos. Aquellos matrimonios modernos que se engendran en el plano sexual culminan por lo general en alguna forma de separación física o mental, una vez que el deseo sexual se ha saciado. Los matrimonios inapropiados, carentes de amor y de compatibilidad entre las almas, conducen al sufrimiento y a la destrucción de las familias, las cuales constituyen la estructura misma de la sociedad.

Los errores en la elección del candidato matrimonial, los divorcios y los matrimonios múltiples son esfuerzos frenéticos y desacertados que surgen del deseo puro del alma de hallar al verdadero compañero en la vida. El egoísmo, la lujuria, la atracción física, la belleza externa, el deseo de dinero en el matrimonio y el magnetismo animal entre ambos sexos, todos ellos son fuerzas perjudiciales que desvían a las personas y les impiden recorrer el sendero correcto para encontrar al compañero del alma apropiado.

El hombre y la mujer deberían llevar una vida ideal y contraer matrimonio únicamente cuando tengan la certeza de ser compatibles como compañeros del alma. Si el hombre y la mujer se tornan más espirituales y obedecen la ley de la atracción de las almas, en vez de la ley de la atracción sexual, podrán hallar una unión matrimonial apropiada y avanzar hacia la libertad en Dios. Sólo entonces los divorcios serán cada vez menos frecuentes hasta llegar a desaparecer.

En una ocasión anterior, Jesús ya había señalado que el adulterio se comete tanto con el cuerpo como con la mente[8]. La tentación que surge del engaño y por la cual una persona siente una atracción sexual no transmutada hacia alguien que no es su compañero matrimonial distorsiona en tal medida la razón que llega a convertirse en una continua obsesión mental, extremadamente difícil de vencer. Si se trata de un deseo crónico del que no hay arrepentimiento, no cabe duda de que ese adulterio mental puede dar lugar, al igual que el adulterio físico, a una desarmonía y desunión irreconciliables, y a justificar el divorciarse del cónyuge que persevera en el error. La pureza del cuerpo y de la mente es la única fórmula segura para lograr la unión entre verdaderas almas gemelas.

El esposo y la esposa deben ser leales el uno al otro y procurar hacerse felices en todo sentido. Una esposa espiritual no debe abandonar a un esposo que no lo es, como tampoco debe un esposo espiritual abandonar a la esposa carente de esa cualidad. Ambos deben tratar

[8] *«Habéis oído que se dijo: No cometerás adulterio. Pues yo os digo que todo el que mira con deseo a una mujer ya cometió adulterio con ella en su corazón»* (Mateo 5:27-28; véase el discurso 27, en el volumen I).

de influenciarse y ayudarse mutuamente tanto como les sea posible. Sin embargo, al hablar acerca del divorcio, Jesús jamás dio a entender que una persona comete adulterio si, después de haber agotado todos sus esfuerzos por crear la armonía espiritual en un matrimonio destrozado, abandona a un cónyuge inapropiado, elegido por error, y después contrae matrimonio con un verdadero compañero espiritual.

Jesús no condenaba el divorcio justificado ni un nuevo vínculo matrimonial con un compañero del alma

Conozco a una dama muy famosa a la que sus padres convencieron en sus años juveniles de que contrajera matrimonio con un hombre del cual creyeron equivocadamente que sería un buen esposo para ella. Pero él dilapidó la fortuna de ella, tenía costumbres libidinosas y jamás vivió de acuerdo con los votos matrimoniales. Cierto día, en un arrebato de ira, él intentó golpearla con una silla que alzó en el aire. Con la fuerza de la inocencia divina, ella fijó el poder espiritual de su mirada en el fondo de la personalidad de su marido y lo vio tal como era, y se dio cuenta de que estaba unida a una persona malvada. Con voz firme, le dijo: «Ahora te reconozco. ¡Aléjate!». Las manos que su marido había levantado contra ella quedaron como petrificadas; dejó caer la silla y salió corriendo de la casa, amedrentado y lleno de temor, para nunca regresar. No pudo soportar las penetrantes vibraciones magnéticas espirituales de su esposa.

Mucho tiempo después, esta mujer alcanzó un gran desarrollo espiritual y atrajo a un compañero ideal del alma. Los observé durante un largo período y comprobé que su matrimonio era una verdadera unión de almas gemelas. Después de vivir por cierto tiempo en el plano sexual, han vivido durante años en el plano del amor y de la comunión espiritual, sin mantener relaciones sexuales en absoluto. Cada día están tan impacientes por verse como si fueran recién casados, y cuando se hallan juntos perciben, en su unidad, al Dios que se encuentra presente en ellos. Estoy seguro de que Jesús no habría condenado este divorcio justo y habría bendecido su nuevo matrimonio espiritual.

Sin embargo, no debe abusarse de las verdades acerca del matrimonio espiritual y de los compañeros del alma, es decir, del hecho de que en cada hombre y mujer hay un modelo cuya contraparte existe en otra persona en algún lugar. Las personas libidinosas dan rienda suelta a sus deseos lujuriosos y, por ello, estimulan que su conciencia se centre en el sexo buscando nuevos compañeros sexuales, a menudo con el pretexto de querer encontrar su alma gemela. Tales personas descubren «almas gemelas» incluso en callejones, bares y salones de baile de dudosa reputación. Puesto que el deseo instintivo de hallar al perfecto compañero del alma nace en el cielo, jamás se podrá satisfacer a través de experiencias sensuales, sin importar cuán profusas sean. La promiscuidad es una conducta vergonzosa y degradante para la imagen pura de Dios que mora en el alma del ser humano.

Puesto que la unión de las almas gemelas tiene un propósito espiritual y no físico, su consumación no requiere necesariamente de la unión por medio de una relación matrimonial en el plano material. En ocasiones, incluso un encuentro al azar entre almas gemelas es capaz de colmar al alma con un sentimiento de plenitud y de amor puro que vence por completo toda necesidad de unión física. Esta verdad se aplica a aquellos vínculos que se han desarrollado a través de vidas pretéritas en las que dos almas se ayudaron mutuamente. Un caso así ocurrió por la intercesión de mi gurú, Sri Yukteswarji. Un hombre atormentado por deseos libidinosos buscó la ayuda de mi Maestro, quien le dijo: «Cuando encuentres a tu compañera del alma, perderás toda conciencia de lujuria». Cierto día, el hombre se hallaba con el Maestro en la estación del ferrocarril. Había un tren detenido en el andén y una hermosa joven estaba sentada detrás de una de las ventanas. Dirigiéndose a su acompañante, el Maestro exclamó: «¡Allí está ella, la que has estado buscando! ¡Mírala!». El hombre quedó transfigurado en un estado de gozosa emoción. Desde entonces, llevó una vida de santidad dedicada a Dios.

Las almas gemelas que viven en diferentes regiones de la tierra —incluso si una de ellas se encuentra en la tierra y la otra en el mundo astral— pueden reunirse en una liberadora unión de amor por Dios. Tanto el hombre como la mujer ideales que no viven en el plano del sexo desarrollan un magnetismo espiritual que les permite atraer al compañero del alma adecuado, ya sea en el plano terreno, en el plano onírico, en el plano astral o en el plano de las visiones conscientes que se experimentan en la meditación profunda. Cuando una persona se reúne con su alma gemela —cualquiera que sea la forma en que esto suceda—, desaparece el deseo de seguir viviendo conforme a las normas mundanas propias del plano material. La reunión entre lo masculino y lo femenino, lo positivo y lo negativo, la razón y el sentimiento, pone de manifiesto la inmutable imagen de Dios que se halla dentro del alma. No existe entonces necesidad alguna de matrimonio físico, pues éste se consuma en el interior del corazón mismo.

Para alcanzar la plenitud existe un modo aún más elevado que la unión espiritual de compañeros del alma en el plano físico: la unión con Dios por medio de la comunión divina en la meditación y en el éxtasis. La búsqueda de la liberación del alma a través de la unión con su alma gemela constituye un camino espiritualmente peligroso para aquellos que aún no han desarrollado la sabiduría, porque la tentación puede hacerlos naufragar en el engaño de una vida incorrecta que los aleje de Dios y les haga crear ataduras kármicas que los obligarán a continuar reencarnándose. En cambio, una vez que el alma del hombre o de la mujer se une a Dios —el Alma Gemela Perfecta—, dicha alma jamás desciende de su estado de liberación. Por esa razón, Jesús, Swami Shankara y otros salvadores han mostrado a los demás este sendero supremo de liberación uniendo sus almas directamente con Dios y sólo con Él.

La forma más elevada de «matrimonio espiritual»: la unión del alma con el Espíritu

Este método de perfeccionamiento y de matrimonio con Dios —entre el alma y el Espíritu— es el más sagrado de los matrimonios, en el cual Él es el Bienamado Divino, positivo y masculino, en tanto que todas las almas humanas son negativas y femeninas, bienamadas esposas de Dios. Este concepto se fundamenta en la dualidad del principio cósmico creativo: Espíritu y Naturaleza. Siendo el Espíritu la fuente y sustento de todo lo manifestado, Él es el Absoluto Masculino Positivo cuya creatividad activa hace emanar el Poder Femenino y Negativo, la Naturaleza, de la cual forman parte todas las almas encarnadas. Unidos, el Espíritu Positivo y la Naturaleza Negativa, con su descendencia de formas y fuerzas masculinas y femeninas, propagan el grandioso plan universal.

Por lo tanto, en esencia, todos somos consortes de Dios. Él es el Amante Divino que está perpetuamente desposado con cada alma y que jamás abandona a ninguna de ellas aunque éstas lo abandonen en su adúltero deambular por la región del engaño. Dios, en su aspecto de Amante Perfecto, persigue a cada alma a través de encarnaciones hasta que ella regresa a Él. Por grandioso que sea el amor humano que alguna vez se haya prometido, el verdadero amor puro, el amor eterno, el alma lo encuentra finalmente en Dios. Él es la suma del amor de todos cuantos han amado. Cuando el alma se reúne con Dios, sabe que Él es a quien estaba esperando.

Si uno vive con rectitud y aprende los métodos más elevados de meditación, desarrolla un magnetismo espiritual que neutraliza el magnetismo animal del cuerpo físico. Libre así del «pecado original» de la atracción sexual, puede hallar a su verdadera alma gemela en un matrimonio espiritual en la tierra, o en un sueño o visión, o en el mundo astral, o bien mediante el método supremo de la unión directa con Dios. El amor y la amistad con el Ser Divino que se cultivan en la enramada de la meditación jamás se extinguen; perduran más allá de los portales del sepulcro hasta la Eternidad.

El significado pleno que entrañan las palabras de Jesús —imposible de vislumbrar por quienes sufren miopía espiritual y están apegados al cuerpo— se puede comprender mejor por aquellos que practican la meditación profunda y enfocan su concentración en la Conciencia Crística que Jesús poseía. De lo contrario, gran parte de la verdad se pierde debido a las interpretaciones equivocadas, los errores de traducción o una capacidad de percepción poco profunda.

~

«Le dijeron sus discípulos: "Si tal es la condición del hombre respecto de su mujer, no trae cuenta casarse". Pero él respondió: "No todos entienden este lenguaje, sino aquellos a quienes se les ha concedido. Porque hay eunucos que nacieron así del seno materno, y hay eunucos que fueron hechos tales por los hombres, y hay eunucos que se hicieron tales a sí mismos por [causa de] el Reino de los Cielos. Quien pueda entender, que entienda"» (*Mateo* 19:10-12).

«No todos los hombres y mujeres pueden comprender el precepto al que me refiero, sino sólo aquellos que lo merecen porque su aptitud física, mental y espiritual les permite vivir conforme a dicha disciplina. Hay algunos eunucos que se vieron obligados a serlo por haber nacido así del seno materno. Y hay otros eunucos que, de modo artificial, fueron hechos tales por otros hombres mediante una operación.

Jesús elogia el dominio de sí mismos de quienes son capaces de practicar el celibato

»Pero hay eunucos que por su libre albedrío se mantuvieron célibes retirando su mente, su voluntad y su energía de la región del sexo, a fin de recibir el gozo eterno del reino de Dios que se percibe en el estado de Conciencia Cósmica al elevar la fuerza vital y la conciencia, y abandonar el placer sexual temporal que el engaño satánico creó para

«Dejad que los niños vengan a mí»

Le presentaban unos niños para que los tocara; pero los discípulos les reñían. Mas Jesús, al ver la escena, se enfadó y les dijo: «Dejad que los niños vengan a mí; no se lo impidáis, porque de los que son como éstos es el Reino de Dios. Yo os aseguro: el que no acoja el Reino de Dios como un niño no entrará en él». Y abrazaba a los niños y los bendecía poniendo las manos sobre ellos.

Marcos 10:13-16

La razón pura (Adán) y el sentimiento puro (Eva) de los niños pequeños moran en el Edén de la Bienaventuranza, en sintonía con la Voluntad Divina —creadora de todo cuanto existe— que reside en el ojo espiritual. Pero tan pronto como los jóvenes se vuelcan hacia pensamientos, comportamientos y experiencias de naturaleza sexual, caen del Divino Centro de Bienaventuranza y se identifican con las limitaciones de los inquietos deseos de la carne. Los jóvenes pierden entonces su paraíso y se precipitan hacia el infierno mortal de la sensualidad, que los mantiene cautivos del engaño bajo el dominio del impulso que hace descender la fuerza vital y la conciencia y luego las disipa externamente a través del sutil centro coccígeo de la columna vertebral. El único modo de invertir el curso de esta fuerza antagónica y establecer nuevamente la conciencia en su paraíso original consiste en cultivar pensamientos y acciones espirituales y meditar en Dios.

Paramahansa Yogananda

Dibujo: Heinrich Hofmann

mantener al hombre cautivo del cuerpo. Que aquel que sea digno y capaz de entender este precepto lo siga, pues de ese modo encontrará el reino de Dios».

Después de referirse al ideal original del matrimonio espiritual (cuyo propósito es lograr la unión de las almas y experimentar el amor perfecto en Dios como uno de los medios de liberación para el común de la gente), Jesús elogia a los hombres y mujeres que renuncian por completo a la relación entre esposo y esposa en el matrimonio y buscan la unión directa con Dios a través del dominio de sí mismos en la práctica del celibato.

Un hombre o una mujer que individualmente renuncia por completo al placer sexual y practica las disciplinas espirituales que conducen a la unión del alma con Dios halla en esa unión suprema el perfecto amor divino y la liberación. Al vincular el celibato con la conquista del reino de Dios, Jesús hace hincapié en que todas las personas, tanto casadas como célibes, deben sublimar la conciencia sexual con el propósito de liberar la fuerza vital del imperioso impulso que ata la conciencia al cuerpo físico. Los eunucos espirituales son aquellos que retiran por completo la voluntad, la energía, el deseo y la fuerza sexual de los nervios sexuales por medio de métodos adecuados de sublimación natural —tales como el yoga—; de ese modo ya no sienten ningún impulso físico sexual que se imponga sobre ellos. No son eunucos espirituales quienes mutilan su poder sexual y se vuelven eunucos a causa de la impotencia, sino los que logran el dominio de sí mismos por medios tales como la meditación diaria y el éxtasis; de ese modo, jamás permiten que el deseo sexual excite sus nervios sexuales físicos.

Todos pueden aprender a gobernar el impulso sexual a través de la sabiduría, la inteligencia intuitiva pura que guía la voluntad por medio del discernimiento, a fin de elegir la liberadora bienaventuranza del Espíritu «por causa del Reino de los Cielos» en lugar del esclavizante placer sensual del denso cuerpo físico. Quienquiera que, durante los períodos de tentación, practique ejercicios físicos con profunda concentración será capaz de transmutar la energía sexual en energía muscular y vitalidad en general. Otra opción que es posible aplicar cuando surge la conciencia sexual en el cuerpo es sublimar dicha fuerza transformándola en un enorme poder mental, al concentrar la atención con gran intensidad en una actividad creativa, como por ejemplo la escritura, la música o el arte. También se puede utilizar la indócil fuerza sexual en forma provechosa si durante la meditación se transmuta dicha fuerza con el fin de crear el poder espiritual del autocontrol —el dominio de la conciencia corporal—; de ese modo, durante los estados de conciencia más elevados, la inmaculada fuerza vital se absorbe por completo en los centros sutiles situados en la espina dorsal y en el cerebro[9].

Jesús mismo adoptó una vida de celibato y jamás permitió que la intrusión de los placeres de la carne separase su conciencia de su sitial en el reino interior de Dios. La Orden de los Swamis, originaria de la India, también hace énfasis en la renuncia a la conciencia del sexo a fin de alcanzar el gozo eterno de la Conciencia Cósmica.

Quienes renuncian a la vida familiar deben prestar un servicio desinteresado a la sociedad

Cuando le pedí a mi gurú, Swami Sri Yukteswarji, que me iniciara como monje de la Orden de los Swamis, él puso a prueba mi resolución y me preguntó por qué motivo no deseaba contraer matrimonio. Muchas razones vinieron a mi mente, pero ante todo yo sentía que de algún modo ya había superado esa etapa: no podía concederle a Dios un lugar secundario en mi vida. El Maestro me habló acerca de las numerosas personas que renuncian al mundo pero llevan vidas egoístas y dependen de la sociedad para que cuide de ellas, sin que ofrezcan nada a cambio. Las personas casadas —me dijo— deben renunciar a muchas cosas al sacrificarse por el cónyuge y asumir la responsabilidad de cuidar del bienestar de la familia. La unidad familiar es una organización de tamaño reducido en la que cada uno debe

[9] Los médicos consideran como un hecho comprobado que la reposición del fluido seminal —un concentrado de elementos corporales vitales— requiere un consumo significativo de energía física, y que si el fluido se conserva en el cuerpo, en lugar de disiparse externamente, el cuerpo reabsorberá las sustancias vitales que lo componen y así la energía que posee permanecerá disponible para otros propósitos. Las técnicas de *pranayama* del yoga (que se enseñan como parte de la ciencia del *Kriya Yoga* en las *Lecciones de Self-Realization Fellowship*) inducen de modo automático el proceso de transmutación de la energía que se ha conservado y la transforman en fuerza vital pura y conciencia, que se utilizará para despertar los centros superiores de conciencia que se hallan en la columna vertebral y en el cerebro. Una de las disciplinas básicas del Óctuple Sendero del yoga delineado por Patanjali es *brahmacharya* (el dominio de uno mismo). Los tratados del yoga se refieren al *brahmachari* cuyo celibato es exitoso con el nombre de *urdhvareta* (que literalmente significa «mantener el semen en dirección ascendente»), aquel en quien el fluido reproductivo físico se convierte en fuerza vital pura y consciente, lo cual le otorga fortaleza corporal, inmensa inteligencia creativa y magnetismo espiritual. *(Nota del editor).*

hacer su parte. El mundo mismo no podría avanzar si todos fuesen egoístas y no participaran en los servicios que son esenciales para la armonía y bienestar de la sociedad. Después que el Maestro me señaló estos conceptos, concluyó diciendo: «Recuerda que aquel que desecha sus deberes mundanos sólo puede justificarse si acepta algún tipo de responsabilidad hacia una familia mucho mayor».

Comencé fundando una escuela con internado, la cual rápidamente creció hasta convertirse en una familia de trescientos niños. Yo cuidaba de ellos como padre, madre, amigo e instructor espiritual, y atendía a sus necesidades día y noche. Nunca antes había imaginado, ni en sueños, todo lo que nuestros padres padecen por nosotros. La madre apenas duerme un poco, pues el bebé se despierta llorando y ella debe renunciar entonces a su necesidad de descanso para responder a esa demanda. ¡Con cuánta paciencia y tierno amor nos han criado la mayoría de nuestras madres, y cuántos sacrificios han hecho nuestros padres para proporcionarnos el sustento! No somos conscientes de eso hasta que tenemos hijos propios. Si no elegimos dedicarnos a la vida familiar, ello no constituye una excusa para llevar una existencia egoísta. Quienes permanecen solteros pueden trabajar por su evolución ampliando sus intereses de tal forma que incluyan el servicio a otros hijos de Dios. La propagación de la especie no sólo significa traer hijos al mundo por medio del cuerpo, sino legar a los demás una parte de nuestros más nobles ideales y de nuestro ejemplo, del mismo modo en que la obligación de los padres es inculcar en el hijo lo mejor de sí mismos. De igual manera actúa el instructor: deja a la posteridad sus ideas y pensamientos propagándolos a través de otras personas. Al llevar una vida ejemplar de servicio y amor a Dios, se le entrega al mundo un legado divino.

El privilegio de la vida que Dios nos ha concedido conlleva una inmensa responsabilidad. Comprendí muy bien lo que esto significaba cuando vinculé mi vida al cuidado de los niños en mi «escuela del arte de vivir». Metafóricamente hablando, esos niños recibieron la mitad de mi vida; yo debía entregarles la mitad de mi salvación. Ahora, con las numerosas almas que Dios ha enviado a mi vasta familia mundial, ya no reservo nada para mí. Todo a lo que renuncio por causa de los demás es mi ganancia, pues ellos constituyen mi propio ser. Éste es el modo de liberarse cuando se lleva una vida de soltero: unir el sentimiento y la razón —el amor y la voluntad—, entregándose al servicio de los demás tal como hizo Jesús. Para los que están en condiciones de aceptar el mandato de Jesús de permanecer solteros «por causa del Reino de los Cielos», la tarea a la que deben abocarse es el servicio a la humanidad: su obligación es mantenerse aún más ocupados de lo que están los miembros de la compacta unidad social constituida por la familia.

Cuando se establece contacto con Dios en la meditación y se brinda un servicio desinteresado que ayude a despertar en otras personas algunos de los más nobles ideales que abrigamos, uno no sólo unifica el sentimiento y la razón en su propia persona, sino también en la familia más extensa de sus hijos espirituales, al cultivar el sentimiento para equilibrar la razón en el hombre y cultivar la razón para equilibrar el sentimiento en la mujer. En esto consiste el matrimonio espiritual: la liberación mediante la unión con Dios en la meditación extática y la renuncia al ser inferior para servir a Dios en los demás como nuestro Ser superior.

Jesús no afirma que sea incorrecto contraer matrimonio y traer al mundo hijos buenos mediante la ley normal de la procreación que rige en la Naturaleza. Pero es preciso recordar que ese principio creativo es una de las leyes más sagradas de Dios. No debemos pensar que hay pecado en él; sin embargo, existe un peligro físico y espiritual inherente cuando dicho principio creativo se emplea de modo inapropiado con el único fin de estimular y gratificar la conciencia sexual por sí misma. Esta actitud es perjudicial para el sistema nervioso y debilita la vitalidad y el sistema inmunitario del cuerpo. Desde el punto de vista espiritual, es imposible hacer ascender la conciencia hasta el reino de los cielos —el Edén de los centros superiores de percepción de Dios— sin elevar la fuerza vital desde los centros espinales inferiores donde se originan los impulsos sexuales.

La actitud saludable que, con respecto a las relaciones sexuales, deben adoptar las personas casadas que siguen el sendero espiritual

El dominio del estado matrimonial comienza con la moderación, el autocontrol y el gozoso contacto con Dios en la meditación. La renunciación hipócrita, la pretendida abstinencia de una persona atormentada por los sentidos, es una práctica antinatural e incluso perjudicial. Por esa razón, San Pablo dijo: «*Mejor es casarse que abrasarse*»[10]. La moderación en la vida matrimonial, apoyada por la experiencia de haber gustado la Infinita Bienaventuranza de la meditación profunda

[10] *I Corintios* 7:9.

y el incondicional amor divino dentro del alma, transmuta la conciencia de un modo natural. Cuando el gozo de Dios que se siente en la meditación al aquietarse el aliento permanece en el alma de manera constante, la tentación física desaparece para siempre como resultado del contraste que se establece entre ambas experiencias: el Gozo que uno encuentra en el Señor se vuelve mucho más tentador que todas las tentaciones. Se puede incluso, como hizo Lahiri Mahasaya (el gurú de mi gurú), amar a la esposa o al esposo con el amor de Dios y no con un amor carnal. El propósito de su matrimonio fue demostrar que la conciencia divina puede subyugar la tentación y que el amor de Dios espiritualiza y transmuta el amor conyugal. Aquel que se establece irrevocablemente en la unión con la Bienaventuranza Divina puede permanecer en ese estado de conciencia en todas las circunstancias de su vida. No existe otro modo de alcanzar la verdadera libertad.

~

«Entonces le fueron presentados unos niños para que les impusiera las manos y orase; pero los discípulos les reñían. Mas Jesús les dijo: "Dejad que los niños vengan a mí; y no se lo impidáis, porque de los que son como éstos es el Reino de los Cielos". Y, después de imponerles las manos, se fue de allí» (*Mateo* 19:13-15)[11].

Referencia paralela:

«Le presentaban unos niños para que los tocara; pero los discípulos les reñían. Mas Jesús, al ver la escena, se enfadó y les dijo: "Dejad que los niños vengan a mí; no se lo impidáis, porque de los que son como éstos es el Reino de Dios. Yo os aseguro: el que no acoja el Reino de Dios como un niño no entrará en él". Y abrazaba a los niños y los bendecía poniendo las manos sobre ellos» (*Marcos* 10:13-16)[12].

---

[11] Compárese con *Mateo* 18:2-3 (discurso 47, volumen II): *«Él llamó a un niño, lo puso en medio de ellos y dijo: "Os aseguro que si no cambiáis y os hacéis como los niños, no entraréis en el Reino de los Cielos"».*

[12] Compárese con otra referencia paralela que aparece en *Lucas* 18:15-17.

«Dejad que los niños vengan a mí, y no les impidáis acercarse. Todos los que han alcanzado el Reino de Dios en la Conciencia Cósmica son como niños en su simplicidad y en la pureza de sus mentes. Yo os aseguro que todo aquel que quiera alcanzar la Conciencia Cósmica y no manifieste la sencillez, el desapego, la veracidad, la bondad y la confianza de un niño no podrá lograr ese divino estado».

La razón pura (Adán) y el sentimiento puro (Eva) de los niños pequeños moran en el Edén de la Bienaventuranza, en sintonía con la Voluntad Divina —creadora de todo cuanto existe— que reside en el ojo espiritual. Pero tan pronto como los jóvenes se vuelcan hacia pensamientos, comportamientos y experiencias de naturaleza sexual, caen del Divino Centro de Bienaventuranza y se identifican con las limitaciones de los inquietos deseos de la carne. Los jóvenes pierden entonces su paraíso y se precipitan hacia el infierno mortal de la sensualidad, que los mantiene cautivos del engaño bajo el dominio del impulso que hace descender la fuerza vital y la conciencia y luego las disipa externamente a través del sutil centro coccígeo de la columna vertebral. El único modo de invertir el curso de esta fuerza antagónica y establecer nuevamente la conciencia en su paraíso original consiste en cultivar pensamientos y acciones espirituales y meditar en Dios.

Con la práctica de la meditación es posible recobrar la pureza propia de los «niños» y el paraíso perdido de la bienaventuranza

El ideal védico que se practicaba en la India durante la Edad de Oro consistía en cultivar cada día en los niños la conciencia espiritual, incluso desde su más tierna infancia. Los niños permanecían bajo la tutela de maestros capacitados que les enseñaban a llevar una vida de autocontrol, regida por los dictados de la verdad. Al llegar a la edad adulta, aunque decidieran contraer matrimonio, mantenían la práctica de las cualidades espirituales relativas a las responsabilidades del matrimonio y de la vida de hogar, sin permitir jamás que la vida material los obligase a descender del cielo. Se casaban por amor, y sus almas emprendían una vida ideal. Una vez que habían cumplido sus responsabilidades familiares y sus hijos se hallaban establecidos en la vida, el padre y la madre se retiraban a una ermita en el bosque, o a algún otro sitio de reclusión espiritual, con el objeto de meditar; muchos de ellos se dedicaban también a prestar servicio a la humanidad. La liberación se encuentra en una vida centrada en Dios.

Los adultos deberían aprender a través de sus propios errores y de los errores de la sociedad y ayudar a los niños a comprender y a cumplir con el propósito espiritual del matrimonio y de la fuerza creativa sexual. A los niños se les enseña a leer y escribir, matemáticas e historia, pero la educación académica no les proporciona conocimientos acerca del arte y la ciencia del comportamiento basado en el discernimiento y el autocontrol sexual. Tales enseñanzas deberían impartirse en todas las escuelas y asimilarse en el hogar a través del ejemplo. Ese tipo de educación e influencias conducirá a la formación del ser humano ideal.

Cuando se comprende y se cultiva el matrimonio espiritual basado en la unión de las almas en Dios —tanto por los solteros como por quienes han contraído matrimonio—, el sexo se sublima en forma tan completa y natural en el gozo superior del amor divino que el hombre y la mujer se vuelven como *«niños [...], porque de los que son como éstos es el Reino de los Cielos»*. La razón pura (Adán) y el sentimiento puro (Eva) se reúnen en la conciencia del alma y se unifican con la Voluntad (la razón) y la Conciencia (el sentimiento) que emanaron de Dios cuando creó al hombre y a la mujer. Ellos ya no se diferencian tanto entre sí; una vez que se liberan de la identificación con el cuerpo, se convierten de nuevo en hijos perfectos de Dios, hechos a la misma imagen inmortal única de su Divino Creador[13].

~

«Se le acercan unos saduceos, esos que niegan que haya resurrección, y le preguntaron: "Maestro, Moisés nos dejó escrito que si muere alguno y deja viuda sin hijos, su hermano deberá tomar a la mujer para dar descendencia al difunto. Pues bien, había siete hermanos. El primero tomó mujer, pero murió sin dejar descendencia; también el segundo la tomó y murió sin dejar descendencia; y el tercero lo mismo. Ninguno de los siete dejó descendencia. Después de todos, murió también la mujer. En

[13] Compárese con el *Evangelio de Tomás,* versículo 22: «Jesús vio a unos pequeños que mamaban. Dijo a sus discípulos: "Estos pequeños que maman son semejantes a los que entran en el Reino". Le dijeron: "Entonces, ¿haciéndonos pequeños entraremos en el Reino?". Jesús les dijo: "Cuando hagáis de los dos uno y hagáis lo de dentro como lo de fuera y lo de fuera como lo de dentro y lo de arriba como lo de abajo de modo que hagáis lo masculino y lo femenino en uno solo, a fin de que lo masculino no sea masculino ni lo femenino sea femenino [...], entonces entraréis [en el Reino]"» (citado de la obra de Antonio Piñero y col., *Textos gnósticos: Biblioteca de Nag Hammadi* Vol. II [Trotta, Madrid, 1999]). *(Nota del editor).*

la resurrección, cuando resuciten, ¿de cuál de ellos será mujer? Porque los siete la tuvieron por mujer".

»Jesús les contestó: "¿No creéis que estáis en un error, precisamente por no entender las Escrituras ni el poder de Dios? Pues cuando resuciten de entre los muertos, ni ellos tomarán mujer ni ellas marido, sino que serán como ángeles en los cielos. Y acerca de que los muertos resucitan, ¿no habéis leído en el libro de Moisés, en lo de la zarza, cómo Dios le dijo: 'Yo soy el Dios de Abrahán, el Dios de Isaac y el Dios de Jacob'? No es un Dios de muertos, sino de vivos. Estáis en un gran error"» (*Marcos* 12:18-27)[14].

Jesús reprendió a los saduceos por el burdo error que habían cometido al mezclar los edictos terrenales con las experiencias celestiales. Los saduceos no comprendían ni las escrituras que estaban citando ni el poder trascendente y la sabiduría de Dios; por consiguiente, su suposición era errónea cuando trataban de vincular los asuntos terrenales con los celestiales.

La respuesta de Jesús a la pregunta de los saduceos: ¿perdura el vínculo matrimonial después de la muerte?

El matrimonio físico que se practica en este mundo tiene como objeto la propagación autocontrolada de la especie y brindarse ayuda mutua con el fin de aprender a amar sin egoísmo, con lealtad y con la actitud de dar y compartir. Además, para aquellos pocos seres que están suficientemente avanzados, el matrimonio constituye una forma de unir sus almas y alcanzar la liberación una vez que han hallado el perfecto amor de Dios mediante la intensa disciplina espiritual, la sublimación sexual y la meditación. En el matrimonio, las parejas aprenden numerosas lecciones, como por ejemplo la unificación del sentimiento y la razón (lo positivo y lo negativo) con el propósito de hacer de ambos cónyuges *«una sola carne»* por medio del respeto mutuo y de la cooperación desinteresada. Sin embargo, la resurrección a la que Jesús se refería en su respuesta a los saduceos era la de las almas que ya han logrado la liberación en el perfecto amor de Dios y pueden entrar al cielo, pues han sido exoneradas de la necesidad de continuar reencarnándose en la tierra. De allí que la disciplina física del matrimonio —e incluso la búsqueda divina en

[14] Compárese con las referencias paralelas que aparecen en *Mateo* 22:23-33 y *Lucas* 20:27-40.

la meditación— resulten totalmente innecesarias para aquellas almas que han alcanzado la inmortalidad en *«los cielos»*. La flor se extingue cuando el fruto aparece. Las experiencias humanas del matrimonio, el amor, el éxito, el estudio, la meditación, el ejercicio y la disciplina son necesarias para producir el fruto de la comunión con Dios. Pero al alcanzarse la iluminación y la consiguiente liberación, todas las experiencias humanas que tienen lugar en el reino del engaño dejan de existir, puesto que ya han cumplido su propósito.

Todas las almas liberadas que residen en el cielo están unidas a Dios en matrimonio. Por lo tanto, no existe tal cosa como el matrimonio físico para aquellas almas que son completas y perfectas en su unión con el eterno amor de Dios —la Única Alma Gemela Perfecta.

Las almas que se han despojado de sus ataduras terrenales y han ascendido para vivir en la vibración más sutil del cielo astral disfrutan de dicha esfera con una sensibilidad astral exquisitamente refinada. Están capacitadas para crear cualquier objeto, paisaje o condición atmosférica luminosa, conforme al más mínimo de sus deseos, a través del simple ejercicio de su voluntad. Con los poderes de su cuerpo astral supramental, pueden materializar otros cuerpos astrales mediante el poder de la voluntad. Sólo en el plano físico es necesaria la unión sexual para que se lleve a cabo el nacimiento físico. En el cielo de las almas liberadas, todas tienen el mismo nivel espiritual —la inmortalidad— y son iguales ante los ojos de Dios. Por supuesto, Jesús se refería a estos seres que han alcanzado la suprema resurrección cuando dijo: *«Serán como ángeles en los cielos»*.

Existen otras muchas almas en las diversas regiones del cielo o mundo astral que están allí sólo en forma temporal para descansar por un tiempo antes de retornar a las experiencias disciplinarias de la tierra y continuar esforzándose por alcanzar su liberación. Por ejemplo, la mujer hipotética a la que hacían referencia los saduceos en su pregunta —una mujer sin hijos y viuda de siete hermanos— sería en el mundo astral un alma desprovista de sexo y dotada de un cuerpo astral; allí no podría ser, por lo tanto, la esposa de ningún hombre. En realidad, a lo largo de sus numerosas encarnaciones terrenales seguramente sería la esposa de un gran número de maridos (o incluso ella misma representaría el papel de marido en algunas encarnaciones en las que naciera como hombre). Si durante su vida terrenal esta viuda no hubiese logrado alcanzar la emancipación espiritual, tendría que reencarnarse en la tierra —muy probablemente como una mujer—, después de descansar en el más allá durante un período predeterminado por su karma. Así contaría con una nueva oportunidad de vivir de manera virtuosa y tal vez podría encontrar el perfecto amor de Dios y la liberación, con la ayuda de un compañero del alma o bien a través de la unión directa con Dios como resultado de sus concentrados esfuerzos espirituales.

Las almas de todos los hombres y mujeres en realidad le pertenecen únicamente a Dios, aun cuando existe cierta afinidad espiritual entre compañeros del alma. De ahí que, después de la muerte, en el mundo astral, a las almas de hombres y mujeres se les recuerda su inmortalidad asexual; en ese plano, el «matrimonio», con todas sus connotaciones mortales, es absolutamente imposible. No obstante, las almas que se aman profundamente o que compartieron los lazos de una amistad pura durante su estancia en la tierra se reconocen entre sí y continúan experimentando el amor y la divina amistad que se encuentra grabada en sus almas, incluso en el mundo astral después de la muerte.

Se afirma que los saduceos se oponían expresamente a la doctrina de la resurrección que Jesús predicaba. El argumento que Jesús sostenía es que todo cuanto proviene del Dios viviente también debe estar vivo, incluso después de lo que llamamos muerte. Cuando las almas atraviesan el portal de la muerte física, simplemente cambian de lugar y de forma al resucitar en su nueva existencia. Jesús trataba de que los saduceos comprendiesen que, así como los profetas Abrahán, Isaac y Jacob no están muertos sino vivos en Dios, así también todas las almas que abandonan este mundo son eternas en el siempre viviente Dios, bien sea que se encuentren en el cielo o en formas reencarnadas sobre la tierra: el alma no muere.

Jesús les recordó a los sacerdotes que el libro de Moisés relata el modo en que Dios hizo vibrar su presencia como la siempre ardiente luz de la sabiduría que incineró la zarza de la ignorancia en la conciencia de Moisés. Por medio de sus vibraciones, Dios le había expresado a Moisés: «Yo soy el Dios de Abrahán, de Isaac y de Jacob, que estuvieron encarnados en la tierra. Aun cuando sus formas físicas hayan retornado al polvo de la mortalidad, sus almas viven en Mí. Yo soy Vida Eterna y todo aquello que proviene de Mí vive por siempre». De ahí que Jesús concluya diciendo: «Él no es un Dios de muertos, sino de vivos».

DISCURSO 63

Cambiar los bienes temporales por las riquezas del reino de Dios

Las bendiciones inherentes a los mandamientos de Dios

La universalidad de las normas de conducta que enseñan Moisés, Jesús y la ciencia del yoga originaria de la India

❖

El yoga comienza con las normas morales y proporciona luego las prácticas adicionales necesarias para alcanzar la unión con Dios

❖

«Toma tu cruz»: practicar la renunciación interior, la autodisciplina y el desapego

❖

Los poderes espirituales, o el grado de iluminación, que confiere el dominio de cada mandamiento

«Las leyes divinas […] le fueron transmitidas al hombre para que pudiese vivir en este mundo de engaño cósmico y tentación satánica como un hijo de Dios, manifestando su imagen y cualidades divinas, en lugar de permanecer impotentemente identificado con el cuerpo».

En esto se le acercó uno y le dijo: «Maestro bueno, ¿qué cosas buenas debo hacer para conseguir vida eterna?». Él le dijo: «¿Por qué me llamas bueno? Uno solo es el Bueno: Dios. Mas si quieres entrar en la vida, guarda los mandamientos». «¿Cuáles?» —le preguntó él—. Jesús respondió: «No matarás, no cometerás adulterio, no robarás, no levantarás falso testimonio, honra a tu padre y a tu madre, y amarás a tu prójimo como a ti mismo». Dícele el joven: «Todo eso lo he guardado. ¿Qué más me falta?». Jesús le dijo: «Si quieres ser perfecto, anda, vende tus bienes y dáselo a los pobres, y tendrás un tesoro en los cielos. Luego sígueme». Al oír estas palabras, el joven se marchó entristecido, porque tenía muchos bienes.*

Entonces Jesús dijo a sus discípulos: «Os aseguro que es muy difícil que un rico entre en el Reino de los Cielos. Os lo repito, es más fácil que un camello entre por el ojo de una aguja que el que un rico entre en el Reino de los Cielos». Al oír esto, los discípulos, llenos de asombro, decían: «¿Quién se podrá salvar entonces?». Jesús, mirándolos fijamente, dijo: «Para los hombres eso es imposible, mas para Dios todo es posible».

Entonces Pedro, tomando la palabra, le dijo: «Ya lo ves, nosotros lo hemos dejado todo y te hemos seguido. ¿Qué recibiremos, pues?». Jesús les dijo: «Os aseguro que vosotros que me habéis seguido, en la regeneración, cuando el Hijo del hombre se siente en su trono de gloria, os sentaréis también vosotros en doce tronos para juzgar a las doce tribus de Israel. Y todo aquel que haya dejado casas, hermanos, hermanas, padre, madre, hijos o campos por mi nombre, recibirá el ciento por uno y heredará vida eterna.

»Pero muchos primeros serán últimos, y muchos últimos, primeros.

»En efecto, el Reino de los Cielos es semejante a un propietario que salió a primera hora de la mañana a contratar obreros para su viña. Tras ajustarse con los obreros en un denario al día, los envió a su viña. Salió luego hacia la hora tercia y, al ver a otros que estaban en la plaza parados, les

dijo: "Id también vosotros a mi viña, y os daré lo que sea justo". Ellos fueron. Volvió a salir a la hora sexta y a la nona, e hizo lo mismo. Todavía salió a eso de la hora undécima y, al encontrar a otros que estaban allí, les dijo: "¿Por qué estáis aquí todo el día parados?". Le respondieron: "Es que nadie nos ha contratado". Dijo él: "Id también vosotros a la viña". Al atardecer, dijo el dueño de la viña a su administrador: "Llama a los obreros y págales el jornal, empezando por los últimos hasta los primeros". Vinieron, pues, los de la hora undécima y cobraron un denario cada uno. Al venir los primeros pensaron que cobrarían más; sin embargo, también ellos cobraron un denario cada uno. Tras cobrarlo, se quejaron al propietario; le dijeron: "Estos últimos no han trabajado más que una hora, y resulta que les pagas como a nosotros, que hemos aguantado el peso del día y el calor". Pero él contestó a uno de ellos: "Amigo, no te hago ninguna injusticia. ¿No te ajustaste conmigo en un denario? Pues toma lo tuyo y vete. Por mi parte, quiero dar a este último lo mismo que a ti. ¿Es que no puedo hacer con lo mío lo que quiero? ¿O va a ser tu ojo malo porque yo soy bueno?". Así, los últimos serán primeros, y los primeros, últimos».

Cuando iba subiendo Jesús a Jerusalén, tomó aparte a los Doce y les dijo por el camino: «Ya veis que subimos a Jerusalén, donde el Hijo del hombre será entregado a los sumos sacerdotes y escribas. Lo condenarán a muerte y lo entregarán a los paganos, para burlarse de él, azotarle y crucificarlo. Y al tercer día resucitará».

Mateo 19:16–20:19

Entró en Jericó e iba cruzando la ciudad. Había allí un hombre llamado Zaqueo, que era jefe de publicanos, y rico. Trataba de ver quién era Jesús, pero, como era bajo de estatura, no podía, pues la gente se lo impedía. Se adelantó corriendo y se subió a un sicómoro para verle, pues iba a pasar por allí. Cuando Jesús llegó a aquel sitio, alzó la vista y le dijo: «Zaqueo, baja pronto; conviene que hoy me quede yo en tu casa». Se apresuró a bajar y lo recibió con alegría. Al verlo, todos murmuraban: «Ha ido a hospedarse a casa de un pecador». Zaqueo, puesto en pie, dijo al Señor: «Señor, voy a dar la mitad de mis bienes a los pobres; y si en algo defraudé a alguien, le devolveré cuatro veces más». Jesús le dijo: «Hoy ha llegado la salvación a esta casa, porque también éste es hijo de Abrahán, pues el Hijo del hombre ha venido a buscar y salvar lo que estaba perdido».

Mientras la gente escuchaba estas cosas, añadió una parábola. —Estaba él cerca de Jerusalén y creían ellos que el Reino de Dios aparecería de un momento a otro—. Dijo, pues: «Un hombre noble marchó a un país lejano, para recibir la investidura real y regresar. Llamó a diez siervos suyos, les dio sendas minas y les dijo: "Negociad hasta que vuelva". Pero sus ciudadanos lo odiaban y enviaron detrás de él una embajada que dijese: "No queremos que ése reine sobre nosotros".

»Cuando regresó, después de recibir la investidura real, mandó llamar a aquellos siervos suyos a los que había confiado el dinero, para saber lo que había ganado cada uno. Se presentó el primero y dijo: "Señor, tu mina ha producido diez minas". Le respondió: "¡Muy bien, siervo bueno!; ya que has sido fiel en lo insignificante, toma el gobierno de diez ciudades". Vino el segundo y dijo: "Tu mina, Señor, ha producido cinco minas". Dijo a éste: "Ponte tú también al mando de cinco ciudades".

»Vino el otro y dijo: "Señor, aquí tienes tu mina, que he tenido guardada en un lienzo. Es que tenía miedo de ti, pues eres un hombre severo, que tomas lo que no pusiste y cosechas lo que no sembraste". Le respondió: "Por tus propias palabras te juzgo, siervo malo. Si sabías que soy un hombre severo, que tomo lo que no puse y cosecho lo que no sembré, ¿por qué no colocaste entonces mi dinero en el banco? De ese modo, al volver yo, lo habría cobrado con los intereses". Dijo entonces a los presentes: "Quitadle la mina y dádsela al que tiene las diez minas". Le respondieron: "Señor, tiene ya diez minas". —"Os digo que a todo el que tiene se le dará, pero al que no tiene se le quitará hasta lo que tiene.

»"Y a esos enemigos míos, que no querían que yo reinara sobre ellos, traedlos aquí y matadlos delante de mí"».

Dicho esto, marchaba por delante, subiendo a Jerusalén.

Lucas 19:1-28

DISCURSO 63

Cambiar los bienes temporales por las riquezas del reino de Dios

Las bendiciones inherentes a los mandamientos de Dios

«En esto se le acercó uno y le dijo: "Maestro bueno, ¿qué cosas buenas debo hacer para conseguir vida eterna?". Él le dijo: "¿Por qué me llamas bueno? Uno solo es el Bueno: Dios. Mas si quieres entrar en la vida, guarda los mandamientos". "¿Cuáles?" —le preguntó él—. Jesús respondió: "No matarás, no cometerás adulterio, no robarás, no levantarás falso testimonio, honra a tu padre y a tu madre, y amarás a tu prójimo como a ti mismo". Dícele el joven: "Todo eso lo he guardado. ¿Qué más me falta?". Jesús le dijo: "Si quieres ser perfecto, anda, vende tus bienes y dáselo a los pobres, y tendrás un tesoro en los cielos. Luego sígueme". Al oír estas palabras, el joven se marchó entristecido, porque tenía muchos bienes.*

»Entonces Jesús dijo a sus discípulos: "Os aseguro que es muy difícil que un rico entre en el Reino de los Cielos. Os lo repito, es más fácil que un camello entre por el ojo de una aguja que el que un rico entre en el Reino de los Cielos". Al oír esto, los discípulos, llenos de asombro, decían: "¿Quién se podrá sal-

var entonces?". Jesús, mirándolos fijamente, dijo: "Para los hombres eso es imposible, mas para Dios todo es posible"» (Mateo 19:16-26).

Referencia paralela:

«Se ponía ya en camino, cuando uno corrió a su encuentro y, arrodillándose ante él, le preguntó: "Maestro bueno, ¿qué debo hacer para tener en herencia vida eterna?". Jesús le dijo: "¿Por qué me llamas bueno? Nadie es bueno, sino sólo Dios. Ya sabes los mandamientos: 'No mates, no cometas adulterio, no robes, no levantes falso testimonio, no defraudes, honra a tu padre y a tu madre'". Él, entonces, le dijo: "Maestro, todo eso lo he guardado desde mi juventud". Jesús, fijando en él su mirada con cariño, le dijo: "Una cosa te falta: anda, vende cuanto tienes y dáselo a los pobres, y tendrás un tesoro en el cielo. Luego, ven, toma tu cruz y sígueme"*. Pero él, abatido por estas palabras, se marchó entristecido, porque tenía muchos bienes.*

Jesús, mirando a su alrededor, dijo a sus discípulos: "¡Qué difícil es que los que tienen riquezas entren en el Reino de Dios!". Los discípulos quedaron sorprendidos al oírle estas palabras. Mas Jesús, tomando de nuevo la palabra, les dijo: "¡Hijos, qué difícil es entrar en el Reino de Dios! Es más fácil que un camello pase por el ojo de la aguja que el que un rico entre en el Reino de Dios". Pero ellos se asombraron aún más y se decían unos a otros: "¿Quién se podrá salvar entonces?". Jesús, mirándolos fijamente, dijo: "Para los hombres, imposible; pero no para Dios, porque todo es posible para Dios"» (Marcos 10:17-27)[1].

«¿Por qué me llamas bueno? Atribúyele el crédito a Dios, el Único Bueno, sin el cual ningún otro bien puede existir. Si quieres unir de nuevo tu vida a la Vida Eterna, sigue los Mandamientos, las leyes eternas del bien con las cuales se logra espiritualizar la conciencia ordinaria (sujeta a los ciclos de vida y muerte) y transformarla en la conciencia de inmortalidad.

»Ya conoces los mandamientos morales del comportamiento correcto: No mates, pues hacerlo demostraría que careces de amor

[1] Compárese con otra referencia paralela que aparece en *Lucas* 18:18-27.

cósmico por los demás, que no has desarrollado la capacidad de ver a Dios en todos. No cometas adulterio, ya que al identificarte con el placer sexual caes bajo la influencia del engaño y olvidas la siempre renovada bienaventuranza inherente a la perfecta imagen de Dios que se halla dentro de tu alma. No robes, porque caer en ello te arroja al abismo del egoísmo y pierdes de vista al Ser Infinito, al que sólo se le puede reconocer a través de la compasión y de la generosidad. No levantes falso testimonio, pues cuando colocas el velo de la falsedad sobre tu conciencia ocultas la presencia de la verdad divina que está en tu interior. No defraudes, ya que el engaño de la insinceridad nubla la intuición de la sabiduría discernidora que tu alma posee. Honra a tu padre y a tu madre, porque ellos son la manifestación física de Dios, que vela por ti a través del raciocinio del padre y del amor incondicional de la madre. Ama a tu prójimo como a ti mismo; no permanezcas concentrado en tu pequeño ser, y ama a todos para mantenerte unido al Espíritu omnipresente[2].

Los mandamientos morales cumplen con su propósito cuando la conciencia del hombre se libera de la materialidad

»Aunque afirmas haber obedecido estos mandamientos, sientes que, aun así, algo te falta. A fin de recobrar la innata perfección de tu alma, anda y vende todo cuanto posees y entrega lo recaudado a los pobres; reniega del poder que la materialidad ejerce sobre tu conciencia y obtendrás el tesoro de la Conciencia Cósmica con su bienaventuranza eterna. Toma tu cruz —adopta la actitud y la resolución mental de renunciar a los apegos de la existencia mortal— y sigue mis métodos de disciplina espiritual, a fin de que llegues a experimentar la unión divina por medio de la Conciencia Crística, presente en tu alma y en la mía[3].

»Os aseguro, discípulos míos, que —como os lo muestra la mentalidad del joven rico que no está dispuesto a abandonar sus posesiones materiales a cambio de la opulencia eterna que se halla en Dios— mientras el hombre se sienta satisfecho con su abundancia externa, le será difícil avanzar hacia el reino de Dios.

»Es extremadamente difícil que quienes están absortos en las comodidades y placeres materiales conciban la felicidad superior y

2 Véase también el discurso 53 (volumen II), donde se comentan los dos mandamientos más importantes (amar a Dios y amar al prójimo).

3 *«Toma tu cruz y sígueme»**: Véase también en los discursos 41, 45, 46 (volumen II) y 58 el comentario de otros versículos en los que Jesús imparte estas instrucciones.

perdurable que pueden encontrar en la Conciencia Cósmica. Es más fácil que un camello pase por el ojo de una aguja que un hombre semejante a un corpulento y jorobado camello, debido a la acumulación de sus apegos materiales, pase a través de la sutil puerta de la meditación que conduce a la Conciencia Cósmica. Los hábitos del burdo placer físico, tan arraigados en el denso cuerpo material, no ceden el paso con facilidad al hábito divino de la meditación, con el cual se obtiene el exquisito e incomparable gozo del alma.

»A pesar de que la inquietud y los malos hábitos de las personas de mentalidad mundana imposibilitan su entrada en el reino celestial, aun así, si oran con persistencia y sinceridad pidiendo la ayuda de Dios, podrán abatir dichos obstáculos mediante las bendiciones divinas. Lo que el ser humano no puede lograr por sí solo, se vuelve posible cuando se sintoniza con la gracia y el poder omnipotente de Dios».

La conciencia de Jesús se hallaba absorta en el amor de Dios presente en su interior y en todas partes; él percibía todo cuanto es digno de alabanza como una manifestación del Padre Celestial y por ello no se atribuía el crédito del bien que existía en él, pues no lo consideraba separado de su unidad con Dios. Entre su Ser y el Espíritu no se interponía ninguna conciencia egoísta de separación.

La universalidad de las normas de conducta que enseñan Moisés, Jesús y la ciencia del yoga originaria de la India

Las leyes divinas legadas a la humanidad y que constituyen los principios en que se fundamentan todas las religiones verdaderas —tales como los Diez Mandamientos, enunciados por Moisés y citados aquí en parte por Jesús, o los principios de *yama-niyama* enumerados por Patanjali en los *Yoga Sutras*— no son edictos arbitrarios de un Autócrata Cósmico. Le fueron transmitidas al hombre para que pudiese vivir en este mundo de engaño cósmico y tentación satánica como un hijo de Dios, manifestando su imagen y cualidades divinas, en lugar de permanecer impotentemente identificado con el cuerpo y sus caprichosos sentidos físicos, que se hallan sometidos a los engaños del mal. Las normas de conducta que Jesús puntualizó guardan un gran paralelo con las leyes morales que mucho tiempo atrás habían prescrito los yoguis de la India, ya que expresan los principios universales eternos o *rita:* el orden divino que sostiene el cosmos y define los deberes ineludibles que le corresponden al hombre por el hecho de participar en el gobierno del cosmos.

Los ejemplos que Jesús enumera en estos versículos con respecto a las acciones que deben evitarse tienen una correspondencia exacta o implícita con los cinco mandamientos pertenecientes al primer paso del óctuple sendero del yoga delineado por Patanjali, clasificados como *yama,* las restricciones (todo lo que uno debe abstenerse de hacer)[4].

«No mates» o *«No matarás»* equivale al *ahimsa* de Patanjali, «no dañar, ni herir a los demás». En el *Mahabharata,* la gran obra épica de la India, *ahimsa* se define como «virtud completa» *(sakalo dharma).* Significa que el comportamiento está gobernado por el reconocimiento de que existe una Única Vida omnipresente en todos los seres. Es la inspiración que impulsa a una persona a ser útil y brindar servicio a los demás; sin esta actitud, de algún modo y tácitamente estaría causándoles daño por tal omisión. Se pone de relieve que el asesinato es un tipo de daño atroz, un pecado mortal contra el Espíritu que mora en el ser humano. El asesinato se comete por identificación con la codicia, el egoísmo, la ira: todos ellos, rasgos satánicos que destruyen la conciencia de paz del alma. El acto de matar implica perpetuar el mal ejemplo del asesinato, ya que incita a la ira y a impulsos asesinos de venganza por parte de los familiares y amigos de la víctima, así como de la conciencia social en su conjunto. Cuando alguien mata, destruye el templo de la vida que Dios creó y que le pertenece al alma. Una vida truncada priva a un ser humano de las experiencias kármicas de aprendizaje mediante las cuales el alma puede ampliar su influencia y espiritualizar el templo de su vida para hallar a Dios allí. Es un acto cruel que causa un enorme sufrimiento a un alma hermana. Semejante crueldad hacia los demás ocasiona una alienadora separación entre el perpetrador y Dios.

«No cometas adulterio»: Patanjali eleva este mandamiento a su connotación más pura *—brahmacharya—,* cuyo significado es «continencia, autocontrol». La promiscuidad, tanto dentro del matrimonio como fuera de él, es un abuso de la sagrada fuerza creativa de la Naturaleza, pues hace que la conciencia se identifique con el cuerpo físico y le impide percibir la trascendente omnipresencia del alma.

«No robes» está íntimamente relacionado con otro de los Diez Mandamientos, *«No codiciarás [...] nada que sea de tu prójimo»,* y ambos tienen correspondencia con las siguientes proscripciones de Patanjali: *asteya,* que se refiere a cualquier forma de apropiación indebida,

---

[4] Véase también la referencia a *niyama,* las prácticas prescriptivas que son esenciales para la vida espiritual, las cuales Patanjali vincula con las prácticas proscriptivas de *yama* (discurso 61).

y *aparigraha,* la «ausencia de avaricia» y de posesividad. Lejos de enriquecer la vida de una persona, aquellas adquisiciones que son resultado del robo y de la codicia tienen como consecuencia un egoísmo extremadamente empobrecedor y la pérdida de la conciencia de abundancia plena proveniente de la seguridad interior que el contacto divino confiere. Los bienes ilegítimos y los que se obtienen por avaricia, ya sea dinero, propiedades, reputación, amigos o el esposo o esposa ajenos, causan sufrimiento a otras personas, y quien ocasiona dolor a otro se autoexcluye de la siempre gozosa aura de la presencia de Dios.

«No levantes falso testimonio», y *«No defraudes»** (que se suma a los demás mandamientos en el relato de Marcos), equivalen al *satya* de Patanjali, «veracidad»: evitar la falsedad en todas sus formas. Levantar falso testimonio ocasiona ceguera espiritual y pérdida de la percepción intuitiva de la verdad. El defraudar a los demás hace que uno desarrolle insinceridad mental, lo cual, como un velo, se interpone entre la conciencia humana y la divina. Los hechos pueden guardar poca relación con la verdad. La verdad es la correspondencia exacta con la realidad y no está condicionada por las suposiciones atenuantes o las motivaciones racionalizadas impuestas por el hombre. Con el objeto de conocer la verdad, el ser humano debe comenzar por purificar su discernimiento, desechando de sí la falsedad y las estratagemas y racionalizaciones egoístas.

«Honra a tu padre y a tu madre» y *«Amarás a tu prójimo como a ti mismo»* quedan comprendidos en la sabiduría mediante la cual se reconoce al Uno que se ha convertido en muchos. «Percibiendo la misma esencia en todas las cosas, el yogui contempla su verdadero Ser (unido al Espíritu) en todas las criaturas y a todas las criaturas en el Espíritu. [...] El mejor de los yoguis es aquel que siente, como si fuese propio, el sufrimiento o el placer de los demás»[5].

Quien honra al padre y a la madre honra en ellos la presencia del Padre-Madre Divino, que protege y alimenta al niño manifestándose como el raciocinio y el sentimiento en las formas físicas del padre y de la madre. La expansión del amor que supera los límites del egocentrismo comienza con la familia: el papel de los padres provee una introducción inicial instintiva a la capacidad de olvidarse de uno mismo y tender la mano a los demás.

---

[5] *God Talks With Arjuna: The Bhagavad Gita* VI:29, 32. (Véase *El Yoga del Bhagavad Guita*).

El que puede así amar a su prójimo —ya sean seres humanos, aves, animales, flores o todas las criaturas vivientes que existen en la proximidad de su verdadero ser (el alma)—, considerándolo como una expresión de Dios, percibe la Divina Presencia en todos los seres creados. Amar a estas expresiones de la Vida Única como uno ama a su verdadero ser (el alma) significa percibir que el Ser Infinito, el Espíritu, está presente en todo lugar. Por el contrario, quien restringe su amor como resultado de sus divisorios intereses egoístas excluye de su conciencia la conciencia universal de Dios. Aquel cuya mente se encuentra preparada para amar a sus semejantes tanto como se ama a sí mismo experimenta el gozo de sentir que su pequeño ser se expande en la omnipresencia de Dios.

El yoga comienza con las normas morales y proporciona luego las prácticas adicionales necesarias para alcanzar la unión con Dios

Si bien los mandamientos de las Escrituras son el irreductible punto inicial de una vida perdurablemente feliz, las observancias morales y religiosas externas, por sí mismas, sólo le proporcionan al hombre un medio muy lento para elevar su conciencia humana y llegar a la conciencia divina. Por ese motivo, el yoga —la ciencia integral mediante la cual se purifica la conciencia interior para alcanzar la percepción de Dios— estipula otras prácticas: *asana* (la disciplina corporal), *pranayama* (el control de la energía vital) y *pratyahara* (el recogimiento interior) a fin de lograr un contacto verdadero con Dios en los estados meditativos de *dharana, dhyana* y *samadhi*[6]. Al igual que el joven rico que se acercó a Jesús buscando su guía para alcanzar la vida eterna, muchos seguidores de la religión exotérica no avanzan más allá de las proscripciones y prescripciones que los mandamientos dictan. Los esfuerzos religiosos que se ciñen a estos preceptos básicos tal vez proporcionen algo de paz interior y de buen karma, lo cual, sin duda, es mucho mejor para una persona que desobedecer por completo las normas que indican lo que debe y lo que no debe hacerse. Sin embargo, el despertar pleno de la conciencia divina del ser humano requiere una

[6] De hecho, son las disciplinas superiores del yoga las que posibilitan a la persona común una práctica efectiva y perdurable de las observancias morales, mas no por medio de la supresión externa de los impulsos perjudiciales sino mediante su transmutación interior. Véase el discurso 48 (volumen II), donde se encontrará la explicación (de acuerdo con el yoga) de los consejos morales que imparte Jesús en *Mateo* 18:8-9: *«Si tu mano o tu pie te es ocasión de tropiezo, córtatelo y arrójalo de ti [...]. Y si tu ojo te es ocasión de tropiezo, sácatelo y arrójalo de ti»*.

disciplina mucho más intensa para refinar y espiritualizar el vehículo corporal y mental del alma, con su karma acumulado de tendencias, hábitos y deseos psicológicos y emocionales[7].

Jesús analizó al joven que había obedecido los mandamientos pero aún no había alcanzado la conciencia de Dios y pudo observar que era esclavo de los apegos materialistas. En forma sucinta y sincera, le aconsejó lo siguiente: *«Vende cuanto tienes»* y *«toma tu cruz»* (adopta la liberadora actitud de renunciación interior y los métodos de autodisciplina y meditación que liberan la mente de su esclavitud al cuerpo y a las posesiones), *«y sígueme»* (sigue el camino que ha seguido mi conciencia a través del ojo espiritual y que conduce a la Conciencia Crística, para que puedas unirte a mí en el divino reino de la vida y la bienaventuranza eternas).

«Toma tu cruz»: practicar la renunciación interior, la autodisciplina y el desapego

Aun cuando el joven rico era una persona moralmente recta, el apego por sus tesoros terrenales le impidió aceptar la exhortación de Jesús y *«abatido por estas palabras, se marchó entristecido»*. Entonces, Jesús les explicó a sus discípulos: «Aquellos que se dan por satisfechos con los placeres temporales no sienten ningún deseo de buscar la sutil felicidad permanente de la conciencia divina»[8]. Señaló que las personas acaudaladas de mentalidad materialista cuya alma se identifica con el hábito vano de satisfacer los deseos de los sentidos descubren que sus costumbres son un obstáculo para cultivar los hábitos espirituales. Así como un camello no puede pasar por el ojo de una aguja, los «aristócratas malcriados», habituados a las extravagancias y los lujos —generadores de inquietud—, no se sienten inclinados a aquietar la mente y enfocarla en su interior para lograr el contacto con Dios en la calma de la meditación. Tal proeza les parece difícil, si

---

7 «Libre de los deseos persistentes y de las ansias de posesión, con el corazón (las olas del sentimiento) bajo el control del alma (mediante métodos yóguicos de concentración), retirado en soledad en un lugar tranquilo, el yogui debe tratar constantemente de unirse con el alma. [...]

»Sentado en ese asiento, con la mente concentrada en un punto y poniendo bajo control los sentidos y las actividades de la facultad imaginativa (*chitta*, el sentimiento —el poder de visualización—), habrá de practicar el yoga para purificarse» *(God Talks With Arjuna: The Bhagavad Gita* VI:10, 12. Véase *El Yoga del Bhagavad Guita)*.

8 Véase también, en el discurso 33 (volumen II), el comentario sobre *Lucas* 6:24: *«Pero ¡ay de vosotros, los ricos!, porque ya habéis recibido vuestro consuelo»*.

no imposible[9]. Cuanto mayor es el hedonismo de una persona, menos sensible es a la conciencia divina, y cuanto más cultiva la conciencia de Dios, menor es el número de hábitos materialistas que conserva.

El apego a la riqueza consiste en no poder vivir satisfecho y con sencillez cuando se carece de las comodidades lujosas que satisfacen los gustos y los deseos de gratificación del ego. Sin embargo, el simple hecho de vivir en una residencia palaciega, rodeado de comodidades materiales, no significa necesariamente que uno dependa de dicho confort. No son las posesiones de un rico las que destruyen su conciencia divina, sino el cautiverio mental ocasionado cuando se es esclavo de las posesiones. Jesús censuraba los hábitos materialistas del hombre rico y no la riqueza de éste por sí misma, porque hay personas que han sido bendecidas con la prosperidad y constituyen verdaderos ejemplos de lo que son los auténticos buscadores de la conciencia de Dios y, con compasión crística, ayudan a aliviar el sufrimiento de los demás. Tales personas utilizan su buena fortuna del modo apropiado.

Jesús utiliza la expresión *«un rico»* para referirse a aquellos que se dejan engañar por sus sentimientos exagerados de posesión, cuando en realidad no son otra cosa que simples deudores, beneficiarios de un préstamo temporal que han recibido de las arcas cósmicas de Dios. Lo censurable es que una persona rica se embriague en tal medida con su poder transitorio que se olvide de adquirir las riquezas imperecederas de los logros divinos. Es una insensatez sentir orgullo por las posesiones, como también lo es el suponer que ofrecen seguridad, tal como lo descubren incluso quienes acumulan extraordinarias riquezas cuando todo les es arrebatado por la muerte, si no es que lo pierden antes.

Rico es en verdad el que ha desarrollado plenamente y posee por toda la eternidad las cualidades del alma: inmortalidad, bienaventuranza, omnisciencia y omnipresencia divinas. Jesús señala que el ser humano debe liberarse del miope apego por la materialidad, para lo cual es preciso que cultive el recuerdo de su divina herencia como hijo de Dios; de ese modo, podrá renunciar con sencillez y naturalidad a su estado de identificación con títulos y posesiones temporales a fin de reclamar el reino eterno de la Conciencia Cósmica.

Si se observan con detenimiento los hábitos de las personas más favorecidas en el aspecto material, puede comprenderse fácilmente por

[9] Véanse también, en los discursos 29 (volumen I) y 59, los comentarios respectivos sobre *Mateo* 6:24 y *Lucas* 16:13: *«No podéis servir a Dios y al dinero»*.

qué Jesús habló como lo hizo. Con demasiada frecuencia se encuentran absortas en pensar en el dinero y en las adquisiciones, sin importar cuánto posean, y en planear nuevas vías de disfrute físico. Resulta casi imposible concentrarse en Dios al meditar y orar cuando los pensamientos adictos a la excitación giran constantemente en torno a las numerosas atracciones disponibles.

No obstante, Jesús asegura también que, a pesar de aquello que pueda parecer imposible, «*para Dios todo es posible*». Las personas de mentalidad materialista —tanto las que poseen poco como las que poseen mucho—, y que por sus malos hábitos y por estar servilmente absortas en las tentaciones mundanas pierden la esperanza de poder hallar a Dios alguna vez, deben recordar lo siguiente: Con la ayuda de Aquel que es todopoderoso, pueden pasar —y de hecho pasarán— por el portal que conduce al reino divino, siempre y cuando busquen esa ayuda mediante su arrepentimiento y la perseverancia en la meditación. En el camino hacia la salvación, el cincuenta por ciento del recorrido lo constituye la gracia de Dios, que jamás se le niega al devoto que se ha esforzado al máximo.

~

«Entonces Pedro, tomando la palabra, le dijo: "Ya lo ves, nosotros lo hemos dejado todo y te hemos seguido. ¿Qué recibiremos, pues?". Jesús les dijo: "Os aseguro que vosotros que me habéis seguido, en la regeneración, cuando el Hijo del hombre se siente en su trono de gloria, os sentaréis también vosotros en doce tronos para juzgar a las doce tribus de Israel. Y todo aquel que haya dejado casas, hermanos, hermanas, padre, madre, hijos o campos por mi nombre, recibirá el ciento por uno y heredará vida eterna.

»"Pero muchos primeros serán últimos, y muchos últimos, primeros"» (*Mateo* 19:27-30).

Referencia paralela:

«Vosotros sois los que habéis perseverado conmigo en mis pruebas; yo, por mi parte, dispongo un Reino para vosotros, como mi Padre lo dispuso para mí, para que comáis y bebáis a

mi mesa en mi Reino y os sentéis sobre tronos para juzgar a las doce tribus de Israel» (Lucas 22:28-30).

***

«Pedro se puso a decirle: "Ya lo ves, nosotros lo hemos dejado todo y te hemos seguido". Jesús dijo: "Yo os aseguro que nadie que haya dejado casa, hermanos, hermanas, madre, padre, hijos o hacienda por mí y por el Evangelio, quedará sin recibir el ciento por uno: ahora, al presente, casas, hermanos, hermanas, madres, hijos y hacienda, con persecuciones; y en el mundo venidero, vida eterna. Pero muchos primeros serán últimos, y los últimos, primeros"» (Marcos 10:28-31)[10].

«Con la convicción que nace de la experiencia de la verdad, os aseguro que después de la resurrección del Hijo del hombre —la espiritualización de mi cuerpo físico en el Espíritu cósmico—, vosotros que me habéis seguido y habéis alcanzado mi Conciencia Crística por medio de la práctica de la meditación y de la oración profundas comprobaréis que mi Conciencia Crística, tras haber sido glorificada en la tierra a través del éxtasis, reposa en el trono de la omnipresente Conciencia Cósmica. Y también vuestras almas reposarán en un trono de Conciencia Cósmica. Alcanzaréis la liberación en doce momentos diferentes, conforme al período requerido para destruir todas las semillas de las acciones de vuestras vidas pasadas. (La liberación de Judas tendrá lugar sólo después de numerosas encarnaciones, debido a su traición contra el Hijo del hombre).

La recompensa de la renunciación y de la abnegación cuyo propósito es alcanzar la Conciencia Cósmica

»Cuando vuestras almas se hayan unido a la Conciencia Crística y liberado por completo en la Conciencia Cósmica, en vuestra omnipresencia veréis el destino de las almas de las doce tribus de Israel (todas las generaciones de las diversas razas de seres humanos) durante su existencia humana y en el más allá; percibiréis también el modo en que son juzgadas en el mundo astral de acuerdo con sus acciones en la vida terrenal y cómo logran finalmente su liberación en Dios o reencarnan repetidas veces en la tierra para continuar esforzándose por alcanzar su libertad espiritual.

[10] Compárese con otra referencia paralela que aparece en *Lucas* 18:28-30.

»Así como yo soy uno con la Conciencia Crística (la inteligencia de Dios reflejada en la creación, que mantiene en funcionamiento toda la creación y da testimonio de ella), también vosotros, discípulos míos, seréis como apóstoles de la Conciencia Crística y presenciaréis la entrada y salida de las almas desde la Infinitud sin vibración de Dios Padre a la esfera de la creación manifestada[11].

»Por medio de vuestra visión divina, veréis que, conforme a la ley de causa y efecto, todo aquel que sinceramente haya dejado casas, o hermanos, o hermanas, o padre, o madre, o esposa, o hijos, o campos por mi nombre —al haber desatado los lazos del apego a través de la fusión de su conciencia con la vibración purificadora del Espíritu Santo y con la Conciencia Crística que en Él reside— recibirá el ciento por uno, incluso en esta vida terrenal. Será bendecido con el consuelo espiritual, la compañía divina, hijos-discípulos espirituales, amigos divinos. Con ello recibirá también la persecución del engaño cósmico satánico, que intentará quebrantar su resolución y su fe en Dios. Quienes logren renunciar a todo —posesiones, placeres sensoriales, apegos humanos— a fin de alcanzar la conciencia de Dios recobrarán la percepción de la vida eterna, que por tanto tiempo ha permanecido oculta en su alma[12].

»Sin embargo, podría suceder que algunos que hayan iniciado primero el camino espiritual sean, no obstante, los últimos en alcanzar la liberación. El hecho de que su progreso sea más lento se debe a su

---

[11] En *Apocalipsis* 21:10-12, 14 podrán encontrarse referencias simbólicas análogas relativas a los apóstoles en el cielo y a las doce tribus de Israel: «*Me trasladó en espíritu a un monte grande y alto* (el estado de conciencia trascendental), *y me mostró la ciudad santa de Jerusalén, que bajaba del cielo, de junto a Dios. Compartía la gloria de Dios: resplandecía como una piedra muy preciosa, como jaspe cristalino* (la luz creativa universal que desciende a la manifestación astral desde la infinitud de la Bienaventuranza no manifestada de Dios). *Estaba rodeada por una muralla grande y alta, con doce puertas, sobre las que había doce ángeles y otros tantos nombres grabados, los de las doce tribus de los hijos de Israel* (la "muralla" o fortificación vibratoria que rodea el cielo astral manifestado y lo separa del Absoluto No Manifestado, a través de cuyas "puertas", Dios envía las almas a la creación y las atrae finalmente de regreso hacia su Ser) *[...]. La muralla de la ciudad se asienta sobre doce piedras, que llevan los nombres de los doce apóstoles del Cordero.* (Del mismo modo en que la conciencia de Jesús se hallaba absorta en la Conciencia Crística, así también, sus doce discípulos, una vez que se encontrasen totalmente liberados, se unirían a la Conciencia Crística y se asentarían sobre estos cimientos, es decir, se establecerían en la maravillosa percepción del imponente proceso a través del cual el Absoluto Sin Forma adquiere forma en la creación)».

[12] Véanse también los discursos 40, 41 y 49 (en el volumen II), donde se encontrarán más comentarios sobre los ideales de Jesús acerca de la renunciación interna y externa.

grado actual de realización espiritual, al cúmulo de su karma y a su falta de tenacidad e intensidad espiritual. Es posible que los devotos que hayan venido más tarde al sendero, pero que lo sigan con mayor empeño, lleguen primero a la Conciencia Cósmica y a la libertad eterna. De cualquier forma, aquellos cuyo entusiasmo y amor por Dios perdure hasta el fin de sus días se hallarán entre los "primeros" en alcanzar la liberación en el reino de Dios»[13].

Jesús asegura que no es en vano renunciar a las posesiones materiales, practicar la abnegación y aceptar la persecución con el objeto de alcanzar la Conciencia Cósmica. Quienes abandonan la vida del mundo para dedicarse con toda sinceridad a la vida espiritual encontrarán todo lo que buscan: tanto a Dios como lo que necesitan en la vida material[14]. El propósito de la renunciación no es llevar una existencia negativa o padecer sufrimientos ocasionados por torturas autoinfligidas, sino obtener en verdad el Tesoro Eterno. Jesús advierte, sin embargo, que si bien todos los renunciantes reciben su recompensa en la tierra y en el cielo, han de estar preparados para sufrir persecuciones y padecer las tentaciones de la carne debido al poder del engaño cósmico, que implacablemente intenta obstaculizar el avance del buscador. Pero una vez que éste venza las tentaciones de la vida mortal, alcanzará el gozo de la ininterrumpida, eterna y siempre renovada felicidad en el seno de la Conciencia Cósmica.

Jesús admite claramente que se está dirigiendo a los devotos fieles —aquellos que le siguieron con toda constancia a través de las tribulaciones y de las dificultades originadas por las tentaciones y pruebas del engaño satánico— y les hace saber que él se está preparando para recibirlos en el reino de la Conciencia Crística, de igual manera que antes su Padre había ordenado que él fuese recibido. Jesús promete que allí comulgarán con la Bienaventuranza Divina («comerán») y quedarán impregnados de ella («beberán»), porque estarán en el mismo plano de existencia que él *(«a mi mesa en mi Reino»)*, en el trono de la Conciencia Cósmica dentro del reino de la Conciencia

---

[13] Véase también el discurso 57, en el cual se encontrará el comentario referente a *Lucas* 13:30, en que Jesús repite esta afirmación: *«muchos primeros serán últimos, y muchos últimos, primeros».*

[14] Jesús también señaló la futilidad de la renunciación meramente externa si no está acompañada de una intensa disciplina interior, como se ilustra en las siguientes dos parábolas del presente discurso: la parábola de los obreros de la viña y la parábola de las diez minas.

Crística. Cada uno se sentará en el trono de su propia percepción divina y podrá contemplar el resplandeciente funcionamiento del poder de manifestación de Dios que crea universos y almas gobernados por el mecanismo evolutivo de la ley de causa y efecto; comprenderán también el proceso del juicio kármico al que son sometidos los descendientes de las doce tribus de Israel, que simbólicamente representan a las diversas razas de la humanidad.

~

«En efecto, el Reino de los Cielos es semejante a un propietario que salió a primera hora de la mañana a contratar obreros para su viña. Tras ajustarse con los obreros en un denario al día, los envió a su viña. Salió luego hacia la hora tercia y, al ver a otros que estaban en la plaza parados, les dijo: "Id también vosotros a mi viña, y os daré lo que sea justo". Ellos fueron. Volvió a salir a la hora sexta y a la nona, e hizo lo mismo. Todavía salió a eso de la hora undécima y, al encontrar a otros que estaban allí, les dijo: "¿Por qué estáis aquí todo el día parados?". Le respondieron: "Es que nadie nos ha contratado". Dijo él: "Id también vosotros a la viña". Al atardecer, dijo el dueño de la viña a su administrador: "Llama a los obreros y págales el jornal, empezando por los últimos hasta los primeros". Vinieron, pues, los de la hora undécima y cobraron un denario cada uno. Al venir los primeros pensaron que cobrarían más; sin embargo, también ellos cobraron un denario cada uno. Tras cobrarlo, se quejaron al propietario; le dijeron: "Estos últimos no han trabajado más que una hora, y resulta que les pagas como a nosotros, que hemos aguantado el peso del día y el calor". Pero él contestó a uno de ellos: "Amigo, no te hago ninguna injusticia. ¿No te ajustaste conmigo en un denario? Pues toma lo tuyo y vete. Por mi parte, quiero dar a este último lo mismo que a ti. ¿Es que no puedo hacer con lo mío lo que quiero? ¿O va a ser tu ojo malo porque yo soy bueno?". Así, los últimos serán primeros, y los primeros, últimos» (Mateo 20:1-16).

«Érase un maestro que conocía el reino de Dios y vino a la tierra, y como un divino propietario llamó a algunas personas del mundo material para que laborasen espiritualmente en la viña de la meditación supraconsciente y de la autodisciplina, y se ganaran, de ese modo, el jornal de la sabiduría liberadora.

»El maestro llamó a los buscadores de la verdad que se encontraban ociosos, pues ya habían renunciado al apego por las posesiones materiales, en pos del deseo superior por Dios, pero aún no habían alcanzado la meta. Les dijo: "Venid; en la primera mañana de mi llegada a la tierra os invito a trabajar en mi viña de la autodisciplina y, a cambio de vuestra labor, os daré sabiduría".

«Los últimos serán primeros»: el significado espiritual de la parábola de los obreros en la viña

»El maestro salió luego hacia la hora tercia y vio a otros buscadores de la verdad y aspirantes a renunciantes que permanecían inactivos en la plaza de la actividad material, sin posibilidad de hallar a Dios o al gurú apropiado que los condujera a lo largo del sendero divino. Entonces, el maestro les dijo: "Id a la viña de mi disciplina y recibiréis la sabiduría que por derecho os corresponda, de acuerdo con vuestros esfuerzos espirituales"; y esos buscadores de la verdad lo siguieron.

»El maestro salió de nuevo a la hora sexta y a la nona y reunió más discípulos dispuestos a trabajar en la viña de la autodisciplina para recibir el jornal de la sabiduría. Posteriormente, el maestro salió a la hora undécima y encontró aún más renunciantes inactivos. Ellos tampoco tenían un preceptor espiritual que los guiase, y les pidió que trabajaran en su viña de la disciplina, asegurándoles que recibirían sabiduría conforme fuese la intensidad de su labor.

»Después el maestro y amo de la viña llamó al administrador —la ley cósmica de causa y efecto— y le ordenó entregar a los obreros espirituales su jornal de sabiduría liberadora, desde los últimos que llegaron hasta los primeros. Debido a la intensidad de su entusiasmo espiritual, los discípulos que llegaron en último término recibieron el mismo grado de iluminación divina que los primeros en acudir al maestro. Pero aquellos que vinieron primero argumentaron que deberían haber recibido más y expresaron su descontento: "¡Oh dueño bueno de la viña de Dios!, esperábamos recibir una medida mayor de tu provisión de sabiduría, porque hemos estado contigo durante un período más prolongado y hemos soportado por más tiempo el calor de las pruebas y de la autodisciplina que aquellos que vinieron al final. ¿Por qué les has dado lo mismo tanto a los obreros espirituales que llegaron después como a los que llegaron antes?".

»El maestro les respondió: "Todos los buscadores de la verdad, al ser hijos de Dios, reciben la misma sabiduría liberadora, ya sea que lleguen en primer término o al final, siempre que su entusiasmo espiritual sea intenso. Id en paz y daos por satisfechos con lo que habéis recibido, aun cuando hayáis tenido que trabajar por más tiempo para obtenerlo. Según los deseos del Padre Celestial, es lícito que yo abra las puertas de acceso a los logros divinos a todos aquellos que posean un ardiente anhelo de espiritualidad. Ya sea que lleguen primero o al final, todos merecen recibir el mismo estado liberador de unión con el Señor. Puesto que la sabiduría de Dios fluye a través de mí, percibo intuitivamente su perfecta justicia, de la cual surge mi imparcialidad. Por consiguiente, el último en llegar al sendero espiritual podría ser el primero en recibir sabiduría gracias a la intensidad de su búsqueda, en tanto que el primero puede que sea el último en alcanzar la emancipación si es poco entusiasta".

»Ésa es la razón por la que muchos buscadores pueden ser atraídos hacia un maestro impulsados por su anhelo espiritual, pero pocos son escogidos para recibir la liberación en la Conciencia Cósmica, a menos que cumplan con el requisito de que sus meditaciones supraconscientes sean profundas y practiquen la disciplina espiritual con sincera determinación. Todo devoto tiene las mismas e imparciales oportunidades, y cada cual determina cuándo se encontrará entre los "elegidos"».

Jesús deseaba enseñar a todos los buscadores de la verdad que lo importante no es que un aspirante espiritual llegue tarde o temprano en su vida al sendero divino, o alcance la Conciencia Cósmica en un breve lapso o después de un prolongado período de esfuerzo, sino el hecho de que, al llegar a la meta final, todos ellos serán glorificados con la misma infinita sabiduría, el mismo siempre renovado gozo y la misma inmortalidad en Dios.

~

«Cuando iba subiendo Jesús a Jerusalén, tomó aparte a los Doce y les dijo por el camino: "Ya veis que subimos a Jerusalén, donde el Hijo del hombre será entregado a los sumos sacerdotes y escribas. Lo condenarán a muerte y lo entregarán a los paganos, para burlarse de él, azotarle y crucificarlo. Y al tercer día resucitará"» (Mateo 20:17-19).

Referencia paralela:

«Tomando consigo a los Doce, les dijo: "Ya veis que subimos a Jerusalén, donde se cumplirá todo lo que los profetas escribieron sobre el Hijo del hombre: lo entregarán a los paganos y será objeto de burlas, insultado y escupido; y después de azotarle le matarán. Y al tercer día resucitará". Ellos no comprendieron nada de esto; no captaban el sentido de estas palabras ni entendían lo que decía» (*Lucas* 18:31-34)[15].

«Ya veis que subimos a Jerusalén, donde se cumplirán todas las predicciones de los profetas en lo que concierne a mi cuerpo físico (en el cual habita la Conciencia Crística). Mi cuerpo físico será entregado, por medio de la traición, a manos de los sumos sacerdotes y escribas. Ellos lo condenarán a muerte y se lo entregarán a los paganos, que se burlarán de mi presencia, torturarán mi cuerpo físico, escupirán sobre él y por último lo crucificarán. Pero al tercer día, después de liberar mi espíritu del triple imperativo kármico que lo mantenía encarnado en los cuerpos físico, astral y causal, mi cuerpo físico será purificado espiritualmente por la energía divina y resucitará».

Jesús predice ante sus discípulos que la ley kármica determinará su crucifixión

Jesús menciona por primera vez a sus discípulos las predicciones de los antiguos profetas acerca de su vida futura. Durante siglos, aquellos profetas de Israel que conocían a Dios habían hecho alusión a la vida y misión de Jesús como el Mesías o salvador de su pueblo, y habían profetizado que sería sentenciado a muerte como rescate por los pecados de muchos[16].

Los profetas pudieron predecir cómo evolucionaría el karma colectivo en el futuro hasta la llegada de la encarnación de Jesús. Las

---

[15] Compárese con otra referencia paralela que aparece en *Marcos* 10:32-34.

[16] Por ejemplo, *Isaías* 53:3-8: *«Despreciado, marginado, hombre doliente y enfermizo [...]. Mas fue herido por nuestras faltas, molido por nuestras culpas. Soportó el castigo que nos regenera, y fuimos curados con sus heridas. [...] Fue oprimido y humillado, pero él no abrió la boca. Como cordero llevado al degüello, como oveja que va a ser esquilada, permaneció mudo, sin abrir la boca. Detenido, sin defensor y sin juicio, ¿quién se ocupó de su generación? Fue arrancado de la tierra de los vivos, herido por las rebeldías de su pueblo».*

Véase también el comentario sobre *Juan* 1:44-51 en el discurso 10 (volumen I), y el comentario sobre *Mateo* 4:12-17 en el discurso 22 (volumen I).

circunstancias de esa época futura y el efecto que ella tendría sobre la oportuna aparición coetánea de un Mesías que daría a conocer un mensaje para liberar al ser humano y conducirlo hacia el reino de Dios conformaron un patrón de acontecimientos que los profetas pudieron leer claramente y que Jesús, con su percepción crística intuitiva, conocía con todo detalle.

Jesús mismo había profetizado: *«Destruid este santuario y en tres días lo levantaré»*[17]. Los maestros que han alcanzado la unión con Dios pueden ver con toda precisión el desenlace que tendrá en su cuerpo la ley de causa y efecto en una determinada vida. Algunas veces, los maestros hablan de ello con otras personas; en otras ocasiones, no lo mencionan. Mucho tiempo antes de encarnar como Jesús, él había alcanzado su liberación; vino como un mensajero especial del Padre Celestial y con el propósito de ofrecer una demostración concluyente de lo que es una vida ejemplar en la tierra. Puesto que su misión muchas veces se hallaba en oposición con las leyes y tradiciones políticas y socio-religiosas de su tiempo, Jesús vio que la ley kármica de causa y efecto exigiría su crucifixión; asimismo, predijo su gloriosa resurrección, que había sido decretada por Dios. Por consiguiente, el Padre le permitió revelar estos acontecimientos a sus discípulos. Aunque en ese momento *«no comprendieron»* la trascendencia de sus palabras, la verdad que éstas encerraban haría eco en ellos cuando los sucesos profetizados se manifestasen.

Resulta significativo el hecho de que Jesús no dijera: «El Hijo de Dios será entregado». Al decir *«el Hijo del hombre»*, se estaba refiriendo a su cuerpo humano. Sin embargo, su Conciencia Crística («el Hijo de Dios»), que se hallaba unida a Dios, era inmortal e invulnerable y, por lo tanto, no estaba sujeta a tal iniquidad.

~

«Entró en Jericó e iba cruzando la ciudad. Había allí un hombre llamado Zaqueo, que era jefe de publicanos, y rico. Trataba de ver quién era Jesús, pero, como era bajo de estatura, no podía, pues la gente se lo impedía. Se adelantó corriendo y se subió a un sicómoro para verle, pues iba a pasar por allí. Cuando Jesús llegó a aquel sitio, alzó la vista y le dijo: "Zaqueo, baja pronto;

[17] *Juan* 2:18-22. (Véase el comentario correspondiente en el discurso 12 del volumen I).

conviene que hoy me quede yo en tu casa". Se apresuró a bajar y lo recibió con alegría. Al verlo, todos murmuraban: "Ha ido a hospedarse a casa de un pecador". Zaqueo, puesto en pie, dijo al Señor: "Señor, voy a dar la mitad de mis bienes a los pobres; y si en algo defraudé a alguien, le devolveré cuatro veces más". Jesús le dijo: "Hoy ha llegado la salvación a esta casa, porque también éste es hijo de Abrahán, pues el Hijo del hombre ha venido a buscar y salvar lo que estaba perdido"» (*Lucas* 19:1-10).

Mientras caminaba entre la muchedumbre de Jericó, Jesús percibió de manera telepática el anhelante llamado del alma de Zaqueo, que resonó en su corazón y le indujo a responder a tal anhelo. Este encuentro aparentemente improbable y casual ilustra una frase que Jesús había pronunciado en una ocasión anterior: *«Nadie puede venir a mí, si el Padre que me envía no lo atrae»*[18]. Al tiempo que Zaqueo se sentía ansioso por conocer al Maestro, la Conciencia Crística presente en Jesús daba respuesta a este buscador de corazón puro y cumplía así con las sugerencias interiores del Padre Celestial: «Zaqueo, reconozco tus pensamientos acerca de mí. Ahora baja pronto del árbol, porque es el deseo del Padre que yo vaya a tu casa».

Jesús le anunció claramente a Zaqueo: *«Hoy ha llegado la salvación a esta casa [...], pues el Hijo del hombre ha venido a buscar y salvar lo que estaba perdido»*. Lo que él quiso decir con estas palabras fue que Zaqueo y los miembros de su familia eran dignos descendientes de Abrahán, devotos hijos de Dios, que por influencia del engaño cósmico se habían extraviado en los desiertos de las encarnaciones; pero ahora, por mandato divino, él les había sido enviado como su gurú-salvador elegido por Dios para librarlos de su ciego deambular y conducirlos a la emancipación espiritual.

~

«Mientras la gente escuchaba estas cosas, añadió una parábola. —Estaba él cerca de Jerusalén y creían ellos que el Reino de Dios aparecería de un momento a otro—. Dijo, pues: "Un hombre noble marchó a un país lejano, para recibir la investidura real y regresar. Llamó a diez siervos suyos, les dio sendas

[18] *Juan* 6:44. (Véase el discurso 43, en el volumen II).

minas[19] *y les dijo: 'Negociad hasta que vuelva'. Pero sus ciudadanos lo odiaban y enviaron detrás de él una embajada que dijese: 'No queremos que ése reine sobre nosotros'.*

»"Cuando regresó, después de recibir la investidura real, mandó llamar a aquellos siervos suyos a los que había confiado el dinero, para saber lo que había ganado cada uno. Se presentó el primero y dijo: 'Señor, tu mina ha producido diez minas'. Le respondió: '¡Muy bien, siervo bueno!; ya que has sido fiel en lo insignificante, toma el gobierno de diez ciudades'. Vino el segundo y dijo: 'Tu mina, Señor, ha producido cinco minas'. Dijo a éste: 'Ponte tú también al mando de cinco ciudades'.

»"Vino el otro y dijo: 'Señor, aquí tienes tu mina, que he tenido guardada en un lienzo. Es que tenía miedo de ti, pues eres un hombre severo, que tomas lo que no pusiste y cosechas lo que no sembraste'. Le respondió: 'Por tus propias palabras te juzgo, siervo malo. Si sabías que soy un hombre severo, que tomo lo que no puse y cosecho lo que no sembré, ¿por qué no colocaste entonces mi dinero en el banco? De ese modo, al volver yo, lo habría cobrado con los intereses'. Dijo entonces a los presentes: 'Quitadle la mina y dádsela al que tiene las diez minas'. Le respondieron: 'Señor, tiene ya diez minas'. —'Os digo que a todo el que tiene se le dará, pero al que no tiene se le quitará hasta lo que tiene.

»"'Y a esos enemigos míos, que no querían que yo reinara sobre ellos, traedlos aquí y matadlos delante de mí'"[20].

»Dicho esto, marchaba por delante, subiendo a Jerusalén» (*Lucas* 19:11-28).

El propósito de esta parábola era desengañar a la gente del falso concepto de que el reino de Dios acerca del cual hablaba Jesús sería establecido por él como un reino soberano sobre la tierra. Jesús les advertía que debían edificar el reino de Dios dentro de su propio ser, al experimentar el potencial de sus almas mediante el uso correcto del legado espiritual que él les había conferido a través de sus enseñanzas.

---

[19] Del término griego *mina;* una mina equivalía aproximadamente a tres meses de salario para un obrero de esa época.

[20] Compárese con *Mateo* 25:14-30, donde se encontrará un relato similar al de esta parábola.

Muy pronto, él ya no estaría con ellos en cuerpo, sino trabajando en algún otro lugar para la liberación de las almas; pero cuando «regresase» en su unidad con el Espíritu, como Conciencia Crística, juzgaría sus esfuerzos. Algunos se ganarían sabiamente su recompensa espiritual; otros, a causa de su pereza, perderían la gracia que se les había ofrecido para avanzar hacia la unión con Dios, fuente de toda plenitud.

La parábola de las diez minas: el uso apropiado de las riquezas espirituales provenientes de las enseñanzas de un maestro

Conforme a la interpretación anterior, la parábola sería la siguiente:

«Un maestro que nació en la tierra para redimir a numerosas almas tenía diez devotos en su ermita. Cierto día, los reúne para comunicarles que partirá para predicar su mensaje a otro grupo, un pueblo materialista que vive en el engaño y alejado de la verdad. El maestro les anuncia además que, después de establecer sus enseñanzas espirituales en ese reino distante, regresará a la ermita. Imparte instrucciones a sus discípulos para que sigan estrictamente los preceptos y mandamientos morales y espirituales y para que mantengan su conciencia absorta en las sagradas vibraciones de paz que impregnan la ermita. Luego de prodigarles un tesoro de bendiciones, simbolizado por la entrega de las diez minas como gesto de despedida, parte del lugar. Sabe que sus discípulos deberán afrontar numerosas tentaciones durante su ausencia, debido a que la gente mundana de la ciudad en que el maestro tiene su ermita menosprecia sus ideales. Tales personas incluso envían al maestro un mensaje sarcástico después de su partida, expresando su esperanza de que no regrese.

»Después de cierto tiempo, el maestro regresa a la ermita y examina el estado de salud espiritual de sus discípulos. Comprueba que uno de ellos ha tenido un avance significativo, equivalente a diez veces su estado previo. El maestro le dice: "Has sido un buen discípulo; te has perfeccionado a ti mismo y has perfeccionado a los demás. Como recompensa por tu lealtad a la verdad y a la disciplina, tendrás dominio sobre diez esferas de poderes divinos".

»El maestro observa que otro de sus discípulos también ha crecido cinco veces en estatura espiritual. A manera de elogio, el maestro le dice: "Tendrás posesión de cinco poderes espirituales".

»El maestro se aflige al notar que otro de sus discípulos no ha hecho progreso espiritual alguno. Como excusa, el discípulo le dice: "No he olvidado la disciplina ni las técnicas de meditación que me enseñaste, pero no las utilicé, sino que las guardé dentro de mí. Temí no poder comportarme en forma tan austera y estricta como tú. Pensé que no podía aspirar a alcanzar el elevado estado de eminencia espiritual que tú posees, que te permite adquirirlo todo mediante tu poder de voluntad sin necesidad de que opere la ley humana de causa y efecto, que requiere de esfuerzo para obtener una retribución".

»El maestro se disgusta y le responde: "Te juzgaré por tus propias palabras. En lo más profundo de tu corazón sabes que fue gracias a grandes austeridades como alcancé este estado en el que trasciendo las leyes de la naturaleza. Mis métodos de disciplina, a pesar de ser difíciles, te habrían dado grandes resultados si los hubieras seguido de acuerdo con mis instrucciones. Incluso si los hubieses practicado de modo mecánico, habrían operado en lo profundo del «banco» de tu mente subconsciente y, de ese modo, te habrían aportado —a ti y, por consiguiente, a mí como tu maestro que te desea el bien— un incremento de la experiencia espiritual".

»El maestro le dijo entonces al grupo de discípulos allí reunidos: "Ved a este discípulo desobediente: a causa de su insensatez, no estimuló sus deseos espirituales con mis métodos de disciplina. En consecuencia, debido al aumento del poder de sus malos hábitos perderá la poca espiritualidad que alguna vez obtuvo. Por otra parte, mi bienamado discípulo que ha acrecentado diez veces su capacidad espiritual recibirá de mí la riqueza espiritual adicional que de otro modo podría yo haberle concedido a este discípulo errado, por el cual ahora nada puedo hacer. Porque esto os digo: Todo discípulo de la verdad que haya adquirido hábitos espirituales mediante la práctica de la meditación profunda y la autodisciplina atraerá cada vez mayor espiritualidad; en cambio, aquel discípulo que sea irregular y negligente perderá incluso el escaso poder espiritual con que contaba al comienzo; dicho poder languidecerá por falta de alimento"».

El inmenso poder de los buenos y malos hábitos para elevar o degradar la vida del ser humano

Jesús ilustra con esta parábola la poderosa fuerza del hábito. El que posee buenos hábitos, y los pone en práctica en su vida, atraerá una medida aún mayor de bondad, en tanto que quien tiene una tendencia latente hacia la virtud, pero no la cultiva con diarios actos de bondad, comprobará con el tiempo que pierde el incentivo interior que le impulsa a procurar el bien. De modo similar, si una persona tiene malos hábitos creará un gusto preferente por los placeres temporales relacionados con el apego a los sentidos y, cuanto más satisfaga su afición por la sensualidad, más crecerá ese mal hábito en su interior. Con el incremento de los hábitos perniciosos, atraerá un gran número de experiencias perjudiciales. Por el contrario, aquel que tiene una mala tendencia y no refuerza esa inclinación con nuevas acciones que satisfagan los placeres temporales nocivos descubrirá, con el transcurso del tiempo, que su mala tendencia ha desaparecido[21].

Metafóricamente, Jesús hace uso de uno de los más comunes anhelos del hombre —su deseo de seguridad financiera—, a la vez que hace hincapié en la aplicación espiritual del poder de atracción que los hábitos poseen. El siguiente análisis ilustra la enorme importancia e influencia de la ley del hábito, ya sea que uno busque a Dios, mejorarse a sí mismo o contar con prosperidad material en abundancia:

La persona acaudalada que haya transformado en hábitos las acciones que permiten lograr el éxito financiero atraerá, mediante nuevos actos de su capacidad creativa, aún más riquezas de las que ya posee. En cambio, si una persona tiene la convicción latente de que podría ser exitosa en términos económicos y, aunque disponga de algún dinero, no se ocupa de reforzar su actitud optimista con actos cotidianos de esfuerzo financiero creativo, perderá incluso los escasos recursos con que cuenta, así como su convicción interior de que es capaz de triunfar.

Las palabras de Jesús no significan que únicamente aquellos que poseen riquezas podrán ser cada vez más ricos, y que quienes son pobres lo serán más aún. La ley del karma gobierna todos los aspectos de la vida. Una persona que nace acaudalada como resultado de su buen karma del pasado, y tiene una predisposición a generar prosperidad y la convicción innata de que la adquirirá, atraerá mayores riquezas en esta encarnación por dos razones: 1) sus hábitos prenatales de éxito financiero estimulan su voluntad de triunfar; 2) el ejercicio del libre albedrío y de la determinación lo llevan a realizar nuevas acciones tendentes a lograr el éxito en esta vida.

Existen muchas personas sumamente creativas que disponen de gran determinación para lograr el éxito financiero, pero aun así no lo alcanzan, pues en esta vida su karma de fracaso económico proveniente de pasadas encarnaciones las coloca en circunstancias que

[21] Véase también el discurso 37 (volumen II), donde se encontrará el comentario sobre *Mateo* 13:12, en el que Jesús repite este concepto.

no conducen a la prosperidad. Algunos nacen en esta vida con una poderosa determinación de alcanzar el éxito financiero precisamente *a causa* de su fracaso en una vida anterior. Ellos logran la prosperidad después de prolongados esfuerzos, a través de los cuales vencen sus hábitos prenatales latentes de fracaso económico y su karma de pobreza creado en el pasado. Así pues, si una persona continúa siendo pobre a pesar de sus repetidos intentos por triunfar, habrá de realizar mayores esfuerzos en forma continuada para lograr el éxito financiero, a fin de vencer la influencia de la conciencia latente de pobreza que trae consigo de una existencia prenatal.

El mismo principio deben aplicar todos los buscadores espirituales del reino de Dios. Si una persona medita con regularidad y de modo sistemático, pero aun así no alcanza la unión divina, necesita comprender que —debido a su pasado karma de fracaso, que en vidas anteriores le ha impedido crear y mantener hábitos exitosos de meditación— en la vida presente ha de adoptar de nuevo la determinación de tener éxito en la meditación, lo cual tal vez sólo suceda cuando el sufrimiento que encuentre en su camino le inste a hacerlo. Por lo tanto, en vez de abandonar sus prácticas, considerándolas como un imposible, debe esforzarse con intensidad siempre creciente hasta que el hábito de la meditación se establezca firmemente y comience a proporcionarle las gozosas experiencias que la unión divina aporta. Dichas experiencias crearán en ella hábitos de meditación cada vez más poderosos, los que a su vez atraerán en abundancia la siempre renovada bienaventuranza del contacto con Dios.

Los poderes espirituales, o el grado de iluminación, que confiere el dominio de cada mandamiento

La recompensa de diez ciudades o de cinco ciudades que se menciona en la parábola es una referencia simbólica a los poderes que desarrolla el devoto que obedece estrictamente los mandamientos espirituales de Dios. Con el objeto de recibir las ocultas bendiciones de estos mandamientos —ya sean los enunciados en las Escrituras, como por ejemplo los Diez Mandamientos, o el *yama-niyama* de Patanjali, o bien las instrucciones del *sadhana* (la disciplina espiritual impartida por el gurú)—, es preciso adherirse a ellos, mas no sólo aparentando observar estas normas de abstención o de aplicación, según corresponda, sino como medidas completamente integradas en nuestro propio ser, de modo tal que experimentemos plenamente su significado como si en realidad formaran parte de nosotros mismos. Con cada virtud que el devoto llega a dominar, y con cada etapa ascendente que logra culminar su conciencia, se le concede el correspondiente poder o grado de iluminación, que constituyen revelaciones de la innata omnipotencia y omnisciencia del alma.

Así, por ejemplo, con relación a los mandamientos citados por Jesús en el relato anterior acerca del hombre rico [en los versículos iniciales del presente discurso]:

Mediante la erradicación del instinto o impulso de matar, el devoto adquiere un divino magnetismo con el que se asegura la confianza de los hombres e incluso de las bestias y de las aves. San Francisco de Asís era un ejemplo de ello, como también lo son los grandes ascetas yoguis que viven en sitios apartados, en perfecta armonía con cobras y tigres, que en otras circunstancias serían animales temibles.

Aquel que vence física y mentalmente todas las tentaciones relativas al sexo se colma de divina bienaventuranza y de un entusiasmo espiritual constante al impregnarse de una formidable cantidad de energía vital que ha sido transmutada y que lo recarga del magnetismo procedente del autocontrol.

Quien ha desechado de su mente y de sus acciones todo deseo de robar (de apropiarse indebidamente de aquello que no le pertenece por derecho propio), o de poseer riquezas por medios inescrupulosos o egoístas, atraerá hacia sí —al haberse liberado de las ataduras mortales— todo cuanto necesita para desenvolverse en la vida.

El que ha eliminado todo impulso de mentir o de distorsionar la verdad, y no levanta falso testimonio en ninguna circunstancia por motivos personales ni para obtener ventajas para sí mismo, establece dentro de él un inmenso poder mediante el cual sus palabras siempre se convierten en realidad.

Aquel que jamás es falso y se comporta con justicia con todas las personas, tanto en su mente como en sus actos, adquiere discernimiento, simplicidad divina y entendimiento de la naturaleza humana. Puesto que ha vencido por completo el deseo de defraudar o de ocultar o distorsionar hechos o sucesos en beneficio propio, ningún ser humano puede engañarle, ni siquiera *maya,* el engaño cósmico utilizado por el Príncipe de la Mentira.

Quien honra a su padre y a su madre descubre que todos los padres y madres son la encarnación protectora de Dios; ha dado el primer paso hacia la conciencia universal. El que ama a su familia, a su país, a todas las naciones, a las aves, bestias y criaturas vivientes, considerándolos como sus semejantes que comparten el mundo por igual, desarrolla la conciencia de la omnipresencia y de la omnisciencia.

Los devotos que han adquirido dominio sobre los preceptos morales o mandamientos, y que pueden meditar en Dios con éxito al cumplir el mandamiento supremo de amar a Dios con todo el corazón, la mente, el alma y las fuerzas, se convierten en poseedores de todos los poderes espirituales.

En la parábola del maestro u *«hombre noble»*, cuando Jesús hace alusión a *«esos enemigos míos»* en sus palabras finales, se refiere a la gente mundana que se muestra reacia y adversa a cultivar en su interior la Conciencia Crística mediante la práctica de la meditación y de la autodisciplina. *«Matadlos»* no significa la muerte física, sino la destrucción de las percepciones espirituales por falta de la visión del alma. Aquellos que se niegan a cultivar la auténtica naturaleza del alma comprobarán ineludiblemente que su vida espiritual se aniquila. *«Delante de mí»* es una alusión a la Conciencia Cósmica que posee un maestro, alguien que puede contemplar a toda la gente espiritualmente rebelde que se encuentra a punto de ser exterminada por el engaño.

DISCURSO 64

La entrada triunfal de Jesús en Jerusalén

Cumplir con nuestros deberes espirituales hacia Dios y la humanidad constituye una prioridad respecto a nuestras demás responsabilidades

❖

El bello simbolismo espiritual de la entrada de Jesús en Jerusalén

❖

La paz obtiene su fortaleza y respaldo del orden universal de la creación divina

❖

Jesús seca la higuera: una vislumbre de las contrastantes naturalezas, la humana y la divina, que se manifestaban en Jesús

«El Príncipe de la Paz, cuyo único grito de batalla podía ser: ¡Victoria a los Mansos!, no cabalgó sobre un impetuoso caballo de batalla al frente de un ejército armado hasta los dientes [...]. [Él] demostró una vez más que un hijo de Dios celebra su supremacía por medio de la mansedumbre y la aniquilación del orgullo».

Estando Jesús en Betania, en casa de Simón el leproso, recostado a la mesa, vino una mujer que traía un frasco de alabastro con perfume puro de nardo, de mucho precio; quebró el frasco y lo derramó sobre su cabeza. Algunos de los presentes comentaban entre sí indignados: «¿Para qué este despilfarro de perfume? Se podía haber vendido este perfume por más de trescientos denarios y habérselos dado a los pobres». Y refunfuñaban contra ella. Mas Jesús dijo: «Dejadla. ¿Por qué la molestáis, si ha hecho una obra buena conmigo? Porque pobres tendréis siempre con vosotros y podréis hacerles bien cuando queráis, pero a mí no me tendréis siempre. Ha hecho lo que ha podido. Se ha anticipado a embalsamar mi cuerpo para el entierro. Yo os aseguro que dondequiera que se proclame la Buena Nueva, en el mundo entero, se hablará también de lo que ésta ha hecho, para que su recuerdo perdure».

Entonces, Judas Iscariote, uno de los Doce, se fue donde los sumos sacerdotes para entregárselo. Al oírlo ellos, se alegraron y prometieron darle dinero. A partir de entonces anduvo buscando el momento oportuno para entregarlo.

Marcos 14:3-11

Cuando se aproximaron a Jerusalén y llegaron a Betfagé, en el monte de los Olivos, envió Jesús a dos discípulos con este encargo: «Id al pueblo que tenéis enfrente, y enseguida encontraréis un asna atada y un pollino con ella. Desatadlos y traédmelos. Y si alguien os pregunta algo, decid: "El Señor los necesita, pero enseguida los devolverá"». Esto sucedió para que se cumpliese lo dicho por el profeta: 'Decid a la hija de Sión: Mira tu Rey viene a ti, manso y montado en un asna y un pollino, hijo de animal de yugo'.

Fueron, pues, los discípulos e hicieron como Jesús les había encargado: trajeron el asna y el pollino. Luego pusieron sobre ellos sus mantos, y él se sentó encima. La gente, muy numerosa, extendía sus mantos por el camino; otros cortaban ramas de los árboles y las tendían por el camino. Y la gente que iba delante y detrás de él gritaba: «¡Hosanna al Hijo de

David! ¡Bendito el que viene en nombre del Señor! ¡Hosanna en las alturas!».

Al entrar él en Jerusalén, toda la ciudad se conmovió. «¿Quién es éste?», se preguntaban. Y la gente decía: «Éste es el profeta Jesús, de Nazaret de Galilea».

Entró Jesús en el Templo y echó fuera a todos los que vendían y compraban en él; volcó las mesas de los cambistas y los puestos de los vendedores de palomas. Y les dijo: «Está escrito: 'Mi Casa será llamada Casa de oración'. ¡Pero vosotros estáis haciendo de ella una 'cueva de bandidos'!». También en el Templo se acercaron a él algunos ciegos y cojos, y los curó. Mas los sumos sacerdotes y los escribas, al ver los milagros que había hecho y a los niños que gritaban en el Templo: «¡Hosanna al Hijo de David!», se indignaron y le dijeron: «¿Oyes lo que dicen éstos?». «Sí —respondió Jesús—. ¿No habéis leído nunca que 'De la boca de los niños y de los que aún maman te preparaste alabanza'?».

Y dejándolos, salió de la ciudad camino de Betania, donde pasó la noche.

Al amanecer, cuando volvía a la ciudad, sintió hambre. Al ver una higuera junto al camino, se acercó a ella, pero no encontró más que hojas. Entonces le dijo: «¡Que nunca jamás brote fruto de ti!». Y al momento se secó la higuera. Al verlo los discípulos, se maravillaron y decían: «¿Cómo ha quedado de repente seca la higuera?». Jesús les respondió: «Os aseguro que si tenéis fe y no vaciláis, no sólo haréis lo de la higuera, sino que incluso si decís a este monte: "Quítate y arrójate al mar", así sucederá. Y todo cuanto pidáis con fe en la oración, lo recibiréis».

Mateo 21:1-22

DISCURSO 64

La entrada triunfal de Jesús en Jerusalén

«Estando Jesús en Betania, en casa de Simón el leproso, recostado a la mesa, vino una mujer que traía un frasco de alabastro con perfume puro de nardo[1]*, de mucho precio; quebró el frasco y lo derramó sobre su cabeza. Algunos de los presentes comentaban entre sí indignados: "¿Para qué este despilfarro de perfume? Se podía haber vendido este perfume por más de trescientos denarios y habérselos dado a los pobres". Y refunfuñaban contra ella. Mas Jesús dijo: "Dejadla. ¿Por qué la molestáis, si ha hecho una obra buena conmigo? Porque pobres tendréis siempre con vosotros y podréis hacerles bien cuando queráis, pero a mí no me tendréis siempre. Ha hecho lo que ha podido. Se ha anticipado a embalsamar mi cuerpo para el entierro. Yo os aseguro que dondequiera que se proclame la Buena Nueva, en el mundo entero, se hablará también de lo que ésta ha hecho, para que su recuerdo perdure".*

»Entonces, Judas Iscariote, uno de los Doce, se fue donde los sumos sacerdotes para entregárselo. Al oírlo ellos, se alegraron y prometieron darle dinero. A partir de entonces anduvo buscando el momento oportuno para entregarlo» (*Marcos* 14:3-11).

---

[1] Es muy probable que el perfume, o al menos sus ingredientes, proviniesen de la India. El nardo es la raíz de la *Nardostachys jatamansi*, planta de la familia de las valerianas que crece en las laderas del Himalaya. Según el *Smith's Bible Dictionary*, *«Cada año se recolectaba en las montañas que se yerguen junto a los ríos Ganges y Yamuna, y se transportaba a la llanura»*.

Referencia paralela:

«Seis días antes de la Pascua, Jesús se fue a Betania, donde estaba Lázaro, a quien Jesús había resucitado de entre los muertos. Allí le prepararon una cena. Marta servía, y Lázaro era uno de los que estaban con él a la mesa. Entonces María, tomando una libra de perfume de nardo puro, muy caro, ungió los pies de Jesús y los secó con sus cabellos. La casa se llenó del olor del perfume. Comentó Judas Iscariote, uno de los discípulos, el que lo había de entregar: "¿Por qué no se ha vendido este perfume por trescientos denarios y se ha dado a los pobres?". Pero no decía esto porque le preocuparan los pobres, sino porque era ladrón y, como tenía la bolsa, se llevaba lo que echaban en ella. Jesús dijo: "Déjala, que lo guarde para el día de mi sepultura. Porque pobres siempre tendréis con vosotros; pero a mí no siempre me tendréis".

»Gran número de judíos supieron que Jesús estaba allí y fueron, no sólo por Jesús, sino también por ver a Lázaro, a quien había resucitado de entre los muertos. Los sumos sacerdotes decidieron dar muerte también a Lázaro, porque a causa de él muchos judíos se les iban y creían en Jesús» (*Juan* 12:1-11)[2].

Cuando Jesús otorgó su reconocimiento a la mujer y aseguró que recibiría honores eternos, lo hizo por una sola razón —la única que regía cada una de sus acciones en la tierra—: su exhortación a aceptar que sólo Dios es la Meta más elevada de la vida. Las buenas obras en favor de los pobres y la compasión por el sufrimiento ajeno pueden sólo complementar, pero jamás reemplazar, la necesidad de que el hombre reconozca su dependencia del Creador.

Cumplir con nuestros deberes espirituales hacia Dios y la humanidad constituye una prioridad respecto a nuestras demás responsabilidades

Al dejar constancia de que este importante suceso tuvo lugar en el hogar del resucitado Lázaro (en vez de señalar que se hallaban en la *«casa de Simón el leproso»*, como figura en *Mateo* y en *Marcos*), San Juan identifica a la mujer como María, la hermana de Marta y de Lázaro, aquella cuya devoción absoluta había elogiado Jesús en una ocasión anterior: *«María*

[2] Compárese con otra referencia paralela que aparece en *Mateo* 26:6-16.

ha elegido la mejor parte, que no le será quitada»[3]. Dado que la mujer había tenido el discernimiento espiritual de ofrecer abiertamente su homenaje a Dios —cuyo reflejo veía en Jesús— antes que brindárselo a otras personas (incluso a los pobres), Jesús la elogió como una discípula dotada de discernimiento a quien las generaciones venideras finalmente ensalzarían.

Puesto que Jesús no sentía apego alguno por su cuerpo, no tenía el deseo de recibir atenciones ni honores, ni de ser el destinatario de las extravagancias de los seres humanos, tales como adornar y perfumar un simple terrón de arcilla. Él no elogiaba la devoción personal que María le profesaba, sino su sagaz discernimiento que la hacía rendir culto al gran Dios del universo, cuya presencia percibía de manera consciente en la Conciencia Crística de Jesús. Él destacó con toda imparcialidad la sabiduría de María, que se propuso ofrecer su adoración a la más santa de las manifestaciones sagradas: la Conciencia Crística presente en el templo del cuerpo de Jesús, el reflejo viviente del Único Dador de toda vida, de toda conciencia y de toda virtud —incluso del impulso caritativo de ayudar a los pobres—. Por eso, cuando Judas y otras personas comentaron, con actitud materialista y moralidad hipócrita, que María hubiera hecho mejor en vender el perfume y utilizar lo recaudado para ayudar a los pobres, Jesús les recordó que ellos tenían en todo momento la posibilidad de ocuparse de los pobres, pero no sería fácil que contasen con otra oportunidad de demostrar su devoción a una manifestación visible de la presencia de Dios en una forma corporal, puesto que un acontecimiento de esa naturaleza raramente se presenta en la tierra.

Las palabras de Jesús enfatizan el hecho de que los devotos deberían clasificar con sabiduría sus deberes espirituales y sus acciones virtuosas, esforzándose por convertir a Dios en el principal y supremo objeto de adoración. María sabía exactamente lo que hacía, gracias a su instintiva devoción divina: en primer lugar, que era su sagrado privilegio honrar al Cristo visible en quien moraba el reflejo manifiesto de Dios y, en segundo lugar, servir a Dios en los demás. Ella no dudó en ungir a su Señor con el valioso perfume, sabiendo que en este mundo no existe nada que sea lo suficientemente preciado como para expresar la apropiada reverencia al Bienamado Supremo de todas las almas.

---

[3] *Lucas* 10:42. (Véase el discurso 53, en el volumen II).

La entrada de Jesús en Jerusalén

La gente, muy numerosa, extendía sus mantos por el camino; otros cortaban ramas de los árboles y las tendían por el camino. Y la gente que iba delante y detrás de él gritaba: «¡Hosanna al Hijo de David! ¡Bendito el que viene en nombre del Señor! ¡Hosanna en las alturas!».

Mateo 21:8-9

El Príncipe de la Paz, cuyo único grito de batalla podía ser: ¡Victoria a los Mansos!, no cabalgó sobre un impetuoso caballo de batalla al frente de un ejército armado hasta los dientes, sino que montó un asno manso, pequeño y útil para los pacíficos caminos cotidianos. Sus «guerreros» no eran ostentosamente fornidos; eran sólo un grupo nada imponente de abnegados discípulos. En verdad, este rey, ante el cual las multitudes tendían sus ramas de palma, demostró una vez más que un hijo de Dios celebra su supremacía por medio de la mansedumbre y la aniquilación del orgullo.

Paramahansa Yogananda

Dibujo: Heinrich Hofmann

Jesús veía con absoluta claridad que la mente de los hombres está expuesta a toda clase de distracciones y es susceptible de enredarse en cualquier minucia. Hay un problema que resolver en la vida humana: el de unirse a Dios, pero esa candorosa simplicidad ha quedado oscurecida por un millón de complejidades. Rehusando el amor monoteísta a Dios, los hombres disfrazan su infidelidad con el acendrado respeto hacia los cultos externos de la caridad. Estos actos humanitarios son virtuosos, porque momentáneamente apartan la atención del hombre de sí mismo, pero no lo liberan de su única responsabilidad en la vida: la noble obligación de amar a Dios. Esta responsabilidad, que el ser humano adquiere desde su primer aliento —que le es concedido libre y generosamente por su único Benefactor—, fue a la que dio cumplimiento la mujer a quien Jesús defendió con tanta vehemencia, acallando la miríada de argumentos ilógicos que el hombre pudiera interponer ante Dios[4].

Al elogiar a María, Jesús hizo notar —como lo hizo en muchas otras oportunidades— que sólo Dios es digno de todos los honores; no solamente de fragancias externas, sino de todo sacrificio del ego que los corazones de los devotos, henchidos de amor, puedan concebir como símbolo de su gozo en Él.

Puesto que Jesús conocía a la perfección cada uno de los acontecimientos que ocurrirían en el divino drama de su vida, hizo dos profecías con ocasión de la fiesta en Betania. Se acercaba el momento de su crucifixión, pues desde este mismo banquete Judas se dirigió adonde estaban los sacerdotes para negociar con ellos el precio que debía pagarse por la vida de su maestro. Por ese motivo, Jesús dijo acerca de María: *«Se ha anticipado a embalsamar mi cuerpo para el entierro»*.

En la segunda referencia que Jesús hace acerca de su futuro, *«dondequiera que se proclame la Buena Nueva, en el mundo entero»*, expresa con toda claridad que él era consciente del alcance que su misión estaba destinada a tener. Aunque en esa época sus enseñanzas se conocían sólo en algunas zonas de una pequeña provincia judía, finalmente se difundirían en todas las naciones.

---

[4] El comentario que Paramahansa Yogananda hace de los versículos bíblicos que aparecen en este discurso estaba siendo preparado para publicarse en la revista *Self-Realization* durante el período en que él también escribía su *Autobiografía de un yogui.* Paramahansaji adaptó segmentos del comentario (que pueden resultar familiares a los lectores perspicaces) para que fueran incluidos en ambas obras. *(Nota del editor).*

~

«Cuando se aproximaron a Jerusalén y llegaron a Betfagé, en el monte de los Olivos, envió Jesús a dos discípulos con este encargo: "Id al pueblo que tenéis enfrente, y enseguida encontraréis un asna atada y un pollino con ella. Desatadlos y traédmelos. Y si alguien os pregunta algo, decid: 'El Señor los necesita, pero enseguida los devolverá'". Esto sucedió para que se cumpliese lo dicho por el profeta: 'Decid a la hija de Sión: Mira tu Rey viene a ti, manso y montado en un asna y un pollino, hijo de animal de yugo'.

»Fueron, pues, los discípulos e hicieron como Jesús les había encargado: trajeron el asna y el pollino. Luego pusieron sobre ellos sus mantos, y él se sentó encima. La gente, muy numerosa, extendía sus mantos por el camino; otros cortaban ramas de los árboles y las tendían por el camino. Y la gente que iba delante y detrás de él gritaba: "¡Hosanna al Hijo de David! ¡Bendito el que viene en nombre del Señor! ¡Hosanna en las alturas!".

»Al entrar él en Jerusalén, toda la ciudad se conmovió. "¿Quién es éste?", se preguntaban. Y la gente decía: "Éste es el profeta Jesús, de Nazaret de Galilea"» (Mateo 21:1-11).

Referencia paralela:

«Al aproximarse a Betfagé y Betania, al pie del monte llamado de los Olivos, envió a dos de sus discípulos con este encargo: "Id al pueblo que está enfrente; al entrar, encontraréis un pollino atado, sobre el que no ha montado todavía ningún hombre. Desatadlo y traedlo. Y si alguien os pregunta: '¿Por qué lo desatáis?', decidle: 'Porque el Señor lo necesita'". Fueron, pues, los enviados y lo encontraron, tal como les había dicho. Cuando desataban el pollino, les dijeron los dueños: "¿Por qué desatáis el pollino?". Ellos les contestaron: "Porque el Señor lo necesita".

»Después de traérselo, echaron sus mantos sobre el pollino e hicieron montar en él a Jesús. Mientras él avanzaba, extendían sus mantos por el camino. Cerca ya de la bajada del monte de los Olivos, toda la multitud de los discípulos, llenos de alegría, se pusieron a alabar a Dios a grandes voces por todos los milagros que habían visto.

»Decían: "¡Bendito el rey que viene en nombre del Señor! Paz en el cielo y gloria en las alturas".

»Algunos de los fariseos que estaban entre la gente le dijeron: "Maestro, reprende a tus discípulos". Respondió: "Os digo que si éstos se callan gritarán las piedras".

»Al acercarse y ver la ciudad, lloró por ella, mientras decía: "¡Si también tú conocieras en este día el mensaje de paz! Pero ahora ha quedado oculto a tus ojos. Porque vendrán días en que tus enemigos te rodearán de empalizadas, te cercarán y te apretarán por todas partes; te estrellarán contra el suelo junto con tus hijos que estén dentro de ti, y no dejarán en ti piedra sobre piedra, porque no has conocido el tiempo de tu visita"» (*Lucas* 19:29-44)[5].

La entrada triunfal de Jesús en la ciudad de Jerusalén, un acontecimiento cuyo significado espiritual es de suma trascendencia para los seres humanos de todas las épocas, inspira un bello simbolismo. La ciudad de Jerusalén es la conciencia del hombre; sus pensamientos y sentimientos son los habitantes. La llegada de Jesús a Jerusalén evoca el momento en que se abren de par en par los portales de la devoción del ser humano para recibir la entrada de la Conciencia Crística —con todo su omnisciente poder— en el reino corporal, ante el regocijo de todos sus ciudadanos: *«¡Bendito el rey que viene en nombre del Señor! Paz en el cielo y gloria en las alturas»*.

El bello simbolismo espiritual de la entrada de Jesús en Jerusalén

El acontecimiento en sí, un día grandioso en la vida de Jesús, habla una vez más de su cósmica Conciencia Crística, de cuya percepción y control nada quedaba fuera de su alcance. Con solo unas sencillas palabras, ordenó a dos de sus discípulos que se dirigieran a cierto lugar alejado en el que hallarían un pollino que nadie había montado antes y, además, encargó a sus mensajeros que obtuviesen el permiso de los dueños para llevarse el animal sin ofrecerles nada a cambio, excepto una ambigua explicación: *«Porque el Señor lo necesita»*.

En cada circunstancia de su vida en que se presentaba alguna necesidad específica, Jesús demostró que no precisaba del poder

[5] Compárese con otras referencias paralelas que aparecen en *Marcos* 11:1-11 y *Juan* 12:12-19.

persuasivo del dinero; siempre encontró a su disposición todos los medios materiales que requería para llevar a cabo sus planes.

El drama de ese día en Jerusalén, como más tarde lo comprenderían sus discípulos[6], se centraba en el cumplimiento literal de la profecía del Antiguo Testamento (*Zacarías* 9:9-10):

> *«¡Exulta sin freno, Sión, grita de alegría, Jerusalén! Que viene a ti tu rey: justo y victorioso, humilde y montado en un asno, en una cría de asna. Suprimirá los carros de Efraín y los caballos de Jerusalén; será suprimido el arco de guerra, y él proclamará la paz a las naciones. Su dominio alcanzará de mar a mar, desde el Río al confín de la tierra».*

La entrada triunfal de Jesús en Jerusalén fue, en verdad, un acontecimiento en el que las hijas e hijos de Sión «exultaron sin freno» y «gritaron de alegría» al contemplar y saludar a su rey, aclamándolo con ese título, mientras iba *«montado [...] en una cría de asna»*, como Zacarías había profetizado mucho tiempo atrás.

El hecho de que Jesús eligiera un humilde asno como su cabalgadura es tan simbólico acerca de su modo de vida como lo es el que naciese en un pesebre. Zacarías había hablado realmente acerca de un Mesías que *«suprimirá los carros [...], los caballos [...], el arco de guerra [...] y proclamará la paz a las naciones»*.

El Príncipe de la Paz, cuyo único grito de batalla podía ser: ¡Victoria a los Mansos!, no cabalgó sobre un impetuoso caballo de batalla al frente de un ejército armado hasta los dientes, sino que montó un asno manso, pequeño y útil para los pacíficos caminos cotidianos. Sus «guerreros» no eran ostentosamente fornidos; eran sólo un grupo nada imponente de abnegados discípulos. En verdad, este rey, ante el cual las multitudes tendían sus ramas de palma, demostró una vez más que un hijo de Dios celebra su supremacía por medio de la mansedumbre y la aniquilación del orgullo.

Cuando Jesús reprendió a los fariseos, lo que él quiso expresar fue que la profecía de las Escrituras había de cumplirse ese día; que las

---

[6] Véase *Juan* 12:14-16: *«Jesús encontró un borriquillo y se montó en él, según está escrito: 'No temas, hija de Sión; mira que viene tu rey montado en un pollino de asna'.*

»Esto no lo comprendieron sus discípulos de momento; pero cuando Jesús fue glorificado, cayeron en la cuenta de que lo que le habían hecho estaba ya escrito acerca de él».

palabras de Zacarías —las cuales requerían que las multitudes «exultaran sin freno» y «gritaran de alegría»— debían hacerse realidad. Si se obligaba a los hombres a «callarse», entonces a las piedras mismas —también impregnadas de Dios, que es esencial en cada átomo de la creación— les sería conferido el poder de expresarse y dar así fiel cumplimiento a las Escrituras.

Los seres que han alcanzado la unión divina, tales como Jesús y Juan el Bautista, saben que es únicamente Dios quien sostiene la estructura del universo y que puede emitir su fulgor desde cada partícula de polvo y cada molécula. Dado que ante la mirada de los mortales las piedras parecen inertes y desprovistas del Espíritu, tanto Jesús como Juan hicieron mención de ellas en ocasiones similares de amonestación pública, como un desafío para despertar la fe. El relato referido a Juan el Bautista es el siguiente:

> *«Decía, pues, a la gente que acudía para que les bautizara: "¡Raza de víboras!, ¿quién os ha enseñado a huir de la ira inminente? Dad, más bien, frutos dignos de conversión, y no andéis diciendo en vuestro interior: 'Tenemos por padre a Abrahán', pues os digo que Dios puede de estas piedras dar hijos a Abrahán"»* (*Lucas* 3:7-8).

La referencia que Jesús hace a las piedras también se puede interpretar de otra forma. Si el cosmos está contra el uso de la fuerza, si el sol no entra en conflicto con los planetas, sino que se retira a su debido tiempo para dejar a las estrellas su pequeño dominio, ¿de qué sirve nuestro puño cerrado? ¿Puede alguna paz venir de él? Así pues, lo que Jesús quiso expresar al repudiar la petición de los fariseos es que la justicia divina no es una abstracción imaginaria, y que un hombre de paz, aun cuando la lengua le sea arrancada de raíz, encontrará su voz y su defensa en el lecho de la creación, en el orden universal mismo.

La paz obtiene su fortaleza y respaldo del orden universal de la creación divina

Jesús dijo a los fariseos: «¿Cómo pensáis silenciar a los hombres de paz? Tal vez creéis poder callar también la voz de Dios, cuya gloria y omnipresencia cantan hasta las piedras. ¿Pedís vosotros que el hombre no se congregue para honrar la paz, sino que únicamente se reúna en multitudes en las ocasiones de guerra? Entonces, preparaos para volcar los cimientos del mundo; porque tanto los hombres de paz como las piedras y la tierra, el agua, el fuego y el aire se levantarán en contra de vosotros para dar testimonio de la divina armonía de la creación que Dios ha ordenado».

De este modo, tal como Zacarías había profetizado mucho tiempo antes, Cristo en esta ocasión proclamó *«la paz a las naciones»*, declarando que no es la crueldad, sino la buena voluntad la que sostiene el andamiaje universal. Aquel que es *«justo y victorioso, humilde y [va] montado en un asno»* conocerá los innumerables frutos de la victoria, más dulces al paladar que cualquier otro fruto nutrido en el terreno de la sangre.

«¡Oh Jerusalén, lloro por ti! ¡Si tan sólo supieras en este momento que toda la paz divina, política y social de la que disfrutas se debe a mi presencia! Pero no logras ver esta gran oportunidad que te ofrece el Padre Divino de obtener la paz duradera. El día llegará, ¡oh pueblo de Jerusalén!, en que tu sabiduría y la de tus hijos quedará sepultada bajo el suelo de la ignorancia; el edificio del orden y de la armonía se derrumbará entonces, dejando sólo escombros, porque no conoces ni aprecias esta visita de la Divinidad —expresada en mí— que fue decretada para tu beneficio y elevación espiritual».

El dolor y la compasión de Jesús no estaban motivados por el egoísmo, sino que provenían de su glorificación impersonal de la presencia de Dios que se manifestaba en él. Jesús lamentaba que los habitantes de Jerusalén no comprendiesen la importancia de la gracia magnánima de esta divina manifestación, mediante la cual se les ofrecía su liberación. Jesús observó que la inteligencia obnubilada de aquellas gentes y su forma insensata de utilizar el libre albedrío no les permitían apreciar ni recibir el ilimitado Poder Divino de salvación que se encontraba en él. Y profetizó que el pueblo de Jerusalén, a causa de estas imperfecciones que impedían su redención, sería asolado en el futuro por guerras, hambrunas y una creciente oscuridad espiritual[7].

---

[7] Esta profecía de Jesús se cumplió en el año 70 d. C., cuando la ciudad de Jerusalén fue destruida en su totalidad por los romanos después de una violenta revuelta de los judíos que duró cuatro años. Las guerras entre los judíos y los romanos continuaron hasta el año 135 d. C. Según la *Enciclopedia Británica:* «Después de esta derrota, Jerusalén se convirtió en una colonia romana; se erigió allí un templo a Júpiter, y a los judíos se les prohibió la entrada a la ciudad hasta el siglo IV. Cuando los romanos entraron en Palestina en el año 63 a. C., practicaron una ocupación relativamente humanitaria hasta alrededor de los años 66-70 d. C. No interferían con las prácticas religiosas a no ser que se considerasen como una amenaza para Roma; además, sus derechos de requisa eran precisos y limitados».

~

«Entró Jesús en el Templo y echó fuera a todos los que vendían y compraban en él; volcó las mesas de los cambistas y los puestos de los vendedores de palomas. Y les dijo: "Está escrito: 'Mi Casa será llamada Casa de oración'. ¡Pero vosotros estáis haciendo de ella una 'cueva de bandidos'!" [8]. *También en el Templo se acercaron a él algunos ciegos y cojos, y los curó. Mas los sumos sacerdotes y los escribas, al ver los milagros que había hecho y a los niños que gritaban en el Templo: "¡Hosanna al Hijo de David!", se indignaron y le dijeron: "¿Oyes lo que dicen éstos?". "Sí —respondió Jesús—. ¿No habéis leído nunca que 'De la boca de los niños y de los que aún maman te preparaste alabanza'?".*

»Y dejándolos, salió de la ciudad camino de Betania, donde pasó la noche» (*Mateo* 21:12-17).

«¿No habéis leído nunca en las Escrituras que de la boca de los más pequeños de Dios, por ser sinceros y estar desprovistos de malicia, brotarán alabanzas a la Divinidad que tendrán el poder de acallar a quienes hostilmente se rebelan contra la verdad?»[9].

Al citar el Salmo del rey David, Jesús estaba reprendiendo a las arrogantes autoridades sacerdotales que se consideraban agraviadas porque los niños que se hallaban en el templo glorificaban la Divina Presencia manifestada en él, y lo aclamaban como el hijo de David, el salvador que había sido profetizado. («Hosanna» es una gozosa exclamación de alabanza impregnada de devoción, que proviene del término hebreo *hôša'nā*, «sálvanos»). Jesús señaló que las alabanzas alcanzan su perfección y se convierten en una fuerza poderosa cuando constituyen una genuina respuesta a la verdad. La mente y las palabras de los niños puros que aún no se han mancillado con la política, la insinceridad, la tendencia a la manipulación y las falsedades son receptivas a la verdad y la reconocen gracias a la claridad de su innata intuición que no ha sido distorsionada por las racionalizaciones prejuiciosas.

---

[8] Compárese con las referencias paralelas que aparecen en *Juan* 2:12-17 (cuyo comentario se halla en el discurso 12, volumen I) y en *Marcos* 11:15-17 y *Lucas* 19:45-46.

[9] *«¡Yahvé, Señor nuestro, qué glorioso es tu nombre en toda la tierra! Tú que asientas tu majestad sobre los cielos, por boca de chiquillos, de niños de pecho, cimentas un baluarte frente a tus adversarios, para acabar con enemigos y rebeldes»* (*Salmos* 8:2-3).

«Al amanecer, cuando volvía a la ciudad, sintió hambre. Al ver una higuera junto al camino, se acercó a ella, pero no encontró más que hojas. Entonces le dijo: "¡Que nunca jamás brote fruto de ti!". Y al momento se secó la higuera. Al verlo los discípulos, se maravillaron y decían: "¿Cómo ha quedado de repente seca la higuera?". Jesús les respondió: "Os aseguro que si tenéis fe y no vaciláis, no sólo haréis lo de la higuera, sino que incluso si decís a este monte: 'Quítate y arrójate al mar', así sucederá. Y todo cuanto pidáis con fe en la oración, lo recibiréis"» (*Mateo* 21:18-22)[10].

En el incidente de la desafortunada higuera, encontramos un provocativo contraste entre lo humano y lo divino al manifestarse simultáneamente en un hombre: la reacción humana ante una decepción que se exteriorizó en la forma de un poder divino. Jesús sintió hambre y buscó frutos en la frondosa higuera, pero era la estación equivocada[11]. Al no hallar higos, ¡sólo deseó que el árbol dejase de existir! Puesto que la voluntad y la fuerza vital presentes en el cuerpo de Jesús estaban en sintonía con la Voluntad Cósmica y la Vida Cósmica, simplemente hicieron que la vida y la voluntad que hasta entonces sustentaban a la higuera se retirasen. Del mismo modo en que un ingeniero electricista que tiene acceso a todos los interruptores de la dinamo principal que controla las luces de una ciudad es capaz de conectar o desconectar a voluntad una sola lámpara o todas ellas, así Jesús, siendo uno con el Ingeniero Electricista Cósmico, podía encender la vida de la extinguida lámpara del cuerpo inerte de Lázaro o desconectar la vida que circulaba en la higuera.

Jesús seca la higuera: una vislumbre de las contrastantes naturalezas, la humana y la divina, que se manifestaban en Jesús

Aunque desde el punto de vista racional era ilógico por parte de Jesús esperar que la higuera diese frutos fuera de estación (puesto que

[10] Compárese con la referencia paralela que aparece en *Marcos* 11:12-14 y *Marcos* 11:20-25. Con respecto a este incidente, el Evangelio según San Marcos relata que Jesús maldijo a la higuera la mañana en que iba camino a Jerusalén, donde expulsó a los cambistas del templo; al abandonar la ciudad en la tarde, él y sus discípulos pasaron de nuevo junto al árbol y vieron que se había marchitado.

[11] *Marcos* 11:13: *«[…] no encontró más que hojas. Es que no era tiempo de higos»*.

el árbol producía conforme a las leyes de la naturaleza, instituidas por el Creador), aun así el acto impulsivo de Jesús fue una nueva demostración por medio de la cual pudo enseñarles a los discípulos que la imagen de Dios en el hombre no puede ser restringida ni siquiera por la irritante inflexibilidad del universo material. El ser humano posee la omnipotencia divina *siempre y cuando* renuncie al engaño cósmico y, por medio de la meditación, se eleve de la conciencia corporal y unifique su conciencia con el perfecto reflejo de Dios que mora en su interior. Las escrituras hindúes afirman que quien conoce al Espíritu se convierte en Él. Jesús demostró esa unión con el Espíritu mediante su dominio sobre todas las cosas, que era el resultado de esa unidad con el Espíritu.

Cuando los discípulos de Jesús expresaron su sorpresa ante la inmediata reacción de la higuera a su sentencia de destrucción, él les habló del poder de la fe; mas no de la fe ciega, sino de la convicción perfecta que nace de la unión con Dios, y del dominio personal de las leyes metafísicas superiores que tienen el poder de mover montañas y conceder todo cuanto el devoto pide en oración[12].

---

12 Véase el discurso 46 (volumen II), donde se encontrará el comentario sobre las enseñanzas de Jesús acerca del poder de la fe aludido en estos versículos.

DISCURSO 65

Jesús enseña por última vez en el templo de Jerusalén

Jesús elogia el progreso de los pecadores arrepentidos
al compararlo con el de aquellos que son espiritualmente arrogantes

❖

La parábola sobre el plan de Dios para establecer en la tierra
un reino de armonía celestial para las almas,
y los obstáculos que el hombre interpone

❖

Jesús describe el karma que cosechan quienes aceptan
y quienes rechazan a los mensajeros de Dios

❖

«Devolvédselo al César»: la actitud espiritual
hacia el cumplimiento de los deberes mundanos

❖

El Hijo de Dios o el Hijo de David:
la Conciencia Crística manifestada en el Mesías

❖

El óbolo de la viuda:
el valor espiritual de hacer ofrendas con devoción sincera

«Los adversarios de Jesús en el templo [...] buscaban tenazmente una oportunidad para apresarle. [...] Jesús les explicó entonces con toda claridad, por medio de una parábola, la lacerante verdad de que su arrogante conciencia social y sacerdotal les había impedido recibir la bendición de la salvación».

Llegó al Templo y, mientras enseñaba, se le acercaron los sumos sacerdotes y los ancianos del pueblo, que le preguntaron: «¿Con qué autoridad haces esto? ¿Quién te ha dado tal autoridad?». Jesús les respondió: «También yo os voy a preguntar una cosa. Si me contestáis a ella, yo os diré a mi vez con qué autoridad hago esto. ¿De dónde provenía el bautismo de Juan, del cielo o de los hombres?». Ellos discurrían entre sí: «Si decimos que es del cielo, nos dirá: "Entonces ¿por qué no le creísteis?". Pero si decimos que es de los hombres, tenemos miedo a la gente, pues todos tienen a Juan por profeta». Así que respondieron a Jesús: «No sabemos». Él les replicó entonces: «Pues tampoco yo os digo con qué autoridad hago esto».

«A ver qué os parece. Un hombre tenía dos hijos. Llegándose al primero, le dijo: "Hijo, vete hoy a trabajar en la viña". Él respondió: "No quiero", pero después se arrepintió y fue. Llegándose al segundo, le dijo lo mismo. Él respondió: "Voy, Señor", pero no fue. ¿Cuál de los dos hizo la voluntad del padre?». «El primero», le dicen. Jesús añadió: «Os aseguro que los publicanos y las prostitutas llegarán antes que vosotros al Reino de Dios. Porque vino Juan a vosotros por camino de justicia y no creísteis en él, mientras que los publicanos y las prostitutas creyeron en él. Y vosotros, ni viéndolo, os arrepentisteis después, para creer en él.

»Escuchad otra parábola. Había un propietario que plantó una viña, la rodeó de una cerca, cavó en ella un lagar y edificó una torre; la arrendó a unos labradores y se ausentó. Cuando llegó el tiempo de la vendimia, envió sus siervos a los labradores para percibir sus frutos. Pero los labradores agarraron a los siervos, y a uno le golpearon, a otro lo mataron, a otro lo apedrearon. Envió después otros siervos, en mayor número que los primeros; pero los trataron de la misma manera. Finalmente les envió a su hijo, pensando: "A mi hijo lo respetarán". Pero los labradores, al ver al hijo, se dijeron entre sí: "Éste es el heredero. Vamos, matémosle y quedémonos con su herencia". Y, agarrándolo, lo echaron fuera de la viña y lo mataron. Cuando venga, pues, el dueño de la viña, ¿qué *hará con aquellos labradores?». Le respondieron: «Dará una muerte miserable a esos miserables y arrendará la viña a otros labradores, que le entreguen los frutos a su tiempo». Jesús les dijo: «¿No habéis leído nunca en las Escrituras: 'La piedra que los constructores desecharon, en piedra angular se ha convertido; fue el Señor quien hizo esto y es maravilloso a nuestros ojos'?*

»Por eso os digo que se os quitará el Reino de Dios para dárselo a un pueblo que rinda sus frutos. Y el que cayere sobre esta piedra se destrozará, y aquel sobre quien cayere quedará aplastado».

Los sumos sacerdotes y los fariseos, al oír sus parábolas, comprendieron que estaba refiriéndose a ellos. Y trataron de detenerle, pero tuvieron miedo a la gente, porque lo tenían por profeta.

Mateo 21:23-46

Tomó Jesús de nuevo la palabra y les habló en parábolas. Les dijo: «El Reino de los Cielos es semejante a un rey que celebró el banquete de bodas de su hijo. Envió a sus siervos a llamar a los invitados a la boda, pero éstos no quisieron venir. Volvió a enviar otros siervos, con este encargo: Decid a los invitados: "Mirad, mi banquete está preparado. Ya han sido matados mis novillos y animales cebados, y todo está a punto. Venid a la boda". Pero ellos no hicieron caso y se fueron: el uno a su campo, el otro a su negocio; y los demás agarraron a los siervos, los escarnecieron y los mataron. El rey, enojado, envió sus tropas, dio muerte a aquellos homicidas y prendió fuego a su ciudad. Entonces dijo a sus siervos: "La boda está preparada, pero los invitados no eran dignos. Id, pues, a los cruces de los caminos e invitad a la boda a cuantos encontréis". Los siervos salieron a los caminos, reunieron a todos los que encontraron, malos y buenos, y la sala de bodas se llenó de comensales.

»Cuando entró el rey a ver a los comensales vio allí a uno que no tenía traje de boda. Le dijo: "Amigo, ¿cómo has

entrado aquí sin traje de boda?". Él se quedó callado. Entonces el rey dijo a los sirvientes: "Atadlo de pies y manos y echadlo a las tinieblas de fuera; allí será el llanto y el rechinar de dientes". Porque muchos son llamados, mas pocos escogidos».

Entonces los fariseos se fueron y celebraron consejo sobre la forma de sorprenderle en alguna palabra. Así que enviaron a sus discípulos, junto con los herodianos, a decirle: «Maestro, sabemos que eres veraz y que enseñas el camino de Dios con franqueza, y que no te importa de nadie, porque no miras la condición de las personas. Dinos, pues, qué te parece: ¿es lícito pagar tributo al César o no?». Mas Jesús, adivinando su malicia, dijo: «Hipócritas, ¿por qué me tentáis? Mostradme la moneda del tributo». Ellos le presentaron un denario. Él les preguntó: «¿De quién son esta imagen y la inscripción?». Respondieron: «Del César». Entonces les dijo: «Pues lo del César devolvédselo al César, y lo de Dios, a Dios». Al oír esto, quedaron maravillados y, dejándole, se fueron.

Mateo 22:1-22[1]

Jesús, tomando la palabra, decía mientras enseñaba en el Templo: «¿Cómo dicen los escribas que el Cristo es hijo de David? David mismo dijo, movido por el Espíritu Santo: 'Dijo el Señor a mi Señor: Siéntate a mi diestra hasta que ponga a tus enemigos debajo de tus pies'.

»Si el mismo David le llama Señor, ¿cómo entonces puede ser hijo suyo?». La muchedumbre le oía con agrado.

Decía también en su instrucción: «Guardaos de los escribas, que gustan pasear con amplio ropaje, ser saludados en las plazas, ocupar los primeros asientos en las sinagogas y los primeros puestos en los banquetes; y que devoran la hacienda de las viudas so capa de largas oraciones. Ésos tendrán una sentencia más rigurosa».

[1] Los versículos correspondientes a *Mateo* 22:23-33 se comentan en el discurso 62, y los versículos 35-40 se comentan en el discurso 53 (volumen II).

Jesús se sentó frente al arca del Tesoro y miraba cómo echaba la gente monedas en el arca del Tesoro. Muchos ricos echaban mucho; pero llegó también una viuda pobre y echó dos moneditas, o sea, una cuarta parte del as. Entonces, llamando a sus discípulos, les dijo: «Os digo de verdad que esta viuda pobre ha echado más que todos los que echan en el arca del Tesoro. Pues todos han echado de lo que les sobraba; ésta, en cambio, ha echado, de lo que necesitaba, todo cuanto poseía, todo lo que tenía para vivir».

Marcos 12:35-44

DISCURSO 65

Jesús enseña por última vez en el templo de Jerusalén

«Llegó al Templo y, mientras enseñaba, se le acercaron los sumos sacerdotes y los ancianos del pueblo, que le preguntaron: "¿Con qué autoridad haces esto? ¿Quién te ha dado tal autoridad?". Jesús les respondió: "También yo os voy a preguntar una cosa. Si me contestáis a ella, yo os diré a mi vez con qué autoridad hago esto. ¿De dónde provenía el bautismo de Juan, del cielo o de los hombres?". Ellos discurrían entre sí: "Si decimos que es del cielo, nos dirá: 'Entonces ¿por qué no le creísteis?'. Pero si decimos que es de los hombres, tenemos miedo a la gente, pues todos tienen a Juan por profeta". Así que respondieron a Jesús: "No sabemos". Él les replicó entonces: "Pues tampoco yo os digo con qué autoridad hago esto.

»"A ver qué os parece. Un hombre tenía dos hijos. Llegándose al primero, le dijo: 'Hijo, vete hoy a trabajar en la viña'. Él respondió: 'No quiero', pero después se arrepintió y fue. Llegándose al segundo, le dijo lo mismo. Él respondió: 'Voy, Señor', pero no fue. ¿Cuál de los dos hizo la voluntad del padre?". "El primero", le dicen. Jesús añadió: "Os aseguro que los publicanos y las prostitutas llegarán antes que vosotros al Reino de Dios. Porque vino Juan a vosotros por camino de justicia y no creísteis en él, mientras que los publicanos y las prostitutas creyeron en él. Y vosotros, ni viéndolo, os arrepentisteis después, para creer en él"» (*Mateo* 21:23-32)[2].

---

[2] Compárese con las referencias paralelas que aparecen en *Marcos* 11:27-33 y *Lucas* 20:1-8.

Jesús elogia el progreso de los pecadores arrepentidos al compararlo con el de aquellos que son espiritualmente arrogantes

Los adversarios de Jesús en el templo, que durante largo tiempo habían estado preocupados por la creciente aclamación popular que generaban sus curaciones milagrosas y sus actos desafiantes —tales como censurar a la jerarquía religiosa y arrojar fuera del templo a los cambistas y vendedores, así como predicar sus enseñanzas inconformistas—, buscaban tenazmente una oportunidad para apresarle. Consciente de sus maquinaciones, de modo deliberado Jesús decidió no responder a los sumos sacerdotes y escribas cuando le pidieron que declarase con qué autoridad realizaba sus obras. Él sabía que su pregunta tenía por objeto obligarle a proclamar ante ellos —como lo había hecho ante otras personas— su unidad con el Padre, motivo por el cual podían arrestarle bajo el cargo de blasfemia[3]. Al responderles con una simple pregunta acerca del origen de los poderes de Juan el Bautista, Jesús logró eludir a sus agresores: admitir la divina autoridad de Juan les atraería una merecida reprimenda de parte de Jesús, quien entonces les preguntaría por qué no habían tratado a Juan como a un profeta santo; por otra parte, negar que la autoridad de Juan le había sido conferida desde el cielo suscitaría la ira del pueblo.

Habiendo conseguido que sus desconcertados enemigos guardasen silencio, Jesús les explicó entonces con toda claridad, por medio de una parábola, la lacerante verdad de que su arrogante conciencia social y sacerdotal les había impedido recibir la bendición de la salvación a través de Juan:

«Un maestro tenía en la tierra dos devotos y le dijo a uno de ellos: "Hijo, ve a la viña de la meditación y trabaja allí a fin de producir la valiosa vid de la percepción divina. Después de cultivar exitosamente la viña, los frutos maduros te proporcionarán el embriagador vino de la eterna bienaventuranza divina". Pero el devoto, sucumbiendo a una invasión temporal del engaño, replicó: "¡No meditaré; no estoy de humor para hacerlo!". Sin embargo, después de pensarlo con detenimiento, desechó su inercia espiritual, reconociendo que se trataba de una insensata desobediencia a su maestro, cuyas órdenes tenían como único propósito el bien del devoto. Con

[3] Al igual que se explica en *Juan* 10:30-31 (discurso 52, volumen II), la gente quería apedrearlo por esta afirmación, y en *Mateo* 26:64-66 (discurso 73) se relata que fue condenado a muerte por esa razón.

profunda devoción y determinación, estableció el hábito de practicar fielmente la meditación.

»El maestro fue luego adonde se encontraba el segundo devoto y también le pidió que cultivase los frutos de la meditación. El devoto respondió con prontitud: "Así lo haré, Señor", pero no cumplió su promesa en absoluto. Ahora bien, ¿no os resulta evidente cuál de ellos obedeció la voluntad de su maestro?».

Todos estuvieron de acuerdo en que el primer devoto, que en un comienzo se había mostrado reacio pero luego enmendó sus acciones, era el obediente; mas no el devoto cortés cuyas palabras de conformidad no se concretaron en acciones. Jesús señaló con precisión a qué se estaba refiriendo: «En virtud de la verdad que hay en mí, os aseguro que incluso los publicanos y las prostitutas son superiores a vosotros en espiritualidad. Porque el gran maestro Juan vino a todos vosotros y, sin embargo, no lo comprendisteis ni lo aceptasteis. En cambio, aquellos a quienes llamáis pecadores —que anteriormente no habían prestado atención a la voz de la verdad— reflexionaron cuando Juan vino a ellos, desecharon el engaño, se arrepintieron y comenzaron a buscar a Dios con fe mediante la divina comunión interior y la obediencia a los mandamientos divinos. Por esa razón, pronto expiarán los efectos de sus malas acciones del pasado y entrarán en el reino de la Conciencia Cósmica, muy por delante de todos vosotros que sois sumos sacerdotes y patriarcas que orgullosamente os consideráis superiores a fuerza de esgrimir vuestros decadentes títulos.

»Incluso después de haber visto el cambio que Juan produjo en quienes hasta entonces eran pecadores —una prueba de la vida virtuosa del maestro y de su sabiduría divina—, aun así no os arrepentisteis ni fuisteis a la viña de la meditación para trabajar en pos de la comunión con Dios. No; no creísteis en él ni en sus consejos, y tampoco os arrepentisteis de vuestra altanera desobediencia, lo cual os hubiera permitido alcanzar la salvación al seguir su ejemplo. Ahora podéis juzgar por vosotros mismos por qué los publicanos y prostitutas que se sintonizaron con Juan —quien estaba totalmente inmerso en la presencia de Dios— podrán entrar en el reino de Dios por delante de vosotros».

Las palabras de Jesús infunden seguridad y confianza a los transgresores de la ley divina que se arrepienten: Si siguen a un gurú inspirado por Dios y renuncian a los caminos del engaño, con toda certeza serán recibidos en el reino de Dios. En verdad, encontrarán la salvación más rápidamente que aquellos que se envanecen de su limitada comprensión y de su presunta suficiencia moral y por ello desdeñan la ayuda del gurú que el Señor les ha enviado, porque su egotismo les hace creer erróneamente que no tienen necesidad de dicha ayuda para entrar en la presencia de Dios que se experimenta en la Conciencia Cósmica.

~

«*"Escuchad otra parábola. Había un propietario que plantó una viña, la rodeó de una cerca, cavó en ella un lagar y edificó una torre; la arrendó a unos labradores y se ausentó. Cuando llegó el tiempo de la vendimia, envió sus siervos a los labradores para percibir sus frutos. Pero los labradores agarraron a los siervos, y a uno le golpearon, a otro lo mataron, a otro lo apedrearon. Envió después otros siervos, en mayor número que los primeros; pero los trataron de la misma manera. Finalmente les envió a su hijo, pensando: 'A mi hijo lo respetarán'. Pero los labradores, al ver al hijo, se dijeron entre sí: 'Éste es el heredero. Vamos, matémosle y quedémonos con su herencia'. Y, agarrándolo, lo echaron fuera de la viña y lo mataron. Cuando venga, pues, el dueño de la viña, ¿qué hará con aquellos labradores?". Le respondieron: "Dará una muerte miserable a esos miserables y arrendará la viña a otros labradores, que le entreguen los frutos a su tiempo". Jesús les dijo: "¿No habéis leído nunca en las Escrituras: 'La piedra que los constructores desecharon, en piedra angular se ha convertido; fue el Señor quien hizo esto y es maravilloso a nuestros ojos'?*[4]

»*"Por eso os digo que se os quitará el Reino de Dios para dárselo a un pueblo que rinda sus frutos. Y el que cayere sobre esta piedra se destrozará, y aquel sobre quien cayere quedará aplastado".*

»*Los sumos sacerdotes y los fariseos, al oír sus parábolas, comprendieron que estaba refiriéndose a ellos. Y trataron de detenerle, pero tuvieron miedo a la gente, porque lo tenían por profeta*» (Mateo 21:33-46)[5].

---

4 Jesús hace referencia a *Salmos* 118:22-23.

5 Compárese con las referencias paralelas que aparecen en *Marcos* 12:1-12 y *Lucas* 20:9-19.

En una parábola sencilla que encierra verdades metafísicas, Jesús relata cómo en el comienzo de un ciclo de creación universal, cuya duración es inconmensurable, el Amo del Cosmos creó esta tierra como una fértil viña en la que sus hijos humanos —las almas, que son reflejo de su propio y único Ser— estaban destinados a trabajar como *«labradores»*, con el objeto de cultivar la liberadora sabiduría suprema y gozar de sus frutos. El Señor rodeó la viña terrenal con el aura de sus divinas vibraciones y cavó en la conciencia humana un lagar de intuición y edificó allí una torre de visión espiritual. Luego entregó la viña al cuidado de sus labradores —las almas encarnadas— y *«se ausentó»*, es decir, se ocultó en el trascendente plano de la Conciencia Cósmica durante ese ciclo de la creación[6].

La parábola sobre el plan de Dios para establecer en la tierra un reino de armonía celestial para las almas, y los obstáculos que el hombre interpone

Luego, *«cuando llegó el tiempo de la vendimia»* —cuando Dios esperaba que los labradores de las vides de la sabiduría a quienes había arrendado la fructífera viña recogiesen la cosecha de abundantes y bellas experiencias— envió a sus profetas a recolectar de estos labradores una parte de su cosecha de amor y gratitud fertilizada por la sabiduría. Pero la gente de la tierra, cuya prístina conciencia espiritual se había degradado bajo la influencia del engaño cósmico, se negó a aceptar a los mensajeros de Dios y los rechazó con violencia. Muchos otros profetas enviados a la tierra fueron igualmente calumniados y asesinados. Uno de ellos vino en la forma de Juan el Bautista, y él también fue tratado de manera vergonzosa.

Por último, a esa ingrata y cruel gente de la tierra, el Señor de la viña decidió enviarle su reflejo único en toda la creación vibratoria —el Hijo o Conciencia Crística— manifestado en la forma de un avatar. Dios esperaba que esa gente desagradecida reconocería entonces al Señor al reverenciar a su hijo. Pero los «labradores» estaban sumidos en la embriaguez del engaño. En su perversidad, deseaban disfrutar de las bendiciones de la tierra sin que interfirieran los preceptos

---

[6] En el comienzo de cada manifestación recurrente de la creación (Día de Brahma), después de poner en movimiento las leyes cósmicas que gobiernan la estructura universal, el Padre-Creador delega en el Espíritu Santo (la Naturaleza Cósmica Vibratoria) el funcionamiento de dichas leyes y se retira al trascendente reino de la Conciencia Cósmica, que existe más allá de los universos vibratorios, pero Él se refleja en la creación como la inmanente Conciencia Crística.

Véase también la explicación de los ciclos de la creación cósmica en *God Talks With Arjuna: The Bhagavad Gita* VIII:17-19 y IV:7-8.

rectores de Dios ni sus emisarios. A pesar de las pruebas que demostraban que este hijo era *«el heredero»*, un verdadero representante de Dios en quien la conciencia divina se hallaba plenamente manifestada, lo mataron, con la expectativa de «quedarse con su herencia», es decir, gobernar la tierra conforme a sus propios deseos, en vez de hacerlo según los principios de la rectitud.

Es evidente que en este caso Jesús se refería a sí mismo y profetizaba su crucifixión —el punto culminante del maltrato que había recibido de estos funcionarios egoístas— así como el inevitable desenlace de tal ignominia: el castigo que el Señor de la viña de la tierra, a través de la Ley Cósmica, impondría a los responsables del daño causado a su hijo, y la entrega de la viña a otros arrendatarios, que procurarían producir los frutos de la sabiduría, los cuales cultivarían y ofrendarían con veneración y agradecimiento. Al escuchar estas parábolas y el castigo que presagiaban, aquellos personajes malintencionados que oían las palabras de Jesús *«comprendieron que estaba refiriéndose a ellos»*[7].

Los *«otros labradores»*, que entregarían al Señor de la Viña *«los frutos a su tiempo»*, son una referencia a las generaciones futuras de devotos que reverenciarían la vida ejemplar de Jesús y sus enseñanzas. A través de su devoción a la Conciencia Crística manifestada en este hijo divino, ellos recogerían —como fruto de su labor en la viña de la tierra— una cosecha abundante de sabiduría divina: la comprensión de que el reino de Dios que se hallaba en su interior es una región con tal abundancia de bienaventuranza que ellos voluntariamente le devolverían al Señor, en la forma de alabanzas y adoración, los frutos que habían cosechado.

A continuación, Jesús profetizó que la Conciencia Crística —rechazada por quienes habían edificado su propia civilización— sería la piedra angular utilizada en la construcción del templo de una vida celestial en la tierra. *«Fue el Señor quien hizo esto y es maravilloso a nuestros ojos»* —citó Jesús de las Escrituras—. «Por lo tanto, os digo, que al haber rechazado a la Conciencia Crística y a mí, en quien el reflejo del Padre os fue enviado, el reino de la conciencia de Dios no se manifestará en vosotros; en cambio, se manifestará en aquellos que en el futuro aprecien mi mensaje y establezcan estas verdades en su conciencia. Todo el que oponga resistencia a la piedra diamantina de estas verdades comprobará que su vida queda destrozada por el

[7] Este mismo concepto se menciona en la referencia paralela de este relato que aparece en *Lucas* 20:16: *«"Vendrá, dará muerte a estos labradores y entregará la viña a otros". Al oír esto, dijeron: "¡Dios no lo quiera!"».*

engaño, la desarmonía y la infelicidad. Y aquel que *deliberadamente* lleve una vida errónea, y de modo intencional profane mis enseñanzas y persiga a aquellos que son mis fieles seguidores, se dará cuenta de que, a través de su propio desatino, la Ley Cósmica inherente a esta piedra caerá sobre él causando su total destrucción».

Quienquiera que golpee una piedra con el puño se lastimará por causa de su propia acción imprudente y no porque la piedra desee hacerle daño. De igual modo, Jesús advirtió que quien sea tan insensato como para oponerse intencionadamente a las inquebrantables verdades establecidas en sus enseñanzas se herirá a sí mismo, al poner en acción la Ley Cósmica que destruirá su vida espiritual y demorará su evolución hacia la salvación.

~

«Tomó Jesús de nuevo la palabra y les habló en parábolas. Les dijo: "El Reino de los Cielos es semejante a un rey que celebró el banquete de bodas de su hijo. Envió a sus siervos a llamar a los invitados a la boda, pero éstos no quisieron venir. Volvió a enviar otros siervos, con este encargo: Decid a los invitados: 'Mirad, mi banquete está preparado. Ya han sido matados mis novillos y animales cebados, y todo está a punto. Venid a la boda'. Pero ellos no hicieron caso y se fueron: el uno a su campo, el otro a su negocio; y los demás agarraron a los siervos, los escarnecieron y los mataron. El rey, enojado, envió sus tropas, dio muerte a aquellos homicidas y prendió fuego a su ciudad. Entonces dijo a sus siervos: 'La boda está preparada, pero los invitados no eran dignos. Id, pues, a los cruces de los caminos e invitad a la boda a cuantos encontréis'. Los siervos salieron a los caminos, reunieron a todos los que encontraron, malos y buenos, y la sala de bodas se llenó de comensales.

»"Cuando entró el rey a ver a los comensales vio allí a uno que no tenía traje de boda. Le dijo: 'Amigo, ¿cómo has entrado aquí sin traje de boda?'. Él se quedó callado. Entonces el rey dijo a los sirvientes: 'Atadlo de pies y manos y echadlo a las tinieblas de fuera; allí será el llanto y el rechinar de dientes'. Porque muchos son llamados, mas pocos escogidos"» (Mateo 22:1-14)[8].

[8] Una parábola similar se relata en *Lucas* 14:16-24. (Véase el discurso 58).

Jesús ejemplificó de la manera siguiente cómo pueden los devotos agradecidos entrar en el reino de los cielos respondiendo adecuadamente a la invitación de Dios:

Jesús describe el karma que cosechan quienes aceptan y quienes rechazan a los mensajeros de Dios

El Padre Celestial *(«un rey»)* envió a uno de sus devotos liberados (el *«hijo»* del rey) para que naciera en la tierra a fin de que, cuando llegase el momento apropiado —cuando hubiese preparado espiritualmente el instrumento de su encarnación humana para llevar a cabo la misión que Dios le había encomendado—, celebrase su boda con la sabiduría divina como un ejemplo para la humanidad, lo cual permitiría, además, que los devotos sinceros aprendiesen algo acerca de los gozos de la unión divina[9], al presenciar la celebración de este sagrado matrimonio en la vida de un santo unido a Dios. Así como la ceremonia de casamiento de una pareja ideal inspira a los invitados que están en sintonía con ellos mediante el conmovedor ejemplo del amor, así también la vida ideal de un santo o profeta, que se halla unido a la verdad, inspira a los buscadores espirituales con el deseo de alcanzar su propia unión con la sabiduría.

Cuando un profeta se encuentra preparado para iniciar su obra en la tierra, Dios envía vibraciones que actúan como mensajeros con la finalidad de llamar a todos aquellos que son conscientes de tan elevadas vibraciones, para que sigan a esta alma iluminada. Es una ley espiritual que Dios mismo celebre así en la tierra la Unión Divina de un devoto liberado que realmente se ha desposado con la verdad y los principios elevados. Usualmente, el Señor lleva a cabo tal celebración con la ayuda de vibraciones magnéticas —sus siervos— que Él difunde en diferentes direcciones, según lo determine el propósito de la misión del profeta (salvo en el caso de que la obra del ser liberado se lleve a cabo tras los escenarios externos del hombre). Los buscadores son atraídos de ese modo a sumarse a las gozosas festividades de la celebración espiritual en honor del santo liberado que se ha desposado con el amoroso Espíritu de la Verdad.

Así pues, en el ejemplo de la parábola, el llamado inicial *«a los*

[9] Véanse, por ejemplo, las referencias que se encuentran en los discursos 4, 7 y 8 (volumen I) acerca de la simultánea dicotomía y unidad de la naturaleza humana y divina que poseen las almas liberadas encarnadas. El hombre común, cuya esencia es el ser universal, experimenta la resistencia y limitaciones de *maya* hasta que finalmente conquista la victoria sobre el engaño al poner de manifiesto su Unión Divina.

invitados a la boda» se ignoró por completo. Por ello, el Padre Celestial envió de nuevo a los mensajeros magnéticos y vibratorios para indicarles a los buscadores de la verdad que podían participar en la celebración extática de la vida del profeta que había alcanzado la unión con Dios, y que en esa ceremonia se les servirían selectos manjares de sabiduría. Pero muchos de los invitados continuaron haciendo caso omiso de la invitación debido a su absoluta falta de interés espiritual y no lograron reconocer este ofrecimiento como una respuesta de Dios a sus oraciones del pasado. Desoyeron el llamado de Dios que los instaba a concurrir a ese acontecimiento en el cual podrían liberar sus almas, y continuaron con sus ocupaciones materiales. Otros, con su actitud superficial y obstinada ignorancia, sofocaron *(«mataron»)* en el acto a los mensajeros de las vibraciones divinas que habían transmitido el anuncio a sus corazones.

Cuando el Padre Celestial percibió las malas vibraciones de rechazo que emitían aquellos a quienes deseaba bendecir, no pudo detener a los ejércitos de las leyes cósmicas y kármicas que gobiernan todas las acciones humanas. Dichas leyes castigan a los *«homicidas»* intencionales de las buenas vibraciones y hacen arder la ciudad de su conciencia con el fuego invisible de la disciplina purificadora. En aquellos que ignoran la invitación de Dios, el sentido espiritual se destruye por largo tiempo, hasta que se arrepienten y son merecedores de una nueva oportunidad.

Como se menciona en la parábola, el Misericordioso Señor envió incluso una tercera vez a sus invisibles siervos vibratorios, a fin de que hablaran al corazón de otros buscadores. En respuesta al anuncio de la ceremonia de erradicación de la ignorancia, muchos aspirantes a discípulos —tanto de alto como de bajo nivel espiritual—, procedentes de todos los caminos de la vida, acudieron con el propósito de presenciar el matrimonio del profeta liberado con la Verdad.

Las almas sinceras del sendero de la realización del Ser son receptivas y aprecian a un profeta y sus enseñanzas. Pero entre las multitudes también hay hipócritas que se vinculan con grandes maestros —y con las organizaciones que promueven sus senderos hacia la verdad— únicamente por el glamour y las celebraciones o para adquirir prestigio personal. Por lo tanto, lo que puede inferirse de la parábola es que el Padre Divino, en su papel de Anfitrión, se acercó a examinar a los huéspedes que habían sido atraídos por su invitación. Descubrió a un hipócrita que se había unido a los devotos: no llevaba el traje de boda de la sinceridad. Cuando el Anfitrión lo acusó de hipocresía, el invitado no pudo responder en su defensa y permaneció callado.

El Omnipotente Anfitrión ordenó entonces a las poderosas vibraciones espirituales que expulsaran al hipócrita cuyo entendimiento no se había desarrollado lo suficiente como para permanecer en la buena compañía de los devotos buscadores, y fue arrojado nuevamente a la tierra de las tinieblas que él mismo se había creado. Demasiado tarde lamentó el hipócrita su ignorancia y lloró; sus dientes rechinaron por haber perdido la oportunidad de recibir la luz y salir de su estado de oscuridad.

Muchos buscadores de la verdad, debido a la diferente intensidad de su anhelo espiritual, atraen la atención de Dios de manera intermitente y reciben su invitación para penetrar en la conciencia celestial que se encuentra en el interior de ellos mismos; sin embargo, sólo resultan elegidos para entrar en el reino Divino de la Conciencia Cósmica aquellos pocos que son dignos debido a su ferviente y perseverante interés por la verdad y por Dios, el cual demuestran con sus sinceros esfuerzos por espiritualizar su vida mediante la práctica de la oración constante y la meditación profunda.

~

«Entonces los fariseos se fueron y celebraron consejo sobre la forma de sorprenderle en alguna palabra. Así que enviaron a sus discípulos, junto con los herodianos, a decirle: "Maestro, sabemos que eres veraz y que enseñas el camino de Dios con franqueza, y que no te importa de nadie, porque no miras la condición de las personas. Dinos, pues, qué te parece: ¿es lícito pagar tributo al César o no?". Mas Jesús, adivinando su malicia, dijo: "Hipócritas, ¿por qué me tentáis? Mostradme la moneda del tributo". Ellos le presentaron un denario. Él les preguntó: "¿De quién son esta imagen y la inscripción?". Respondieron: "Del César". Entonces les dijo: "Pues lo del César devolvédselo al César, y lo de Dios, a Dios". Al oír esto, quedaron maravillados y, dejándole, se fueron» (Mateo 22:15-22)[10].

---

[10] Compárese con las referencias paralelas que aparecen en *Lucas* 20:20-26 y *Marcos* 12:13-17.

«Dadle a vuestro rey terrenal, el César, aquello que es terrenal, como lo son los tributos monetarios que, según cree él, le pertenecen —dijo Jesús a los fariseos—, pero en vuestro corazón dadle a Dios todo el crédito y todos vuestros homenajes, porque Él es el Soberano Supremo, el verdadero poseedor de todas las cosas materiales, mentales, terrenales y celestiales».

«Devolvédselo al César»: la actitud espiritual hacia el cumplimiento de los deberes mundanos

Así pues, Jesús aconseja a todos los devotos que obedezcan las costumbres de su país y acaten sus leyes, como es el caso del pago de impuestos. Sin embargo, al tiempo que uno cumple con las obligaciones mundanas, dentro de su alma debe rendir homenaje únicamente a Dios, a Aquel que es el Rey de reyes y que, como Creador de nuestro país de origen, de la tierra y del cielo, es el Amo y Señor de todo cuanto hay en ellos, cualquiera que sea su naturaleza: familiar, social, nacional, internacional o cósmica.

Jesús había sostenido este mismo principio en una ocasión anterior, según se menciona en *Mateo* 17:24-27[11]. Sus palabras y la milagrosa consecuencia que éstas tuvieron en dicha ocasión ilustran que el adecuado cumplimiento de las leyes celestiales por parte del ser humano le ayuda automáticamente a saldar sus obligaciones para con los edictos establecidos por el hombre.

La verdadera religión es el arte de vivir que armoniza todos los aspectos del *dharma* humano —sus justas obligaciones materiales, mentales, sociales, morales y espirituales— sin descuidar todo aquello que es necesario para el armonioso equilibrio del cuerpo, la mente y el alma. Las palabras de Jesús, *«lo del César devolvédselo al César, y lo de Dios, a Dios»*, son un recordatorio de que, en tanto vivamos en el mundo material, eludir las responsabilidades materiales denota falta de sabiduría. Bhagavan Krishna representó a la perfección sus exigentes papeles materiales, sociales y espirituales, tanto en su labor de avatar como en la de rey terrenal, sin permitir que ninguno de sus deberes interfiriese con los demás; de esa manera ejemplificó

---

[11] *«Cuando entraron en Cafarnaún, se acercaron a Pedro los que cobraban las didracmas y le preguntaron: "¿No paga vuestro Maestro las didracmas?". Respondió él: "Sí". Cuando llegó a casa, se anticipó Jesús a decirle: "A ver qué te parece, Simón. ¿De quién cobran tasas o tributo los reyes de la tierra, de sus hijos o de los extraños?". Al contestar él: "De los extraños", Jesús le dijo: "Por tanto, libres están los hijos. Sin embargo, para que no les sirvamos de escándalo, vete al mar y echa el anzuelo. Coge el primer pez que salga, ábrele la boca y encontrarás un estáter. Tómalo y dáselo por mí y por ti"».* (Véase el discurso 47, en el volumen II).

de manera inigualable cómo mantener la conciencia equilibrada. La serenidad de un santo en la soledad del Himalaya no está expuesta a las perturbaciones que causan las corrientes contradictorias de los deberes sociales y espirituales; sin embargo, es mayor la grandeza del devoto cuyos logros espirituales pueden superar sin mella todos los desafíos a los que lo somete el severo campo de pruebas del mundo.

La afirmación de Jesús es también una advertencia para aquellos cuyos pensamientos y deseos los mantienen enredados en la vida mundana, pues tendrán que «devolverle al César lo del César». Enredarse en los asuntos materiales crea obligaciones materiales, que deben pagarse de acuerdo con la ley del karma; en cambio, aquel cuyo corazón y mente se encuentran centrados únicamente en Dios —la Simplicidad Absoluta— se involucra sólo en forma mínima en el inevitable «toma y daca» de la existencia humana.

~

«Jesús, tomando la palabra, decía mientras enseñaba en el Templo: "¿Cómo dicen los escribas que el Cristo es hijo de David? David mismo dijo, movido por el Espíritu Santo: 'Dijo el Señor a mi Señor: Siéntate a mi diestra hasta que ponga a tus enemigos debajo de tus pies'.

»"Si el mismo David le llama Señor, ¿cómo entonces puede ser hijo suyo?". La muchedumbre le oía con agrado» (Marcos 12:35-37).

Referencia paralela:

«Estando reunidos los fariseos, les propuso Jesús esta cuestión: "¿Qué pensáis acerca del Cristo? ¿De quién es hijo?". Respondieron: "De David". Díceles: "¿Pues cómo David, movido por el Espíritu, le llama Señor, cuando dice: 'Dijo el Señor a mi Señor: Siéntate a mi diestra hasta que ponga a tus enemigos debajo de tus pies'?[12]

»"Entonces, si David le llama Señor, ¿cómo puede ser hijo suyo?". Nadie fue capaz de contestarle nada; y desde ese día ninguno se atrevió ya a hacerle más preguntas» (Mateo 22:41-46)[13].

---

[12] *Salmos* 110:1.

[13] Compárese con otra referencia paralela que aparece en *Lucas* 20:41-44.

Los escribas y fariseos —así como también muchos creyentes cristianos hasta el día de hoy— no comprendían la diferencia entre «Jesús» («el Hijo del hombre») y «Cristo» («el Hijo de Dios» o «el Hijo unigénito»); es decir, entre el Mesías encarnado y la infinita Conciencia Crística que él personificaba. No era la intención de Jesús negar que el cuerpo humano del Mesías o el Cristo descendía del rey David, dado que tanto él como sus oyentes sabían que así había sido profetizado en las Escrituras[14], sino dejar claro que la omnipresente Conciencia Crística no podía permanecer limitada al cuerpo físico de un hijo de David o de cualquier otro ser humano.

El Hijo de Dios o el Hijo de David: la Conciencia Crística manifestada en el Mesías

Jesús les habló a los fariseos desde su estado de percepción del «Cristo» como la Conciencia Universal presente en toda la creación vibratoria y plenamente reflejada en su propio cuerpo, conocido como Jesús, y les dijo también que la Conciencia Crística se manifestó ante David a través de una visión que se describe en el Libro de los Salmos.

«Movido por el Espíritu Santo» —después de su elevación espiritual a través de la Vibración Cósmica del Espíritu Santo—, David escribió que el Señor Dios (el Padre que existe más allá de toda la creación vibratoria) le expresó su voluntad a la Conciencia Crística (el Señor de la Creación). La interpretación del mensaje vibratorio del Padre podría expresarse de esta forma: «El Señor le dijo a mi Señor: "Sé Tú la Existencia de mi verdadera Presencia que resida y se refleje en la creación, y que permanezca entronizada a mi diestra en mi conciencia de Inmutable Justicia y Verdad. Ejerce tu influencia soberana sobre el funcionamiento total de la creación hasta que, mediante el omnipotente poder de mi amor, que mora en Ti, ponga Yo a tus pies y convierta en tu esclavo a tu satánico enemigo —el engaño—, que constantemente obstaculiza tus obras perfectas"».

Jesús hizo una observación irrefutable al señalar que David no pudo haber empleado el título *«mi Señor»* para referirse a un hijo[15]. David percibía claramente la diferencia entre el Cristo Universal y su manifestación en forma humana como el Mesías.

---

[14] Véase el discurso 36 (volumen II).

[15] El que un padre se dirigiese a su hijo o a uno de sus descendientes con deferencia habría sido un comportamiento completamente fuera de lugar en la cultura patriarcal a la que Jesús y David pertenecían.

El intercambio de Inteligencia entre los «Señores» Trascendente e Inmanente (la Conciencia Cósmica y la Conciencia Crística) se manifestó sólo de modo temporal en la conciencia de David a través de una visión. Sin embargo, dado que la Conciencia Crística se hallaba reflejada de manera plena y constante en la vida y conciencia de Jesús, él permitió que le llamaran «Cristo», pero explicó que sería desacertado llamar «hijo de David» a la Conciencia Crística manifestada en él.

~

«Decía también en su instrucción: "Guardaos de los escribas, que gustan pasear con amplio ropaje, ser saludados en las plazas, ocupar los primeros asientos en las sinagogas y los primeros puestos en los banquetes; y que devoran la hacienda de las viudas so capa de largas oraciones. Ésos tendrán una sentencia más rigurosa"[16].

»Jesús se sentó frente al arca del Tesoro y miraba cómo echaba la gente monedas en el arca del Tesoro. Muchos ricos echaban mucho; pero llegó también una viuda pobre y echó dos moneditas, o sea, una cuarta parte del as. Entonces, llamando a sus discípulos, les dijo: "Os digo de verdad que esta viuda pobre ha echado más que todos los que echan en el arca del Tesoro. Pues todos han echado de lo que les sobraba; ésta, en cambio, ha echado, de lo que necesitaba, todo cuanto poseía, todo lo que tenía para vivir"» (*Marcos* 12:38-44)[17].

El óbolo de la viuda: el valor espiritual de hacer ofrendas con devoción sincera

Jesús no sólo observaba a la gente y el monto de sus ofrendas, sino que también analizaba, por medio de su percepción intuitiva, el ánimo que las motivaba. Hizo que los discípulos se fijaran en la acción de la viuda, porque ante la mirada de Dios el espíritu generoso de ella hacía resplandecer su pequeña ofrenda. Jesús mencionó el hecho como un bello ejemplo de un principio divino: Aunque la pobre viuda había echado apenas dos moneditas en el arca del templo, su devoción magnificaba su dádiva; a los ojos de Dios, ella había dado mucho más que todos

[16] Véase el discurso 55 (volumen II), donde se encontrará el comentario acerca de estos versículos.

[17] Compárese con la referencia paralela que aparece en *Lucas* 21:1-4.

los ricos indiferentes que ofrendaban cantidades muy superiores pero carecían de reverencia y devoción en sus corazones. Aquellos que hacían grandes contribuciones gastaban sólo una parte simbólica de sus abundantes riquezas, lo cual no les suponía ningún inconveniente. En cambio, la viuda, a pesar de sus propias necesidades, había entregado para la causa de Dios todo cuanto poseía, incluso lo poco con que contaba para vivir.

Pueden obtenerse beneficios espirituales al tomar en cuenta la lección que aprendieron ese día los discípulos de Jesús: dar para la causa de Dios con una actitud reverente de generosidad y no de vanidad. Un hombre rico cuyas ofrendas están motivadas por el orgullo de su riqueza y no por la devoción obtendrá sin duda un poco de buen karma por beneficiar al templo; pero conforme a la Ley Cósmica, dicha acción no reúne los requisitos para que sea considerada de gran virtud, pues no elevará hacia Dios la conciencia del dador ni pondrá en acción la ley del karma para que éste reciba frutos espirituales[18]. Por el contrario, cuando una persona cuyos medios son escasos hace una donación impulsada por su corazón caritativo para la causa de Dios, incluso si se trata de unas pocas monedas, esa ofrenda, aunque sea materialmente pequeña, se halla enriquecida y resulta enriquecedora en términos espirituales.

Dios no toma en cuenta la cantidad de presentes que se ofrecen para su causa, sino el grado de devoción que los acompaña. Donar más no necesariamente indica mayor devoción, y un presente más pequeño no significa que la devoción sea menor. No obstante, cuando una persona acaudalada ofrenda generosa y desinteresadamente, con devoción pura y sin ningún motivo oculto, Dios acepta el óbolo y lo retribuye con bendiciones; y cuando una persona con menores recursos hace un donativo de su escaso peculio, pero se enorgullece de haber dado tanto en relación con los medios con que cuenta, o dona esa pequeña cantidad con una actitud displicente, su acción, a diferencia de aquella de la viuda, carece de valor espiritual. Los templos e iglesias reciben con beneplácito todas las donaciones, pero Dios bendice en particular aquellas que se ofrendan con un espíritu de sacrificio, amor y devoción.

En los templos orientales se ofrendan a Dios flores, frutas y

---

[18] «Cualquier sacrificio, ofrenda o austeridad que se realiza sin fe (devoción) se conoce como *"asat"*, y carece de mérito tanto aquí como en el más allá» *(God Talks With Arjuna: The Bhagavad Gita* XVII:28. Véase *El Yoga del Bhagavad Guita).*

contribuciones monetarias, las cuales ayudan a mantener el templo; y Dios mismo recibe la devoción que se eleva de los corazones humanos sinceros y que se expresa por medio de estos presentes ofrecidos de manera pura como oblaciones simbólicas[19].

---

[19] «La ofrenda reverente de una hoja, una flor, una fruta o agua que se me hace con intención pura es una oblación devocional que Yo acepto» *(God Talks With Arjuna: The Bhagavad Gita* IX:26. Véase *El Yoga del Bhagavad Guita).*

DISCURSO 66

«Ha llegado la hora de que el Hijo del hombre sea glorificado»

Jesús explica cómo su sacrificio en la cruz beneficiará al mundo

❖

«Y ¿qué voy a decir? ¡Padre, líbrame de esta hora!»

❖

La respuesta de la voz de Dios

❖

La esclarecedora guía de la sabiduría del gurú

❖

¿Profetizó Isaías la venganza de Dios?

❖

«No he venido a juzgar al mundo, sino a salvar al mundo»

«En Jerusalén, en los días previos a la celebración de la Pascua, Jesús se refirió de nuevo a la inminente culminación del drama divino de su vida».

Entre los que subían a adorar en la fiesta había algunos griegos. Éstos se dirigieron a Felipe, el de Betsaida de Galilea, y le rogaron: «Señor, queremos ver a Jesús». Felipe fue a decírselo a Andrés; Andrés y Felipe fueron a comunicárselo a Jesús. Jesús les respondió:

«Ha llegado la hora de que el Hijo del hombre sea glorificado. En verdad, en verdad os digo que si el grano de trigo no cae en tierra y muere, allí queda, él solo; pero si muere, da mucho fruto. El que ama su vida, la perderá; pero el que odia su vida en este mundo la guardará para una vida eterna. Si alguno me sirve, que me siga, y donde yo esté, allí estará también mi servidor. Si alguno me sirve, el Padre le honrará. Ahora mi alma está turbada. Y ¿qué voy a decir? ¡Padre, líbrame de esta hora! Pero ¡si he llegado a esta hora precisamente para esto! Padre, glorifica tu Nombre».

Vino entonces una voz del cielo: «Lo he glorificado y de nuevo lo glorificaré».

La gente que estaba allí y lo oyó decía que había sido un trueno. Otros decían: «Le ha hablado un ángel».

Jesús respondió: «No ha venido esta voz por mí, sino por vosotros. Ahora es el juicio de este mundo; ahora el Príncipe de este mundo será derribado. Y yo, si fuere elevado de la tierra, atraeré a todos hacia mí»*.

Decía esto para dar a entender qué tipo de muerte le iban a aplicar. La gente le respondió: «Nosotros sabemos por la Ley que el Cristo permanecerá para siempre. ¿Cómo dices tú que es preciso que el Hijo del hombre sea elevado? ¿Quién es ese Hijo del hombre?». Jesús les dijo:

«Todavía, por un poco de tiempo, estará la luz entre vosotros. Caminad mientras tenéis la luz, para que no os sorprendan las tinieblas; el que camina en tinieblas no sabe a dónde va. Mientras tenéis la luz, creed en la luz, para que seáis hijos de luz».

Dicho esto, se marchó Jesús y se ocultó de ellos.

Aunque había realizado tan grandes signos delante de ellos, no creían en él. Así se cumplía el oráculo pronunciado por el profeta Isaías: 'Señor, ¿quién dio crédito a nuestras

palabras? ¿A quién se le reveló el poder del Señor?'.

No podían creer, porque también había dicho Isaías: 'Ha cegado sus ojos, ha endurecido su corazón; para que no vean con los ojos, ni comprendan con su corazón, ni se conviertan, ni Yo los sane'.

Isaías dijo esto porque vio su gloria y habló de él.

Sin embargo, incluso muchos magistrados creyeron en él; pero no lo confesaban por los fariseos, para no ser excluidos de la sinagoga, porque prefirieron la gloria de los hombres a la gloria de Dios.

Jesús dijo a voz en cuello:

«El que cree en mí, no cree en mí, sino en Aquel que me ha enviado; y el que me ve a mí, ve a Aquel que me ha enviado. Yo, la luz, he venido al mundo para que todo el que crea en mí no siga entre tinieblas. Si alguno oye mis palabras y no es capaz de guardarlas, yo no le juzgo, pues no he venido a juzgar al mundo, sino a salvar al mundo. El que me rechaza y no acoge mis palabras, ya tiene quien le juzgue: la palabra que yo he pronunciado lo juzgará el último día; porque yo no he hablado por mi cuenta, sino que el Padre que me ha enviado me ha mandado lo que tengo que decir y hablar, y yo sé que su mandato es vida eterna. Por eso, lo que yo hablo es lo que el Padre me ha dicho a mí».

Juan 12:20-50

DISCURSO 66

«Ha llegado la hora de que el Hijo del hombre sea glorificado»

«Entre los que subían a adorar en la fiesta había algunos griegos. Éstos se dirigieron a Felipe, el de Betsaida de Galilea, y le rogaron: "Señor, queremos ver a Jesús". Felipe fue a decírselo a Andrés; Andrés y Felipe fueron a comunicárselo a Jesús. Jesús les respondió:

»"Ha llegado la hora de que el Hijo del hombre sea glorificado. En verdad, en verdad os digo que si el grano de trigo no cae en tierra y muere, allí queda, él solo; pero si muere, da mucho fruto. El que ama su vida, la perderá; pero el que odia su vida en este mundo la guardará para una vida eterna. Si alguno me sirve, que me siga, y donde yo esté, allí estará también mi servidor. Si alguno me sirve, el Padre le honrará"» (*Juan* 12:20-26).

En Jerusalén, en los días previos a la celebración de la Pascua, Jesús se refirió de nuevo a la inminente culminación del drama divino de su vida: «Se acerca el tiempo en que mi cuerpo será glorificado y se unirá al Espíritu. Pero, ante todo, recordad bien lo que os digo: a no ser que un grano de trigo caiga en tierra y muera, no puede multiplicarse. En cambio, si se siembra el grano, renacerá como una planta rebosante de abundantes frutos»[1]. Jesús les

[1] John Wesley escribió acerca de estas palabras de Jesús: «En concordancia con su

estaba dando a conocer a sus discípulos que él sabía de antemano que con el sacrificio de su cuerpo y su victoria sobre la irrevocabilidad de la muerte a través de la resurrección, la divinidad manifestada en él sería ensalzada para beneficio del mundo. Si él sacrificaba su cuerpo en aras de la verdad —así como había vivido por la verdad— no sólo entraría en la vida eterna de su Ser infinito, sino que, con su presencia ejemplar en la tierra y en la omnipresencia, señalaría a otros el camino para que alcanzaran su propia vida eterna.

Jesús explica cómo su sacrificio en la cruz beneficiará al mundo

Una existencia egoísta centrada en la preservación del propio ego —el cual se caracteriza por su apego al cuerpo y su afición por todo lo transitorio— es un cerco mental que impide que el alma se expanda hasta alcanzar el Espíritu. Por eso Jesús continuó diciendo: «Aquel que ama su vida física, dedicándole al cuerpo una atención excesiva, perderá en la inconsciencia de la muerte, a pesar de todo, el cuerpo y toda su parafernalia material. Pero aquel que, con el objeto de buscar aquello que es permanente y que se halla tras la fachada de la materia, sacrifica su apego por las familiares comodidades físicas de la vida a las que está acostumbrado, comprobará que su conciencia se transmuta merced a la salvación en la Vida Eterna»[2].

En respuesta a la devoción de sus discípulos, Jesús agregó: «Si un devoto desea servir al Espíritu, el cual mora en mi interior, que siga mi Conciencia». (Sólo mediante la práctica de la meditación puede el devoto conducir su conciencia desde el plano físico de los sentidos, a través de la subconsciencia y de la supraconsciencia, hasta la Conciencia Crística). «Todo devoto que se halle en sintonía conmigo estará presente en el reino de la Conciencia Crística en el cual yo resido en todo momento, y será reconocido y elevado por el Padre —la Trascendental Conciencia Cósmica—».

~

conocimiento infinito, Jesús elige, de entre tantos miles de semillas, prácticamente la única que muere en el suelo, y con ella establece una similitud muy apropiada y que se adapta de manera especial al propósito para el cual la menciona. Ningún otro grano posee estas características, a excepción del mijo y las alubias».

[2] Véase también el discurso 41 (volumen II), donde se encontrará el comentario sobre *Mateo* 10:39, y el discurso 45 (volumen II), donde aparece el comentario sobre *Mateo* 16:25. En ambos versículos se repite esta afirmación de Jesús.

«"Ahora mi alma está turbada. Y ¿qué voy a decir? ¡Padre, líbrame de esta hora! Pero ¡si he llegado a esta hora precisamente para esto! Padre, glorifica tu Nombre"» (*Juan* 12:27-28).

Después de asegurar a sus discípulos que estarían con él en el reino de la Conciencia Crística, su mente se enfocó nuevamente en el futuro inmediato de su presente encarnación y les confió lo siguiente: «Ahora mi alma esta turbada porque se acerca el momento en que deberé atravesar mi más dura prueba. Pero ¿qué voy a decir? ¿Acaso oraré al Padre para que me libre de esta hora funesta? Yo podría hacerlo; pero ¡si he nacido precisamente para esto!». La desgarradora ignominia de la muerte de Jesús a la que seguiría la gloria de su resurrección impactaría en las subsiguientes generaciones del mundo con un inolvidable reconocimiento de su divina vida y su mensaje acerca de que el hombre puede alcanzar la salvación y entrar en el reino de Dios. Él demostraría la victoria del Espíritu sobre el cuerpo, del perdón divino sobre la fuerza bruta del hombre, de la compasión sobre la crueldad y del poder divino de la mansedumbre espiritual sobre su opuesto, es decir, sobre el egoísmo del poder material temporalmente vencedor. La humilde sumisión de Jesús en la cruz demostraría la mansedumbre con que el Padre detiene su mano omnipotente cuando la maldad del hombre le desafía; además, el perdón que expresó durante la crucifixión de su cuerpo daría testimonio de la naturaleza amorosa y misericordiosa del Padre. Con la valentía que le infundía el haber aceptado la misión que Dios le había encomendado, Jesús declaró: «Más bien debo orar: "Padre Celestial, inspira mis deseos para que se ciñan a tus deseos. Que tu Nombre sea glorificado: que tu Presencia, como el poder salvador que proviene de la Vibración del Espíritu Santo y que eleva a las almas a tu reino, se manifieste a través de la dura prueba que he de atravesar"».

«Y ¿qué voy a decir? ¡Padre, líbrame de esta hora!»

«Vino entonces una voz del cielo: "Lo he glorificado y de nuevo lo glorificaré".

»La gente que estaba allí y lo oyó decía que había sido un trueno. Otros decían: "Le ha hablado un ángel".

»Jesús respondió: "No ha venido esta voz por mí, sino por

vosotros. Ahora es el juicio de este mundo; ahora el Príncipe de este mundo será derribado. Y yo, si fuere elevado de la tierra, atraeré a todos hacia mí".*

»Decía esto para dar a entender qué tipo de muerte le iban a aplicar» (*Juan* 12:28-33).

Cuando Jesús oró: «Padre, glorifica tu Nombre; manifiesta la gloria de tu presencia a través de la omnipresente Vibración Cósmica», sus discípulos de inmediato oyeron la Santa Vibración que emanaba del silencioso éter y era audible en forma de sonidos dotados de significado. Esa Voz —la respuesta de Dios a través de la Vibración Cósmica (el vehículo por antonomasia de toda manifestación)— declaró: «He glorificado mi Nombre como la Vibración del Espíritu Santo revelada en tu vida y en todas tus obras[3], y de nuevo lo glorificaré en tu muerte y resurrección». Pero quienes rodeaban a Jesús estaban confundidos con respecto a la fuente y el significado de los sonidos: algunos escucharon las palabras y dijeron que había hablado un ángel, en tanto que otros oyeron solamente un rumor que parecía provenir de un trueno.

La respuesta de la voz de Dios

Entonces Jesús les aclaró que la voz etérea de Dios que habían escuchado no era para ensalzarle a él, sino para confirmar la veracidad del testimonio de que su vida había sido decretada por Dios. Fue en realidad un acontecimiento muy emotivo, ya que Dios, habitualmente silente, sólo en raras ocasiones, a lo largo de los siglos, ha hablado con sus devotos de otro modo que no sea en forma individual y en el secreto santuario de su alma. Sin embargo, en esa ocasión y ante el ruego de Jesús, Él rompió al instante su silencio y, a semejanza de un padre humano y con una voz que podían oír muchas personas, aseguró a los discípulos y a los fieles que, en verdad, Jesús representaba a Su divina majestad.

[3] Una de estas revelaciones se relata en *Lucas* 3:21-22: *«Toda la gente se estaba bautizando. Jesús, ya bautizado, se hallaba en oración, cuando se abrió el cielo, bajó sobre él el Espíritu Santo en forma corporal, como una paloma, y llegó una voz del cielo: "Tú eres mi hijo; hoy te he engendrado"».* (Véase el discurso 6, en el volumen I).

Acerca de las obras de Jesús que pondrían de manifiesto el Espíritu Santo, dispensador de la salvación, Juan el Bautista había declarado: *«Yo os bautizo con agua en señal de conversión, pero el que viene detrás de mí es más fuerte que yo, y no soy digno de llevarle las sandalias. Él os bautizará con Espíritu Santo y fuego»* (*Mateo* 3:11; véase el discurso 6, en el volumen I).

Jesús a continuación profetizó que, según la ley cósmica del karma (el *«juicio»* infligido a este mundo), *«el Príncipe de este mundo»* (la Conciencia Crística, el reflejo de Dios que reina en el cosmos material) sería *«derribado»* (expulsado de su manifestación en el cuerpo de Jesús). En esta referencia a *«qué tipo de muerte le iban a aplicar»*, Jesús añadió también: *«Y yo, si fuere elevado de la tierra, atraeré a todos hacia mí»**: Si durante la dolorosa muerte por crucifixión (en la cruz, su cuerpo había de ser elevado sobre el nivel de la tierra), su alma —victoriosa en espíritu sobre la muerte— se levantaba por la gracia de Dios del plano del cuerpo y de la conciencia de sus limitaciones impuestas por la tierra para adentrarse en la infinita Conciencia Crística, entonces las noticias acerca de su vida divina y sus enseñanzas atraerían la atención de todos los pueblos en todos los tiempos y constituirían un faro de sabiduría para conducir a las almas receptivas hacia la liberación del engaño cósmico y de los sufrimientos que éste acarrea[4].

Se observa un conflicto entre las naturalezas física y divina de Jesús, como lo indica su expresión de incertidumbre con respecto a la victoria final sobre el cuerpo. Las palabras *«Y yo, si fuere elevado»** resultan significativas en este sentido. Expresan la clara certeza de que este evento culminante en la vida de Jesús, aun cuando había sido predicho por los profetas del Mesías venidero, *podría* haberse modificado en ese momento si Jesús hubiese sucumbido a la tentación de la debilidad mortal y hubiera empleado su libre albedrío para orar al Padre a fin de que «lo librase de esa hora».

~

«La gente le respondió: "Nosotros sabemos por la Ley que el Cristo permanecerá para siempre[5]. ¿Cómo dices tú que es preciso que el Hijo del hombre sea elevado? ¿Quién es ese Hijo del hombre?". Jesús les dijo:

»"Todavía, por un poco de tiempo, estará la luz entre vo-

---

[4] En dos oportunidades anteriores se había referido Jesús a la «elevación» del «hijo del hombre»: véanse los comentarios sobre *Juan* 3:14 (discurso 14, volumen I) y *Juan* 8:28 (discurso 51, volumen II).

[5] Se hace referencia a *Isaías* 9:6: *«Grande es su señorío, y la paz no tendrá fin sobre el trono de David y sobre su territorio, para restaurarlo y consolidarlo por la equidad y la justicia, desde ahora y hasta siempre».*

sotros. Caminad mientras tenéis la luz, para que no os sorprendan las tinieblas; el que camina en tinieblas no sabe a dónde va. Mientras tenéis la luz, creed en la luz, para que seáis hijos de luz".

»Dicho esto, se marchó Jesús y se ocultó de ellos» (*Juan* 12:34-36).

Puesto que la gente era renuente a creer en Jesús, no lograba comprender la diferencia entre el Cristo, que *«permanecerá para siempre»*, y *«el Hijo del hombre»*, que debe ser *«elevado»* a la divina luz de la Conciencia Crística, a pesar de que Jesús lo había explicado claramente cuando les habló acerca de si Cristo era el hijo de David[6]. En una ocasión anterior, cuando enseñaba en el templo de Jerusalén, les había dicho: *«Yo soy la luz del mundo; la persona que me siga no caminará en la oscuridad, sino que tendrá la luz de la vida»*[7]. Así pues, en esta ocasión, absteniéndose de responder a las preguntas intelectualmente polémicas de estas personas carentes de receptividad, Jesús les recalcó a sus discípulos el hecho de que la luz de la Conciencia Crística continuaría manifestándose en su cuerpo sólo por breve tiempo y les aconsejó que se apresurasen a avanzar por el camino bajo la aureola de su presencia divina, para que las tinieblas del engaño no los sorprendiesen y les impidieran alcanzar el reino de la Conciencia Cósmica.

La esclarecedora guía de la sabiduría del gurú

El devoto que pretende emprender el sendero espiritual sin la esclarecedora guía de la sabiduría de un gurú *«camina en tinieblas [y] no sabe a dónde va»*[8]. Por ello, Jesús exhortó a sus discípulos: «Esforzaos, con todas vuestras fuerzas, por ser uno con la Luz que se manifiesta en mí, para que también vosotros podáis ser hijos de la sabiduría y de la inmortalidad divinas, tal como lo soy yo». Lo que él

---

[6] *Marcos* 12:35-37 y *Mateo* 22:41-46. (Véase el discurso 65).

[7] *Juan* 8:12. (Véase el discurso 51, en el volumen II).

[8] Compárese con el *Evangelio de Tomás,* versículo 24 (citado de la obra de Antonio Piñero y col., *Textos gnósticos: Biblioteca de Nag Hammadi* Vol. II [Trotta, Madrid, 1999]):

«Sus discípulos dijeron: "Muéstranos el lugar en que estás, puesto que nos es necesario buscarlo".

»Él les dijo: "El que tenga oídos para oír que oiga. Hay luz dentro de un hombre de luz y él ilumina al mundo entero. Si él no ilumina, hay tiniebla"».

explicaba era que todos los devotos que «creyesen en la luz» —la luz Crística que se hallaba manifestada en él— estarían en sintonía con él y por lo tanto con Dios, y llegarían a reconocerse como *«hijos de luz»:* reflejos individualizados del Divino Esplendor, iguales en esencia a su Padre, Dios.

~

«Aunque había realizado tan grandes signos delante de ellos, no creían en él. Así se cumplía el oráculo pronunciado por el profeta Isaías: 'Señor, ¿quién dio crédito a nuestras palabras? ¿A quién se le reveló el poder del Señor?'.[9]

»No podían creer, porque también había dicho Isaías: 'Ha cegado sus ojos, ha endurecido su corazón; para que no vean con los ojos, ni comprendan con su corazón, ni se conviertan, ni Yo los sane'[10].

»Isaías dijo esto porque vio su gloria y habló de él.

»Sin embargo, incluso muchos magistrados creyeron en él; pero no lo confesaban por los fariseos, para no ser excluidos de la sinagoga, porque prefirieron la gloria de los hombres a la gloria de Dios» (*Juan* 12:37-43).

¿Profetizó Isaías la venganza de Dios?

Las referencias a Isaías que se incluyen en el pasaje anterior pueden malinterpretarse fácilmente si no se comprende el hecho de que Dios jamás causaría por ningún motivo —de manera deliberada o vengativa— la ruina de los seres humanos en castigo por sus pecados. Cuando Isaías escribió que los ojos de la gente se hallaban cegados y sus corazones endurecidos, aludía al hecho de que ellos mismos, a través de sus propias acciones materialistas erróneas, habían eclipsado las refinadas cualidades de la inteligencia y del sentimiento que Dios concede a todos, tornándose incapaces de percibir las manifestaciones de su divina presencia y el funcionamiento de sus leyes en la creación; incluso se mostraban

[9] *Isaías* 53:1.

[10] *Isaías* 6:10.

reacios a acudir a Él para que pudiese sanarlos[11].

La mayoría de los seres humanos lleva consigo las semillas de sus acciones equivocadas de vidas pasadas en la forma de tendencias y efectos que se manifiestan en el presente. Estos resultados de su propio comportamiento erróneo deliberado ciegan o paralizan su comprensión y su percepción intuitiva (en mayor o menor grado, dependiendo de su karma) y les impiden captar la sabiduría divina y actuar conforme a ella. A quienes se refería San Juan, indicando que daban cumplimiento a la profecía de Isaías, era a aquellos que viendo no veían las maravillas de Dios en la vida de Jesús, y no sólo le rechazaban, sino que le perseguían.

Los santos y profetas iluminados tales como Isaías perciben directamente a Dios y proclaman su santa palabra: *«Vio su gloria y habló de él»;* pero de todos los que oyen, *«¿quién dio crédito a nuestras palabras? ¿A quién se le reveló el poder del Señor?».* Es decir: ¿quién tiene un corazón receptivo, fruto del desarrollo de la percepción intuitiva, mediante el cual sea capaz de reconocer el todopoderoso brazo de la voluntad del Señor (la Justicia de Dios, que se manifiesta a través de sus leyes cósmicas y se transmite por medio de la voz de sus emisarios)?

«Yahvé desnudó su santo brazo ante los ojos de todas las naciones, y han visto los confines de la tierra la salvación de nuestro Dios. [...] Veréis a mi Siervo prosperar; será enaltecido, levantado y ensalzado sobremanera. [...] así se admirarán muchas naciones» (*Isaías* 52:10-15). Los presentes versículos y los que les siguen a lo largo de todo el capítulo 53 de *Isaías*[12] son referencias proféticas acerca de la venida de Cristo y predicen también la ceguera espiritual de la gente —razón por la cual él sería rechazado.

Aunque la prueba manifiesta de los méritos divinos de Jesús indujo a muchos de los integrantes de la clase dirigente a creer en él, no estaban muy dispuestos a seguirle y apoyarle abiertamente, no sea que perdiesen su posición social en la sinagoga al ser juzgados por los fariseos.

Según parece, en todo tiempo y lugar, los personajes públicos se protegen de manera semejante de los juicios desfavorables y del

---

11 *Isaías* 6:10 se comenta también en el discurso 37 (volumen II), en el contexto de *Mateo* 13:14-17.

12 Véase el comentario correspondiente en los discursos 45 (volumen II) y 63.

ostracismo manteniendo el perfil «apropiado» en sus prácticas y filiación religiosa, a pesar de que en su interior crean y acepten verdades más profundas, tales como las relativas a la práctica de la ciencia yóguica de la meditación que tiene la finalidad de aportar una experiencia personal de Dios y de las verdades supremas. El hombre desaprovecha una parte importante de la gracia de Dios cuando muestra preferencia por la insustancial estima humana en vez de elegir el perdurable, eternamente valioso y fructífero reconocimiento y aprecio de Dios.

~

«Jesús dijo a voz en cuello:

»"El que cree en mí, no cree en mí, sino en Aquel que me ha enviado; y el que me ve a mí, ve a Aquel que me ha enviado. Yo, la luz, he venido al mundo para que todo el que crea en mí no siga entre tinieblas. Si alguno oye mis palabras y no es capaz de guardarlas, yo no le juzgo, pues no he venido a juzgar al mundo, sino a salvar al mundo. El que me rechaza y no acoge mis palabras, ya tiene quien le juzgue: la palabra que yo he pronunciado lo juzgará el último día; porque yo no he hablado por mi cuenta, sino que el Padre que me ha enviado me ha mandado lo que tengo que decir y hablar, y yo sé que su mandato es vida eterna. Por eso, lo que yo hablo es lo que el Padre me ha dicho a mí"» (*Juan* 12:44-50).

«En reiteradas oportunidades, Jesús dio testimonio a sus devotos y seguidores de que él estaba unido a Dios Padre, de que dentro de su ser físico se hallaba la Conciencia Crística, tras la cual se encontraba la Conciencia Cósmica, y de que todos aquellos que se sintonizaran con el Ser interior o Conciencia Crística que en él moraba experimentarían su verdadera naturaleza y serían conducidos de la mortaja del engaño y del sufrimiento a la luz eterna del reino de Dios.

No he venido a juzgar al mundo, sino a salvar al mundo»

Jesús, que encarnaba la naturaleza misericordiosa y compasiva del Padre, tuvo el cuidado de explicar que él no venía con el mandato de castigar a quienes no creyesen en sus palabras, sino que venía a salvar a la gente de este mundo que escuchara su mensaje, incluso a aquellos que le rechazasen al principio pero que finalmente se convirtieran en creyentes[13]. Aun cuando sus palabras —que expresaban la verdad y el poder divinos— fueran desdeñadas en un comienzo, permanecerían en las mentes subconscientes potencialmente receptivas como semillas vibratorias en estado latente. Por ese motivo, Jesús señaló: *«El que me rechaza y no acoge mis palabras, ya tiene quien le juzgue: la palabra que yo he pronunciado lo juzgará el último día»:* Al final de su vida, todos aquellos que hubieran oído la verdad y la menospreciasen comprenderían la insensatez de sus malas acciones al compararlas con la sabiduría que guardaban en su memoria. Siendo ya demasiado tarde para reformarse, se darían cuenta de que se habían castigado a sí mismos por medio del juicio kármico a que estaban sujetas sus acciones. Jesús se dirigía en particular a aquellos a quienes les había concedido la bendita oportunidad de recibir la gracia del contacto con Dios. Todo buscador de la verdad que rechaza la comunión con la Conciencia Crística al apartarse de las enseñanzas de aquel que está inmerso en dicha Conciencia crea su propio castigo a través del mal karma, que lo condenará por largo tiempo a una vida de ignorancia y carente de luz.

«Porque yo no he hablado por mi cuenta, sino que el Padre que me ha enviado me ha mandado lo que tengo que decir y hablar»: Cuando la Conciencia Crística pronunciaba palabras de sabiduría por medio de Jesús, se debía a que la Conciencia Cósmica —de la cual emanan todas las cosas— hacía vibrar sus deseos como un gran mandamiento acerca de lo que debía decírsele al mundo a través de los labios de Jesús, en forma de discursos y parábolas para las multitudes, y de máximas y consejos con explicaciones más profundas para los discípulos[14].

«Y yo sé que su mandato es vida eterna»: La sabiduría que descendió de la Conciencia Cósmica a la Conciencia Crística de Jesús y que él formuló en palabras es eternamente verdadera y conferirá a todos la iluminación de la vida eterna. *«Por eso, lo que yo hablo es lo que el Padre me ha dicho a mí»:* Todo cuanto el ser físico de Jesús

---

13 Compárese con *Juan* 3:17 (discurso 15, volumen I): *«Porque Dios no ha enviado a su Hijo al mundo para condenar al mundo, sino para que el mundo se salve por él»**.

14 Compárese con *Juan* 8:28 (discurso 51, volumen II): *«Les dijo, pues, Jesús: "Cuando hayáis levantado al Hijo del hombre, entonces sabréis que Yo Soy [Él], y que no hago nada por propia iniciativa; sino que sólo hablo lo que el Padre me ha enseñado, eso es lo que hablo"».*

expresó bajo el dictado de la Conciencia Crística manifestada en él fue lo que la Conciencia Cósmica hizo vibrar en él y le mandó que transmitiese como guía para el mundo.

DISCURSO 67

¿Profetizó Jesús su segunda venida y el fin del mundo?

El verdadero significado de las palabras de Jesús acerca del «fin del mundo»

❖

La causa metafísica de las guerras, las hambrunas y las catástrofes naturales

❖

La verdadera «Segunda Venida» de Cristo: el advenimiento de Cristo a la conciencia de cada devoto

❖

Cómo puede el devoto reconocer las señales que indican la cercanía de la liberación

❖

«Como en los días de Noé»: el triste destino de quienes son espiritualmente indiferentes

❖

La parábola de las vírgenes necias y de las vírgenes prudentes: la necesidad de la constancia en el fervor espiritual

«Combinando la profecía y la metáfora, Jesús respondió de manera magistral a las preguntas de sus discípulos [...]. Estas predicciones [...] obviamente tenían un significado metafísico más profundo».

Salió Jesús del Templo y, mientras caminaba, se le acercaron sus discípulos para mostrarle las construcciones del Templo. Pero él les respondió: «¿Veis todo esto? Pues os aseguro que no quedará aquí piedra sobre piedra, ni una que no sea derruida». Estando luego sentado en el monte de los Olivos, se acercaron a él en privado sus discípulos, y le dijeron: «Dinos cuándo sucederá eso, y cuál será el signo de tu venida y del fin del mundo».

Jesús les respondió: «Mirad que no os engañe nadie, pues vendrán muchos usurpando mi nombre y diciendo: "Yo soy el Cristo", y engañarán a muchos. Oiréis también hablar de guerras y rumores de guerras, pero no os alarméis. Es necesario que eso suceda, pero no es todavía el fin. Pues se levantará nación contra nación y reino contra reino, y habrá en diversos lugares hambre y terremotos. Todo esto será el comienzo de los dolores del alumbramiento.

»Entonces os entregarán a los torturadores y os matarán, y seréis odiados de todos los paganos por causa de mi nombre. Muchos se escandalizarán entonces y se traicionarán y odiarán mutuamente. Surgirán muchos falsos profetas, que engañarán a muchos. Y al ir creciendo gradualmente la maldad, la caridad de muchos se enfriará. Pero el que persevere hasta el fin se salvará.

»Se proclamará esta Buena Nueva del Reino en el mundo entero, para dar testimonio a todas las naciones. Y entonces vendrá el fin.

»Cuando veáis, pues, el ídolo abominable, anunciado por el profeta Daniel, permaneced en el Lugar Santo —el que lea, que comprenda—. Entonces que huyan a los montes los que estén en Judea; el que esté en el terrado, que no baje a recoger las cosas de su casa; y el que esté en el campo, que no regrese en busca de su manto. ¡Ay de las que estén encintas o criando en aquellos días! Orad para que vuestra huida no suceda en invierno ni en día de sábado. Porque habrá entonces una gran tribulación, como no la hubo desde el principio del mundo hasta el presente, ni volverá a haberla. Y si aquellos días no se acortasen, no se salvaría nadie; pero,*

en atención a los elegidos, se acortarán aquellos días.

»Entonces, si alguno os dice: "Mirad, el Cristo está aquí o allí", no lo creáis. Porque surgirán falsos cristos y falsos profetas, que harán grandes signos y prodigios, capaces de engañar, si fuera posible, a los mismos elegidos. ¡Mirad que os lo he predicho!

»Así que si os dicen: "Está en el desierto", no salgáis; "Está dentro de la casa", no lo creáis. Porque como el relámpago sale por oriente y brilla hasta occidente, así será la venida del Hijo del hombre. Donde esté el cadáver, allí se reunirán los buitres.

»Inmediatamente después de la tribulación de aquellos días, el sol se oscurecerá, la luna no dará su resplandor, las estrellas caerán del cielo, y las fuerzas de los cielos serán sacudidas. Entonces aparecerá en el cielo la señal del Hijo del hombre; y entonces se golpearán el pecho todas las razas de la tierra, que verán al Hijo del hombre venir sobre las nubes del cielo con gran poder y gloria. Él enviará a sus ángeles con sonora trompeta, y reunirán de los cuatro vientos a sus elegidos, desde un extremo de los cielos hasta el otro.

»De la higuera aprended esta parábola: cuando ya sus ramas están tiernas y brotan las hojas, sabéis que el verano está cerca. Así también vosotros, cuando veáis todo esto, sabed que Él está cerca, a las puertas. Yo os aseguro que no pasará esta generación hasta que todo esto suceda. El cielo y la tierra pasarán, pero mis palabras no pasarán.

»Mas de aquel día y hora, nadie sabe nada, ni los ángeles de los cielos, ni el Hijo; sólo el Padre.

»Como en los días de Noé, así será la venida del Hijo del hombre. Porque, del mismo modo que en los días que precedieron al diluvio, la gente comía, bebía y tomaban mujer o marido, hasta el día en que entró Noé en el arca, y no se dieron cuenta hasta que vino el diluvio y los arrastró a todos, así será también la venida del Hijo del hombre. Entonces, estarán dos en el campo: uno será tomado, y el otro dejado; habrá dos mujeres moliendo en el molino: una será tomada, y la otra dejada.

»Velad, pues, porque no sabéis qué día vendrá vuestro Señor».

Mateo 24:1-42[1]

«Entonces el Reino de los Cielos será semejante a diez vírgenes que, con su lámpara en la mano, salieron al encuentro del novio. Cinco de ellas eran necias, y cinco prudentes. Las necias, al tomar sus lámparas, no se proveyeron de aceite; las prudentes, en cambio, junto con sus lámparas llevaron aceite en las alcuzas. Como el novio tardaba, se adormilaron todas y finalmente se durmieron. Mas a medianoche se oyó un grito: "¡Ya está aquí el novio! ¡Salid a su encuentro!". Entonces todas aquellas vírgenes se levantaron y dispusieron sus lámparas. Las necias dijeron a las prudentes: "Dadnos de vuestro aceite, que nuestras lámparas se apagan". Pero las prudentes replicaron: "No, no sea que no alcance para nosotras y para vosotras; es mejor que vayáis donde los vendedores y os lo compréis". Mientras iban a comprarlo, llegó el novio, y las que estaban preparadas entraron con él al banquete de boda, y se cerró la puerta. Más tarde llegaron las otras vírgenes diciendo: "¡Señor, señor, ábrenos!". Pero él respondió: "Os aseguro que no os conozco". Velad, pues, porque no sabéis ni el día ni la hora».

Mateo 25:1-13[2]

---

[1] La parte restante de *Mateo* 24 (los versículos 43-51) —la parábola del siervo fiel y prudente comparado con el mal siervo— se comenta en el discurso 56 (volumen II) con su paralelo que aparece en el Evangelio según San Lucas.

[2] Se omite aquí *Mateo* 25:14-30 (la parábola de los diez talentos). Véase el comentario sobre la parábola de las diez minas, que está redactada de modo similar y que Jesús narra en *Lucas* 19:12-28 (discurso 63).

DISCURSO 67

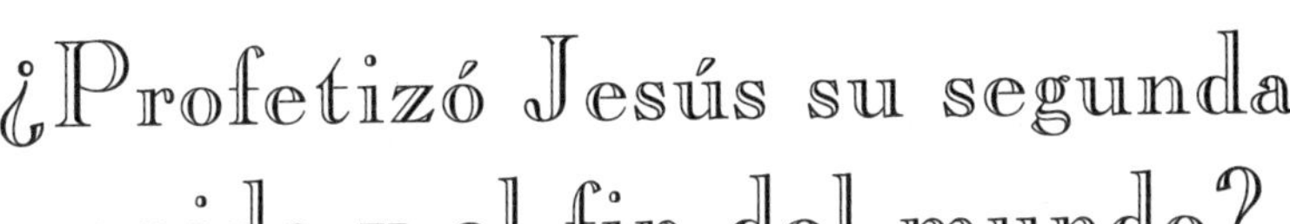

¿Profetizó Jesús su segunda venida y el fin del mundo?

«Salió Jesús del Templo y, mientras caminaba, se le acercaron sus discípulos para mostrarle las construcciones del Templo. Pero él les respondió: "¿Veis todo esto? Pues os aseguro que no quedará aquí piedra sobre piedra, ni una que no sea derruida"» (*Mateo* 24:1-2)[3].

A través de su visión interior, Jesús vio que las monumentales estructuras que les parecían tan imponentes a sus discípulos se convertirían inevitablemente en escombros en una época futura, y que cada una de sus piedras caería en tierra y acabaría destruida por completo[4]. Por esa razón, les recordó a los discípulos la naturaleza efímera incluso de las obras más grandiosas y formidables del ser humano. Tanto los edificios famosos, construidos por medio de la unión de un gran número de piedras que aparentan ser perdurables, como las vidas de los hombres célebres, edificadas con un sinnúmero de experiencias y pensamientos valiosos, todos por igual son reducidos a polvo y a la invisibilidad cósmica con el paso del tiempo. ¿Por qué, entonces,

---

3 Compárese con las referencias paralelas que aparecen en *Marcos* 13:1-2 y *Lucas* 21:5-6.

4 Jesús ya había profetizado la destrucción total de Jerusalén, que ocurrió aproximadamente treinta años después de su ascensión, durante la revuelta del pueblo judío contra Roma (véase el discurso 64). La culminación de esta guerra fue la destrucción del Templo en el año 70 d. C., después de lo cual sólo quedó en pie parte de un muro (conocido como el Muro Occidental o Muro de los Lamentos o de las Lamentaciones, lugar de peregrinaje de los judíos hasta la actualidad).

habrían de sentirse deslumbrados ante el templo de Jerusalén o ante cualquier otro logro pasajero del ser humano o de las naciones? Jesús deseaba, más bien, que sus seguidores centraran su atención en el interior de su propio ser, en el eterno reino de Dios.

~

«Estando luego sentado en el monte de los Olivos, se acercaron a él en privado sus discípulos[5]*, y le dijeron: "Dinos cuándo sucederá eso, y cuál será el signo de tu venida y del fin del mundo".*

»Jesús les respondió: "Mirad que no os engañe nadie, pues vendrán muchos usurpando mi nombre y diciendo: 'Yo soy el Cristo', y engañarán a muchos. Oiréis también hablar de guerras y rumores de guerras, pero no os alarméis. Es necesario que eso suceda, pero no es todavía el fin. Pues se levantará nación contra nación y reino contra reino, y habrá en diversos lugares hambre y terremotos. Todo esto será el comienzo de los dolores del alumbramiento.

»"Entonces os entregarán a los torturadores y os matarán, y seréis odiados de todos los paganos por causa de mi nombre. Muchos se escandalizarán entonces y se traicionarán y odiarán mutuamente. Surgirán muchos falsos profetas, que engañarán a muchos. Y al ir creciendo gradualmente la maldad, la caridad de muchos se enfriará. Pero el que persevere hasta el fin se salvará.

»"Se proclamará esta Buena Nueva del Reino en el mundo entero, para dar testimonio a todas las naciones. Y entonces vendrá el fin"» (Mateo 24:3-14)[6].

Combinando la profecía y la metáfora, Jesús respondió de manera magistral a las preguntas de sus discípulos: ¿Cuándo ocurriría la destrucción del templo? ¿Qué signos anunciarían la venida de Cristo y el fin del mundo?

---

[5] En la versión paralela de este versículo que figura en el Evangelio según San Marcos, se identifica a los discípulos como Pedro, Santiago, Juan y Andrés. En *Lucas* 21:37-38 se relata lo siguiente: «*Durante el día enseñaba en el Templo, y salía a pasar la noche en el monte llamado de los Olivos. Toda la gente madrugaba para ir donde él y escucharle en el Templo*».

[6] Compárese con las referencias paralelas que aparecen en *Marcos* 13:3-10, 13 y *Lucas* 21:7-11, 16-19.

En respuesta a la pregunta acerca de su reaparición, Jesús advirtió (en los presentes versículos y de nuevo en los versículos 23 al 28) que incluso en el transcurso de la vida de los discípulos muchos falsos profetas proclamarían ser el Cristo reaparecido, y que los discípulos no deberían dar crédito a esas manifestaciones, producto de la influencia del engaño cósmico. Además de profetizar la destrucción del templo, Jesús predijo que continuarían las *«guerras y [los] rumores de guerras»*, así como también *«en diversos lugares hambre y terremotos»*. Aconsejó a sus discípulos no perder la imperturbable percepción de la inmortalidad del alma, aun cuando fuesen testigos de esos funestos acontecimientos, pues *«es necesario que eso suceda»* debido a los efectos de las malas acciones de las multitudes.

Jesús habla a sus discípulos acerca de las persecuciones que sufrirían en el futuro y de su salvación final

Jesús se refirió también a las persecuciones —y la recompensa final— que esperaban a sus fieles discípulos: *«Entonces os entregarán a los torturadores y os matarán, y seréis odiados de todos los paganos por causa de mi nombre. [...] Pero el que persevere hasta el fin se salvará»*.

Otra predicción similar de Jesús a sus discípulos aparece en el Evangelio según San Lucas: *«Seréis entregados por padres, hermanos, parientes y amigos, y matarán a algunos de vosotros. Todos os odiarán por causa de mi nombre, pero no perecerá ni un cabello de vuestra cabeza. Con vuestra perseverancia salvaréis vuestras vidas»*[7] —«ni con la persecución ni con la muerte podrán destruir uno solo de los cabellos espirituales de vuestra cabeza de sabiduría; con paciente e imperturbable calma y ejerciendo el poder de voluntad para permanecer interiormente serenos, recobraréis la olvidada conciencia de inmortalidad de vuestra alma».

Así pues, cuando Jesús dijo: *«Muchos se escandalizarán entonces y se traicionarán y odiarán mutuamente»*, él previó no sólo la ira que habría de desatarse contra sus discípulos cercanos, sino también el hecho de que los primeros cristianos serían denunciados y perseguidos en forma masiva[8] y los miembros no cristianos de una misma familia

[7] *Lucas* 21:16-19. El paralelo de este versículo en el Evangelio de San Mateo se menciona anteriormente, en aquella ocasión en que Jesús envió a los discípulos a predicar y predijo las persecuciones que habrían de enfrentar. Véase el discurso 41 (volumen II), donde se encontrará un comentario en este contexto.

[8] La persecución intermitente pero violenta de los romanos contra los primeros

se volverían contra sus parientes cristianos e incluso les causarían la muerte. Jesús asegura, sin embargo, a todos los devotos que, si se concentran con paciencia en la inmutabilidad de sus almas —aun durante la persecución o la muerte—, alcanzarán finalmente la inmortalidad y la paz en Dios, la salvación a la que se hacen merecedores «los que perseveran hasta el fin».

La profecía de Jesús según la cual después de su muerte «matarán a algunos de vosotros» se cumplió con aterradora exactitud, ya que la mayoría de los doce padecieron, uno a uno, el martirio: fueron acuchillados, crucificados, decapitados, apedreados, desollados vivos o atravesados por flechas[9]. Pero Jesús predijo también que, no obstante todas esas persecuciones y los presagios aparentemente ominosos, sus enseñanzas se difundirían por todas las naciones, merced al sacrificio de los fieles y a que Dios así lo había decretado. En efecto, el mensaje de Jesús ha sido proclamado a las almas receptivas del mundo entero; el Nuevo Testamento por sí solo ha sido traducido y publicado en la mayoría de los idiomas de la tierra.

Estas predicciones vinculadas con el fin del mundo —en respuesta a la última pregunta de los discípulos— obviamente tenían un significado metafísico más profundo. Jesús sabía que el propósito para el cual el mundo fue creado no se cumpliría en tanto se sigan produciendo perturbaciones físicas que dañen la vida en la tierra. Lo que él insinuó era que los trastornos que se producen en la armonía potencial de la naturaleza presuponen deficiencias humanas; y que mientras el hombre siga alimentando su imperfecta mortalidad con el deseo de

---

cristianos no finalizó hasta que Constantino el Grande se convirtió en emperador, en el año 312 d. C.

[9] Conforme a los relatos de la tradición, las vidas de varios de los primeros discípulos de Jesús terminaron en violenta persecución: Mateo fue asesinado con una espada en Etiopía; Marcos fue arrastrado hasta morir por las calles de Alejandría; Lucas fue ahorcado en Grecia; Juan fue arrojado a un caldero de aceite hirviendo, pero escapó milagrosamente, y luego fue desterrado a Patmos y murió de muerte natural; Pedro fue crucificado en Roma con la cabeza hacia abajo; Santiago el Mayor fue decapitado en Jerusalén; Santiago el Menor fue arrojado desde un pináculo del Templo y luego apaleado hasta morir; Bartolomé fue desollado vivo; Andrés fue amarrado a una cruz y murió predicando a sus torturadores; Tomás fue atravesado por una lanza; Matías fue primero apedreado y luego decapitado; Judas (Tadeo) fue atravesado con flechas hasta morir; Bernabé de los Gentiles fue apedreado hasta morir en Salónica; Pablo, después de diversas torturas y persecuciones, fue decapitado en Roma; la información relativa a las muertes de Felipe y de Simón el Cananeo es imprecisa y contradictoria; Judas Iscariote se ahorcó.

disfrutar de los placeres de este mundo y utilizar su libre albedrío de modo incorrecto, estará sujeto a los ciclos de nacimiento y muerte en la tierra. Por consiguiente, mientras el mundo sea necesario para la reencarnación evolutiva de las almas, deberá seguir soportando su ardua existencia. No obstante, cuando todas las almas se hayan liberado y manifiesten la Conciencia Crística, Dios las sostendrá entonces en su regazo y el torbellino de átomos cautivos que conforman la tierra deshabitada quedará libre. A todo esto se refería Jesús al decir que las guerras y catástrofes que él profetizaba no serían signos del fin del mundo, sino más bien advertencias de grandes sufrimientos para el ser humano: *«Pero no es todavía el fin»* o (como está escrito en *Lucas*) *«el fin no es inmediato»*.

El verdadero significado de las palabras de Jesús acerca del «fin del mundo»

Jesús también se refirió a la culminación de la utilidad del mundo cuando dijo: *«Se proclamará esta Buena Nueva del Reino en el mundo entero, para dar testimonio a todas las naciones. Y entonces vendrá el fin»*. Jesús expuso este tema planteando que, cuando en todas partes del mundo los discípulos y seguidores crísticos de la verdad percibida intuitivamente hubiesen «predicado» —es decir, vivido— las enseñanzas de la Conciencia Crística, las cuales están imbuidas de las vibraciones de la Conciencia Cósmica (la omnipresencia del Espíritu, *Kutastha Chaitanya,* que se refleja en el universo y en cada átomo), sus vidas ejemplares serían el testimonio más elevado de dicha verdad y atestiguarían ante todas las naciones el camino hacia la liberación. Cuando sus vidas —liberadas de manera ideal— hubiesen inspirado a los pueblos de la tierra a poner freno a su rebeldía y buscar su propia liberación por medio de la Conciencia Crística, entonces, y no antes, se cumpliría el propósito del mundo. Una vez alcanzada la salvación universal (motivo por el cual fue creada la tierra), los átomos del planeta serían llamados a regresar a Dios[10].

10 «Las escrituras hindúes declaran que una Tierra tal como la nuestra es disuelta por una de dos razones: los habitantes en su totalidad se hacen completamente buenos o completamente malos. La mente mundial genera entonces un poder que libera los átomos cautivos que se han mantenido unidos formando un conjunto terrestre.

»De vez en cuando, se publican horrendos pronósticos con respecto a un "inminente fin del mundo". Sin embargo, los ciclos planetarios siguen una progresión ordenada de acuerdo con un plan divino. No hay en perspectiva ninguna disolución de la Tierra; muchos ciclos equinocciales ascendentes y descendentes le están todavía reservados a nuestro planeta en su presente forma» (*Autobiografía de un yogui,* capítulo 16).

De las dos causas diametralmente opuestas que pueden motivar la disolución de

Esta explicación, que Jesús hizo descender sobre mi conciencia, revela cuán desacertada es la imaginación de muchos pseudoprofetas que cada cierto número de años predicen a sus crédulos seguidores la llegada del fin del mundo, en tal o cual fecha, de tal y tal año. ¡No es de sorprender que Jesús tuviera que hacer una advertencia acerca de los falsos profetas!

En un célebre caso ocurrido en el año 1925, un fanático que se autoproclamaba reformador indicó a sus discípulos que debían vender o regalar sus propiedades y esperar el fin del mundo en la cima de un monte cercano a la ciudad de Nueva York. Les prometió que serían recibidos en el cielo, en tanto que el resto de la humanidad, privada de sus derechos espirituales, perecería en una gran inundación. En el día señalado, los adeptos, angélicamente vestidos con largas túnicas ondulantes, esperaron en vano su salvación y la llegada del fin del mundo durante todo un largo día y su correspondiente noche. Una vez que pasó el momento «profetizado», los decepcionados acólitos abandonaron su vigilia en la cumbre y bajaron de nuevo «a la tierra» (¡en más de un sentido!), lamentando la pérdida de sus propiedades, de las cuales se habían desprendido. Luego, desilusionados ante el incumplimiento de sus aspiraciones celestiales, entablaron demandas judiciales, en un intento por recuperar las posesiones que les brindaban felicidad terrenal.

Las personas crédulas que se dejan llevar por las predicciones periódicas acerca de la inminencia del fin del mundo harían bien en despertar y tomar nota de la profecía de Jesús sobre que el fin sólo llegará cuando las enseñanzas inspiradas por la Conciencia Crística (la Inteligencia Universal de Dios, o *Kutastha Chaitanya,* que visita la tierra una y otra vez en la forma de avatares) liberen a todos los hijos de Dios.

Cuando Jesús señaló que *«se levantará nación contra nación y reino contra reino»,* vislumbraba con tristeza las casi constantes campañas de violencia masiva y derramamiento de sangre que provocarían

---

un mundo como el nuestro —que sus habitantes sean «completamente buenos o completamente malos»—, Jesús puso énfasis en la espiritualización de la raza humana como el ideal a seguir. En cuanto a las almas que aún se encuentran en la etapa de evolución ascendente —como ocurre incluso en las eras más elevadas—, ellas están perfectamente adaptadas para continuar su progreso en alguna otra «tierra» del infinito universo de Dios.

Véanse los discursos 52 y 39 (volumen II), donde se hallarán más referencias a los ciclos planetarios *(yugas).*

los clanes y naciones que luchasen entre sí, una profecía que ya se ha cumplido en los siglos transcurridos desde la época de Jesús (y que se seguirá cumpliendo) de manera reiterada.

La causa metafísica de las guerras, las hambrunas y las catástrofes naturales

El egoísmo que surge de la esclavitud sensorial, el prejuicio y la codicia, todos ellos originados por la ignorancia del hombre, son la verdadera causa de su incapacidad para vivir en paz con sus semejantes. Jesús sabía que mientras estas imperfecciones del ser humano no se corrigiesen, inevitablemente darían como resultado guerras raciales, guerras religiosas y los innumerables conflictos sangrientos motivados por el deseo de dominio de los recursos naturales y materiales, que han provocado con terrorífica regularidad la destrucción y el sufrimiento de las naciones[11]. Él percibió además que la auténtica avalancha de vibraciones negativas que se arrojan al éter por causa de las guerras (y también provocadas, en mayor o menor medida, por otros males de la civilización mundana) generaría catástrofes adicionales: *«Y habrá en diversos lugares hambre y terremotos»*. Una vez más, la historia confirma la exactitud de las palabras de Jesús: en cada época y lugar de la tierra se han registrado trágicos ejemplos de estos desastres. En el siglo XX, por ejemplo, la epidemia de gripe española que se desató al finalizar la Primera Guerra Mundial acabó con más vidas humanas que el conflicto en sí. Y después de la Segunda Guerra Mundial, millones de personas padecieron hambrunas en diversas regiones del mundo al haberse arruinado las cosechas, lo cual fue el resultado no sólo de las condiciones que prevalecían en tiempo de guerra, sino de causas «naturales» tales como enfermedades de las plantas, inundaciones e intensas tormentas.

Rara vez ha transcurrido una década sin que se produzcan devastadores terremotos, inundaciones, incendios y otros desastres que han

11 «Creo que siempre habrá guerras, hasta que por ventura nos volvamos todos tan espirituales que, gracias a la evolución de nuestra naturaleza individual, la guerra se torne innecesaria. [...] La guerra es como tener veneno en nuestro organismo. Cuando tenemos toxinas en nuestro cuerpo, esas impurezas tienen que eliminarse de alguna manera; entonces, sufrimos enfermedades. De igual forma, cuando existe demasiado egoísmo en el "organismo" que conforman todas las naciones, ese veneno irrumpe en el mundo en forma de una enfermedad llamada "guerra". Mucha gente muere y, luego, durante un breve lapso, sobreviene la calma. Pero la guerra retorna y volverá una y otra vez en tanto haya ignorancia, y en la medida en que el ser humano no se haya convertido en un perfecto ciudadano del mundo» —Paramahansa Yogananda, en su charla «Un mundo sin fronteras», incluida en el libro *El Amante Cósmico* (publicado por *Self-Realization Fellowship*).

asolado la vida del hombre y devastado sus fuentes de sustento. Tales experiencias aterradoras han constituido severas advertencias enviadas por la ley cósmica celestial a las personas que habitan la tierra para que comprendan cuán incierta es la vida y, modificando sus conductas, hagan su parte para lograr estabilidad. Las vibraciones de los males de las civilizaciones del mundo se acumulan en los patrones cósmicos de las regiones astrales y afectan de manera adversa a las energías y leyes sutiles que ponen en funcionamiento las fuerzas de la tierra. Estos efectos de la insensatez y de los males colectivos del ser humano se almacenan en el éter en forma de bombas vibratorias ocultas, prontas a estallar, manifestándose como calamidades de la naturaleza o desastres nacionales[12]. Jesús predijo acertadamente que estas guerras y disturbios serían sólo *«el comienzo de los dolores»*, a no ser que la gente prestase atención a estos signos proféticos y reformase sus pensamientos y acciones.

La advertencia de Jesús acerca de la ley del hábito que gobierna a los seres humanos se aplica también a los hábitos terrenales de las civilizaciones: «*Os digo que a todo el que tiene se le dará, pero al que no tiene se le quitará hasta lo que tiene*»[13]. Si la gente genera guerras y sufrimientos por causa de su mal karma colectivo, tales calamidades continuarán multiplicándose debido a su naturaleza insidiosa. Por el contrario, si la humanidad abandona su persistencia en generar mal karma y su consecuente proliferación de sufrimiento, incluso las tendencias perjudiciales que aún perduren tenderán a disminuir y por último se desvanecerán.

~

> «*Cuando veáis, pues, el ídolo abominable, anunciado por el profeta Daniel, permaneced en el Lugar Santo —el que lea, que comprenda—.* Entonces que huyan a los montes los que estén en Judea; el que esté en el terrado, que no baje a recoger las cosas de su casa; y el que esté en el campo, que no regrese en busca de su manto. ¡Ay de las que estén encintas o criando en aquellos días! Orad para que vuestra huida no suceda en invierno ni en día de sábado. Porque habrá entonces una gran*

[12] Véase el discurso 39 (volumen II), donde se expone el funcionamiento de la ley del karma colectivo.

[13] *Lucas* 19:26. (Véase el discurso 63).

tribulación, como no la hubo desde el principio del mundo hasta el presente, ni volverá a haberla. Y si aquellos días no se acortasen, no se salvaría nadie; pero, en atención a los elegidos, se acortarán aquellos días» (*Mateo* 24:15-22)[14].

Referencia paralela:

«Cuando veáis a Jerusalén cercada por ejércitos, sabed entonces que se acerca su desolación. Entonces, que huyan a los montes los que estén en Judea; los que estén en plena ciudad, que se alejen; y los que estén en los campos, que no entren en ella. Porque éstos son días de venganza en los que se cumplirá todo cuanto está escrito. ¡Ay de las que estén encintas o criando en aquellos días!

»En efecto, habrá una gran calamidad en el país, y cólera, que se cebará en este pueblo. Caerán a filo de espada y serán llevados cautivos a todas las naciones, y Jerusalén será pisoteada por las naciones, hasta que el tiempo de las naciones llegue a su cumplimiento» (*Lucas* 21:20-24).

Cuando Jesús se refirió a la profecía de Daniel acerca del *«ídolo abominable»* —la profanación del *«Lugar Santo»*—, estaba prediciendo la invasión de Jerusalén por parte de muchas naciones y no sólo la devastación que causarían los romanos durante la vida de esa generación, sino en los siglos subsiguientes[15]. En esa región se

---

14 Compárese con la referencia paralela que aparece en *Marcos* 13:14-20.

15 Jesús hace referencia a *Daniel* 11:31: *«Enviará fuerzas que profanarán el santuario y la ciudadela, suprimirán el sacrificio permanente e instalarán el ídolo maldito»*.

La historia registra los terribles sucesos que según la profecía de Jesús ocurrirían en Jerusalén, en los *«días de venganza»*, a manos del ejército romano bajo el mando de Tito:

«Tito avanzó en la primavera del año 70, empujando a los peregrinos de la Pascua por delante de él para que hubiese más bocas que alimentar. [...] Tito construyó un muro alrededor de la ciudad para impedir la huida o el ingreso de provisiones. El hambre se propagó; los cuerpos de los muertos se arrojaban desde los muros hacia los valles para evitar las epidemias. Según los registros, incluso hubo canibalismo. Los fugitivos que caían en manos de los romanos eran crucificados a la vista de la ciudad, en número de hasta 500 por día.

»A fines de junio se reanudó el asalto directo. La fortaleza Antonia fue capturada y arrasada. En julio cesaron los sacrificios diarios en el Templo. El 6 de agosto el Templo fue tomado por asalto (y luego incendiado, contrariando las órdenes de Tito).

desatarían guerras entre cristianos y no cristianos, entre cruzados y sarracenos. Las tribulaciones que él describe muestran una vez más el funcionamiento de la ley del karma.

Al no existir ninguna seguridad verdadera en un mundo de terrible desolación, Jesús exhorta a los fieles a permanecer *«en el Lugar Santo»*, y Mateo añade: *«el que lea, que comprenda»:* Jesús pide a sus seguidores que se mantengan firmemente concentrados en la Conciencia Cósmica, en el sagrado templo del Espíritu situado en el centro cerebral superior de la trascendente percepción divina. Esa Presencia protectora es el único santuario real impenetrable a toda aflicción humana.

«Pero, en atención a los elegidos, se acortarán aquellos días», prometió Jesús. Tanto entonces, como en la actualidad, si el hombre tuviese que expiar *todo* el karma acumulado a través de las encarnaciones, *«no se salvaría nadie»*. No obstante, tal como Jesús explicó, incluso si los devotos leales tienen dentro de sí semillas de malas acciones del pasado, comprobarán que, a causa de su virtud y de la gracia de Dios, se disipa una gran porción de su karma y se abrevia el período de sufrimiento.

~

> *«Entonces, si alguno os dice: "Mirad, el Cristo está aquí o allí", no lo creáis. Porque surgirán falsos cristos y falsos profetas, que harán grandes signos y prodigios, capaces de engañar, si fuera posible, a los mismos elegidos. ¡Mirad que os lo he predicho!*
>
> *»Así que si os dicen: "Está en el desierto", no salgáis; "Está dentro de la casa", no lo creáis. Porque como el relámpago sale por oriente y brilla hasta occidente, así será la venida del Hijo del hombre. Donde esté el cadáver, allí se reunirán los buitres»* (*Mateo* 24:23-28)[16].

Los revolucionarios hicieron de la Ciudad Alta su último bastión de resistencia. Ésta finalmente cayó y después de cinco meses de sitio la ciudad fue tomada y arrasada por completo. Los prisioneros fueron obligados a luchar en la arena como gladiadores. [...]

»Así se cumplieron las palabras de Jesús en *Lucas: "Cuando veáis a Jerusalén cercada por ejércitos, sabed entonces que se acerca su desolación"* (21:20), *"De esto que veis, llegarán días en que no quedará piedra sobre piedra, ni una que no sea derruida"* (21:6)» —*Great Events of Bible Times* [Grandes acontecimientos de los tiempos bíblicos], editor: James Harpur (Doubleday, Nueva York, 1987).

[16] Compárese con la referencia paralela que aparece en *Marcos* 13:21-23.

Referencia paralela:

«Dijo a sus discípulos: "Días vendrán en que desearéis ver uno solo de los días del Hijo del hombre, y no lo veréis. Habrá quien os diga: 'Vedlo aquí, vedlo allá'. Pero no vayáis, ni corráis detrás. Porque, como relámpago fulgurante que brilla de un extremo a otro del cielo, así será el Hijo del hombre en su Día. Pero antes tendrá que padecer mucho y ser reprobado por esta generación"» (*Lucas* 17:22-25).

«Después de mi muerte, llegará el día en que ansiaréis ver a un Hijo del hombre o cuerpo humano que manifieste la Conciencia Crística como lo hace mi forma física. Pero no lo hallaréis, porque una manifestación completa de la Conciencia Crística, como la encarnada en mi cuerpo, surge en raras ocasiones —sólo una vez en el transcurso de un largo período, después de muchos años o siglos—. Los entusiastas ignorantes os dirán: "Mirad, hemos encontrado a un gran maestro aquí, o allá, en aquella región". Aseguraos de no seguir a esos falsos profetas, aunque desplieguen espectaculares signos y prodigios. Aferraos al gurú salvador que Dios os ha enviado, a través del cual alcanzaréis la redención conforme al mandato divino».

Jesús habla sobre la divina ley de la lealtad al gurú como mensajero enviado por Dios

Jesús reitera la advertencia de que sus seguidores sinceros deben cuidarse de la tentación de escuchar a los falsos profetas que afirman ser maestros crísticos y tratan de atraer adeptos empleando trucos de magia o de hipnotismo y haciendo «milagros» consistentes en proezas fenoménicas desprovistas de todo beneficio espiritual[17]. Sin embargo,

[17] Los milagros no necesariamente constituyen un signo de comunión con Dios, como resulta obvio al observar las proezas fenoménicas que llevan a cabo varios célebres «fabricantes de milagros» que aún carecen de las cualidades básicas indispensables que dan lugar a la verdadera santidad y a la unión divina. En *Autobiografía de un yogui,* escribí lo siguiente: «El ostentoso despliegue de poderes poco usuales no es recomendado por los maestros. El místico persa Abu Said se rió en una ocasión de ciertos faquires (ascetas musulmanes) que estaban orgullosos de sus milagrosos poderes sobre el agua, el aire y el espacio.

»"Una rana se siente también en casa dentro del agua —dijo Abu Said, con gentil ironía—. El cuervo y el buitre fácilmente vuelan en el aire; el diablo está simultáneamente presente en el este y en el oeste. Un hombre verdadero es aquel que vive con rectitud entre sus semejantes, que compra y vende, pero que no olvida ni por un momento a Dios"».

a pesar de que Jesús denunció a los impostores, jamás afirmó que la Conciencia Crística se hubiese manifestado *únicamente* en su cuerpo, llamado Jesús, y que no pudiera manifestarse en alguna otra alma crística de cualquier otra época.

Cuando Jesús les dijo a sus discípulos que no necesitaban ningún otro guía espiritual, porque Dios se hallaba plenamente manifestado en él, se expresó con la humildad perfecta de quien se encuentra en sintonía con Dios: «Como relámpago fulgurante que brilla de un extremo a otro del cielo, así se ha manifestado en mi cuerpo la iluminación de la Conciencia Crística (el reflejo de Dios en la creación), que emana de la Conciencia Cósmica, y lo ha hecho de manera plena y absoluta como no ha sucedido en ninguna otra persona durante esta generación». *«En su Día»* (durante la vida de Jesús), se hicieron realidad en *«el Hijo del hombre»* (su vida física) las cualidades divinas más elevadas. Por esa razón, no había motivo alguno para que los discípulos buscasen a otros profetas, pues al dispersar su concentración espiritual infringirían la ley divina de lealtad hacia él, que era el mensajero enviado por Dios y que por mandato divino estaba destinado a ser su gurú-salvador y a velar por ellos hasta que alcanzasen la emancipación final[18]. Tal como Jesús les dio a entender a sus discípulos, ésta es la promesa del gurú: «Si sois leales a mí, entonces, aun cuando mi cuerpo ya no se encuentre en la tierra, os guiaré y protegeré por medio de mi conciencia omnipresente».

La verdadera «Segunda Venida» de Cristo: el advenimiento de Cristo a la conciencia de cada devoto

«Como el relámpago sale por oriente y brilla hasta occidente», así también la Conciencia Crística que moraba en el cuerpo de Jesús, y que inundó de luz su ser entero y sus enseñanzas, se difundiría para iluminar no sólo la mente de sus discípulos cercanos sino a la humanidad entera por toda la eternidad:

«Aunque mi cuerpo, el Hijo del hombre en quien la Conciencia Crística se ha encarnado, deba sufrir persecución y crucifixión y sea rechazado por esta generación, la importancia de mi vida y de mis enseñanzas —por su naturaleza integral, universal y capaz de satisfacer todo anhelo— será aceptada en el futuro en todo el mundo, de igual manera que el relámpago surca el cielo de un extremo a otro. Y así como los buitres localizan desde lejos el cadáver de un animal y se

[18] Véase el discurso 6 (volumen I), donde se expone el tema de la relación gurú-discípulo.

reúnen a su alrededor para darse un festín, de igual modo, debido a la esencia crística que surgirá del sacrificio de mi vida, la gente de todos los rincones de la tierra percibirá que mis enseñanzas son el alimento que ha de colmar sus anhelos y se reunirá en torno a ellas para experimentar en su propia conciencia la manifestación de la Conciencia Crística, *"la venida del Hijo del hombre"*»[19].

A nivel individual, los discípulos debían entender que toda persona (de cualquier generación) que recoja interiormente su conciencia en la meditación profunda experimentará la venida del Hijo del hombre —una manifestación de la Conciencia Crística— a través de la luz crística del ojo espiritual *(«el relámpago [que] sale por oriente»)*, la cual iluminará y espiritualizará su ser entero *(«brilla hasta occidente»)*. Las almas así transformadas —que han avanzado desde la conciencia del cuerpo material hasta llegar a la sutil percepción del alma— verán que los buitres de los deseos que se alimentan de las tentaciones sensoriales levantan vuelo y en su lugar acuden las águilas de los anhelos divinos, que antes se hallaban distantes y ahora acuden para alimentarse con el auténtico conocimiento de la verdad[20].

Lamentablemente, debido a la interpretación errónea de los pasajes anteriores, muchos creen que Jesús regresará a la tierra como un relámpago que cae del cielo. La Conciencia Crística, acerca de la cual Jesús hablaba, puede venir por segunda vez a cualquier persona, en cualquier momento, siempre que ese devoto expanda la copa de su conciencia hasta contener el infinito océano de la Conciencia Crística. Un millar de Cristos enviados a la tierra no podrían redimir a sus habitantes a no ser que ellos mismos se convirtiesen en seres crísticos, al purificar y expandir su conciencia individual para recibir en ella la segunda venida de la Conciencia Crística tal como se manifestaba en Jesús. Vano es esperar

[19] Es preciso recordar que la referencia al Hijo del hombre debe diferenciarse de la que alude al Hijo de Dios. El Hijo de Dios es la omnipresente Conciencia Crística, macrocósmica y universal, el reflejo puro de Dios en toda la creación. El Hijo del hombre es la Conciencia Crística manifestada que se experimenta y se expresa en la conciencia encarnada y a través de ésta, como ocurrió en la vida de Jesús o como sucede en la vida de todo devoto avanzado que, de modo intermitente o permanente, eleve su conciencia a un nivel crístico, en el cual perciba la Conciencia Crística reflejada como su propia alma o manifestada en el aspecto de una forma divina. (Véase el comentario sobre *Mateo* 24:29-32).

[20] Véase en las páginas 243 ss. el comentario acerca de cómo emplea San Lucas la metáfora de los buitres en un contexto y secuencia de sucesos diferentes, donde se explica en mayor detalle que los buitres simbolizan los deseos.

otra venida de Jesús de entre las nubes del cielo (véanse las páginas 235 ss.). Dios es silencioso y humilde y, aun cuando es omnipotente, jamás permitiría semejante demostración espectacular de su gloria ante la mirada indiferente de gente malvada. No obstante, es posible establecer contacto con Dios en el silencio interior, en su aspecto de Siempre Renovado Gozo, mediante la práctica de la disciplina moral, de la continua oración devocional y de la meditación profunda. El gozo que se percibe en meditación denota también el contacto con la Inteligencia Crística esencialmente unida a Dios. Cuando el devoto percibe a Dios y su reflejo, el Hijo-Cristo, en forma de la bienaventuranza tangible que se experimenta en meditación, debe ofrendar la dulce adoración de su amor en el altar de esa percepción divina, con toda la devoción del corazón, con toda la intuición del alma, con toda la concentración de la mente y con toda la intensidad de la energía vital del cuerpo. De ese modo, el devoto cumple con el mandamiento supremo, la ley primordial que se requiere para conocer a Dios. El contacto con esta Conciencia, que se experimenta en el siempre renovado gozo de la meditación, constituye la verdadera segunda venida de Cristo y tendrá lugar directamente en la conciencia del devoto.

~

«Inmediatamente después de la tribulación de aquellos días, el sol se oscurecerá, la luna no dará su resplandor, las estrellas caerán del cielo, y las fuerzas de los cielos serán sacudidas. Entonces aparecerá en el cielo la señal del Hijo del hombre; y entonces se golpearán el pecho todas las razas de la tierra, que verán al Hijo del hombre venir sobre las nubes del cielo con gran poder y gloria. Él enviará a sus ángeles con sonora trompeta, y reunirán de los cuatro vientos a sus elegidos, desde un extremo de los cielos hasta el otro.

»De la higuera aprended esta parábola: cuando ya sus ramas están tiernas y brotan las hojas, sabéis que el verano está cerca. Así también vosotros, cuando veáis todo esto, sabed que Él está cerca, a las puertas. Yo os aseguro que no pasará esta generación hasta que todo esto suceda. El cielo y la tierra pasarán, pero mis palabras no pasarán.

»Mas de aquel día y hora, nadie sabe nada, ni los ángeles de los cielos, ni el Hijo; sólo el Padre» (Mateo 24:29-36).

Referencia paralela:

«*"Habrá señales en el sol, en la luna y en las estrellas; y en la tierra, naciones angustiadas, trastornadas por el estruendo del mar y de las olas. Los hombres se quedarán sin aliento, presa del terror y la ansiedad, al ver las cosas que se abatirán sobre el mundo, porque las fuerzas de los cielos se tambalearán. Entonces verán venir al Hijo del hombre en una nube con gran poder y gloria. Cuando empiecen a suceder estas cosas, elevad la mirada y levantad la cabeza, porque se acerca vuestra liberación*".*

»*Les añadió una parábola: "Mirad la higuera y todos los demás árboles. Cuando veis que retoñan, sabéis que el verano está ya cerca. Así también vosotros, cuando veáis que sucede esto, sabed que el Reino de Dios está cerca. Os aseguro que no pasará esta generación hasta que todo esto suceda. El cielo y la tierra pasarán, pero mis palabras no pasarán.*

»*"Cuidad que no se emboten vuestros corazones por el libertinaje, la embriaguez y las preocupaciones de la vida, y venga aquel Día de improviso sobre vosotros, como un lazo; porque vendrá sobre todos los que habitan toda la faz de la tierra. Estad en vela, pues, orando en todo tiempo, para que tengáis fuerza, logréis escapar y podáis manteneros en pie delante del Hijo del hombre"*» (*Lucas* 21:25-36)[21].

Jesús profetizó que se originarían catástrofes mundiales y el subsiguiente despertar espiritual del hombre

Jesús predijo: Inmediatamente después de las desastrosas tribulaciones que invadirán la tierra debido al mal karma colectivo, «*el comienzo de los dolores del alumbramiento*», surgirán dificultades aún mayores como resultado de la escalada del mal. A causa de las vibraciones destructivas generadas por las naciones y diseminadas por toda la tierra, la armonía natural del mundo desaparecerá, de modo que incluso la energía dadora de vida y la luz del sol y de la luna disminuirán temporalmente, y grandes «*estrellas* (aerolitos) *caerán del cielo*»: se saldrán de sus órbitas y se precipitarán en la atmósfera de la tierra, ocasionando alteraciones geográficas y suscitando angustia en las mentes de las naciones. Debido a la perturbación de las radiaciones

21 Compárese con otra referencia paralela que aparece en *Marcos* 13:24-33.

electromagnéticas del sol y de la luna —normalmente benignas—, muchos océanos se agitarán convulsionados y producirán maremotos. Los corazones y mentes de los hombres materialistas se verán terriblemente afectados por el temor al contemplar la alteración de las fuerzas celestiales y los trastornos de la tierra causados por las vibraciones negativas de la humanidad[22].

Y cuando la gente preste atención a estas advertencias de la ley cósmica, y se arrepienta y crezca gradualmente en espiritualidad mediante la práctica de la oración y de la meditación, quienes hayan progresado lo suficiente contemplarán *«en el cielo la señal del Hijo del hombre»*, la visión tangible (señal) de Cristo al abrirse el ojo espiritual que ya ha despertado y que los conducirá a la Conciencia Crística. Les serán concedidas visiones de la Conciencia Crística encarnada, que emerge de los misterios de la región celestial astral donde residen

---

[22] Jesús estaba vaticinando los sufrimientos provenientes de los cataclismos que serían ocasionados por el mal karma colectivo de los pueblos sumidos en la degradación de la ignorancia. A las catástrofes consiguientes les sucede, de manera inevitable, un renacimiento del fervor espiritual entre los arrepentidos. Tales hechos han tenido lugar, en mayor o menor medida y con trágica regularidad, a lo largo de los siglos posteriores en que el hombre persistió en abjurar de la ley espiritual.

(Nota del editor:) En su libro *Catastrophe: An Investigation Into the Origins of the Modern World* [Las catástrofes: Una investigación acerca de los orígenes del mundo moderno] (Ballantine Books, Nueva York, 1999), el periodista británico David Keys escribe acerca de uno de estos acontecimientos cuyos detalles evocan de modo sorprendente la profecía de Jesús: «En los años 535 a 536 d. C., la humanidad fue fustigada por uno de los mayores desastres naturales que jamás hayan ocurrido. Gran parte de la luz y del calor del sol se atenuó durante dieciocho meses, y el clima de todo el planeta comenzó a descontrolarse. Los resultados, directos o indirectos, fueron el caos climático, el hambre, las migraciones, la guerra y el cambio político masivo en casi todos los continentes». El autor compiló pruebas de que el origen de estos cambios fue una erupción volcánica de colosales proporciones que ocurrió en Indonesia, la cual expulsó un volumen tan enorme de cenizas y polvo hacia la atmósfera que el clima sufrió alteraciones en el mundo entero. Sigue diciendo Keys:

«El historiador romano contemporáneo Procopio se refirió a los cambios climáticos considerándolos como "un presagio sumamente aterrador". Al describir el clima de ese año, Procopio escribió: "Durante todo el año, el sol emitió su luz sin brillo, como si se tratase de la luna". En otros relatos de este suceso se afirma que el sol se volvió "opaco" u "oscuro" por un período de dieciocho meses. Su luz brillaba "como una débil sombra" y la gente estaba aterrorizada».

Keys cita relatos similares de los registros históricos de Arabia, China, Japón y otros países, así como también pruebas científicas tales como el análisis de los anillos de crecimiento en los árboles del norte y oeste de Europa y Norteamérica, donde «los árboles prácticamente dejaron de crecer en el año 536 y en el período de 542 a 543», y no retornaron a la normalidad sino hasta más de veinte años después.

las formas luminosas y que manifiesta el poder y la gloria de la Conciencia Cósmica. «*Entonces se golpearán el pecho* (se arrepentirán) *todas las razas de la tierra, que verán al Hijo del hombre venir sobre las nubes del cielo con gran poder y gloria*»[23]. Los fieles devotos de *todas* las naciones —aquellos que se hayan arrepentido de sus errores del pasado y hayan logrado desarrollarse espiritualmente— podrán penetrar con la mirada el ojo espiritual y elevar la conciencia desde el plano de los periféricos sentidos corporales hasta el centro más elevado de divina percepción interior, situado en la región cerebral, donde les será posible contemplar a la Conciencia Crística encarnada (Jesús) que emerge de las etéreas nubes de las tinieblas de los ojos cerrados y se manifiesta en la luz crística del ojo espiritual, y cuya forma irradia luminoso poder celestial e inmensa gloria.

Los devotos también contemplarán ángeles o almas liberadas rebosantes de la Vibración Cósmica *(«con sonora trompeta»)*. Asimismo, en la luz de su Conciencia Crística despierta, tales devotos verán reunirse a las almas liberadas (los «*elegidos*»), que se hacen presentes en forma manifiesta y acuden desde «*los cuatro vientos*» o puntos cardinales de la tierra y desde las regiones más distantes del cielo astral[24].

En esta revelación que Jesús confía a sus discípulos (y a todos los futuros devotos), él hacía referencia a la ciencia del yoga. «*Elevad la mirada y levantad la cabeza*»*. Cuando los devotos hayan «elevado

---

[23] Véase también el discurso 73, donde aparece el comentario sobre *Mateo* 26:64: «*Pero os digo que a partir de ahora veréis al Hijo del hombre sentado a la diestra del Poder y viniendo sobre las nubes del cielo*».

[24] Todos los reflejos personalizados de Dios son individualizaciones de su única y omnipresente Inteligencia Crística, a la que se hace referencia en las escrituras de la India como *Kutastha Chaitanya,* la ubicua Conciencia Universal del Espíritu. Los ángeles y arcángeles (que se mencionan en la Biblia como Gabriel, Miguel, etc.), la trinidad hindú conformada por Brahma, Vishnu y Shiva (que representan la creación, la conservación y la disolución) y otras deidades (representaciones de las cualidades y fuerzas creativas de Dios) y los maestros liberados que están unidos al Espíritu sin forma o ayudando a las almas que se encuentran en las celestiales regiones astral o causal, así como los avatares que a instancias de Dios encarnan temporalmente en la tierra como mensajeros divinos para ayudar al ser humano y luego retornan a la Conciencia Cósmica del Espíritu o moran como salvadores en los reinos celestiales más elevados, todos ellos pueden manifestarse ante el devoto avanzado. En dichas visiones, la Vibración Cósmica les da forma [a estos reflejos personalizados de Dios] haciendo uso de la única Inteligencia Crística-*Kutastha* que es la Esencia de su ser (como se menciona en el presente versículo, en el que Jesús promete aparecer de esta manera).

la mirada» hacia el ojo espiritual y levantado la conciencia hasta el trono cerebral de la luz (el *sahasrara* o «loto de mil pétalos» de vida y luz, situado en el cerebro, que en la plenitud de su poder y gloria resplandece como un millar de soles) podrán contemplar, por medio de la manifestación de las visiones mencionadas, alguna forma materializada de la Conciencia Crística y posiblemente vean a las almas liberadas que residen como ángeles en el mundo astral. De ese modo, tales devotos sabrán que han avanzado espiritualmente lo suficiente como para lograr en breve su redención de los sufrimientos y reencarnaciones terrenales —*«se acerca vuestra liberación»*—, lo cual les permitirá morar de modo permanente en la Conciencia Cósmica, donde ni el sufrimiento ni el temor existen y se experimenta el estado de siempre renovado gozo.

Jesús no aparecerá de entre las nubes para castigar a los malvados y gobernar un reino en la tierra

Esta velada promesa de Jesús ha dado lugar a grandes errores de interpretación entre diversos grupos cristianos, que están convencidos de que, en un despliegue de gloria, Dios literalmente hará aparecer a Jesús de entre las nubes del cielo, destruirá con su poder a los «malvados» de la tierra (los que no sigan las directrices eclesiásticas) y redimirá a los fieles elegidos. Dijo Jesús: *«No pasará esta generación hasta que todo esto suceda»*. Sin embargo, han transcurrido ya veinte siglos y Jesús aún no ha aparecido abiertamente sobre las nubes ante las diversas naciones o «tribus». Pero muchos fieles devotos de todas las épocas, al sumergirse en estados extáticos de meditación fervorosa, han visto a Jesús salir de entre las nubes de la oscuridad de sus ojos cerrados, resplandeciente de poder y de gloria. San Francisco, que contempló a Jesús en numerosas ocasiones y habló con él en los bosques de Asís, da testimonio a toda la humanidad, basado en su propia experiencia —como lo han hecho otros santos—, del cumplimiento de la profecía de Jesús acerca de que los devotos de todas las épocas y regiones que conviertan su búsqueda material en progreso espiritual contemplarán en visión a Jesucristo, a los ángeles y a las almas liberadas. Por el contrario, será una espera tristemente inútil para aquellos que abriguen la esperanza de que, en algún tiempo futuro, Jesús surgirá de entre las nubes para establecer y gobernar un reino ideal en este mundo (o lo que es más, para llevarse de esta tierra sólo a unos pocos elegidos hacia un reino establecido en el cielo como una gloriosa tierra).

Jesús reina por siempre en el divino reino de la Infinitud, redimiendo a las almas que recurren a él para que las ayude a avanzar en su sendero hacia Dios. Es absurdo (y, además, una proposición egoísta y desconsiderada) desear que la conciencia infinita presente en Jesús permanezca confinada por siempre en una forma limitada con el fin de que gobierne un reino en la tierra (o en el cielo) habitado sólo por algunos elegidos de entre la multitud de hijos de Dios, y que la muchedumbre constituida por el resto de sus hijos —que tal vez incluya a nuestros propios seres amados— deba vivir forzosamente en la desdicha, sufriendo tormentos a partir de entonces por toda la eternidad. El Dios Todopoderoso que yo conozco y cuyo amor ha colmado mi corazón no actuaría de ese modo; ni tampoco sería ése el juicio de Jesús, que era inmensamente compasivo y perdonó y bendijo a los que habían caído en el pecado.

Desde su hogar en la Infinitud, y junto con otros maestros liberados y ángeles de Dios, Jesús observa con su visión omnipresente las vidas de los hombres y el regulado destino del drama cósmico. La presencia de Jesús y de los Grandes Maestros en la Conciencia Crística inmanente responde a cada expresión del amor humano y ejerce una constante atracción hacia Dios en el tira y afloja con el que nos enfrentamos a la influencia del poder satánico. La redención siempre está cerca de aquellos que desatan los lazos de *maya* que aprisionan su alma y que viven totalmente absortos en el poder inspirador de la intercesión divina y de la gracia de Dios.

Para ilustrar de qué modo puede el devoto reconocer las señales del desarrollo de la realización del Ser, Jesús se refirió a los retoños de la higuera, que anuncian con certeza la proximidad del verano. De manera semejante, un discípulo o devoto fiel que contemple a través de su ojo espiritual despierto una visión materializada de Cristo o de las almas liberadas, o bien la manifestación de algún atributo del Infinito, puede saber, mediante la intuición pura, que el árbol de su salvación ha desarrollado las tiernas ramas de la unión con Dios y las hojas de la percepción divina, y que el verano de su liberación final se encuentra próximo.

Cómo puede el devoto reconocer las señales que indican la cercanía de la liberación

Jesús predijo que no transcurriría ni siquiera su propia generación antes de que algunos devotos comenzaran a experimentar, como resultado de la práctica de sus enseñanzas, estas señales de la cercanía de la liberación. Mas, a fin de recalcar que su mensaje estaba destinado a todos los tiempos, aseguró que la verdad contenida en sus palabras, la cual constituye un camino hacia la salvación —por ser un reflejo de la Conciencia Cósmica—, perduraría incluso después de la disolución de la tierra y de los mundos astrales. La verdad y su expresión manifestada, que es la sabiduría, son inmutables y eternas; la creación y las fuerzas que la acompañan están sujetas al cambio y a la extinción. Las palabras de Jesús representan la verdad eterna; por lo tanto, vivirán y continuarán existiendo más allá de la pretenciosa perdurabilidad de todo lo creado.

Cuando Jesús hizo alusión a las señales de que la liberación estaba próxima: *«Mas de aquel día y hora, nadie sabe nada, ni los ángeles de los cielos, ni el Hijo; sólo el Padre»*, elogiaba la singular grandeza de Dios Todopoderoso, el único que puede saber ciertas cosas que se hallan ocultas incluso de la mirada de sus grandes devotos. Dios es el único Conocedor que no está sujeto a las restricciones de las relatividades resultantes del tiempo y del espacio, de la causa y del efecto; todo se revela en su conciencia del Eterno Ahora, en tanto que incluso los ángeles, en su cometido de prestar servicio al orden universal a través de la ley cósmica, tienen una existencia y una perspectiva condicionadas. Como ya se explicó, el momento de la liberación de un devoto es totalmente incierto: depende del uso que haga de su libre albedrío, y está sujeto al logro de méritos espirituales y al grado y profundidad de la devoción con la que impregne sus esfuerzos. Por consiguiente, dado que es el devoto mismo el que determina el día y la hora de la liberación, según sea su fervor espiritual y la calidad de su meditación (requisitos que pueden acelerar o demorar el proceso), sólo la Conciencia Cósmica dentro de Sí Misma conoce y puede predecir ese auspicioso momento. Sin embargo, las almas liberadas, capaces de afirmar junto con Jesús: *«Yo y el Padre somos uno»*, pueden experimentar en un estado trascendente la omnisciencia de la Conciencia Cósmica de Dios; pero no siempre es posible relacionar de forma inmediata ese conocimiento con el aquí y el ahora de un tedioso cosmos de perspectivas condicionales, que se encuentra sujeto a causas y efectos.

«Estad en vela, pues, meditad y orad en todo tiempo; cuidaos de las trampas de la veleidosa mente y vigilad si está centrada en Dios o no, porque no sabéis cuándo os sobrevendrán los sufrimientos y los engaños para someteros a prueba con el objeto de comprobar si estáis capacitados para alcanzar la liberación».

~

«Como en los días de Noé, así será la venida del Hijo del hombre. Porque, del mismo modo que en los días que precedieron al diluvio, la gente comía, bebía y tomaban mujer o marido, hasta el día en que entró Noé en el arca, y no se dieron cuenta hasta que vino el diluvio y los arrastró a todos, así será también la venida del Hijo del hombre» (*Mateo* 24:37-39).

Referencia paralela:

«Como sucedió en los días de Noé, así ocurrirá también en los días del Hijo del hombre. Comían, bebían y tomaban mujer o marido, hasta el día en que entró Noé en el arca. Entonces vino el diluvio y los hizo perecer a todos. Lo mismo sucedió en los días de Lot: comían, bebían, compraban, vendían, plantaban y construían; pero el día que salió Lot de Sodoma, llovió fuego y azufre del cielo, que destruyó a todos. Así sucederá el Día en que el Hijo del hombre se manifieste.

»Aquel Día, el que esté en el terrado y tenga sus enseres en casa, que no baje a recogerlos; y, de igual modo, el que esté en el campo, que no se vuelva atrás. Acordaos de la mujer de Lot. Quien intente preservar su vida, la perderá; y quien la pierda, la conservará» (*Lucas* 17:26-33).

«Así como la gente rechazó las advertencias de Noé e irresponsablemente continuó con su frívolo interés en comer, beber y celebrar festines de boda, así también me rechaza esta generación embriagada con la ignorancia. Los que desdeñaron a Noé no comprendieron el error que cometían sino hasta que el diluvio los arrastró, en tanto que Noé se alejaba a salvo navegando sobre la cresta de la inundación; de igual modo, esta generación negligente no comprenderá las consecuencias de su maldad hasta que yo haya ascendido en el arca divina de la Conciencia Cósmica. Con la partida de Noé, desapareció el único medio de salvación con que la gente contaba; de modo similar, cuando yo desaparezca, la gente malvada de esta generación habrá perdido la oportunidad de acelerar su salvación a través de la intercesión directa de mi presencia física que se halla entre ellos (la venida del Hijo del hombre) y será arrastrada, en cambio, por el torrente de la ignorancia».

«Como en los días de Noé»: el triste destino de quienes son espiritualmente indiferentes

Como en los días de Noé, la gente común de la época actual se deja arrollar por la avalancha del engaño; rechaza la oportunidad de alcanzar la salvación que se le ofrece a través del arca de la meditación, que ha sido diseñada conforme a una comprobada fórmula de técnicas impartidas por un verdadero gurú, un salvador de almas. Del mismo modo que Noé fue divinamente guiado para llevar con él a una multitud de animales valiosos y a la paloma de la paz —y el Señor salvó después a todos los que se encontraban en el arca—, así también el devoto debe llevar todas sus preciadas percepciones y experiencias terrenales y la paloma de sus aspiraciones espirituales en su arca de meditación, para que sean transportadas a salvo hasta alcanzar la seguridad de la realización del Ser.

«También en los días de Lot, la gente despreocupadamente comía, bebía, compraba, vendía, sembraba y construía; pero el mismo día que el Señor guió a Lot y a su familia para salir de Sodoma, llovieron del cielo fuego y meteoritos que destruyeron la ciudad con todos sus habitantes[25]. Así sucederá el día en que mi cuerpo (el Hijo del hombre) sea llevado de la tierra y se manifieste en el cielo. El fuego de la ignorancia y el azufre del sufrimiento caerán sobre aquellos que vivieron existencias materialistas durante el tiempo que prediqué el reino de Dios.

»En el período posterior a mi partida, aquellos discípulos avanzados que hayan elevado su conciencia por encima de la casa corporal deben asegurarse de no descender de la Conciencia Cósmica y no identificarse de nuevo con el disfrute de los placeres corporales. Aquel que haya estado recorriendo los campos de la comunión con Dios en el estado de Conciencia Cósmica no debe volver a identificarse con la conciencia material cuando sea acallada mi voz de advertencia espiritual. Recordad a la esposa de Lot, que poseía cierto grado de desarrollo espiritual y se hallaba huyendo del fuego de la ignorancia y del azufre del sufrimiento: Cuando miró hacia atrás y centró su atención en las sensaciones y deseos corporales, su vida espiritual quedó petrificada y completamente destruida[26].

»Quien persistentemente se concentre en salvar y proteger su vida física, la perderá en el olvido que sobreviene a la muerte y en la niebla de las reencarnaciones; pero quien entregue su vida a buscar a Dios

---

25 *Génesis* 19:24-25.

26 *Génesis* 19:26.

en la meditación descubrirá que la conciencia de su vida mortal se prolonga y perdura en la infinitud de la vida eterna del alma».

Jesús advierte que quien sea excesivamente solícito con la manifestación temporal de la vida física perderá de vista la vida infinita que existe tras el cuerpo. Por el contrario, aquel que, con la finalidad de experimentar el Infinito, esté preparado para sacrificar todo cuanto tenga una obstructiva naturaleza engañosa en su vida física comprobará que su vida humana se transforma en vida eterna[27].

~

«Entonces, estarán dos en el campo: uno será tomado, y el otro dejado; habrá dos mujeres moliendo en el molino: una será tomada, y la otra dejada.

»Velad, pues, porque no sabéis qué día vendrá vuestro Señor» (*Mateo* 24:40-42).

Referencia paralela:

«"Os digo que aquella noche estarán dos en un mismo lecho: uno será tomado, y el otro dejado; habrá dos mujeres moliendo juntas: una será tomada, y la otra dejada". Entonces le preguntaron: "¿Dónde, Señor?". Él les respondió: "Donde esté el cuerpo, allí también se reunirán los buitres"» (*Lucas* 17:34-37).

La verdad acerca de cómo el karma y los deseos de una persona determinan su destino después de la muerte

Cuando Jesús dijo que dos estarían en el campo y uno sería tomado y el otro dejado, se refería al común de los seres humanos, cuya ocupación y apariencia general tal vez podrían ser comparables en lo externo, en tanto que internamente las similitudes dan paso a la singularidad que diferencia a los seres humanos de acuerdo con la calidad de su vida interior y de sus pensamientos. Una persona puede ser una gran devota de Dios, mientras que otra quizá sea sumamente materialista. Dios no concede la salvación (la realización del Ser) a los seres

[27] Véase también el discurso 41 (volumen II), donde aparece el comentario sobre *Mateo* 10:39, el discurso 45 (volumen II), donde podrá hallarse el comentario sobre *Mateo* 16:25, y el discurso 66, donde se encuentra el comentario sobre *Juan* 12:25; en dichos versículos se repite esta frase de Jesús.

humanos según su condición o logros externos, sino en proporción a sus méritos espirituales interiores.

Así pues, de dos que trabajan en el campo o en el molino, el virtuoso será llevado al cielo (alcanzará la salvación o será liberado de la reencarnación) y el de mentalidad materialista será dejado en la tierra, vida tras vida, hasta haber expiado su deuda kármica. Por consiguiente, Jesús señaló que, dado que la sutil ley del karma instituida por Dios decreta para los seres humanos un juicio justo —que no está influenciado por su condición social o por el grado de aclamación terrenal sino basado en lo que realmente son en su interior y también en las tendencias mentales que han acumulado—, al devoto sincero le corresponde meditar y estar atento a que su conciencia interna conserve su carácter divino. El aspirante espiritual debe protegerse constantemente de las invasiones del engaño, mientras aguarda el momento en que la Conciencia Crística y la Conciencia Cósmica vengan a él —*«porque no sabéis qué día vendrá vuestro Señor»*— con el propósito de ofrecerle la liberación final.

En *Lucas,* cuando Jesús dijo: *«uno será tomado, y el otro dejado»*, los discípulos le preguntaron: *«¿Dónde, Señor?»*, a lo que Jesús respondió: *«Donde esté el cuerpo, allí también se reunirán los buitres»*. En este contexto, los versículos mencionados expresan además otra verdad metafísica:

«Aquella noche —cuando la noche de la confusión y de la disolución kármica llegue (cuando el día de las actividades terrenales del devoto se disuelva kármicamente en el desconcertante misterio de la noche de la muerte)—, de dos almas que duerman en un mismo lecho, descansando en el mundo astral en el estado posterior a la muerte, el virtuoso será llevado hacia la liberación y el no virtuoso será dejado atrás, a fin de que reencarne nuevamente en la tierra. De las almas de dos mujeres que se encuentren en el más allá esforzándose por expiar su karma, la que haya tenido éxito en sus esfuerzos será liberada y aquella cuyos méritos no sean suficientes será dejada para reencarnar en la tierra, con el objeto de que continúe consumiendo su karma en el plano terrenal. Y de dos devotos que recorran el campo de la divina comunión meditativa, aquel que después de la muerte se encuentre en un estado avanzado de desarrollo espiritual será llevado a la Conciencia Cósmica, en tanto que el otro será dejado para que reencarne y continúe esforzándose por progresar espiritualmente en la tierra.

»Dondequiera que el alma se encuentre —bien sea dentro de un cuerpo físico, astral o causal—, allí se reunirán los buitres de los deseos para mantener al alma en estado de cautiverio».

Puesto que el alma es invisible, sólo puede distinguirse por la presencia de su cuerpo, cuya existencia es posible debido a los deseos, que son la fuerza cohesiva que mantiene unidos los tres cuerpos.

Si se pone agua salada en un recipiente tapado, y éste se mete, a su vez, dentro de otro, y ambos recipientes sellados se colocan dentro de un tercero que se sumerge en el océano, aun cuando el agua salada encerrada en los tres recipientes se halle dentro del océano, no estará en contacto con éste.

Si se rompe el recipiente exterior, aun así, el agua salada no podrá estar en contacto con el agua del océano. Únicamente cuando los otros dos recipientes también se rompan, el agua salada será liberada de los recipientes que la contienen y se unirá al océano.

De manera similar, el alma (el Espíritu individualizado) está revestida de tres cuerpos que la mantienen prisionera y que existen uno dentro de otro. El alma está envuelta en el cuerpo causal (una matriz de treinta y cinco ideas elementales de la conciencia), que a su vez está encerrado en el cuerpo astral (constituido por diecinueve elementos), el cual está cubierto por el cuerpo físico (compuesto por dieciséis elementos)[28].

En la vida terrenal, cuando la voluntad de una persona se quebranta a causa de un trauma que cercena su deseo de vivir, sobreviene la muerte. El alma, sin embargo, permanece revestida de los cuerpos astral y causal, los cuales se mantienen unidos mediante el poder de los deseos físicos insatisfechos.

El alma debe expiar todos los deseos físicos, astrales y causales a fin de derribar las limitaciones que la mantienen cautiva. Sólo entonces puede el alma fundirse en el Espíritu eterno.

Así pues, a lo que Jesús se refería cuando respondió a la pregunta de los discípulos es que la ubicación del alma se puede conocer por la presencia de sus cuerpos. Se puede determinar si las almas invisibles se encuentran en el plano físico, astral o causal o en el cosmos, según se hallen encerradas en los tres pequeños cuerpos o en el gran cuerpo cósmico. Si están reunidos los buitres de los deseos físicos, es evidente que el alma se halla en el cuerpo físico. Cuando están reunidos los

---

[28] Véase el discurso 6 (volumen I).

buitres de los deseos astrales, el alma hace uso de un cuerpo astral. La presencia del cuerpo causal significa que el alma está allí débilmente aprisionada bajo la influencia de los buitres de los deseos causales.

Después que el alma se libera de los tres pequeños cuerpos que la limitan, se une con su cuerpo cósmico omnipresente, donde las águilas de las nobles percepciones sobrevuelan las alturas en la infinitud de la Conciencia Cósmica. Los tres pequeños cuerpos se mantienen unidos por medio de los deseos físicos, astrales y causales característicos, en tanto que el cuerpo cósmico de la infinitud se manifiesta a través de la Voluntad Divina.

Los buitres de los deseos pueden ser tanto materiales como espirituales. Por ello, Jesús expresó que los buitres de los deseos materiales se reúnen en torno al cuerpo físico para darse un festín con las tentaciones sensoriales. Los buitres de los deseos del cuerpo astral prosperan por medio de las refinadas sensaciones astrales. El alma disfruta allí de todos los objetos hechos de luz y vibración que pueden transformarse y manejarse de modo maravilloso. Los seres astrales ven, oyen, huelen, paladean y palpan todas las formas de la creación astral, compuestas de luz vibratoria mutable.

Los buitres de los deseos causales consisten en disfrutarlo todo sólo a través de percepciones de la conciencia pura en extremo refinadas. Las almas que únicamente están revestidas del cuerpo causal saben que la creación entera constituye la materialización de las ideas oníricas de Dios. Las almas que están despiertas en el cuerpo causal pueden materializar todo cuanto deseen, y lo hacen en forma de objetos hechos de pensamiento, que son más «reales» que cualquier sensación física o percepción astral, las cuales resultan muy burdas y agobiantes para la refinada sensibilidad causal del alma. Las almas que están encerradas en el fino velo del cuerpo causal expían sus deseos manifestándolos en sueños o en condensaciones de la imaginación, de igual manera que el Padre Celestial mantiene en existencia toda la creación como si fuera un sueño cósmico.

A medida que el ser humano trasciende los deseos físicos y avanza hacia un estado de percepción más refinado de los deseos astrales y causales, se le concede una comprensión más profunda de la realidad por medio del dominio de su poder para materializar cualquier objeto a partir de luz astral o de pensamientos o sueños condensados. Y se siente menos tentado y limitado por las percepciones astrales, o incluso por las causales (aún más refinadas), que se experimentan cuando el devoto es agredido por las burdas tentaciones físicas que son endémicas a las vibraciones relativamente más densas que prevalecen en la ilusoria existencia material.

Cuando el alma ha superado todos los deseos y abandona el cautiverio a que la someten los tres cuerpos, las águilas de las percepciones supraconscientes se remontan hacia el Infinito en el cuerpo cósmico del alma, ya unida con el Espíritu, cuyo cuerpo es el cosmos[29].

~

«Entonces el Reino de los Cielos será semejante a diez vírgenes que, con su lámpara en la mano, salieron al encuentro del novio. Cinco de ellas eran necias, y cinco prudentes. Las necias, al tomar sus lámparas, no se proveyeron de aceite; las prudentes, en cambio, junto con sus lámparas llevaron aceite en las alcuzas. Como el novio tardaba, se adormilaron todas y finalmente se durmieron. Mas a medianoche se oyó un grito: "¡Ya está aquí el novio! ¡Salid a su encuentro!". Entonces todas aquellas vírgenes se levantaron y dispusieron sus lámparas. Las necias dijeron a las prudentes: "Dadnos de vuestro aceite, que nuestras lámparas se apagan". Pero las prudentes replicaron: "No, no sea que no alcance para nosotras y para vosotras; es mejor que vayáis donde los vendedores y os lo compréis". Mientras iban a comprarlo, llegó el novio, y las que estaban preparadas entraron con él al banquete de boda, y se cerró la puerta. Más tarde llegaron las otras vírgenes diciendo: "¡Señor, señor, ábrenos!". Pero él res-

[29] El presente comentario abreviado sobre la vida del alma en el más allá en sus cuerpos astral y causal —que en este contexto se relaciona con las palabras de Jesús— se explica con mayor detalle en el capítulo 43 de *Autobiografía de un yogui*, «La resurrección de Sri Yukteswar». Allí, Paramahansa Yogananda narra ampliamente las impresionantes revelaciones de los misterios de la vida después de la muerte que recibió a través de su gurú, quien se le apareció después de su muerte en un cuerpo resucitado. Paramahansaji relató de la manera siguiente lo ocurrido durante esa experiencia: «Para entonces mi mente se había armonizado perfectamente con la de mi maestro, quien me comunicaba sus descripciones parcialmente en forma oral y en parte por medios telepáticos. En estas condiciones captaba rápidamente la esencia de sus ideas. [...] Nunca de canción o relato alguno obtuve un conocimiento tan inspirador. Aunque las escrituras hindúes hacen referencia a los mundos astral y causal y a los tres cuerpos del hombre, ¡qué remotas y carentes de sentido me resultaban esas páginas comparadas con la cálida autenticidad de la revelación hecha por mi maestro resucitado!». *(Nota del editor).*

pondió: "Os aseguro que no os conozco". Velad, pues, porque no sabéis ni el día ni la hora» (Mateo 25:1-13)[30].

Jesús continuó exhortando a los discípulos a estar preparados para la venida del Hijo del hombre —para el momento en que la Conciencia Crística manifestada se presentara para elevarlos hasta alcanzar la liberación final en la Conciencia Cósmica— y les relató esta metafórica parábola:

La parábola de las vírgenes necias y de las vírgenes prudentes: la necesidad de la constancia en el fervor espiritual

Había diez renunciantes que aspiraban al reino de los cielos y que una vez encendieron, en meditación, las lámparas de sus conciencias con la luz de la percepción de Dios y, expectantes, acudieron al encuentro del novio (la Conciencia Crística)[31]. Cinco de estos devotos célibes fueron prudentes en su preparación espiritual. Sin embargo, los otros cinco fueron necios y espiritualmente negligentes; tuvieron un buen comienzo al encender sus lámparas de la percepción de Dios, pero descuidaron sus esfuerzos por asegurarse la cantidad adecuada del aceite de la devoción y de la regularidad en la meditación que se necesitaban para mantener ardiendo las lámparas por tiempo indefinido. Los devotos prudentes habían guardado en su corazón el aceite del entusiasmo espiritual y de la meditación regular y profunda, en cantidad suficiente como para mantener constantemente encendidas sus lámparas de la sabiduría.

Cuando el novio (la Conciencia Crística) se demoró en manifestarse a los diez devotos, todos ellos *«se adormilaron [...] y finalmente se durmieron»*, es decir, durante un tiempo permanecieron parcialmente sumergidos en el engaño, sin ser conscientes de la interrupción que se había producido en su progreso. Pero en ese estado intermedio, cuando ya habían avanzado parte del camino hacia la aurora de su unión divina, percibieron una vibración en el interior de sus almas, lo cual significaba que llegaba el novio —la manifestación de

---

30 La parábola de las diez vírgenes se basa en la tradición oriental de los judíos en lo que respecta a sus costumbres matrimoniales, en las cuales las vírgenes cumplían la función de damas de honor o formaban parte del séquito. Al narrar una de estas ocasiones, el libro de los Salmos relata que la novia *«aparece, espléndida, [...] con ropajes recamados en oro; vestida de brocados la llevan ante el rey [el novio]. La siguen las doncellas, sus amigas, que avanzan entre risas y alborozo al entrar en el palacio real»* (*Salmos* 45:14-16).

31 Véanse los discursos 16 (volumen I) y 32 (volumen II), donde se explica el significado metafísico de la Conciencia Crística como «el Novio».

la Conciencia Crística— y que debían elevar la luz de su conciencia para salir a su encuentro.

Los devotos célibes que se hallaban preparados levantaron sus lámparas iluminadas con la percepción de Dios, pero los cinco devotos necios permanecieron en la oscuridad. Entonces les pidieron a los prudentes: «Os rogamos que nos deis una parte del aceite de vuestra devoción y de las vibraciones de vuestros buenos hábitos, porque la luz de nuestra unión con Dios se ha apagado por falta de constancia en el entusiasmo espiritual».

Pero los renunciantes prudentes respondieron: «No podemos hacerlo. No se puede transferir el aceite de la devoción. No es posible adquirir este precioso combustible a no ser que vosotros mismos lo obtengáis a través de vuestras diarias prácticas espirituales».

Así pues, mientras los devotos que no estaban preparados se apresuraban a obtener la devoción necesaria para volver a encender las apagadas lámparas de la realización del Ser, se manifestó el novio (la Conciencia Crística) en la conciencia de los cinco devotos célibes que se hallaban preparados y en condiciones de seguirle hasta el reino del Espíritu. Allí, en el interior de su propia conciencia, fueron testigos y tomaron parte de la unión de la Conciencia Crística con la Conciencia Cósmica, eternamente desposada con el Absoluto Bienaventurado.

Luego la puerta de la manifestación divina se cerró durante un tiempo, de modo que cuando los cinco devotos necios —en su intento de encender nuevamente su devoción extinguida por el engaño— oraron: «Conciencia Crística Soberana, manifiéstate en nuestra conciencia», la voz interior replicó: «Os aseguro que aún no estáis preparados para conocer (contactar) a la Conciencia Crística que se halla en vuestro interior».

Con objeto de que el aspirante sincero no sufra carencia espiritual alguna, a él le incumbe meditar profundamente y con gran devoción a fin de mantener siempre vigilante y preparada la conciencia interior intuitiva, para aquel día u hora desconocida en que el Hijo del hombre —la manifestación de la Conciencia Crística— acuda a él.

Cuando Jesús relató esta parábola de las diez vírgenes, lo hizo para enfatizar que incluso los austeros renunciantes célibes no pueden recibir a Dios encendiendo sólo momentáneamente su lámpara de la realización del Ser; es preciso que cuenten también con el aceite de la devoción, de la continuidad en la meditación y del celo espiritual para mantener la inspiración de la realización del Ser siempre encendida. Todos aquellos que mantengan ardiendo la llama de su fervor espiritual, estarán, con toda certeza, preparados y capacitados para recibir al Ser Divino cuando entre de modo inesperado en la cámara interior de la conciencia que se halla permanentemente iluminada con la devoción del corazón y la sabiduría de la realización del Ser.

DISCURSO 68

¿Qué quiso dar a entender Jesús con «castigo eterno»?

El verdadero «día del Juicio» tanto para los justos como para los pecadores

❖

Servir al Espíritu de Cristo en los hambrientos, los enfermos y los desposeídos

❖

Las personas egoístas e insensibles no pueden permanecer en el cielo astral de belleza y libertad

❖

Dios no es un juez despiadado que condena a las almas al «fuego eterno»

❖

El hombre decreta su propio castigo cuando se deja llevar por la maligna influencia del engaño satánico

❖

Todos los hijos de Dios disponen de incontables oportunidades para hallar la salvación

«Incluso eones de ignorancia y de acciones incorrectas no podrían alterar la intrínseca naturaleza divina del alma, que es eterna. [...] Puesto que el alma es una emanación de Dios mismo, es manifiestamente imposible que el Ser verdadero del hombre se degrade y se convierta en una entidad maligna que merezca la condenación eterna».

«Cuando el Hijo del hombre venga en su gloria, acompañado de todos sus ángeles, se sentará en su trono glorioso. Entonces serán congregadas delante de él todas las naciones, y él irá separando a unos de otros, como el pastor separa las ovejas de los cabritos. Pondrá las ovejas a su derecha, y los cabritos a su izquierda. Entonces dirá el Rey a los de su derecha: "Venid, benditos de mi Padre, recibid la herencia del Reino preparado para vosotros desde la creación del mundo. Porque tuve hambre y me disteis de comer, tuve sed y me disteis de beber, era forastero y me acogisteis, estaba desnudo y me vestisteis, enfermo y me visitasteis, en la cárcel y acudisteis a mí". Entonces los justos le responderán: "Señor, ¿cuándo te vimos hambriento y te dimos de comer, o sediento y te dimos de beber? ¿Cuándo te vimos forastero y te acogimos, o desnudo y te vestimos? ¿Cuándo te vimos enfermo o en la cárcel, y acudimos a ti?". Y el Rey les dirá: "Os aseguro que cuanto hicisteis a uno de estos hermanos míos más pequeños, a mí me lo hicisteis". Entonces dirá también a los de su izquierda: "Apartaos de mí, malditos, al fuego eterno preparado para el diablo y sus ángeles. Porque tuve hambre y no me disteis de comer, tuve sed y no me disteis de beber, fui forastero y no me acogisteis, anduve desnudo y no me vestisteis, estuve enfermo y en la cárcel, y no me visitasteis". Entonces dirán también éstos: "Señor, ¿cuándo te vimos hambriento o sediento o forastero o desnudo o enfermo o en la cárcel, y no te asistimos?". Y él entonces les responderá: "Os aseguro que cuanto dejasteis de hacer con uno de estos más pequeños, también conmigo dejasteis de hacerlo". E irán éstos a un castigo eterno, y los justos a una vida eterna».

Mateo 25:31-46

DISCURSO 68

¿Qué quiso dar a entender Jesús con «castigo eterno»?

«Cuando el Hijo del hombre (esta encarnación llamada Jesús) sea glorificado en el cielo al fundirse en la Conciencia Cósmica junto con todas las santas y angélicas almas liberadas, mi eterna Conciencia Crística se sentará en el trono de gloria de la Omnipresencia, en comunión con la Infinita Inteligencia Crística que es el testigo y juez supremo de todos los hombres de todas las naciones[1]. Cuando las almas abandonan la tierra a la llegada de la muerte, comparecen ante la Inteligencia Infinita, la cual decreta, a través de la ley cósmica, que aquellos que han seguido humildemente los caminos de la virtud —las *«ovejas»*— sean alojados en el redil de la rectitud en la bienaventuranza celestial, y que todos los chivos expiatorios que acumulan los pecados de muchas encarnaciones[2] —los malhechores— sean destinados a las regiones inferiores del mundo astral, desde las cuales reencarnarán en la tierra para continuar expiando los efectos de sus malas acciones».

El verdadero «día del Juicio» tanto para los justos como para los pecadores

---

1 Véase *Mateo* 19:28 (discurso 63), donde Jesús emplea palabras similares: *«... en la regeneración, cuando el Hijo del hombre se siente en su trono de gloria...»,* es decir, «después de la resurrección del Hijo del hombre (la espiritualización de mi cuerpo físico al fundirse en el Espíritu cósmico), mi Conciencia Crística reposará en el trono de la Conciencia Cósmica omnipresente en el reino de la Conciencia Crística».

2 Chivo expiatorio: «animal o persona a la cual se le adjudican en forma ceremonial los pecados, la mala suerte u otros males y que los expía simbólicamente al ser sacrificada o exiliada» (*Webster's Third New International Dictionary,* edición completa).

Por lo general, estos versículos se interpretan como una descripción del *«juicio final»* al que supuestamente se someterá a las multitudes en el momento de la «segunda venida» de Jesús que se predice en las creencias eclesiásticas. Como ya se explicó [discurso 34, volumen II], el *«día del Juicio»* no es un acontecimiento cósmico decretado por Dios y que ocurrirá en algún momento específico del futuro. Se trata, más bien, de lo que les sucede a todas las personas después de su muerte cuando despiertan en el mundo astral. La Conciencia Crística determina el buen y mal karma que ellas han acumulado; la ley cósmica de causa y efecto que emana de esa Inteligencia Universal las clasifica entonces conforme al destino que merecen en su siguiente vida, de acuerdo con sus acciones meritorias o censurables[3]. Aquellos que son eminentemente virtuosos se elevan hacia los reinos celestiales superiores o se liberan al ascender a la Conciencia Cósmica. Los demás, a causa de sus deseos materiales y de la persistencia de sus imperfecciones —resultado de sus acciones erróneas del pasado—, renacen en la tierra en familias y entornos que son beneficiosos o desfavorables en diverso grado[4]. Como resultado de la proliferación del mal karma, la tierra es un lugar de engaño permanente, deseos insaciables y castigo constante: un suplicio en el que arden perpetuamente los fuegos del sufrimiento[5].

En una ocasión anterior, empleando palabras similares pero haciendo énfasis en un aspecto diferente, Jesús había señalado: *«Porque el Hijo del hombre ha de venir en la gloria de su Padre, con sus ángeles; y entonces pagará a cada uno según su conducta»*[6]. A nivel espiritual individual, Jesús estaba haciendo referencia a la experiencia del

---

3 Véase el comentario relativo al juicio que emite la Infinita Conciencia Crística y la Ley Cósmica después de la muerte (discurso 21, volumen I).

4 «Si al morir predominan en un hombre las cualidades [elevadoras] propias de *sattva*, éste se eleva a las inmaculadas regiones en las que moran los conocedores del Más Excelso. Cuando a la hora de la muerte prevalece *rajas* [la cualidad activadora de la naturaleza], la persona renace entre quienes se hallan apegados a la actividad. El que muere inmerso en *tamas* [la cualidad degradante] entra en la matriz (medio ambiente, familia, estado de conciencia) de aquellos que están profundamente engañados» *(God Talks With Arjuna: The Bhagavad Gita* XIV:14-15. Véase *El Yoga del Bhagavad Guita).*

5 Véase también el comentario sobre *Mateo* 18:8-9 y *Marcos* 9:43, 48 (discurso 48, volumen II): *«Si tu mano* [o pie u ojo, cualquier instrumento de la tentación sensorial] *te es ocasión de tropiezo, córtatela; más vale que entres manco en la Vida que ir con las dos manos a la Gehenna [al infierno], al fuego que no se apaga [...], donde su gusano no muere y el fuego no se apaga»*.

6 *Mateo* 16:27. (Véase el discurso 45, en el volumen II).

devoto avanzado en la práctica de la meditación, cuya alma se eleva hasta que logra percibir a Dios. Este devoto experimenta la divina e infinita Inteligencia Crística-*Kutastha* y el juicio de dicha Inteligencia Crística en la forma de ley cósmica de causa y efecto que se refleja en el interior mismo de la conciencia de su alma o Hijo del hombre. Por su *«conducta»* espiritual —su constancia en la meditación fervorosa—, el devoto recibe la recompensa de sus esfuerzos espirituales cuando al Hijo del hombre (la conciencia del alma que mora en su cuerpo) le es revelada la gloria de la Conciencia Cósmica del Padre, junto con el gozo y la sabiduría angélica inherentes a dicha Conciencia.

La conciencia de la mayoría de las personas difícilmente recibe las revelaciones interiores que proceden de tales estados extáticos de unión con Dios. Sin embargo, incluso aquellos que están cautivos del cuerpo experimentan una percepción supraconsciente durante el «éxtasis» de la muerte, en el que se trasciende la conciencia del cuerpo. Cuando la fuerza vital y la conciencia se retiran hacia la columna vertebral y el cerebro para abandonar el cuerpo, la supraconciencia del alma —el reflejo de la Conciencia Crística en el cuerpo («el Hijo del hombre»)— percibe en un destello toda la *«conducta»*, es decir, todas las acciones que crean karma y que esa persona realizó a lo largo de su vida. La connotación general de dicha conducta pone en acción la ley cósmica del karma, la cual decreta la siguiente fase de la existencia de esa alma[7]. Ésta es una experiencia humana universal, aplicable a *«todas las naciones»*, independientemente de su raza o de sus creencias religiosas, tal como lo señala Jesús en los presentes versículos (*Mateo* 25:31-32).

Servir al Espíritu de Cristo en los hambrientos, los enfermos y los desposeídos

En sus numerosas parábolas, Jesús expone de manera metafórica los requisitos necesarios para la salvación del devoto, entre los cuales se incluyen: la práctica fiel de la meditación regular con el objeto de lograr el desarrollo espiritual; la devoción; la constancia en el control de los sentidos, de los hábitos y de los deseos materiales. En los presentes versículos, Jesús explica, además, la razón por la cual las almas en las que resplandece la virtud alcanzan la liberación, en tanto que las almas mancilladas por el mal son enviadas de regreso a la tierra: el buscador espiritual alcanza la liberación únicamente cuando experimenta la presencia de

[7] Véase también el discurso 21 (volumen I), donde se explica el tema de *«la trompeta de Gabriel»*.

la Conciencia Crística en su propio ser y cuando, merced a la expansión de su propia comunión divina, honra ese Espíritu Crístico en las demás personas.

Los devotos virtuosos —aquellos que en verdad han alcanzado el éxito en la meditación— no sólo perciben la Conciencia Crística dentro de su propia alma, sino que saben que esa Conciencia se encuentra presente en todos por igual. Por esa razón, después de servir a Cristo con devoción en el templo de la meditación, sirven también, con diligente espontaneidad, al Espíritu Crístico en aquellos que sufren en este mundo hambre, sed, abandono, pobreza, enfermedades o prisión. Al final de su vida terrenal, cuando deben separarse de quienes se han de reencarnar en la tierra, la Conciencia Crística —el Rey de la creación entera— les envía a través de la ley cósmica esta orden vibratoria:

«¡Venid, todas las almas justas que estáis a mi derecha, en el trono de la rectitud, y que sois bendecidas con la Conciencia Cósmica! Heredad el reino de la bienaventuranza eterna que os ha sido destinado desde la creación misma del cosmos. Cuando yo, la Inteligencia Crística, estaba presente en el alma del hambriento, me disteis de comer. Cuando tuve sed en los cuerpos terrenales, me disteis de beber. Me acogisteis aunque yo pareciese forastero, ya que mi divinidad se hallaba oculta en un humilde molde humano. Cuando vestisteis a los desposeídos, fui yo quien recibió vuestros cuidados. Cuando visitasteis a los enfermos, me asististeis a mí, que moraba en ellos. Cuando estaba presente en los cuerpos de los que se encontraban en prisión y sin esperanzas, vinisteis a infundirme ánimo. Dado que mi presencia es inherente a todos los hermanos terrenales —desde los más prominentes hasta los más insignificantes—, cada vez que ofrecisteis ayuda física, mental o espiritual a uno de ellos, en verdad me servíais a mí. Puesto que estoy presente de manera consciente en todos los hijos de mi Padre, percibo cada acto de bondad que ellos reciben de vosotros. Al amarme en cada forma que adopto, os encontráis por siempre envueltos en mi perenne amor y bajo mi eterna protección».

A continuación, Jesús hace referencia a quienes jamás meditan y que, por lo tanto, no son conscientes de la presencia de Cristo que mora en ellos; tampoco perciben, por consiguiente, que el Espíritu Crístico se encuentra presente en el hambriento, en el sediento y en todos los demás seres humanos agobiados por problemas y aflicciones. Jesús señala que cuando estas personas ignorantes e insensibles escapan de la prisión corporal al sobrevenir la muerte, no pueden hallar un lugar permanente para residir en la belleza y libertad de las esferas astrales. Por medio de la ley cósmica, la Inteligencia Crística les envía en forma vibratoria una sentencia silenciosa, que podría expresarse verbalmente de la siguiente manera:

Las personas egoístas e insensibles no pueden permanecer en el cielo astral de belleza y libertad

«Apartaos de mi presencia —revelada a los virtuosos en el mundo astral—, vosotros que estáis a mi izquierda y que debido a vuestras propias acciones os alejasteis de Mí y os habéis condenado a arder en el fuego eterno de los deseos mundanos, los cuales se crean cuando tanto las mentalidades sombrías y malignas como los intelectos que brillan con resplandor angélico sucumben igualmente a la ignorancia impuesta por *"el diablo y sus ángeles"*. Aunque la Inteligencia Crística está presente por igual en vosotros y en todos vuestros hermanos terrenales —prominentes o insignificantes—, no descubristeis el potencial de vuestra propia alma ni prestasteis ayuda a esa Presencia Divina que se hallaba en aquellos que padecían necesidades. Una existencia egoísta y sumergida en el engaño es una existencia malévola. Ahora deberéis regresar a la tierra[8], y no habrá para vosotros ni reino celestial ni liberación en el Espíritu hasta que hayáis neutralizado vuestro mal karma del pasado con el antídoto de la percepción de la Vida y de la Conciencia Eterna que residen en vuestro interior y mediante el servicio a esa Presencia en todos los seres».

La referencia en estos versículos al *«fuego eterno preparado para el diablo y sus ángeles»* —un lugar de *«castigo eterno»*— ha suscitado en las mentes de millones de personas un temor hacia Dios, considerándolo como un juez despiadado que condena a sus hijos a sufrir el torturante castigo del infierno por toda la eternidad, sin posibilidad de redención. Sin embargo, Jesús jamás dio a entender que existiera una región especial adonde las almas fuesen después de la muerte para sufrir las agonías del encierro y del castigo durante toda la eternidad a causa de la combinación

Dios no es un juez despiadado que condena a las almas al «fuego eterno»

[8] Antes de reencarnar en la tierra, el ser humano puede cumplir parcialmente con el pago compensatorio impuesto por el karma, mediante el sufrimiento mental causado por el ardiente dolor que se deriva de la imposibilidad de satisfacer los anhelos materiales durante su estancia temporal en alguna de las regiones astrales inferiores, como es el caso del hombre rico citado en *Lucas* 16:1-31 (discurso 59).

de las transgresiones y virtudes de una sola vida que apenas dura unas cuantas décadas. ¡Semejante concepto es totalmente ilógico! Si incluso un juez terrenal es lo suficientemente sensato como para sentenciar a un delincuente de acuerdo con la naturaleza y la magnitud de su delito, sin duda alguna el Juez de jueces, la Ley Cósmica —imparcial en la administración de la justicia—, ordena recompensas y castigos que guardan proporción con el comportamiento kármico de una persona en el plano terrenal. Un millón de años de constantes pecados podría atraer un millón de años de encarnaciones terribles, pero no más. Sin embargo, incluso eones de ignorancia y de acciones incorrectas no podrían alterar la intrínseca naturaleza divina del alma, que es eterna. El hombre podrá entretenerse por algún tiempo haciendo mal uso de su libre albedrío y llevar el sobrenombre de «mortal», pero esa ilusión temporal jamás logrará borrar el sello de inmortalidad y perfección que posee la imagen de Dios grabada en su alma. Puesto que el alma es una emanación de Dios mismo, es manifiestamente imposible que el Ser verdadero del hombre se degrade y se convierta en una entidad maligna que merezca la condenación eterna.

En cierta ocasión, cerca de la ciudad de Seattle, en el estado de Washington, me encontraba sentado cerca del océano, profundamente inspirado por su vastedad que me recordaba la inmensidad de Dios. Transcurrido algún tiempo, sentí hambre y me dirigí hacia una de las granjas cercanas a comprar cerezas. Allí conocí a un anciano, de rosadas mejillas y de jovial aspecto, que me recibió con cálida hospitalidad.

Sin embargo, una inspiración divina me impulsó a decirle:

—Estimado señor, aun cuando usted se muestra muy feliz, existe un sufrimiento oculto en su vida.

—¿Acaso es usted adivino? —me preguntó.

—No —le dije—, pero yo le indico a la gente cómo enmendar su suerte.

La conversación derivó luego hacia temas espirituales. Para mi sorpresa, el anciano exclamó repentinamente:

—¡Todos somos pecadores! El Señor hará arder nuestras almas en el fuego y azufre del infierno.

Recurrí entonces a su sentido común y le pregunté:

—¿Cómo puede el hombre, que al momento de morir pierde su cuerpo y se transforma en un alma invisible, arder en un fuego encendido con un elemento material como es el azufre?

El anciano se encolerizó y continuó insistiendo:

—¡Es verdad lo que digo! Todos arderemos en el fuego del infierno.

Entonces le pregunté en tono de broma:

—¿Acaso Dios le envió un telegrama acerca de este tema y por eso se siente usted tan seguro de que Él nos hará arder en el fuego del infierno?

—¡Blasfemia! —vociferó el anciano, más enojado que nunca.

Le hablé entonces en tono conciliador y sutilmente cambié el tema de la conversación. Al cabo de un tiempo le pregunté:

—¿Qué me puede decir acerca de la aflicción que le causa su descarriado hijo? —Mi anfitrión se mostró sorprendido por mis palabras; sin embargo, admitió la infelicidad constante que le ocasionaba el holgazán de su hijo, a quien al parecer no lograba corregir.

—Tengo la solución para su desdicha —le dije. Los ojos del anciano brillaron con esperanza y esbozó, entonces, una sonrisa.

—Le estaré agradecido el resto de mi vida por cualquier cosa que usted pueda hacer por mí, ¡cualquier cosa! —dijo él.

Con aire misterioso, como si estuviese a punto de revelarle un preciado secreto, le pregunté en voz baja:

—¿Dispone usted de un horno grande? —y le describí con mis manos las dimensiones adecuadas.

—Sí, por supuesto —respondió intrigado.

—Muy bien —le dije—. Deberá primeramente calentar el horno al rojo vivo. ¿Cuenta usted con dos amigos de confianza que jamás traicionarían sus secretos, sin importar lo que usted haga?

—Pues, sí, pero...

—¡Perfecto! —le interrumpí—. Necesitará usted la ayuda de sus dos amigos. ¿Tiene usted una cuerda muy fuerte de varios metros de largo?

—Sí —replicó el anciano granjero, mientras sus sospechas aumentaban—. Pero ¿para qué necesitaré todo eso?

—Por favor, no se preocupe, estimado amigo. ¿No le prometí acaso que le proporcionaría la solución para sus problemas? —Esperanzado pero cauteloso, el anciano finalmente desechó todas sus dudas y continuó escuchándome—. Su hijo tiene un sueño profundo, ¿no es verdad? —le pregunté en tono casual.

—Sí —fue su acongojada respuesta—, él regresa a casa completamente ebrio.

—¡Excelente! —exclamé con tono exultante—. Esta noche llame

a sus dos amigos mientras calienta su horno al máximo. Pídales que se mantengan en silencio hasta que su hijo se encuentre profundamente dormido. Vayan luego a su habitación, amárrenlo con firmeza, bájenlo por la escalera y arrójenlo al horno.

—¡Malvado! ¡Asesino! —gritó el anciano, sacudiendo su puño—. ¿Es ésa la solución que me propone?

—¿No es acaso lo que su hijo se merece? —le pregunté—. Tan sólo piense que él jamás volverá a causarle problema alguno.

—¡Eso es una tremenda atrocidad! —exclamó—. ¿Dónde se ha visto que un padre incinere vivo a su propio hijo? ¡No podría hacer algo tan terrible ni aunque mi hijo fuese diez veces más perverso de lo que es!

—¡Por supuesto que no podría! —le respondí con aire severo. El anciano me miró, desconcertado y sorprendido ante el nuevo rumbo que tomaban mis palabras—. Piense —continué— en lo que he estado tratando de hacerle entender. Usted, siendo humano y mucho menos perfecto que Dios, no puede soportar la idea de infligir un tormento a su hijo, sin importar cuán malvado sea. ¿Dónde cree usted que adquirió ese instinto de amor si no de su Padre Celestial? Incluso un padre humano no podría soportar la cruel idea de castigar a su propio hijo quemándolo vivo, aunque fuese un pecador. ¿Cómo puede usted entonces pensar que su Padre Celestial, que es todo amor, castiga a sus propios hijos haciéndolos arder eternamente en el fuego y azufre del infierno? ¡El amor de Dios es infinitamente mayor que el afecto que usted siente como padre!

Los ojos del anciano se llenaron de lágrimas de entendimiento. Una expresión de ternura apareció en su rostro y me miró con gratitud, diciendo:

—¡Por supuesto! Siempre he pensado en nuestro Padre Celestial como un Dios de amor. Él jamás nos castigaría eternamente debido a nuestra ignorancia.

—Somos nosotros mismos los que nos castigamos o recompensamos aquí en la tierra con los efectos de nuestras propias acciones —concluí diciendo.

Cuando un hombre procede con maldad, las semillas de las tendencias de sus acciones pecaminosas permanecen alojadas en lo más recóndito de su conciencia, listas para germinar en el suelo de las circunstancias favorables y llegar a formar malos hábitos, bien sea en esa misma encarnación o en una encarnación futura. Una vez que las tendencias malignas se convierten en malos hábitos, fuerzan a la persona a ejecutar nuevas malas acciones. De ese modo, el pecador se crea un infierno interminable de prolíficas tendencias compulsivas que lo arrastran hacia los desoladores abismos del mal. En ese ciclo de tormentos experimenta lo que se entiende por *«castigo eterno»*.

El hombre decreta su propio castigo cuando se deja llevar por la maligna influencia del engaño satánico

La tentación de llevar a cabo acciones innobles nace en la conciencia del hombre a consecuencia del engaño cósmico, la influencia de Satanás y sus agentes del mal: la ira, la lujuria, la codicia, el egoísmo y una miríada de otros variados enemigos de las cualidades celestiales. Cuando el ser humano decide dejarse llevar por los impulsos malignos, le concede al diablo un lugar en su vida: cuanto más vil es la acción, mayor es el avance de las fuerzas satánicas. Sutilmente ocultas en la ignorancia que envuelve el alma del ser humano, estas tendencias lo estimulan a perpetrar males cada vez mayores nacidos del engaño y avivan, en las mentes ignorantes, el fuego siempre ardiente de anhelos materiales. De ahí que, después de la muerte, la ley cósmica imbuida de Cristo dictamine que quienes están obsesionados con el mal deben reencarnar: *«Apartaos de mí, malditos, al fuego eterno preparado para el diablo y sus ángeles»*, en alusión a Satanás y sus agentes, así como a las mentalidades, tanto buenas como malas, a las que aquéllos mantienen en la ignorancia del engaño.

De acuerdo con la ley del hombre, si se apresa a un ascsino, éste podría ser ejecutado; pero si no se descubre su culpabilidad, permanecerá en libertad. Según la omnisciente ley cósmica, es imposible librarse de ese modo del castigo. Desde el momento mismo en que se comete un delito, ese mal permanece en la conciencia del perpetrador como una huella latente de causa y efecto que anuncia una justicia inevitable. Esto no significa que el asesino necesariamente muera a manos de otra persona; la ley divina no escribe sus veredictos conforme a un sistema de represalias, *«ojo por ojo, diente por diente»*. A diferencia de ello, el asesino comienza a castigarse a sí mismo constantemente a través de su conciencia y de un sentimiento interior subconsciente de terror a las consecuencias por no haber actuado conforme a la ley: *«Tratad a los hombres como queréis que ellos os traten»*. Le atormenta, quizá sólo por un lacerante efecto subconsciente, el abrasador sentimiento de horror producido

Todos los hijos de Dios disponen de incontables oportunidades para hallar la salvación

por el sufrimiento físico y la pérdida de la vida que ocasionó a su víctima, el cual siente ahora en sí mismo como si se aplicase a su propia persona. Si no puede liberarse de ese sentimiento de horror mediante el arrepentimiento y la renovación espiritual que tiene lugar con la práctica de la meditación, la oración y la comunión con Dios, o logra por lo menos tranquilizar su conciencia entregándose a la ley, en la vida siguiente —aun cuando quedara impune en la anterior encarnación— llevará dentro de su conciencia una bomba kármica de tendencias asesinas, así como el temor subconsciente de convertirse él mismo en una víctima. Esa bomba constituida por los hábitos del pasado puede explotar bajo la influencia de la ira u otra emoción violenta y ocasionar otro repentino impulso homicida, en que él mismo podría, a su vez, ser asesinado. Las circunstancias de su muerte no serían el resultado de una sentencia de la ley cósmica por el delito cometido. Más bien, el asesino podría haber atraído hacia él esa muerte debido a sus propias acciones erróneas provenientes de tendencias acumuladas en el pasado.

El hombre que posee hábitos indeseables profundamente arraigados —el fumador empedernido, el borracho contumaz, el drogadicto, el esclavo del paladar, el adicto al sexo, el siervo de la ira o de los celos— se siente tan indefensamente atrapado en los tentáculos de sus hábitos diabólicos que teme estar condenado a ejecutar esas acciones perjudiciales y cosechar sus dolorosos resultados aun cuando desee reformarse. Pero lo único que condena a un pecador a permanecer bajo la detestable influencia del *«diablo y sus ángeles»* es haberse entregado a un sentimiento de impotencia y desesperanza.

No existe hábito pecaminoso, por poderoso que sea, que no pueda ser erradicado mediante las buenas compañías, la meditación y el esfuerzo constante por adoptar el buen hábito opuesto, lo cual tiene el poder de transmutar y contrarrestar el mal hábito. Una persona con hábitos nocivos suele olvidar que esas tendencias se crearon mediante la práctica reiterada de acciones erróneas. Por esa razón, aun cuando aquel que actuó de manera equivocada en el pasado tenga una excelente disposición para actuar correctamente, no debe esperar que al cabo de uno o algunos pocos esfuerzos en favor del bien pueda librarse de su pasado. No obstante, si persevera en el comportamiento correcto y se aleja de las malas compañías y de los malos pensamientos, los cuales estimulan las acciones erróneas, con el tiempo logrará sin duda alguna reemplazar los hábitos indebidos por prácticas virtuosas.

A todos los hijos pecadores de Dios que han caído en el error les son concedidas tantas encarnaciones en la tierra como sean necesarias para expiar su karma, hasta que finalmente alcancen la liberación al descubrir y poner de manifiesto la perfecta imagen de Dios dentro de su propio ser. Sin embargo, en vez de emplear su vida para buscar la salvación, prefieren crear y avivar las ardientes hogueras de los continuos deseos terrenales, que mantienen cautiva al alma en una determinada serie de encarnaciones sobre la tierra —lugar de eterno (o al menos persistente) sufrimiento debido a la presencia constante del engaño cósmico—. En ese sentido, la expresión *«castigo eterno»* se refiere acertadamente a la tierra. Si una persona recordase todos los pesares y aflicciones que experimentó en sus incontables vidas pasadas, sabría que ya ha soportado el fuego del infierno y que ha llegado el momento de buscar el cielo eterno en Dios.

No obstante, si los errores de una o de numerosas vidas son insuficientes para merecer la condenación eterna, ¿cómo es posible que las acciones virtuosas de una o más encarnaciones puedan asegurar la libertad eterna? La respuesta se encuentra en la inmutable perfección del alma del hombre, la cual se ha identificado con un cuerpo mortal sólo de manera transitoria. Mientras el ser humano crea que es mortal, deberá sufrir los provocadores desafíos de las dualidades de la existencia mortal. El engaño de poseer una conciencia mortal puede distorsionar la expresión externa del alma durante algunas o muchas encarnaciones, pero tarde o temprano, gracias al esfuerzo personal y a la ley evolutiva imbuida de la inspiradora gracia divina, el alma recobra su capacidad para expresar la sabiduría.

El mal es sólo un injerto temporal en la inmutable perfección del alma

Todo el mal que se acumula en la naturaleza humana es un injerto pasivo, un parásito temporal en el árbol de la vida, que se puede extirpar con el escalpelo de la sabiduría. Tan pronto como el hombre comprende que el mal promete felicidad pero al final sólo acarrea sufrimiento, comienza a anhelar la emancipación e inicia seriamente su búsqueda de Dios. El deseo de hallar el bien y la libertad es una invitación que el ser humano le hace a Dios para que Él venga a su vida acompañado de su guía y bendiciones.

Con la práctica de la meditación y de la acción correcta (cumplir las leyes morales de Dios y seguir la guía de sus emisarios), las cuales le revelan al devoto la presencia del alma, éste avanza con paso firme hacia la realización del Ser: el despertar de la conciencia espiritual y la unión de su alma con Dios. Una vez que ha alcanzado la iluminación, se disipan las milenarias tinieblas de la ignorancia mortal y el devoto regresa a su hogar en la Conciencia Cósmica, donde el Padre le concede la liberación eterna[9].

Así pues, aunque el concepto de condenación y fuego eternos es insostenible y debería ser erradicado de las mentes humanas supersticiosas, la existencia de un Cielo Eterno en Dios es una verdad innegable. Al final de la senda de las reencarnaciones por la que lo han llevado sus vagabundos deseos materiales, el ser humano hallará al bienaventurado Padre Celestial, que aguarda a sus hijos para recibirlos en el siempre renovado Gozo de la *«vida eterna»*.

---

[9] «El que está unido a la sabiduría cósmica trasciende los efectos de la virtud y del vicio, aun en esta misma vida. Así pues, conságrate al yoga, la unión divina. El yoga es el arte de la acción correcta.

»Quienes han logrado dominar su mente permanecen absortos en la infinita sabiduría y ya no tienen interés alguno por los frutos de las acciones. Liberados en esta forma de la cadena de renacimientos, alcanzan aquel estado que es inmune a toda desdicha» *(God Talks With Arjuna: The Bhagavad Gita* II:50-51. Véase *El Yoga del Bhagavad Guita).*

DISCURSO 69

«Haced esto en recuerdo mío»

La Última Cena, parte I

El significado esotérico del acto de Jesús de compartir el pan y la copa en la última cena

❖

Cómo obró el derramamiento de la sangre de Jesús crucificado para lograr el perdón de los pecados

❖

La verdadera importancia de «la nueva Alianza» y del rito de compartir el cuerpo y la sangre de Cristo

❖

La ley del karma en relación con la crucifixión de Jesús y el destino de quien lo traicionó

❖

La sabiduría práctica de Jesús al aplicar las verdades espirituales en un mundo de relatividad

«Aquellos que verdaderamente comulgan con Cristo pueden percibir a Jesús no sólo de manera ritual y simbólica, sino en su infinitud sin forma, en su unidad con la omnipresente Conciencia Crística y con la luz universal de la Energía Cósmica del Espíritu Santo».

Llegó el día de los Ázimos, en el que se había de sacrificar el cordero de Pascua. Jesús envió a Pedro y a Juan con este encargo: «Id y preparadnos la Pascua para que la comamos». Ellos le preguntaron: «¿Dónde quieres que la preparemos?». Les respondió: «Cuando entréis en la ciudad, os saldrá al paso un hombre con un cántaro de agua; seguidle y veréis que entra en una casa. Decid entonces al dueño: "El Maestro te pregunta: ¿Dónde está la sala donde pueda comer la Pascua con mis discípulos?". Él os enseñará en el piso superior una sala grande, ya dispuesta; haced allí los preparativos». Fueron y lo encontraron tal como les había dicho, y prepararon la Pascua.

Cuando llegó la hora, se puso a la mesa con los apóstoles y les dijo: «Con ansia he deseado comer esta Pascua con vosotros, antes de padecer; porque os digo que ya no volveré a comerla hasta que halle su cumplimiento en el Reino de Dios».

Tomó luego una copa, dio gracias y dijo: «Tomad esto y repartidlo entre vosotros; porque os digo que, a partir de este momento, no beberé del producto de la vid hasta que llegue el Reino de Dios».

Tomó luego pan, dio gracias, lo partió y se lo dio, diciendo: «Éste es mi cuerpo que se entrega por vosotros; haced esto en recuerdo mío». De igual modo, después de cenar, tomó la copa y dijo: «Esta copa es la nueva Alianza en mi sangre, que se derrama por vosotros.

»Sabed que la mano del que me entrega está aquí conmigo, sobre la mesa. Ciertamente el Hijo del hombre se marcha, según está determinado, pero ¡ay de aquel por quien es entregado!». Entonces se pusieron a discutir entre sí quién de ellos sería el que iba a hacer aquello.

Entre ellos hubo también un altercado sobre quién de ellos parecía ser el mayor. Él les dijo: «Los reyes de las naciones las dominan como señores absolutos y los que las oprimen se hacen llamar bienhechores. Pero no actuéis así vosotros, pues el mayor entre vosotros ha de ser como el más joven, y el que gobierna, como el que sirve. Porque, ¿quién

La Última Cena: «Tomó luego una copa...»

Mientras estaban comiendo, tomó Jesús pan y lo bendijo, lo partió y, dándoselo a sus discípulos, dijo: *«Tomad, comed, éste es mi cuerpo».* Tomó luego una copa y, después de dar las gracias, se la pasó diciendo: *«Bebed de ella todos, porque ésta es mi sangre de la Alianza, que es derramada por muchos para perdón de los pecados».*

Mateo 26:26-28

Jesús demostró una y otra vez que su verdadero ser no era el «cuerpo», sino el Espíritu; él podía atravesar paredes y caminar sobre las aguas porque sabía que la auténtica sustancia de su forma humana era la conciencia. Así pues, la expresión «carne de Cristo» se refiere a su conciencia. Y la «sangre» se refiere a la vida de Cristo, a la Energía Cósmica del Espíritu Santo que constituye la vida y la luz del pequeño cuerpo llamado Jesús y de su cuerpo cósmico, que es el universo. [...]

Toda persona que vea esa Sagrada Luz Vibratoria de Dios y la Conciencia Crística (el reflejo de Dios en la creación), cualquiera que sea su religión o la época en que viva, descubrirá que esa Luz transforma instantáneamente sus células cerebrales. Ésa es la verdadera importancia de compartir la sangre de Cristo. Al bañarse en esa Luz, que era y es la manifestación de su vida y de su poder, los devotos que meditan profundamente se purifican en la «sangre» de la energía divina, la cual cauteriza su ignorancia, sus malos hábitos y las semillas de las tendencias kármicas del pasado.

Paramahansa Yogananda

Dibujo: Heinrich Hofmann

es mayor, el que está a la mesa o el que sirve? ¿No es el que está a la mesa? Pues yo estoy en medio de vosotros como el que sirve.

»Vosotros sois los que habéis perseverado conmigo en mis pruebas; yo, por mi parte, dispongo un Reino para vosotros, como mi Padre lo dispuso para mí, para que comáis y bebáis a mi mesa en mi Reino y os sentéis sobre tronos para juzgar a las doce tribus de Israel.

»¡Simón, Simón! Sábete que Satanás ha solicitado el poder cribaros como trigo, pero yo he rogado por ti, para que tu fe no desfallezca. Y tú, cuando hayas vuelto, confirma a tus hermanos». Él replicó: «Señor, estoy dispuesto a ir contigo hasta la cárcel y la muerte». Pero Jesús contestó: «Te digo, Pedro, que hoy mismo, antes de que cante el gallo, habrás negado tres veces que me conoces».

Les dijo también: «Cuando os envié sin bolsa, sin alforja y sin sandalias, ¿os faltó algo?». Ellos contestaron: «Nada». Y añadió: «Pues ahora, el que tenga bolsa, que la tome, y también alforja; y el que no tenga, que venda su manto y se compre una espada. Porque os digo que es necesario que se cumpla en mí eso que está escrito: 'Ha sido contado entre los malhechores'. Porque lo que se refiere a mí toca a su fin». Ellos dijeron: «Señor, aquí hay dos espadas». Respondió él: «Basta».

Lucas 22:7-38

DISCURSO 69

«Haced esto en recuerdo mío»

La Última Cena, parte I

«Llegó el día de los Ázimos, en el que se había de sacrificar el cordero de Pascua. Jesús envió a Pedro y a Juan con este encargo: "Id y preparadnos la Pascua para que la comamos". Ellos le preguntaron: "¿Dónde quieres que la preparemos?". Les respondió: "Cuando entréis en la ciudad, os saldrá al paso un hombre con un cántaro de agua; seguidle y veréis que entra en una casa. Decid entonces al dueño: 'El Maestro te pregunta: ¿Dónde está la sala donde pueda comer la Pascua con mis discípulos?'. Él os enseñará en el piso superior una sala grande, ya dispuesta; haced allí los preparativos"» (*Lucas* 22:7-12)[1].

En reiteradas ocasiones, Jesús demostró ante sus discípulos su omnisciencia y omnipresencia, mas no sólo con palabras sino por medio de sus acciones. La Conciencia Crística manifestada en Jesús, en sintonía con el Creador y Conocedor de todas las cosas, podía de esa manera percibir con incontables ojos y en cada partícula del espacio —en el pasado, presente y futuro— la secuencia de acontecimientos que llevarían a Pedro y a Juan a un sitio apropiado para que Jesús celebrase la Última Cena con sus discípulos.

Sería imposible describir explícitamente en el lenguaje humano el estado de conciencia en que se hallaba Jesús. Él estaba en todas partes,

[1] Compárese con las referencias paralelas que aparecen en *Mateo* 26:17-18 y *Marcos* 14:12-15.

lo era todo: se encontraba presente en los pensamientos y en la mente de sus discípulos, en el camino por el que se dirigían hacia la ciudad, en la ciudad misma, en el hombre con el cántaro, incluso en el cántaro y en todo el sutil éter vibratorio que había entre su cuerpo, la ciudad y todas las formas diferenciadas. Como todo pastor de almas enviado por Dios, Jesús estaba atento no sólo a los discípulos que se encontraban a su lado, sino también a los devotos que se hallaban en lugares distantes y que permanecían en sintonía con él, prontos a cumplir sus deseos. Jesús ansiaba celebrar la festividad de la Pascua en casa de un discípulo que le era particularmente fiel y que había dispuesto una habitación especial en el piso superior de su hogar a petición de su Maestro[2].

La vastedad infinita de la conciencia de Jesús

En la India, cuando las grandes almas se disponen a abandonar la tierra, es costumbre celebrar con un banquete su liberación en Dios. Jesús, poco antes de morir, también observó esta costumbre oriental cuando envió a Pedro y a Juan para que preparasen, para él y los doce discípulos, no sólo la Pascua tradicional sino también la última cena.

~

«Fueron y lo encontraron tal como les había dicho, y prepararon la Pascua.

»Cuando llegó la hora, se puso a la mesa con los apóstoles y les dijo: "Con ansia he deseado comer esta Pascua con vosotros, antes de padecer; porque os digo que ya no volveré a comerla hasta que halle su cumplimiento en el Reino de Dios"[3].

»Tomó luego una copa, dio gracias y dijo: "Tomad esto y repartidlo entre vosotros; porque os digo que, a partir de este

---

2 El Evangelio no identifica a este hombre por su nombre. Claramente se trataba de una persona acaudalada, propietaria de una casa amplia que contaba con una habitación amueblada en el piso superior que pudo poner de inmediato a disposición de Jesús; es posible que fuera uno de sus discípulos prominentes que, por razones sociales o políticas, no profesaba abiertamente sus creencias (como era el caso de Nicodemo y de José de Arimatea). Jesús dio a entender a Pedro y a Juan que esta persona accedería a su petición sin dudarlo y sin que ellos tuvieran siquiera que pronunciar su nombre. En los manuscritos del Evangelio en arameo y persa, la frase «*el* maestro te pregunta...» aparece como «*nuestro* maestro te pregunta», lo cual es otra indicación de que se trataba de un condiscípulo. *(Nota del editor).*

3 Compárese con las referencias paralelas que aparecen en *Mateo* 26:19-20 y *Marcos* 14:16-17.

momento, no beberé del producto de la vid hasta que llegue el Reino de Dios"» (*Lucas* 22:13-18).

Referencia paralela:

«Y os digo que desde ahora no beberé de este producto de la vid hasta el día aquel en que lo beba con vosotros, nuevo, en el Reino de mi Padre» (*Mateo* 26:29)[4].

«Conforme a un anhelo consciente que procede de mi libre albedrío, he deseado actuar con el sentimiento de un ser humano que se halla entre otros seres humanos y compartir la cena de la Pascua con vosotros en señal de despedida: el último alimento que tomaré en la tierra antes de que mi cuerpo padezca en la cruz. Porque os digo que no ingeriré alimento material hasta que se cumpla la profética culminación de mi vida —mi crucifixión y resurrección— y haya entrado en el reino de Dios totalmente liberado en la Conciencia Cósmica. Una vez que ascienda por completo en el Espíritu, en perfecta libertad de todas las limitaciones mortales que impone la ley cósmica, y cuando mi forma humana —que pronto será destrozada— haya resucitado, me reuniré de nuevo con vosotros y comeremos juntos como antes, en la conciencia de la presencia de mi Padre[5].

El anhelo conmovedoramente humano de Jesús de compartir una cena de despedida con sus discípulos

»Tomad la bebida de esta copa y repartidla entre vosotros, porque os digo que no beberé el jugo de la uva hasta después de mi crucifixión y resurrección, cuando vuelva en carne y hueso manifestando la Conciencia Cósmica del reino de mi Padre Celestial y beba con vosotros el producto de la vid y el vino de la sabiduría obtenido a través de la suprema trascendencia que he alcanzado».

Conmueve los sentimientos más profundos del corazón el saber que Jesús, aunque era divino, también era humano. Él sentía la angustia de que muy pronto tendría que separarse físicamente de sus amados discípulos, y por ese motivo ansiaba compartir con ellos una cena de despedida antes de atravesar la terrible prueba que le aguardaba.

El compartir una copa del *«producto de la vid»* entre los partici-

---

[4] Compárese con otra referencia paralela que aparece en *Marcos* 14:25.

[5] Véase *Lucas* 24:30 y 24:41-43, donde se narran dos ocasiones en que Jesús comió con sus discípulos después de su resurrección (discurso 75).

pantes de un banquete en el que se celebrara la Pascua formaba parte de las prácticas rituales tradicionales. Ya sea que Jesús y sus discípulos bebieran en esa ocasión vino, o agua mezclada con vino, o jugo de uva sin fermentar[6], la *«copa»* que él pidió que sus seguidores compartiesen tenía un significado más profundo (tal como se explica en el siguiente segmento de versículos). En todo caso, Jesús y los discípulos que estaban inmersos en el aura de sus bendiciones se hallaban en un estado de conciencia tan elevado que un poco de vino no habría tenido ningún efecto perjudicial en ellos; se encontraban únicamente bajo la influencia del vino del éxtasis en el estado de gozo siempre renovado que proviene del contacto con Dios. Las bebidas alcohólicas materiales, burdamente inferiores al éxtasis divino, estimulan los sentidos, anulan la razón y ocasionan degradación espiritual. Satanás inventó la tentación del vino y de la gratificación sensual a fin de engañar a la humanidad con falsos sustitutos de la infinitamente satisfactoria bienaventuranza que el contacto con Dios prodiga en la meditación profunda. Los buscadores del éxtasis divino deben abstenerse estrictamente de las sustancias embriagantes y los estimulantes de la sensualidad, los cuales mantienen la fuerza vital y la conciencia cautivas de la conciencia corporal y se convierten con facilidad en creadores de hábitos. Los esclavos de los sentidos que son controlados por el hábito del vino o del sexo no pueden ser partícipes del supremamente embriagador éxtasis de la comunión con Dios, que trasciende el plano sensorial.

El contenido de la copa que Jesús ofreció a sus discípulos había sido recargado por él con las divinas vibraciones de la Energía Cósmica del Espíritu Santo, a fin de que los discípulos se sintiesen elevados y purificados al celebrar juntos los ritos de la Pascua (la liberación de la esclavitud)[7].

---

[6] La palabra «vino» no aparece en ninguno de los relatos del Evangelio acerca de la Última Cena.

[7] La fiesta de la Pascua, una de las principales festividades sagradas del año judío, conmemora la liberación del pueblo de su esclavitud en Egipto. Según se relata en el libro del Éxodo, Dios le dijo a Moisés:

«Y ahora, al escuchar el gemido de los israelitas, esclavizados por los egipcios, he recordado mi alianza. Por eso, di a los israelitas: Yo soy Yahvé; Yo os sacaré de los duros trabajos de los egipcios, os libraré de su esclavitud y os redimiré con brazo tenso y juicios solemnes. Yo os haré mi pueblo, y seré vuestro Dios; y sabréis que Yo soy Yahvé, vuestro Dios, que os sacaré de la esclavitud de Egipto» (Éxodo 6:5-7).

De acuerdo con el relato bíblico, se requirieron diez plagas devastadoras, que Moisés profetizó, para convencer al faraón de que liberase a los israelitas. El castigo final fue la muerte repentina del primogénito de cada familia egipcia. Dios le había pedido a Moisés que ordenase a cada familia israelita preparar, en una fecha determinada, una

«Tomó luego pan, dio gracias, lo partió y se lo dio, diciendo: "Éste es mi cuerpo que se entrega por vosotros; haced esto en recuerdo mío". De igual modo, después de cenar, tomó la copa y dijo: "Esta copa es la nueva Alianza en mi sangre, que se derrama por vosotros"» (*Lucas* 22:19-20).

Referencia paralela:

«Mientras estaban comiendo, tomó Jesús pan y lo bendijo, lo partió y, dándoselo a sus discípulos, dijo: "Tomad, comed, éste es mi cuerpo". Tomó luego una copa y, después de dar las gracias, se la pasó diciendo: "Bebed de ella todos, porque ésta es mi sangre de la Alianza, que es derramada por muchos para perdón de los pecados"» (*Mateo* 26:26-28)[8].

El significado esotérico del acto de Jesús de compartir el pan y la copa en la última cena

Jesús había explicado anteriormente la naturaleza metafórica del sacramento de su carne y de su sangre, de modo que los apóstoles comprendieron el pleno significado esotérico del *«pan»* y de la *«copa»* simbólicos que Jesús les ofreció en la Última Cena[9]. Dicho significado se halla implícito al relacionar Jesús estos símbolos con su crucifixión y con *«la nueva Alianza»*.

---

comida consistente en cordero, pan sin levadura y hierbas amargas, y untar la entrada de sus hogares con la sangre del cordero, pues *«Yahvé pasará para herir a los egipcios, pero, al ver la sangre en el dintel y en las dos jambas, pasará de largo por aquella puerta y no permitirá al Exterminador entrar en vuestras casas para herir a nadie. Observad todo esto como ley perpetua para vosotros y para vuestros hijos. [...] "Es el sacrificio de la Pascua de Yahvé, que pasó de largo por las casas de los israelitas en Egipto hiriendo a los egipcios y preservando, en cambio, nuestras casas"»* (*Éxodo* 12:23-24, 27).

[8] Compárese con otra referencia paralela que aparece en *Marcos* 14:22-25.

[9] Véase el comentario sobre *Juan* 6:51-54, en el discurso 43 (volumen II), donde Jesús dice: *«"Yo soy el pan vivo, bajado del cielo. Si uno come de este pan, vivirá para siempre; y el pan que yo le voy a dar es mi carne, para vida del mundo". Discutían entre sí los judíos: "¿Cómo puede éste darnos a comer su carne?". Jesús les dijo: "En verdad, en verdad os digo que si no coméis la carne del Hijo del hombre, y no bebéis su sangre, no tenéis vida en vosotros. El que come mi carne* (aquel que en su propia conciencia absorbe la Conciencia Crística manifestada plenamente en Jesús) *y bebe mi sangre* (se purifica en la luz y en la vitalidad de la Vibración Cósmica del Espíritu Santo) *tiene vida eterna, y yo le resucitaré el último día"»*.

«Así como parto este pan y os lo doy como alimento físico, así también ofrendo mi pequeño cuerpo llamado Jesús para que sea torturado y crucificado, a fin de que con el ejemplo de mi vida y de mi sacrificio se estimule vuestra vida espiritual. Por lo tanto, cada vez que partáis el pan y deis gracias a Dios y comáis, recordad esta ocasión en que yo partí el pan para vosotros en la víspera de mi sacrificio; celebradlo como un símbolo de la ofrenda de mi cuerpo por el bien de vuestro desarrollo espiritual y el de toda la humanidad.

»En la copa que os ofrezco, recibid la nueva Alianza enviada por Dios a través de mí para vuestra liberación, recibid el mensaje divino por el cual derramo mi sangre por vosotros: que es preciso estar dispuesto a sacrificarlo todo, incluso la vida misma, con el objeto de alcanzar la liberación eterna en la conciencia divina. Ése será el significado de mi crucifixión. Bebed la sabiduría inmortalizadora de la copa de mi sacrificio supremo en la cruz, cuyo propósito es inspiraros a vosotros e inspirar a todos los pueblos del mundo a realizar los sacrificios necesarios para alcanzar la conciencia divina. De ese modo habréis hallado cómo liberaros de padecer las consecuencias que establece la ley de causa y efecto por vuestras acciones pecaminosas del pasado».

Jesús se refirió a su sacrificio en la cruz como la «copa»[10], y a la lección espiritual implícita en su crucifixión como el contenido de la copa del sacrificio. Cuando les pidió a sus discípulos que todos bebiesen de esa copa, no estaba dando a entender que fuese literalmente necesario sufrir la crucifixión física para conocer a Dios, ni que la crucifixión física por sí sola confiriese el estado crístico. Para manifestar su excelso estado y antes de estar preparado para afrontar victoriosamente su padecimiento en la cruz, Jesús había crucificado la ignorancia con la sabiduría, la inquietud con la meditación, los deseos con la renunciación, las tentaciones sensoriales con el recogimiento interior de la conciencia, el odio con el amor, el egoísmo con la generosidad. Éstos son los requisitos importantes para lograr el estado crístico. Todo aquel que pueda crucificar el apego físico mediante la comunión con Dios alcanzará el estado en que es posible soportar incluso la crucifixión del cuerpo o cualquier otro sufrimiento, si fuese necesario, en nombre de Dios y de la verdad.

---

[10] Así también oró en el huerto de Getsemaní antes de su padecimiento: «*Padre, si quieres, aparta de mí esta copa; pero no se haga mi voluntad, sino la Tuya*» (*Lucas* 22:42).

Por lo tanto, la petición de Jesús a sus discípulos de compartir esa copa era una exhortación a absorber en su propio ser la *«sangre de la Alianza»*, que despertaría en ellos las cualidades de una vida ejemplar, imbuidas de la Conciencia Crística. El abnegado sacrificio de Jesús en la cruz fue la demostración suprema de sus enseñanzas que confieren la inmortalidad y cuyos fundamentos son el perdón, el amor divino, la fortaleza inquebrantable, la sabiduría, el discernimiento, el poder de voluntad, el amor supremo por Dios, el amor y la compasión por las criaturas de Dios, la conquista de la fuerza bruta con la fuerza espiritual y la entrega del ser a Dios (la sustitución de los deseos del ser inferior egoísta por la obediencia a la voluntad divina).

Cómo obró el derramamiento de la sangre de Jesús crucificado para lograr el perdón de los pecados

Cuando Jesús dijo que su sangre debía ser *«derramada por muchos para perdón de los pecados»*, él no quiso dar a entender que su crucifixión absolvería los pecados de aquellos que en el futuro simplemente «creyesen» en él. Esta posibilidad indica una profunda falta de entendimiento acerca de la complejidad del «pecado» y de sus raíces en la ley universal del karma. Obtener el perdón requiere más que el simple acto de «creer». Es preciso neutralizar las semillas de las tendencias residuales (y su potencial para provocar consecuencias dolorosas) que permanecen en la conciencia de quienes han actuado erróneamente como resultado de sus acciones pecaminosas. Por supuesto, a los devotos arrepentidos, un maestro puede liberarlos parcial o totalmente de los frutos de esas semillas, cauterizándolas mediante el uso de la fuerza de voluntad y la energía cósmica divinas o expiando en su propio cuerpo la carga kármica relativa a tales acciones. No obstante, es un error metafísico suponer que, por el solo hecho de que una persona declare creer en Jesús como su Salvador, pueda ella tomarse la libertad de actuar como le plazca dentro de los amplios márgenes de leves restricciones morales —comportándose de manera mundana y aferrándose a los deseos y apegos materiales— y aun así salvarse después de su muerte de las consecuencias de sus acciones, gracias al sacrificio que Jesús consumó en la cruz diecinueve siglos antes. La imponente generosidad de su padecimiento y muerte sin duda absorbió y mitigó en gran medida el karma de sus discípulos[11]. Sin embargo, al referirse al perdón de los

[11] De ese modo se purificaron enormemente y se volvieron aptos para recibir la conciencia omnipresente o Espíritu Santo que más tarde descendió sobre ellos, tal como

pecados, Jesús planteaba, ante todo, que el extraordinario ejemplo de su sacrificio en la cruz, a través del cual él había alcanzado la completa liberación en la Conciencia Cósmica —liberación de las ataduras de la encarnación mortal que él había aceptado voluntariamente—, serviría de inspiración a los buscadores sinceros de la verdad para que abandonasen los apegos materiales (de inferior naturaleza) y los reemplazaran por el deseo de alcanzar la meta suprema de la conciencia de Dios. Una vez logrado dicho estado, quedarían libres de todo pecado, incluso de la ley del karma que mantiene a las almas encadenadas a la rueda de nacimientos y renacimientos, así como a los sufrimientos compensatorios generados por las acciones erróneas del pasado.

De todas las maneras antedichas, el glorioso ejemplo de la vida, muerte y resurrección de Jesús reveló la nueva enseñanza, *«la nueva Alianza»* entre Dios y el hombre[12], que previamente había sido anunciada por el profeta Jeremías:

«Van a llegar días —oráculo de Yahvé— en que Yo pactaré con la Casa de Israel —y con la Casa de Judá— una nueva alianza; no como la alianza que pacté con sus padres, cuando los tomé de la mano para sacarlos de Egipto, pues ellos rompieron mi alianza y Yo hice estrago

---

Jesús les había prometido en *Hechos* 1:5, 8:

«Seréis bautizados con Espíritu Santo dentro de pocos días. [...] cuando el Espíritu Santo venga sobre vosotros, recibiréis una fuerza que os hará ser mis testigos en Jerusalén, en toda Judea y Samaría, y hasta los confines de la tierra».

Es decir, cuando por la gracia divina los apóstoles se colmasen del Espíritu Santo —quedasen imbuidos de la percepción consciente de la Sagrada Vibración del Espíritu—, serían investidos con el poder de ser testigos del Cristo Infinito, y experimentarían y testimoniarían, apoyándose en su propia realización divina, que la Conciencia Crística se encuentra presente en la esfera de la Vibración Cósmica, que se manifiesta tanto en la conciencia espiritualizada dentro del cuerpo (metafóricamente la ciudad santa de Jerusalén) como en todas las regiones de la tierra y del universo. [Véase también el comentario sobre *Hechos* 2:1-21, en el discurso 70].

[12] El término «alianza» aparece en numerosas ocasiones en los libros bíblicos del Antiguo Testamento, donde se cita como edicto o promesa sagrada entre Dios y las generaciones primitivas, que se confirió a través de Moisés y otros profetas.

Véase, por ejemplo, *Éxodo* 34:27-28: *«Yahvé dijo a Moisés: "Escribe estas palabras, pues a tenor de ellas hago alianza contigo y con Israel". Moisés estuvo allí con Yahvé cuarenta días y cuarenta noches, sin comer pan ni beber agua. Y escribió en las tablas las palabras de la alianza, las diez palabras».*

Las palabras de Jesús acerca de *«la nueva Alianza en mi sangre»* y *«mi sangre de la Alianza»* o nuevo pacto rememoraban pasajes de las escrituras que sus contemporáneos conocían a la perfección, por ejemplo *Éxodo* 24:8: *«Entonces Moisés tomó la sangre, roció con ella al pueblo y dijo: "Ésta es la sangre de la Alianza que Yahvé ha hecho con vosotros, de acuerdo con todas estas palabras"».*

en ellos —oráculo de Yahvé—. Sino que ésta será la alianza que Yo pacte con la Casa de Israel, después de aquellos días —oráculo de Yahvé—: pondré mi Ley en su interior y sobre sus corazones la escribiré, y Yo seré su Dios y ellos serán mi pueblo»[13].

La verdadera importancia de «la nueva Alianza» y del rito de compartir el cuerpo y la sangre de Cristo

Jesús proclamó esta nueva alianza en todas sus enseñanzas, que pueden resumirse en esta declaración que no deja lugar a duda: *«El Reino de Dios está dentro de vosotros»* *[14].

«Ya no tendrán que adoctrinarse entre sí, unos a otros, diciendo: "Conoced a Yahvé", pues todos ellos me conocerán, del más chico al más grande —oráculo de Yahvé—, cuando perdone su culpa y de su pecado no vuelva a acordarme»[15].

A lo largo de los siglos, quienes interpretan en forma literal las Escrituras han legado a los practicantes religiosos la creencia de que *«para perdón de los pecados»* Jesús pidió, durante la festividad de la Pascua, que la gente realmente creyese que estaba comiendo su cuerpo y bebiendo su sangre: *«la sangre del Cordero»* (*Apocalipsis* 7:14), *«el cordero de Dios, que quita el pecado del mundo»* (*Juan* 1:29), que *«nos ha purificado con su sangre de nuestros pecados»* (*Apocalipsis* 1:5). Durante la celebración original de la Pascua, cada familia hebrea sacrificó un cordero y compartió su carne; además, la sangre del cordero con que marcaron sus casas les proporcionó seguridad durante el castigo divino que sufrieron los egipcios. Jesús utilizó la familiar simbología de los ritos de la Pascua para anunciar el nuevo pacto, la nueva alianza que se ofrecía al mundo a través de su vida. Jesús jamás habría aludido, ni siquiera de manera metafórica, a una práctica que pudiera asemejarse al concepto de canibalismo [como se explica en el discurso 43, volumen II].

Al sostener ese concepto supersticioso, más que honrar el nombre de Jesús, la gente lo profana. Jesús demostró una y otra vez que su verdadero ser no era el «cuerpo», sino el Espíritu; él podía atravesar paredes y caminar sobre las aguas porque sabía que la auténtica sustancia de su forma humana era la conciencia. Así pues, la expresión «carne de Cristo» se refiere a su conciencia. Y la «sangre» se refiere a la vida de Cristo, a la Energía Cósmica del Espíritu Santo que constituye la vida

[13] *Jeremías* 31:31-33.

[14] *Lucas* 17:21. (Véase el discurso 61).

[15] *Jeremías* 31:34.

y la luz del pequeño cuerpo llamado Jesús y de su cuerpo cósmico, que es el universo. El ritual externo de celebrar simbólicamente la Cena del Señor o Sagrada Comunión con pan y vino bendice a los practicantes sinceros, infundiéndoles elevación e inspiración devocional; pero aquellos que verdaderamente comulgan con Cristo pueden percibir a Jesús no sólo de manera ritual y simbólica, sino en su infinitud sin forma, en su unidad con la omnipresente Conciencia Crística y con la luz universal de la Energía Cósmica del Espíritu Santo[16].

Santa Teresa de Ávila aseguró que veía al Cristo sin forma. Por esta afirmación difícil de comprender, fue tenazmente perseguida por miembros de la jerarquía de la Iglesia, hasta que descubrieron que siglos antes Santo Tomás de Aquino, el gran filósofo de la Iglesia, también había escrito acerca de la comunión con el Cristo sin forma. El cuerpo de Jesús era tan sólo una pequeña partícula de materia, pero tras él se encontraba la infinita Conciencia Crística y la infinita energía de la Luz Cósmica Vibratoria[17].

---

[16] Bhagavan Krishna, el Cristo de la India, declaró: «Aquel que me percibe como el Ser No Nacido y Sin Principio, y también como el Señor Soberano de la Creación, ese hombre ha conquistado la ilusión y ha alcanzado el estado libre de pecado, aun cuando todavía se halle revestido por un cuerpo mortal» *(God Talks With Arjuna: The Bhagavad Gita* X:3. Véase *El Yoga del Bhagavad Guita).*

[17] Véase en el discurso 53 (volumen II) la descripción que hace Santa Teresa de su visión del Cristo sin forma. Su confesor, el Padre Baltasar Álvarez, al no poder comprender esta experiencia, dedicó días enteros a buscar una explicación en las obras de los grandes santos católicos. «Finalmente, sus esfuerzos fueron recompensados» —dice René Fülöp-Miller al narrar este suceso en el libro *Santos que conmovieron el mundo* (Espasa-Calpe, Buenos Aires, 1946)—. En la *Summa Theologiae,* de Santo Tomás de Aquino, encontró un pasaje que exponía, en términos extremadamente doctos, una relación de visiones que no son percibidas por medio de los sentidos, sino en *species impressa,* por la inmediata concepción por medio del intelecto».

En un pasaje acerca de la filosofía de Santo Tomás de Aquino en *The Catholic Encyclopedia* (1912) encontramos lo siguiente: «La "species", llamada también frecuentemente *forma,* es el factor determinante de la mente en el proceso del conocimiento [...]. La *species impressa* es la modificación de la facultad por acción del objeto. La *species expressa* es la reacción de la mente en la forma de proceso cognitivo. La primera permanece registrada en la facultad a la que determina y corresponde a la fase pasiva del conocimiento; se trata de una condición necesaria pero no constituye aún el conocimiento propiamente tal. La segunda es la respuesta activa de la facultad, el proceso cognitivo mismo por medio del cual la mente se pone en contacto con el objeto. [...] En la visión beatífica, la esencia de Dios toma el lugar no sólo de la *species impressa,* sino también de la *species expressa*».

En términos familiares que guardaban relación con sus conocimientos, Aquino se hizo eco de la veracidad de la experiencia extática que el gran sabio Patanjali describe en sus *Yoga Sutras* I:17-18: «Él hace alusión a dos categorías básicas de *samadhi:* 1)

En sus epístolas a aquellos de sus contemporáneos que eran seguidores de Jesús, San Juan escribió: *«Éste es el mensaje que hemos oído de él y que os anunciamos: Dios es Luz, y en Él no hay tiniebla alguna. Si decimos que estamos en comunión con Él, pero resulta que caminamos en tinieblas, estamos mintiendo y no actuamos conforme a la verdad. Pero si caminamos en la luz, tal como Él mismo está en la luz, estamos en comunión unos con otros, y la sangre de su Hijo Jesús* [el poder purificador de la vibración del Espíritu Santo que surge de la Conciencia Crística] *nos purifica de todo pecado»*[18].

Toda persona que vea esa Sagrada Luz Vibratoria de Dios y la Conciencia Crística (el reflejo de Dios en la creación), cualquiera que sea su religión o la época en que viva, descubrirá que esa Luz transforma instantáneamente sus células cerebrales. Ésa es la verdadera importancia de compartir la sangre de Cristo. Al bañarse en esa Luz, que era y es la manifestación de su vida y de su poder, los devotos que meditan profundamente se purifican en la «sangre» de la energía divina, la cual cauteriza su ignorancia, sus malos hábitos y las semillas de las tendencias kármicas del pasado. Y aquellos que están en sintonía con su conciencia han probado en verdad su «carne» —la Conciencia Crística—, *«el pan bajado del cielo; [...] el que coma este pan vivirá para siempre»*[19].

Esto era lo que Jesús deseaba que todos los devotos hiciesen *«en recuerdo mío»*. Pero entre los que se encontraban con él en esa Última Cena no todos tenían oídos para oír.

---

samprajnata y 2) *asamprajnata»*, explica Paramahansa Yogananda en *God Talks With Arjuna: The Bhagavad Gita*. «Cuando se emplean para definir las etapas preliminares de la percepción divina, y no los estados espirituales avanzados, *samprajnata* y *asamprajnata* constituyen términos relativos que se utilizan para diferenciar las experiencias suprasensoriales iniciales de la meditación *(samprajnata)* del verdadero *samadhi* o unión con el objeto de la meditación *(asamprajnata)*. Así pues, *samprajnata* se refiere a los estados primarios en que el objeto de la meditación "se conoce fielmente o de manera completa" a través de la intuición que todavía está parcialmente mezclada con los sutiles instrumentos de percepción propios de la naturaleza, o interpretada por ellos: existe una interacción entre el conocedor, el proceso de conocer y lo conocido. [...] Por contraste, *asamprajnata* se refiere entonces a aquellas experiencias supraconscientes que se perciben a través de la intuición pura o realización (la percepción directa del alma al volverse una con el objeto de la meditación) que trasciende todo instrumento de intermediación o principio de la naturaleza». *(Nota del editor)*.

[18] *I San Juan* 1:5-7.

[19] *Juan* 6:58. (Véase el comentario correspondiente en el discurso 43, volumen II).

~

«"Sabed que la mano del que me entrega está aquí conmigo, sobre la mesa. Ciertamente el Hijo del hombre se marcha, según está determinado, pero ¡ay de aquel por quien es entregado!". Entonces se pusieron a discutir entre sí quién de ellos sería el que iba a hacer aquello» (*Lucas* 22:21-23).

Referencias paralelas:

«Él respondió: "El que ha metido conmigo la mano en el plato, ése me entregará"» (*Mateo* 26:23).

* * *

«Ciertamente el Hijo del hombre se va, como está escrito de él, pero ¡ay de aquel por quien el Hijo del hombre es entregado! ¡Más le habría valido a ese hombre no haber nacido!» (*Marcos* 14:21)[20].

«Sabed que la mano del que me entrega está aquí conmigo, en la mesa. Mi cuerpo (el Hijo del hombre) en verdad está preparado para ir a la cruz, tal como se profetizó en las Escrituras y según ha sido determinado por la ley de causa y efecto que rige mi cuerpo llamado Jesús. Pero esa misma ley de compensación gobierna la vida de aquel que me entrega. Será tan grande el sufrimiento resultante de esa transgresión de la ley espiritual que santifica la relación entre maestro y discípulo, que el traidor pensará que más le valdría no haber nacido».

Cuando Jesús anunció que se marcharía *«según está determinado»* y *«es necesario que se cumpla en mí eso que está escrito»*, él no quiso dar a entender que Dios hubiese dispuesto de modo terminante que él fuera crucificado. Como ya se explicó antes [discursos 25 (volumen I), 35 y 46 (volumen II), 57 y 66], Jesús era plenamente consciente de que su muerte «estaba determinada» por sus propias acciones de acuerdo con la ley del karma: había tomado sobre sí el peso de muchos pecados de sus discípulos y seguidores; asimismo, había atraído las represalias

---

[20] Compárese con otras referencias paralelas que aparecen en *Mateo* 26:21-22 y 26:24, *Marcos* 14:18-20 y *Juan* 13:21-30 (esta última se comenta con mayor detalle en el discurso 70).

de los sacerdotes al desafiar las leyes del hombre creadas por las jerarquías sociales y religiosas. En las Escrituras se había anunciado el padecimiento de Jesús porque los profetas precisaron intuitivamente el efecto kármico que se ocasionaría al llevar él a cabo la misión que Dios le había encomendado. Jesús mismo manifestó claramente que él podía haber decidido en cualquier instante, incluso en el momento de su crucifixión, evitar su destino. Él eligió libremente y de buen grado ofrecerse a sí mismo en supremo sacrificio por la curación y la salvación definitiva de muchos, a quienes aliviaría de ese modo su carga kármica.

La ley del karma en relación con la crucifixión de Jesús y el destino de quien lo traicionó

Las palabras de Jesús en los versículos anteriores hacen hincapié en el hecho de que Judas también habría de asumir ineludiblemente la responsabilidad —así como también las consecuencias— de sus propias decisiones. La ley kármica decretaría sin duda un terrible castigo para Judas por haber elegido en forma voluntaria actuar como un instrumento del engaño y del mal satánico con el objeto de traicionar al maestro que Dios le había asignado. Jesús brindó de inmediato comprensión y misericordia a la mujer adúltera, diciendo a sus acusadores: «*Aquel de vosotros que esté sin pecado, que le arroje la primera piedra*». Y cuando estaba en la cruz pidió el perdón de Dios para aquellos que llevaron a cabo su tortura y ejecución. En cambio, dijo del traidor Judas: «*¡Ay de aquel por quien el Hijo del hombre es entregado! ¡Más le habría valido a ese hombre no haber nacido!*». Está claro que la traición es un pecado sumamente grave. La culpabilidad del hombre en los pecados de la carne se mitiga por el hecho de que se encuentra esclavizado por la coacción de los sentidos que *maya* le ha impuesto. A diferencia de ello, la traición es un acto deliberado, voluntario; se considera el más abyecto de los pecados ante el tribunal de la ley cósmica de Dios. El que promete lealtad a su gurú y luego rompe tal promesa con un acto traidor, comete la máxima traición. Las leyes divinas castigan severamente a todo aquel que se vuelve contra el mensajero de Dios, pues es una traición contra Dios mismo.

Sin embargo, incluso en el caso de una maldad tan atroz, Jesús no abandonó a esta alma a la que había aceptado mucho tiempo antes como uno de sus hijos espirituales en la incondicional relación divina que existe entre gurú y discípulo. Aun cuando la ley kármica estableció que Judas, por la acción que perpetró como agente de Satanás, debía retornar a la tierra para aprender dolorosas lecciones en el transcurso de numerosas encarnaciones, sé por información fidedigna que, en la India y como resultado de la intercesión directa de Jesús, Judas finalmente alcanzó la salvación en el siglo XX, a través de uno de los grandes maestros de la India[21].

~

«Entre ellos hubo también un altercado sobre quién de ellos parecía ser el mayor. Él les dijo: "Los reyes de las naciones las dominan como señores absolutos y los que las oprimen se hacen llamar bienhechores. Pero no actuéis así vosotros, pues el mayor entre vosotros ha de ser como el más joven, y el que gobierna, como el que sirve. Porque, ¿quién es mayor, el que está a la mesa o el que sirve? ¿No es el que está a la mesa? Pues yo estoy en medio de vosotros como el que sirve[22].

»"Vosotros sois los que habéis perseverado conmigo en mis pruebas; yo, por mi parte, dispongo un Reino para vosotros, como mi Padre lo dispuso para mí, para que comáis y bebáis a mi mesa en mi Reino y os sentéis sobre tronos para juzgar a las doce tribus de Israel[23].

»"¡Simón, Simón! Sábete que Satanás ha solicitado el poder cribaros como trigo, pero yo he rogado por ti, para que tu fe no desfallezca. Y tú, cuando hayas vuelto, confirma a tus hermanos"» (*Lucas* 22:24-32).

Al mirar a Simón Pedro con los ojos de la intuición, Jesús pudo ver todo cuanto se hallaba oculto en el ser interior de su discípulo. Él percibió que Pedro sería vulnerable al engaño cósmico de Satanás debido a ciertas tendencias provenientes de su karma negativo del pasado que influirían sobre él para hacerle sucumbir temporalmente a una debilidad mental. Pero Jesús también vio las buenas tendencias y la sabiduría de Pedro y las reforzó, mediante el poder celestial, en el momento mismo

Jesús percibe la debilidad de su discípulo y refuerza sus buenas cualidades

21 Véase también el discurso 72.

22 Estos versículos (*Lucas* 22:24-27) se comentan con mayor detalle en el discurso 47 (volumen II) con sus paralelos del Evangelio según San Mateo.

23 Estos versículos (*Lucas* 22:28-30) se comentan en el discurso 63 con sus paralelos del Evangelio según San Mateo.

en que Satanás estaba pronto a ejercer su influencia maléfica sobre las tendencias hacia la debilidad que Pedro albergaba.

Percibiendo que la influencia combinada del engaño satánico y la del propio mal karma de Pedro podían hacer titubear la sabiduría en la conciencia de su discípulo, de igual modo que el trigo es agitado cuando se criba para separarlo de la paja, Jesús oró al Padre omnipotente. Le pidió que la convicción intuitiva de la sabiduría de su discípulo no se derrumbara ante las sacudidas de la tentación. Luego dio instrucciones a Pedro indicándole que cuando se viese libre del engaño —por la gracia de Dios, la intercesión de Jesús y la influencia de las buenas tendencias que Pedro había acumulado— fortaleciera a los otros discípulos y buscadores de la verdad con el poder de su renovada fe y sabiduría.

~

> *«Él replicó: "Señor, estoy dispuesto a ir contigo hasta la cárcel y la muerte". Pero Jesús contestó: "Te digo, Pedro, que hoy mismo, antes de que cante el gallo, habrás negado tres veces que me conoces"»* (Lucas 22:33-34).

Referencia paralela:

> *«Entonces les dijo Jesús: "Todos vosotros vais a escandalizaros de mí esta noche, porque está escrito: 'Heriré al pastor y se dispersarán las ovejas del rebaño'*[24]*. Mas después de mi resurrección, iré delante de vosotros a Galilea". Pedro intervino y le dijo: "Aunque todos se escandalicen de ti, yo nunca me escandalizaré". Jesús le respondió: "Yo te aseguro que esta misma noche, antes que el gallo cante, me habrás negado tres veces". Añadió Pedro: "Aunque tenga que morir contigo, no pienso negarte". Lo mismo dijeron todos los discípulos»* (Mateo 26:31-35)[25].

Al intuir cómo la influencia de Satanás actuaría sobre las pasadas tendencias de Pedro hacia la debilidad, Jesús predijo que su discípulo le negaría tres veces antes de que cantara el gallo. Puesto que la omnisciencia de Jesús abarcaba la totalidad del espacio y el tiempo,

---

24 *Zacarías* 13:7.

25 Compárese con otras referencias paralelas que aparecen en *Marcos* 14:27-31 y *Juan* 13:37-38.

él percibía los acontecimientos del pasado, presente y futuro en un continuo sin divisiones accionado por la ley universal de causalidad.

Existen numerosos métodos para adivinar el futuro, los cuales poseen diverso grado de fiabilidad. Por ejemplo, es posible predecir el futuro de una persona mediante la observación de su carácter, por medio de la astrología o analizando sus acciones de la vida presente o de vidas pasadas. El último método implica el uso del poder de la omnisciencia; Jesús empleaba únicamente este poder al profetizar sucesos futuros. Aquellos que poseen un grado normal de perspicacia son capaces de predecir parcialmente el comportamiento de otras personas utilizando los poderes de observación y de inferencia del intelecto. No obstante, este método tiene defectos inherentes, puesto que si se comete incluso el más mínimo error en la percepción del comportamiento o de los propósitos subyacentes de esa persona la conclusión puede resultar totalmente errónea. El análisis astrológico es igualmente inexacto si quienes lo practican no han desarrollado la facultad de la intuición. En cambio, el conocimiento predictivo resulta invariablemente verdadero cuando se obtiene a través de la sintonía con la omnisciencia divina, que es el método mediante el cual los profetas iluminados perciben en forma directa no sólo las acciones que una persona ha realizado en vidas pasadas y los efectos matemáticos de tales acciones, sino también los detalles circunstanciales de sucesos inminentes en los que tales efectos se manifestarán.

La percepción de Jesús abarcaba pasado, presente y futuro

~

«Les dijo también: "Cuando os envié sin bolsa, sin alforja y sin sandalias, ¿os faltó algo?"[26]*. Ellos contestaron: "Nada"»* (*Lucas* 22:35).

En este pasaje Jesús les recuerda a sus discípulos que los renunciantes que abandonan las actividades mundanas para dedicarse a la obra de Dios, sin preocuparse de las necesidades materiales, hallarán

[26] Jesús se refería a las instrucciones que impartió a sus discípulos cuando los envió a predicar. Dichas instrucciones aparecen en *Lucas* 10:4. (Véase el discurso 40, en el volumen II). «Alforja» es un término arcaico para denominar un pequeño morral o bolsa que llevaban colgada al hombro los viajeros o los pastores en Palestina para transportar comida u otras provisiones de primera necesidad.

la ayuda divina en todos los aspectos. Con amor omnisciente y omnipresente, el Señor retribuye el servicio desinteresado de los devotos; su mandato silencioso, que vibra a través de toda la naturaleza, asegura que se cubran todas sus necesidades, a menudo de modos misteriosos e inexplicables.

~

«Y añadió: "Pues ahora, el que tenga bolsa, que la tome, y también alforja; y el que no tenga, que venda su manto y se compre una espada. Porque os digo que es necesario que se cumpla en mí eso que está escrito: 'Ha sido contado entre los malhechores'. Porque lo que se refiere a mí toca a su fin". Ellos dijeron: "Señor, aquí hay dos espadas". Respondió él: "Basta"» (*Lucas* 22:36-38).

«Mientras mi manifestación de la Conciencia Crística estuvo con vosotros, vuestras necesidades materiales fueron satisfechas y estuvisteis protegidos gracias a mi sintonía con la abundancia divina. Pero ahora que se acerca la hora de mi muerte, debéis ser cuidadosos; tened a mano una bolsa para viaje y algún dinero si lo poseéis. Y si no tenéis una espada, comprad una; porque, tal como lo predicen las Escrituras, seré considerado un vulgar malhechor[27]. Todo lo que se ha profetizado acerca de mí tiene un significado que deberá cumplirse durante el lapso de mi manifestación en la tierra, y su cumplimiento ya está próximo».

La sabiduría práctica de Jesús al aplicar las verdades espirituales en un mundo de relatividad

Aun cuando la sabiduría intuitiva trasciende el conocimiento ordinario, no convierte a las personas en seres soñadores o poco prácticos; ella es la madre del sentido común, el cual constituye simplemente una reacción intuitiva a las condiciones del entorno. Como queda reflejado en estos versículos, fue la sabiduría práctica lo que llevó a Jesús a enfatizar la necesidad de emplear la adaptabilidad que dicta el sentido común a fin de aplicar de manera apropiada las verdades espirituales en un mundo de relatividad. Él señaló que los discípulos avanzados y de nobles pensamientos que experimentan la manifestación de la

[27] *Isaías* 53:12: *«Le daré su parte entre los grandes y con poderosos repartirá despojos, pues se entregó indefenso a la muerte y fue tenido por un rebelde, cuando él soportó la culpa de muchos e intercedió por los rebeldes».*

Conciencia Crística no requieren ni posesiones materiales ni otra clase de protección: la totalidad de sus necesidades son satisfechas merced a su sintonía con esa Inteligencia Universal. Tales devotos jamás se preocupan por el cuidado del cuerpo —qué comerán o qué vestirán—, porque todas estas cosas les serán dadas por añadidura como parte de su unión divina. Ya sea que tengan mucho o poco, se sienten plenamente satisfechos con una imperturbable actitud de suficiencia. Sin embargo, Jesús también advirtió que aquellos cuya conciencia aún no se encontrase anclada en la conciencia divina deberían hacer uso del sentido común y del buen criterio para cubrir sus necesidades corporales y proveerse de la protección adecuada. Él sabía que cuando la aureola de su divina presencia estuviese ausente, sus discípulos atravesarían numerosas pruebas y tribulaciones, las cuales posiblemente requerirían el uso de dinero e incluso la apariencia de protección que proporciona el portar una espada.

Las palabras de Jesús significaban que el Dios que moraba en él permanecía humildemente inmutable, aunque a los ojos de los ignorantes se le considerase como un simple delincuente. Todos los sucesos de su vida y de su muerte debían cumplir un propósito divino. En contraste con el oscuro ambiente de incomprensión humana que lo contaba *«entre los malhechores»*, la luz de su divinidad brillaría en forma aún más resplandeciente.

El sentido práctico de Jesús previó que si sus seguidores portaban armas visibles estarían razonablemente protegidos de los perseguidores fanáticos e inescrupulosos. Mas no era su deseo que sus fieles apóstoles se pertrecharan como si fuesen soldados. Su protección más poderosa era la virtud y la sabiduría, no la espada. Dos espadas bastarían para proclamar su valentía y desalentar a sus cobardes perseguidores. Ése era, en realidad, el uso que Jesús pretendía para las espadas; jamás deseó que se utilizasen para derramar sangre.

Aquellos que poseen una profunda espiritualidad y, por la naturaleza de sus prácticas, son mansos y humildes no permiten que las persecuciones les afecten en su interior. Eso no significa que deban ofrecerse como felpudos que puedan ser pisoteados innecesariamente por los ignorantes. Las personas virtuosas deben demostrar rectitud de pensamiento y entereza a fin de vencer a quienes los maltratan. Jesús previó que la ardiente lealtad de Pedro hacia su maestro ocasionaría el lamentable uso de la espada para cortar la oreja de uno de los guardias que venía a arrestarle[28]. Aun cuando Jesús no deseaba esa clase de violencia, prefería que sus discípulos mostrasen valentía en su justa indignación, y no que huyeran como cobardes. Comprendía perfectamente que la inminente persecución provocaría terror en los corazones de algunos de sus discípulos y deseaba preparar sus conciencias para que se mantuviesen fuertes y libres de temor en la defensa de la causa divina.

Jesús ya había enseñado a sus discípulos que el camino más elevado consiste en vencer el mal con la fortaleza espiritual: ofrecer la mejilla izquierda cuando nos abofetean la derecha[29]. Sin embargo, en este pasaje él señala que en ocasiones es necesario oponerse al mal con una demostración de fuerza física si se carece del poder para resistirlo por medios espirituales. Huir del mal a causa del temor es una actitud cobarde y poco espiritual; es preferible resistir el mal haciendo uso de la fuerza física; sin embargo, el ideal perfecto es vencer el mal mediante la superioridad de la fortaleza espiritual.

Estos versículos muestran el modo pragmático en que Jesús aplica la sabiduría divina. En general, él aconsejaba a sus discípulos más avanzados que practicasen la renunciación absoluta, pero reconocía que incluso los renunciantes en ocasiones requieren contar con algunos elementos prácticos materiales según las circunstancias. Así pues, desde una perspectiva más amplia, aquellos que tienen responsabilidades materiales deben adaptarse al entorno en que se encuentran y proveer a sus necesidades, pero sin poner en peligro el cumplimiento de los principios espirituales.

---

[28] *Juan* 18:10. (Véase el discurso 73).

[29] Véase el discurso 27 (volumen I), donde aparece el comentario sobre *Mateo* 5:38-42 y *Lucas* 6:29-30.

DISCURSO 70

«Amaos los unos a los otros como yo os he amado»

La Última Cena, parte II

Jesús da divino ejemplo de cómo servir a los demás con humildad

❖

Jesús sabía, por medio de su conocimiento intuitivo, que Judas tenía la intención de traicionarle

❖

El gurú conduce a sus discípulos a un lugar mejor entre las «muchas mansiones» del reino astral

❖

«Yo soy el Camino»: la sintonía con la Conciencia Crística es el único camino hacia el Reino del Padre

❖

El contacto con «el Paráclito [el Confortador], que es el Espíritu Santo» confiere sabiduría divina y bienaventuranza

❖

El devoto recibe la segunda venida de Cristo mediante la práctica de las técnicas yóguicas de meditación en *Om*

«Jesús les dijo a sus bienamados discípulos avanzados que, aunque su cuerpo ya pronto no estaría allí, él les dejaría el arte de establecer contacto con la grandiosa y consoladora Bienaventuranza presente en la Vibración Cósmica».

Durante la cena, cuando ya el diablo había metido en el corazón a Judas Iscariote, hijo de Simón, el propósito de entregarle, sabiendo Jesús que el Padre había puesto todo en sus manos y que había salido de Dios y a Dios volvía, se levantó de la mesa, se quitó sus vestidos y, tomando una toalla, se la ciñó. Luego echó agua en una palangana y se puso a lavar los pies de los discípulos y a secárselos con la toalla con que estaba ceñido.

Al llegar a Simón Pedro, le dijo éste: «Señor, ¿tú lavarme a mí los pies?». Jesús le respondió: «Lo que yo hago, tú no lo entiendes ahora; lo comprenderás más tarde». Replicó Pedro: «No me lavarás los pies jamás». Jesús le respondió: «Si no te lavo, no tienes parte conmigo». Le dijo entonces Simón Pedro: «Señor, no sólo los pies; también las manos y la cabeza». Jesús le contestó: «El que se ha bañado no necesita lavarse; está del todo limpio. Y vosotros estáis limpios, aunque no todos». Sabía quién le iba a entregar, y por eso dijo que no todos estaban limpios.

Después de lavarles los pies, tomó sus vestidos, volvió a la mesa y les dijo: «¿Comprendéis lo que he hecho con vosotros? Vosotros me llamáis "el Maestro" y "el Señor", y decís bien, porque lo soy. Pues si yo, el Señor y el Maestro, os he lavado los pies, vosotros también debéis lavaros los pies unos a otros. Os he dado ejemplo, para que también vosotros hagáis lo que acabo de hacer con vosotros.

»En verdad, en verdad os digo que no es más el siervo que su amo, ni el enviado más que el que lo envía.

»Sabiendo esto, dichosos seréis si lo cumplís. No me refiero a todos vosotros; yo conozco a los que he elegido; pero tiene que cumplirse la Escritura: 'El que come mi pan ha alzado contra mí su talón'. Os lo digo desde ahora, antes de que suceda, para que, cuando suceda, creáis que Yo Soy. En verdad, en verdad os digo que quien reciba al que yo envíe me recibe a mí, y quien me recibe a mí recibe al que me ha enviado».

Cuando pronunció estas palabras, Jesús se turbó en su interior y declaró:

«En verdad, en verdad os digo que uno de vosotros me entregará».

Los discípulos se miraban unos a otros, sin saber de quién hablaba. Uno de sus discípulos, el que Jesús amaba, estaba a la mesa al lado de Jesús. Simón Pedro le hizo una seña y le dijo: «Pregúntale de quién está hablando». Él, recostándose sobre el pecho de Jesús, le preguntó: «Señor, ¿quién es?». Le respondió Jesús: «Es aquel a quien dé el bocado que voy a mojar». Entonces mojó el bocado, lo tomó y se lo dio a Judas, hijo de Simón Iscariote. Y, tras el bocado, entró en él Satanás. Jesús le dijo: «Lo que vas a hacer, hazlo pronto». Pero ninguno de los comensales entendió por qué se lo decía. Como Judas tenía la bolsa, algunos pensaban que Jesús quería decirle: «Compra lo que nos hace falta para la fiesta», o que diera algo a los pobres. En cuanto tomó Judas el bocado, salió. Era de noche.

Cuando salió, dijo Jesús:

«Ahora ha sido glorificado el Hijo del hombre y Dios ha sido glorificado en él. Si Dios ha sido glorificado en él, Dios también le glorificará en Sí mismo y le glorificará pronto.

»Hijos míos, me queda poco tiempo de estar con vosotros. Vosotros me buscaréis, pero ahora os digo lo mismo que les dije a los judíos: que vosotros no podéis ir adonde yo voy. Os doy un mandamiento nuevo: que os améis los unos a los otros; que, como yo os he amado, así os améis también entre vosotros. Todos conocerán que sois discípulos míos en una cosa: en que os tenéis amor los unos a los otros».

Simón Pedro le preguntó: «Señor, ¿adónde vas?». Jesús le respondió: «Adonde yo voy no puedes seguirme ahora; me seguirás más tarde». Pedro replicó: «¿Por qué no puedo seguirte ahora? Yo daré mi vida por ti». Contestó Jesús: «¿Que darás tu vida por mí? En verdad, en verdad te digo que no cantará el gallo antes que tú me hayas negado tres veces».

»No se turbe vuestro corazón. Creéis en Dios: creed también en mí. En la casa de mi Padre hay muchas mansiones; si no, no os habría dicho que voy a prepararos un lugar. Y cuando haya ido y os haya preparado un lugar, volveré y os

tomaré conmigo, para que donde esté yo estéis también vosotros. Y ya sabéis el camino adonde yo voy».

Le dijo Tomás: «Señor, no sabemos adónde vas; ¿cómo podemos saber el camino?». Respondió Jesús:

«Yo soy el Camino, la Verdad y la Vida. Nadie va al Padre sino por mí. Si me conocéis a mí, conoceréis también a mi Padre; desde ahora lo conocéis y lo habéis visto».

Le dijo Felipe: «Señor, muéstranos al Padre y nos basta». Respondió Jesús: «¿Tanto tiempo hace que estoy con vosotros y no me conoces, Felipe? El que me ha visto a mí, ha visto al Padre. ¿Cómo dices tú: "Muéstranos al Padre"? ¿No crees que yo estoy en el Padre y que el Padre está en mí? Las palabras que os digo no las digo por mi cuenta; el Padre que permanece en mí es el que realiza las obras. Creedme: yo estoy en el Padre y el Padre está en mí. Al menos, creedlo por las obras. En verdad, en verdad os digo que el que crea en mí hará también las obras que yo hago, y hará mayores aún, porque yo voy al Padre. Y yo os concederé todo lo que pidáis en mi nombre, para que el Padre sea glorificado en el Hijo. Si me pedís algo en mi nombre, yo os lo concederé. Si me amáis, guardaréis mis mandamientos; y yo pediré al Padre y os dará otro Paráclito [Confortador], para que esté siempre con vosotros: el Espíritu de la verdad, a quien el mundo no puede recibir, porque no lo ve ni lo conoce. Pero vosotros lo conocéis, porque mora con vosotros y estará en vosotros. No os dejaré huérfanos: volveré a vosotros. Dentro de poco el mundo ya no me verá, pero vosotros sí me veréis, porque yo vivo y también vosotros viviréis. Aquel día comprenderéis que yo estoy en mi Padre y vosotros en mí y yo en vosotros. El que tiene mis mandamientos y los lleva a la práctica, ése es el que me ama; y el que me ame será amado de mi Padre; y yo le amaré y me manifestaré a él».

Le preguntó Judas —no el Iscariote—: «Señor, ¿qué pasa para que te vayas a manifestar a nosotros y no al mundo?». Jesús le respondió:

«Si alguno me ama, guardará mi palabra, y mi Padre le amará; y vendremos a él y haremos morada en él. El que no

me ama no guarda mis palabras. Y la palabra no es mía, sino del Padre que me ha enviado. Os he dicho estas cosas estando entre vosotros. Pero el Paráclito [el Confortador], el Espíritu Santo, que el Padre enviará en mi nombre, os lo enseñará todo y os recordará todo lo que yo os he dicho. Os dejo la paz, mi paz os doy; no os la doy como la da el mundo. No se turbe vuestro corazón, y no os acobardéis*. Ya me habéis oído decir: Me voy y volveré a vosotros. Si me amarais, os alegraríais de que me vaya al Padre, porque el Padre es más grande que yo. Y esto os lo digo ahora, antes de que suceda, para que cuando suceda creáis. Ya no hablaré mucho con vosotros, pues llega el Príncipe de este mundo. En mí no tiene ningún poder; pero el mundo ha de saber que amo al Padre y que obro según el Padre me ha ordenado. Levantaos. Vámonos de aquí».

Juan 13:2–14:31

DISCURSO 70

«Amaos los unos a los otros como yo os he amado»

La Última Cena, parte II

«Durante la cena, cuando ya el diablo había metido en el corazón a Judas Iscariote, hijo de Simón, el propósito de entregarle, sabiendo Jesús que el Padre había puesto todo en sus manos y que había salido de Dios y a Dios volvía, se levantó de la mesa, se quitó sus vestidos y, tomando una toalla, se la ciñó. Luego echó agua en una palangana y se puso a lavar los pies de los discípulos y a secárselos con la toalla con que estaba ceñido.

»Al llegar a Simón Pedro, le dijo éste: "Señor, ¿tú lavarme a mí los pies?". Jesús le respondió: "Lo que yo hago, tú no lo entiendes ahora; lo comprenderás más tarde". Replicó Pedro: "No me lavarás los pies jamás". Jesús le respondió: "Si no te lavo, no tienes parte conmigo". Le dijo entonces Simón Pedro: "Señor, no sólo los pies; también las manos y la cabeza". Jesús le contestó: "El que se ha bañado no necesita lavarse; está del todo limpio. Y vosotros estáis limpios, aunque no todos". Sabía quién le iba a entregar, y por eso dijo que no todos estaban limpios.

»Después de lavarles los pies, tomó sus vestidos, volvió a la mesa y les dijo: "¿Comprendéis lo que he hecho con vosotros? Vosotros me llamáis 'el Maestro' y 'el Señor', y decís bien, porque lo soy. Pues si yo, el Señor y el Maestro, os he lavado los pies, vosotros también debéis lavaros los pies unos a otros. Os

he dado ejemplo, para que también vosotros hagáis lo que acabo de hacer con vosotros.

»"En verdad, en verdad os digo que no es más el siervo que su amo, ni el enviado más que el que lo envía.

»"Sabiendo esto, dichosos seréis si lo cumplís"» (*Juan* 13:2-17).

Jesús lava los pies de sus discípulos: un ejemplo divino de cómo servir a los demás con humildad

Jesús tenía varios motivos para lavar los pies de sus discípulos. El más importante era mostrarles el ideal de la humildad que se expresa por medio del servicio desinteresado: «Me llamáis el Señor de la creación y Maestro o Gurú, y lo decís acertadamente, porque eso soy por deseo de mi Padre. Y si yo, que soy vuestro gurú y una manifestación auténtica de la Conciencia Crística que gobierna la creación entera, os he lavado humildemente los pies, también vosotros debéis serviros unos a otros. Porque os he dado ejemplo para que hagáis con todos lo que yo he hecho con vosotros».

Puesto que el siervo espiritual —el discípulo— no supera a su maestro o gurú en lo que respecta a su capacidad para percibir a Dios, ni se iguala al gurú mientras no haya alcanzado la liberación definitiva y se haya unido a la conciencia de su maestro en la Conciencia Cósmica, tampoco Jesús ni sus discípulos, que fueron enviados a la tierra por Dios, podrían ser mayores que Él. Y si Dios, estando presente en Jesús, sirvió a los discípulos (que al haber sido creados por Dios se encontraban subordinados a Él), ciertamente a ellos —sin importar cuán elevado fuese su estado espiritual— les correspondía seguir ese ejemplo divino sirviendo humildemente a todos, incluso a los más insignificantes.

Con esta convincente demostración, Jesús esperaba que sus discípulos se sintiesen inspirados a su vez no sólo a «lavarse los pies» mutuamente —es decir, a tratarse unos a otros con la actitud de amor y respeto que él les había mostrado—, sino también a brindar ese mismo espíritu de servicio a todo el mundo, tanto de manera física como mental y espiritual. Jesús les aseguró a los discípulos que si comprendían y recordaban las lecciones que él les había enseñado y gobernaban su vida conforme a ellas, alcanzarían la inmutable felicidad espiritual que es el patrimonio de quienes llevan una existencia salvaguardada por la humildad pura desprovista de egoísmo.

Incluso el Padre Celestial prodiga su servicio de modo imparcial con silenciosa humildad: Él ha creado el agua del pozo y, como el Espíritu que mora en el agua y en cada persona, es Él quien lava los pies de sus hijos, hasta de los egoístas y materialistas que jamás le reverencian.

Al lavar incluso los pies de Judas, que iba a traicionarle, Jesús dio a entender que aquellos discípulos que desearan ser como su maestro deberían actuar igual que él, sirviendo a los demás, sin hacer distinción entre amigos o enemigos: brindar ayuda a todos por igual cuando estuviesen necesitados.

Jesús tenía conocimiento presciente de la traición inminente de Judas y por eso dijo: *«Lo que yo hago, tú no lo entiendes ahora; lo comprenderás más tarde»*. Él quería hacer notar, a través del acto de lavar los pies de cada uno de los discípulos, que uno de ellos era espiritualmente impuro.

Cuando Pedro se negó a recibir ese servicio de parte de su maestro, Jesús le advirtió: «Si no te lavo, no te encuentras conectado espiritualmente conmigo como lo está un discípulo con su maestro»[1]. Jesús no estaba haciendo hincapié en la importancia del lavado físico, sino ante todo en la purificación espiritual, lo cual quedó de manifiesto cuando, en efecto, dijo: «El que se ha bañado espiritualmente sólo necesita lavarse de manera ocasional para quedar limpio en todos los aspectos. La mayoría de vosotros estáis espiritualmente limpios, aunque no todos». De ese modo, anunció con elocuente dramatismo su conocimiento de la traición de Judas.

~

> *«"No me refiero a todos vosotros; yo conozco a los que he elegido; pero tiene que cumplirse la Escritura: 'El que come mi pan ha alzado contra mí su talón'[2]. Os lo digo desde ahora,*

---

[1] Además, lavar los pies de sus discípulos le ofreció a Jesús la oportunidad de impartirles bendiciones purificadoras a través del intercambio magnético de energía vibratoria. Como ya se ha explicado con anterioridad, los pies y las manos actúan como polos positivos y negativos que al ponerse en contacto generan un flujo de corrientes sutiles de fuerza vital. En la ancestral tradición de tocar los pies de las grandes almas, el discípulo constituye el polo negativo que se recarga con el poder divino del maestro, que a su vez es el polo positivo. Cuando Jesús lavó los pies de sus discípulos, puso en acción esta misma ley —la unión de los polos positivo y negativo— y, en este caso, él mismo actuó como el polo positivo y los discípulos como el negativo. De ese modo, al tocarlos con las manos, Jesús bendijo a los discípulos con vibraciones espiritualmente purificadoras.

[2] *«Hasta mi amigo íntimo en quien yo confiaba, mi compañero de mesa, me ha traicionado»* (*Salmos* 41:10).

antes de que suceda, para que, cuando suceda, creáis que Yo Soy. En verdad, en verdad os digo que quien reciba al que yo envíe me recibe a mí, y quien me recibe a mí recibe al que me ha enviado".

»Cuando pronunció estas palabras, Jesús se turbó en su interior y declaró:

»"En verdad, en verdad os digo que uno de vosotros me entregará".

»Los discípulos se miraban unos a otros, sin saber de quién hablaba. Uno de sus discípulos, el que Jesús amaba, estaba a la mesa al lado de Jesús. Simón Pedro le hizo una seña y le dijo: "Pregúntale de quién está hablando". Él, recostándose sobre el pecho de Jesús, le preguntó: "Señor, ¿quién es?". Le respondió Jesús: "Es aquel a quien dé el bocado que voy a mojar". Entonces mojó el bocado, lo tomó y se lo dio a Judas, hijo de Simón Iscariote. Y, tras el bocado, entró en él Satanás. Jesús le dijo: "Lo que vas a hacer, hazlo pronto". Pero ninguno de los comensales entendió por qué se lo decía. Como Judas tenía la bolsa, algunos pensaban que Jesús quería decirle: "Compra lo que nos hace falta para la fiesta", o que diera algo a los pobres. En cuanto tomó Judas el bocado, salió. Era de noche» (*Juan* 13:18-30).

«No estoy diciendo que todos vosotros estéis pervertidos por la ignorancia y las intenciones de traición; yo conozco al que mi intuición ha detectado *("elegido")* entre vosotros como el que por su propia voluntad me traicionará, a consecuencia de su mal karma y de la influencia del engaño. Los profetas, que conocían mi venida a la tierra y determinaron intuitivamente la manera en que me afectaría la ley del karma, así como quiénes serían mis buenos discípulos y cuál el mal discípulo que me traicionaría, hicieron referencia a mi crucifixión en las Escrituras. Aquel que come de mi pan se apronta a asestarme el golpe. Os hablo ahora acerca de mi crucifixión, antes de que suceda, para que cuando realmente ocurra podáis saber que yo soy el Cristo, aquel cuya crucifixión predijeron los profetas.

Jesús sabía, por medio de su conocimiento intuitivo, que Judas tenía la intención de traicionarle

»Por la verdad que percibo en mi interior, de cierto os digo que quien reciba (escuche y obedezca) al que yo envíe a predicar la verdad, en realidad me escucha y me obedece a mí; y el que me recibe a mí —el que se halle en sintonía con la Conciencia Crística— está automáticamente en sintonía con la Conciencia Cósmica, cuyo reflejo yo soy»[3].

Cuando Jesús dijo: *«yo conozco a los que he elegido»*, no insinuó que hubiese elegido a Judas como el vehículo mecánico apropiado que habría de cumplir un mandato divino con el objeto de que se representara el drama de su vida, muerte y resurrección. Jesús simplemente señaló que su intuición divina percibía los malignos pensamientos de Judas, quien tenía la intención de traicionarle por hallarse bajo la influencia del engaño satánico[4].

El amor divino que caracterizaba la grandeza de Jesús respondió a la cercanía de la devoción pura de Juan, de tal modo que, a pesar de la habitual reserva que suele mostrarse en presencia de la divinidad, Jesús le permitía con frecuencia a este amado discípulo reclinarse sobre su pecho, como lo haría el niño que busca refugio en su madre. La naturaleza a la vez humana y divina de Jesús, un avatar en quien Dios se hallaba plenamente manifestado, era tan tierna y amorosa que nos muestra cuán íntimo y personal es el amor divino que reciben los que sienten un profundo amor por Dios, como era el caso de Juan. El amor que Jesús expresaba es el amor de Dios, como Jesús mismo lo manifestó en uno de sus más importantes sermones, cuando dijo (en los versículos que se citan más adelante): *«Os doy un mandamiento nuevo: que os améis los unos a los otros; que, como yo os he amado, así os améis también entre vosotros»*. De este modo, Jesús les hizo saber a sus discípulos que él los amaba como Dios los amaba, y que de nada serviría que le amasen con un amor egoísta que no incluyese el amor por los demás, tal como él los amaba. El amor divino es un poder trascendente e inspirador que todo lo abarca; el amor mundano es egoísta y limitante. Jesús enseñó a sus discípulos no sólo a sentir a Dios como la gran manifestación del amor y del siempre renovado gozo que se experimenta en la meditación, sino también a amar a Dios en su presencia tangible que se halla en el templo interior de cada ser humano.

En respuesta a la pregunta de Juan acerca de la identidad del traidor que se hallaba entre ellos, Jesús dijo que señalaría al malhechor dándole un trozo de pan que había mojado. Las palabras que Jesús

---

[3] Jesús también había formulado esta promesa a sus apóstoles en una ocasión anterior; véase el comentario acerca de *Mateo* 10:40 en el discurso 41 (volumen II).

[4] Véase también el discurso 69, donde se explica el concepto del karma y del libre albedrío en el contexto de *Lucas* 22:21-23.

pronunció después de darle el bocado a Judas tenían el significado siguiente:

«¡Oh Judas Iscariote!, estás poseído por el engaño cósmico satánico debido a tu mal karma; haz pronto aquello que has decidido hacer y termínalo de una vez, no sea que abrigues tu impulso maligno por más tiempo y te dispongas a causar males aún mayores».

~

«Cuando salió, dijo Jesús:

»"Ahora ha sido glorificado el Hijo del hombre y Dios ha sido glorificado en él. Si Dios ha sido glorificado en él, Dios también le glorificará en Sí mismo y le glorificará pronto.

»"Hijos míos, me queda poco tiempo de estar con vosotros. Vosotros me buscaréis, pero ahora os digo lo mismo que les dije a los judíos: que vosotros no podéis ir adonde yo voy. Os doy un mandamiento nuevo: que os améis los unos a los otros; que, como yo os he amado, así os améis también entre vosotros. Todos conocerán que sois discípulos míos en una cosa: en que os tenéis amor los unos a los otros".

»Simón Pedro le preguntó: "Señor, ¿adónde vas?". Jesús le respondió: "Adonde yo voy no puedes seguirme ahora; me seguirás más tarde". Pedro replicó: "¿Por qué no puedo seguirte ahora? Yo daré mi vida por ti". Contestó Jesús: "¿Que darás tu vida por mí? En verdad, en verdad te digo que no cantará el gallo antes que tú me hayas negado tres veces"» (*Juan* 13:31-38)[5].

«Ahora mi cuerpo, que será crucificado por haber predicado la verdad, es glorificado y honrado por la bendición de Dios. Y, a través de mi sacrificio en la cruz, las gloriosas cualidades de Dios se pondrán de manifiesto. Si Dios es así glorificado con el sacrificio de mi cuerpo, Él me elevará en su conciencia y, de ese modo, me glorificará en Él mismo.

»Hijos míos, que sois hijos de la sabiduría, mi cuerpo permanecerá aún con vosotros, mas sólo por poco tiempo. Después, cuando este cuerpo se haya ido, buscaréis la Conciencia Crística que se

[5] Los últimos dos versículos (en que Jesús predice que Pedro le negará) se comentan con mayor detalle en el discurso 69, junto con sus paralelos que aparecen en *Lucas* y *Mateo*.

encuentra en mí, pero —como dije a los judíos— "vuestra conciencia no puede alcanzar todavía el sitio omnipresente en que mi conciencia se fundirá, porque aún no habéis avanzado lo suficiente en vuestro desarrollo espiritual"[6].

»Os doy un nuevo mandamiento de la ley espiritual: que, como discípulos, debéis amaros unos a otros. Tal como yo os he amado con amor divino, con ese mismo amor divino debéis amaros unos a otros[7]. Este amor, si lo expresáis en vuestras vidas, será la insignia espiritual por la cual la gente del mundo os identificará como mis discípulos: ejemplos del mensaje del amor de Dios por el cual he vivido y he de morir».

El nuevo mandamiento de Jesús, a sus discípulos: ser ejemplos del amor de Dios

En respuesta a la pregunta de Pedro —*«Señor, ¿adónde vas?»*—, Jesús expresó lo siguiente a su discípulo: «Abandono este cuerpo con el propósito de unir para siempre la conciencia de mi cuerpo con la Conciencia Crística presente en toda la creación. En la actual etapa de tu desarrollo espiritual no puedes meditar con suficiente profundidad como para elevar tu conciencia a través de la subconciencia y la supraconciencia del alma y, en estado de éxtasis, seguir mis pasos hasta alcanzar la Conciencia Crística omnipresente. Pero, una vez que hayas refinado espiritualmente tu conciencia, llegará el momento en que te será posible seguirme a través de los numerosos corredores de la Conciencia Crística, que mora en todo».

~

«No se turbe vuestro corazón. Creéis en Dios: creed también en mí. En la casa de mi Padre hay muchas mansiones; si no, no os habría dicho que voy a prepararos un lugar. Y cuando haya ido y os haya preparado un lugar, volveré y os tomaré conmigo, para que donde esté yo estéis también vosotros. Y ya sabéis el camino adonde yo voy» (*Juan* 14:1-4).

---

[6] La declaración precedente a la que Jesús hace referencia figura en *Juan* 8:21; véase el comentario de dicho versículo en el discurso 51 (volumen II) y también el correspondiente a *Juan* 7:33-34, en el discurso 50 (volumen II), donde Jesús dice a los fariseos: *«Voy a estar con vosotros todavía un poco de tiempo; y volveré al que me ha enviado. Me buscaréis y no me encontraréis; y vosotros no podéis ir adonde yo esté».*

[7] Véase también el comentario sobre los versículos *Juan* 15:12 y 15:17, en el discurso 71, donde Jesús repite este mandamiento.

El significado de este consejo y estas promesas de Jesús podría expresarse en forma más completa del siguiente modo: «Sin importar cuáles sean las pruebas que debáis atravesar, no se turbe vuestro corazón —la sensibilidad propia de vuestra conciencia—. Que vuestra percepción espiritual proveniente de la meditación se mantenga anclada en la imperturbabilidad de la Conciencia Cósmica (que se encuentra más allá de la creación) y de la Conciencia Crística (presente en toda la creación). Sean cuales fueren los problemas que debáis afrontar, permaneced firmemente centrados en la Conciencia Divina en ambos planos: tanto en la región cósmica vibratoria como en el inactivo reino que se encuentra más allá de toda vibración.

»En el reino de la Conciencia Cósmica y de la creación cósmica (la casa del Padre) hay muchas mansiones —regiones con diferentes vibraciones—, donde moran las almas de acuerdo con las buenas o malas vibraciones que hayan adquirido en la tierra. Si esto no fuese así, yo no os lo habría dicho. Como vuestro gurú-salvador, divinamente designado para conduciros a Dios, iré delante de vosotros para fundirme en la Conciencia Cósmica y preparar un lugar para vosotros acorde con vuestros logros espirituales. Y cuando la Conciencia Crística manifestada en mí se haya fundido con la Conciencia Cósmica, procuraré llevaros allí. Mi Conciencia Crística, atraída por vuestra devoción y vuestro éxtasis, regresará —se manifestará por segunda vez en vuestra conciencia— y hará que la conciencia surgida del cuerpo se funda con esa Conciencia para que también vosotros podáis volveros omnipresentes. Cuando eso ocurra, sabréis adónde ha ido mi Conciencia Crística encarnada. Allí irá en breve, cuando haya disuelto mi cuerpo después de la resurrección; y una vez que comprendáis que la morada de la Conciencia Crística es la omnipresencia, sabréis cuál es el camino para comulgar conscientemente en cualquier momento con esa Inteligencia Universal».

Cuando Jesús dijo: «*No se turbe vuestro corazón*», sus palabras mostraban un paralelismo exacto con un profundo aforismo espiritual que se enuncia en los *Yoga Sutras* —el preeminente y antiguo tratado sobre *Raja Yoga* escrito por Patanjali—. En dicho tratado, el sabio iluminado declara que el yoga, la unión con Dios, sólo es posible cuando se aquieta el corazón (*chitta,* la facultad de la conciencia que se identifica con el sentimiento)[8]. Las inquietas

[8] *Yoga Sutras* I:2. (Véase también el discurso 33, volumen II, páginas 60 ss., y el discurso 26, volumen I, páginas 510 ss.).

perturbaciones de *chitta,* que distorsionan la percepción del hombre y le impiden tomar conciencia de su verdadero Ser —el alma o imagen de Dios que reside en su interior—, son agitaciones que tienen su origen en los gustos y aversiones del ego o pseudoalma, que se encuentra atado a la conciencia del cuerpo. La mente, que se vuelve inquieta debido a las atracciones y repulsiones que ejercen los sentidos, cubre el alma con una apariencia de imperfección; sin embargo, puesto que el alma es un reflejo individualizado del Espíritu, es inmutable y eternamente perfecta. La naturaleza divina del verdadero Ser se percibe con toda claridad tan pronto como el corazón —del que surgen las reacciones del sentimiento— queda en perfecta calma. A esto se refería Jesús cuando aconsejó a sus discípulos que aceptasen calmadamente todas las experiencias humanas, a semejanza del yogui de Oriente, sin desarrollar gustos y aversiones egoístas (atracción hacia lo que es placentero y aversión a lo que causa dolor o dificultad).

La calma imperturbable que aconsejaba Jesús, y su relación con la ciencia del yoga

Dios envía las almas a la tierra para que observen con una conciencia serena y desapegada (propia de las almas hechas a su divina imagen) la película cinematográfica cósmica que Él ha creado. Pero, cuando ellas responden a las experiencias terrenales con los alternantes gustos y aversiones, pierden su conciencia inmortal. Toda alma que olvida su naturaleza espiritual durante su tránsito terrenal crea apegos mortales y por ello debe reencarnarse hasta extinguir los deseos mundanos y recobrar la conciencia divina que ha perdido. Por esa razón, Jesús y los yoguis que han alcanzado la unidad con Dios aconsejan a todos los buscadores de la verdad que superen todas las pruebas y experiencias —afortunadas o desafortunadas— esforzándose por vivir conforme a los principios de la rectitud, con ánimo imperturbable, ya que ése es el camino que lleva a la salvación, a la Conciencia Cósmica[9].

---

[9] «Cuando el *chitta* (sentimiento) se halla por completo subyugado y calmadamente establecido en el Ser, se dice que el yogui, liberado así del apego a todo deseo, está unido a Dios. [...]

»El estado de perfecta tranquilidad del sentimiento *(chitta)* que se logra a través de la meditación yóguica, en el cual el yo (el ego) se percibe a sí mismo como el Ser (el alma) y se halla satisfecho (fijo) en el Ser;

»el estado en que el inmensurable gozo que trasciende los sentidos llega a ser conocido por la inteligencia intuitiva que ha despertado, y en el cual el yogui permanece entronizado para nunca más ser apartado de él;

»el estado que, una vez descubierto, el yogui considera como el más valioso de todos

Por lo tanto, cuando Jesús dice: *«En la casa de mi Padre hay muchas mansiones»*, está advirtiendo a sus discípulos que a no ser que alcancen la Conciencia Cósmica, después de la muerte deberán residir en alguno de los planos de existencia (de mayor o menor elevación) a los que van las almas sin redimir, de acuerdo con sus méritos y deméritos. Su promesa —*«voy a prepararos un lugar»*— alude al hecho de que las bendiciones de un verdadero gurú pueden ayudar a sus discípulos a obtener un lugar mejor en las esferas vibratorias del estado posterior a la muerte, en las que hay muchas mansiones. En mi libro *Autobiografía de un yogui* relato cómo, durante la experiencia en la que presencié la resurrección de mi gurú, Swami Sri Yukteswarji, él describió su morada como salvador en una región celestial del reino astral habitada por almas que han roto las ataduras terrenales. Sus palabras nos brindan esta maravillosa promesa: «Allí, tanto tú como tus seres queridos por ti exaltados vendrán algún día conmigo»[10].

El gurú conduce a sus discípulos a un lugar mejor entre las «muchas mansiones» del reino astral

Así pues, cuando Jesús aseguró que prepararía un lugar para sus discípulos, les señalaba el papel que él seguiría desempeñando como su gurú y que, aún después de la muerte, continuaría ayudándolos a alcanzar la Conciencia Cósmica. Por ese motivo, él dijo: *«volveré»;* mas no estaba diciendo con ello que reaparecería en persona ante sus discípulos para ayudarlos en su camino hacia la liberación, sino que, cuando ellos comulgasen con la Conciencia Crística en el estado de éxtasis espiritual, la conciencia de Jesús aparecería por segunda vez en sus conciencias. De ese modo, la conciencia de los discípulos se expandiría hasta alcanzar la omnipresencia de la Conciencia Crística, —*«os tomaré conmigo»*—, lo cual les permitiría obtener la liberación final en la Conciencia Cósmica.

Cuando Jesús dijo: *«Ya sabéis el camino adonde yo voy»*, les recordaba a sus discípulos que la morada de la Conciencia Crística es la omnipresencia, y que el camino hacia esa morada se encuentra en el arte de mantener el corazón libre de las perturbaciones ocasionadas

---

los tesoros, pues, establecido allí, él se torna inmune incluso a la más intensa aflicción;

»ese estado se conoce como yoga: el estado exento de dolor. La práctica del yoga debe, por lo tanto, llevarse a cabo con determinación y con una actitud invulnerable al desaliento» *(God Talks With Arjuna: The Bhagavad Gita* VI:18, 20-23. Véase *El Yoga del Bhagavad Guita).*

10 Véase *Autobiografía de un yogui,* capítulo 43.

por las experiencias terrenales y establecerse firmemente en la omnipresente Conciencia Crística que reside en el alma, para unir de ese modo la conciencia humana con la Conciencia Cósmica.

~

«Le dijo Tomás: "Señor, no sabemos adónde vas; ¿cómo podemos saber el camino?". Respondió Jesús:

»"Yo soy el Camino, la Verdad y la Vida. Nadie va al Padre sino por mí. Si me conocéis a mí, conoceréis también a mi Padre; desde ahora lo conocéis y lo habéis visto"» (*Juan* 14:5-7).

«Yo soy el Camino»: la sintonía con la Conciencia Crística es el único camino hacia el Reino del Padre

Al explicar estos versículos, mi reverenciado gurú Sri Yukteswarji decía: «Jesús en ningún momento expresó que él fuese el único Hijo de Dios, sino que ningún ser humano puede alcanzar el ilimitado Absoluto, el Padre trascendente que se encuentra *más allá* de la creación, sin haber manifestado primero al "Hijo" o Conciencia Crística, que es la fuerza activadora que existe *dentro* de la creación. Jesús, que había alcanzado la unidad plena con la Conciencia Crística, se identificaba con ella porque su propio ego había desaparecido mucho tiempo atrás».

La Conciencia Crística presente en Jesús, y en toda la creación vibratoria y en todos los fenómenos vibratorios, es el noúmeno, *«la Verdad»*, la sustancia primaria y la esencia de la vida de todo lo creado. Ningún ser humano que forme parte de la creación vibratoria puede llevar su conciencia hasta la Conciencia Cósmica, *«el Padre»* —que se encuentra más allá de la creación vibratoria y de la Conciencia Crística inmanente—, sin percibir primero la Vibración Cósmica imbuida de Cristo, o el Espíritu Santo, que da origen a la creación vibratoria, y sin experimentar después el reflejo de Dios en la creación, o sea, la Conciencia Crística. En otras palabras: para «ir al Padre», la conciencia humana debe expandirse y percibir, en primer lugar, la Vibración Cósmica y, después, ha de conocer la Conciencia Crística, con el objeto de llegar a la Conciencia Cósmica.

Jesús continúa diciendo que todo aquel que lo haya «conocido» (hecho contacto con la Conciencia Crística manifestada en él) debe comprender que automáticamente ha contactado también con la Conciencia Cósmica (el *«Padre»*), puesto que la Conciencia Cósmica y su reflejo unigénito omnipresente en la creación, la Conciencia Crística, son una sola.

Jesús explica aquí con toda claridad que su Ser interior es Espíritu. Jesús jamás hizo énfasis en su cuerpo, sino que siempre resaltó la existencia del omnipresente Espíritu que moraba en el cuerpo. Es importante recordar el punto anterior como base para comprender la cosmografía espiritual: la Conciencia Crística es la sustancia y esencia fundamental, *«la Verdad y la Vida»* de la creación vibratoria, el noúmeno que existe más allá de todo fenómeno. Cuando Jesús dijo *«lo conocéis y lo habéis visto»,* jamás quiso dar a entender que los miles de personas que vieron el cuerpo de Jesús comprendiesen que estaban presenciando una manifestación de la Conciencia Crística y, por lo tanto, del Padre. Sólo aquellos discípulos avanzados que se habían sintonizado con la Conciencia Crística, por medio de la meditación profunda, pudieron comprender que la presencia del Padre era lo mismo que la Conciencia Crística manifestada en la forma encarnada de Jesús.

~

«Le dijo Felipe: "Señor, muéstranos al Padre y nos basta". Respondió Jesús: "¿Tanto tiempo hace que estoy con vosotros y no me conoces, Felipe? El que me ha visto a mí, ha visto al Padre. ¿Cómo dices tú: 'Muéstranos al Padre'? ¿No crees que yo estoy en el Padre y que el Padre está en mí? Las palabras que os digo no las digo por mi cuenta; el Padre que permanece en mí es el que realiza las obras. Creedme: yo estoy en el Padre y el Padre está en mí. Al menos, creedlo por las obras. En verdad, en verdad os digo que el que crea en mí hará también las obras que yo hago, y hará mayores aún, porque yo voy al Padre. Y yo os concederé todo lo que pidáis en mi nombre, para que el Padre sea glorificado en el Hijo. Si me pedís algo en mi nombre, yo os lo concederé"» (*Juan* 14:8-14).

Los discípulos todavía no lograban comprender lo que Jesús trataba de explicarles. Está claro que Felipe aún no «conocía» totalmente a Jesús, pues no había percibido la Conciencia Crística que se había manifestado por tanto tiempo en el cuerpo de Jesús. Por eso, cuando Felipe pidió ver al Padre, Jesús reiteró su explicación, y lo hizo en pocas palabras, cuyo significado era el siguiente: «Aquel que en el estado de éxtasis ha establecido contacto con la Conciencia Crística manifestada en mí, mi verdadero Ser, automáticamente ha contactado también con la Conciencia Cósmica cuyo reflejo soy. ¿Cómo me pides, entonces, que te muestre al Padre, si no es posible establecer contacto con Él sin antes haber hecho contacto con la Conciencia Crística, y tú ni siquiera has logrado percibir aquello que mora en mí y que ha estado contigo?». Puesto que se debe elevar la conciencia a través de las etapas antes mencionadas, Jesús reiteró la verdad que había expresado cuando declaró: *«Nadie va al Padre sino por mí»*, explicándole a Felipe que la Conciencia Crística manifestada en él estaba en la Conciencia Cósmica, y que la Conciencia Cósmica se reflejaba en la Conciencia Crística de Jesús.

«Yo estoy en el Padre y el Padre está en mí»

Jesús continuó diciendo que las palabras de sabiduría pronunciadas a través de su voz no tenían su origen en él, sino en las vibraciones de la Conciencia Cósmica con la cual se hallaba sintonizada su conciencia. La mayoría de los seres humanos se guía por el ego, que opera en el fondo de los instrumentos del cuerpo. Jesús, en cambio, reconocía que el único Hacedor que actuaba a través de su cuerpo y de su mente crística era el Padre Cósmico, oculto tras la Conciencia Crística que en él se manifestaba. Jesús indicó que sus discípulos primero deberían creer que la Conciencia Crística que en él residía estaba unida a la Conciencia Cósmica y, por consiguiente, en la verdad de su afirmación: *«Yo estoy en el Padre y el Padre está en mí»*. Él sabía que, de ese modo y con el transcurso del tiempo, ellos podrían entonces comprender dicha verdad por su propia experiencia en la meditación. Entretanto, les pedía que, si no podían concebir del todo que el Padre estaba en él, al menos debían creer en la divina manifestación del Padre en todas las obras santas y buenas realizadas a través de su vida.

A continuación —por medio de su percepción interior de la totalidad de la verdad en el presente, pasado y futuro—, Jesús les profetizó a sus discípulos que todos aquellos devotos que, con la práctica de la meditación profunda, experimentasen dentro de su ser la presencia de la omnipotente Conciencia Crística, tal como se hallaba presente en él, podrían realizar milagros de curación, resucitar a los muertos y llevar a cabo toda clase de buenas obras como las que se manifestaron a través del cuerpo llamado Jesús. Esta profecía incluía a los devotos del futuro, porque Jesús dio a entender que todos aquellos

Jesús profetiza las obras milagrosas que en el futuro se manifestarán a través de los santos y sabios

que estuviesen —ahora o en el futuro— en sintonía con la Conciencia Crística podrían llevar a cabo las obras que él hacía e incluso milagros aún mayores que los que él había demostrado.

Jesús profetizó estas verdades porque sabía que su Conciencia Crística pronto se encontraría libre del cuerpo y se uniría a la Conciencia Cósmica. Él deseaba asegurarle al mundo, a través de sus discípulos, que los múltiples sucesos milagrosos de su vida no eran la culminación de las obras maravillosas de Dios. Puesto que Dios es infinito, sus obras milagrosas son infinitas y, de tiempo en tiempo, se revelarán a través de las vidas de los grandes santos y en las pacientes investigaciones de las futuras generaciones de científicos. Las palabras de Jesús presagiaron los milagros de la aviación moderna, la radio, la televisión, los submarinos, el control y curación de enfermedades, la posibilidad de desentrañar los misterios del átomo, así como también los milagros que desafían la razón y que son obra de grandes santos que están en sintonía con la omnipresente Inteligencia Crística o *Kutastha.* En *Autobiografía de un yogui* escribí acerca de numerosos santos conocedores de Dios que poseen poderes desconcertantes para las normas científicas establecidas, pues ellos operan con leyes superiores cuyas cámaras secretas aún están fuera del alcance del conocimiento común de la humanidad. El yoga denomina *siddhis* a los poderes divinos. Se dice que quienes se han liberado del cautiverio del engaño poseen los ocho poderes principales o *maha siddhis:* los *aishvaryas*[11] o «majestades ascéticas» —los poderes extraordinarios derivados de la ascesis.

Una vez que el ser humano rompe con todas las restricciones impuestas por el cuerpo y se une a su Ser infinito, la potencialidad del alma (la imagen de Dios en el hombre) es ilimitada. Los poderes de

---

11 «Los ocho principales poderes divinos, denominados *aishvaryas,* que puede manifestar el ser encarnado que ha alcanzado el dominio sobre las fuerzas de la creación son los siguientes: el poder de volver su cuerpo o cualquier objeto 1) tan pequeño como lo desee *(anima),* 2) tan grande como lo desee *(mahima),* 3) tan ligero como lo desee *(laghima)* y 4) tan pesado como lo desee *(garima);* el poder para 5) obtener cualquier cosa que desee *(prapti),* 6) poner cualquier cosa bajo su control *(vashitva),* 7) satisfacer todos los deseos mediante el poder de su voluntad *(prakamya)* y 8) convertirse en *Isha,* Señor (de todas las cosas). En los *Yoga Sutras* del sabio Patanjali se hace referencia también a otros poderes *(siddhis).* Sin embargo, obtener el dominio de la creación fenoménica no es la meta del hombre iluminado, sino que constituye un atributo natural de la omnipotente y omnisciente alma —el Ser inmortal— que se manifiesta a medida que gradualmente se desprende de las envolturas del engaño» *(God Talks With Arjuna: The Bhagavad Gita).*

manifestación del alma se incrementan cuando, en el curso de su expansión, se identifica con su cuerpo cósmico supraconsciente, luego con la infinita Inteligencia Crística y finalmente con la Conciencia Cósmica. Merced al dominio de su unidad absoluta con la Conciencia Cósmica, la Conciencia libre de restricciones posee el mismo poder de manifestación que Dios; puede incluso crear planetas que sirvan de morada a seres que son superiores a las criaturas humanas.

En las eras evolutivas más elevadas, habrá en la tierra manifestaciones asombrosas que nadie habría podido imaginar y que serán obra de los santos del futuro; además, los científicos descubrirán cómo establecer comunicaciones interplanetarias y métodos mucho más avanzados para sanar las enfermedades del hombre. A estas numerosas maravillas que aún no se han revelado se refería Jesús cuando habló de las «obras aún mayores» que se manifestarían en los tiempos por venir.

La ciencia ha logrado grandes progresos, pero aún es poco lo que ha prosperado en lo referente al control del sistema nervioso y de la mente con la finalidad de elevar la conciencia humana, lo cual es posible mediante la ciencia del yoga, tal como la han enseñado los maestros que alcanzaron la unión con Dios y como Cristo la enseñó a sus discípulos. El método que ellos impartieron para lograr la unidad con Dios no consiste en practicar la renunciación negativa, sino en privarse de las menudencias que ofrece el engaño cósmico, con lo cual se experimenta el reino de Dios, que todo lo abarca. Los milagros de Jesús no constituían un fin en sí mismo, sino que tenían el propósito de convencer a la gente de que encontrar a Dios es mucho más grandioso que todo logro humano. Las maravillas que Jesús demostró no tenían como objeto entretener a la gente o simplemente proporcionarles ayuda temporal; tampoco tenían el propósito de imponer su personalidad de tal modo que en el futuro las sucesivas generaciones adorasen su nombre y construyesen iglesias en su honor, sin comprender jamás lo que él deseaba que aprendieran: que también ellos podían alcanzar la unión con la omnipotente Conciencia Crística[12].

---

[12] «Jesucristo perteneció a la auténtica estirpe de los profetas. Él contempló con los ojos de la verdad el misterio del alma. [...] Cautivado con su belleza, vivió en ella y allí mantuvo su ser [...]. Ese hombre fue fiel a aquello que reside en vosotros y en mí. Él vio que Dios se encarna en el ser humano y por siempre avanza de nuevo para tomar posesión de su mundo. Él dijo, en este jubileo de sublime emoción: "Soy divino.

Cuando Jesús declara: *«Y yo os concederé todo lo que pidáis en mi nombre»*, no sólo se trata de decir algo tan simple como: «Jesús, por favor, haz que yo sea tan grande en espiritualidad como San Francisco», o «Jesús, hazme tan rico como Henry Ford» y que así será. Las palabras *«en mi nombre»* aluden a la Vibración Cósmica creativa en la cual se halla oculta la Conciencia Crística. El devoto debe conocer la técnica que permite escuchar la Vibración Cósmica —el gran *Om* o Amén, la voz del Espíritu Santo— y poder sentir, además, la omnipresencia de dicha Vibración en la cual se halla inmanente la Conciencia Crística[13]. Si el devoto está en perfecta consonancia y comunión con esa Sagrada Vibración y la inmanente Conciencia Crística, puede llevar a cabo todo aquello que se proponga recurriendo a estas fuerzas. Por ese motivo, Jesús prometió que todo cuanto un devoto pidiera mientras se encontrase percibiendo intuitivamente la Vibración Cósmica y la Conciencia Crística presente en él (en su *«nombre»*) se materializaría, para que la Conciencia Cósmica *(«el Padre»)* fuese glorificada a través de su reflejo omnipotente que se halla en la Conciencia Crística *(«el Hijo»)*.

~

«Si me amáis, guardaréis mis mandamientos; y yo pediré al Padre y os dará otro Paráclito [Confortador], para que esté siempre con vosotros: el Espíritu de la verdad, a quien el mundo no puede recibir, porque no lo ve ni lo conoce. Pero vosotros lo conocéis, porque mora con vosotros y estará en vosotros. No os dejaré huérfanos: volveré a vosotros. Dentro de poco el mundo ya no me verá, pero vosotros sí me veréis, porque yo vivo y también vosotros viviréis. Aquel día comprenderéis que yo estoy en mi Padre y vosotros en mí y yo en vosotros. El que tiene mis mandamientos y los lleva a la práctica, ése es el que me ama; y el que me ame será amado de mi Padre; y yo le amaré y me manifestaré a él» (*Juan* 14:15-21).

Dios actúa a través de mí. Habla a través de mí. Si deseáis ver a Dios, miradme a mí o miraos a vosotros mismos, cuando vosotros podáis pensar como yo pienso ahora"» (Emerson, *Alocución ante la Facultad de Teología de Harvard,* 1838).

[13] Esta técnica de meditación se enseña en las *Lecciones de Self-Realization Fellowship.* (Véase la página 521 y «*Om*» en el Glosario).

La misma exhortación que Jesús hizo a sus discípulos directos se aplica en la actualidad. Si un devoto ama a Cristo —es decir, si ama establecer contacto con la Conciencia Crística presente en Jesús— debe, entonces, seguir fielmente los mandamientos (las leyes de la disciplina física y mental y de la meditación) que se requieren para que la Conciencia Crística se manifieste en la conciencia individual.

Una promesa de amor y bendiciones eternas a todos aquellos que sigan el camino de la disciplina crística

Luego dijo Jesús que, si el amor de sus discípulos se expresaba activamente en sus fervorosos esfuerzos espirituales, él oraría —intercedería— por ellos y por todos los buscadores de la verdad, a fin de que con la práctica de la meditación profunda pudiesen establecer contacto con otro Confortador de todos los sufrimientos humanos: el Espíritu Santo o Vibración Cósmica que mora en cada alma humana por siempre y para siempre. El «*Espíritu de la verdad*» es la Conciencia Cósmica que se manifiesta como el Espíritu Santo imbuido del reflejo de la Conciencia Cósmica, o sea, la Conciencia Crística. La Conciencia Cósmica es una Presencia oceánica que no puede contenerse en la pequeña copa de la conciencia humana mundana. No obstante, cuando en meditación profunda el devoto oye en su interior el sonido cósmico de la vibración del Espíritu Santo y luego funde su conciencia en esa vibración, experimenta una expansión de la conciencia y comprende que ese sonido es el depositario de la Verdad y expresa la presencia del Infinito. Al principio, el devoto tiene percepciones intuitivas momentáneas de la Conciencia Cósmica que mora dentro de su alma y, con el transcurso del tiempo, aprende a ser consciente de dicha Conciencia en forma continua.

Por último, Jesús les dijo a sus bienamados discípulos avanzados que, aunque su cuerpo ya pronto no estaría allí, él les dejaría el arte de establecer contacto con la grandiosa y consoladora Bienaventuranza presente en la Vibración Cósmica, y a través de dicho contacto les sería revelada la Conciencia Crística por segunda vez.

«Mi cuerpo estará presente en el mundo por poco tiempo, y luego el mundo perderá de vista este cuerpo y la Conciencia Crística manifestada en él. No obstante, aquellos de vosotros que estáis espiritualmente avanzados debéis establecer contacto con la Conciencia Crística; en ella hallaréis mi vida y vuestra vida, y sabréis que la Inteligencia Infinita es el elemento indispensable para la existencia de la totalidad de la vida que hay en el cosmos y en el más allá». Jesús añadió que el día que la sabiduría divina se manifestase en ellos, como resultado de la expansión de su conciencia, sabrían que todas las formas están relacionadas entre sí: la Conciencia Crística se encuentra en el seno de la Conciencia Cósmica, y la conciencia del devoto se manifiesta en la Conciencia Crística, y la vida de Cristo puede manifestarse en la vida del devoto que ha despertado espiritualmente.

Jesús luego declaró que todo buscador de la verdad que se encuentre en sintonía con sus mandamientos de autodisciplina, y los practique en todos los aspectos de su vida, finalmente podrá contactar con la Conciencia Crística que se hallaba presente en Jesús (y que mora en el interior de cada persona) y amarla con devoción. Y todo devoto que ame la Conciencia Crística recibirá el amor que se encuentra en dicha Conciencia y también el amor presente en la Conciencia Cósmica, que se manifestará en él a través de su conciencia sintonizada con Dios.

~

«Le preguntó Judas —no el Iscariote—: "Señor, ¿qué pasa para que te vayas a manifestar a nosotros y no al mundo?". Jesús le respondió:

»"Si alguno me ama, guardará mi palabra, y mi Padre le amará; y vendremos a él y haremos morada en él. El que no me ama no guarda mis palabras. Y la palabra no es mía, sino del Padre que me ha enviado. Os he dicho estas cosas estando entre vosotros. Pero el Paráclito [el Confortador], el Espíritu Santo, que el Padre enviará en mi nombre, os lo enseñará todo y os recordará todo lo que yo os he dicho"» (*Juan* 14:22-26).

Jesús sabía que no había sido decretado que, después de su resurrección, su cuerpo apareciese de nuevo ante las muchedumbres. Por eso dijo que después de la resurrección sólo sería visible a los ojos de sus discípulos avanzados y de los seguidores que hubiesen alcanzado la iluminación (aquellos que «me aman» y «guardarán mi palabra»). Además, era importante que los discípulos comprendiesen que él no se refería específicamente a su cuerpo físico y a la aparición de éste ante los devotos, sino que ellos debían entender que cuando un devoto ama la Conciencia Crística —el reflejo del Padre Celestial que

Cómo se convierte la conciencia del devoto en altar de la Conciencia Crística y de la Conciencia Cósmica

se hallaba presente en Jesús— y desea estar en contacto con dicha manifestación por medio de la meditación, sin duda seguirá las palabras de sabiduría de Jesús y los métodos de autodisciplina que conducen a dicho contacto. El devoto que está capacitado para establecer contacto regularmente con la Conciencia Crística sentirá también el amor de la Conciencia Cósmica —*«el Padre»*— y ambas aparecerán en su conciencia, y las vibraciones unidas de la Conciencia Crística y de la Conciencia Cósmica que dan origen a las manifestaciones de su Presencia Divina morarán por siempre en él. Por el contrario, quien no sigue las enseñanzas que permiten establecer contacto con la Vibración Cósmica —*«no guarda mis palabras»*— no experimenta la Conciencia Crística en su interior y, por lo tanto, no siente atracción por ella *(«no me ama»)*. Cuando Jesús dijo: *«vendremos a él y haremos morada en él»*, aludía específicamente al devoto avanzado que, por medio de la meditación, alcanza el estado de Conciencia Crística y se mantiene en dicho estado con un fervor creciente de amor divino, y de ese modo comienza a sentir gradualmente el estado de Conciencia Cósmica. Tal devoto experimenta la Conciencia Crística en toda la creación y también la Conciencia Cósmica que está más allá de la creación; su conciencia se convierte en un altar omnipresente donde ambas Conciencias reinan y «hacen morada en él». Así como una persona puede poseer al mismo tiempo gran sabiduría y devoción por Dios, así también al devoto avanzado le son concedidos numerosos y variados estados elevados de conciencia. Él percibe el Espíritu Santo como gran bienaventuranza; y la Inteligencia Crística, como inmensa sabiduría; y la Conciencia Cósmica, como la esencia de la bienaventuranza, del amor, de la sabiduría y de todo cuanto existe en el cosmos y en la Infinitud. El hombre común se guía por sus conocimientos académicos, por la experiencia adquirida en su vida en el mundo y por los hábitos que ha adoptado en sus encarnaciones pasadas. En cambio, el devoto avanzado sigue la guía de la omnisciente inteligencia de Dios, de Cristo y del Espíritu Santo.

Jesús les recordó una vez más a los discípulos que la Vibración Cósmica o *«la palabra»*, el Espíritu Santo cuyo sonido oían en su interior, no era una manifestación de su poder, *«sino del Padre»*, la emanación de la Conciencia Cósmica, *«que me ha enviado»*, que también se reflejaba como la Conciencia Crística presente en él. Mientras aún se hallaba físicamente entre sus discípulos, Jesús les reveló muchas verdades por mandato divino; pero les prometió que, cuando por medio de la meditación estableciesen contacto con el Espíritu Santo —la Vibración Cósmica que es sagrada por estar imbuida de la Conciencia Crística—, sabrían que era el Padre quien enviaba esa Vibración Cósmica o Confortador *«en mi nombre»*. Y de esa Vibración Sagrada, con la cual se pondrían en contacto al meditar, emanaría la gran Bienaventuranza Crística, presente en dicha Vibración, y los consolaría de todo sufrimiento.

El contacto con «el Paráclito [el Confortador], que es el Espíritu Santo» confiere sabiduría divina y bienaventuranza

Jesús señaló además que la Vibración Cósmica imbuida de Cristo no sólo les proporcionaría inmenso gozo y consuelo, sino que también les daría el conocimiento de todas las cosas y les haría recordar la sabiduría que él había implantado en ellos, porque el Espíritu Santo es la fuente de toda la creación materializada y, por consiguiente, de toda la sabiduría terrenal y astral. Fue esa Vibración Cósmica la que se manifestó en los discípulos el día de Pentecostés:

> *«Al llegar el día de Pentecostés, estaban todos reunidos con un mismo objetivo. De repente vino del cielo un ruido como una impetuosa ráfaga de viento, que llenó toda la casa en la que se encontraban. Se les aparecieron unas lenguas como de fuego que se repartieron y se posaron sobre cada uno de ellos. Entonces quedaron todos llenos de Espíritu Santo y se pusieron a hablar en diversas lenguas, según el Espíritu les concedía expresarse.*
>
> *»Residían en Jerusalén hombres piadosos, venidos de todas las naciones que hay bajo el cielo. Al producirse aquel ruido, la gente se congregó y se llenó de estupor, porque cada uno les oía hablar en su propia lengua. Estupefactos y admirados, decían: "¿Acaso no son galileos todos estos que están hablando? Pues ¿cómo cada uno de nosotros les oímos en nuestra propia lengua nativa? Aquí estamos partos, medos y elamitas; hay habitantes de Mesopotamia, Judea, Capadocia, el Ponto, Asia, Frigia, Panfilia, Egipto y la parte de Libia fronteriza con Cirene; también están los romanos residentes aquí, tanto judíos como prosélitos, cretenses y árabes. ¿Cómo es posible que les oigamos proclamar en nuestras lenguas las maravillas de Dios?". Todos estaban estupefactos y perplejos, y se decían unos a otros: "¿Qué significa esto?". Otros, en cambio, decían riéndose: "¡Están repletos de vino!".*

»*Entonces Pedro, presentándose con los Once, levantó la voz y les dijo: "Judíos y todos los que vivís en Jerusalén: Que quede bien claro lo que os voy a decir; prestad atención a mis palabras. Éstos no están borrachos, como vosotros suponéis, pues es la hora tercia del día. Más bien está ocurriendo lo que anunció el profeta: 'Sucederá en los últimos días, dice Dios: Derramaré mi Espíritu sobre todo mortal y profetizarán vuestros hijos y vuestras hijas; vuestros jóvenes verán visiones y vuestros ancianos soñarán sueños. Y también sobre mis siervos y sobre mis siervas derramaré mi Espíritu. Haré prodigios arriba en el cielo y signos abajo en la tierra. El sol se convertirá en tinieblas, y la luna en sangre, antes de que llegue el Día grande del Señor. Y todo el que invoque el nombre del Señor se salvará'"*» (*Hechos* 2:1-21).

En esta experiencia, los apóstoles recibieron el bautismo de la Vibración Cósmica del Espíritu Santo, el gran Amén u *Om* («*vino del cielo un ruido como una impetuosa ráfaga de viento*»). Ésta había sido la promesa de Jesús a los discípulos leales[14]. A través de dicho bautismo, se produjo en ellos el despertar del ojo espiritual: «*Se les aparecieron unas lenguas como de fuego que se repartieron y se posaron sobre cada uno de ellos*» —los rayos hendidos de la energía vital, de la luz pránica, que emanaban del centro astral situado en el bulbo raquídeo *(ajna chakra)* convergieron en el divino ojo único de la percepción supraconsciente que resplandecía en la frente de cada uno de ellos.

El centro astral que se halla en el bulbo raquídeo es el interruptor que transmite las corrientes de fuerza vital a ambos ojos físicos. Estas dos corrientes enfocadas hacia el exterior a través de los ojos físicos posibilitan la percepción del mundo material. Cuando se dirige la mirada hacia arriba y se fija en el entrecejo durante la práctica de la meditación, los ojos permanecen extraordinariamente quietos; las corrientes vitales bifurcadas que fluyen desde el centro medular hacia ambos ojos convergen entonces en una sola en el centro crístico o *Kutastha,* y con ello se logra ver el luminoso ojo único. Penetrando en los portales internos de este ojo astral de luz, se pueden percibir, en forma sucesiva, todas las cualidades y vibraciones físicas, astrales e ideacionales del reino del Espíritu Santo que se halla en la Naturaleza Cósmica; asimismo, se percibe la Conciencia Crística reflejada en esa

[14] *Hechos* 1:5. (Véase el discurso 69).

esfera universal y, también, el Espíritu que se encuentra más allá de todas las formas y vibraciones.

Puesto que la Vibración Cósmica del Espíritu Santo es la fuente de todos los sonidos y, por lo tanto, de todos los idiomas, esa Vibración capacitó a los discípulos para hablar en diversas lenguas. La suprema sabiduría de la Vibración Cósmica se presenta en los devotos avanzados como un sentimiento intuitivo. En el estado de comunión extática con la Vibración Cósmica, estos devotos pueden traducir el sentimiento intuitivo a cualquier idioma, y no sólo a aquel que han utilizado desde su nacimiento. Antes de familiarizarse con una lengua determinada y aprender a verbalizarla, los bebés ya se encuentran dotados de pensamientos y sensaciones. Los bebés de todo el mundo lloran en el mismo idioma y con los mismos sonidos. Las sensaciones de luz, sonido, olfato, gusto y tacto producen ciertas percepciones del pensamiento, y el bebé trata de expresar esos pensamientos a través del lenguaje.

Al estar en sintonía con la Fuente Cósmica de todos los sonidos, los discípulos podían hablar en cualquier lengua

Las emociones universales de dolor, gozo, amor, ira y otros sentimientos semejantes se expresaban originalmente en el mismo lenguaje. De modo gradual, los errores en la pronunciación, la separación geográfica y las condiciones climáticas ejercieron su influencia sobre el instrumento corporal del habla y dieron origen a diversas lenguas. Sin embargo, estos idiomas presentan, en el fondo, rasgos comunes de sensación y pensamiento.

Dios y sus emanaciones —la Conciencia Crística y la Vibración Cósmica— son las fuerzas conscientes inteligentes que están tras la conciencia de todos los seres. Al no tener las limitaciones que impone la evolución del habla, estas Inteligencias reconocen y descifran de manera instantánea los pensamientos y las lenguas de las diferentes naciones de la tierra. Todo devoto que se encuentre tan avanzado espiritualmente como los discípulos de Cristo y pueda, en el estado de éxtasis, sintonizarse con la Vibración Cósmica, también será capaz de conocer los pensamientos de todos los seres humanos y traducirlos a cualquier idioma. Fue así como, en el día de Pentecostés, los discípulos llenos del Espíritu Santo manifestaron el conocimiento omnisciente y pudieron verbalizar sus pensamientos en diversas lenguas.

*«Os dejo la paz, mi paz os doy; no os la doy como la da el mundo. No se turbe vuestro corazón, y no os acobardéis**. *Ya me habéis oído decir: Me voy y volveré a vosotros. Si me amarais, os alegraríais de que me vaya al Padre, porque el Padre es más grande que yo. Y esto os lo digo ahora, antes de que suceda, para que cuando suceda creáis. Ya no hablaré mucho con vosotros, pues llega el Príncipe de este mundo. En mí no tiene ningún poder; pero el mundo ha de saber que amo al Padre y que obro según el Padre me ha ordenado. Levantaos. Vámonos de aquí»*[15] (*Juan* 14:27-31).

A diferencia del mundo, que sólo otorga cosas perecederas, Jesús legó a sus discípulos la imperecedera paz crística. Él confirió esa paz a todos aquellos que estaban en condiciones de recibirla, a fin de que por siempre pudiesen disfrutar de ella en la meditación y en el éxtasis.

«Mi paz os doy»: no se turbe ni se acobarde vuestro corazón

El corazón es el centro de las emociones; por esa razón, Jesús lo menciona diciendo a sus discípulos que deben mantener sus sentimientos libres de las turbulentas vibraciones de la inquietud y del temor, con el objeto de que el lago de la conciencia permanezca en calma y refleje la Conciencia Crística sin distorsión alguna. A continuación —como ya lo había hecho antes—, les recuerda su partida y posterior retorno (su inminente crucifixión y resurrección), así como la disolución definitiva de su cuerpo en el Espíritu, y el hecho de que, a partir de entonces, su Conciencia Crística se manifestaría en la conciencia meditativa de cada devoto[16]. Jesús añade que, si ellos aman la Conciencia Crística presente en él, se regocijarán por él, porque va a unirse de nuevo a la Conciencia Cósmica y alcanzará la liberación absoluta en el Espíritu, lo cual es superior a su estado encarnado de Conciencia Crística-*Kutastha* universal[17].

---

[15] Aun cuando Jesús concluye diciendo: *«Levantaos. Vámonos de aquí»*, la disertación que él dirigió a sus discípulos en la Última Cena continuó, como aparece registrado en los capítulos 15 al 17 del Evangelio de San Juan (que se comentan en los discursos 71 y 72).

[16] Compárese con *Juan* 16:7 (discurso 71): *«Pero yo os digo la verdad: Os conviene que yo me vaya, porque, si no me voy, no vendrá a vosotros el Paráclito [el Confortador]; pero si me voy, os lo enviaré».*

[17] En el *Bhagavad Guita* se hace referencia a la percepción del Espíritu Trascendental alcanzada por el devoto, indicando que es superior a la comunión con la Inteligencia

La Última Cena: «Permaneced en mi amor»

«Como el Padre me amó, yo también os he amado; permaneced en mi amor. Si guardáis mis mandamientos, permaneceréis en mi amor, como yo he guardado los mandamientos de mi Padre y permanezco en su amor». [...]

Así habló Jesús, y dijo mirando al cielo: «[...] Padre santo, cuida en tu nombre a todos los que me has dado, para que sean uno como nosotros».

Juan 15:9-10; 17:1, 11

Jesús habló [...] a sus discípulos con palabras tan hermosas que no podría haber otras más preciadas para el corazón del devoto y les dijo que los amaba con el mismo divino amor, imparcial e imperecedero, con que el Padre Celestial le amaba a él. Así como él sentía en su interior el amor de Dios en todo momento, así permanecerían ellos en el amor de Dios que fluiría a través de la Conciencia Crística, si continuaban cumpliendo con sus mandamientos. [...]

Jesús ruega al Padre que mantenga a los discípulos en su sagrada presencia, «en tu nombre» *—en la Vibración Cósmica que emana de Dios y que los devotos oyen en la meditación—,* «para que sean uno como nosotros», *en sintonía y unión con la unidad intrínseca de la Conciencia Crística y la Conciencia Cósmica.*

Paramahansa Yogananda

Pintura: Carl Bloch

«Os he profetizado aquellas cosas que han de pasar, a fin de que cuando sucedan se fortalezca vuestra fe en que todo cuanto os he dicho es verdad. Os he transmitido todo lo necesario y, por consiguiente, de aquí en adelante no hablaré mucho con vosotros, pues debo ahora prepararme para la gran prueba que he de atravesar. La Conciencia Crística, que es el príncipe de la creación cósmica, se está manifestando totalmente en mi conciencia y absorbe mi conciencia humana, dejando poca energía para la expresión externa a través de las palabras. La Conciencia Crística presente en mí manifestará aquellas acciones que han de demostrar mi amor supremo por el Padre. Y así como el Padre —la Conciencia Cósmica— reveló en mí la sabiduría ideal, yo también os revelo a vosotros esa sabiduría, los mandamientos y las leyes que deben gobernar vuestras acciones».

El devoto recibe la segunda venida de Cristo mediante la práctica de las técnicas yóguicas de meditación en Om

Cuando Jesús dijo: *«Me voy y volveré a vosotros»*, y también en varios de los versículos precedentes: *«Yo pediré al Padre y os dará otro Paráclito [Confortador] [...]. No os dejaré huérfanos: volveré a vosotros. [...] Guardará mi palabra, y mi Padre le amará; y vendremos a él [...]. El Paráclito [el Confortador], el Espíritu Santo, que el Padre enviará en mi nombre, os lo enseñará todo»*, claramente les aseguraba a sus discípulos que la muerte de su cuerpo no era el final de la relación que habían establecido. En lugar de ello, Jesús se describe a sí mismo como la omnipresente Conciencia Crística y no como el cuerpo. Libre de las limitaciones del cuerpo físico, el verdadero cuerpo de Jesús es el Espíritu Santo manifestado como Creación Cósmica Vibratoria, y el alma de Jesús es la Conciencia Crística presente en la creación entera.

Jesús les hizo saber a sus discípulos que, aun cuando aparecería ante ellos en el cuerpo físico después de la resurrección, ello no

---

Crística-*Kutastha* que da forma a la creación y a los Hijos encarnados de Dios:

«Existen dos Seres (Purushas) en el cosmos: el destructible y el indestructible. Las criaturas son el destructible, y el *Kutastha* es el indestructible. Pero hay Otro, el Ser Más Elevado, al que se designa como "el Espíritu Supremo": el Señor Eterno, que impregna los tres mundos y, de este modo, los sostiene.

»Yo (el Señor) trasciendo lo perecedero (Prakriti) y también soy superior a lo imperecedero *(Kutastha)*. Por ello, en los mundos y en el Veda (la percepción intuitiva de las almas que se han emancipado del engaño) se me proclama como Purushottama, el Ser Supremo.

»Aquel que, liberado ya de la ilusión, me conoce como el Espíritu Supremo lo conoce todo, ¡oh Arjuna!; él me adora con todo su ser» *(God Talks With Arjuna: The Bhagavad Gita* XV:16-19. Véase *El Yoga del Bhagavad Guita)*.

constituiría aún la verdadera Segunda Venida de Cristo. La Segunda Venida se hace posible cuando el devoto expande su conciencia con la práctica de la meditación profunda y siente el cuerpo de Jesús como la Vibración Cósmica o Espíritu Santo, y percibe el espíritu de Jesús como la Conciencia Crística. Muchos de los que vieron a Jesús después de la resurrección no comprendieron que la verdadera esencia de Jesús era el Espíritu; se dieron por satisfechos con contemplar el espíritu de Jesús materializado en la familiar forma humana del Maestro. Lo mismo ocurre en la actualidad con todos aquellos que oran al Espíritu Santo y a Cristo sin percibirlos jamás en su conciencia. Se conforman con ceremonias que ellos creen que les proporcionarán el contacto con el Espíritu Santo y con Cristo. En cambio, los devotos sinceros que mediante la práctica de una concreta técnica científica de yoga para meditar en *Om* establecen contacto con el Espíritu Santo en la forma del Sonido Cósmico supremamente gozoso, consolador y aniquilador del sufrimiento saben en verdad qué significa el Espíritu Santo. Los devotos avanzados que no sólo oyen en la meditación el bienaventurado sonido cósmico del Espíritu Santo (la Palabra, la sagrada vibración de *Om*), sino que funden su conciencia en la omnipresencia de este sonido y sienten la Conciencia Crística universal que se encuentra en ese sonido, son los que experimentan la segunda venida de Cristo en su propia conciencia. Aun cuando Jesús puede dar forma a la Conciencia Crística para que se aparezca como Jesús, como realmente ha hecho ante los santos que han alcanzado la realización divina, no es necesario que él regrese en un cuerpo físico antes de la redención de las almas, ni tampoco está establecido que tal acontecimiento vaya a suceder. La verdadera y redentora Segunda Venida de Cristo acerca de la cual habló Jesús tiene lugar cuando él se manifiesta en el devoto como el Sonido Cósmico y la Conciencia Crística.

Así como el ser humano posee un alma, una mente y un cuerpo, así también Dios es el alma inactivamente activa del universo, la Inteligencia Crística es la mente activa de Dios que planifica y guía la obra de la creación, y la Vibración Cósmica materializada en la forma del cosmos físico es el cuerpo físico de Dios. Todo devoto que desee recibir por segunda vez en su conciencia la Inteligencia Crística y, a través de esa sabiduría crística, llegar al Padre o Conciencia Cósmica, debe primero dominar la técnica de comunión con el Sonido Cósmico del Espíritu Santo y luego experimentar la Inteligencia Crística en dicho Sonido Cósmico. El solo hecho de creer en la Trinidad no le proporcionará a nadie la divina experiencia de la Conciencia Cósmica.

La Vibración Cósmica del Espíritu Santo se presenta al devoto durante la meditación bajo el aspecto de Luz Cósmica, Sonido Cósmico, Gozo Cósmico y Sabiduría Cósmica. Sin embargo, el devoto no debe sentirse satisfecho con ser un simple observador de estas glorias interiores, y suponer que con ello ha llegado a la meta. El devoto alcanza la comunión con el Espíritu Santo cuando puede ver la divina Luz difundiéndose por el cosmos entero, sentir el Sonido de *Om* resonando a través del cosmos, fundirse en el Gozo presente en cada átomo y partícula del universo, e intuir la sabiduría de la Inteligencia Crística en cada punto del espacio. El estudiante avanzado descubre que el contacto con el Espíritu Santo es un Incomparable Confortador que lo libera internamente de todo sufrimiento físico, mental y espiritual, y que despierta en su alma —tal como Jesús prometió y enfatizó— la omnisciencia intuitiva de la sabiduría crística.

~

[Una experiencia extática de Paramahansa Yogananda cuando se hallaba en comunión con el Om *o Vibración Cósmica del Espíritu Santo:]*

«Cuando las percepciones sensoriales producen sus vibraciones placenteras en el cuerpo, experimento la sensación de acarrear un lastre; una pesada carga cuelga del seno de mi alma y me siento arrastrado hacia abajo, hacia la materia. Pero, ¡oh inspirador *Om*!, cuando Tú vibras en mi interior, ¡qué exultante gozo y ligereza siento! Me elevo sobre el cuerpo y me siento atraído hacia el Espíritu. ¡Oh, majestuoso *Om,* retumbante océano de *Om*!, vibra por largo tiempo dentro de mí, de modo que pueda permanecer despierto ante tu infinita presencia, expandiéndome hasta identificarme con el Espíritu Universal. ¡Oh!, ésta es la Voz de los Cielos, es la voz del Espíritu. *Om,* Tú eres el origen de toda la vida, de todas las expresiones de la creación en el universo. Así pues, permíteme sentirte, ¡oh grandiosa Vibración Madre!, reverberando dentro de mí como parte de tu Ser Cósmico. Recíbeme, hazme uno Contigo, jamás me abandones, retumba por siempre en mi interior como un poderoso mar espiritual, que me llama y que revela tu oceánica presencia. ¡Oh, Poderosa Vibración, Poderosa Verdad, que penetras en cada átomo de mi cuerpo!

¡Paz y armonía eternas, bienaventuranza y sabiduría eternas! Ven con tu presencia, con tu resonancia universal. ¡Oh!, quiero abandonar los minúsculos gozos, los insignificantes tonos de las vibraciones sensuales. Envuélveme en tu vibración y transpórtame con tu sonido estruendoso. Libérame de las ataduras de la carne, déjame avanzar con tus infinitas olas vibratorias de gozo omnisciente, ¡oh grandioso *Om*! Permanece conmigo, poséeme, absuélveme en Ti».

DISCURSO 71

«Permaneced en mí [...]. Permaneced en mi amor»

La Última Cena, parte III

«Permaneced en mí»: sabed, por medio de vuestra realización divina, que quien os sustenta es la Divinidad inmanente

❖

De qué manera el gurú unido a Dios eleva la conciencia de sus discípulos a su propio nivel

❖

Aquellos que hacen contacto con la Vibración Cósmica del Espíritu Santo son los auténticos «testigos» de la Verdad

❖

Jesús prepara a sus discípulos para seguir adelante sin su presencia física

❖

Quienes comulgan con el Confortador en la meditación reciben plenamente el conocimiento y el gozo

«¿Qué amor podría ser más grandioso que el amor que Jesús expresa aquí? [...] El amor humano requiere del merecimiento humano y está sujeto a los caprichos del sentimiento; en cambio, el amor divino es incondicional, eterno e inmutable».

«Yo soy la vid verdadera, y mi Padre es el viñador. Él corta todo sarmiento que en mí no da fruto, y limpia todo el que da fruto, para que dé más fruto. Vosotros estáis ya limpios gracias a la palabra que os he dicho. Permaneced en mí, como yo en vosotros. Lo mismo que el sarmiento no puede dar fruto por sí mismo, si no permanece en la vid, tampoco vosotros podréis si no permanecéis en mí. Yo soy la vid; vosotros los sarmientos. El que permanece en mí y yo en él dará mucho fruto; porque separados de mí nada podéis hacer. Si alguno no permanece en mí, es cortado y se seca, lo mismo que los sarmientos; luego los recogen y los echan al fuego para que ardan. Si permanecéis en mí, y mis palabras permanecen en vosotros, pedid lo que queráis y lo conseguiréis. La gloria de mi Padre está en que deis mucho fruto, y seáis mis discípulos. Como el Padre me amó, yo también os he amado; permaneced en mi amor. Si guardáis mis mandamientos, permaneceréis en mi amor, como yo he guardado los mandamientos de mi Padre y permanezco en su amor. Os he dicho esto para que mi gozo esté en vosotros y vuestro gozo sea perfecto. Éste es mi mandamiento: que os améis los unos a los otros como yo os he amado. Nadie tiene mayor amor que el que da su vida por sus amigos. Vosotros sois mis amigos, si hacéis lo que yo os mando. No os llamo ya siervos, porque el siervo nunca sabe lo que suele hacer su amo; a vosotros os he llamado amigos, porque todo lo que he oído a mi Padre os lo he dado a conocer. No me habéis elegido vosotros a mí; más bien os he elegido yo a vosotros, y os he destinado para que vayáis y deis fruto, y que vuestro fruto sea duradero; de modo que todo lo que pidáis al Padre en mi nombre Él os lo conceda. Lo que os mando es que os améis los unos a los otros.

»Si el mundo os odia, sabed que a mí me ha odiado antes que a vosotros. Si fuerais del mundo, el mundo amaría lo suyo; pero el mundo os odia porque no sois del mundo, pues yo, al elegiros, os he sacado del mundo. Acordaos de lo que os he dicho: El siervo no es más que su señor. Si a mí me han perseguido, también os perseguirán a vosotros; si han

guardado mi palabra, también la vuestra guardarán. Pero todo esto os lo harán a causa de mi persona, porque no conocen al que me ha enviado. Si yo no hubiera venido y no les hubiera hablado, no tendrían pecado; pero ahora no tienen excusa que palíe su pecado. La persona que me odia odia también a mi Padre. Si no hubiera hecho entre ellos obras que ningún otro ha hecho, no tendrían pecado; pero ahora las han visto, y nos odian a mí y a mi Padre. Pero esto es para que se cumpla lo que está escrito en su Ley: 'Me han odiado sin motivo'. Cuando venga el Paráclito [el Confortador], que yo os enviaré de junto al Padre, el Espíritu de la verdad, que procede del Padre, él dará testimonio de mí. Pero también vosotros daréis testimonio, porque estáis conmigo desde el principio.

»Os he dicho esto para que no os escandalicéis. Os expulsarán de las sinagogas, e incluso llegará la hora en que todo el que os mate piense que da culto a Dios. Y harán esto porque no han conocido ni al Padre ni a mí. Os he dicho esto para que, cuando llegue la hora, os acordéis de que ya os lo había dicho.

»No os dije esto desde el principio porque estaba yo con vosotros. Pero ahora me voy donde Aquel que me ha enviado, y ninguno de vosotros me pregunta: "¿Adónde vas?". Es que, por haberos dicho esto, estáis embargados de tristeza. Pero yo os digo la verdad: Os conviene que yo me vaya, porque, si no me voy, no vendrá a vosotros el Paráclito [el Confortador]; pero si me voy, os lo enviaré; y cuando él venga, convencerá al mundo en lo referente al pecado, en lo referente a la justicia y en lo referente al juicio. En lo referente al pecado, porque no creen en mí; en lo referente a la justicia, porque me voy al Padre, y ya no me veréis; y en lo referente al juicio, porque el Príncipe de este mundo ya está juzgado. Mucho tengo todavía que deciros, pero ahora no podéis con ello. Cuando venga él, el Espíritu de la verdad, os guiará hasta la verdad completa; pues no hablará por su cuenta, sino que hablará lo que oiga y os explicará lo que ha de venir. Él me dará gloria, porque recibirá de lo mío y os lo explicará a

vosotros. Todo lo que tiene el Padre es mío. Por eso he dicho: Recibirá de lo mío y os lo explicará a vosotros.

»Dentro de poco ya no me veréis, y poco después me volveréis a ver».

Entonces algunos de sus discípulos comentaron entre sí: «¿Qué querrá decir con eso de "Dentro de poco ya no me veréis y poco después me volveréis a ver" y con "Me voy al Padre"?». Y se preguntaban: «¿Qué será ese "poco"? ¿Qué querrá decir?». Se dio cuenta Jesús de que querían preguntarle algo y les dijo: «¿Andáis preguntándoos acerca de lo que he dicho: "Dentro de poco no me veréis y poco después me volveréis a ver"?

»En verdad, en verdad os digo que lloraréis y os lamentaréis, y el mundo se alegrará. Estaréis tristes, pero vuestra tristeza se convertirá en gozo.

»La mujer suele estar triste cuando va a dar a luz, porque le ha llegado su hora; pero cuando ha dado a luz al niño, ya no se acuerda del aprieto, por el gozo de que ha nacido un hombre en el mundo. También vosotros estáis tristes ahora, pero volveré a veros y os llenaréis de alegría, y nadie os la podrá quitar. Aquel día no me preguntaréis nada. En verdad, en verdad os digo que el Padre os concederá lo que pidáis en mi nombre. Hasta ahora nada le habéis pedido en mi nombre. Pedid y recibiréis, para que sea perfecto vuestro gozo. Os he dicho todo esto en parábolas. Pero se acerca la hora en que ya no os hablaré en parábolas, sino que con toda claridad os hablaré acerca del Padre. Aquel día pediréis en mi nombre, y no os digo que yo rogaré al Padre por vosotros, pues el Padre mismo os quiere, porque me queréis a mí y creéis que salí de Dios. Salí del Padre y he venido al mundo; ahora dejo otra vez el mundo y me voy donde el Padre».

Le dicen sus discípulos: «Ahora sí que hablas claro, y no dices ninguna parábola. Sabemos ahora que lo sabes todo y no necesitas que nadie te pregunte. Por esto creemos que has salido de Dios». Jesús les respondió:

«¿Ahora creéis? Mirad que llega la hora —y ha llegado ya— en que cada uno de vosotros se dispersará por su lado,

y me dejaréis solo. Pero no estoy solo, porque el Padre está conmigo. Os he dicho estas cosas para que tengáis paz en mí. En el mundo viviréis atribulados; pero tened buen ánimo: yo he vencido al mundo».

Juan 15:1–16:33

DISCURSO 71

«Permaneced en mí [...]. Permaneced en mi amor»

La Última Cena, parte III

«Yo soy la vid verdadera, y mi Padre es el viñador. Él corta todo sarmiento que en mí no da fruto, y limpia todo el que da fruto, para que dé más fruto. Vosotros estáis ya limpios gracias a la palabra que os he dicho. Permaneced en mí, como yo en vosotros. Lo mismo que el sarmiento no puede dar fruto por sí mismo, si no permanece en la vid, tampoco vosotros podréis si no permanecéis en mí. Yo soy la vid; vosotros los sarmientos. El que permanece en mí y yo en él dará mucho fruto; porque separados de mí nada podéis hacer. Si alguno no permanece en mí, es cortado y se seca, lo mismo que los sarmientos; luego los recogen y los echan al fuego para que ardan» (*Juan* 15:1-6).

La Conciencia Crística, con la cual Jesús se hallaba identificado en forma perfecta *(«yo soy»)*, es la *«vid verdadera»* de la vida y sustancia cósmicas, que posee infinitos sarmientos de los que penden los cúmulos de universos, los sistemas planetarios y estelares, los átomos y los electrones y todo cuanto ha sido creado. Quien planta y cuida la vid de la Conciencia Crística en el huerto de la Vibración Cósmica es el todopoderoso *«Viñador»*, la suprema Conciencia Cósmica del Padre-Creador. Esta vid posee brotes que se extienden hasta las partículas más diminutas de todas las formas de materia, energía y fuerza vital. La Conciencia Cósmica elimina y luego reforma, a través de la muerte y el renacimiento, todo objeto o ser que, debido a la ignorancia o por alguna otra razón, no da los frutos de una manifestación apropiada. Y con la hoz de las pruebas espirituales corta todos aquellos sarmientos de la inteligencia humana que por su madurez han rendido los selectos frutos de la sabiduría, a fin de que al podarlos puedan producir una cosecha más abundante de percepción divina, amor y bienaventuranza.

Los discípulos de Jesús eran muy afortunados, porque con *«la palabra que os he dicho»* (la supremamente consoladora Vibración Cósmica, que gracias a la intercesión de Jesús se había manifestado en ellos) purificó sus conciencias del mal karma y de las vibraciones erróneas de numerosas encarnaciones. En esta última velada que compartía con los discípulos antes de ser crucificado, Jesús los exhortó a mantenerse en la conciencia que él manifestó mientras estuvo a su lado, para que incluso después de la muerte de su forma física esa conciencia permaneciese en ellos y les asegurara su salvación. Ningún devoto puede por sí mismo hacer madurar los frutos de la sabiduría (el conocimiento de Dios) como un sarmiento de conciencia humana separado de la vid de la Conciencia Crística omnipresente. Sin embargo, todos los devotos que practican la meditación y alcanzan reiteradamente la comunión extática —sintiendo, por medio de su percepción intuitiva, que residen en la Conciencia Crística y que la Inteligencia Crística se manifiesta en ellos— reciben de dicha Conciencia su poder dador de vida inmortal, que nutre el crecimiento de los frutos de la sabiduría imperecedera y de la bienaventuranza divina.

«Permaneced en mí»: sabed, por medio de vuestra realización divina, que quien os sustenta es la Divinidad inmanente

Resulta evidente que Jesús no hablaba desde su condición de ser humano ni insinuaba que el comienzo y el fin de la manifestación de Dios en la tierra coincidiesen con el nacimiento y la muerte de su cuerpo físico. Él se expresaba desde un nivel de entendimiento en el que sabía que la Conciencia Crística presente en él era la misma Inteligencia rectora universal de la Energía Cósmica Infinita que anima los átomos y toda vida. Por eso, refiriéndose a su ser universal, pudo decir: *«separados de mí nada podéis hacer»*. El poder de la Conciencia Crística universal se encuentra manifestado hasta cierto punto en todas las personas, porque sin el contacto consciente o inconsciente con la Conciencia Crística, oculta tras la conciencia humana ordinaria, el hombre no podría vivir, respirar, ver, oír, oler, gustar, tocar, pensar, sentir, ejercer la voluntad y, menos aún, producir los frutos de la realización del Ser.

La exhortación de Jesús a sus discípulos «*Permaneced en mí [...] porque separados de mí nada podéis hacer*» les indicó el camino para alcanzar la salvación. De manera similar, Sri Krishna —hablando también desde su unidad con la Conciencia Universal del Cristo (Krishna)— proclama esta empírea verdad en el *Bhagavad Guita:* «Para quienes me veneran ofreciéndome todas sus actividades (al considerarme el Único Hacedor) y me contemplan con firme determinación mediante el yoga —permaneciendo de ese modo absortos en Mí—, ciertamente, ¡oh Arjuna!, para tales devotos cuya conciencia está fija en Mí, pronto me convierto en su Redentor a fin de alejarlos del mar de los nacimientos mortales. Conserva la mente absorta sólo en Mí; concentra en Mí tu percepción discernidora y, sin sombra de duda, morarás eternamente en Mí»[1].

Cuando Jesús dijo: «*Si alguno no permanece en mí, es cortado y se seca*», él afirmaba que no es suficiente que la Conciencia Crística sustente a los seres humanos; cada uno de ellos, al experimentar conscientemente esta verdad a través de su percepción intuitiva en la meditación, debe *saber* que esa Divinidad inmanente lo sustenta. Si una persona vive totalmente ajena a la Fuente que sostiene su vida, su felicidad se marchita con el transcurso del tiempo por falta de comunión espiritual, del mismo modo en que un sarmiento cortado languidece al no recibir la savia nutritiva que le provee la vid de la que forma parte. Al secarse espiritualmente por falta de una conexión consciente con la Conciencia Crística, a tales seres materialistas e ignorantes «*los recogen y los echan al fuego para que ardan*» —aunque eso no significa que estén condenados a la destrucción en algún mítico fuego infernal, sino que serán atormentados temporalmente por las lacerantes llamas del sufrimiento que ellos mismos encendieron y alimentaron con su manera incorrecta de vivir—. Sin embargo, en todas sus enseñanzas Jesús asegura también que incluso las personas materialistas pueden salvarse valiéndose de la buena compañía, la meditación, la lealtad a un genuino gurú y la comunión con la Conciencia Crística, sean cuales sean los sufrimientos que ahora padezcan en el infierno del engaño.

---

[1] *God Talks With Arjuna: The Bhagavad Gita* XII:6-8. (Véase *El Yoga del Bhagavad Guita*).

~

«Si permanecéis en mí, y mis palabras permanecen en vosotros, pedid lo que queráis y lo conseguiréis. La gloria de mi Padre está en que deis mucho fruto, y seáis mis discípulos. Como el Padre me amó, yo también os he amado; permaneced en mi amor. Si guardáis mis mandamientos, permaneceréis en mi amor, como yo he guardado los mandamientos de mi Padre y permanezco en su amor. Os he dicho esto para que mi gozo esté en vosotros y vuestro gozo sea perfecto» (*Juan* 15:7-11).

«Si vuestra conciencia está en sintonía con mi Conciencia Crística y con las emanaciones de la Vibración Cósmica que provienen de mí, podréis llevar a cabo todo lo que deseéis, porque vuestra voluntad estará actuando a través de la Inteligencia Cósmica y de la Energía Cósmica Vibratoria (la Palabra creativa de Dios)».

Jesús prometió a sus discípulos que si su conciencia se hallaba en perfecta sintonía con la Conciencia Crística y con sus emanaciones de la Vibración Cósmica —*«si permanecéis en mí, y mis palabras permanecen en vosotros»*—, serían capaces de demostrar increíbles maravillas al poner en acción el principio creativo universal. Los devotos de cualquier época que se encuentren en sintonía con la Conciencia Crística pueden materializar la gloria y la sabiduría de la Conciencia Cósmica (el Padre) que se oculta en la creación entera y más allá de ella. Jesús consideraba que sus verdaderos discípulos eran aquellos que estaban dispuestos a disciplinar su conciencia y expandirla hasta alcanzar la Conciencia Crística.

Jesús habló luego a sus discípulos con palabras tan hermosas que no podría haber otras más preciadas para el corazón del devoto y les dijo que los amaba con el mismo divino amor, imparcial e imperecedero, con que el Padre Celestial le amaba a él. Así como él sentía en su interior el amor de Dios en todo momento, así permanecerían ellos en el amor de Dios que fluiría a través de la Conciencia Crística, si continuaban cumpliendo con sus mandamientos. ¿Qué amor podría ser más puro, qué amor podría ser más grandioso que el amor que Jesús expresa aquí por sus discípulos? El amor humano requiere del merecimiento humano y está sujeto a los caprichos del sentimiento; en cambio, el amor divino es incondicional, eterno e inmutable.

«Como el Padre me amó, yo también os he amado»

Intenta imaginar el amor del que habla Jesús en estos versículos. Cierra los ojos, centra tu atención en el corazón y siente el amor más grande que hayas experimentado por otra persona. Que ese amor sature cada célula de tu cuerpo. Ahora expande ese sentimiento de amor como si fuese una esfera envolvente que abarca a tu familia, a tus amigos y a todos tus seres queridos. Siente que tu amor crece constantemente; incluye en esa esfera a todos los habitantes de tu ciudad, luego a tu país entero. Ahora todo cuanto hay en el mundo está bañado en ese amor. La tierra entera, el sistema solar, las galaxias e islas de universos que han sido lanzadas a enormes distancias: todo flota en esa vasta esfera de amor. Siéntelo, medita en él, fúndete en ese amor que inunda y sostiene la infinitud de la creación: ese amor demuestra la presencia del palpitar de la bienaventuranza de Dios, que marca el ritmo de la armonía y la unidad cósmicas, y que el devoto conoce como la plenitud absoluta.

El amor que se siente en el corazón al comienzo de esta visualización es amor humano, y el amor que se expande hasta abarcarlo todo es el amor universal de Cristo, el infinito amor de Dios. El amor que la mayoría de las personas siente por sus familiares y amigos más queridos, Jesús lo sentía por el mundo entero y por todo ser vivo. La Conciencia Crística, cuyo amor todo lo abarca, nació en el cuerpo de Jesús, en el cuerpo de Krishna, en el cuerpo de Buda.

Sólo aquel que ha percibido el Infinito puede vislumbrar el indescriptible amor divino que se esparce por toda la creación: el amor de Cristo, el divino poder de atracción que conduce a todos los seres hacia una armonía siempre creciente y, finalmente, los une de nuevo a Dios. Es un amor que no está profanado por el egoísmo, la materialidad o los instintos mortales, ni circunscrito por las limitaciones que deslustran incluso el más grande de los amores humanos. El amor que mora en las almas de todas las criaturas —la suma y perfección del amor de todas las madres, padres, amigos y amantes—, ése es el amor de Cristo: el amor del Padre reflejado en la conciencia de Jesús y en la de cada maestro que alcanza la unión con Dios.

Sentir ese amor espiritual de todos los corazones puros significa permanecer extasiado en un gozo tan inmenso, tan arrollador, que no se puede contener: una descarga de bienaventuranza atraviesa nuestro ser, mil millones de voltios de energía extática. Esta emoción divina se encuentra más allá de toda descripción; es una comunión de inefable dulzura con la Gracia Infinita, la Gloria Indescriptible, el Amparo Eterno. Éste es el amor de Dios que Jesús sentía y en el cual dio refugio a sus discípulos: *«Como el Padre me amó, yo también os he amado; permaneced en mi amor»*.

Jesús deseaba asegurarse de que al morir su cuerpo los discípulos continuarían percibiendo el amor divino que él les había ayudado a sentir en su corazón. Muchos encienden una pequeña luz de anhelo por Dios, pero luego dejan de alimentarla y, de ese modo, el fuego se extingue. Es preciso alimentar la llama del amor y del anhelo una y otra vez con la práctica diaria de la meditación y de la autodisciplina. Jesús señaló que todos los devotos pueden permanecer en el imperecedero amor divino que se halla en el seno de la Conciencia Crística y de Dios si acatan las leyes divinas que él había enfatizado: en primer lugar, como él mismo demostró, debían amar a Dios como el gozo de la meditación, con toda la devoción del corazón, con toda la concentración de la mente, con toda la intuición del alma y con todas las «fuerzas» del cuerpo (retirando la energía de los sentidos para enfocar la atención en Dios), y amar al Señor en las almas de todos los seres vivientes (el «prójimo», todo aquel que encontremos en nuestro camino)[2].

«Permaneced en mi amor»: el cumplimiento de los dos mandamientos principales: amar a Dios y amar al prójimo

Al cumplir estos dos mandamientos principales del Padre, Jesús y todos los devotos liberados permanecen eternamente en el siempre renovado, siempre gozoso y eterno amor de Dios. *«Os he dicho esto para que mi gozo esté en vosotros y vuestro gozo sea perfecto»:* a través de la Vibración Cósmica del Espíritu Santo, Jesús hizo vibrar en la receptiva conciencia de los discípulos estas verdades, mediante las cuales ellos podrían morar en el amor crístico, a fin de que el siempre renovado Gozo de Dios presente en él y omnipresente en la Vibración Cósmica pudiera permanecer continuamente en ellos después de que su cuerpo se disolviese en el Espíritu. Él deseaba que, merced a la inquebrantable comunión que se logra con la práctica de la meditación profunda, sus discípulos transmutasen el gozo condicional de su presente estado de avance espiritual en el gozo perfecto y absoluto del Espíritu[3].

---

2 Véase el discurso 53 (volumen II), «Cumplir los dos mandamientos principales».

3 «Los yoguis que aún no se han liberado del mundo regresan de nuevo (al mundo), incluso desde la elevada esfera de Brahma (la unión con Dios en el estado de *samadhi*). Pero los que se unen a Mí (el Espíritu trascendental) ya no experimentan renacimientos. [...] Por medio de una sincera devoción, ¡oh Arjuna!, se alcanza al Supremo Inmanifestado. Sólo Él, el Omnipresente, es la Morada de todas las criaturas» *(God Talks With Arjuna: The Bhagavad Gita* VIII:16, 22. Véase *El Yoga del Bhagavad Guita).*

El Evangelio conserva un registro de las palabras que Jesús pronunció en esta sagrada ocasión, pero el lector debe comprender —y procurar sentir como si él también hubiese estado presente— que detrás de esas palabras se hallaba la presencia vibratoria tangible de Dios. En los momentos de confraternidad divina *(satsanga)* —como fue el caso de la Última Cena de Jesús con sus discípulos—, cuando el maestro habla, aquellos que son receptivos se sienten elevados a una conciencia superior que inunda de percepciones divinas sus corazones y mentes. Esta sintonía colma de manera sublime la conciencia del devoto siempre que éste invoca la gracia del gurú en el templo interior de la meditación profunda y devocional.

~

«Éste es mi mandamiento: que os améis los unos a los otros como yo os he amado. Nadie tiene mayor amor que el que da su vida por sus amigos. Vosotros sois mis amigos, si hacéis lo que yo os mando. No os llamo ya siervos, porque el siervo nunca sabe lo que suele hacer su amo; a vosotros os he llamado amigos, porque todo lo que he oído a mi Padre os lo he dado a conocer. No me habéis elegido vosotros a mí; más bien os he elegido yo a vosotros, y os he destinado para que vayáis y deis fruto, y que vuestro fruto sea duradero; de modo que todo lo que pidáis al Padre en mi nombre Él os lo conceda» (*Juan* 15:12-16).

En esta última disertación dirigida a los discípulos, Jesús hace énfasis reiteradamente en su amoroso mandamiento: «Amaos los unos a los otros con el mismo amor divino e incondicional con que yo os he amado». Él deseaba que mantuviesen el ideal del amor en su aspecto humano más sublime: la amistad divina.

La forma más elevada de amor humano: la divina amistad entre el gurú y sus discípulos

La amistad es la expresión humana más pura del amor de Dios porque no surge de los dictados de los instintos biológicos o sociales, sino de la libre elección del corazón. Todas las demás formas de amor —entre padre e hijo, esposo y esposa, hermano y hermana, amante y bienamado, amo y sirviente— son motivadas en parte por los imperativos del instinto y por la perspectiva de lograr un beneficio egoísta y, como tales, son imperfectas. Al hombre le son impuestos sus parientes consanguíneos, pero él elige libremente a sus amigos. El amor de los amigos, que crece en la atracción mutua y espontánea entre los corazones, aporta la posibilidad de establecer una relación basada realmente en la generosidad; por lo tanto, es la que más se aproxima al amor perfecto: el que existe entre Dios y sus devotos, entre el alma y el Espíritu.

Fue ese amor perfecto, desprovisto de egoísmo, el que Jesús prodigó a sus discípulos al llamarlos amigos —almas a las que él tenía en elevada estima—. De manera conmovedora y con la perspectiva de afrontar su propia muerte al día siguiente, él afirmó ante ellos: *«Nadie tiene mayor amor que el que da su vida por sus amigos»*. Tal amistad es en verdad divina, porque el sacrificio puramente desinteresado sólo es posible cuando el amor humano es partícipe del amor de Dios. Cuando alguien puede expresar la todopoderosa capacidad extasiante del amor divino, despierta el corazón mismo del amor de Dios en las vidas de los demás.

El instinto predominante en el ser humano es amarse a sí mismo en primer lugar. Cuando existe alguna clase de peligro, el primer impulso de una persona es salvarse a sí misma. La espiritualidad comienza con el esfuerzo por considerar el bienestar de los demás por encima del interés propio. La pequeñez del mezquino egocentrismo debe resucitar y transmutarse en la grandeza de la generosidad y del sacrificio, mediante los cuales sentimos que los demás forman parte de nuestro propio ser expandido. En muchas ocasiones, la amistad existente en las relaciones humanas más cercanas degenera en un exceso de familiaridad o en la tendencia a obtener egoístamente provecho de otra persona. Por el contrario, en la amistad divina cada uno piensa únicamente en el máximo bienestar de la otra persona; esta clase de amistad fue la que Jesús demostró.

La expresión suprema de la amistad es la relación entre un verdadero gurú y sus discípulos. En un gurú crístico, el amor de Dios mismo se manifiesta en forma humana. En el amor puro de los amigos, uno vislumbra a Dios el Invisible que se hace parcialmente visible; pero en el gurú, Él en verdad se manifiesta sin rodeos. A través del gurú, Dios el Silencioso habla abiertamente. ¿Qué mayor satisfacción podría uno tener que, cuando el corazón arde de anhelo por el Dios desconocido, Él venga realmente en la forma del gurú? Cuando la devoción es intensa y constante, ¿qué mayor consuelo podría experimentarse que descubrir que el Infinito Inconcebible se manifiesta en la forma visible del gurú? Dios funde su deseo de que el devoto alcance la liberación con el deseo del gurú de ayudar al discípulo a abandonar los caminos de la oscuridad y seguir la senda iluminada hacia Dios. Quien sigue a un gurú enviado por Dios camina en la imperecedera luz de Dios. El Silencio se hace expresivo a través de la voz del gurú; lo Intangible se hace tangible en la realización divina del gurú.

De qué manera el gurú unido a Dios eleva la conciencia de sus discípulos a su propio nivel

La amistad divina incondicional que existe entre gurú y discípulo —el más sagrado de todos los amores humanos— es el amor al que se refería Jesús al llamar «amigos» a sus discípulos y no «siervos» ni «subordinados». Cuando les dijo: *«Vosotros sois mis amigos, si hacéis lo que yo os mando»*, deseaba hacerles saber que a quienes obedecieran los mandamientos crísticos de meditación y autodisciplina, y alcanzaran así la conciencia de Dios, él les llamaría amigos, aceptados sobre la base de la igualdad divina, pues la Conciencia Crística que se hallaba presente en él y la que se manifiesta en todas las almas despiertas es una sola y la misma.

Son verdaderos hijos de Dios los devotos que por medio de la transparente pureza de su mente y de su corazón reciben y reflejan la resplandeciente luz del amor de Dios que brilla de manera imparcial sobre todos. Jesús sabía que los discípulos que siguieran el mandamiento que él les había dado: *«que os améis los unos a los otros como yo os he amado»* (que pudiesen sentir el amor de Dios en todos) transformarían su conciencia en Conciencia Crística. A quienes estaban en sintonía con él les había dado a conocer *«todo lo que he oído a mi Padre»* (las vibraciones de sabiduría que él recibía de la Conciencia Cósmica). Por consiguiente, a partir de entonces no se referiría a sus discípulos avanzados como *«siervos»* —aquellos que sirven a su Maestro pero nada conocen acerca de él (la Conciencia Crística, el Señor de toda la creación)—, sino que los consideraría amigos divinos que con él compartían el conocimiento de la Conciencia Crística[4].

[4] Esta amistad y amor divinos se expresan de manera sublime en la relación entre el avatar Bhagavan Krishna y su bienamado discípulo Arjuna, como se relata en la épica del *Mahabharata* y más específicamente en el sagrado *Bhagavad Guita.* Al impartir a Arjuna el conocimiento de la ciencia eterna de la unión con Dios, que fue revelada en la India en tiempos inmemoriales, el Señor Krishna dijo:

«Te he informado hoy sobre ese mismo antiguo yoga, pues eres mi devoto y amigo. Este sagrado misterio (del yoga) es, en verdad, el que confiere supremo beneficio (a la humanidad)» *(God Talks With Arjuna: The Bhagavad Gita* IV:3. Véase *El Yoga del Bhagavad Guita).*

Las almas del reino divino son idénticas entre sí en lo que respecta a su conocimiento de Dios y, por lo tanto, disfrutan por igual de la plenitud de la felicidad infinita. Los habitantes del reino de la tierra, en cambio, están cubiertos por el engaño de la desigualdad y se hallan abrumados por los celos, los problemas y el descontento. Las almas que han conquistado el engaño y han alcanzado la completa iluminación inherente a la realización del Ser son honradas en el reino divino como iguales entre sí a los ojos de Dios; sólo los discípulos ignorantes discuten sobre la superioridad de unos maestros sobre otros. (Existen, por supuesto, diferentes niveles de percepción de Dios entre los devotos que avanzan en el sendero espiritual, pero una vez que han alcanzado el pináculo de su liberación en la Conciencia Cósmica no existe ya diferencia alguna. No es posible juzgar con justicia a los profetas completamente liberados que han existido en las diversas religiones basándose en la expresión externa de la sabiduría que imparten para una época y lugar determinados, porque en su interior poseen la misma realización del Ser y la misma conciencia divina).

En una ocasión anterior, Jesús había dicho: «*Nadie puede venir a mí, si el Padre que me envía no lo atrae*». El gurú no llama a las almas para que vengan a él; es Dios quien las conduce a ese maestro espiritual. Dios emplea el vehículo del gurú para llevar al devoto a la libertad eterna. Por esa razón, Jesús señaló que no habían sido los discípulos quienes le eligieron, sino que, en respuesta a las oraciones de esos devotos a lo largo de numerosas vidas y a la voluntad del Padre Celestial, la encarnación de la Conciencia Crística en Jesús había sido designada para guiarlos en el sendero espiritual. Los discípulos no sabían que él llegaría, pero él vino deliberadamente como el gurú enviado por Dios para liberar sus almas.

Actuando conforme al mandato de Dios, Jesús reconoció y eligió de manera consciente a sus discípulos; por eso dijo: «*Os he elegido yo a vosotros, y os he destinado [...]*», es decir: «Mi Conciencia Crística ha decidido guiaros por medio de mi forma llamada Jesús e infundiros el fervor divino que os permitirá profundizar en el éxtasis y producir el fruto inmaculado de la sabiduría, sabiduría que permanecerá con vosotros para siempre. Y cuando estéis en sintonía con mis vibraciones crísticas y pidáis desde la Conciencia Cósmica, todo cuanto demandéis a través de mí, lo recibiréis».

«Lo que os mando es que os améis los unos a los otros.

»Si el mundo os odia, sabed que a mí me ha odiado antes que a vosotros. Si fuerais del mundo, el mundo amaría lo suyo; pero el mundo os odia porque no sois del mundo, pues yo, al elegiros, os he sacado del mundo. Acordaos de lo que os he dicho: El siervo no es más que su señor. Si a mí me han perseguido, también os perseguirán a vosotros; si han guardado mi palabra, también la vuestra guardarán. Pero todo esto os lo harán a causa de mi persona, porque no conocen al que me ha enviado. Si yo no hubiera venido y no les hubiera hablado, no tendrían pecado; pero ahora no tienen excusa que palíe su pecado. La persona que me odia odia también a mi Padre. Si no hubiera hecho entre ellos obras que ningún otro ha hecho, no tendrían pecado; pero ahora las han visto, y nos odian a mí y a mi Padre. Pero esto es para que se cumpla lo que está escrito en su Ley: 'Me han odiado sin motivo'» (*Juan* 15:17-25).

Al exhortar a los discípulos a amarse los unos a los otros con su amor crístico —supremamente liberador— y guardar al mismo tiempo sus mandamientos al desempeñar su papel de apóstoles, Jesús hacía hincapié en la importancia de mantenerse unidos en el poder del amor divino cuando fuesen objeto de resentimiento por parte de quienes estaban sumidos en el engaño de *maya*. Si las personas mundanas los odiaban, ello se debía a la espiritualidad de los discípulos; esas personas ya habían determinado en sus corazones que odiarían la verdad y a Jesús y, sin duda, extenderían esa enemistad a los seguidores del Maestro. Si la mentalidad de los discípulos hubiese sido predominantemente materialista, la multitud los habría aceptado como almas afines. Pero sus valores e intereses eran de un orden superior *(«no sois del mundo»)*, porque Jesús había elegido apartarlos de una vida dedicada al mundo; por ese motivo profetizó que serían vilipendiados, sólo por ser «diferentes».

Todos los aspirantes espirituales han de afrontar la oposición de las personas de mentalidad mundana que están bajo el influjo del engaño

Jesús les recordó a los discípulos una lección anterior: *«No es más el siervo que su amo»*[5] y dijo que, puesto que la gente mundana

[5] *Juan* 13:16; este versículo se comenta en detalle en el discurso 70. Véase también *Lucas* 6:40 (discurso 33), y *Mateo* 10:24 (discurso 41), ambos en el volumen II.

le había perseguido a él, que era el maestro, también perseguiría a sus discípulos. Quienes vivían las enseñanzas de Jesús estarían también dispuestos a seguir el consejo espiritual de sus discípulos consagrados; sin embargo, los que eran hostiles a Jesús y a la verdad que él predicaba perseguirían a sus discípulos por manifestar sus vibraciones crísticas y su bienaventuranza —*«a causa de mi persona»*—, ya que no sabían que la conciencia manifestada en él era el reflejo de la Conciencia Cósmica de Dios, el reflejo de Aquel *«que me ha enviado»*.

A continuación, Jesús se refiere a un tema que desde entonces ha provocado grandes debates teológicos y a menudo ha sido gravemente malinterpretado. *«Si yo no hubiera venido y no les hubiera hablado, no tendrían pecado [...]. Si no hubiera hecho entre ellos obras que ningún otro ha hecho, no tendrían pecado [...]»*. Para comprender las palabras de Jesús es preciso tener en mente el significado de las palabras *«pecado»* y *«mal»*.

La diferencia entre el pecado (el desconocimiento de Dios) y el mal (rechazar a Dios)

«Pecado» significa ignorancia, el engaño individual *(avidya)*. Consiste en hacer mal uso del libre albedrío, bajo la influencia del engaño cósmico que emana del mal satánico, con la finalidad de llevar a cabo aquellas acciones que alejan al hombre del reino de Dios. Los pecados de la mayoría de las personas son mundanos; pocos son categóricamente malignos. Ser mundano significa ser insensato, darle excesiva importancia a la materialidad y a la gratificación de los sentidos y permanecer alejado de Dios por causa de la ignorancia. El mal propiamente dicho, en cambio, es el pecado deliberado que consiste en darle la espalda al Señor. Fue esa clase de pecado la que Jesús condenó en aquellos que no sólo presenciaron la manifestación divina en su vida y aun así le rechazaron, sino que rechazaron también su mensaje, que provenía de Dios.

Estos versículos ciertamente no implican que las personas ignorantes que se hallaban en el mundo estuviesen libres de pecado antes de la venida de Jesús. Más bien, si la Conciencia Crística presente en Jesús no se hubiese revelado al mundo, tanto a través de su abierta declaración de que él estaba unido personalmente al Padre Cósmico, como por medio de sus demostraciones de la inmanencia de Dios en los milagros que realizó, las personas mundanas que no creían que Dios se manifestaba en Jesús ni a través de él ni en sus enseñanzas —los que *«no conocen al que me ha enviado»*— no habrían sido culpables del pecado de ignorar a Dios en forma deliberada, haciendo caso omiso a tales pruebas. Pero, después del testimonio de Jesús y de haber contemplado o conocido sus demostraciones del poder y de la gracia de Dios, la gente del mundo (ya fuese en aquella época o en el futuro) no tendría excusas —declaró Jesús— para ocultar bajo un manto de ignorancia su despreocupada indiferencia hacia Dios y hacia sus deberes espirituales para con Él como Dador de las bendiciones de la vida.

Si el Señor jamás se mostrase ante los hombres ni manifestara su mensaje en la tierra a través de sus instrumentos —los avatares, como es el caso de Jesús—, sería un error comprensible que el hombre rechazara a Dios, ya que no tendría pruebas suficientes de su existencia y esencialidad. A esto se refiere Jesús cuando les habla a sus discípulos acerca de la importancia de su propia misión encomendada por Dios. «Puesto que el invisible y silencioso Dios Todopoderoso se ha revelado y ha demostrado sus mandamientos de autodisciplina de manera clara y profusa a través de mí, aquellos que antes eran ignorantes no tienen ahora excusa tras la cual escudar su culpabilidad por no seguir el sendero espiritual, ni justificación alguna para olvidar a Dios so pretexto de que Él es extremadamente esquivo, misterioso e inalcanzable, y que se encuentra demasiado oculto o que tal vez ni siquiera existe.

«La persona que me odia (que rechaza las demostraciones de la existencia y de la gloria de Dios que han sido reveladas a través de mi vida) *odia también a mi Padre* (la Conciencia Cósmica que me envió a la tierra para anunciar la presencia de Dios en forma poderosa pero humilde)». Jesús sabía que por medio de su resurrección se demostraría la omnipotencia de Dios, en tanto que su crucifixión ejemplificaría la humildad de Dios, que desea instruir a sus hijos rebeldes e ignorantes valiéndose únicamente del amor. Si Jesús no hubiese llevado a cabo milagros divinos para glorificar la existencia, el poder y el amor de Dios como ninguna persona común jamás lo había hecho o habría podido hacerlo, los incrédulos no hubieran sido acusados de rechazar deliberadamente a Dios. Pero, después de haber visto la manifestación de la Divinidad en la vida de Jesús, fueron culpables del pecado de odiar a Dios toda vez que odiaron a Jesús —en quien moraba la Divinidad.

Jesús habló enérgicamente, porque ignorar a Dios (ya sea a sabiendas o por total ignorancia) es un pecado de enorme gravedad; implica someterse al engaño cósmico, que es el padre de todos los pecados y, en consecuencia, del descontento y del sufrimiento físico, mental y espiritual resultante de tales pecados. Olvidar a Dios es perder de vista la verdadera naturaleza del ser humano. El alma que no conoce su inherente divinidad permanece atada a encarnaciones de sufrimientos mortales que le son impuestas por los deseos insatisfechos. En contraposición, la unión con Dios colma todos los deseos del corazón humano y libera al alma para siempre.

En su advertencia anticipada a los apóstoles acerca de la hostilidad de las muchedumbres, Jesús reconocía el cumplimiento de la profecía: *«[...] que se cumpla lo que está escrito en su Ley: 'Me han odiado sin motivo'»*. La gente por lo general desprecia a los malhechores por sus actos malvados, pero Jesús era odiado por las obras divinas que había llevado a cabo en nombre de Dios. Muchas veces el destino de los profetas es ser vilipendiados por el solo hecho de ser santos —un drástico contraste que ofende el orden imperante entre la gente común.

~

> *«Cuando venga el Paráclito [el Confortador], que yo os enviaré de junto al Padre, el Espíritu de la verdad, que procede del Padre, él dará testimonio de mí. Pero también vosotros daréis testimonio, porque estáis conmigo desde el principio»* (*Juan* 15:26-27).

Aun cuando los perseguidores mundanos de mentalidad materialista intentarían difamar a Jesús y censurar toda evidencia de su Conciencia Crística, él les aseguró a sus discípulos que recibirían un testimonio irrefutable: «Cuando mi cuerpo ya no esté con vosotros, la Conciencia Crística presente en mí os enviará el gran consuelo de la Vibración Cósmica del Espíritu Santo. En la meditación profunda, la Bienaventuranza de la Sagrada Vibración os será revelada como una emanación de mi Conciencia Crística y del Padre o Conciencia Cósmica. A través del poder supremamente convincente de la intuición, conoceréis el Espíritu de la Verdad que procede del Padre —la Conciencia Cósmica que se manifiesta como la Vibración Cósmica del Espíritu Santo— y que mediante su consoladora bienaventuranza atestigua la presencia de la Conciencia Crística en dicha Vibración».

Aquellos que hacen contacto con la Vibración Cósmica del Espíritu Santo son los auténticos «testigos» de la Verdad

Jesús enfatiza una y otra vez ante sus discípulos que él es la Inteligencia Crística y no un cuerpo físico, y les asegura que cuando perciban la Vibración Cósmica del Espíritu en su interior sabrán con certeza que él es la Inteligencia Crística que ha existido por siempre en cada resonancia de esa Sagrada Vibración.

Jesús no sólo declara que el Espíritu Santo —*«el Testigo fiel y veraz»*[6]— dará testimonio de esta verdad, sino que además les anuncia a sus discípulos: *«también vosotros daréis testimonio»*, es decir, «Vuestras almas serán testigo de estas verdades eternas, porque —al ser emanaciones de la Conciencia Crística que también se encuentra presente en mí— *"estáis conmigo desde el principio"*, cuando el Infinito engendró el flujo vibratorio que hizo emanar de Sí mismo».

«Desde el principio» significa «desde la concepción de la creación finita». En el Espíritu no existe principio ni fin. Las categorías de principio y fin se aplican a las olas de la creación que proceden del seno del Océano Infinito y luego retornan a Él una vez que la tormenta de la ilusión cósmica desaparece por mandato soberano de Dios. Jesús asegura que todas las almas emanaron de la Conciencia Crística en el principio de la creación finita de los mundos y los planetas; por consiguiente, el hombre, como alma pura, merece unirse de nuevo con la Inteligencia Crística después de su aparente separación durante las innumerables encarnaciones en que estuvo sumido en el engaño. Antes de que el engaño de *maya* envolviese a las almas, todas ellas sabían que su Origen era la Inteligencia Crística; asimismo, cuando los devotos avanzados liberan su alma del engaño, dan testimonio de su eterna e inquebrantable conexión con la Conciencia Crística.

Creer en el Espíritu Santo es una cosa; pero hacer contacto real con el Espíritu Santo ¡es algo muy diferente! Siglos atrás, grandes santos como Francisco de Asís y Teresa de Ávila conocieron el arte de establecer contacto con el Espíritu Santo, la Conciencia Crística y la Conciencia Cósmica —la Unidad trina— al interiorizar con intensidad la devoción pura.

Al enviar las enseñanzas de *Self-Realization* a América, el gran Yogavatar Lahiri Mahasaya le ha proporcionado al mundo la técnica que en verdad permite comulgar con el Espíritu Santo (la Vibración Cósmica omnipresente que se oye en la meditación como el Sonido Cósmico del

---

[6] *«Así habla el Amén, el Testigo fiel y veraz, el Principio de la creación de Dios»* (*Apocalipsis* 3:14).

poderoso *Om* o Amén y que en el estado de éxtasis es acompañado por un indescriptible consuelo divino en el Espíritu). Los devotos que hacen contacto con la Vibración Cósmica del Espíritu Santo y se llenan de su electrizante bienaventuranza eterna son, de hecho, los testigos reales del Espíritu de la Verdad y los conocedores del Cristo Infinito[7].

~

«Os he dicho esto para que no os escandalicéis. Os expulsarán de las sinagogas, e incluso llegará la hora en que todo el que os mate piense que da culto a Dios. Y harán esto porque no han

---

[7] El iluminado místico San Juan de la Cruz —contemporáneo y partidario de Teresa de Ávila— habla de sus propias experiencias de Dios como el Espíritu Santo, en las estrofas XIV y XV de su sublime *Cántico espiritual* (la versión de San Juan de la Cruz del «Cantar de los cantares» del Antiguo Testamento, parafraseada, resumida y comentada por el santo). Con imágenes poéticas, San Juan de la Cruz evoca la bienaventurada comunión entre el alma y Dios:

«Mi Amado, las montañas,
los valles solitarios nemorosos, / las ínsulas extrañas,
los ríos sonorosos, / el silbo de los aires amorosos.
La noche sosegada, / en par de los levantes de la aurora,
la música callada, / la soledad sonora,
la cena que recrea y enamora».

Al explicar el simbolismo utilizado, San Juan de la Cruz describe los «ríos sonorosos» como «un sonido y voz espiritual que es sobre todo sonido y sobre toda voz, la cual voz priva toda otra voz, y su sonido excede todos los sonidos del mundo [...].

»Esta voz, o este sonoroso sonido de ríos que aquí dice el alma, es un henchimiento tan abundante que la hinche de bienes y un poder tan poderoso que la posee, que no sólo le parecen sonidos de ríos, sino aun poderosísimos truenos. Pero esta voz es voz espiritual y no trae esotros sonidos corporales, ni la pena y molestia de ellos, sino grandeza, fuerza, poder y deleite de gloria, y así es como una voz y sonido inmenso interior que viste al alma de poder y fortaleza. Esta espiritual voz y sonido se hizo en el espíritu de los apóstoles al tiempo que el Espíritu Santo con vehemente torrente (como se dice en los Actos de los apóstoles) descendió sobre ellos [...].

»*El silbo de los aires amorosos.* [...] al *silbo* de estos aires llama una subidísima y sabrosísima inteligencia del Dios y de sus virtudes; la cual redunda en el entendimiento del toque que hacen estas virtudes de Dios en la sustancia del alma [...]. Ni más ni menos, porque este toque de Dios satisface grandemente y regala la sustancia del alma, cumpliendo suavemente su apetito, que era de verse en tal unión, llama a la dicha unión o toques *aires amorosos;* porque como habemos dicho, amorosa y dulcemente se le comunican las virtudes del Amado en él; de lo cual se deriva en entendimiento el silbo de la inteligencia. Y llámale *silbo* porque, así como el silbo causado del aire se entra agudamente en el vasillo del oído, así esta sutilísima y delicada inteligencia se entra con admirable sabor y deleite en lo íntimo de la sustancia del alma, que es muy mayor deleite que todos los demás» (*Cántico espiritual entre el alma y Cristo, su Esposo,* de San Juan de la Cruz).

conocido ni al Padre ni a mí. Os he dicho esto para que, cuando llegue la hora, os acordéis de que ya os lo había dicho.

»No os dije esto desde el principio porque estaba yo con vosotros. Pero ahora me voy donde Aquel que me ha enviado, y ninguno de vosotros me pregunta: "¿Adónde vas?". Es que, por haberos dicho esto, estáis embargados de tristeza. Pero yo os digo la verdad: Os conviene que yo me vaya, porque, si no me voy, no vendrá a vosotros el Paráclito [el Confortador]; pero si me voy, os lo enviaré; y cuando él venga, convencerá al mundo en lo referente al pecado, en lo referente a la justicia y en lo referente al juicio. En lo referente al pecado, porque no creen en mí; en lo referente a la justicia, porque me voy al Padre, y ya no me veréis; y en lo referente al juicio, porque el Príncipe de este mundo ya está juzgado. Mucho tengo todavía que deciros, pero ahora no podéis con ello. Cuando venga él, el Espíritu de la verdad, os guiará hasta la verdad completa; pues no hablará por su cuenta, sino que hablará lo que oiga y os explicará lo que ha de venir. Él me dará gloria, porque recibirá de lo mío y os lo explicará a vosotros. Todo lo que tiene el Padre es mío. Por eso he dicho: Recibirá de lo mío y os lo explicará a vosotros.

»Dentro de poco ya no me veréis, y poco después me volveréis a ver» (*Juan* 16:1-16).

«Os estoy advirtiendo acerca de lo que os sucederá para que no os escandalicéis ni os desmoralicéis cuando llegue el sufrimiento que pondrá a prueba vuestra fortaleza espiritual. Vuestros perseguidores os expulsarán de las congregaciones ortodoxas, incluso matarán a algunos de vosotros, mis discípulos, pensando que con ello dan culto a Dios, como si Él estuviese sediento de sangre y se apaciguara con el sacrificio de aquellos a los que se les considera herejes. En su ciega ignorancia, estos líderes religiosos no saben nada acerca del Padre, ni de la sabiduría de la Conciencia Cósmica, ni tampoco de la Conciencia Crística plenamente manifestada en mí[8].

Jesús prepara a sus discípulos para seguir adelante sin su presencia física

[8] Antes de la conversión de San Pablo por medio de una visión de Jesús que experimentó en el camino a Damasco, él se encontraba entre los fanáticos intolerantes sobre los que Jesús profetiza en estos versículos (y cuya maldad siguió existiendo a lo largo de los siglos, como fue el caso de la Inquisición española y otras nefastas

»He aguardado hasta ahora para hablaros acerca de las persecuciones que os esperan, porque mientras estuve con vosotros la protección de Dios siempre os ha acompañado y no hubo motivo de alarma. Mi Conciencia Crística, que se manifiesta visiblemente en mi cuerpo, estuvo con vosotros para protegeros del mal a través de mis consejos verbales y del poder de mi autoridad.

»Pero ahora, la Conciencia Crística presente en mí seguirá el sendero interior que conduce a la Conciencia Cósmica de la cual provino; mi misión externa en un cuerpo físico ya casi ha concluido. Sin embargo, ninguno de vosotros me pregunta adónde voy. Más bien, dado que os he hablado acerca de los terribles sucesos que tendrán lugar en el futuro, vuestros corazones están embargados de tristeza y temor. Aunque os preguntáis por qué me marcho y aparentemente os abandono a la furia de mis enemigos, aun así me he aventurado a deciros la verdad por vuestro propio bien supremo, a fin de que estéis mejor preparados y llenos de fortaleza espiritual para afrontar las tribulaciones cuando se presenten.

»Deseo dejar grabada en vosotros la siguiente verdad: en vuestro propio beneficio, mi cuerpo será arrebatado de vuestro lado, porque en tanto estéis apegados únicamente a esta forma física no buscaréis mi Ser universal sin forma. Si mi cuerpo no fuese arrebatado de vuestro lado, continuaríais percibiéndome como esta forma limitada y no se manifestaría en vosotros la ilimitada Vibración Cósmica, imbuida de la consoladora sabiduría crística omnipresente en la creación. No

---

persecuciones similares). Pablo relata (en *Hechos* 26:10-18):

«*Así lo hice en Jerusalén y, con poderes recibidos de los sumos sacerdotes, yo mismo encerré a muchos creyentes en las cárceles y daba mi visto bueno cuando se les condenaba a muerte. Frecuentemente recorría todas las sinagogas y, a fuerza de castigos, les obligaba a retractarse de su fe. Y era tal el furor que me movía contra ellos, que los perseguía hasta en las ciudades extranjeras.*

»*En este empeño me dirigí a Damasco con plenos poderes y la autorización de los sumos sacerdotes. Al mediodía, yendo de camino vi, majestad, una luz que venía del cielo, más resplandeciente que el sol, que me envolvió a mí y a mis compañeros en su resplandor. Caímos todos a tierra y pude oír una voz que me decía en lengua hebrea: "Saúl, Saúl, ¿por qué me persigues? Te va a resultar duro dar coces contra el aguijón". Yo respondí: "¿Quién eres, Señor?". El Señor me dijo: "Yo soy Jesús, a quien tú persigues. Pero levántate, ponte en pie. Me he aparecido a ti para constituirte servidor y testigo tanto de las cosas que de mí has visto como de las que te manifestaré. Yo te libraré de tu pueblo y de los gentiles a los que te envío, para que les abras los ojos, para que vuelvan de las tinieblas a la luz y del poder de Satanás a Dios, y para que reciban el perdón de los pecados y participen de la herencia de los santificados, mediante la fe en mí"*».

quiero que me consideréis como un pequeño cuerpo físico; sabed que mi vasto cuerpo es el cosmos entero, que emanó de la Vibración Cósmica del Espíritu Santo, y que mi alma es la Conciencia Crística presente en cada célula de mi Cuerpo Cósmico Vibratorio. El pequeño cuerpo que ahora atrae vuestra atención se irá, y vuestras mentes podrán concentrarse en el *Om* —el Espíritu Santo— y recibirlo, y él os proporcionará eterno consuelo al eliminar de vuestro interior todas las vibraciones indebidas del engaño.

»Puesto que mi pequeño cuerpo se irá de vuestro lado, manifestaré en vuestro interior mi Conciencia Crística y mi Conciencia Cósmica; la Vibración de *Om* desterrará todo vuestro sufrimiento y temor. En el estado de conciencia omnisciente que pronto descenderá sobre vosotros, comprenderéis cómo actúa la ley divina (el karma) para castigar el pecado de las personas mundanas malvadas, el cual las ha impulsado a perseguirme y a conspirar para privar a mis discípulos de la justicia que depara mi presencia entre ellos. ¡Creen juzgarme, sin saber que la Conciencia Crística manifestada en mí es el Juez Omnipresente de todos los seres humanos!

»Tengo aún muchas verdades que revelaros, verdades que no os sería posible comprender en vuestro presente estado de conciencia mortal. No obstante, cuando el Espíritu de la Verdad, el Espíritu Santo, se manifieste en vuestra conciencia, él guiará vuestra mente a fin de apartarla de las apariencias materiales y conducirla hasta la verdad misma. Esta Vibración Cósmica no habla por su propio poder, sino que transmite fielmente las vibraciones de la Inteligencia Crística presente en ella. El Espíritu Santo os instruirá a través de visiones y de vuestra intuición; os revelará cada secreto del pasado, del presente y del futuro. La Vibración Cósmica del Espíritu Santo expresa en forma perfecta la sabiduría y la gloria de la Conciencia Crística. La omnisciencia del Padre o Conciencia Cósmica es también inherente al Hijo o Conciencia Crística. Por esa razón os he dicho que el Espíritu Santo os transmitirá desde mi ser todo el conocimiento que, a su vez, he recibido del Padre o Conciencia Cósmica.

»Estoy ahora con vosotros, pero en breve ya no veréis mi cuerpo, porque habrá sido crucificado. Y más tarde, poco después de la crucifixión, veréis nuevamente mi cuerpo resucitado. Ya sea que me muestre ante vosotros o desaparezca de la mirada de los mortales, yo vivo por siempre en la Conciencia Cósmica del Padre».

En ésta, su última alocución extensa dirigida a los discípulos,

Cristo revela muchas hermosas verdades metafísicas. Cuando dice: *«me voy donde Aquel que me ha enviado»*, él expresa, en sentido macrocósmico, que el Hijo o Conciencia Crística presente en la creación entera debe fundirse finalmente en el Padre, la suprema Conciencia Cósmica. De modo similar, al referirse a la unión con Dios en lo que respecta al microcosmos del alma individualizada, sus palabras aluden a una declaración anterior que él mismo había hecho: *«Yo soy el Camino [...]. Nadie va al Padre sino por mí»*[9]. Jesús explicaba a los discípulos que la manifestación externa de su vida pronto se retiraría a la infinita Conciencia Crística sin forma (inmanente en la Vibración Cósmica del Espíritu Santo) y se fundiría luego en el Espíritu trascendental *(«el Padre»; «Aquel que me ha enviado»)*, siguiendo así el *«Camino»* que todas las almas deben transitar para alcanzar la meta final de la Conciencia Cósmica.

Por qué razón Jesús no deseaba que sus discípulos se concentrasen en su forma física, sino en su conciencia infinita

Jesús advirtió a sus discípulos que si ellos le conocían únicamente como el cuerpo material, sufrirían cuando su cuerpo fuese alejado de ellos. Si sólo se concentraban en su pequeña forma llamada Jesús, no conocerían su vasto Cuerpo Cósmico, que consta de incontables células de estrellas, átomos e iones, así como de la fuerza vital de todas las diversas vibraciones. Cuando su cuerpo muriese, los discípulos que no lograran comulgar con Jesús como Espíritu quedarían a la deriva, mientras que los discípulos que percibiesen a Jesús como Espíritu comprobarían que él es, por toda la eternidad, el mismo Señor viviente.

Dios no permite que ningún profeta permanezca en la tierra para siempre ante la mirada pública. Mahavatar Babaji ha conservado su cuerpo por tiempo indefinido, pero no se le permite hacer ostentación ante el mundo de esa dispensa especial. Por ese motivo, él no es accesible a la humanidad en general, excepto a través de las silenciosas bendiciones que prodiga. Aunque vive por siempre, también permanece por siempre oculto[10]. Lo mismo ocurre con Jesús. Ya sea en posesión de un cuerpo o sin él, las almas liberadas viven eternamente en el Espíritu. Pueden aparecer abiertamente en cualquier momento y lugar que deseen, pero no les está permitido permanecer accesibles a las multitudes de modo visible. Dios no se lo consiente a ningún maestro, porque

[9] *Juan* 14:6. (Véase el comentario que aparece en el discurso 70).

[10] Véase *Autobiografía de un yogui,* capítulo 33.

ello ejercería una coacción que alteraría el orden cósmico, el cual se basa en el libre albedrío del hombre. Los seres humanos idolatrarían la personalidad fenoménica de esas almas divinas y olvidarían al Espíritu; intentarían confinar a Dios en una forma humana y, despreocupadamente, abandonarían la búsqueda del Ser omnipresente, inmortal y sin forma. Por otra parte, la gente en general seguiría de manera masiva a ese único profeta, y todos aquellos que no creyesen en ese aspecto específico de la divinidad se quedarían atrás. Pero Dios no desea que esto ocurra; a través de los diversos emisarios que Él envía, cumple con su compromiso de atender las necesidades de todos sus hijos, que se encuentran en diversos niveles de evolución. Su mensaje, que contiene siempre las mismas verdades eternas, es, sin embargo, siempre nuevo en términos que son esenciales para cada época y lugar en particular. Cuando un santo completa la misión singular que se le ha asignado, Dios lo retira del mundo para que continúe prestando ayuda detrás de la escena cósmica. He oído decir a grandes santos de la India: «Estoy haciendo demasiado. Dios me llevará de este mundo». Nadie se atrevería a alterar los designios de Dios.

Hay millones de cristianos que conocen a Jesús el Cristo como un personaje histórico investido de divinidad, rinden culto a su imagen y veneran la cruz como su símbolo. Pero quienes adoran a Jesús sólo como una personalidad no conocen a Cristo como salvador. De los muchos que se consideran cristianos no todos han sido aceptados por Cristo. Los que él acepta y que le conocen como salvador son aquellos que demuestran la valentía de espíritu y la constancia en la oración y en la meditación que son necesarias para comulgar con la Conciencia Infinita.

Percibir al Cristo sin forma es la mayor manifestación de cristianismo; significa contemplar no sólo a un hombre confinado a una pequeña forma corporal, sino el radiante fulgor de la gloria de Cristo que se difunde por las estrellas y universos en rotación, resplandeciendo en cada átomo y en cada latido de la fuerza vibratoria. El devoto puede hablar con ese Poder, que adopta cualquier forma para responderle. Quien percibe ese Poder comprende que Dios es tanto personal como impersonal. Ese Poder es la Luz del mundo (mas no sólo de nuestro mundo, sino del universo entero), que está dotada de conciencia e inteligencia. El devoto que comulga con esa Luz Eterna —esa Luz que puede oír, hablar, oler, saborear, moverse y adoptar una y mil formas— conoce al Cristo sin forma. Es a ese

Espíritu sin forma al que debemos rendir culto; al adorarle, obtenemos la liberación[11].

Así pues, en los versículos anteriores, Jesús les pide a sus discípulos que no le consideren como un cuerpo sujeto a la muerte, sino como el Espíritu eterno. Jesús señala que su cuerpo debe alejarse de ellos para que se liberen de la ilusión de que él es un ser físico; sólo después de haber disipado esa ilusión, los discípulos podrán sintonizarse con su vasto cuerpo, que es la Vibración Cósmica, el gran Confortador, el Espíritu Santo.

Con estas palabras: *«cuando él venga, convencerá al mundo en lo referente al pecado, en lo referente a la justicia y en lo referente al juicio»*, Jesús expresó que, a través de la omnisciente Inteligencia Crística —inherente a la Vibración Cósmica del Espíritu Santo—, sus discípulos obtendrían la visión espiritual que les revelaría las consecuencias kármicas de las acciones malvadas de quienes le habían perseguido y juzgado y, de ese modo, se habían opuesto a la ley de la justicia.

Jesús llama *«Espíritu de la Verdad»* al Espíritu Santo porque es la esencia de toda ley vibratoria que se manifiesta en el cosmos. La Vibración Cósmica es el Poder Invisible que, al producir variaciones en su vibración en consonancia con el orden cósmico, materializa y mantiene la forma externa de todas las cosas creadas. Jesús explica que la Sagrada Vibración Cósmica no habla nada por su cuenta, sino que manifiesta fielmente todo aquello que recibe de la Inteligencia Crística, que es la que guía esa Vibración. En otras palabras, las variaciones de la Vibración Cósmica las produce la Inteligencia Crística

11 San Simeón el Nuevo Teólogo (949-1022), monje de la Iglesia Ortodoxa Oriental, escribió: «Habiéndose enriquecido en Él, verán en forma invisible la indescriptible belleza de Dios Mismo. Lo estrecharán sin tocarlo, comprenderán de modo incomprensible su imagen sin imagen, su forma sin forma, su figura sin figura, la cual, al contemplar sin mirar su inmaculada belleza, es siempre cambiante e inmutable.

»¿Qué es aquello que, en esa comprensión, verán ellos? La simple luz de la divinidad; eso es lo que verán profusamente con los ojos del intelecto; eso es lo que también tocarán con manos inmateriales, atraídos por un amor irresistible; lo que sin consumir comerán con la boca espiritual de su intelecto y de su alma. Nunca tendrán suficiente, jamás se saciarán de contemplar esa belleza, esa dulzura. Porque —más extraño aún— la luz que brota en ellos tiene una dulzura siempre creciente y enciende su deseo por ésta con intensidad cada vez mayor» —*On the Mystical Life: The Ethical Discourses* [Sobre la vida mística: los discursos éticos], Vol. 2, traducción al inglés de Alexander Golitzin (St. Vladimir's Seminary Press, Crestwood, Nueva York, 1996)—. *(Nota del editor).*

presente en ella. La Vibración Cósmica del Espíritu Santo no actúa por sí misma (está totalmente libre del principio egoísta); sólo recibe la guía de la Inteligencia Crística[12]. Por ese motivo, Jesús dice: *«pues no hablará por su cuenta, sino que hablará lo que oiga»*.

Cuando Jesús dijo: *«Todo lo que tiene el Padre es mío»*, lo que daba a entender es que la Conciencia Crística es el reflejo completo y perfecto de la Conciencia Cósmica, y que los devotos que alcanzan la Conciencia Crística en la meditación profunda reciben, además, toda la sabiduría y el poder de la Conciencia Cósmica. Todo ser humano que se deshaga de la conciencia limitada del ego y se identifique con la Conciencia Cósmica podrá reconocer que el universo y todo cuanto en él existe le pertenece.

~

«Entonces algunos de sus discípulos comentaron entre sí: "¿Qué querrá decir con eso de 'Dentro de poco ya no me veréis y poco después me volveréis a ver' y con 'Me voy al Padre'?". Y se preguntaban: "¿Qué será ese 'poco'? ¿Qué querrá decir?". Se dio cuenta Jesús de que querían preguntarle algo y les dijo: "¿Andáis preguntándoos acerca de lo que he dicho: 'Dentro de poco no me veréis y poco después me volveréis a ver?'.

»En verdad, en verdad os digo que lloraréis y os lamentaréis, y el mundo se alegrará. Estaréis tristes, pero vuestra tristeza se convertirá en gozo.

»La mujer suele estar triste cuando va a dar a luz, porque le ha llegado su hora; pero cuando ha dado a luz al niño, ya no se acuerda del aprieto, por el gozo de que ha nacido un hombre en el mundo. También vosotros estáis tristes ahora, pero volveré a veros y os llenaréis de alegría, y nadie os la podrá quitar. Aquel día no me preguntaréis nada. En verdad, en verdad os digo que el Padre os concederá lo que pidáis en mi nombre. Hasta ahora nada le habéis pedido en mi nombre. Pedid y recibiréis, para que sea perfecto vuestro gozo. Os he dicho todo esto en parábolas. Pero

[12] La dicotomía de la fuerza creativa que da como resultado la Vibración Cósmica del Espíritu Santo (la cual actúa en armonía con la inteligencia y voluntad de la Conciencia Crística, el reflejo de Dios en la creación) así como la fuerza creativa en su aspecto de Némesis (que actúa «independientemente» bajo la influencia del engaño satánico) se explica en el contexto de las palabras de Jesús citadas en el discurso 7 (volumen I).

Jesús ora en el huerto de Getsemaní

«Padre mío, si es posible, que pase de mí esta copa, pero no sea como yo quiero, sino como quieres Tú».

Mateo 26:39

Al igual que el hijo predilecto de una familia terrenal le suplicaría confiadamente a su padre, Jesús ruega amorosamente al Padre trascendental oculto tras los muros etéricos del cielo: «Padre Celestial, puesto que para Ti todo es posible, ¿por qué no apartas de mí esta copa de la crucifixión?». Pero al mismo tiempo que oraba para ser dispensado del tiránico funcionamiento del Engaño Cósmico, Jesús reconoció las aprensiones surgidas de la debilidad interior y de inmediato añadió: «Pero no se haga mi voluntad humana, que teme enfrentarse a esta prueba; que se cumpla en mi vida tu divina voluntad guiada por la sabiduría».

Paramahansa Yogananda

Pintura: Heinrich Hofmann

se acerca la hora en que ya no os hablaré en parábolas, sino que con toda claridad os hablaré acerca del Padre. Aquel día pediréis en mi nombre, y no os digo que yo rogaré al Padre por vosotros, pues el Padre mismo os quiere, porque me queréis a mí y creéis que salí de Dios. Salí del Padre y he venido al mundo; ahora dejo otra vez el mundo y me voy donde el Padre"» (*Juan* 16:17-28).

Jesús les dijo: «¿Os preguntáis cuál es el significado de mis palabras? De cierto os digo, por la verdad que anticipo, que lloraréis y os lamentaréis cuando me crucifiquen, mientras que los malvados del mundo se regocijarán. Pero vuestra tristeza se convertirá en gozo, ya que por la gracia del Padre Celestial me volveréis a ver en carne y hueso después de mi resurrección.

«Os lamentaréis y me daréis por muerto; mas ¡cuán grande será vuestro regocijo cuando veáis que he resucitado! Como una madre que sufre dolores durante el parto, pero olvida su angustia al contemplar el nuevo ser que ha venido al mundo, así también mis discípulos estarán sumidos en la tristeza hasta que presencien el milagro de mi cuerpo resucitado, que surgirá de los dolores de mi sufrimiento físico. Ahora os afligís, pero vuestra tristeza se desvanecerá y vuestros corazones se colmarán de un inmutable gozo eterno.

»Os preguntáis entre vosotros ahora, pero muy pronto, en vuestra omnisciencia, nada preguntaréis; la sabiduría que podáis necesitar la recibiréis de la Conciencia Cósmica a través de la Vibración Cósmica y de la Conciencia Crística presente en ella. Hasta ahora no habéis sentido la manifestación completa del Espíritu Santo y, por consiguiente, nada le habéis pedido. No obstante, en el estado de Conciencia Cósmica recibiréis todo el conocimiento y experimentaréis la plenitud del gozo que proviene del Espíritu. Hasta ahora he debido enseñaros con palabras y parábolas, pero pronto llegará el momento en que os muestre toda la sabiduría del Padre, que se manifestará claramente en vuestra conciencia.

Quienes comulgan con el Confortador en la meditación reciben plenamente el conocimiento y el gozo

»Cuando venga a vosotros el Confortador y oréis en mi nombre —unidos a la Conciencia Crística presente en la Vibración Cósmica—, ya no serán necesarias mis oraciones para interceder ante el Padre por vosotros. El Padre mismo manifestará su Conciencia Cósmica y su amor en vuestro interior, porque habéis sentido el amor universal de la Conciencia Crística que está en mí y habéis percibido que mi Conciencia Crística proviene de la Conciencia Cósmica. Soy una manifestación del Padre Cósmico, y ahora estoy en el mundo; sin embargo, en breve dejaré el mundo y me fundiré de nuevo en el Padre Cósmico».

Cuando Jesús dijo: *«el Padre os concederá lo que pidáis en mi nombre»*, él señalaba que si los devotos desean que sus oraciones sean siempre respondidas deben aprender a comulgar, por medio de la meditación profunda, con la Vibración Cósmica y con la Conciencia Crística presente en ella[13].

Cuando dijo: *«Ya no os hablaré en parábolas, sino que con toda claridad os hablaré acerca del Padre»*, estaba asegurando a los buscadores espirituales que quienes sin cesar anhelan a Dios finalmente comulgarán con Él de modo consciente y le verán cara a cara. Cuando así ocurra, ya no será la mente del devoto la que represente el papel del buscador que juega al escondite con Dios en el laberinto de las *«parábolas»* y de las preguntas y dudas. Jesús nos asegura que Dios es real y que se puede establecer contacto con Él sin que permanezca oculto tras la pantalla del misterio y del simbolismo místico de las escrituras. Esta clara aseveración de Cristo acerca del contacto con el Padre Celestial debería inspirar a todo buscador de la verdad a redoblar sus esfuerzos y su entusiasmo por encontrar a Dios, que ha permanecido oculto por largo tiempo tras el velo de las dudas intelectualizadas.

~

«Le dicen sus discípulos: "Ahora sí que hablas claro, y no dices ninguna parábola. Sabemos ahora que lo sabes todo y no necesitas que nadie te pregunte. Por esto creemos que has salido de Dios". Jesús les respondió:

»"¿Ahora creéis? Mirad que llega la hora —y ha llegado ya— en que cada uno de vosotros se dispersará por su lado, y me dejaréis solo. Pero no estoy solo, porque el Padre está conmigo. Os he dicho estas cosas para que tengáis paz en mí. En el mundo viviréis atribulados; pero tened buen ánimo: yo he vencido al mundo"» (*Juan* 16:29-33).

---

[13] Véase también, en el discurso 70, el comentario sobre *Juan* 14:14: *«Si me pedís algo en mi nombre, yo os lo concederé»*.

Jesús afirma ahora solemnemente: «En el drama de mi vida llega la hora en que os dispersaréis por causa del engaño satánico; todos os sentiréis confundidos y pensaréis únicamente en vosotros mismos, dejándome solo en mi sufrimiento. Pero yo jamás estoy solo, porque la Conciencia Cósmica se manifiesta en todo momento a través de mi Conciencia Crística. Os he dicho estas cosas para que podáis hallar la paz al hacer contacto con la Conciencia Crística presente en vuestro interior y también dentro de mí. En este mundo sufriréis persecuciones, pero tened buen ánimo: más tarde disfrutaréis del gozo eterno. He alcanzado la eterna bienaventuranza del Padre al superar todos los placeres temporales creados por los deseos mundanos».

«En el mundo viviréis atribulados; pero tened buen ánimo: yo he vencido al mundo»

Jesús pidió a sus discípulos que tuviesen buen ánimo porque, aun cuando al principio habrían de enfrentarse a persecuciones terrenales, serían dignos de una vida eterna de percepción celestial.

Cuando dijo: *«yo he vencido al mundo»*, deseaba con ello fortalecer la determinación espiritual de sus discípulos, poniendo como ejemplo su propia victoria sobre los engaños inherentes a su encarnación humana. Aunque había sido tentado por Satanás y por las exigencias físicas que las limitaciones del cuerpo imponen, él había vencido todos los deseos temporales prefiriendo, en cambio, la bienaventuranza imperecedera de la conciencia de Dios.

Refiriéndose a los devotos que han alcanzado la victoria suprema, el *Bhagavad Guita* afirma lo siguiente:

> «Con sus pensamientos inmersos en Aquello (el Espíritu), su alma unida al Espíritu, toda su lealtad y devoción entregadas al Espíritu, y su ser purificado de la venenosa ilusión por medio del antídoto de la sabiduría, tales seres alcanzan el estado del que no se retorna. [...]
>
> »Aquellos que poseen una ecuanimidad inalterable han superado, incluso en este mundo, las relatividades de la existencia (nacimiento y muerte, placer y dolor). De ese modo, están entronizados en el Espíritu —en verdad, el inmaculado Espíritu, que se halla en perfecto equilibrio.
>
> »El conocedor del Espíritu, inmerso en el Ser Supremo, dotado de discernimiento imperturbable y libre de la ilusión, no se siente jubiloso por las experiencias placenteras ni abatido ante las experiencias desagradables.

»Indiferente a la atracción del mundo sensorial, el yogui experimenta el gozo eternamente renovado del Ser. Manteniendo su alma absorta en la unión con el Espíritu, tal devoto alcanza la bienaventuranza imperecedera»[14].

[14] *God Talks With Arjuna: The Bhagavad Gita* V:17, 19-21. (Véase *El Yoga del Bhagavad Guita*).

DISCURSO 72

«Padre, he llevado a cabo la obra que me encomendaste realizar»

La Última Cena, parte IV (conclusión)

Jesús se prepara para disolver su conciencia en el Absoluto

❖

«He manifestado tu Nombre» al enseñar el arte de hacer contacto con el Espíritu Santo en la meditación

❖

La oración intercesora de Jesús por sus discípulos

❖

El papel del karma pasado y del libre albedrío en la traición que Judas cometió contra Jesús

❖

Jesús identifica a sus verdaderos seguidores como aquellos que en la meditación hacen contacto con la Conciencia Crística

«Al prepararse para abandonar su cuerpo, Jesús ruega que desaparezca de su conciencia todo rastro de ilusión cósmica —que él había asumido voluntariamente con el objeto de adoptar una forma encarnada—, a fin de poder retornar al estado de absoluta unidad con el Espíritu».

Así habló Jesús, y dijo mirando al cielo: «Padre, ha llegado la hora; glorifica a tu Hijo, para que tu Hijo te glorifique a Ti. Y que, según el poder que le has dado sobre toda carne, conceda también vida eterna a todos los que Tú le has dado. Ésta es la vida eterna: que te conozcan a Ti el único Dios verdadero, y al que Tú has enviado, Jesucristo. Yo te he glorificado en la tierra, llevando a cabo la obra que me encomendaste realizar. Ahora, Padre, glorifícame Tú, junto a Ti, con la gloria que tenía a tu lado antes que el mundo existiese. He manifestado tu Nombre a los hombres que Tú me has dado tomándolos del mundo. Tuyos eran y Tú me los has dado; y han guardado tu palabra. Ahora ya saben que procede de Ti todo lo que me has dado; porque las palabras que Tú me diste se las he transmitido a ellos, y ellos las han aceptado y han reconocido en verdad que vengo de tu parte, y han creído que Tú me has enviado. Por ellos ruego; no ruego por el mundo, sino por los que Tú me has dado, porque son Tuyos; todo lo mío es Tuyo y todo lo Tuyo es mío; y mi gloria se ha manifestado en ellos. Yo ya no estoy en el mundo, pero ellos sí están en el mundo; yo, en cambio, voy a Ti. Padre santo, cuida en tu nombre a todos los que me has dado, para que sean uno como nosotros. Cuando estaba yo con ellos, yo cuidaba en tu nombre a los que me habías dado. He velado por ellos y ninguno se ha perdido, salvo el hijo de perdición, para que se cumpliera la Escritura. Pero ahora voy a Ti, y digo estas cosas en el mundo para que tengan en sí mismos la perfecta alegría que yo tengo. Yo les he dado tu palabra, pero el mundo los ha odiado, porque no son del mundo, como yo no soy del mundo. No te pido que los retires del mundo, sino que los guardes del Maligno. Ellos no son del mundo, como yo no soy del mundo. Santifícalos en la verdad: tu palabra es verdad. Como Tú me has enviado al mundo, yo también los he enviado al mundo. Y por ellos me santifico a mí mismo, para que ellos también sean santificados en la verdad. No ruego sólo por éstos, sino también por aquellos que creerán en mí por medio de su palabra, para que todos sean uno. Como Tú, Padre, en mí y yo en Ti, que también sean uno en

nosotros, para que el mundo crea que Tú me has enviado. Les he dado la gloria que me diste, para que sean uno, como nosotros somos uno: yo en ellos y Tú en mí, para que sean perfectamente uno, y el mundo conozca que Tú me has enviado y que los has amado a ellos como me has amado a mí.

»Padre, deseo que los que Tú me has dado estén también conmigo allí donde yo esté, para que contemplen la gloria que me has dado, porque me has amado antes de la creación del mundo. Padre justo, el mundo no te ha conocido, pero yo te he conocido y éstos han conocido que Tú me has enviado. Yo les he dado a conocer tu nombre y se lo seguiré dando a conocer, para que el amor que me has tenido esté en ellos, y yo en ellos».

Juan 17:1-26

DISCURSO 72 

«Padre, he llevado a cabo la obra que me encomendaste realizar»

La Última Cena, parte IV (conclusión)

«Así habló Jesús, y dijo mirando al cielo: "Padre, ha llegado la hora; glorifica a tu Hijo, para que tu Hijo te glorifique a Ti. Y que, según el poder que le has dado sobre toda carne, conceda también vida eterna a todos los que Tú le has dado. Ésta es la vida eterna: que te conozcan a Ti el único Dios verdadero, y al que Tú has enviado, Jesucristo. Yo te he glorificado en la tierra, llevando a cabo la obra que me encomendaste realizar. Ahora, Padre, glorifícame Tú, junto a Ti, con la gloria que tenía a tu lado antes que el mundo existiese"» (*Juan* 17:1-5).

«¡Oh Padre!, a través de mi Conciencia Crística, que se halla en comunión con tu Conciencia Cósmica, me haces saber que la hora de mi prueba es inminente. Eleva a tu Hijo (la Conciencia Crística encarnada en este cuerpo llamado Jesús) con el trascendente poder de tu Conciencia Cósmica, para que a tu Hijo le sea posible glorificar con éxito tu poder absoluto y tu presencia, como testimonio para el mundo entero. ¡Oh Conciencia Celestial!, le has dado a tu Hijo (la Infinita Conciencia Crística) el poder sobre todos los seres y sobre toda la materia para que, a través de este cuerpo llamado Jesús, también pudiese por tu gracia otorgar vida eterna a estos discípulos y a todos los demás que le envías.

»Y ésta es la vida eterna que deseo para ellos: que mediante la práctica de la meditación y de la oración obtengan, a través de mi intercesión como su gurú enviado por Dios, el contacto y la unidad con el Espíritu Santo, con la Conciencia Crística que está en él y con la Conciencia Cósmica del único y verdadero Espíritu que se encuentra más allá de ambos y que se manifiesta como el Padre, el Hijo y el Espíritu Santo. A través de la Conciencia Crística presente en mí, he declarado de manera definida y tangible tu gloria oculta ante las personas incrédulas del mundo. Padre Celestial, he llevado a cabo la tarea que me encomendaste para la redención de aquellos que en verdad te aman.

Jesús se prepara para disolver su conciencia en el Absoluto que se encuentra más allá de la creación

»Y ahora, ¡oh Padre!, recarga mi Conciencia Crística con el ilimitado poder de tu Conciencia Cósmica; haz que mi conciencia se una por completo con tu Conciencia Cósmica como era en un principio, antes de que el cosmos y la Conciencia Crística presente en el cosmos se separasen y emanaran de Ti. Destruye las limitaciones de la separación disolviendo mi Conciencia Crística en tu Conciencia Cósmica».

En estos versículos, Jesús hace referencia al Absoluto que existe sin el cosmos: el único y verdadero siempre existente y siempre consciente Espíritu, cuya bienaventuranza se renueva eternamente. El Espíritu existía cuando nada existía. Cuando el Espíritu proyectó a partir de Sí mismo la creación vibratoria, se convirtió en tres: Dios el Padre o Conciencia Cósmica, existente más allá de la Creación Vibratoria; la Vibración Cósmica o Espíritu Santo; y la Inteligencia Crística o «Hijo unigénito», que actúa en el *Om* o Espíritu Santo y a través de él. Al separarse la Vibración Cósmica y la Conciencia Crística presente en ella de la infinitud de Dios y quedar circunscritas en el cosmos, su poder se limitó; por esa razón Jesús dijo: *«Padre, glorifícame Tú, junto a Ti, con la gloria que tenía a tu lado antes que el mundo existiese»*. La palabra *«gloria»* es una referencia al Poder Infinito, el Esplendor Omnipotente. *«Antes que el mundo existiese»* significa «antes que la Vibración Cósmica y la Conciencia Crística presente en ella emanaran de Dios». Con estas palabras, Jesús ora para alcanzar la unidad absoluta con el Espíritu, sin limitación alguna. La sola existencia de cualquier forma de finitud presupone estar sometido, hasta cierto grado, a la ilusión de sentirse limitado y separado de Dios; es decir, estar sujeto a la acción de *maya* y sus leyes de dualidad y relatividad. Por eso, al prepararse para abandonar su cuerpo, Jesús ruega que desaparezca de su conciencia todo rastro de ilusión cósmica —que él había asumido voluntariamente con el objeto de adoptar una forma encarnada—, a fin de poder retornar al estado de absoluta unidad con el Espíritu y experimentar el mismo poder que su alma poseía antes de que fuera proyectada desde el Padre Cósmico y adoptase la diferenciada forma de un cuerpo encarnado.

~

> *«He manifestado tu Nombre a los hombres que Tú me has dado tomándolos del mundo. Tuyos eran y Tú me los has dado; y han guardado tu palabra. Ahora ya saben que procede de Ti todo lo que me has dado; porque las palabras que Tú me diste se las he transmitido a ellos, y ellos las han aceptado y han reconocido en verdad que vengo de tu parte, y han creído que Tú me has enviado»* (*Juan* 17:6-8).

«La Conciencia Crística que se halla en mí ha manifestado tu Nombre vibratorio (el *Om,* la Palabra o Espíritu Santo) a todos los buscadores de la verdad que fueron elegidos entre la gente del mundo para venir a mí por tu gracia y el poder de sus propias oraciones piadosas. Estos buscadores de la verdad eran tus devotos; Tú me los entregaste para que, a través de mi forma humana tangible, yo les hablara acerca de tus deseos. Padre Celestial, ellos se han sintonizado con la Vibración Cósmica y de ese modo han cumplido en su vida con tus deseos. Y ahora, estos devotos comprenden que toda la sabiduría que se ha revelado a través de mi Conciencia Crística proviene de tu Conciencia Cósmica.

«He manifestado tu Nombre» al enseñar el arte de hacer contacto con el Espíritu Santo en la meditación

»La Conciencia Crística que se manifiesta en mí les ha enseñado a estos devotos a sintonizarse, por medio de la meditación diaria, con las emanaciones de tu Vibración Cósmica *("palabras")* que Tú le diste a la Conciencia Crística para que llevase adelante tu sagrada obra de la creación. Y puesto que estos devotos han experimentado, con la expansión de su conciencia, la omnipresencia de la Vibración

Cósmica, han sido capaces de percibir la Conciencia Crística universal presente en ella y, de ese modo, saben que la Conciencia Crística que se manifiesta en mí proviene de Ti, de tu Conciencia Cósmica, y ha sido enviada por Ti».

Cuando Jesús afirma: *«han guardado tu palabra»*, él señalaba que al sintonizarse con la Vibración Cósmica los devotos habían podido sentir y seguir la sabiduría rectora de Dios que se transmitía a través de la vibración del Espíritu Santo. En muy raras ocasiones habla Dios al devoto con palabras audibles; más bien, Él hace vibrar su respuesta a través del Sonido Cósmico del Espíritu Santo para que el devoto la perciba en forma intuitiva.

«Las palabras que Tú me diste se las he transmitido a ellos, y ellos las han aceptado» significa que los devotos, mediante la expansión de su conciencia y de su concentración, pudieron intuir la sabiduría rectora presente en la Vibración Cósmica, que emana de la Conciencia Crística y de la Conciencia Cósmica. El énfasis que Jesús hace en la sintonía con la Vibración Cósmica requiere que cada devoto aprenda a establecer la verdadera comunión con el Espíritu Santo en la meditación profunda.

~

> *«Por ellos ruego; no ruego por el mundo, sino por los que Tú me has dado, porque son Tuyos; todo lo mío es Tuyo y todo lo Tuyo es mío; y mi gloria se ha manifestado en ellos. Yo ya no estoy en el mundo, pero ellos sí están en el mundo; yo, en cambio, voy a Ti. Padre santo, cuida en tu nombre a todos los que me has dado, para que sean uno como nosotros»* (*Juan* 17:9-11).

La oración intercesora de Jesús por sus discípulos para que logren la unidad con Dios

«Te ruego en especial por los que realmente te buscan, no por la gente mundana a la que no le interesa conocerte. Te ruego por la redención de los que Tú me has enviado para que yo los guíe y los envíe a tu reino, porque ellos te pertenecen, pues son conscientes de tu presencia. Todos los devotos que me pertenecen te pertenecen a Ti, y a todos los Tuyos también los considero míos. Mi Conciencia Crística se glorifica en la gloria de tu poder que se ha manifestado en ellos, tus verdaderos devotos.

»Y ahora, mi cuerpo y la manifestación de la Conciencia Crística que mora en él estarán fuera del alcance de los hombres; los buscadores de la verdad permanecerán en el mundo del engaño sin la inspiración de poder contemplar tu manifestación en mí. Por eso te ruego que a todos los ayudes en mi ausencia. Padre Celestial, haz que tus vibraciones de amor, sabiduría y bienaventuranza sigan presentes en estos discípulos, para que ellos también sean uno Contigo, tal como yo lo soy».

Jesús siente de manera muy humana su responsabilidad por la evolución espiritual de sus discípulos durante su ausencia. Él sabía que, después de su partida, Satanás aprovecharía cualquier debilidad kármica que hubiese en cada uno de ellos para intentar destruir su vida espiritual. Por ese motivo, Jesús ruega fervientemente al Padre: «Tú me has dado estos discípulos; ellos te pertenecen y también me pertenecen a mí; por esa razón debes protegerlos de la influencia del mal durante mi ausencia, pues quiero cumplir con éxito tus deseos de que yo los ayude a salvarse a sí mismos y a expiar su karma terrenal».

Jesús ruega al Padre que mantenga a los discípulos en su sagrada presencia, *«en tu nombre»* —en la Vibración Cósmica que emana de Dios y que los devotos oyen en la meditación—, *«para que sean uno como nosotros»*, en sintonía y unión con la unidad intrínseca de la Conciencia Crística y la Conciencia Cósmica. A la manera de un verdadero gurú-salvador, Jesús ora para que todos sus discípulos disfruten de la misma comunión divina que él posee.

~

> *«Cuando estaba yo con ellos, yo cuidaba en tu nombre a los que me habías dado. He velado por ellos y ninguno se ha perdido, salvo el hijo de perdición, para que se cumpliera la Escritura. Pero ahora voy a Ti, y digo estas cosas en el mundo para que tengan en sí mismos la perfecta alegría que yo tengo»* (*Juan* 17:12-13).

«Cuando yo estaba en la tierra con los discípulos, les enseñé el método mediante el cual podían estar en sintonía con tu Vibración Cósmica. He velado por los discípulos que Tú me enviaste para que les enseñase y los redimiera, manteniéndolos en las vibraciones de tu Conciencia; ninguno se ha perdido en el mal, salvo aquel (Judas) que se consideró el hijo, el aliado, de Satanás (el Engaño Cósmico). Y ahora ha llegado el momento en que la Conciencia Crística que está en mí se una con la Conciencia Cósmica que se halla en Ti. Digo estas cosas al mundo para que los discípulos conozcan mi gozo y puedan manifestar esa imperecedera alegría del Espíritu y contemplar su gloria».

Cuando Jesús se refiere a Judas como el *«hijo de perdición»*, sus palabras significan que Judas se alió voluntariamente con Satanás y abandonó el camino de Dios para luego tomar el camino del engaño[1]. Cuando Jesús dice: *«para que se cumpliera la Escritura»*, no da a entender que Judas hubiese sido elegido, por algún decreto celestial, para traicionar a Jesús, sino que la visión espiritual intuitiva de los profetas bíblicos les permitió ver el futuro distante y observar la matemática ley kármica de causa y efecto que influiría en la vida del Mesías profetizado y en la traición que luego se cometió contra él.

El papel del karma pasado y del libre albedrío en la traición que Judas cometió contra Jesús

Del mismo modo que, mediante el análisis de la constitución del bebé, el médico puede predecir si el niño llegará a ser una persona débil o robusta cuando tenga cuarenta años, así también los maestros crísticos pueden discernir, por medio de su visión interior, cuál será la influencia exacta que tendrán, incluso al cabo de muchas encarnaciones, los efectos de las acciones que una persona haya realizado. No obstante, el resultado kármico está condicionado por ciertas circunstancias; los acontecimientos pueden cambiar por la intervención de la potente influencia del libre albedrío y del poder de la concentración yóguica. En más de una ocasión, Jesús le dijo claramente a Judas que iba a cometer traición contra él[2]. Mediante el ejercicio del libre albedrío y la práctica de la oración, Judas pudo haberse liberado de la inclinación kármica que le inducía a sucumbir al mal. Jesús no mencionó la traición para atormentar a Judas ni con el objeto de justificar sus actos con la excusa de la inevitabilidad, sino con la intención

---

1 *Juan* 13:27. (Véase el discurso 70). Compárese también con *Lucas* 22:1-6: *«Se acercaba la fiesta de los Ázimos, llamada Pascua. Los sumos sacerdotes y los escribas buscaban cómo hacerle desaparecer, pues temían a la gente. Entonces Satanás entró en Judas, llamado Iscariote, que era del número de los Doce. Éste se fue a concertar con los sumos sacerdotes y los jefes de la guardia el modo de entregárselo. Ellos se alegraron y quedaron con él en darle dinero. Él aceptó, y a partir de entonces anduvo buscando una oportunidad para entregarlo sin que la gente lo advirtiera»*.

2 En *Juan* 6:70-71, por ejemplo (véase el discurso 43, en el volumen II): «*"Yo os he elegido a vosotros, los Doce. Y, sin embargo, uno de vosotros es un diablo". Hablaba de Judas, hijo de Simón Iscariote [...]*».

de prevenirle de la tendencia a la traición que su karma estaba fomentando en él. Merced a su conocimiento omnisciente, Jesús pudo analizar la naturaleza interior de Judas y su karma de encarnaciones pasadas; por esa razón, le ofreció amorosamente a Judas la oportunidad de modificar su predisposición kármica maligna.

Jesús había dicho: «*¡Ay de aquel por quien el Hijo del hombre es entregado! ¡Más le habría valido a ese hombre no haber nacido!*»[3]. De este modo Jesús le hizo saber a Judas que cosecharía inenarrables sufrimientos al haber optado por traicionarle. Pero Judas se encontraba tan embriagado por el engaño de sus propias ambiciones preconcebidas que hizo caso omiso de la oportunidad de salvarse del mal y siguió adelante con su acto de traición. En estos sucesos dramáticos puede verse claramente que el hombre es el arquitecto de su propio destino; es libre de actuar como le plazca, para bien o para mal.

Sea cual sea la grandeza de un maestro, él no puede influir sobre el libre albedrío de una persona con la finalidad de salvarla, a no ser que ella misma desee emplear su libre albedrío (que le fue concedido por Dios) para que la ayude a salvarse. En consecuencia, el gurú no puede hacer otra cosa que renunciar a su responsabilidad por todo discípulo que se sitúe fuera del aura de su gracia, hasta que mediante el arrepentimiento y la reforma de sí mismo —que en ocasiones requieren de numerosas encarnaciones— el discípulo muestre su disposición a reintegrarse a la liberadora presencia del maestro. Cuando, influido por el engaño, el ego de un ser humano se convierte en su «gurú», ni siquiera Dios mismo puede abrir por la fuerza la puerta de la receptividad del discípulo caído que le conduciría hacia la verdad y la guía divina.

Ni Cristo ni Satanás pueden influir sobre una persona a no ser que ella así lo decida. Como resultado del considerable mal que Judas había acumulado y por no haber realizado suficientes esfuerzos espirituales en su vida presente, él era impermeable a la santa influencia de Jesús. Sin embargo, Judas luego se arrepintió de su mal karma y, abrumado por el remordimiento, se ahorcó[4].

(No debe inferirse que esta acción ayudara a Judas a liberarse del atroz pecado de traicionar a Jesús, aun cuando esa autodestrucción fue una prueba de su arrepentimiento. El suicidio es un delito espiritual

---

[3] *Marcos* 14:21. (Véase el discurso 69).

[4] *Mateo* 27:5. (Véase el discurso 73).

muy grave. Habría sido mucho mejor que Judas hubiese decidido vivir y que confirmara su arrepentimiento llevando una vida de reparación en la que expiase espiritualmente su pecado al transmutar el mal que había en su conciencia por medio de actos virtuosos que le redimieran y a través de la práctica ferviente de la meditación. Las personas mentalmente débiles que desean suicidarse esperan de manera insensata librarse así de soportar con entereza el peso de esa vida a través de la cual podrían expiar su mal karma. El suicidio sólo incrementa la carga kármica en vez de hacerla desaparecer. Una persona atribulada debería esforzarse pacientemente por neutralizar su mal karma valiéndose de la meditación y la oración, que le conducirían a espiritualizar su vida interior con el despertar del alma y la gracia de Dios).

Por haber traicionado a Jesús, Judas debió deambular durante numerosas encarnaciones para obtener su salvación. Tuvieron que transcurrir veinte siglos para que Judas se redimiera, en la India, gracias a la ayuda de uno de los grandes santos de los tiempos modernos. Jesús se le apareció al santo y permitió la liberación de Judas, diciendo: «Ya ha pagado su pecado».

Jesucristo se encarnó en una época y un lugar en los que imperaba entre la gente una gran ignorancia y maldad. Entre aquellos que eran espiritualmente sinceros, él eligió a doce de los mejores para que fuesen sus apóstoles, pues él los había conocido y entrenado como sus discípulos en vidas anteriores. Ahora ellos habrían de prestar servicio como sus mensajeros que cumplirían la voluntad divina durante la última encarnación de Jesús en la tierra y, mediante el ejemplo de su espiritualidad, difundirían su causa por el mundo entero.

Por qué Jesús decidió que estuviese entre sus discípulos más cercanos el que habría de traicionarle

Judas era uno de los doce porque Jesús lo había aceptado como hijo espiritual en una encarnación anterior. Así como un padre no abandona a un hijo malvado que ha nacido de su propia sangre, de igual manera, mientras exista la posibilidad de salvarlo del error, un gurú no puede abandonar a un hijo espiritual que se vuelve malvado. Judas había sido un buen discípulo, pero al final de su vida anterior, justo antes de morir y renacer como Judas, su mente se había oscurecido por la codicia y la ambición de poder —las perversas tentaciones que le impulsaban a abandonar su naturaleza superior—. No obstante, Judas tenía un abundante acopio de buen karma que le permitió atraer en su presente vida la bendición de hallarse estrechamente vinculado a Jesús.

Como médico espiritual, Jesús diagnosticó la vida de Judas a partir del conjunto de acciones y tendencias, tanto buenas como indeseables, que había acumulado en numerosas encarnaciones. Él sabía que las semillas latentes del mal que se ocultaban en la mente subconsciente de Judas le predisponían a convertirse en la persona —profetizada por las escrituras— que traicionaría al Mesías. El hecho de saber de antemano que existía la posibilidad de traición no impidió que el magnánimo corazón de Jesús aceptara a Judas en la familia divina de sus discípulos. En su amor por Judas, Jesús le concedió la inigualable oportunidad de perfeccionarse y vencer el mal que había dentro de él, al permitirle estar en la cercanía del Cristo presente en Jesús y en la compañía de los otros discípulos.

En la vida de Jesús, como en la de todas las encarnaciones divinas que vienen a la tierra con una misión universal, era preciso que se representara el drama cósmico entre el bien y el mal —entre Dios y Satanás—. Debido a las acciones que el Mesías iba a llevar a cabo para destruir el reino del engaño, la Fuerza Cósmica del Mal desplegó sus huestes en contra de la manifestación de Dios encarnada en Jesús. La fuerza consciente del mal se enfocó en las debilidades de Judas, que lo inclinaban a traicionar a Jesús, para desencadenar de ese modo los sucesos que conducirían a la crucifixión del Cristo.

Dios y Cristo, por otra parte, sabían cómo Satanás podía influir sobre Judas por medio de la incitación de su propio mal karma. Sin embargo, a pesar de que las satánicas fuerzas del mal causarían la muerte de Jesús, Cristo obtendría su victoria final sobre los poderes del engaño satánico cuando liberara su alma al sacrificar su cuerpo y resucitarlo después mediante el poder espiritual de su alma liberada.

Dios no utilizó la fuerza material ni la vía del mal para derrotar al Mal. Jesús no ejerció su prerrogativa de utilizar la fuerza sobrenatural contra Satanás; en vez de ello, representó el drama humano para demostrar el poder espiritual que en todo ser humano tiene el bien sobre el mal. Si uno combate el mal con el mal, queda atrapado en las redes del mal; por el contrario, al vencer el mal con el bien, se obtiene una victoria definitiva sobre todo mal.

El mal se destruye a sí mismo y, a la postre, se transforma indirectamente en un instrumento de Dios, pues al intentar destruir el bien, en realidad lo convierte en un mártir y de ese modo lo inmortaliza.

«En todas las cosas interviene Dios para bien de los que le

aman»[5]. Por su fe constante en el inigualable poder del amor de Dios durante su padecimiento y muerte en la cruz, Jesús transformó la pérfida traición de Judas en el suceso que dio lugar a su mayor victoria: una suprema demostración de su divinidad para inspiración de la humanidad. En ese sentido, podría decirse que Judas se convirtió en el mejor «publicista» de Jesús, al asegurar que las noticias acerca de su vida y de su mensaje se difundieran en el mundo entero como un ejemplo para todos los seres humanos de las épocas futuras.

~

Jesús continúa rogando a Dios e intercediendo por sus discípulos:

> «*Yo les he dado tu palabra, pero el mundo los ha odiado, porque no son del mundo, como yo no soy del mundo. No te pido que los retires del mundo, sino que los guardes del Maligno. Ellos no son del mundo, como yo no soy del mundo. Santifícalos en la verdad: tu palabra es verdad. Como Tú me has enviado al mundo, yo también los he enviado al mundo. Y por ellos me santifico a mí mismo, para que ellos también sean santificados en la verdad*» (*Juan* 17:14-19).

«Estos discípulos han recibido tu sabiduría porque se han sintonizado Contigo a través de la Vibración Cósmica que se percibe intuitivamente en la meditación. Las personas mundanas sólo me han escuchado con sus oídos, pero no han logrado percibir la verdad en su interior. A causa de su ignorancia y de su forma errónea de vivir, han odiado a mis seguidores, que no están apegados a los falsos valores del mundo, de igual modo que yo he superado las tentaciones del engaño que provienen del mundo. No te pido que retires del mundo a los discípulos para que alcancen su propia salvación, pues aún tienen por delante la tarea de anunciar tu gloria; ruego que los guardes de la tentación del engaño mientras permanecen en el mundo redimiendo a otros a través de sus vidas ejemplares. Puesto que han espiritualizado su conciencia, los discípulos no pertenecen a la esfera del engañoso

Jesús ruega que los discípulos sean santificados mediante la meditación en el Espíritu Santo

[5] *Romanos* 8:28.

mundo, del mismo modo en que la Conciencia Crística manifestada en mí es trascendente y se encuentra por encima de todo engaño cósmico.

»Padre Celestial, a través de la manifestación del abundante gozo de la Vibración Cósmica —el Espíritu de la verdad—, purifica a los discípulos de todo acechante deseo proveniente del karma pasado (el amor por los fenómenos materiales o por los transitorios placeres terrenales). Del mismo modo que la Conciencia Crística encarnada en mí es un reflejo de tu Conciencia Cósmica que se proyectó hacia el cosmos para guiarlo, también las almas y formas de los discípulos y de todos los demás seres emanaron de dicha Conciencia para dirigirse al mundo. He purificado mi encarnación humana de todos los deseos terrenales y ataduras kármicas por el bien de los discípulos y para darles un verdadero ejemplo como representante tuyo que soy. Puedan también los discípulos hacer lo mismo al establecer contacto en la meditación con el Espíritu de la verdad, el Espíritu Santo».

En los versículos anteriores, *«verdad»* y *«palabra»* son una referencia al Espíritu Santo, la Vibración Cósmica imbuida de Cristo, que es la esencia o verdad que subyace a todos los fenómenos vibratorios transitorios. Así como la Conciencia Crística emanó de la Conciencia Cósmica, de igual modo todos los seres emanaron de la Conciencia Crística y adquirieron forma por acción de la Vibración Cósmica. Por esa razón, Jesús deseaba que sus discípulos experimentaran el milagro de santificarse mediante la meditación en el Espíritu de la verdad, en el Espíritu Santo, y que inspirados por su ejemplo ideal llevaran una vida santa como él.

~

«No ruego sólo por éstos, sino también por aquellos que creerán en mí por medio de su palabra, para que todos sean uno. Como Tú, Padre, en mí y yo en Ti, que también sean uno en nosotros, para que el mundo crea que Tú me has enviado. Les he dado la gloria que me diste, para que sean uno, como nosotros somos uno: yo en ellos y Tú en mí, para que sean perfectamente uno, y el mundo conozca que Tú me has enviado y que los has amado a ellos como me has amado a mí.

»Padre, deseo que los que Tú me has dado estén también conmigo allí donde yo esté, para que contemplen la gloria que me has dado, porque me has amado antes de la creación del mundo» (*Juan* 17:20-24).

«No pido únicamente por estos discípulos, sino por los buscadores de la verdad de todos los tiempos —aquellos que me seguirán no sólo nominalmente, sino porque perciban mi Conciencia Crística *"por medio de su palabra"*, es decir, a través de la Vibración Cósmica que sientan emanar de las vidas de estos discípulos y de otros que alcanzarán la perfección en el futuro—, a fin de que todos los devotos, al experimentar el mismo estado de realización del Ser, puedan finalmente alcanzar la unión con tu Conciencia Cósmica. Puesto que tu Conciencia Cósmica se halla presente en mi Conciencia Crística y mi conciencia se encuentra presente en Ti, ruego para que las almas de los devotos leales también sean una con nuestra conciencia y que, al reflejar la divinidad en su propia vida, puedan ellos hacer que el incrédulo mundo comprenda que tu Conciencia Cósmica ha sido glorificada a través de su manifestación en mí.

Jesús identifica a sus verdaderos seguidores como aquellos que en la meditación hacen contacto con la Conciencia Crística

»Transmito a mis discípulos la gloria y el poder que he recibido de Ti en mi Conciencia Crística, para que puedan ser uno Contigo tal como Tú y yo somos uno. Mi Conciencia Crística manifestada en los devotos y tu Conciencia Cósmica manifestada en mí conducirán a los discípulos a la perfección. Ruego por la gente del mundo, para que sepa que tu Conciencia Cósmica se halla manifestada en mí y que Tú amas a estos discípulos, y a todos los pueblos del mundo, tanto como me amas a mí.

»Padre Celestial, también pido por los discípulos que Tú me has enviado, para que ellos alcancen la Conciencia Crística en la cual mi conciencia humana se disolverá, y puedan así contemplar la plenitud de tu gloria que se manifiesta a través de mí. Padre Celestial, me has amado por siempre en la Conciencia Crística, desde los primeros albores de tu sueño cósmico, antes de los comienzos del mundo».

La conciencia universal de Jesús ruega amorosamente no sólo por sus discípulos cercanos, sino también por los buscadores de la verdad de todas las épocas. Él define a sus verdaderos seguidores como aquellos que crean en él no sólo nominalmente, sino porque hayan establecido un contacto real con la Conciencia Crística presente en la Vibración Cósmica que se percibe en la meditación. Ellos son los que pueden ser «salvados». Jesús ora asimismo por todos los seres del mundo, para que puedan saber que Dios los ama y que, al enviar a Jesús a la tierra, Él manifestó su amor divino a través del Mesías.

Jesús afirmó: *«me has amado antes de la creación del mundo»;* lo que él expresó con estas palabras fue que cuando la Vibración Cósmica y la Conciencia Crística emanaron de Dios, el amor divino estaba presente en la Conciencia Crística, incluso antes de que la creación fuese siquiera un mero concepto en la mente cósmica del Padre Celestial.

~

«Padre justo, el mundo no te ha conocido, pero yo te he conocido y éstos han conocido que Tú me has enviado. Yo les he dado a conocer tu nombre y se lo seguiré dando a conocer, para que el amor que me has tenido esté en ellos, y yo en ellos» (*Juan* 17:25-26).

«¡Oh Padre Celestial, supremamente justo!, eres desconocido para la gente mundana que no ha establecido contacto Contigo, pero la Conciencia Crística que en mí reside conoce tu Conciencia y éstos, mis discípulos, han percibido que Tú me enviaste y que yo no vine a la tierra por motivos o necesidades personales. He manifestado tu Presencia Vibratoria en los discípulos y siempre daré a conocer tu presencia a todos los buscadores de la verdad a través de la Conciencia Crística que se encuentra en la Vibración Cósmica. Ruego para que el amor incondicional, omnipotente y eternamente embriagador con que Tú me has amado se manifieste en los discípulos junto con mi Conciencia Crística».

Con estas palabras: *«Yo les he dado a conocer tu nombre y se lo seguiré dando a conocer»*, Jesús define el deber de un verdadero gurú —aquel que Dios envía en respuesta a las oraciones de los devotos sinceros— que consiste en dirigir hacia Dios toda la devoción que la divina personalidad del gurú despierta en el discípulo. El instructor egoísta se adjudica la adoración de sus estudiantes, pero un gurú verdadero atrae la reverencia de sus seguidores a fin de reforzar con su intercesión dicha reverencia y dirigir ese amor íntegra y exclusivamente hacia Dios.

DISCURSO 73

La agonía de Jesús en el huerto de Getsemaní y su arresto

Cómo sintonizar la voluntad humana
con la sabia guía de la voluntad divina

❖

La importancia de la atención introspectiva
para proteger a la mente del engaño

❖

Jesús elogia la buena disposición hacia la meditación y la oración

❖

La divina amistad de Jesús persistió incluso ante
la más grave de las provocaciones

❖

«Todos los que empuñen espada perecerán a espada»

❖

El momento kármicamente determinado
en que Satanás pudo atacar con éxito a Jesús

❖

El significado de «el hijo del hombre viniendo sobre las nubes del cielo»

«Padre mío, si es posible, que pase de mí esta copa, pero no sea como yo quiero, sino como quieres Tú».

Dicho esto, pasó Jesús con sus discípulos al otro lado del torrente Cedrón, donde había un huerto, en el que entraron él y sus discípulos.

Juan 18:1

Entonces fue Jesús con ellos a una propiedad llamada Getsemaní, y dijo a los discípulos: «Sentaos aquí, mientras voy allá a orar». Tomó consigo a Pedro y a los dos hijos de Zebedeo, y comenzó a sentir tristeza y angustia. Entonces les dijo: «Mi alma está triste hasta el punto de morir; quedaos aquí y velad conmigo». Él se adelantó un poco, cayó rostro en tierra, y suplicaba así: «Padre mío, si es posible, que pase de mí esta copa, pero no sea como yo quiero, sino como quieres Tú». Volvió después donde los discípulos y los encontró dormidos. Dijo entonces a Pedro: «¿Conque no habéis podido velar una hora conmigo? Velad y orad, para que no caigáis en tentación; que el espíritu está pronto, pero la carne es débil». Y alejándose de nuevo, por segunda vez oró así: «Padre mío, si esta copa no puede pasar sin que yo la beba, hágase tu voluntad». Volvió otra vez y los encontró dormidos, pues sus ojos estaban cargados. Los dejó y se fue a orar por tercera vez, repitiendo las mismas palabras. Volvió entonces donde los discípulos y les dijo: «Ahora ya podéis dormir y descansar. Sabed que ha llegado la hora en que el Hijo del hombre va a ser entregado en manos de pecadores. ¡Levantaos! ¡Vámonos! Mirad, el que me va a entregar ya está cerca».

Todavía estaba hablando, cuando llegó Judas, uno de los Doce, acompañado de un grupo numeroso armado con espadas y palos. Venían de parte de los sumos sacerdotes y los ancianos del pueblo. El que le iba a entregar les había dado esta señal: «Aquel a quien yo dé un beso, ése es; detenedlo». Al instante se acercó a Jesús y le dijo: «¡Salve, Rabbí!», y le dio un beso. Jesús replicó: «Amigo, ¡a lo que estás aquí!». Entonces aquéllos se acercaron, echaron mano a Jesús y le detuvieron. En esto, uno de los que estaban con Jesús echó mano a su espada, la sacó e, hiriendo al siervo del Sumo Sacerdote, le llevó la oreja. Le dijo entonces Jesús: «Vuelve

tu espada a su sitio, porque todos los que empuñen espada perecerán a espada. ¿O piensas que no puedo yo rogar a mi Padre, que pondría al punto a mi disposición más de doce legiones de ángeles? Mas, ¿cómo se cumplirían entonces las Escrituras, que dicen que debe suceder así?». En aquel momento dijo Jesús a la gente: «¡Habéis salido a detenerme con espadas y palos, como si fuese un bandido! Todos los días me sentaba en el Templo para enseñar, y no me detuvisteis. Pero todo esto ha sucedido para que se cumplan las Escrituras de los profetas». Entonces todos los discípulos lo abandonaron y huyeron.

Los que prendieron a Jesús lo llevaron ante el Sumo Sacerdote Caifás, donde se habían reunido los escribas y los ancianos. Pedro le fue siguiendo de lejos, hasta el palacio del Sumo Sacerdote; y, una vez dentro, se sentó con los criados para ver en qué acababa todo.

Los sumos sacerdotes y el Sanedrín en pleno andaban buscando un falso testimonio contra Jesús, con ánimo de darle muerte, pero no lo encontraron, a pesar de que se presentaron muchos falsos testigos. Al fin se presentaron dos, que dijeron: «Éste dijo: Yo puedo destruir el Santuario de Dios y reedificarlo en tres días». Entonces, se levantó el Sumo Sacerdote y le dijo: «¿No respondes nada? ¿No oyes lo que éstos atestiguan contra ti?». Pero Jesús callaba. El Sumo Sacerdote le dijo: «Te conjuro por Dios vivo que nos digas si tú eres el Cristo, el Hijo de Dios». Respondió Jesús: «Tú lo has dicho. Pero os digo que a partir de ahora veréis al Hijo del hombre sentado a la diestra del Poder y viniendo sobre las nubes del cielo». Entonces el Sumo Sacerdote rasgó sus vestidos y dijo: «¡Ha blasfemado! ¿Qué necesidad tenemos ya de testigos? Acabáis de oír la blasfemia. ¿Qué os parece?». Respondieron ellos: «Es reo de muerte».

Entonces se pusieron a escupirle en la cara y a abofetearle; y otros le golpeaban, mientras decían: «Adivínanos, Cristo. ¿Quién te ha pegado?».

Pedro, entretanto, estaba sentado fuera, en el patio. Entonces se acercó a él una criada y le dijo: «También tú esta-

bas con Jesús el Galileo». Pero él lo negó delante de todos: «No sé qué dices». Cuando salía al portal, le vio otra criada y dijo a los que estaban allí: «Éste estaba con Jesús el Nazoreo». Y de nuevo lo negó con juramento: «¡Yo no conozco a ese hombre!». Poco después se acercaron los que estaban allí y dijeron a Pedro: «¡Ciertamente, tú también eres de ellos, pues además tu misma habla te descubre!». Entonces él se puso a echar imprecaciones y a jurar: «¡Yo no conozco a ese hombre!». Inmediatamente cantó un gallo. Pedro se acordó entonces de aquello que le había dicho Jesús: «Antes que el gallo cante, me habrás negado tres veces». Y, saliendo fuera, lloró amargamente.

Llegada la mañana, todos los sumos sacerdotes y los ancianos del pueblo celebraron consejo contra Jesús para darle muerte. Y, después de atarle, lo llevaron y lo entregaron al procurador Pilato.

Entonces Judas, el que lo entregó, viendo que había sido condenado, fue presa del remordimiento y devolvió las treinta monedas de plata a los sumos sacerdotes y a los ancianos. Les dijo: «He pecado entregando sangre inocente». Ellos respondieron: «A nosotros, ¿qué? Tú verás». Judas tiró las monedas en el Santuario. Después se retiró y fue y se ahorcó. Los sumos sacerdotes recogieron las monedas y dijeron: «No es lícito echarlas en el tesoro de las ofrendas, porque son precio de sangre». Después de deliberar, compraron con ellas el Campo del Alfarero, para dar sepultura en él a los forasteros. Por esta razón ese campo se llamó «Campo de Sangre», hasta hoy. Entonces se cumplió lo dicho por el profeta Jeremías: 'Y tomaron las treinta monedas de plata, cantidad en que fue apreciado aquel a quien pusieron precio algunos hijos de Israel, y las dieron por el Campo del Alfarero, según lo que me ordenó el Señor'.

Mateo 26:36–27:10

DISCURSO 73 

La agonía de Jesús en el huerto de Getsemaní y su arresto

«Dicho esto, pasó Jesús con sus discípulos al otro lado del torrente Cedrón, donde había un huerto, en el que entraron él y sus discípulos» (*Juan* 18:1).

* * *

«Entonces fue Jesús con ellos a una propiedad llamada Getsemaní, y dijo a los discípulos: "Sentaos aquí, mientras voy allá a orar"» (*Mateo* 26:36).

Referencia paralela:

«Salió y, como de costumbre, fue al monte de los Olivos. Los discípulos le siguieron. Llegado al lugar, les dijo: "Pedid que no caigáis en tentación"» (*Lucas* 22:39-40)[1].

«Pedid a Dios que no hagáis mal uso de la independencia que Él os ha concedido, con el fin de que no mostréis preferencia por las tentaciones del engaño satánico y, en cambio, podáis prestar atención a la voz de Dios que os habla desde el alma a través de vuestra conciencia».

---

[1] Compárese con otra referencia paralela que aparece en *Marcos* 14:32.

Jesús emplea la palabra *«tentación»* para referirse al estado mental en el que una persona se encuentra embriagada con un perjudicial impulso maligno, imaginando que le aportará felicidad, y permanece tan obnubilada con este pensamiento que no es capaz de comprender en qué acciones se halla su mayor bien, así como su felicidad verdadera y perdurable. Sabiendo que esa noche comenzarían grandes pruebas para todos ellos, Jesús aconseja a sus discípulos que fortalezcan su voluntad con el poder divino acumulado mediante la práctica de la oración y de la meditación, de modo tal que las insinuaciones de Satanás no ejerzan influencia sobre su libre albedrío ni los haga flaquear.

~

«Tomó consigo a Pedro y a los dos hijos de Zebedeo, y comenzó a sentir tristeza y angustia. Entonces les dijo: "Mi alma está triste hasta el punto de morir; quedaos aquí y velad conmigo"» (*Mateo* 26:37-38)[2].

«Tan grande es mi sufrimiento que mi corazón atraviesa por una severa prueba; tan abrumado me siento por la tristeza, que morir aquí y ahora sería para mi alma una liberación bienvenida. Esperad aquí y orad conmigo; velad internamente con los ojos intuitivos de la Conciencia Crística, para que el engaño satánico no nos invada sin ser advertido. Permaneced alertas; y con la espada de la sabiduría, dad muerte al instante a todo agente mental maligno que amenace con invadiros».

La naturaleza humana de Jesús se vio temporalmente atormentada por la aterradora perspectiva de la crucifixión

Aunque él disponía de toda la sabiduría y del autocontrol propios de su naturaleza divina, la naturaleza humana encarnada de Jesús era aún atormentada temporalmente por el engaño de la terrible prueba de la crucifixión que debía afrontar.

En *Yoga Sutras* II:3, el gran yogui Patanjali enumera cinco tipos de «problemas» *(klesha)* inherentes a todo ser encarnado: *avidya* (la ignorancia, el engaño individual), *asmita* (el ego, el estado del alma en el cual se halla identificada con el cuerpo), *raga* (el apego, la atracción hacia aquello que nos resulta placentero), *dvesha* (la aversión o

[2] Compárese con la referencia paralela que aparece en *Marcos* 14:33-34.

sentimiento de desagrado hacia lo que nos disgusta) y *abhinivesha* (el apego al cuerpo). Jesús tuvo que vencer la naturaleza humana del ego circunscrita por el cuerpo, el engaño relativo a los terribles sucesos que le esperaban, el apego a sus discípulos y su amor por servir a aquellos que buscaban su ayuda, la natural aversión humana hacia el sufrimiento del cuerpo y, por último, el temor psicológico primario que acompaña a la perspectiva de la muerte.

Patanjali señala además que incluso los sabios que han alcanzado la unión divina experimentan un cierto grado de ilusión cósmica y un apego transitorio ante la proximidad de la muerte[3]. Mi gurú, Swami Sri Yukteswar, a menudo planteaba la siguiente analogía: Así como un ave que ha estado enjaulada durante mucho tiempo se ha habituado a permanecer confinada y se muestra renuente a dejar la jaula cuando se le ofrece la libertad, así también el alma —comparable con el ave del paraíso— al encontrarse en el umbral de la trascendencia, durante el momento de la muerte, debe vencer su instintiva resistencia a abandonar el acostumbrado cautiverio y atreverse a morar en la vastedad de su innata omnipresencia. El alma que padece de este apego primigenio proveniente del engaño es como el ave cautiva que prefiere permanecer en la prisión corporal y revolotear con la inquietud propia de las actividades mortales dentro de los estrechos confines del cuerpo.

Consciente de que la carne es vulnerable a los generalizados engaños de Satanás, Jesús pidió encarecidamente a sus discípulos: *«velad conmigo»*, dando a entender que debían sintonizarse con su Conciencia Crística y guardar vigilia con el objeto de frustrar cualquier avance de la ignorancia mortal sobre él o sus discípulos.

~

«Él se adelantó un poco, cayó rostro en tierra, y suplicaba así: "Padre mío, si es posible, que pase de mí esta copa, pero no sea como yo quiero, sino como quieres Tú"» (Mateo 26:39).

Referencias paralelas:

---

[3] *Yoga Sutras* II:9: «*Abhinivesha* es la tenacidad con que el alma se aferra a la vida como resultado del apego corporal, incluso en las personas sabias, y que se propaga debido al sutil recuerdo de las repetidas experiencias de muerte durante las encarnaciones previas».

«Él se adelantó un poco, cayó en tierra y suplicaba que a ser posible pasara de él aquella hora. Decía: "¡Abbá, Padre!, todo es posible para Ti; aparta de mí esta copa, pero no sea lo que yo quiero, sino lo que quieres Tú"» (Marcos 14:35-36).

***

«Se apartó de ellos como un tiro de piedra y, puesto de rodillas, oraba así: "Padre, si quieres, aparta de mí esta copa; pero no se haga mi voluntad, sino la Tuya". Entonces se le apareció un ángel venido del cielo que le confortaba. Y sumido en agonía, insistía más en su oración. Su sudor se hizo como gotas espesas de sangre que caían en tierra» (Lucas 22:41-44).

Jesús elevó esta súplica a Dios: «Abbá, Padre Todopoderoso, para Ti todo es posible. Como hijo tuyo, ¡oh bienamado Padre!, te ruego que, si es posible de acuerdo con tus leyes y si es tu voluntad, apartes de mí esta copa de sufrimiento, que es una experiencia muy amarga para mi conciencia. Sin embargo, pese a mi deseo de evitar esta terrible prueba, que no se haga mi voluntad, sino la Tuya».

Cómo sintonizar la voluntad humana con la sabia guía de la voluntad divina

Al igual que el hijo predilecto de una familia terrenal le suplicaría confiadamente a su padre, Jesús ruega amorosamente al Padre trascendental oculto tras los muros etéricos del cielo: «Padre Celestial, puesto que para Ti todo es posible, ¿por qué no apartas de mí esta copa de la crucifixión?». Pero al mismo tiempo que oraba para ser dispensado del tiránico funcionamiento del Engaño Cósmico, Jesús reconoció las aprensiones surgidas de la debilidad interior y de inmediato añadió: «Pero no se haga mi voluntad humana, que teme enfrentarse a esta prueba; que se cumpla en mi vida tu divina voluntad guiada por la sabiduría».

Muchos interpretan equivocadamente estas palabras de Jesús: *«No se haga mi voluntad, sino la Tuya»*. Él jamás aconsejó que los hijos de Dios renunciasen a la independencia de su voluntad (que es patrimonio del alma) y se convirtiesen en herramientas mecánicas no pensantes, como un martillo que queda donde lo dejan hasta que el carpintero lo usa de nuevo. El ejemplo de Jesús demostró, por el contrario, que el hombre debe utilizar la libertad de elección que Dios le concedió para ejercer conscientemente su voluntad al procurar cumplir con los deseos del Señor en la tierra. Al cooperar con la Voluntad Divina, el ser humano deja entrar en su vida la corriente de sabiduría, poder, amor y gozo de Dios, que siempre está dispuesta a fluir hacia él. Jesús había enseñado a sus discípulos a orar al Padre de este modo: *«Hágase tu Voluntad, así en la tierra como en el cielo»*[4]. Sintonizar la voluntad humana (que es propensa a errar) con la voluntad de Dios significa morar en la libertad y el gozo del cielo interior aun estando en la tierra.

Jesús pronunció esta oración cuando la agonía mortal ocasionada por el engaño tentó su voluntad y la hizo flaquear transitoriamente. Él utilizó entonces su libre albedrío para deshacerse del engaño y seguir únicamente la sabia guía de la voluntad del Padre.

~

> *«Volvió después donde los discípulos y los encontró dormidos. Dijo entonces a Pedro: "¿Conque no habéis podido velar una hora conmigo? Velad y orad, para que no caigáis en tentación; que el espíritu está pronto, pero la carne es débil"»* (Mateo 26:40-41)[5].

«Simón, ¿estás durmiendo? ¡Qué extraño, no has logrado dominar tu poder de voluntad para dedicar siquiera una hora a la oración y a la vigilia con los ojos de la intuición, con objeto de proteger tu templo mental de la invasión del engaño satánico! Vigila con los ojos de la sabiduría interior y ora amorosamente a tu Padre Celestial a fin de que no abuses de la libertad que Dios te ha concedido ni cedas en forma voluntaria a las tentaciones y debilidades del cuerpo. Veo que tu espíritu e inclinación más profunda se hallan espontáneamente dispuestos a vigilar con sabiduría y a orar a Dios con fe, pero las limitaciones físicas impuestas por la conciencia corporal y el hábito del sueño obstaculizan aún tu buena disposición».

La importancia de la atención introspectiva para proteger a la mente del engaño

---

[4] Véase el Padrenuestro en *Mateo* 6:10, y su comentario correspondiente en el discurso 28 (volumen I).

[5] Compárese con las referencias paralelas que aparecen en *Marcos* 14:37-38 y *Lucas* 22:45-46.

Jesús se siente consternado ante el hecho de que Pedro, debido al influjo de la flaqueza física, no pueda en ese momento crítico mantenerse despierto y atento a la sabiduría, ni siquiera durante una hora, para así reforzar su mente contra la influencia y la vibración del Satanás Cósmico. *«Velad y orad, para que no caigáis en tentación»*. Con estas palabras, Jesús también dio a entender que ni los impulsos malignos ni Satanás pueden obligar a una persona a ceder a las instigaciones del mal; *«no caigáis»* significa un acto de libre albedrío para rechazar la tentación.

Mientras no hayan alcanzado la liberación definitiva, todos los devotos se encuentran ocasionalmente sujetos a diversas tentaciones que interfieren en su progreso hacia Dios. El engaño cósmico puede filtrarse con facilidad en sus mentes sin ser advertido e influye sobre el comportamiento en forma consciente o inconsciente; por esa razón, el devoto debe mantener siempre una constante vigilancia introspectiva tanto de sus estados mentales y emocionales como de la sutil incitación de dichos estados a realizar buenas o malas acciones.

Las personas mundanas, identificadas con los sentidos, responden casi sin pensar a las sugestiones de los hábitos y tentaciones corporales. Por el contrario, el buscador de Dios, que permanece concentrado en el ojo espiritual, recibe la guía de las sugerencias provenientes de la conciencia y de la intuición. De ese modo, su discernimiento y su autocontrol están siempre despiertos y alertas, dispuestos a reconocer y acallar las incitaciones de los impulsos y hábitos perjudiciales que el engaño cósmico insinúa a su conciencia identificada con el cuerpo.

Jesús elogia la buena disposición hacia la meditación y la oración

Jesús expresó compasión por Pedro (y por todos los aspirantes que realizan un esfuerzo espiritual sincero): «Me alegra que estés dispuesto a orar, aunque tu cuerpo —que aún no has logrado controlar— te exija dormir». Jesús elogió la buena disposición interior del devoto que, por amor a Dios y al bien, realiza un intenso esfuerzo por orar y meditar a pesar de la desobediencia del cuerpo. Tal estado es mucho mejor que la hipocresía de mantener el cuerpo exteriormente en postura de meditación y oración mientras interiormente se rebela y no está dispuesto a meditar. La rebeldía del cuerpo y los malos hábitos que se oponen al deseo del alma de meditar no son tan perjudiciales como la rebeldía interior de la mente contra la meditación.

La renuencia del cuerpo a meditar es más fácil de remediar que la oposición interior del espíritu. Las flaquezas físicas a las que el devoto cede mecánicamente como resultado de los hábitos mortales, pero contra la voluntad de su naturaleza interior, sólo le afectan de modo temporal; dichos hábitos pueden eliminarse cultivando en forma consciente la voluntad de ejercer control sobre ellos. En cambio, la mala disposición interior a llevar a cabo tales esfuerzos es señal de que el espíritu está sumido en la ignorancia. Tal ignorancia sólo puede erradicarse mediante el autocontrol y la práctica constante y sincera de las técnicas espirituales —jamás con el simple fingimiento externo—. Por supuesto, lo peor es que los hábitos de debilidad abatan tanto el espíritu como el cuerpo. Ese estado es mucho más dañino que cuando sólo la carne se resiste y el espíritu se encuentra dispuesto a realizar el esfuerzo con valentía; finalmente, el espíritu infundirá fortaleza al cuerpo renuente, porque si el espíritu está en verdad dispuesto, la carne se fortalecerá.

~

> *«Y alejándose de nuevo, por segunda vez oró así: "Padre mío, si esta copa no puede pasar sin que yo la beba, hágase tu voluntad". Volvió otra vez y los encontró dormidos, pues sus ojos estaban cargados. Los dejó y se fue a orar por tercera vez, repitiendo las mismas palabras. Volvió entonces donde los discípulos y les dijo: "Ahora ya podéis dormir y descansar. Sabed que ha llegado la hora en que el Hijo del hombre va a ser entregado en manos de pecadores. ¡Levantaos! ¡Vámonos! Mirad, el que me va a entregar ya está cerca"»* (Mateo 26:42-46)[6].

«¡Oh Padre!, si no es posible apartar esta copa de sufrimiento sin que yo la experimente, que se haga en mí tu voluntad guiada por la sabiduría y que no prevalezca mi voluntad agobiada por la perspectiva de la persecución».

Jesús volvió por segunda y tercera vez donde estaban los discípulos y, al encontrarlos dormidos, finalmente expresó: «Vuestros cuerpos necesitan descansar; dormid, pues, ahora. A pesar del sueño, las veces que orasteis voluntariamente fueron suficientes para complacer a Dios

[6] Compárese con la referencia paralela que aparece en *Marcos* 14:39-42.

y destruir el mal karma. ¡Mirad!, se acerca el momento señalado por la ley cósmica en que el Hijo del hombre —mi cuerpo físico— será entregado traicioneramente a manos de almas sumidas en el engaño y gobernadas por Satanás. Levantaos y preparaos para partir. Mirad, allí viene Judas, el que entregará mi cuerpo a los pecadores».

~

«Todavía estaba hablando, cuando llegó Judas, uno de los Doce, acompañado de un grupo numeroso armado con espadas y palos. Venían de parte de los sumos sacerdotes y los ancianos del pueblo. El que le iba a entregar les había dado esta señal: "Aquel a quien yo dé un beso, ése es; detenedlo". Al instante se acercó a Jesús y le dijo: "¡Salve, Rabbí!", y le dio un beso. Jesús replicó: "Amigo, ¡a lo que estás aquí!". Entonces aquéllos se acercaron, echaron mano a Jesús y le detuvieron» (Mateo 26:47-50).

Referencias paralelas:

«Estaba todavía hablando, cuando se presentó un grupo, encabezado por el llamado Judas, uno de los Doce, que se acercó a Jesús para darle un beso. Jesús le dijo: "¡Judas, con un beso entregas al Hijo del hombre!"» (Lucas 22:47-48).

* * *

«Judas, pues, se presentó allí con la cohorte y los guardias enviados por los sumos sacerdotes y fariseos, con linternas, antorchas y armas. Jesús, que sabía todo lo que le iba a suceder, se adelantó y les preguntó: "¿A quién buscáis?". Le contestaron: "A Jesús el Nazareno". Les dijo: "Yo soy". Judas, el que le entregaba, estaba también con ellos. Cuando les dijo "Yo soy", retrocedieron y cayeron en tierra. Les preguntó de nuevo: "¿A quién buscáis?". Le contestaron: "A Jesús el Nazareno". Les dijo Jesús: "Ya os he dicho que yo soy; así que si me buscáis a mí, dejad marchar a éstos". Así se cumpliría lo que había dicho: "No

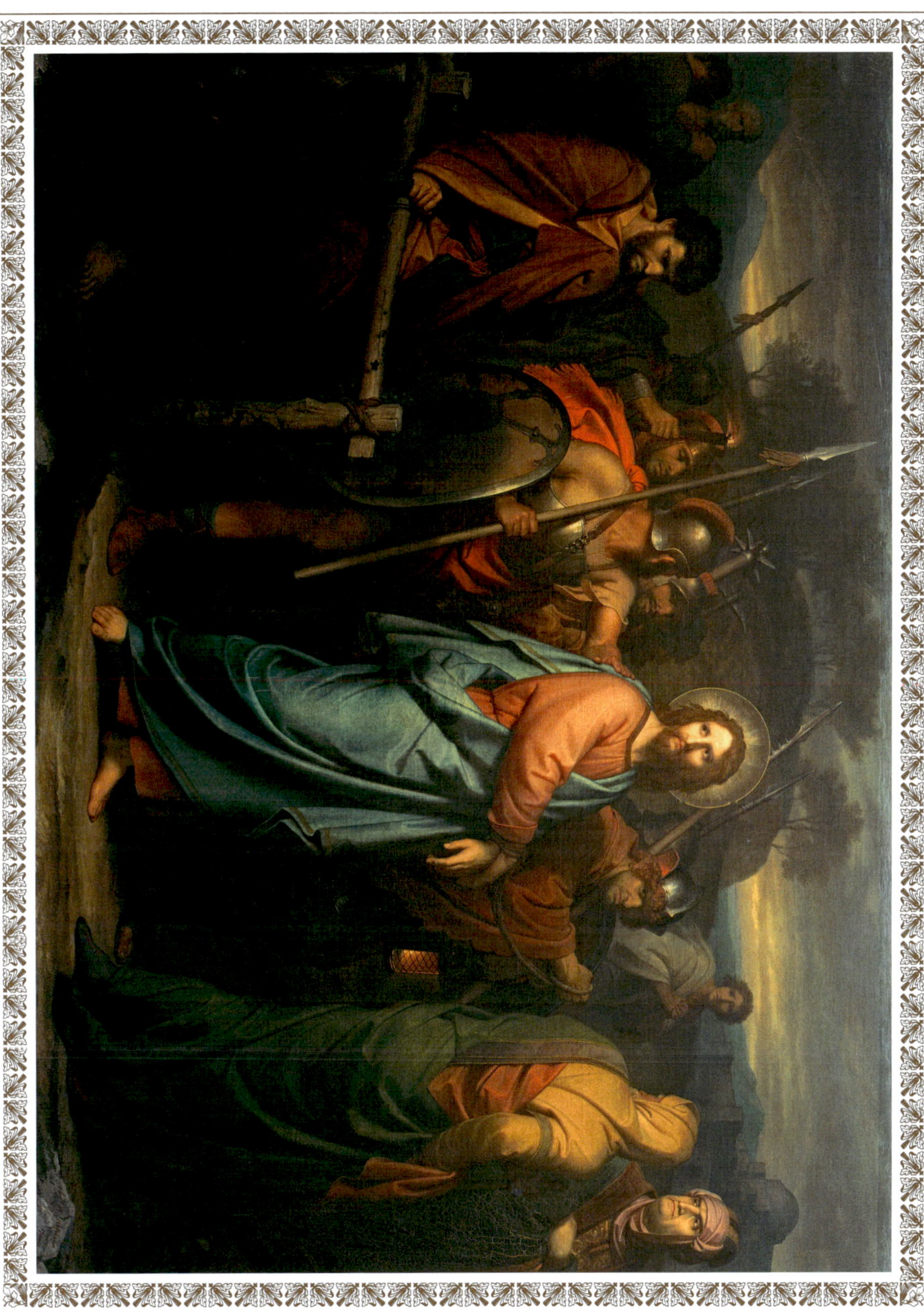

El prendimiento de Jesús

Todavía estaba hablando, cuando llegó Judas, uno de los Doce, acompañado de un grupo numeroso armado con espadas y palos. Venían de parte de los sumos sacerdotes y los ancianos del pueblo. [...] Entonces aquéllos se acercaron, echaron mano a Jesús y le detuvieron.

Mateo 26:47, 50

El resentimiento que una persona común y corriente podría sentir contra alguien que la calumnia o le causa daño no tenía lugar en la conciencia de Jesús. La calma, la actitud amigable, el amor y todas las demás cualidades divinas jamás le abandonaron, a pesar de la extrema gravedad de la provocación. [...]

«Es preciso que yo beba la amarga copa de la prueba espiritual que mi Padre me ha asignado, pero jamás te atrevas a pensar que mi amoroso Padre no escucha mis oraciones y me deja indefenso, pues, a mi ruego, Él me enviaría instantáneamente más de doce legiones de ángeles para protegerme. Pero entonces no se cumpliría la profecía de las Escrituras acerca de la consumación de la ley del karma en mi vida, que he ofrecido en rescate por muchos».

Paramahansa Yogananda

Pintura: Heinrich Hofmann

he perdido ninguno de los que me has dado"» (*Juan* 18:3-9)[7].

«Judas, te saludo con espíritu amistoso y te pido que anuncies abiertamente a qué has venido. ¿No es acaso tu beso, amigable en apariencia, un engaño para entregarme a quienes se consideran mis enemigos?».

Jesús se dirige a Judas llamándole *«amigo»*, aunque conoce la intención traicionera de este discípulo. Jesús no podía evitar ver a Dios en el alma de Judas y por ese motivo lo saludó con una actitud genuinamente amistosa. El resentimiento que una persona común y corriente podría sentir contra alguien que la calumnia o le causa daño no tenía lugar en la conciencia de Jesús. La calma, la actitud amigable, el amor y todas las demás cualidades divinas jamás le abandonaron, a pesar de la extrema gravedad de la provocación. Al igual que una oveja mira con ojos confiados al carnicero que está a punto de matarla, Jesús continuó sintiendo una inmaculada amistad y compasión por su discípulo caído.

La divina amistad de Jesús persistió incluso ante la más grave de las provocaciones

En el *Bhagavad Guita,* el Señor dice: «Aquel que está libre de odio hacia toda criatura, que es amistoso y bondadoso con todos, que se encuentra desprovisto del deseo de posesión y del sentido egoísta de identidad con el "yo"; que es compasivo, que mantiene la ecuanimidad tanto en el sufrimiento como en el gozo y que se halla siempre satisfecho; que es constante en la práctica del yoga, que por medio del yoga procura continuamente conocer el Ser y unirse con el Espíritu, que posee firme determinación y me ha entregado su mente y discernimiento, ése es mi devoto, amado por Mí»[8].

Jesús se comportaba en forma amistosa con todos, a pesar de que algunos prefirieran mostrar una actitud hostil hacia él. Con inmensa y conmovedora bondad y divina compasión, Jesús dice: «Bienamado amigo Judas, ¿es acaso justo que tú me traiciones y me entregues en manos de mis más crueles enemigos con un falso gesto de amistad?».

Jesús también llama *«amigo»* a Judas con el objeto de conferirle el mismo respeto que merecía como hijo de Dios, y para recordarle

---

[7] Compárese con otra referencia paralela que aparece en *Marcos* 14:43-45.

[8] *God Talks With Arjuna: The Bhagavad Gita* XII:13-14. (Véase *El Yoga del Bhagavad Guita*).

que como tal tenía todo el poder del libre albedrío, al igual que Jesús, para hacer lo que quisiera —para bien o para mal.

Jesús dice que es *«el Hijo del hombre»* quien está siendo traicionado porque, en sentido material, el cuerpo de Jesús podía ser objeto de traición, pero nadie podría subyugar ni dañar la Conciencia Crística *(«el Hijo de Dios»)* que en él se manifestaba.

La inviolabilidad de la divina conciencia del Espíritu que habitaba en el cuerpo de Jesús se demostró durante el intercambio de breves palabras entre Jesús y los guardias que venían a arrestarle, según relata San Juan. Cuando la turba armada anunció a quién buscaban, Jesús se enfrentó a ellos con esta simple declaración: *«Yo soy»*[9], es decir: «Soy la Conciencia Crística manifestada en el cuerpo de Jesús, a quien vosotros perseguís». A pesar de que los integrantes de la multitud estaban enardecidos y dispuestos a apresar al maestro con violencia, al instante *«retrocedieron y cayeron en tierra»* por la intensidad del poder que emanaba de Jesús cuando, de ese modo, declaró su divinidad.

Luego afirmó que él era Jesús el Nazareno, aquel a quien buscaban: «Si lo que estáis buscando es mi cuerpo, dejad que mis discípulos se marchen en libertad». Éste fue el comienzo de su gran sacrificio por amor a los discípulos en el cual, a cambio de su libertad física y espiritual, Jesús entregó su cuerpo a la dolorosa prueba de la crucifixión, decretada por Satanás y por el karma.

~

> *«Entonces aquéllos se acercaron, echaron mano a Jesús y le detuvieron. En esto, uno de los que estaban con Jesús echó mano a su espada, la sacó e, hiriendo al siervo del Sumo Sacerdote, le llevó la oreja. Le dijo entonces Jesús: "Vuelve tu espada a su sitio, porque todos los que empuñen espada perecerán a espada. ¿O piensas que no puedo yo rogar a mi Padre, que pondría al punto a mi disposición más de doce legiones de ángeles? Mas, ¿cómo se cumplirían entonces las Escrituras, que dicen que debe suceder así?"»* (Mateo 26:50-54).

---

[9] «En griego, la expresión simple *"yo soy"* se emplea con frecuencia en el evangelio en el sentido cotidiano, pero a menudo también se utiliza con una connotación divina, dado que *"YO SOY"* es una versión del nombre de Dios en la Biblia hebrea (véase *Éxodo* 3:14-15)» —Robert J. Miller, ed., *The Complete Gospels: Annotated Scholars Version* (Harper, San Francisco, 1994)—. *(Nota del editor).*

Referencias paralelas:

«Advirtiendo los que estaban con él lo que iba a suceder, dijeron: "Señor, ¿golpeamos con la espada?". Entonces uno de ellos hirió al siervo del Sumo Sacerdote y le llevó la oreja derecha. Pero Jesús dijo: "¡Dejad! ¡Basta ya!", y tocando la oreja le curó» (*Lucas* 22:49-51).

***

«Entonces Simón Pedro, que llevaba una espada, la sacó e hirió al siervo del Sumo Sacerdote, y le cortó la oreja derecha. El siervo se llamaba Malco. Jesús dijo a Pedro: "Vuelve la espada a la vaina. ¿Es que no voy a beber la copa que me ha dado el Padre?"» (*Juan* 18:10-11).

Jesús condena que se haga uso de la espada en su defensa: «Pedro, aun cuando el terrible trato que estoy recibiendo de manos de mis enemigos te cause una enorme y justa indignación, debes aprender a tolerarlo, aunque mis enemigos lleguen tan lejos en su maltrato a pesar de mi inocencia.

»Vuelve la espada a la vaina, porque todos los hombres y naciones que hagan uso de la espada contra los demás bajo la influencia de la ira, la venganza, la ambición territorial, el egoísmo nacional o la codicia industrial estarán invitando al uso de la espada contra ellos mismos. Es preciso que yo beba la amarga copa de la prueba espiritual que mi Padre me ha asignado, pero jamás te atrevas a pensar que mi amoroso Padre no escucha mis oraciones y me deja indefenso, pues, a mi ruego, Él me enviaría instantáneamente más de doce legiones de ángeles para protegerme. Pero entonces no se cumpliría la profecía de las Escrituras acerca de la consumación de la ley del karma en mi vida, que he ofrecido en rescate por muchos».

«Todos los que empuñen espada perecerán a espada»

Jesús advirtió a los hombres y naciones del mundo que aquellos que confiasen en el poder de la espada perecerían finalmente a espada. En la naturaleza humana, el odio engendra odio: si un individuo lleno de ira, o de alguna manera bajo la influencia del mal, ataca a su enemigo con una espada, encontrará que también se alza una espada contra él. El mal es como un bumerán; un asesino atrae hacia sí una vibración dañina equivalente a la que él mismo ha creado.

La *«espada»* puede ser cualquier instrumento de agresión o de muerte. Los delincuentes que portan armas de fuego y están dispuestos a usarlas se enfrentan inevitablemente al mismo peligro de morir por armas de fuego. Quienes intentan matar a otros se convertirán en víctimas de intentos de asesinato. De modo similar, cuando una nación blande sus armas contra otra nación hermana, ésta invariablemente despliega su armamento para defenderse de su agresor. Jesús pidió a las naciones que guardasen las espadas del odio en la vaina del autocontrol y que aboliesen el uso de la pólvora de las actitudes vengativas. Las guerras de estilo moderno —en las cuales la población indefensa que se encuentra lejos del frente de batalla es igualmente blanco de las bombas de largo alcance y de la destrucción tanto como lo son las tropas de combate— constituyen un triste testimonio de que las guerras agresivas de conquista causan a los invasores pérdidas tan graves como a los invadidos. ¡Atención, conquistadores y naciones agresivas!: todos aquellos que empuñen la espada, ¡a espada perecerán![10]

Jesús demostró su divinidad actuando como un dios y no como un hombre

El amor —cuando se prodiga con sabiduría y en el momento apropiado— siempre produce, tarde o temprano, el resultado deseado, en tanto que el uso de la espada muy probablemente será contraproducente. En medio del tumulto del momento, Jesús les recuerda a sus discípulos que, si él lo decidiera, podría escapar de la prueba espiritual de la crucifixión pidiendo a Dios que enviase a los mismos ángeles del cielo para protegerle o que, si él quisiera, tenía también el poder de simplemente desmaterializar su cuerpo. Con la grandeza de su dominio espiritual, y a pesar de hallarse encarnado en un cuerpo físico, él podía oponerse por completo a la ley del karma, la cual actuaba según el mecanismo de causa y efecto; pero él prefirió no exigir privilegios especiales. Él ya sabía desde mucho tiempo atrás cuál sería el resultado de su divina

[10] Véase también. en el discurso 27 (volumen I), el comentario acerca de las recomendaciones de Jesús: *«no resistáis al mal»*, *«al que te abofetee en la mejilla derecha ofrécele también la otra»*, y *«amad a vuestros enemigos»*, donde se expone la aplicación práctica del ideal bíblico de la no violencia *(ahimsa).*

En el *Bhagavad Guita,* el Señor Krishna establece, a la luz del principio de *ahimsa,* una clara distinción entre el uso justo e injusto de la fuerza y de la guerra. Véase, por ejemplo, el comentario sobre la estrofa II:32 en *God Talks With Arjuna: The Bhagavad Gita.*

firmeza al predicar la verdad de Dios y oponerse a los males sociales. Sin embargo, por el bien de la gente malvada a la que quería reformar y por las almas que salvaría con su sacrificio, él había decidido sufrir las consecuencias —como cualquier hombre común padecería en similares circunstancias— con la finalidad de demostrar el poder del amor y la naturaleza amorosa y misericordiosa de Dios. Aunque la magnitud del poder que él era capaz de concentrar para que fluyese a través de su instrumento corporal era semejante a la omnipotencia de Dios, Jesús no deseaba emplear otra fuerza que no fuese el poder del amor para vencer la maldad de sus hermanos humanos.

Momentos antes, Jesús había orado fervientemente para que se apartase de él la copa del sufrimiento. Ahora, habiéndose restablecido su autodominio por completo, reconvenía al bienintencionado Pedro: *«¿Es que no voy a beber la copa que me ha dado el Padre?»*. Jesús recomendó a su discípulo que expresara las cualidades divinas aun cuando atravesase por la dura prueba de un trato injusto. Devolver golpe por golpe es un comportamiento muy humano; sin embargo, responder con bondad a cambio de un golpe es divinidad. Jesús demostró su identidad como Hijo de Dios al actuar como un dios y no como un hombre. Incluso en el momento del enfrentamiento cuando fue arrestado y los discípulos estaban llenos de ira, él no perdió la calma ni el autodominio de su alma, ni olvidó comportarse como un ser divino[11]. Lo sorprendente es que Malco y aquellos que presenciaron la curación instantánea de la oreja del siervo que llevó a cabo Jesús, y que contemplaron el amor que mostró por un enemigo herido, no se sintieran impulsados a ablandar sus crueles corazones endurecidos por el engaño y permitir así un despertar espiritual en su interior. Pero tan grande era el poder que Satanás ejercía sobre sus conciencias en aquel momento que la ley del karma le otorgó supremacía temporal al satánico *«poder de las tinieblas»*, incluso sobre los milagros del amor crístico.

~

«En aquel momento dijo Jesús a la gente: "¡Habéis salido a detenerme con espadas y palos, como si fuese un bandido!

[11] «El que a Mí une su alma, habiendo subyugado todos los sentidos, permanece concentrado en Mí [...]. La sabiduría intuitiva de tal yogui, cuyos sentidos se hallan bajo su dominio, se torna inalterable» *(God Talks With Arjuna: The Bhagavad Gita* II:61. Véase *El Yoga del Bhagavad Guita).*

Todos los días me sentaba en el Templo para enseñar, y no me detuvisteis. Pero todo esto ha sucedido para que se cumplan las Escrituras de los profetas"» (Mateo 26:55-56).

Referencia paralela:

«Dijo Jesús a los sumos sacerdotes, a los jefes de la guardia del Templo y a los ancianos que habían venido contra él: "¡Habéis salido con espadas y palos, como si fuese un bandido! Todos los días estaba yo en el Templo con vosotros y no me pusisteis las manos encima. Pero ésta es vuestra hora y el poder de las tinieblas"» (Lucas 22:52-53)[12].

Con su valerosa inocencia, Jesús avergüenza a sus perseguidores. «¿Por qué sentisteis la necesidad de armaros para arrestar a mi humilde persona, como si fueseis a atrapar a un despiadado bandido? ¿Por qué no me arrestasteis cuando me sentaba todos los días en el Templo con vosotros? La razón es que ésta es la hora kármicamente determinada en que mi cuerpo se ha vuelto vulnerable a ser capturado por el poder de Satanás».

El momento kármicamente determinado en que Satanás pudo atacar con éxito a Jesús

Jesús señala que su destino estaba perfectamente establecido, y que hasta ese momento la fuerza maligna no había tenido poder sobre él, como se demostró en ocasiones anteriores en que gracias a la protección divina se había librado de que le hicieran daño o le capturasen[13]. Jesús expresa en este pasaje que, cuando estaba llevando a cabo obras santas —mientras predicaba y sanaba en el templo bajo el poder protector del Bien—, nadie se había atrevido a apresarle, pero que había llegado la hora kármicamente determinada en que debía someterse a la prueba espiritual del maligno *«poder de las tinieblas»*.

Satanás, la Inteligencia Cósmica Engañosa, sólo podía castigar a Jesús acatando la ley del karma. Puesto que no había podido volver a Jesús contra Dios al incitarle con tentaciones terrenales, aguardó el momento oportuno en que, debido a las acciones de Jesús contra las

[12] Compárese con otra referencia paralela que aparece en *Marcos* 14:48-52.

[13] Véase, por ejemplo, *Lucas* 4:28-30 (discurso 39, volumen II) y también el comentario sobre *Lucas* 13:31-35 (discurso 57).

iniquidades de la jerarquía prevaleciente, se acumuló una cantidad suficiente de causa y efecto como para que Satanás pudiese atacarle utilizando la ignorancia de los sumos sacerdotes como instrumento. Ése es el motivo por el cual Jesús compara claramente los dos períodos de la misión de su vida: el primero, cuando predicaba con toda libertad en el templo protegido por el poder de Dios y, el segundo, cuando el poder satánico ocasionó su arresto y lo llevó a la crucifixión empleando la ley del karma que Jesús había puesto en marcha con sus acciones. Es importante comprender el profundo significado de estas palabras de Jesús que, en general, son poco comprendidas.

~

«Entonces todos los discípulos lo abandonaron y huyeron.

»Los que prendieron a Jesús lo llevaron ante el Sumo Sacerdote Caifás, donde se habían reunido los escribas y los ancianos. Pedro le fue siguiendo de lejos, hasta el palacio del Sumo Sacerdote; y, una vez dentro, se sentó con los criados para ver en qué acababa todo» (Mateo 26:56-58)[14].

Referencia paralela:

«Entonces la cohorte, el tribuno y los guardias de los judíos prendieron a Jesús, le ataron y lo condujeron primero a casa de Anás, pues era suegro de Caifás, el Sumo Sacerdote de aquel año. Caifás era el que había aconsejado a los judíos que convenía que muriera un solo hombre por el pueblo[15].

»Seguían a Jesús Simón Pedro y otro discípulo. Este discípulo, como era conocido del Sumo Sacerdote, entró con Jesús en el atrio del Sumo Sacerdote, mientras Pedro se quedaba fuera, junto a la puerta. Entonces salió el otro discípulo, el conocido del Sumo Sacerdote, habló a la portera e hizo pasar a Pedro. [...]

»El Sumo Sacerdote interrogó a Jesús sobre sus discípulos y su doctrina. Jesús le respondió: "He hablado abiertamente ante todo el mundo; he enseñado siempre en la sinagoga y en el Templo,

---

[14] Compárese con las referencias paralelas que aparecen en *Marcos* 14:53-54 y *Lucas* 22:54-55.

[15] *Juan* 11:50. (Véase el discurso 60).

donde se reúnen todos los judíos, y no he hablado nada a ocultas. ¿Por qué me preguntas? Pregunta a los que me han oído de qué les he hablado; ellos saben lo que he dicho". Apenas dijo esto, uno de los guardias presentes dio una bofetada a Jesús, diciendo: "¿Así contestas al Sumo Sacerdote?". Jesús le respondió:

»"Si he hablado mal, di lo que está mal; pero si he hablado bien, ¿por qué me pegas?"» (*Juan* 18:12-16, 19-23).

«Tanto en la sinagoga como en el Templo, donde siempre hay gente reunida, he expuesto abiertamente ante todo el mundo mis enseñanzas que elevan el alma. Nada he hablado a ocultas, puesto que sólo el mal necesita ocultarse. Debido a la divina naturaleza de mis palabras, no era preciso que se mantuvieran en secreto. ¿Por qué me preguntas? Pregunta a los que han oído lo que les he dicho; escucha su testimonio y comprobarás que saben todo lo que he dicho».

El comportamiento divino de Jesús al ser interrogado por el sumo sacerdote

Jesús únicamente enseñaba el bien y sabía que los fieles que le habían oído podían confirmar que sus enseñanzas sólo eran de provecho. Él prefería que el sumo sacerdote recibiera el testimonio de estas personas en vez de defender él mismo sus enseñanzas. Además, se sentía decepcionado de que sus discípulos le hubiesen abandonado en la hora de su tribulación y deseaba comprobar si quedaba alguno que hablara en su favor.

Por supuesto, Jesús no estaba dando a entender que jamás había dado instrucción espiritual a sus discípulos en privado. Él enseñó a sus discípulos cercanos más avanzados la ciencia esotérica de la meditación, dándoles *«a ocultas»* lo que la población de esa época en general no estaba espiritualmente preparada para comprender *(«Por eso les hablo en parábolas»)*[16]. Así pues, cuando Jesús dijo: *«No he hablado nada a ocultas»*, lo que él deseaba expresar es que nada de lo que había dicho o enseñado, ya fuese en público o en privado, era maligno y debía mantenerse oculto, y que él jamás había conspirado encubiertamente contra las leyes del país.

Cuando uno de los guardias le abofeteó por lo que había respondido, Jesús —con mansedumbre pero con firmeza— mostró su impecable carácter espiritual. Jesús, que tenía poder sobre toda la creación a través de la Conciencia Crística presente en él, que había resucitado

[16] *Mateo* 13:13. (Véase el discurso 37, en el volumen II).

a los muertos y curado a los enfermos, y cuyas oraciones eran respondidas por el Padre Celestial mismo a través de las nubes, mantuvo una humilde actitud de no resistencia ante la infame bofetada de un individuo ignorante. En Jesús se hallaba presente la Conciencia Crística —el Ingeniero Electrónico que controla las lámparas de todas las vidas—, que podía, a una orden de él, conectar o desconectar la fuerza vital de cualquier persona. Al igual que había secado la higuera con una simple palabra, él también podría haber acabado con la vida de sus enemigos de Jerusalén, o con toda la población del mundo, si ese curso de acción hubiese sido necesario y apropiado. En lugar de ello, Jesús —al igual que Dios— se comportó con humildad y sometió con mansedumbre su gran ser a la tiranía de unos cuantos malvados. Dios, aunque es todopoderoso, no alza su mano impulsado por la ira para castigar a quienes blasfeman contra Él; de igual manera, Él espera que sus fieles devotos imiten su comportamiento. Puesto que el deseo preeminente de Jesús era que su vida complaciera en todo sentido a Dios, se comportó de modo divino cuando fue abusivamente abofeteado por un vulgar entrometido.

Jesús tenía un perfecto sentido de la justicia: siempre la aplicaba imparcialmente, incluso para juzgarse a sí mismo. Al guardia brutal y ofensivo le señaló lo siguiente: *«Si he hablado mal, di lo que está mal; pero si he hablado bien, ¿por qué me pegas?»*. ¡Que todos los «reyes» de los imperios terrenales y todos los egoístas recuerden esto!: Si Cristo, que tenía potestad sobre el cosmos entero, pudo comportarse con tanta humildad en semejantes circunstancias, ¡cuánto más deberíais vosotros —cuyos logros son tan inferiores— esforzaros por ser humildes! En verdad, al contemplar la vida de Jesús, resulta evidente que la humildad es uno de los signos indispensables del que ha logrado el contacto con Dios.

~

«Los sumos sacerdotes y el Sanedrín en pleno andaban buscando un falso testimonio contra Jesús, con ánimo de darle muerte, pero no lo encontraron, a pesar de que se presentaron muchos falsos testigos. Al fin se presentaron dos, que dijeron: "Éste dijo: Yo puedo destruir el Santuario de Dios y reedificarlo

en tres días"[17]*. Entonces, se levantó el Sumo Sacerdote y le dijo: "¿No respondes nada? ¿No oyes lo que éstos atestiguan contra ti?". Pero Jesús callaba. El Sumo Sacerdote le dijo: "Te conjuro por Dios vivo que nos digas si tú eres el Cristo, el Hijo de Dios". Respondió Jesús: "Tú lo has dicho. Pero os digo que a partir de ahora veréis al Hijo del hombre sentado a la diestra del Poder y viniendo sobre las nubes del cielo"»* (*Mateo* 26:59-64).

Referencia paralela:

«En cuanto se hizo de día, se reunió el Consejo de Ancianos del pueblo: sumos sacerdotes y escribas. Le hicieron venir a su Sanedrín y le dijeron: "Si tú eres el Cristo, dínoslo". Él respondió: "Si os lo digo, no me creeréis. Si os pregunto, no me responderéis. De ahora en adelante, el Hijo del hombre estará sentado a la diestra del poder de Dios". Dijeron todos: "Entonces, ¿tú eres el Hijo de Dios?". Él respondió: "Vosotros lo decís: Yo soy"» (*Lucas* 22:66-70).

Dando muestra de una extraordinaria ausencia de egoísmo, Jesús les confirma a sus enemigos la identidad de su verdadero Ser permitiendo que ellos mismos la anuncien. (Véase también *Marcos* 14:62, en donde simplemente responde: *«Yo soy»*). De este modo indirecto, él afirma: «Has dicho, en verdad, lo que soy: el Cristo de la profecía, el Hijo de Dios en quien se halla encarnada la Conciencia Crística, que es el reflejo del Padre o Conciencia Cósmica». Él podía haber declarado abiertamente ante ellos: «Yo soy el Cristo». En cambio, al evitar de modo ingenioso toda aparente manifestación de egoísmo, que podría haber establecido un mal ejemplo impropio de él, Jesús se inhibió con modestia de expresar la total magnitud de la grandeza y el poder de la unidad con Dios que experimentaba en su interior. No obstante, reconoció

Con humildad, pero sin temor alguno, Jesús reconoce que él es en verdad el Cristo

[17] En ningún lugar del Evangelio aparece registrado que Jesús hubiese dicho que *él* destruiría el templo. En el Evangelio según San Marcos, al relatar este incidente se incluyen detalles adicionales: *«Eran muchos los que lo acusaban en falso, pero los testimonios no coincidían. Algunos, levantándose, dieron contra él este falso testimonio: "Nosotros le oímos decir: 'Yo destruiré este Santuario hecho por hombres y en tres días edificaré otro no hecho por hombres'". Pero tampoco en este caso coincidía su testimonio»* (*Marcos* 14:56-59).

la verdad sin temor alguno, con la humildad que le era característica, aun cuando sabía que la consecuencia sería la muerte. De acuerdo con el Evangelio según San Lucas, Jesús, en efecto, añadió: «Si os digo que la Conciencia Crística está en mí, no me creeréis, porque no sabéis lo que soy. Y si os pregunto qué soy, no podréis responderme ni dejarme libre. Así pues, ¿qué sentido tiene que hable?

»Una vez que concluya el drama de esta existencia corporal, los devotos avanzados podrán contemplar al Hijo del hombre —mi cuerpo después de la resurrección— en el mundo astral como una manifestación de la Conciencia Crística, la cual sostiene los reinos vibratorios de la creación entera. Todos aquellos que puedan percibir a través del ojo de la sabiduría contemplarán en una visión que ante ellos se manifiesta mi cuerpo saturado de la Conciencia Crística *"sentado a la diestra del poder de Dios"* (la proyección de mi ser en un cuerpo astral que se ha establecido en el estado de éxtasis meditativo, y cuyos centros cerebroespinales —que constituyen el canal principal del eterno poder de Dios en el cuerpo— se encuentran totalmente despiertos y unidos en omnipotente armonía con la Conciencia Crística Universal, que es el reflejo de la Conciencia Cósmica de Dios). La visión aparecerá ante el devoto como si procediera de las oscuras nubes de los ojos cerrados, que hasta entonces habían mantenido oculta la gloria de los reinos celestiales».

El significado de «el Hijo del hombre viniendo sobre las nubes del cielo»

En estos versículos, la mano simboliza el poder operativo y la autoridad; la *«diestra»* simboliza el principal poder operativo, la Inteligencia reflejada de Dios que trabaja en la creación. Por lo tanto, *«la diestra del poder de Dios»* significa la Conciencia Crística que emana de Dios y es la principal inteligencia operativa que activa y energiza toda la creación a través de la Vibración Cósmica creativa.

Jesús no dio a entender con su respuesta que en el futuro los habitantes del mundo —tanto los ignorantes como los sabios— le verían *«viniendo sobre las nubes del cielo»*. Dios, que mueve los universos en el espacio, no necesita causar impacto sobre la población de la tierra con semejante demostración para lograr, de ese modo, su sumisión. Si Dios lo deseara, Él podría ocasionar la colisión de todas las islas de universos que flotan en el espacio y disolverlas en Sí mismo en una colosal explosión flamígera. O bien, podría poblar el espacio entero de ángeles. Pero Dios, cuya naturaleza es amor y que permitió que Jesucristo fuese crucificado antes que enviar *«doce legiones de ángeles»* para protegerle y provocar temor en los corazones de los malhechores, no aprobaría una reaparición espectacular de Cristo viniendo sobre las nubes y aterrorizando a la gente para así sojuzgarla.

Al responder de ese modo al sumo sacerdote, Jesús en realidad enviaba un mensaje a los buscadores espirituales de todos los tiempos: Todo devoto sincero que abra su ojo espiritual no sólo podrá tener una visión de Jesús, sino también conocer la Conciencia Crística que se encuentra en él mismo como el poder de la «*diestra*» de Dios. Al igual que el propietario de una fábrica cuenta con una persona que es su mano derecha o «*diestra*», así también el Propietario del universo —la trascendental Conciencia Cósmica— tiene a la Conciencia Crística, omnipresente en la creación, como su «*diestra*». Esta Inteligencia Crística es el canal inmanente de Dios Padre de la creación, el único medio a través del cual el poder de la Conciencia Cósmica se materializó para dar lugar a la creación; o sea, es Dios que se ha reflejado como la Conciencia Crística, como la Esencia de todo cuanto existe.

Así como la trascendente región de la Conciencia Cósmica se oculta tras las «*nubes*» u oscuridad que se ve con los ojos cerrados, y las nubes de la atmósfera terrestre que se ven con los ojos abiertos esconden las regiones que se encuentran más allá de ellas, así también la oscuridad de los ojos cerrados y las oscuras profundidades del cielo que se ven con los ojos abiertos actúan como muros que esconden la luminosa región del cielo astral, oculta tras el éter, que es una muralla vibratoria transparente y a la vez opaca. Las visiones auténticas se pueden contemplar tanto con los ojos abiertos como con los ojos cerrados. Todos aquellos devotos espirituales muy avanzados que puedan mirar a través de su telescópico ojo espiritual comprobarán al hacerlo que las nubes de la oscuridad de los ojos cerrados y el firmamento etérico que obstruye la percepción de los ojos abiertos se desvanecen en la nada de su naturaleza ilusoria. Cuando el devoto, con el auxilio del ojo espiritual, disipa así la oscuridad interior de los ojos cerrados y la opacidad exterior del firmamento, verá aparecer el cosmos astral celestial, que revela ante su mirada a los ángeles de Dios y muchas luminosas maravillas[18].

Jesús señaló que después de su encarnación terrenal continuaría existiendo no sólo como Espíritu, sino que todos los devotos que

---

[18] Véase también, en el discurso 10 (volumen I), el comentario sobre *Juan* 1:51: «*Veréis el cielo abierto y a los ángeles de Dios subir y bajar sobre el Hijo del hombre*».

estuviesen en sintonía con él podrían percibirle a través de visiones como una forma materializada que viene de la oscuridad de los ojos cerrados desde la celestial región astral (cuyos elementos de luz y fuerza vital proporcionan la apariencia sustancial de todas las visiones). Jesús respondió al sumo sacerdote con el objeto de atestiguar que, como hijo de Dios, él tenía todo el poder y podía existir como Espíritu o materializar su cuerpo en cualquier momento como el Hijo del Hombre o como un cuerpo crístico, incluso después de su muerte por crucifixión.

~

«*Entonces el Sumo Sacerdote rasgó sus vestidos y dijo: "¡Ha blasfemado! ¿Qué necesidad tenemos ya de testigos? Acabáis de oír la blasfemia. ¿Qué os parece?". Respondieron ellos: "Es reo de muerte".*

»*Entonces se pusieron a escupirle en la cara y a abofetearle; y otros le golpeaban, mientras decían: "Adivínanos, Cristo. ¿Quién te ha pegado?".*

»*Pedro, entretanto, estaba sentado fuera, en el patio. Entonces se acercó a él una criada y le dijo: "También tú estabas con Jesús el Galileo". Pero él lo negó delante de todos: "No sé qué dices". Cuando salía al portal, le vio otra criada y dijo a los que estaban allí: "Éste estaba con Jesús el Nazoreo". Y de nuevo lo negó con juramento: "¡Yo no conozco a ese hombre!". Poco después se acercaron los que estaban allí y dijeron a Pedro: "¡Ciertamente, tú también eres de ellos, pues además tu misma habla te descubre!". Entonces él se puso a echar imprecaciones y a jurar: "¡Yo no conozco a ese hombre!". Inmediatamente cantó un gallo. Pedro se acordó entonces de aquello que le había dicho Jesús: "Antes que el gallo cante, me habrás negado tres veces". Y, saliendo fuera, lloró amargamente* (Mateo 26:65-75)[19].

Aun cuando Pedro y los demás discípulos abandonaron a Jesús en el momento del juicio, la mayoría de ellos se arrepintieron más tarde de su debilidad y repararon su pecado; fortalecidos al comprender de nuevo la gracia y las bendiciones que habían recibido de

[19] Compárese con las referencias paralelas que aparecen en *Marcos* 14:63-72, *Lucas* 22:56-71 y *Juan* 18:16-27.

Jesús, recuperaron su fe y el valor. Según los relatos tradicionales, Pedro, que finalmente murió por predicar la verdad de Cristo, pidió a sus perseguidores que le crucificaran cabeza abajo por su pecado de haber negado a Jesús tres veces cuando de manera temporal cayó bajo la influencia del engaño satánico, tal como Jesús había predicho.

~

> *«Llegada la mañana, todos los sumos sacerdotes y los ancianos del pueblo celebraron consejo contra Jesús para darle muerte. Y, después de atarle, lo llevaron y lo entregaron al procurador Pilato.*
>
> *»Entonces Judas, el que lo entregó, viendo que había sido condenado, fue presa del remordimiento y devolvió las treinta monedas de plata a los sumos sacerdotes y a los ancianos. Les dijo: "He pecado entregando sangre inocente". Ellos respondieron: "A nosotros, ¿qué? Tú verás". Judas tiró las monedas en el Santuario. Después se retiró y fue y se ahorcó. Los sumos sacerdotes recogieron las monedas y dijeron: "No es lícito echarlas en el tesoro de las ofrendas, porque son precio de sangre". Después de deliberar, compraron con ellas el Campo del Alfarero, para dar sepultura en él a los forasteros. Por esta razón ese campo se llamó "Campo de Sangre", hasta hoy. Entonces se cumplió lo dicho por el profeta Jeremías: 'Y tomaron las treinta monedas de plata, cantidad en que fue apreciado aquel a quien pusieron precio algunos hijos de Israel, y las dieron por el Campo del Alfarero, según lo que me ordenó el Señor'»* (Mateo 27:1-10)[20].

De ese modo llegó a su culminación el infame papel desempeñado por Judas, que se sintió abrumado por la culpa de haber traicionado a su Maestro y, a causa de su comportamiento traicionero, fue expulsado del grupo de apóstoles que Jesús había elegido personalmente, según consta en el libro bíblico de los Hechos de los Apóstoles:

«Uno de aquellos días Pedro, puesto en pie ante los hermanos —ya que el número de personas congregadas con el mismo propósito era de unas ciento veinte—, les dijo: "Hermanos, era preciso

[20] Compárese con *Zacarías* 11:12-13: *«Ellos pesaron mi jornal: treinta siclos de plata. Yahvé me dijo: "¡Echa al alfarero ese valioso precio en que me han tasado!". Tomé, pues, los treinta siclos de plata y los eché al alfarero en el templo de Yahvé»**.

que se cumpliera la Escritura, en la que el Espíritu Santo, por boca de David, había hablado ya acerca de Judas, que fue guía de los que prendieron a Jesús. Él era uno de los nuestros y había obtenido un puesto en este ministerio. Pero, tras haber comprado un campo con el dinero que le dieron por su crimen, cayó de cabeza, reventó por medio y todas sus entrañas se esparcieron. Todos los habitantes de Jerusalén se enteraron de lo ocurrido, hasta el punto que llamaron a aquel terreno Haqueldamá, que en su lengua quiere decir 'Campo de sangre'. Pues está escrito en el libro de los Salmos: 'Quede su majada desierta y no haya quien habite en ella'. Y también: 'Que otro ocupe su cargo'"» (*Hechos* 1:15-20)[21].

21 «*Que su morada se convierta en erial, que nadie habite en sus tiendas*» (*Salmos* 69:26). «*¡Que sus días sean pocos, que otro ocupe su cargo!*» (*Salmos* 109:8).

DISCURSO 74

La crucifixión

¿Quién fue responsable de la crucifixión y muerte de Jesús?

❖

La compasiva preocupación que Jesús expresó por los demás, incluso cuando iba camino a la crucifixión

❖

El milagro supremo de Jesús: el amor que expresó en la cruz

❖

El milagro de la intercesión divina: la promesa del Paraíso para el malhechor arrepentido

❖

La lucha que como ser humano libró Jesús en la cruz: «¡Dios mío, Dios mío!, ¿por qué me has abandonado?»

❖

Cuando Jesús clamó por Dios, el onírico engaño satánico del sufrimiento corporal fue derrotado

❖

Jesús entrega conscientemente su alma liberada al Espíritu Absoluto

«El Dios presente en Jesús se mostró manso, humilde, incondicionalmente amoroso y siempre dispuesto a ayudar a sus hijos [...]. "Padre, perdónalos, porque no saben lo que hacen". *Estas palabras han creado en los corazones humanos un monumento eterno al amor de Cristo».*

De la casa de Caifás llevaron a Jesús al pretorio. Era de madrugada. Ellos no entraron en el pretorio para no contaminarse y poder así comer la Pascua. Salió entonces Pilato donde ellos y preguntó: «¿Qué acusación traéis contra este hombre?». Ellos le respondieron: «Si éste no fuera un malhechor, no te lo habríamos entregado». Pilato replicó: «Haceos vosotros cargo de él y juzgadlo según vuestra Ley». Los judíos contestaron: «Nosotros no podemos dar muerte a nadie». Así se cumpliría lo que había dicho Jesús cuando indicó de qué muerte iba a morir.

Entonces Pilato entró de nuevo al pretorio, llamó a Jesús y le preguntó: «¿Eres tú el rey de los judíos?». Respondió Jesús: «¿Dices eso por tu cuenta, o es que otros te lo han dicho de mí?». Pilato contestó: «¿Acaso soy yo judío? Tu pueblo y los sumos sacerdotes te han entregado a mí. ¿Qué has hecho?». Respondió Jesús:

«Mi Reino no es de este mundo. Si mi Reino fuese de este mundo, mi gente habría combatido para que no fuese entregado a los judíos; pero mi Reino es ahora, no es de aquí»*.

Entonces Pilato le dijo: «¿Luego tú eres rey?». Respondió Jesús:

«Sí, como dices, soy rey. Yo para esto he nacido y para esto he venido al mundo: para dar testimonio de la verdad. Todo el que es de la verdad escucha mi voz».

Pilato replicó: «¿Qué es la verdad?». Y, dicho esto, volvió a salir donde los judíos y les dijo: «Yo no encuentro ningún delito en él. Pero es costumbre entre vosotros que os ponga en libertad a uno por la Pascua. ¿Queréis, pues, que os ponga en libertad al rey de los judíos?». Ellos respondieron a gritos: «¡A ése no; a Barrabás!». Barrabás era un bandido.

Pilato entonces tomó a Jesús y mandó azotarle. Los soldados trenzaron una corona de espinas, se la pusieron en la cabeza y le vistieron un manto de púrpura; después se acercaron a él y le decían: «Salve, rey de los judíos», al tiempo que le daban bofetadas.

Volvió a salir Pilato y les dijo: «Mirad, os lo voy a traer aquí para que sepáis que no encuentro ningún delito en él».

Salió entonces Jesús coronado de espinas y con el manto de púrpura. Pilato les dijo: «Aquí tenéis al hombre». Cuando lo vieron los sumos sacerdotes y los guardias, gritaron: «¡Crucifícalo, crucifícalo!». Replicó Pilato: «Tomadlo vosotros y crucificadlo, porque yo no encuentro en él ningún delito». Los judíos le contestaron: «Nosotros tenemos una Ley y, según esa Ley, debe morir, porque se tiene por Hijo de Dios».

Cuando oyó Pilato estas palabras, se atemorizó aún más. Volvió a entrar en el pretorio y preguntó a Jesús: «¿De dónde eres tú?». Pero Jesús no le respondió. Le dijo Pilato: «¿A mí no me hablas? ¿No sabes que tengo poder para soltarte y poder para crucificarte?». Respondió Jesús: «No tendrías contra mí ningún poder, si no se te hubiera dado de arriba; por eso, el que me ha entregado a ti tiene mayor pecado».

Desde entonces Pilato trataba de librarlo. Pero los judíos gritaron: «Si sueltas a ése, no eres amigo del César; todo el que se hace rey se enfrenta al César». Al oír Pilato estas palabras, hizo salir a Jesús y se sentó en el tribunal, en el lugar llamado Enlosado, en hebreo Gabbatá. Era el día de la Preparación de la Pascua, hacia la hora sexta. Dijo Pilato a los judíos: «Aquí tenéis a vuestro rey». Ellos gritaron: «¡Fuera, fuera! ¡Crucifícalo!». Replicó Pilato: «¿A vuestro rey voy a crucificar?». Contestaron los sumos sacerdotes: «No tenemos más rey que el César». Entonces se lo entregó para que fuera crucificado.

Tomaron, pues, a Jesús, que, cargando con su cruz, salió hacia el lugar llamado Calvario, que en hebreo se dice Gólgota. Allí crucificaron a Jesús, junto con otros dos, uno a cada lado de él. Pilato redactó también una inscripción y la puso sobre la cruz. Lo escrito decía así: «Jesús el Nazareno, el rey de los judíos». Esta inscripción, que estaba escrita en hebreo, latín y griego, la leyeron muchos judíos, porque el lugar donde había sido crucificado Jesús estaba cerca de la ciudad. Los sumos sacerdotes de los judíos dijeron a Pilato: «No escribas "El rey de los judíos", sino "Éste ha dicho: Yo soy rey de los judíos"». Pilato respondió: «Lo que he escrito, escrito está».

Los soldados, después de crucificar a Jesús, tomaron sus vestidos e hicieron con ellos cuatro lotes, uno para cada soldado. Tomaron también la túnica, que no tenía costura; estaba tejida de una pieza de arriba abajo. Por eso se dijeron: «Mejor no romperla; echemos a suertes, a ver a quién le toca». Para que se cumpliera la Escritura: 'Se han repartido mis vestidos, han echado a suertes mi túnica'. Y esto es lo que hicieron los soldados.

Junto a la cruz de Jesús estaban su madre y la hermana de su madre, María, mujer de Clopás, y María Magdalena. Jesús, viendo a su madre y junto a ella al discípulo a quien amaba, dijo a su madre: «Mujer, ahí tienes a tu hijo». Luego dijo al discípulo: «Ahí tienes a tu madre». Y desde aquella hora el discípulo la acogió en su casa.

Después de esto, sabiendo Jesús que ya todo estaba cumplido, para que se cumpliera la Escritura, dijo:

«Tengo sed».

Había allí una vasija llena de vinagre. Sujetaron a una rama de hisopo una esponja empapada en vinagre y se la acercaron a la boca. Cuando tomó Jesús el vinagre, dijo: «Todo está cumplido». E inclinando la cabeza, entregó el espíritu.

Los judíos, como era el día de la Preparación, no querían que quedasen los cuerpos en la cruz el sábado —porque aquel sábado era muy solemne—. Así que rogaron a Pilato que les quebraran las piernas y los retiraran. Fueron, pues, los soldados y quebraron las piernas del primero y del otro crucificado con él. Pero al llegar a Jesús, como lo vieron ya muerto, no le quebraron las piernas, sino que uno de los soldados le atravesó el costado con una lanza, y al instante salió sangre y agua. El que lo vio lo atestigua y su testimonio es válido, y él sabe que dice la verdad, para que también vosotros creáis. Y todo esto sucedió para que se cumpliera la Escritura: 'No se le quebrará hueso alguno'. Y también otra Escritura dice: 'Mirarán al que traspasaron'.

Después de esto, José de Arimatea, que era discípulo de Jesús, aunque en secreto por miedo a los judíos, pidió a

Pilato autorización para retirar el cuerpo de Jesús. Pilato se lo concedió. Fueron, pues, y retiraron su cuerpo. Fue también Nicodemo —aquel que anteriormente había ido a verle de noche— con una mezcla de mirra y áloe de unas cien libras. Tomaron el cuerpo de Jesús y lo envolvieron en lienzos con los aromas, conforme a la costumbre judía de sepultar. En el lugar donde había sido crucificado había un huerto, y en el huerto un sepulcro nuevo, en el que nadie todavía había sido depositado. Allí, pues, pusieron a Jesús, porque era el día de la Preparación de los judíos y el sepulcro estaba cerca.

Juan 18:28–19:42

DISCURSO 74 

La crucifixión

«De la casa de Caifás llevaron a Jesús al pretorio. Era de madrugada. Ellos no entraron en el pretorio para no contaminarse y poder así comer la Pascua[1]*. Salió entonces Pilato donde ellos y preguntó: "¿Qué acusación traéis contra este hombre?". Ellos le respondieron: "Si éste no fuera un malhechor, no te lo habríamos entregado". Pilato replicó: "Haceos vosotros cargo de él y juzgadlo según vuestra Ley". Los judíos contestaron: "Nosotros no podemos dar muerte a nadie". Así se cumpliría lo que había dicho Jesús cuando indicó de qué muerte iba a morir*[2]*.*

---

[1] Estaban cumpliendo con las normas de la pureza ritual, las cuales establecían que si una persona entraba en la casa de un pagano quedaba impura para celebrar los ritos de la Pascua. Compárese con otras referencias paralelas que aparecen en *Mateo* 27:1-2, *Marcos* 15:1 y *Lucas* 23:1.

Puesto que en *Mateo* 26:18-20, *Marcos* 14:12-17 y *Lucas* 22:7-15 se afirma claramente que Jesús había comido la cena de Pascua con sus discípulos la noche anterior, esta referencia en el Evangelio de San Juan (como también en *Juan* 19:14, citado más adelante en este discurso) ha dado lugar a numerosos debates académicos. Sin embargo, muchas autoridades en la materia no encuentran contradicción alguna, puesto que la observancia de la Pascua duraba siete días, no sólo el día de la cena ritual. En el *Smith's Bible Dictionary,* bajo el título *Passover* (Pascua), puede hallarse una exposición más detallada del tema. *(Nota del editor).*

[2] Esta frase se repite en *Juan* 12:32-33, donde es evidente que Jesús se refiere a su crucifixión (véase el discurso 66): «*"Y cuando yo sea elevado de la tierra, atraeré a todos hacia mí". Decía esto para dar a entender qué tipo de muerte le iban a aplicar*». Así pues, los presentes versículos implican que los funcionarios judíos, al entregar a Jesús a los romanos para que fuese ejecutado (puesto que los sacerdotes mismos no tenían poder para pronunciar esa sentencia por los delitos de los cuales le acusaban), contribuyeron a que se cumpliese la profecía hecha por Jesús de que su muerte sería por crucifixión, que era una práctica exclusivamente romana.

»*Entonces Pilato entró de nuevo al pretorio, llamó a Jesús y le preguntó: "¿Eres tú el rey de los judíos?". Respondió Jesús: "¿Dices eso por tu cuenta, o es que otros te lo han dicho de mí?"*» (*Juan* 18:28-34).

Una y otra vez Jesús evitó dar respuesta a las denigrantes preguntas que le hacían acerca de las credenciales divinas que había recibido de Dios. Así pues, cuando Jesús responde a Poncio Pilato, elude la interpelación y avergüenza al gobernador romano por haber preguntado cediendo a la incitación de sus subordinados.

~

«*Pilato contestó: "¿Acaso soy yo judío? Tu pueblo y los sumos sacerdotes te han entregado a mí. ¿Qué has hecho?". Respondió Jesús:*

»*"Mi Reino no es de este mundo. Si mi Reino fuese de este mundo, mi gente habría combatido para que no fuese entregado a los judíos; pero mi Reino es ahora, no es de aquí"*»* (*Juan* 18:35-36).

«El reino soberano de mi Conciencia Crística universal es la Omnipresencia y por ello no puede quedar circunscrito a esta esfera terrenal, y mucho menos a la pequeña porción de tierra que podría ser el reino de un monarca mortal. Si yo reclamase una posición de rey en este mundo temporal, entonces mis seguidores combatirían como soldados para impedir que yo fuese entregado a quienes desean darme muerte. Pero mi reino "*no es de aquí*": no pertenece a un tiempo o lugar en particular de la creación material. Quienes gobiernan una pequeña región del espacio-tiempo finito descubren que su territorio se halla confinado dentro de los límites ilusorios del pasado, presente y futuro, y que es asolado por los estragos del cambio. Por el contrario, "*mi Reino es ahora*"*: mi Inteligencia Crística reina por siempre en la inmutabilidad del Eterno Ahora, gobernando tanto los primordiales reinos causal y astral como el feudo subordinado de la materia».

«Mi Reino no es de este mundo»

Con unas cuantas palabras llenas de poder, Jesús esclarece la diferencia entre el reino terrenal y el reino divino. Puesto que él era uno con la Suprema Inteligencia que gobierna el cosmos entero, no se sentía inclinado a combatir por un reino terrenal ni por el poder pasajero de un rey. Su conciencia, al ser omnipresente en miríadas de universos y en sus incontables soles, lunas y planetas, ni siquiera concebía la idea de aspirar a un reino limitado. En su posesión del poder supremo, Jesús expresó la humildad divina en vez de mostrar una actitud dominante típicamente humana; su vida en la tierra fue una manifestación de la pura humildad propia del Soberano Cósmico.

Al permitir con toda mansedumbre que le crucificaran —lo cual preparó el escenario para su resurrección—, Jesús demostró tanto su propia inmortalidad como la de todas las almas. ¿Qué fascinación imaginable podría ejercer la posesión de un reino mortal transitorio en una persona que conscientemente es heredera del imperio de la Eternidad? Así pues, el significado de la respuesta de Jesús a Pilato era que, como soberano de un reino superior imperecedero, había entrenado a sus discípulos para que no combatiesen con el propósito de adquirir poder temporal ni para salvar su vida terrenal perecedera. A través de sus preceptos y de su ejemplo, Jesús inspiró en ellos la sabiduría suprema que consiste en sacrificar la vida mortal en pos de la vida y bienaventuranza eternas.

La lección que encierran sus palabras es la siguiente: «Puesto que mi reino es la omnipresencia, enseño a mis discípulos a combatir el engaño del apego terrenal al cuerpo y sus posesiones, para asegurar de ese modo su propio reinado en el reino infinito. Aquellos que luchan por un señorío terrenal pueden recibir o no el poder terrenal. Quienes desean ejercer dominio en el mundo no están interesados en emprender la búsqueda espiritual para adquirir la invencibilidad inmortal; en cambio, quienes anhelan la omnipotencia del Espíritu no se sienten inclinados a combatir por las posesiones materiales y el poder puesto que los perderán de inmediato a la llegada de la muerte. En consecuencia, es preferible renunciar, si fuese necesario, al cuerpo y sus inestables tesoros para lograr experimentar la inmortalidad del alma y su felicidad permanente. Es insensato desperdiciar los preciosos momentos de la vida tratando de conquistar beneficios para el efímero cuerpo y sus placeres, olvidándose por completo de alcanzar la vida eterna».

Este mundo es un lugar en el que reinan la ambigüedad y la imperfección; el hombre no fue creado para que hallase aquí la paz y la felicidad perdurables. Por el contrario, las almas son enviadas a la tierra para que se deshagan de su engañoso disfraz de mortalidad y recobren la expresión de su naturaleza divina, aprendiendo a comportarse conforme a las enseñanzas de almas ejemplares como Jesucristo, Bhagavan Krishna o el Señor Buda. La representación dramática de la vida es una película que se exhibe en la sala cinematográfica de Dios; las almas individualizadas, que emanan de Él, son los actores que han olvidado su verdadera naturaleza al identificarse con los papeles que están representando. Jesús aceptó su doloroso papel de la muerte en la cruz para demostrar que la tierra no era su reino —ni tampoco es el reino de ninguna de las almas que se encuentran en el mundo material— y por ello permaneció inmutable a pesar de la crucifixión de su cuerpo. Él mostró a todos los seres humanos que ellos también son seres inmortales y que no pueden ser destruidos por elementos como el fuego o la espada, ni por ningún otro medio, ya que éstos sólo están hechos de luces y sombras[3].

~

«Entonces Pilato le dijo: "¿Luego tú eres rey?". Respondió Jesús:

»"Sí, como dices, soy rey. Yo para esto he nacido y para esto he venido al mundo: para dar testimonio de la verdad. Todo el que es de la verdad escucha mi voz".

»Pilato replicó: "¿Qué es la verdad?". Y, dicho esto, volvió a salir donde los judíos y les dijo: "Yo no encuentro ningún delito en él"» (*Juan* 18:37-38).

Referencia paralela:

«Jesús compareció ante el procurador, que le preguntó: "¿Eres tú el rey de los judíos?". Jesús declaró: "Tú lo dices"» (*Mateo* 27:11)[4].

---

[3] «El Ser nunca nació y jamás perecerá; su existencia no tuvo principio y tampoco tendrá fin. Carece de nacimiento; es eterno, inmutable, siempre el mismo (no le afectan los procesos habituales asociados con el paso del tiempo). No muere cuando se mata al cuerpo. [...]

»Ningún arma puede herir al alma; ningún fuego puede quemarla, ni el agua humedecerla, ni el viento marchitarla. El alma no se puede hendir, ni incinerar, ni humedecer, ni secar. El alma es inmutable, omnipresente, por siempre serena, inamovible y eternamente la misma» *(God Talks With Arjuna: The Bhagavad Gita* II:20, 23-24. Véase *El Yoga del Bhagavad Guita).*

[4] Compárese con otras referencias paralelas que aparecen en *Marcos* 15:2 y *Lucas* 23:3.

Con renuencia, Jesús confirma una vez más su condición: «Si bien es verdad que soy rey, no soy yo quien lo dice, sino tú.

»Fue con este propósito que mi Inteligencia Crística —la Inteligencia Universal a la que estoy unido— nació de la Conciencia Cósmica: para ser la causa y el principio que gobierna el cosmos. La Inteligencia Crística se reflejó en la creación para dar testimonio de la verdad única: la Conciencia Cósmica presente más allá de la creación. Todo devoto que se encuentra en sintonía con la Verdad —la Conciencia Cósmica— ha alcanzado esa meta al oír la Vibración Cósmica de *Om,* el Espíritu Santo, que emana de mi Inteligencia Crística y constituye su voz».

La Inteligencia Crística es el principio que gobierna la creación cósmica

La majestuosa Inteligencia Crística, designada por Dios trascendente para regir la creación entera, es el testigo o reflejo de la Verdad: la Conciencia Cósmica del Padre trascendental, la única Sustancia de la cual proviene todo cuanto existe. Jesús señala que todo devoto avanzado que hace contacto con la Verdad —la Conciencia Cósmica— debe primero establecer contacto con el Espíritu Santo o Vibración Cósmica y con la Conciencia Crística presente en dicha Vibración.

[En su Autobiografía de un yogui[5], *Paramahansaji aborda el tema del silencio que, según los relatos, Jesús guardó en respuesta a la pregunta de Pilato:]*

> «Ante los interrogantes con respecto a los misterios más profundos, todos los grandes profetas han guardado silencio. Cristo mismo evitó responder, cuando Pilato le preguntó: "*¿Qué es la verdad?*". Las ostentosas preguntas de intelectuales como Pilato raramente provienen de un ferviente deseo de conocer la verdad. Tales hombres se expresan, más bien, con la vana arrogancia de quienes consideran que el carecer de convicciones de tipo espiritual es una señal de "amplitud de criterio".
>
> »"*Para esto he nacido y para esto he venido al mundo: para dar testimonio de la verdad. Todo el que es de la verdad escucha mi voz*". Las verdades expresadas por Cristo en estas pocas palabras podrían llenar muchos volúmenes. El "testimonio" de un hijo de Dios *es su propia vida.* Puesto que él personifica la

[5] En el capítulo final, que Paramahansa Yogananda escribió en 1951, el cual se encuentra incluido en la tercera edición y en las subsiguientes ediciones.

verdad misma, si además la expone, tal exposición es una generosa redundancia suya.

»La verdad no consiste en una determinada teoría, ni en un sistema de especulación filosófica, ni en una concepción intelectual. La verdad consiste en una perfecta concordancia con la realidad. En el caso del ser humano, la verdad consiste en el conocimiento inalterable de su propio Ser, de su naturaleza real, el alma. A través de cada una de las palabras y acciones de su vida, Jesús demostró que conocía *la verdad* acerca de su ser: su origen divino. Y puesto que estaba él totalmente identificado con la omnipresente Conciencia del Cristo, le fue dado decir, de modo tan simple y concluyente: *"Todo el que es de la verdad escucha mi voz"*.

»También Buda rehusó esclarecer las más elevadas verdades metafísicas, señalando en cambio, adustamente, que le es más provechoso al hombre dedicar al perfeccionamiento de su naturaleza moral el breve lapso de que dispone en esta tierra. Por su parte, el místico chino Lao-tsé enseñó, acertadamente: "Aquel que sabe, no lo dice; y quien dice que sabe, no sabe". Los supremos misterios de Dios no son temas que se prestan para la discusión. El descifrar el código secreto del Señor constituye un arte que ningún hombre puede comunicar a otro; Dios es el único Maestro en este terreno.

»*"Aquietaos y sabed que Yo soy Dios"**[6]. Puesto que jamás hace el Señor ostentación de su omnipresencia, sólo puede escuchársele en los períodos del silencio más inmaculado. Para el devoto que se encuentra en sintonía con Dios, la vibración creativa de *Om*, el sonido primordial que reverbera a través del universo entero, se traduce instantáneamente en palabras inteligibles».

«Pilato replicó: "¿Qué es la verdad?". Y, dicho esto, volvió a salir donde los judíos y les dijo: "Yo no encuentro ningún delito en él. Pero es costumbre entre vosotros que os ponga en libertad a uno por la Pascua. ¿Queréis, pues, que os ponga en libertad al rey de los judíos?". Ellos respondieron a gritos: "¡A ése no; a Barrabás!". Barrabás era un bandido.

[6] *Salmos* 46:11.

»Pilato entonces tomó a Jesús y mandó azotarle. Los soldados trenzaron una corona de espinas, se la pusieron en la cabeza y le vistieron un manto de púrpura; después se acercaron a él y le decían: "Salve, rey de los judíos", al tiempo que le daban bofetadas.

»Volvió a salir Pilato y les dijo: "Mirad, os lo voy a traer aquí para que sepáis que no encuentro ningún delito en él". Salió entonces Jesús coronado de espinas y con el manto de púrpura. Pilato les dijo: "Aquí tenéis al hombre". Cuando lo vieron los sumos sacerdotes y los guardias, gritaron: "¡Crucifícalo, crucifícalo!". Replicó Pilato: "Tomadlo vosotros y crucificadlo, porque yo no encuentro en él ningún delito"[7]*. Los judíos le contestaron: "Nosotros tenemos una Ley y, según esa Ley, debe morir, porque se tiene por Hijo de Dios".*

»Cuando oyó Pilato estas palabras, se atemorizó aún más. Volvió a entrar en el pretorio y preguntó a Jesús: "¿De dónde eres tú?". Pero Jesús no le respondió. Le dijo Pilato: "¿A mí no me hablas? ¿No sabes que tengo poder para soltarte y poder para crucificarte?". Respondió Jesús: "No tendrías contra mí ningún poder, si no se te hubiera dado de arriba; por eso, el que me ha entregado a ti tiene mayor pecado"» (*Juan* 18:38–19:11)[8].

¿Quién fue responsable de la crucifixión y muerte de Jesús?

«¡Oh Pilato!, no tendrías ningún poder sobre mí si esta situación no hubiese sido planeada así por la Fuerza Maligna del engaño cósmico. Con su vasta influencia *"de arriba"*, Satanás es quien hizo que yo fuese entregado en tus manos a través de Judas y es también el que se ha apoderado de tu autoridad para hacerte actuar de acuerdo con su voluntad condenándome injustamente a ser crucificado. Por lo tanto, son Satanás y Judas (como su instrumento) los que tienen la mayor responsabilidad por este atroz crimen contra el Dios presente en mí».

Jesús sabía que Pilato, aunque era el gobernador de la región de Judea, sería incapaz de liberarle, porque la Fuerza Satánica dominante

[7] Según el Evangelio de San Lucas, Pilato envió a Jesús para ser interrogado también por Herodes, quien *«le hizo numerosas preguntas, pero él no respondió nada»*. Pilato entonces proclamó ante la multitud que Jesús era inocente: *«No he hallado en él ninguno de los delitos de que le acusáis. Ni tampoco Herodes»*. (Véase *Lucas* 23:4-19).

[8] Compárese con las referencias paralelas que aparecen en *Mateo* 27:12-21, 27-31 y *Marcos* 15:3-11, 16-20.

estaba dirigiendo de modo invisible las circunstancias que le conducirían indefectiblemente hacia la cruz. La capacidad de raciocinio de Pilato se hallaba tan obnubilada por esa influencia que ni siquiera una intervención extraordinaria habría podido hacerle cambiar de opinión: *«Mientras él estaba sentado en el tribunal, le mandó a decir su mujer: "No te metas con ese justo, porque hoy he sufrido mucho en sueños por su causa". Pero los sumos sacerdotes y los ancianos persuadieron a la gente para que pidiese la libertad de Barrabás y la muerte de Jesús»*[9].

Pilato se dejó llevar por la marea de los acontecimientos y negó su culpabilidad[10], aun cuando toda alma que se encuentre bajo la coacción del mal es libre de rechazar las incitaciones de Satanás a fin de recibir el poder y la guía de Dios. A pesar de todo, Jesús en su sabiduría reconoció que, de acuerdo con la ley divina, Pilato tenía una responsabilidad secundaria en la crucifixión, al haber fracasado en ejercer su fortaleza interior para resistir el mal; en cambio, Satanás y Judas (su instrumento) fueron los principales culpables.

~

> *«Desde entonces Pilato trataba de librarlo. Pero los judíos gritaron: "Si sueltas a ése, no eres amigo del César; todo el que se hace rey se enfrenta al César". Al oír Pilato estas palabras, hizo salir a Jesús y se sentó en el tribunal, en el lugar llamado Enlosado, en hebreo Gabbatá. Era el día de la Preparación de la Pascua, hacia la hora sexta. Dijo Pilato a los judíos: "Aquí tenéis a vuestro rey". Ellos gritaron: "¡Fuera, fuera! ¡Crucifícalo!". Replicó Pilato: "¿A vuestro rey voy a crucificar?". Contestaron*

[9] *Mateo* 27:19-20. Los historiadores de la Biblia J. W. McGarvey y Philip Pendleton escriben en *The Fourfold Gospel* (Standard Publishing, Cincinnati, 1914): «Los romanos, en general, eran muy influenciables por los presagios, y Suetonio nos dice que tanto Julio como Augusto César concedían mucha importancia a los sueños». La esposa de Pilato, que según los relatos se llamaba Claudia Prócula, fue aparentemente la única persona que intercedió por Jesús; la Iglesia Ortodoxa griega la canonizó como santa.

[10] *«Entonces Pilato, viendo que nada adelantaba, sino que más bien se promovía tumulto, tomó agua y se lavó las manos delante de la gente, diciendo: "Inocente soy de la sangre de este justo. Vosotros veréis"»* (*Mateo* 27:24).

No obstante, el historiador Eusebio hace constar que Pilato posteriormente se suicidó, «agobiado por las desgracias».

los sumos sacerdotes: "No tenemos más rey que el César". Entonces se lo entregó para que fuera crucificado.

»Tomaron, pues, a Jesús» (*Juan* 19:12-16).

Referencia paralela:

«Pilato les habló de nuevo, con la intención de librar a Jesús, pero ellos seguían gritando: "¡Crucifícalo, crucifícalo!". Por tercera vez les dijo: "Pero ¿qué mal ha hecho éste? No encuentro en él ningún delito que merezca la muerte; así que le daré un escarmiento y lo soltaré". Pero ellos insistían pidiendo a grandes voces que fuera crucificado, y arreciaban en sus gritos.

»Pilato sentenció que se cumpliera su demanda. Soltó, pues, al que habían pedido, al que estaba en la cárcel por motín y asesinato, y a Jesús se lo entregó a su deseo.

»Cuando lo llevaban, echaron mano de un cierto Simón de Cirene, que venía del campo, y le cargaron la cruz para que la llevara detrás de Jesús. Le seguía una gran multitud del pueblo y mujeres que se dolían y se lamentaban por él. Jesús se volvió a ellas y les dijo: "Hijas de Jerusalén, no lloréis por mí; llorad más bien por vosotras y por vuestros hijos. Porque llegarán días en que se dirá: ¡Dichosas las estériles, las entrañas que no engendraron y los pechos que no criaron! Entonces se pondrán a decir a los montes: ¡Caed sobre nosotros! Y a las colinas: ¡Sepultadnos![11] *Porque si hacen esto con el leño verde, ¿qué no se hará con el seco?"»* (*Lucas* 23:20-31)[12].

La compasiva preocupación que Jesús expresó por los demás, incluso cuando iba camino a la crucifixión

«Hijas de Jerusalén, no lloréis por mí, pues viviré eternamente en los brazos protectores de Dios. Llorad más bien por vosotras y por vuestros hijos, y arrepentíos. Porque aunque en apariencia permanecéis a salvo lamentando mi crucifixión, yo puedo ver que os aguarda un terrible destino en el futuro. Está llegando la hora para Jerusalén en que, por la ley del karma individual y colectivo, la acumulación de ignorancia y de malas acciones del pasado producirá la

[11] Jesús está citando el libro del profeta Oseas (10:8).

[12] Compárese con otras referencias paralelas que aparecen en *Marcos* 15:12-15, 21.

cosecha del sufrimiento; tanto es así que, a no ser que haya un despertar espiritual en vuestras almas, el dolor resultante os hará lamentar haber nacido, tanto vosotras como vuestros hijos.

»El sufrimiento de los pecadores será tan intenso —arderá tanto su conciencia con los tormentos que ellos mismos se han infligido— que desearán que los montes caigan sobre ellos y que las colinas los sepulten. Ansiarán la muerte antes que vivir y tener que soportar semejante sufrimiento. Si las fuerzas desencadenadas por las secuencias de causa y efecto de la ley kármica traen sufrimiento incluso a aquellas vidas que gozan de la vitalizante lozanía de la virtud, ¡cuán grande será, entonces, el efecto sobre aquellos cuya extremada pecaminosidad ha dejado seca y marchita su vida espiritual!».

La sabiduría divina y la actitud interior de Jesús permanecieron imperturbables, incluso en su camino a la crucifixión. Él aceptó el sufrimiento sabiendo que no era ocasionado por ningún mal proceder suyo, sino que él asumía ser mártir por la causa de la verdad. A cambio del doloroso sacrificio temporal de su cuerpo, recibiría la bienaventuranza absoluta y eterna por haber cumplido con la misión que Dios le había encomendado.

Así pues, Jesús no se acobardó ni se compadeció de sí mismo y, en lugar de ello, les advirtió a las mujeres que lloraban por él que debían sentir pena por ellas mismas. Sus palabras no mostraban una falta de gratitud hacia las compasivas mujeres que se lamentaban por él; por el contrario, se sintió tan conmovido por su actitud que les aconsejó tomar medidas para reformarse espiritualmente y reparar los errores del pasado a fin de modificar el curso de los males inminentes que acechaban el futuro de ellas y sus hijos.

~

«Que, cargando con su cruz, salió hacia el lugar llamado Calvario, que en hebreo se dice Gólgota. Allí crucificaron a Jesús, junto con otros dos, uno a cada lado de él» (*Juan* 19:17-18).

Referencia paralela:

«Llevaban además a otros dos malhechores para ejecutarlos con él.

»Llegados al lugar llamado Calvario, lo crucificaron allí

junto con los malhechores, uno a la derecha y otro a la izquierda. Jesús decía: "Padre, perdónalos, porque no saben lo que hacen"» (*Lucas* 23:32-34).

«Padre Celestial, no permitas que la estricta ley cósmica de causa y efecto castigue a estos hijos tuyos que por ignorancia están crucificando este cuerpo; ellos no conocen las funestas consecuencias de sus terribles acciones».

Jesús intercede ante el Padre y pide misericordia para sus asesinos

Al dirigirse aquí a Dios como «*Padre*», Jesús invoca al corazón mismo del Ser Divino: «Padre Celestial, Tú has creado a los padres humanos y los has dotado del instinto de bondad hacia sus hijos; un instinto que proviene de tu Amor, el cual es infinitamente más grande que el amor humano. Derrama esa Benevolencia sobre tus hijos inmersos en el error, mis hermanos, que tan injustamente me persiguen».

«*Perdónalos*» significa lo siguiente: «Padre Celestial, puesto que Tú eres Omnipotente, sólo Tú puedes detener tu ley cósmica y perdonar a mis perseguidores para que no sufran las consecuencias de los terribles pecados que han cometido contra mí».

«*Porque no saben lo que hacen*» significa que todos los pecados que el hombre comete, ya sea consciente o inconscientemente, los lleva a cabo bajo la influencia de la innata ignorancia humana. Las almas que han alcanzado la sabiduría divina no hacen el mal.

Con el acto de expresar divina misericordia incluso cuando sufría la más intensa provocación y el máximo vil trato, Jesús se elevó muy por encima de la naturaleza humana ordinaria, y brotó de su interior un sentimiento paternal hacia toda la humanidad; por eso, cuando algunos de aquellos hijos humanos —adultos en cuanto a edad, pero infantes en sabiduría— le estaban crucificando, sólo pudo sentir compasión por ellos, ya que se hallaban sumidos en la ignorancia. Al concebir la magnitud del sufrimiento que les aguardaba y que ellos mismos habían creado, hizo caso omiso de su propio sufrimiento. En lugar de orar porque cesara su propio tormento, intercedió con infinita compasión ante el Padre Celestial en favor de sus asesinos.

Seguramente, la mayoría de la gente se abstendría de cometer pecados si pudiese imaginar con exactitud los resultados de sus malas acciones. Pero a menudo el comportamiento incorrecto resulta en

I·N·R·I·

La crucifixión

Llegados al lugar llamado Calvario, lo crucificaron allí [...]. Jesús decía: «Padre, perdónalos, porque no saben lo que hacen».

Lucas 23:33-34

Ninguno de los milagros de Jesús puede igualarse al supremo milagro de la victoria espiritual del amor divino sobre el mal: «Padre, perdónalos, porque no saben lo que hacen». *Estas palabras han creado en los corazones humanos un monumento eterno al amor de Cristo. [...]*

Su acto de misericordia en la cruz fue la expresión de un Jesús divinamente humano que había alcanzado la victoria definitiva sobre la carne y el engaño cósmico y que había superado la máxima prueba a la que el cuerpo puede ser sometido. Incluso mientras su cuerpo —el tesoro más preciado que el hombre tiene en la vida— padecía los tormentos del dolor y de la muerte inminente, Jesús no dejó ni por un instante de manifestar su naturaleza divina. [...] Él entregó su cuerpo, pero su espíritu jamás se rindió.

Paramahansa Yogananda

Dibujo: Heinrich Hofmann

apariencia ventajoso y usualmente placentero, porque la ignorancia impide ver la clara vinculación que existe entre la causa y sus consecuencias; luego, los terribles efectos evocan el proverbial clamor: «¿Por qué?». Así pues, el hombre sabio jamás desea apartarse de su sintonía con el amor de Dios y las leyes divinas.

Jesús fue un ejemplo visible y audible de la misericordia y el amor divinos. En forma invisible y silenciosa, nuestro Creador muestra infinita comprensión hacia sus hijos, a pesar de las transgresiones en las que incurren —los pecados que cometen día a día, año tras año durante toda su vida, a lo largo de cada una de sus numerosas encarnaciones— por el uso indebido del libre albedrío que Él les ha concedido. En una ocasión, Jesús dijo a sus seguidores que debían perdonar a sus enemigos *«setenta veces siete»*[13]. Yo estaba convencido de ser virtuoso porque perdonaba a mis enemigos hasta diez veces, por lo que me sentí sorprendido cuando leí por primera vez estas palabras de Jesús. No alcanzaba a comprender cómo podía uno arreglárselas en este mundo si manifestaba una actitud tan misericordiosa hacia enemigos que deliberada y reiteradamente tratan de hacernos daño. En respuesta a mis oraciones, oí la Voz Divina que me decía: «¡Mira cuántas veces perdono a los seres humanos cada día, año tras año, durante incontables encarnaciones!». No pude menos que admitir con humildad que no es pedir demasiado que uno perdone a sus enemigos setenta veces siete. (Perdonar no significa cooperar con el mal o aprobarlo, sino más bien no abrigar sentimientos de odio o de venganza ni actuar impulsado por dichos sentimientos).

El ejemplo de Jesús muestra que Dios es todo misericordioso y, por lo tanto, no hay razón para temerle

Casi todas las personas pecan contra Dios cada día sin saberlo. Es fácil infringir (o por lo menos tergiversar) sus leyes y mandamientos para satisfacer impulsos y deseos personales. No es que debamos ser perdonados porque Él nos creara como débiles seres humanos y dejase a nuestro cargo el encontrar algún modo de alcanzar la perfección. Más bien, Él ha colocado en nuestro interior, dentro del imperfecto instrumento corporal, la perfección que Él posee. Ésa es la razón por la que Él es tan exigente y, también, el motivo por el cual nos perdona, proporcionándonos numerosas oportunidades

[13] *Mateo* 18:22. (Véase el discurso 35, en el volumen II).

de recobrar nuestra verdadera naturaleza espiritual. Finalmente, Él nos acepta de nuevo, a pesar de todas las transgresiones cometidas en el transcurso de tantas vidas desperdiciadas. Por eso dice el proverbio: «Los santos no son sino pecadores que nunca se dieron por vencidos». Ellos continúan haciendo el esfuerzo, una y otra vez, hasta alcanzar la victoria. El nivel de perfección de Dios —su propia imagen, a semejanza de la cual hemos sido creados— es absoluto; no obstante, es una meta alcanzable, porque la imperfecta conciencia humana es sólo un injerto en la conciencia divina del hombre. Aquellos que se esfuerzan sin cesar por manifestar su innata divinidad se sentirán algún día tan sobrecogidos por la perfecta naturaleza de su alma que se preguntarán cómo, en su papel de seres humanos, pudieron comportarse tan pecaminosamente.

Multitudes de hijos de Dios sabrían poco acerca del amor y la misericordia del Padre Celestial si no fuese por el ejemplo del espíritu de perdón que Jesús mostró en la cruz. El hecho de que Jesús, que representaba plenamente a Dios todopoderoso, no respondiese haciendo uso de sus poderes milagrosos, aun cuando sus perseguidores le sometieran a tan severos tormentos, le brinda a toda la humanidad la certeza de que Dios está dispuesto a perdonar a sus hijos a pesar de sus pecados y errores. El hombre jamás debe temer a su Padre Celestial ni creer que es indigno de arrepentirse y de buscar su reino. El Dios presente en Jesús se mostró manso, humilde, incondicionalmente amoroso y siempre dispuesto a ayudar a sus hijos, sin tomar en consideración cuán atroces fueran los pecados que sus hijos cometieron contra Él, contra sus divinas leyes y contra el bienestar de ellos mismos.

Ninguno de los milagros de Jesús puede igualarse al supremo milagro de la victoria espiritual del amor divino sobre el mal: *«Padre, perdónalos, porque no saben lo que hacen»*. Estas palabras han creado en los corazones humanos un monumento eterno al amor de Cristo.

El milagro supremo de Jesús: el amor que expresó en la cruz

Jesús sólo utilizó el poder del amor, y nada pudo tentarlo a emplear el poder divino u otros medios para vencer el odio de sus malvados hermanos. Con su ojo espiritual abierto a la percepción de la Conciencia Crística y de la Conciencia Cósmica, Jesús tenía la capacidad consciente de ejercer poder sobre la creación entera y podría haber destruido fácilmente a sus enemigos. El propósito de Satanás era que la crucifixión sirviera como una tentación final que incitase a Jesús a usar sus poderes milagrosos para salvar su cuerpo temporal. El siempre arrogante Satanás esperaba que el espíritu de Jesús se derrumbase ante la prueba de la crucifixión, sucumbiendo a la debilidad interior del miedo o del deseo de venganza, lo cual le haría abandonar su conciencia divina y caer bajo el dominio del engaño. Pero Jesús derrotó a Satanás con los poderes superiores de su espíritu unido a Dios. Por medio de su divinidad alcanzó la victoria y de ese modo desterró para siempre al engaño satánico de los dominios de su alma.

Pese a que Satanás logró que Jesús fuese crucificado, aun así, la Fuerza Maligna no obtuvo la victoria. La escalera de la crucifixión que Satanás había creado la empleó Jesús para elevarse por encima de todo engaño satánico y alcanzar la libertad trascendental en Dios. Su acto de misericordia en la cruz fue la expresión de un Jesús divinamente humano que había alcanzado la victoria definitiva sobre la carne y el engaño cósmico y que había superado la máxima prueba a la que el cuerpo puede ser sometido. Incluso mientras su cuerpo —el tesoro más preciado que el hombre tiene en la vida— padecía los tormentos del dolor y de la muerte inminente, Jesús no dejó ni por un instante de manifestar su naturaleza divina. A pesar de las torturas que sufría su cuerpo y de la gravedad de la ignominia, las burlas y el odio de que fue objeto, aun así, no sucumbió a los impulsos de la naturaleza humana. Trascendiendo las limitaciones de la carne, él puso de manifiesto el poder de su espíritu ilimitado y la imagen de Dios presente en su interior.

Existen mártires que han afrontado de forma voluntaria, e incluso sonriendo, las torturas que les conducían a la muerte; pero pocos han estado lo suficientemente avanzados como para poseer y, sin embargo, no utilizar sus poderes milagrosos con la finalidad de hacer entrar en razón a sus perseguidores. Jesús jamás desplegó sus poderes o sus milagros para disuadir a sus enemigos de crucificarle. Él entregó su cuerpo, pero su espíritu jamás se rindió.

El espíritu de perdón propio del Padre Celestial que Jesús expresó de modo tan perfecto se pone de manifiesto en todos aquellos que han alcanzado la Conciencia Crística que él poseía. Aquí y allá, en raras ocasiones, hallamos expresiones de ese espíritu en los grandes devotos de Dios.

«Pilato redactó también una inscripción y la puso sobre la cruz. Lo escrito decía así: "Jesús el Nazareno, el rey de los judíos". Esta inscripción, que estaba escrita en hebreo, latín y griego, la leyeron muchos judíos, porque el lugar donde había sido crucificado Jesús estaba cerca de la ciudad. Los sumos sacerdotes de los judíos dijeron a Pilato: "No escribas 'El rey de los judíos', sino 'Éste ha dicho: Yo soy rey de los judíos'". Pilato respondió: "Lo que he escrito, escrito está".

»Los soldados, después de crucificar a Jesús, tomaron sus vestidos e hicieron con ellos cuatro lotes, uno para cada soldado. Tomaron también la túnica, que no tenía costura; estaba tejida de una pieza de arriba abajo. Por eso se dijeron: "Mejor no romperla; echemos a suertes, a ver a quién le toca". Para que se cumpliera la Escritura: 'Se han repartido mis vestidos, han echado a suertes mi túnica'[14]*. Y esto es lo que hicieron los soldados»* (*Juan* 19:19-24).

Referencia paralela:

«Se repartieron sus vestidos, echándolos a suertes.

»La gente estaba mirando. Los magistrados, por su parte, hacían muecas y decían: "Ha salvado a otros; que se salve a sí mismo si es el Cristo de Dios, el Elegido". También los soldados se burlaban de él; se acercaban, le ofrecían vinagre y le decían: "Si tú eres el rey de los judíos, ¡sálvate!". Había encima de él una inscripción: "Éste es el rey de los judíos".

»Uno de los malhechores colgados le insultaba: "¿No eres tú el Cristo? ¡Pues sálvate a ti y a nosotros!". Pero el otro le increpó: "¿Es que no temes a Dios, tú que sufres la misma condena? Y nosotros con razón, porque nos lo hemos merecido con nuestros hechos; en cambio éste nada malo ha hecho". Y le pedía: «Jesús, acuérdate de mí cuando vengas con tu Reino». Jesús le contestó: "Te aseguro que hoy estarás conmigo en el Paraíso"» (*Lucas* 23:34-43)[15].

---

[14] *Salmos* 22:19.

[15] Compárese con otras referencias paralelas que aparecen en *Mateo* 27:35-44 y *Marcos* 15:24-32.

«Por la verdad que percibo en mi interior, te aseguro que hoy, después de que haya abandonado este cuerpo, estarás en la presencia visible de mi cuerpo astral en el mundo astral que es un cielo de bienaventuranza».

El milagro de la intercesión divina: la promesa del Paraíso para el malhechor arrepentido

Podemos ver el milagro de la intercesión divina en el hecho de que un malhechor obtuviese la liberación en el Espíritu merced a su oración al Señor todopoderoso manifestado en Jesús. También resulta asombroso que Jesús, a pesar de hallarse consumido por su propio sufrimiento en la cruz, no dejara por ello de responder al ruego del ladrón arrepentido que estaba crucificado a su lado. De buen grado uno se dejaría crucificar junto a Jesús si de ese modo pudiese rogarle a Cristo que le concediera la emancipación final y que al instante él le asegurase: «*Hoy estarás conmigo en el Paraíso*». Cuando uno se arrepiente oportunamente de sus malas acciones puede recibir el perdón de los grandes maestros, que son los canales del Señor. Lo cierto es que el malhechor, con su crucifixión, había expiado casi por completo su deuda kármica. Y en ese momento, al sentirse profundamente arrepentido y orar por su redención en la presencia de Cristo, la recibió de inmediato de manos de Jesús. Sin importar cuán grandes puedan ser los pecados de un devoto, éstos le serán perdonados si ama a Dios con suficiente intensidad: el factor clave es que sea «suficiente».

La existencia real de la Morada de Bienaventuranza a la que Jesús llevó al malhechor después de la muerte

Las palabras de Jesús no están dirigidas únicamente al malhechor, sino a toda la humanidad, y se refieren a la infalible presencia de Dios y a su morada omnipresente de bienaventuranza (el «*Paraíso*»), en la que las almas virtuosas, en el estado que sobreviene después de la muerte, se reúnen ante Su Majestad Celestial y todos los santos liberados. A diferencia de la tierra, donde todos los seres se reconocen por su aspecto, en el cielo las almas no necesariamente ven a Dios en la forma de una personalidad humana. No obstante, si su karma es lo suficientemente bueno, pueden contemplarle como una Luz, o una Voz, o una gozosa Presencia que habla a través de la intuición de todas las almas allí reunidas y que poseen un cuerpo astral. Los aspectos que puede adoptar el Padre son infinitos: las almas avanzadas que visitan la región astral pueden ver —de acuerdo con su devoción y su grado de elevación espiritual— cualquier forma materializada de Dios que sus corazones deseen contemplar. Así como el gas invisible constituido de hidrógeno y oxígeno se transforma en hielo al congelarse, así también el invisible Espíritu puede adoptar una forma concreta mediante el poder de condensación que posee la devoción profunda de un alma.

Lo que Jesús señaló es que ese mismo día, después de que su alma y la del ladrón hubiesen trascendido el cuerpo físico debido a la muerte y partieran hacia el reino astral, él atraería con su poder divino el cuerpo astral del malhechor para conducirlo a la bienaventurada presencia del Padre —a la percepción consciente de Dios.

Jesús sabía que al malhechor le correspondía dirigirse a una región inferior del mundo astral como resultado de sus acciones malvadas, pero al ver que se hallaba totalmente arrepentido le prometió llevarlo al reino astral superior o paraíso.

Las mejores regiones del mundo astral, donde todo es controlado por el poder de voluntad de la mente y sin el condicionamiento de las fuerzas físicas, se encuentran libres de las limitaciones y desdichas de la tierra material; sin embargo, sus habitantes están sujetos a ciertas restricciones kármicas. El paraíso supremo y libre de limitaciones es el estado de Conciencia Cósmica y de Bienaventuranza Cósmica. Las almas avanzadas pueden experimentar la Conciencia Cósmica en el estado de *samadhi* más profundo, pero sólo cuando el devoto se ha establecido en dicho estado el alma alcanza la unidad absoluta con el Espíritu y nunca más se ve obligada a reencarnar de nuevo en la tierra.

Después de la muerte del cuerpo físico, las almas que no se encuentran completamente liberadas en el Espíritu retienen su luminoso cuerpo astral visible formado por diecinueve elementos supramentales y vitatrónicos, así como su invisible cuerpo causal compuesto de treinta y cinco elementos ideatrónicos. En los tres días transcurridos entre su crucifixión y su resurrección, Jesús liberó su alma de todas las ataduras que lo ligaban a su forma física encarnada y a sus cuerpos astral y causal[16]. Cuando el alma abandona la prisión de los tres cuerpos, se funde en el Espíritu y permanece presente de manera invisible en la Infinitud, reteniendo una individualidad formal, pero unida en esencia al Espíritu.

Sin embargo, inmediatamente después de la muerte física, las almas deben dirigirse primero al paraíso astral, que está sujeto a ciertas

[16] Véase el discurso 75.

limitaciones. Desde allí, las almas pueden descender hacia una reencarnación terrenal, o bien ser ascendidas al paraíso superior del mundo causal o al paraíso supremo de la Conciencia Cósmica. Fue en el paraíso astral donde Jesús prometió encontrarse con el malhechor, y en ese lugar ambos estarían *«hoy»*, es decir, inmediatamente después de su muerte física. Después que Jesús hubiese alcanzado el estado supremo, al abandonar sus cuerpos astral y causal, y ascender hacia la Conciencia Cósmica, podría conducir también el alma del malhechor redimido a la morada de los seres completamente liberados.

Una persona de la integridad divina de Jesucristo no hubiese prometido el paraíso al malhechor si esa Morada de Bienaventuranza no existiese realmente. Por ello, todos los seres humanos dotados de inteligencia racional, en vez de permanecer perplejos ante la duda y la indiferencia espiritual, deberían realizar un ferviente esfuerzo espiritual en la meditación para trascender la estática de la inquietud material y sintonizarse con las realidades superiores del paraíso astral; posteriormente, con el invisible auxilio de los ángeles de Dios y de los santos liberados que allí moran, podrían ayudar a Dios en el gobierno de la creación y a lograr el progreso de las almas hacia la liberación. Todos los devotos que padecen la cruz de las malas tendencias y de los sufrimientos deberían invocar a la Conciencia Crística, que mora en su interior y que se encuentra crucificada por la ignorancia, a fin de pedirle que redima sus almas del mundo físico y sus limitaciones, y que las conduzca a la libertad superior del conocimiento de la existencia astral y del paraíso eterno de la completa liberación en el Espíritu.

~

> *«Junto a la cruz de Jesús estaban su madre y la hermana de su madre, María, mujer de Clopás, y María Magdalena. Jesús, viendo a su madre y junto a ella al discípulo a quien amaba, dijo a su madre: "Mujer, ahí tienes a tu hijo". Luego dijo al discípulo: "Ahí tienes a tu madre". Y desde aquella hora el discípulo la acogió en su casa»* (*Juan* 19:25-27).

Hallándose Jesús en un profundo estado espiritual cuando estaba a punto de abandonar su cuerpo, le dijo a su madre (refiriéndose a su amado discípulo Juan, que se encontraba junto a ella al pie de la cruz): *«Mujer, ahí tienes a tu hijo»*, es decir, «Considera a mi discípulo como tu hijo espiritual». Jesús no podía pensar en María como su «madre», porque en su conciencia espiritual sabía que sólo Dios es Padre, Madre, Bienamado. Por eso Jesús llamó a su madre *«mujer»* (una mujer creada por Dios).

Al pedirle que adoptara a su amado discípulo espiritual, Jesús trataba de consolar a esa mujer excepcional de la que había nacido su cuerpo. Cuando luego dijo: *«Ahí tienes a tu madre»* (considérala como tu madre), deseaba confortar a su discípulo, desgarrado por el dolor, con el solaz de que contemplase como a su propia madre a la mujer de la que había nacido el Cristo encarnado.

~

«Después de esto, sabiendo Jesús que ya todo estaba cumplido, para que se cumpliera la Escritura, dijo:

»"Tengo sed".

»Había allí una vasija llena de vinagre. Sujetaron a una rama de hisopo una esponja empapada en vinagre y se la acercaron a la boca» (*Juan* 19:28-29)[17].

Referencia paralela:

«Desde la hora sexta hasta la hora nona, cubrió la oscuridad toda la tierra. Alrededor de la hora nona, clamó Jesús con fuerte voz: "¡Elí, Elí!, ¿lemá sabactaní?", esto es: "¡Dios mío, Dios mío!, ¿por qué me has abandonado?". Al oírlo, algunos de los que estaban allí decían: "Éste llama a Elías".

»Y enseguida, uno de ellos fue corriendo a tomar una esponja, la empapó en vinagre y, sujetándola a una caña, le ofreció de beber. Pero los otros dijeron: "Deja, vamos a ver si viene Elías a salvarle"» (*Mateo* 27:45-49)[18].

---

[17] *«Me han echado veneno en la comida, han apagado mi sed con vinagre»* (*Salmos* 69:22).

Compárese también con *Mateo* 27:33-34 (y su paralelo en *Marcos* 15:22-23): *«Llegados a un lugar llamado Gólgota, esto es, "Calvario", le dieron a beber vino mezclado con hiel; pero él, después de probarlo, no quiso beberlo»*. Según algunos historiadores, aquí se hace referencia a la hiel como una droga amarga utilizada para adormecer los sentidos.

[18] Compárese con otra referencia paralela que aparece en *Marcos* 15:33-36.

Mucho de cuanto habría de sucederle a Jesús, él lo sabía con antelación, mas no sólo mediante las profecías de las Escrituras, sino a través de su propia intuición y del análisis de la ley del karma que gobernaba su vida. Él había aceptado voluntariamente el papel que Dios le había pedido desempeñar. Aun así, en la cruz él mostró, sin lugar a duda, los signos de la lucha humana que libró contra los últimos tormentos y pruebas de la carne antes de entrar en el Espíritu. La humanidad de Jesús no desmerece en absoluto su grandeza; por el contrario, lo enaltece ante los ojos humanos. Además, infunde en los frágiles corazones humanos la esperanza de que, por medio del ejercicio pleno de la fuerza de voluntad sobre el cuerpo y las tentaciones corporales, el hombre puede vencer la carne y, tal como hizo Jesús, elevarse por encima del plano humano para llegar al plano divino.

La lucha que como ser humano libró Jesús en la cruz: «¡Dios mío, Dios mío!, ¿por qué me has abandonado?»

Si se argumenta que Jesús era exclusivamente divino, o Dios descendido a la tierra, entonces se llega a la conclusión de que él no sintió en verdad la agonía del sufrimiento y de la lucha en la cruz. Puesto que Dios es Espíritu puro, no podrían afectarle los tormentos de la carne, que son simples cambios oníricos en un cuerpo onírico, que ocurren en un mundo creado oníricamente por Dios. En ese caso, sería una hipocresía o un acto de ridículo dramatismo que Jesús dijese: *«¡Dios mío, Dios mío!, ¿por qué me has abandonado?»*. Si Jesús hubiese sido Dios, ¿cómo podría haberse sentido separado de Él mismo? Por otra parte, si Jesús hubiese sido un ser divino diseñado perfecto por el Creador y enviado a la tierra sólo para cumplir con un mandato ejemplar preestablecido, él únicamente habría estado interpretando un papel teatral, incluso en el momento más intenso de su sufrimiento. ¿Por qué Dios —que es el Dios de la verdad— enviaría a Jesús a representar o decir algo que fuera una simple farsa?

Un Jesús verdaderamente humano y divino que se debate contra las torturas y las tentaciones de la carne, y que mediante la poderosa fuerza del alma obtiene la victoria sobre ellas y hereda la vida eterna, constituye una fuente de inspiración y de confianza para los débiles seres humanos sujetos a innumerables tentaciones. Un Cristo divino que no se hallara expuesto a ninguna tentación y que viniese a la tierra a representar de manera mecánica un preestablecido papel de bondad asignado por el Padre Celestial no podría encender semejante chispa de esperanza en los corazones humanos. Un dios que se encuentra más allá de la mortalidad puede vencer las tentaciones porque no está sujeto a ellas en absoluto, pero ¿cómo podría esperarse lo mismo de un frágil ser de carne y hueso que se halla constantemente a merced de las tentaciones interiores y exteriores desde el comienzo mismo de su vida, sin recibir ninguna advertencia clara de parte de Dios salvo la débil voz de la difusa conciencia? Para un dios inmortal dotado de un cuerpo que no le afectara en absoluto, sería sencillo representar un papel de sufrimiento, perdón y crucifixión; sin embargo, para un simple ser humano resultaría extraordinariamente difícil vencer el odio de los demás por medio del amor y aceptar y soportar que éstos crucificasen su cuerpo sin justificación alguna.

Por medio de su naturaleza divina[19], Jesús derrotó los impulsos de la carne conjurados por la tentación satánica. En su naturaleza humana, él experimentó el terrible dolor del cuerpo debido a la influencia de la inteligencia satánica, la cual jamás aminoró sus esfuerzos por hacer que Jesús se olvidase de Dios. Por esa razón, cuando sufría intensamente en la cruz, Jesús sintió por un momento que Dios se alejaba de su conciencia y con inconmensurable dolor exclamó: *«¡Dios mío, Dios mío!, ¿por qué me has abandonado?»*.

Dios jugó con Jesús al escondite, ocultándose por un momento tras su intenso sufrimiento. Y Jesús, como un niño, que no deseaba otra cosa que a su Padre, clamó con prontitud por la reconfortante presencia del Padre. Así como un niño pequeño que va de la mano de su padre a un bosque oscuro rompe a llorar si por un instante se suelta de su mano o lo pierde de vista, lo mismo ocurrió con Jesús cuando sintió que en la oscuridad del sufrimiento se soltaba de la mano rectora de su Padre Celestial, que le había conducido a través de los densos bosques de las encarnaciones. Cuando la agonía que sentía

---

[19] Como ya se ha señalado, incluso los maestros completamente liberados se someten a cierto grado de ilusión cósmica como un requisito para encarnarse en un cuerpo físico y vivir en el mundo material. Jesús mismo había dicho que alcanzaría la unidad absoluta con el Espíritu después de abandonar su forma física: *«[...] al tercer día soy consumado»*. (Véase el comentario correspondiente en el discurso 57).

«Porque, ciertamente, no es a los ángeles a quienes tiende una mano, sino a la descendencia de Abrahán. Por eso tuvo que asemejarse en todo a sus hermanos [...]. Pues, habiendo pasado él la prueba del sufrimiento, puede ayudar a los que la están pasando» (*Hebreos* 2:16-18). En los discursos 7 y 8 del volumen I se han descrito las limitaciones que voluntariamente asumen los emisarios de Dios que descienden a la encarnación terrenal.

Jesús se volvió más intensa que su percepción interior de la presencia de Dios, él clamó angustiado: «Dios mío, ¿por qué siento este dolor más que tu presencia? ¡Ven a mí de inmediato!».

Jesús habla con Dios como el que se dirige a un ser querido: «*Dios mío, Dios mío*» (Padre mío y mi Dios). Dios es un amigo más leal para el hombre de lo que el hombre lo es para Dios. A pesar de que el ser humano ignora a Dios continuamente, Él piensa siempre en el hombre y lo ayuda, proporcionándole la capacidad de vivir, pensar, sentir y disfrutar. Dios es nuestro Pariente por antonomasia, sin el cual no podríamos amar a nuestros familiares, ni ellos a nosotros. Por lo general, la indiferencia del hombre obliga a Dios a permanecer de incógnito. Pero Él se da a conocer a sus devotos y se relaciona en forma personal con ellos, como en el caso de Jesús. Dios sale de su escondite —los deseos humanos y la insensatez del engaño cósmico— y vive en el altar de la devoción consciente del devoto. Por eso, cuando en la lacerante oscuridad del dolor físico Jesús sintió que perdía el contacto personal con Dios, oró: «Dios mío, siempre he sabido conscientemente que Tú me perteneces, ¿por qué me has abandonado?».

Esa conciencia mortal de hallarse separado de Dios era una prueba de Satanás, que pretendía hacerle caer en el engaño y que aprovechó el momento oportuno en que aparentemente Dios se había alejado para comprobar si Jesús echaba de menos al Padre. Pero tan pronto como Jesús clamó por Dios, el engaño creado por Satanás fue derrotado. Al instante, Dios se reveló a Jesús y restableció su conciencia divina, haciéndole comprender que el sufrimiento en la cruz era un engañoso sueño mental desprovisto de toda realidad intrínseca y que él era Espíritu, eternamente invulnerable al sufrimiento.

Cuando Jesús clamó por Dios, el onírico engaño satánico del sufrimiento corporal fue derrotado

Cuando una persona sueña, el sólido cuerpo físico, el luminoso cuerpo astral y el cuerpo causal o ideacional se perciben como si fuesen reales. Si el soñador despierta completamente, comprende que esas «realidades» son un sueño, el resultado de una condensación de la mente o de una materialización de la imaginación. Del mismo modo, en el sueño cósmico Jesús se encontraba atado a los cuerpos físico, astral y causal, cada uno dotado de sus instrumentos funcionales de percepción y conciencia. Sólo cuando Jesús estuvo totalmente despierto en Dios, tres días después de su crucifixión, el sueño cósmico se desvaneció por completo en la percepción de que sólo el Espíritu existe. Pero eso no eximió a Jesús de las dificultades que hubo de atravesar cuando se hallaba en la cruz onírica y bajo la influencia del sueño cósmico. En un sueño, la experiencia del dolor provoca un sufrimiento sumamente real en el soñador. Sólo cuando Jesús elevó su conciencia y alcanzó los estados de Conciencia Crística y Conciencia Cósmica, su sufrimiento en la cruz se disolvió en la bienaventuranza del Espíritu, en el regocijo de que su vida y sus tribulaciones en la tierra habían servido entonces y servirían por siempre para despertar espiritualmente a otras almas.

Dios crea primero el universo en pensamiento y luego lo materializa en un sueño; pero Él puede revertir a voluntad el sueño material y transformarlo en un universo de pensamiento puro. Los devotos que se encuentran en sintonía con Dios experimentan que el universo es, en esencia, sueño y pensamiento: un universo onírico que durante la meditación, en el éxtasis de la comunión profunda con Dios, puede contemplarse como un universo de pensamiento.

Mientras la persona que tiene pesadillas no se despierte, es imposible convencerla de que está soñando y de que sus sufrimientos no son reales; del mismo modo, a quienes se encuentran bajo la influencia de este sueño cósmico, es extremadamente difícil convencerlos de que están soñando un simple engaño. Sin embargo, si un aspirante espiritual se rodea en todo momento de buenas compañías, practica la meditación con profundidad siempre creciente, abandona los malos hábitos y busca la compañía de los santos que han alcanzado la unión con Dios —emulando sus vidas y siguiendo sus enseñanzas—, podrá despertar espiritualmente y demostrarse a sí mismo que este cosmos es un sueño. Todo aquel que viva las enseñanzas de Cristo, y mantenga intacta su divinidad cuando le crucifiquen las tentaciones y el maltrato de aquellos que no le comprenden, llegará a experimentar que el cuerpo y sus limitaciones son un engaño onírico y hallará la emancipación en Dios.

Jesús demostró que estaba preparado para abandonar el sueño del engaño cuando se negó a permitir que su percepción de Dios se desvaneciera siquiera por un instante ante el engaño de considerar que tanto el cuerpo como los dolorosos tormentos que éste sufría en la cruz eran reales. Aunque estaba dispuesto a aceptar el sufrimiento físico más intenso, Jesús no podía soportar, ni por un instante, el dolor que le ocasionaría hallarse separado de Dios. Jesús hizo ver a la humanidad entera que no importa cuán grandes sean las tentaciones y los tormentos que deba sufrir el cuerpo, si uno se aferra continuamente a Dios, con certeza recibirá la respuesta suprema del Señor y la completa emancipación. Jesús puso de manifiesto las cualidades humanas del Padre Celestial, cuando demostró que Él responde con prontitud al llamado de los corazones humanos, de igual modo que un padre terrenal se conmueve ante las súplicas de su hijo.

Dios no espera que el hombre esté totalmente libre del engaño mientras aún habite en un cuerpo humano, pero eso no constituye una excusa para entregarse a un estado de identificación con el cuerpo. Cada persona dispone en su alma del mismo poder que Dios posee para destruir el engaño; por consiguiente, no debe ceder ante las envestidas del engaño, sino resistirlas con valentía. Lo ideal es permanecer alejados de las malas influencias empleando el poder de discernimiento del alma, y comulgar habitualmente con el Ser interior para así conocer y experimentar el poder superior de la bienaventuranza del alma. La conciencia de Dios es difícil de alcanzar, pero, una vez que esa conciencia es nuestra, permanece inalterable en nosotros por toda la eternidad.

En vez de ceder a las exigencias del cuerpo, el hombre debería soportar con ecuanimidad mental cada experiencia que la vida le presente. Eso no significa que deba darle la bienvenida al sufrimiento, sino que cuando lleguen el dolor y el infortunio es preciso conservar la fortaleza mental. Aquel cuya mente alcanza la victoria comprueba que el sufrimiento deja de existir. Cuando Jesús experimentaba el engañoso sueño del cuerpo, sintió que Dios le había abandonado; pero cuando con toda la fuerza de su alma invocó la Presencia Divina, experimentó de nuevo que tanto su cuerpo como los clavos estaban hechos de energía. De ese modo, su aflicción dejó de existir: era libre. Cuanta más realidad se le adjudica al sufrimiento, mayor es el dolor; y éste no tiene fin hasta que uno trasciende ese sueño. Jesús atravesó la terrible prueba en la cruz para demostrarnos que, cuando somos uno con Dios, las experiencias de la vida terrenal no tienen más poder para afectarnos que nuestros sueños nocturnos[20].

~

20 «Las ideas de frío y calor, placer y dolor se producen por los contactos de los sentidos con sus objetos. Tales ideas están limitadas por un comienzo y un final, por lo cual son transitorias, ¡oh descendiente de Bharata! (Arjuna); ¡sopórtalas con paciencia!

»¡Oh Arjuna!: quien no se deja perturbar por ninguno de éstos (los contactos de los sentidos con sus objetos), quien permanece sereno y ecuánime ante el placer y el dolor, ¡sólo él es apto para alcanzar la inmortalidad!» *(God Talks With Arjuna: The Bhagavad Gita* II:14-15. Véase *El Yoga del Bhagavad Guita).*

«Cuando tomó Jesús el vinagre, dijo: "Todo está cumplido". E inclinando la cabeza, entregó el espíritu» (*Juan* 19:30).

Referencia paralela:

«Pero Jesús, dando de nuevo un fuerte grito, exhaló el espíritu.

»En esto, el velo del Santuario se rasgó en dos, de arriba abajo; tembló la tierra y las rocas se hendieron. [...] Por su parte, el centurión y los que con él estaban guardando a Jesús, al ver el terremoto y lo que pasaba, se llenaron de miedo y dijeron: "Verdaderamente éste era hijo de Dios".

»Había allí muchas mujeres mirando desde lejos, aquellas que habían seguido a Jesús desde Galilea para servirle. Entre ellas estaban María Magdalena, María la madre de Santiago y de José, y la madre de los hijos de Zebedeo» (*Mateo* 27:50-51, 54-56).

***

«Era ya cerca de la hora sexta, cuando se oscureció el sol y toda la tierra quedó en tinieblas hasta la hora nona. El velo del Santuario se rasgó por medio y Jesús, dando un fuerte grito, dijo: "Padre, en tus manos pongo mi espíritu". Y, dicho esto, expiró.

»Al ver el centurión lo sucedido, alababa a Dios diciendo: "Ciertamente este hombre era justo". Y toda la muchedumbre que había acudido a aquel espectáculo, al ver lo que pasaba, se volvió dándose golpes de pecho.

»Todos sus conocidos y las mujeres que le habían seguido desde Galilea se mantenían a distancia, mientras contemplaban todo aquello» (*Lucas* 23:44-49)[21].

Jesús entrega conscientemente su alma liberada al Espíritu Absoluto

Cuando Jesús dijo: «*Todo está cumplido*», él declaraba: «Mi tarea en la tierra, que se ha manifestado a través de este cuerpo llamado Jesús, está cumplida».

Mediante su instantánea percepción intuitiva, Jesús contempló el efecto general de la obra de su vida, que él había llevado a cabo por su propio libre albedrío, y la examinó para comprobar en qué medida había logrado cumplir con

[21] Compárese con otra referencia paralela que aparece en *Marcos* 15:37-41.

los deseos de su Padre Celestial. Jesús se sintió entonces satisfecho al ver que su vida y sus obras contaban con el beneplácito y las bendiciones de Dios, y que su espíritu había superado el engaño satánico y las pruebas de la carne y las del Padre Celestial. Entonces se preparó para retirar el alma del cuerpo y sumergirla en el Espíritu.

«¡Oh trascendental Dios Padre!, en tu omnipotente presencia *("tus manos")*, en la Conciencia Cósmica que existe más allá de la creación, fundo mi conciencia crística *("pongo mi espíritu")* que siento en este cuerpo y en todo el cosmos y, de esa manera, libero dicha conciencia de su ilusorio confinamiento en esta prisión corporal». Así describe Jesús su experiencia final, en la que retira no sólo su conciencia y fuerza vital del cuerpo, sino también la Conciencia Crística que había adquirido —su omnipresencia en la creación—, a fin de fundirse en la Conciencia Cósmica del Padre que está más allá de la creación.

Después de la muerte, el hombre común experimenta una especie de sueño profundo matizado por ciertas experiencias y visiones astrales que dependen de la magnitud de su buen karma. (La gente depravada experimenta pesadillas, debido a su existencia terrenal violenta y pasional). En cambio, a los devotos divinos que, como resultado de su éxito en la meditación y su devoción pura hacia el Señor, han liberado sus almas del apego a los deseos mundanos, la muerte les abre un portal a través del cual ascienden hacia la bienaventurada omnipresencia del infinito Padre trascendental.

Cuando Jesús estaba a punto de sumergir su alma en el Espíritu, la naturaleza entera se percató de este acontecimiento. Interpretado de manera simbólica, la rotura del velo del Templo significa que la vida de Jesús —espiritualmente victoriosa— rasgó el velo de misterio tras el cual se oculta la verdad absoluta. En sentido poético, podría decirse que cuando Jesús, presente de modo omnisciente tanto en el cosmos como en el Templo, abandonó su cuerpo y se perdió a la mirada física del mundo, ni siquiera el velo del Templo pudo contener la tristeza que lo embargaba: los átomos que lo formaban estallaron y abiertamente expresaron su oculto dolor; lo mismo ocurrió cuando se produjo el temblor de la tierra y el oscurecimiento del sol.

Durante su existencia terrenal, una persona común sólo es consciente del cuerpo, el cual, al desplazarse de un lugar a otro, contempla en el estado de vigilia diferentes porciones del espacio circunscrito por la materia. Sin embargo, incluso esa persona siente durante el estado de sueño el poder superior de la mente que opera en la actividad onírica, libre de las restricciones que imponen las leyes de la física, y percibe también, durante el estado de sueño profundo sin ensueños, una limitada esfera del gozo latente del alma. En contraste, una persona crística, incluso durante su existencia terrenal, puede ver a través de los ojos físicos no sólo porciones limitadas del espacio, sino que, mediante el ojo espiritual de la intuición, es capaz de ver también todo el cosmos manifestado, iluminado por la luz astral y por la Conciencia Crística, con todos los planetas y estrellas resplandeciendo como luciérnagas en la inconmensurable vastedad del espacio-tiempo.

Sin embargo, incluso un santo dotado de la Conciencia Crística está sujeto a ciertas limitaciones, en el sentido de que su percepción abarca toda la creación —el inconcebiblemente variado espectáculo de formas y fuerzas de *maya* que interactúan en la matriz cósmica de las cualidades sátvicas, rajásicas y tamásicas—, mas no el reino trascendente libre de toda vibración donde mora el Creador mismo. En el *Bhagavad Guita,* el Señor declara: «Difícil es, en verdad, trascender la influencia de mi divina hipnosis cósmica, imbuida de las tres cualidades. Sólo aquellos que toman refugio en Mí logran liberarse del poder del engaño»[22]. Jesucristo demostró el supremo cumplimiento de esta promesa divina cuando pronunció aquellas palabras: *«Padre, en tus manos pongo mi espíritu»* y elevó su alma —que había entregado a Dios— hasta el reino de la trascendencia absoluta.

Dios Padre no se halla limitado a la infinitud trascendental, sino que se encuentra simultáneamente consciente del vacío eterno que está más allá del cosmos manifestado y, también, de cada átomo y fuerza vibratoria que existe en el cosmos. Los grandes santos y maestros, al experimentar los estados trascendentes de *samadhi,* pueden comulgar con el Padre presente en toda la creación; no obstante, cuando alcanzan el estado de elevación suprema, su «comunión» consiste en la unidad con el Absoluto, tanto dentro de la creación como más allá de ella.

La Conciencia Cósmica —Dios Padre— existe en estado puro más allá de la creación entera y, en forma oculta, como la Conciencia Crística que se encuentra en toda la creación. Con el objeto de manifestar la creación, el Espíritu se divide en el Padre Creador, que trasciende la creación; el Hijo o Conciencia Crística, que se refleja dentro de la creación; y la Vibración Cósmica o Espíritu Santo, la sustancia que conforma la creación. Puesto que Dios se ha dividido a Sí mismo

[22] *God Talks With Arjuna: The Bhagavad Gita* VII:14. (Véase *El Yoga del Bhagavad Guita*).

en estos tres aspectos, así como en el cosmos y en todas sus criaturas, los seres humanos que aspiran a unirse de nuevo con Él deben primero ascender, por medio de la meditación, desde la conciencia de pluralidad a la de trinidad: Espíritu Santo, Conciencia Crística y Dios Padre. Después de eso, el devoto debe alcanzar la experiencia suprema en la que percibe la trinidad o triple manifestación de Dios como el Único Espíritu Absoluto: el siempre existente, siempre consciente y siempre renovado Gozo omnipresente.

Mientras se hallaba encarnado en un cuerpo humano, Jesús podía sentir, por medio de su Conciencia Crística, su omnipresencia en el cosmos entero, y sabía que la Conciencia Crística es un reflejo de la Conciencia Cósmica de Dios. Sin embargo, el hecho de estar encarnado en un cuerpo físico le impedía alcanzar la completa unidad con Dios Padre en su aspecto de Absoluto trascendental. Después de haber destruido mediante ciertos ritos extáticos de purificación las semillas remanentes del karma físico, astral y causal de su encarnación en los tres días que siguieron a su crucifixión, Jesús logró fundir su Conciencia Crística en la Conciencia Cósmica o Dios Padre, el Absoluto que se encuentra más allá de todas las engañosas relatividades de la manifestación vibratoria.

~

«Los judíos, como era el día de la Preparación, no querían que quedasen los cuerpos en la cruz el sábado —porque aquel sábado era muy solemne—. Así que rogaron a Pilato que les quebraran las piernas y los retiraran. Fueron, pues, los soldados y quebraron las piernas del primero y del otro crucificado con él. Pero al llegar a Jesús, como lo vieron ya muerto, no le quebraron las piernas, sino que uno de los soldados le atravesó el costado con una lanza, y al instante salió sangre y agua. El que lo vio lo atestigua y su testimonio es válido, y él sabe que dice la verdad, para que también vosotros creáis. Y todo esto sucedió para que se cumpliera la Escritura: 'No se le quebrará hueso alguno'. Y también otra Escritura dice: 'Mirarán al que traspasaron'[23].

[23] La primera referencia es de *Salmos* 34:20, y la segunda de *Zacarías* 12:10: «*Derramaré sobre la dinastía de David y sobre los habitantes de Jerusalén un espíritu de gracia y de oración; y mirarán hacia Mí. En cuanto a aquel a quien traspasaron, harán duelo por él como se llora a un hijo único, y le llorarán amargamente como se llora a un primogénito*».

»Después de esto, José de Arimatea, que era discípulo de Jesús, aunque en secreto por miedo a los judíos, pidió a Pilato autorización para retirar el cuerpo de Jesús. Pilato se lo concedió. Fueron, pues, y retiraron su cuerpo. Fue también Nicodemo —aquel que anteriormente había ido a verle de noche— con una mezcla de mirra y áloe de unas cien libras. Tomaron el cuerpo de Jesús y lo envolvieron en lienzos con los aromas, conforme a la costumbre judía de sepultar. En el lugar donde había sido crucificado había un huerto, y en el huerto un sepulcro nuevo, en el que nadie todavía había sido depositado. Allí, pues, pusieron a Jesús, porque era el día de la Preparación de los judíos y el sepulcro estaba cerca» (*Juan* 19:31-42).

Referencia paralela:

«Ya al atardecer, como era la Preparación, es decir, la víspera del sábado, vino José de Arimatea, miembro respetable del Consejo, que esperaba también el Reino de Dios, y tuvo la valentía de entrar donde Pilato y pedirle el cuerpo de Jesús. Se extrañó Pilato de que ya estuviese muerto y, llamando al centurión, le preguntó si había muerto hacía tiempo; informado por el centurión, concedió el cuerpo a José. Éste compró una sábana y lo descolgó de la cruz; lo envolvió luego en ella y lo puso en un sepulcro que estaba excavado en roca. Finalmente hizo rodar una piedra sobre la entrada del sepulcro. María Magdalena y María la de Joset se fijaron dónde lo ponían» (*Marcos* 15:42-47)[24].

---

[24] Compárese con las referencias paralelas que aparecen en *Mateo* 27:57-61 y *Lucas* 23:50-56.

Véase también *Mateo* 27:62-66, que incluye los siguientes detalles que no se relatan en los otros Evangelios:

«Al otro día, el siguiente a la Preparación, los sumos sacerdotes y los fariseos se reunieron ante Pilato y le dijeron: "Señor, recordamos que ese impostor dijo cuando aún vivía: 'A los tres días resucitaré'. Manda, pues, que quede asegurado el sepulcro hasta el tercer día, no sea que vengan sus discípulos, lo roben y digan luego a la gente: 'Ha resucitado de entre los muertos', y la última impostura sea peor que la primera". Pilato les dijo: "Tenéis una guardia. Id y aseguradlo, como ya sabéis". Ellos fueron y aseguraron el sepulcro, sellando la piedra y poniendo la guardia».

DISCURSO 75

«Y estad seguros que yo estaré con vosotros día tras día»

La resurrección de Jesús y su presencia siempre viviente

Las tres etapas de la ascensión de Jesús al Espíritu después de la muerte

❖

Jesús transmite a sus discípulos la conciencia espiritual cuando aún se encuentra en la tierra y también después de su muerte

❖

La ciencia del yoga brinda a todas las almas los métodos para resucitar y ascender en el Espíritu

❖

Las últimas instrucciones y bendiciones de Jesús a sus discípulos, y la disolución de su cuerpo material en el Espíritu

❖

La universalidad del mensaje que Jesucristo quiso que sus discípulos predicasen por el mundo entero

«Las almas liberadas como Jesús, cuya misión continúa más allá de su encarnación terrena, pueden materializar su cuerpo a voluntad [...], ya sea en el presente o incluso miles de años después de su ascensión. [...] Todo devoto sincero puede contemplarle en su aspecto de Jesucristo, o bien percibirle en su unidad con el Cristo Infinito».

El primer día de la semana fue María Magdalena de madrugada al sepulcro cuando todavía estaba oscuro, y vio que la piedra estaba retirada del sepulcro. Echó a correr y llegó donde Simón Pedro y el otro discípulo a quien Jesús quería, y les dijo: «Se han llevado del sepulcro al Señor, y no sabemos dónde lo han puesto».

Salieron Pedro y el otro discípulo, y se encaminaron al sepulcro. Corrían los dos juntos, pero el otro discípulo corrió por delante más rápido que Pedro, y llegó primero al sepulcro. Al asomarse, vio los lienzos en el suelo; pero no entró. Detrás llegó también Simón Pedro. Entró en el sepulcro y vio los lienzos en el suelo; pero el sudario que había cubierto su cabeza no estaba junto a los lienzos, sino plegado en un lugar aparte. Entonces entró también el otro discípulo, el que había llegado el primero al sepulcro; vio y creyó, pues hasta entonces no habían comprendido que, según la Escritura, Jesús debía resucitar de entre los muertos. Los discípulos, entonces, volvieron a casa.

Estaba María junto al sepulcro, fuera, llorando. Mientras lloraba se inclinó hacia el sepulcro y vio dos ángeles de blanco, sentados donde había estado el cuerpo de Jesús, uno a la cabecera y otro a los pies. Le preguntaron: «Mujer, ¿por qué lloras?». Ella les respondió: «Porque se han llevado a mi Señor, y no sé dónde lo han puesto». Dicho esto, se volvió y vio a Jesús, de pie, pero no sabía que era Jesús. Le preguntó Jesús: «Mujer, ¿por qué lloras? ¿A quién buscas?». Ella, pensando que era el encargado del huerto, le dijo: «Señor, si te lo has llevado, dime dónde lo has puesto, para que yo me lo lleve». Jesús le dijo: «María». Ella se volvió y le dijo en hebreo: «Rabbuní» —que quiere decir «Maestro»—. Replicó Jesús: «Deja de tocarme [no me toques], que todavía no he subido al Padre. Pero vete donde mis hermanos y diles: Subo a mi Padre y vuestro Padre, a mi Dios y vuestro Dios». Fue María Magdalena y dijo a los discípulos: «He visto al Señor», y les repitió las palabras que Jesús había dicho.

Juan 20:1-18

***

[Variante del relato anterior, que aparece en el Evangelio según San Lucas:]

El primer día de la semana, muy de mañana, fueron al sepulcro llevando los aromas que habían preparado. Pero encontraron que la piedra había sido retirada del sepulcro. Al entrar, no hallaron el cuerpo del Señor Jesús. No sabían qué pensar de esto, cuando se presentaron ante ellas dos hombres con vestidos resplandecientes. Asustadas, inclinaron el rostro a tierra; pero ellos les dijeron: «¿Por qué buscáis entre los muertos al que está vivo? No está aquí, ha resucitado. Recordad cómo os habló cuando estaba todavía en Galilea, cómo os decía: "Es necesario que el Hijo del hombre sea entregado en manos de los pecadores y sea crucificado, pero al tercer día resucitará"». Y ellas recordaron sus palabras.

Regresaron, pues, del sepulcro y anunciaron todas estas cosas a los Once y a todos los demás. Las que referían estas cosas a los apóstoles eran María Magdalena, Juana, María la de Santiago y las demás que estaban con ellas. Pero a ellos todas aquellas palabras les parecían desatinos, y no les creían.

Con todo, Pedro se levantó y corrió al sepulcro. Se inclinó, pero, al ver sólo los lienzos, se volvió a su casa, asombrado por lo sucedido.

Aquel mismo día iban dos de ellos a un pueblo llamado Emaús, que dista sesenta estadios de Jerusalén, y conversaban entre sí sobre todo lo que había pasado. Mientras conversaban y discutían, el mismo Jesús se acercó a ellos y se puso a caminar a su lado. Pero sus ojos estaban como incapacitados para reconocerle. Él les preguntó: «¿De qué vais discutiendo por el camino?». Ellos se pararon con aire entristecido.

Uno de ellos, llamado Cleofás, le respondió: «¿Eres tú el único residente en Jerusalén que no se ha enterado de lo que ha pasado allí estos días?». Él les dijo: «¿Qué ha ocu-

rrido?». Ellos le contestaron: «Lo de Jesús el Nazoreo, un profeta poderoso en obras y palabras a los ojos de Dios y de todo el pueblo: cómo nuestros sumos sacerdotes y magistrados lo condenaron a muerte y lo crucificaron. Nosotros esperábamos que iba a ser él quien liberaría a Israel; pero, con todas estas cosas, llevamos ya tres días desde que eso pasó. El caso es que algunas mujeres de las nuestras nos han sobresaltado, porque fueron de madrugada al sepulcro y, al no hallar su cuerpo, vinieron diciendo que incluso habían visto una aparición de ángeles que decían que estaba vivo. Fueron también algunos de los nuestros al sepulcro y lo hallaron tal como las mujeres habían dicho. Pero a él no lo vieron».

Él les dijo: «¡Qué poco perspicaces sois y qué mente más tarda tenéis para creer todo lo que dijeron los profetas! ¿No era necesario que el Cristo padeciera eso para entrar así en su gloria?». Y, empezando por Moisés y continuando por todos los profetas, les fue explicando lo que decían de él todas las Escrituras.

Al acercarse al pueblo a donde iban, él hizo ademán de seguir adelante. Pero ellos le rogaron insistentemente: «Quédate con nosotros, porque atardece y el día ya ha declinado». Entró, pues, y se quedó con ellos. Sentado a la mesa con ellos, tomó el pan, pronunció la bendición, lo partió y se lo iba dando. Entonces se les abrieron los ojos y lo reconocieron, pero él desapareció de su vista. Se dijeron uno a otro: «¿No ardía nuestro corazón en nuestro interior cuando nos hablaba en el camino y nos iba explicando las Escrituras?».

Levantándose al momento, se volvieron a Jerusalén y encontraron reunidos a los Once y a los que estaban con ellos, que decían: «¡Es verdad! ¡El Señor ha resucitado y se ha aparecido a Simón!». Ellos, por su parte, contaron lo que había pasado en el camino y cómo lo habían reconocido al partir el pan.

Estaban comentando todo esto, cuando se presentó Jesús en medio de ellos y les dijo: «La paz con vosotros». Sobresaltados y asustados, creyeron ver un espíritu. Pero él les dijo: «¿Por qué os turbáis? ¿Por qué alberga dudas vuestra

mente? Mirad mis manos y mis pies; soy yo mismo. Palpadme y pensad que un espíritu no tiene carne y huesos como veis que yo tengo». Dicho esto, les mostró las manos y los pies. Como no acababan de creérselo a causa de la alegría, y estaban asombrados, les dijo: «¿Tenéis aquí algo de comer?». Ellos le ofrecieron un trozo de pescado. Lo tomó y comió delante de ellos.

Después les dijo: «Lo ocurrido confirma las palabras que os dije cuando todavía estaba con vosotros: Es necesario que se cumpla todo lo que está escrito en la Ley de Moisés, en los Profetas y en los Salmos acerca de mí». Entonces, abrió sus mentes para que comprendieran las Escrituras, y les dijo: «Está escrito que el Cristo debía padecer y resucitar de entre los muertos al tercer día y que se predicaría en su nombre la conversión para perdón de los pecados a todas las naciones, empezando desde Jerusalén. Vosotros sois testigos de estas cosas.

»Ahora voy a enviar sobre vosotros la Promesa de mi Padre. De momento permaneced en la ciudad, hasta que seáis revestidos de poder desde lo alto».

Lucas 24:1-49

***

[Detalles adicionales que aparecen en el Evangelio según San Juan:]

Al atardecer de aquel día, el primero de la semana, los discípulos tenían cerradas las puertas del lugar donde se encontraban, pues tenían miedo a los judíos. Entonces se presentó Jesús en medio de ellos y les dijo: «La paz con vosotros». Dicho esto, les mostró las manos y el costado. Los discípulos se alegraron de ver al Señor. Jesús les dijo otra vez: «La paz con vosotros. Como el Padre me envió, también yo os envío».

Dicho esto, sopló y les dijo:

«Recibid el Espíritu Santo. A quienes perdonéis los pecados, les quedan perdonados; a quienes se los retengáis, les quedan retenidos».

Tomás, uno de los Doce, llamado el Mellizo, no estaba con ellos cuando vino Jesús. Los otros discípulos le dijeron: «Hemos visto al Señor». Pero él les contestó: «Si no veo en sus manos la señal de los clavos y no meto mi dedo en el agujero de los clavos y mi mano en su costado, no creeré». Ocho días después, estaban otra vez sus discípulos dentro y Tomás con ellos. Se presentó Jesús en medio estando las puertas cerradas, y dijo: «La paz con vosotros». Luego se dirigió a Tomás: «Acerca aquí tu dedo y mira mis manos; trae tu mano y métela en mi costado; y no seas incrédulo, sino creyente». Tomás le contestó: «Señor mío y Dios mío». Replicó Jesús:

«Porque me has visto has creído. Dichosos los que no han visto y han creído».

Jesús realizó en presencia de los discípulos otros muchos signos que no están escritos en este libro. Éstos han sido escritos para que creáis que Jesús es el Cristo, el Hijo de Dios, y para que creyendo tengáis vida en su nombre.

Juan 20:19-31

DISCURSO 75 

«Y estad seguros que yo estaré con vosotros día tras día»

La resurrección de Jesús y su presencia siempre viviente[1]

Nada es imposible para Dios ni para sus grandes devotos. En la resurrección de Jesús, nuestro Creador nos asegura que los devotos que han alcanzado la unión con Él pueden manifestar, si así lo desean, no sólo la inmortalidad del alma sino también la del cuerpo.

El drama entero de la vida de Jesús fue un testimonio de la supremacía del espíritu del hombre sobre la materia. Él se había encarnado voluntariamente en un cuerpo humano, adoptando sus limitaciones inherentes, a fin de mostrar a las almas que se encuentran cautivas de la materia cómo vencer todas las formas de engaño que les fueron impuestas por el vasto poder del Satanás Cósmico. La resurrección de Jesús demostró la consumación de esa victoria: *«y el último enemigo en ser destruido será la Muerte»*[2].

---

[1] La resurrección de Jesús se relata en los cuatro Evangelios; cada uno de ellos aporta ciertos detalles que no aparecen en los otros tres, e incluso en algunas ocasiones se contradicen. En el presente discurso se han ordenado los versículos de los cuatro Evangelios de la Biblia de forma tal que puedan leerse como una narración continua que presenta el relato de la manera más completa posible, tomando en consideración las versiones de *Mateo* 28, *Marcos* 16, *Lucas* 24 y *Juan* 20 y 21 (pero minimizando las repeticiones innecesarias).

[2] *I Corintios* 15:26. Véanse también las palabras de San Pablo acerca de Jesús en

Resucitar significa «levantarse de nuevo». ¿Qué es lo que se levanta de nuevo, y cómo? Si bien devolver la vida a un cuerpo muerto —como hizo Jesús en el caso de Lázaro— se trata en verdad de una forma de resurrección, lo que Jesús demostró después de su crucifixión fue mucho más excelso: la resurrección del alma hasta alcanzar su unidad con el Espíritu, la ascensión del alma desde su ilusorio confinamiento en la conciencia corporal hasta recobrar su innata inmortalidad y lograr la libertad eterna. Lázaro y otros cuyos cuerpos resucitaron de entre los muertos por obra de Jesús obtuvieron una nueva vida, una nueva oportunidad de avanzar espiritualmente. En cambio, la resurrección de Jesús elevó su conciencia por encima de todas las relatividades de la creación vibratoria e hizo que su Ser se fundiera en el Padre trascendental, el Espíritu Absoluto.

Después de alcanzar la unidad con el Absoluto, Jesús introdujo de nuevo su alma —que se había expandido en el Espíritu— en su cuerpo crucificado y lo inmortalizó; y luego regresó en forma física al lugar donde se encontraban sus desconsolados discípulos.

Jesús llevó a cabo esta ascensión pasando por etapas muy específicas después de su crucifixión. Él le dijo a María Magdalena, la primera discípula que lo vio en la mañana de Pascua: «*Deja de tocarme [no me toques], que todavía no he subido al Padre. Pero vete donde mis hermanos y diles: Subo a mi Padre y vuestro Padre, a mi Dios y vuestro Dios*».

Las tres etapas de la ascensión de Jesús al Espíritu después de la muerte

¿Por qué le pidió a María que no le tocara? ¿A qué se refería cuando señaló: «*todavía no he subido al Padre*»? Lo que Jesús expresa en este pasaje tiene un significado muy profundo. Él había profetizado que resucitaría después de «*tres días*» o «*al tercer día*» después de su crucifixión: «*“Destruid este santuario y en tres días lo levantaré”. […] Él hablaba del santuario de su cuerpo*»[3]. «*En tres días*» significa «en tres etapas». Jesús no estaba haciendo hincapié en que se tratara literalmente de tres días de veinticuatro horas, sino que se refería a las tres fases de manifestación

---

Hebreos 2:14-15: «*Por tanto, del mismo modo que los hijos comparten la sangre y la carne, también él las compartió, para reducir a la impotencia mediante su muerte al que tenía el dominio sobre la muerte, es decir, al diablo, y liberar a los que, por temor a la muerte, estaban de por vida sometidos a esclavitud*».

[3] *Juan* 2:19-21. Jesús también hizo numerosas profecías similares en los otros tres Evangelios.

requeridas para liberar su alma: primero, del plano físico; luego, del astral; y posteriormente, del causal o espiritual, hasta llegar a fundirse por completo en la Conciencia Cósmica del Padre. Las almas no avanzadas espiritualmente requieren numerosas encarnaciones para lograr esta meta. Pero él conocía el proceso de descenso a la carne que había sido preciso para que su alma —previamente liberada— se encarnase en la tierra como Jesús y, con ese conocimiento y poder, sólo necesitó utilizar los principios creativos que revertirían dicho proceso. De ese modo, pudo rápidamente liberar de nuevo su alma de las limitaciones físicas, astrales y causales, mediante tres logros definidos, y volvió a unirla a la omnisciencia y omnipotencia del Espíritu.

Cuando la conciencia experimenta la unidad con la Infinita Conciencia de Dios en un estado de profundo *samadhi,* mientras el alma aún reside en el cuerpo físico (o en la forma astral que envuelve el cuerpo causal después de la muerte), la trascendente conciencia extática vuelve inevitablemente a su morada corporal (física o astral, según corresponda). Asimismo, cuando Jesús entró en el estado de *mahasamadhi* —la ascensión consciente que desde el cuerpo físico efectúa en el momento de la muerte un alma que conoce a Dios—, fundió su conciencia en la bienaventurada presencia de la Conciencia Cósmica de Dios Padre y desde allí regresó al celestial atavío de su forma astral, la cual aún no había desechado. Allí, en éxtasis crístico y aplicando la suprema ciencia para la liberación del alma, comenzó con celeridad a desatar los nudos de vida y conciencia que habían hecho posible su encarnación terrenal y que a su vez eran resultado de dicha encarnación.

Expresado de manera sucinta, la naturaleza humana es una interacción de las tres *gunas* o cualidades creativas y motivadoras esenciales de la Naturaleza Cósmica, que en las escrituras de la India se denominan *sattva, tamas* y *rajas:* la modalidad positiva o elevadora, la modalidad negativa o degradante y la modalidad activadora[4]. Las semillas de las acciones del pasado —acciones que fueron estimuladas

[4] Dios Creador activa las *gunas,* que se hallan latentes en el Espíritu, para llevar a cabo la creación cósmica en sus manifestaciones espiritual, densa y activa, y en el microcosmos del hombre para manifestar los instrumentos de la conciencia, la mente y los sentidos e influenciar la expresión de éstos. (Véanse las referencias que detallan la intrincada ciencia de la acción de las *gunas,* según figuran en los comentarios de Paramahansaji sobre las principales estrofas relativas a este tema en *God Talks With Arjuna: The Bhagavad Gita*).

por estos atributos, bien sea el positivo, el negativo o el activador— permanecen sutilmente alojadas en los cuerpos astral y causal de todo el que ha muerto físicamente. Como se señala en el *Bhagavad Guita:* «Toda acción es engendrada universalmente por los atributos (las *gunas*) de la Naturaleza primordial *(Prakriti).* [...] Hallándose engañado por los atributos de la Naturaleza primordial, el ignorante precisa aferrarse a las actividades originadas por tales *gunas*»[5]. Para que el alma encarnada pueda abandonar el engañoso territorio de la Naturaleza y retornar a su unidad con la eterna bienaventuranza del Espíritu, es preciso vencer el karma sáttvico, rajásico y tamásico que ha invadido los tres cuerpos del hombre. «Las *gunas* inherentes a Prakriti —*sattva, rajas* y *tamas*— aprisionan en el cuerpo al Morador Imperecedero. [...] Habiendo trascendido las tres modalidades de la Naturaleza —las cuales dan lugar a la encarnación física—, el hombre se libera de los sufrimientos inherentes al nacimiento, la vejez y la muerte: él alcanza la inmortalidad»[6].

Cuando Jesús apareció por primera vez ante María Magdalena, había resucitado su cuerpo de la tumba, pero a pesar de ello señaló: *«Deja de tocarme [no me toques], que todavía no he subido al Padre».* Es decir, su alma no había terminado de liberarse de todas las ataduras generadas por las interacciones de las tres *gunas* que se hallaban registradas en sus cuerpos astral y causal, tras lo cual podría abandonar las limitaciones inherentes a dichos cuerpos y alcanzar la unidad con el Espíritu. Una vez que lo lograra, poseería la libertad y la omnipotencia del Espíritu que le permitiría permanecer sumergido en la Conciencia Infinita o bien asumir su forma habitual inmortalizada, que aun siendo tangible a los sentidos mortales no estaría sujeta a las restricciones inherentes a la encarnación. Hasta no haber alcanzado la total resurrección en el Espíritu, Jesús no deseaba que las vibraciones físicas —con su densa materialidad— hiciesen contacto con su forma manifestada que, inmersa en vibraciones vitatrónicas astrales, se hallaba en un estado de elevada espiritualidad. La naturaleza suprafísica del cuerpo de Jesús era tal que María, al principio, ni siquiera reconoció que se trataba de su maestro.

Con el poder de su sabiduría crística y el karma sáttvico generado mediante las acciones virtuosas y gobernadas por el libre albedrío que

---

[5] *God Talks With Arjuna: The Bhagavad Gita* III:27, 29. (Véase *El Yoga del Bhagavad Guita*).

[6] *God Talks With Arjuna: The Bhagavad Gita* XIV:5, 20. (Véase *El Yoga del Bhagavad Guita*).

había realizado en la tierra[7], Jesús destruyó los últimos rastros del residuo kármico proveniente del temor a la muerte (nacido de la carne) que había sentido cuando dijo: «*Padre mío, si es posible, que pase de mí esta copa, pero no sea como yo quiero, sino como quieres Tú*», y cuando en la cruz exclamó: «*¡Dios mío, Dios mío!, ¿por qué me has abandonado?*». La engañosa ilusión de su dolorosa muerte corporal fue tan persuasiva que por un momento Jesús perdió contacto con la realidad de que el Omnipresente Dios, su propio Padre Divino, jamás podía abandonarle. Incluso las más excelsas almas encarnadas, como Jesús, deben extinguir la debilidad metafísica que impone el engaño cósmico, por sutil que sea, antes de poder alcanzar su completa liberación en el Espíritu.

Si a una persona se la encierra bajo llave en una habitación, para sacarla de allí se precisará abrir una sola cerradura. En cambio, si a esa persona se la encierra en tres habitaciones (una dentro de otra), para liberarla será necesario abrir tres cerraduras. Cuando la muerte se presenta, el alma retira la vida y la inteligencia del cuerpo físico, pero aún permanece encerrada en los cuerpos astral y causal.

La ciencia esotérica que enseña a liberarse de los cuerpos físico, astral y causal

El alma, que anima los cuerpos astral y causal donde se halla encerrada, se introduce en el cuerpo físico a través del bulbo raquídeo, la «*boca de Dios*»[8], que se encuentra presente de manera potencial en la célula huevo que se origina en el momento de la concepción. Los instrumentos del cuerpo causal del alma (la conciencia y la inteligencia) y los instrumentos del cuerpo astral (la fuerza vital, la percepción mental y la acción) proveen de vida y energía a la forma corporal. El alma y sus cuerpos astral y causal se encuentran «anudados» al cuerpo físico a través de los siete sutiles centros cerebroespinales. Cuando la sentencia kármica de la muerte determina que el lapso de vida de una persona ha concluido, el alma encerrada en los cuerpos astral y causal se libera de esos nudos de los siete centros que la mantenían atada al cuerpo físico.

Cuando una persona común y corriente muere, su vida y su conciencia se retiran de la columna vertebral física y abandonan el cuerpo material a través del bulbo raquídeo, y permanecen en el mundo

---

[7] «Si al morir predominan en un hombre las cualidades propias de *sattva*, éste se eleva a las inmaculadas regiones en las que moran los conocedores del Más Excelso» *(God Talks With Arjuna: The Bhagavad Gita* XIV:14. Véase *El Yoga del Bhagavad Guita).*

[8] Véase el discurso 8 (volumen I).

astral, dentro de un cuerpo astral, hasta que su karma determina si debe ascender al superior mundo causal o reencarnar en el plano físico. Por su parte, el yogui que ha logrado abrir su ojo espiritual, percibe a través de él cuatro tubos o túneles concéntricos ocultos en la espina dorsal —tres de ellos vitatrónicos y uno de naturaleza magnética ideacional—, por los cuales el alma descendió primero a los cuerpos causal y astral y, finalmente, al cuerpo físico. El yogui revierte dicho descenso al conducir su alma a través de estos cuatro túneles y de siete puertas o centros secretos que obstruyen el paso y, de ese modo, el alma asciende hacia la libertad y abandona el encierro en que la mantenían sus tres cuerpos.

En el interior de la columna vertebral física se encuentra la columna astral externa o *sushumna,* con sus *nadis* astrales que se ramifican hacia el exterior y constituyen la contraparte sutil del sistema nervioso físico. Dentro del *sushumna* se halla el túnel vitatrónico llamado *vajra* y, en su interior, el túnel vitatrónico denominado *chitra.* Al pasar a través de la triple columna astral constituida por *sushumna, vajra* y *chitra,* el yogui se libera del cuerpo astral y reside entonces en un cuerpo causal —una matriz ideacional hecha de conciencia magnetizada— en el mundo causal. Al avanzar aún más, pasa a través de la «columna» causal (el canal más interno, denominado *brahmanadi*) y se libera así del cuerpo causal; esa ascensión significa dejar atrás su forma causal para unirse al Infinito Brahman o Espíritu[9].

«Alcanza al Supremo Señor Resplandeciente, ¡oh Arjuna!, aquel cuya mente, estabilizada por el yoga, permanece de manera inamovible con el pensamiento fijo en Él. En el momento de la muerte, el yogui alcanza al Supremo Señor Resplandeciente si, por medio del amor y el poder del yoga, hace que su fuerza vital penetre por completo en el entrecejo (el asiento del ojo espiritual) y fija la mente de manera inalterable en el Ser que, trascendiendo todo engaño ocasionado por la oscuridad, resplandece como el sol —el Uno cuya forma es inconcebible, más sutil que el átomo más diminuto, el Sostenedor de todo, el Gran Soberano, eterno y omnisciente—»[10].

---

[9] Para comprender más claramente la naturaleza y función de *sushumna, vajra, chitra* y *brahmanadi,* véase en *God Talks With Arjuna: The Bhagavad Gita* el comentario acerca de las estrofas I:4-6, en la sección titulada «La fisiología yóguica de los cuerpos astral y causal», y también el comentario sobre las estrofas VIII:23-26.

[10] *God Talks With Arjuna: The Bhagavad Gita* VIII:8-10. (Véase *El Yoga del Bhagavad Guita*).

Logra esta libertad trascendente el yogui que no sólo ha abierto su ojo espiritual, sino que, al incrementar su concentración, descubre el funcionamiento interior del ojo único: ha avanzado lo suficiente como para abandonar el cuerpo a través de la esfera crística azul y la puerta estrellada del ojo espiritual y ascender así a la Conciencia Cósmica. Quien no ha alcanzado dicho estado atraviesa únicamente el anillo dorado externo del ojo espiritual y abandona el cuerpo material a través del centro astral situado en el bulbo raquídeo en la base del cráneo. No obstante, la partida también puede producirse por la parte superior de la cabeza, a través del portal oculto conocido como *Brahmarandhra,* la Puerta de Brahma. Esta puerta se halla en el séptimo centro astral, el *sahasrara* o «loto de mil pétalos», situado en el cerebro. La Puerta de Brahma se encuentra cerrada en la persona común y corriente, pero se abre en quien se halla muy avanzado espiritualmente. A través de ella, se llega de modo directo a Brahma: si el devoto abandona el cuerpo de manera consciente por la abertura que se halla en el centro de la Conciencia Cósmica —el loto de mil pétalos—, asciende directamente a la región donde mora Dios Padre.

El disco dorado es la porción del ojo telescópico a través del cual se torna visible toda la creación astral. A fin de llegar al universo astral, es preciso atravesar la parte dorada del ojo espiritual. Por medio de la porción azul del ojo espiritual se revela la Conciencia Crística presente en la creación entera. Para alcanzar el universo causal es necesario atravesar la región azul del ojo espiritual. Cuando el devoto logra introducirse en la diminuta estrella del ojo espiritual de color blanco plateado, asciende entonces a través del *brahmanadi* a una región más elevada incluso que el ojo espiritual o el bulbo raquídeo y que trasciende los universos vibratorios físico, astral y causal.

En la región astral reina el Espíritu Santo o Vibración de *Om*. En la región causal está Dios Hijo o Conciencia Crística. En la infinitud sin vibraciones que existe más allá, y a la que se llega a través de la estrella del ojo espiritual, se halla la ilimitada región donde mora la Conciencia Cósmica, Dios Padre.

Con el mero uso del intelecto es imposible comprender plenamente las complejidades de las vías astrales y causales que conducen a la liberación y su correlación con el ojo espiritual. Tales complejidades se revelan de modo gradual a la percepción intuitiva del yogui mediante la práctica de *Kriya Yoga*. Lo importante es que el yogui se encuentre tan absorto en el ojo espiritual y en el divino gozo de la meditación que, cuando llegue el momento de abandonar el cuerpo, él haya aprendido, merced a las bendiciones de Dios y del gurú, cómo conducir su alma a través del ojo espiritual y de los centros espinales y escapar de la prisión corporal para dirigirse hacia la libertad en el Espíritu.

El ascenso a la liberación no es un proceso sencillo que pueda lograrse con la práctica de unas cuantas afirmaciones, oraciones o tibios intentos por meditar. Tal ascensión sólo es posible por medio de la práctica asidua de los métodos científicos que permiten penetrar en el ojo espiritual. Ningún alma, ningún santo, ningún Cristo o Buda ha resucitado —en el momento de la muerte o en el estado meditativo del *samadhi* más elevado— sin haberse introducido por esa puerta interior que conduce a la conciencia trascendente. En el instante mismo en que el yogui libera su alma de los cuerpos físico, astral e ideacional, puede fundirse con el Absoluto Sin Forma o experimentar la unidad con la Grandiosa Luz del universo. Esa Luz es la luz del Cristo Infinito, la divina esencia y sustento de toda la creación[11].

Cómo, después de ascender en el Espíritu, Jesús creó nuevamente su cuerpo que había muerto

Así pues, la resurrección no significa únicamente la resurrección del cuerpo físico, sino la ascensión del alma desde sus tres envoltorios corporales para vivir por siempre en unidad con el Espíritu que se ha manifestado como el universo entero. Cuando después de su muerte Jesús neutralizó la acción de las tres *gunas* y destruyó todas las semillas kármicas resultantes de las acciones de causa y efecto de su encarnación, ascendió de los tres cuerpos directamente al seno de Dios. Entonces dispuso de

[11] «*Brahmarandhra* [es la puerta] situada entre la creación material y la espiritual. Cuando el Ego, el hijo del hombre, llega a esta puerta, percibe la Luz Espiritual y es bautizado. Al atravesar esta puerta se eleva por encima de la creación "ideacional" de la Oscuridad o *Maya* y, adentrándose en el mundo espiritual, recibe la Luz verdadera y se transforma en el Hijo de Dios. Así el hombre, en su condición de Hijo de Dios, se libera de su esclavitud a la Oscuridad o *Maya,* y toma posesión de todos los *aiswaryas,* los poderes extraordinarios derivados de la ascesis. [...]

»De este modo, el hombre —disponiendo de los *aiswaryas,* los antes mencionados poderes extraordinarios derivados de la ascesis— comprende plenamente que el Espíritu Eterno (el Padre, la única Sustancia Real) es la Unidad, el Todo Perfecto, y que su propio Ser no es sino una mera idea que reposa sobre un fragmento de la Luz Espiritual. Al lograr esta comprensión, el ser humano abandona completamente la vana idea de la existencia separada de su propio Ser y se une al Espíritu Eterno, Dios el Padre. [...] Tal unión con Dios es *Kaivalya* [la liberación], la meta suprema del ser humano. Véase *Apocalipsis* 3:21: "*Concederé al vencedor que se siente conmigo en mi trono, pues yo también, cuando vencí, me senté con mi Padre en su trono*"» —Swami Sri Yukteswar, *La ciencia sagrada* (publicado por *Self-Realization Fellowship*).

Jesús con María Magdalena en el sepulcro

Le preguntó Jesús: «Mujer, ¿por qué lloras? ¿A quién buscas?». Ella, pensando que era el encargado del huerto, le dijo: «Señor, si te lo has llevado, dime dónde lo has puesto, para que yo me lo lleve». Jesús le dijo: «María». Ella se volvió y le dijo en hebreo: «Rabbuní» —que quiere decir «Maestro».

Juan 20:15-16

La resurrección de Jesús elevó su conciencia por encima de todas las relatividades de la creación vibratoria e hizo que su Ser se fundiera en el Padre trascendental, el Espíritu Absoluto. Después de alcanzar la unidad con el Absoluto, Jesús introdujo de nuevo su alma —que se había expandido en el Espíritu— en su cuerpo crucificado y lo inmortalizó; y luego regresó en forma física al lugar donde se encontraban sus desconsolados discípulos. [...]

Las almas liberadas como Jesús, cuya misión continúa más allá de su encarnación terrena, pueden materializar su cuerpo a voluntad en cualquier lugar de los cielos astrales o del mundo físico, y en cualquier momento, ya sea en el presente o incluso miles de años después de su ascensión. Por esa razón, Jesús pudo decir en verdad a sus discípulos: «Y estad seguros que yo estaré con vosotros día tras día, hasta el fin del mundo».

Paramahansa Yogananda

Dibujo: Heinrich Hofmann

un poder semejante al de Dios mismo. Desde ese estado supremo, Jesús podía elegir a voluntad si utilizaba de nuevo su cuerpo o lo desechaba.

Un maestro liberado como Jesús no tiene necesidad de depender del método natural de regreso a la tierra mediante el lento proceso del renacimiento y el crecimiento hasta llegar a la madurez. Cuando uno alcanza la unidad con el Espíritu, puede materializar un cuerpo e introducirse en él y luego desmaterializarlo en el momento que elija. Si una persona desciende una escalera y alguien cierra la puerta detrás de ella, dicha persona no puede volver a subir. En cambio, si posee la llave, puede subir y bajar cuantas veces lo desee. Puesto que Jesús había abierto la puerta que mantenía su alma encerrada en las formas física, astral y causal, él no sólo podía ascender a la región del Espíritu, sino también descender de nuevo a otro cuerpo. Del mismo modo que Dios formó los cuerpos de los primeros Adán y Eva como una creación especial, así también los maestros ascendidos pueden, después de elevarse por encima de los restrictivos límites de sus tres cuerpos, crear uno de los cuerpos que poseían en alguna de sus encarnaciones o remodelar el cuerpo que dejaron atrás al morir —como hizo Jesús— y volverlo inmortal. Fue así como Jesús, después de su crucifixión, pudo aparecer ante sus discípulos durante cuarenta días, materializando y desmaterializando su forma delante de ellos.

Algunas mentes racionalistas argumentan que cuando Jesús fue crucificado no murió realmente, sino que permaneció en un estado transitorio de animación suspendida y más tarde se revivió a sí mismo (o fue sacado de la tumba y reanimado por sus discípulos). Pero no fue así. En el estado de animación suspendida, el alma no abandona el cuerpo por completo; la fuerza vital permanece en la columna vertebral y en el cerebro, preservando el cuerpo, aun cuando la respiración y la actividad del corazón hayan cesado totalmente. En el momento que el alma, junto con sus cuerpos astral y causal, abandona por completo los plexos cerebroespinales, y retira tanto la inteligencia como la fuerza vital rectoras que activan las funciones especializadas de la energía vital en las células corporales, éstas comienzan a desintegrarse y se inicia en el cuerpo el proceso de descomposición[12]. Mientras el alma permanezca en el cuerpo, éste no se descompone, aun cuando cesen todas las funciones vitales observables desde el exterior.

---

[12] La energía cósmica del cuerpo opera bajo la forma de cinco corrientes especializadas, las cuales permiten que se lleven a cabo las actividades de cristalización *(prana)*, asimilación *(samana)*, eliminación *(apana)*, metabolización *(udana)* y circulación *(vyana)* del cuerpo.

Es un hecho conocido que existen diversos tipos de muerte aparente a partir de los cuales es posible la «resurrección». Sadhu Haridas, por ejemplo, como ya se mencionó con anterioridad, permaneció enterrado durante cuarenta días en un estado de trance semejante a la muerte y luego fue desenterrado y revivido[13]. Sin embargo, es absurdo sugerir que Jesús sólo se hallaba en un estado de animación suspendida. Sobre la base de mi propia experiencia espiritual, sé que después de la crucifixión Jesús abandonó su cuerpo por completo. Su vida y su conciencia se retiraron no sólo del corazón y de los músculos físicos, sino también de la columna vertebral y del cerebro. Entregó el espíritu, y el alma y la vida se retiraron totalmente de su cuerpo. El modo brutal en que su cuerpo fue crucificado —traspasado en diversos lugares, incluso en el corazón— hacía imposible que la complejamente organizada vida fisiológica permaneciera en ese cuerpo. Por eso, San Juan testimonió: *«Fueron, pues, los soldados y quebraron las piernas del primero y del otro crucificado con él. Pero al llegar a Jesús, como lo vieron ya muerto, no le quebraron las piernas, sino que uno de los soldados le atravesó el costado con una lanza, y al instante salió sangre y agua. El que lo vio lo atestigua y su testimonio es válido, y él sabe que dice la verdad, para que también vosotros creáis»*[14].

El cuerpo humano es diferente de las plantas que, si se cortan en trozos, son capaces de desarrollar una nueva planta de cada fragmento seccionado. En todos esos pedazos hay suficiente vida e inteligencia como para generar un nuevo organismo. En cambio, en el cuerpo humano la vida está sumamente centralizada en la médula oblongada. Desde esa «boca de Dios» fluyen las fuerzas vitales especializadas que se requieren para mantener en funcionamiento el cuerpo humano —que posee una compleja organización y está dotado de la inteligencia que le provee la supraconciencia del alma que reside en él—, y se distribuyen en el cuerpo a través de las dinamos secundarias de los plexos espinales y con el auxilio del conmutador subsidiario que es el corazón. Aun cuando en el estado de animación suspendida la vida se retira del corazón y demás órganos del cuerpo, si la médula o el corazón llegaran a dañarse mientras el cuerpo se encuentra en un estado de trance, la vida no podría restablecerse y se produciría la muerte.

---

[13] Véase el discurso 8 (volumen I), donde se encontrarán mayores detalles del relato acerca de Sadhu Haridas.

[14] *Juan* 19:32-35.

No es posible determinar por medios físicos si el alma ha abandonado el cuerpo, a no ser que éste se encuentre destrozado o que sus órganos vitales hayan sufrido un daño irreparable o que, como ya se mencionó antes, se haya iniciado el proceso de descomposición. Cuando dicho proceso comienza, el alma por lo general no puede regresar al cuerpo. Jesús, sin embargo, conocía plenamente la relación entre la Vida Cósmica y la vida especializada del cuerpo. Por eso, él fue capaz de resucitar a Lázaro después que el cuerpo de su discípulo había estado en proceso de descomposición durante cuatro días[15], y asegurar acerca de sí mismo: *«[...] doy mi vida para recobrarla de nuevo. Nadie me la quita; yo la doy voluntariamente. Tengo poder para darla y poder para recobrarla; ésa es la orden que he recibido de mi Padre»*[16]. Jesús pudo reconstruir su cuerpo a voluntad —después que la muerte reclamara esa forma física— sólo cuando el alma se liberó de sus tres cuerpos. Habiendo completado su ascensión en el Espíritu, poseía el poder creativo del Espíritu que le permitía dotar nuevamente de la fuerza vital especializada a su cuerpo extinto, con objeto de regenerar sus células y resucitar esa forma para que viviera y respirase una vez más.

Ahora bien, para reaparecer después de la resurrección, Jesús podía optar por resucitar su cuerpo crucificado, o bien desmaterializar esa forma y crear un nuevo cuerpo compuesto por nuevos átomos. Siendo uno con el Espíritu, él percibía su viejo cuerpo como Conciencia Infinita, una cristalización ideacional de la Luz Cósmica, una ilusión material cuya existencia se debía tan sólo a una mera oscilación del pensamiento del Creador. Una ilusión y su duplicado son exactamente iguales. La densa materia, la luz, la conciencia, todas ellas están hechas de la esencia única del Espíritu y resultan tan reales o insustanciales como el engaño de la manifestación cósmica lo permite. Para Jesús, que se hallaba unido al Espíritu, su cuerpo era sólo una imagen onírica de pensamiento maleable sujeta a los dictados de su divina voluntad. Él pudo infundir vida a esa forma espiritualizada de carne y hueso introduciendo la vida en el cuerpo a través de la boca de Dios (la médula oblongada), haciéndola descender por la columna vertebral y conduciéndola hacia el exterior en dirección a los nervios y órganos vitales. Lo hizo de manera científica, por medio de la Vibración Cósmica creativa del Espíritu Santo y de su unidad con

---

15 Véase el discurso 60, donde se explica cómo Jesús llevó a cabo esta resurrección.

16 *Juan* 10:17-18. (Véase el discurso 52, en el volumen II).

la Conciencia Crística o Inteligencia de Dios presente en cada átomo y principio creativo de la manifestación cósmica.

La ciencia médica trabaja para lograr desde el exterior la curación y reconstrucción del cuerpo, pero algunas heridas y enfermedades desafían toda curación porque los médicos no comprenden la interacción conjunta de las corrientes vitatrónicas que crean la carne y los tejidos nuevos. Sin embargo, quien controle la Vida Cósmica, así como la fuerza vital especializada, podrá conducir la Energía Cósmica inteligente hacia la forma física para reforzar y estimular las fuerzas vitales específicas del cuerpo; una vez que eso ocurre, las células comienzan a latir con vida y a reparar o desechar las células dañadas o muertas. Así lo hizo Jesús y, cuando su cuerpo se reconstruyó, pudo vivir de nuevo en su forma resucitada.

El ser humano cree que su cuerpo está constituido de materia compacta y sólida, pero en la actualidad la ciencia define el cuerpo como un conjunto de ondas de energía electromagnética. Se ha logrado desintegrar la materia hasta el nivel de los fotones. Pero ¿cuál es la diferencia entre la luz y la conciencia?; y ¿cuál es la relación entre la conciencia y el cuerpo? Descifrar estos enigmas del ser cósmico es el principal desafío que deberán enfrentar las futuras generaciones de mentes científicas de amplio criterio[17]. El cuerpo no es sino un con-

---

[17] El profesor Dr. N. C. Panda, ex decano de la Universidad de Orissa (India), escribe en su libro *Maya in Physics* (Motilal Banarsidass, Delhi, 1991): «Shankara, filósofo no dualista de la India, reconoció la conciencia de las partículas hace ya mucho tiempo, en el siglo VIII. Algunos físicos, como Evan H. Walker, especulan sobre el hecho de que los fotones puedan tener conciencia. Walker plantea lo siguiente: "Es posible que la conciencia esté asociada a todos los procesos de la mecánica cuántica [...]. Puesto que todo cuanto ocurre es, en última instancia, el resultado de uno o más eventos mecánicos cuánticos, el universo se encuentra 'habitado' por un número casi ilimitado de entidades conscientes muy diferenciadas, por lo general no pensantes, que son responsables del funcionamiento minucioso del universo". [...]

»Brahman, que es la Realidad, es Conciencia pura. [...] Esta Conciencia se refleja en *maya* y en los productos de *maya*. Como resultado de ello, todos los objetos no sensibles del universo adquieren conciencia. No existe nada, tanto a nivel macrocósmico como a nivel subatómico, ya se trate de estrellas o de fotones, que se encuentre totalmente desprovisto de conciencia. Cuando se consideran en este contexto, los protones, neutrones, neutrinos y fotones están dotados de conciencia dentro de sus respectivos límites».

Max Planck, uno de los grandes fundadores de la Física Cuántica, dijo: «Considero que la conciencia es fundamental y que la materia deriva de la conciencia. No podemos llegar más allá de la conciencia. Todo aquello acerca de lo que hablamos, todo lo que consideramos provisto de existencia, presupone la conciencia». (Citado del diario *The Observer*, Londres, 25 de enero de 1931).

glomerado de electrones y sus complementos magnéticos subatómicos que giran en el vacío del espacio. Podemos liberar esas partículas y desvanecer la ilusión de solidez, pero incluso el laboratorio más avanzado sería incapaz de reestructurar ese cuerpo. La resurrección implica reconstruir el cuerpo —una vez que se ha desintegrado— mediante el poder de la voluntad, tal como Jesús hizo aparecer y desaparecer una y otra vez su forma resucitada ante muchos de sus discípulos. Tal era el control que él tenía sobre la electricidad de todo el cosmos y de la creativa energía cósmica vitatrónica que lo conforma.

El conocimiento de que el cuerpo físico está en realidad constituido de luz divina

Dijo Jesús: *«Si tu ojo es único, todo tu cuerpo estará iluminado»**. Al conducir su conciencia a través del ojo espiritual, Jesús penetró en la realidad de que su cuerpo físico estaba constituido de luz divina —la resurrección de la carne en el Cristo Infinito y en Dios—. Cuando se medita profundamente en el ojo espiritual que se halla en nuestro interior, puede experimentarse tal estado de trascendencia: al retirar de manera consciente la fuerza vital y la conciencia de los sentidos, los músculos y los nervios, puede percibirse la sublimación del cuerpo que se disuelve en los rayos del ojo espiritual, y la conciencia de la carne adopta la consistencia de la luz. La luz del cuerpo resucita y se transforma en Luz Crística Cósmica; la mente se convierte en Conciencia Cósmica; la voluntad humana, en Voluntad Divina; la vida mortal, en Vida Eterna; el gozo del alma, en la Bienaventuranza del Espíritu.

El océano está en el fondo de todas las olas individuales. Del mismo modo, Dios se encuentra oculto tras las células de nuestro cuerpo, tras cada pensamiento, cada respiración y cada latido del corazón. Él es la Luz, y el cuerpo es un centelleo de esa Luz; las fibras que lo componen son rayos de energía radiante. Jesús comprendía esta verdad y pudo resucitar su cuerpo porque sabía que sus átomos y partículas subatómicas no eran sino radiaciones de esa Gran Luz. Puesto que tenía dominio sobre ese Infinito Poder e Inteligencia, lo condensó en energía astral vitatrónica para renovar y revitalizar las células y el sistema nervioso de su cuerpo crucificado, a fin de convertirlo en una morada adecuada en la que su alma pudiese residir nuevamente y

Tal como señaló el premio Nobel Eugene Wigner en *Symmetries and Mysteries* (MIT Press, Cambridge, Massachussets, 1970): «La inclusión formal de la conciencia en la física bien podría convertirse en el rasgo fundamental de todo nuevo avance en nuestra comprensión científica». *(Nota del editor).*

cumplir así la misión que su Padre le había encomendado de ofrecer al mundo la divina demostración de la resurrección.

En la India, desde los albores de las eras superiores, los yoguis de elevada estatura espiritual han comprendido plenamente la resurrección. Jesús mismo era un yogui que tenía conocimiento y dominio sobre la ciencia espiritual de la vida y la muerte, el arte de comulgar con Dios y alcanzar la unión con Dios, pues conocía el método para liberarse del engaño y llegar al reino de Dios. Jesús mostró en su vida y en su muerte que poseía total dominio del cuerpo y de la mente, así como de las a menudo recalcitrantes fuerzas de la naturaleza. Entendemos la resurrección en su verdadera dimensión cuando llegamos a comprender la ciencia del yoga, que con toda claridad define los principios subyacentes que utilizó Jesús para resucitar su cuerpo crucificado y conducirlo a la libertad y la luz de Dios.

Los maestros de la India han comprendido y demostrado la resurrección del cuerpo

Existen en la India casos legendarios de maestros que conocían a Dios y que pudieron resucitar su cuerpo después de la muerte. El reverenciado maestro medieval Kabir tenía un grupo de devotos seguidores entre los que había tanto discípulos hindúes como musulmanes. Se cuenta que cuando murió se produjo una disputa que enfrentaba a sus discípulos en relación con los ritos funerarios que debían celebrarse. Los hindúes argumentaban que correspondía entregar el cuerpo a los ritos ceremoniales de la cremación, en tanto que los musulmanes insistían en cumplir con su tradición de enterrarlo. Tales desacuerdos afligieron tanto a su maestro que, rompiendo el supremo voto de silencio posterior a la muerte, se levantó y, en tono de reproche y asegurándoles que contaban con su presencia siempre viviente, dijo a sus discípulos: «La mitad de mis despojos serán enterrados de acuerdo con los rituales islámicos, y la otra mitad será incinerada de acuerdo con los ritos hindúes». Cuando los discípulos levantaron la mortaja que cubría la forma de Kabir, descubrieron que su maestro había hecho desaparecer su cuerpo y en su lugar había dejado un ramo de flores. Obedientemente, la mitad de las flores fue incinerada por los hindúes, y la otra mitad, sepultada por los musulmanes.

En los tiempos modernos, relatos de testigos fidedignos dan testimonio de que el Yogavatar Lahiri Mahasaya abandonó su cuerpo en forma consciente ante un grupo de devotos en Benarés y, luego, apareció de nuevo físicamente en tres ciudades diferentes un día después de la cremación del cuerpo que había desechado[18]. Yo mismo fui bendecido con la visita de mi gurú resucitado, Sri Yukteswarji, quien apareció ante mí en carne y hueso más de tres meses después de su fallecimiento en 1936[19]. Otros maestros, como es el caso de Mahavatar Babaji, optan por conservar su cuerpo por tiempo indefinido para un mejor cumplimiento de su servicio a la humanidad, pero su inmortalidad terrenal sólo le es revelada a unos cuantos elegidos que se hallan muy avanzados espiritualmente. Mahavatar Babaji, cuya alma alcanzó la completa redención en el Espíritu, trabaja para la elevación del mundo tanto en una omnipresente unión con el Dios Infinito como en el cuerpo finito individual en que reside.

La forma divinamente manifestada en que Jesús apareció después de su resurrección

Así como en el elevado estado de *nirvikalpa samadhi* el alma experimenta su perfecta unidad con el Espíritu sin perder su individualidad, así también Jesús resucitado, después de ascender desde su confinamiento en los cuerpos físico, astral y causal para fundirse con la Conciencia Cósmica —cuyo cuerpo es el Infinito—, manifestó la forma de Jesús sin separarse del Espíritu, es decir, como el Infinito que se ha convertido en Jesús y en todas las almas individualizadas y en toda manifestación. En su unidad con el Espíritu y por medio de la Conciencia Infinita, él percibía que su cuerpo Jesús y los cuerpos de todos los demás seres representaban su papel en el drama onírico del Cosmos y poseían la forma y yoidad que el poder de la ilusión cósmica les asignaba, mas en ellos ya no se ocultaba la conexión existente entre el sueño de Dios y el sueño personalizado de la existencia individual. Al transmutar su conciencia en la conciencia de Dios, él logró modificar el sueño de su cuerpo crucificado, reemplazándolo por una forma onírica reconstruida y resucitada en el sueño cósmico de Dios.

Aunque después de su resurrección Jesús regresó y estuvo con sus discípulos durante cuarenta días, en los cuales reaparecía en el cuerpo físico que les era tan familiar, el hecho de que su forma carnal fuera una manifestación divina impidió que sus seguidores le reconocieran fácilmente[20]. Su cuerpo resucitado conservaba en efecto su

[18] Este relato se encuentra en *Autobiografía de un yogui,* capítulo 36.

[19] Véase *Autobiografía de un yogui,* capítulo 43, «La resurrección de Sri Yukteswar».

[20] Compárense *Lucas* 9:29 y *Mateo* 17:2 (discurso 45, volumen II). En el camino a Emaús, a dos discípulos *«se apareció, bajo otra figura»* (*Marcos* 16:12). De modo

acostumbrada solidez, aun cuando durante esos cuarenta días él disolvió reiteradamente sus átomos en la Luz Cósmica —*«desapareció de su vista»*— y en otras ocasiones lo materializó de nuevo ante sus asombrados discípulos: *«Estaban comentando todo esto, cuando se presentó Jesús en medio de ellos». «Se presentó Jesús en medio estando las puertas cerradas, y dijo: "La paz con vosotros"».*

Al reunirse nuevamente con los apóstoles, en la noche del día de su resurrección, Jesús comió con ellos un trozo de pescado, un acto que confirmaba que su cuerpo físico era real. De ese modo mantuvo la promesa que les había hecho durante la Última Cena: *«Porque os digo que ya no volveré a comerla hasta que halle su cumplimiento en el Reino de Dios»*, es decir, hasta que se cumpliese la profetizada culminación de su vida —su crucifixión y resurrección— y él se liberase por completo en la inmortalidad de la Conciencia Cósmica del Padre.

«Entonces, abrió sus mentes para que comprendieran las Escrituras». Desde su propia conciencia omnisciente, Jesús transmitió a sus discípulos el despertar de la percepción intuitiva del alma. Del mismo modo en que un hombre rico puede compartir sus riquezas con aquellos que considera dignos de recibirlas, así también los grandes maestros que poseen abundancia espiritual pueden, por la sola gracia divina, ampliar la capacidad de percibir a Dios que poseen sus fieles discípulos. Jesús ya lo había demostrado durante su encarnación, cuando impartió a los apóstoles el *«poder para expulsar a los espíritus inmundos y para curar toda enfermedad y toda dolencia»*[21]. Después de su resurrección, los bautizó espiritualmente de nuevo con el Poder Vibratorio Cósmico de *Om: «Sopló y les dijo: "Recibid el Espíritu Santo"».*

Jesús transmite a sus discípulos la conciencia espiritual cuando aún se encuentra en la tierra y también después de su muerte

Los maestros liberados carecen de trabas en la omnipresencia del Infinito y poseen plena capacidad para derramar sus bendiciones incluso después de la muerte física. El contacto con Jesús en su forma resucitada no sólo confirió a sus discípulos el sublime bautismo en la Luz del Espíritu, sino que también les aseguró que continuarían recibiendo

---

similar, los seguidores de Lahiri Mahasaya que contemplaron al Yogavatar después de su muerte aseveraron que su forma resucitada, aunque idéntica a la que habían conocido, se veía «más joven y más radiante» (*Autobiografía de un yogui,* capítulo 36).

[21] *Mateo* 10:1. (Véase el discurso 40, en el volumen II).

más gracia el día de Pentecostés después de su partida: *«Ahora voy a enviar sobre vosotros la Promesa de mi Padre. De momento permaneced en la ciudad, hasta que seáis revestidos de poder desde lo alto»*[22].

En la medida en que la conciencia de los discípulos permaneciese inmersa en la Vibración de *Om* presente en el Espíritu Santo, estarían ellos capacitados para servir como canales a través de los cuales Cristo podría impartir ese bautismo o iniciación a otras personas, aligerando o eliminando la esclavitud a la que se hallaban sometidos por causa de su mal karma: *«A quienes perdonéis los pecados, les quedan perdonados»*.

Su discípulo Tomás no estaba presente la primera vez que Jesús apareció ante los discípulos reunidos y se mostraba reacio a admitir la resurrección de Jesús sin la prueba de su experiencia personal. Cuando tuvo esa oportunidad ocho días más tarde, el Maestro le dijo: *«Porque me has visto has creído. Dichosos los que no han visto y han creído»*[23]. A pesar de que la expresión «Tomás el incrédulo» se emplea proverbialmente en tono de censura, debe tomarse en consideración que en otras oportunidades Jesús elogió el elevado estado de conciencia que Tomás había alcanzado[24]. Los seguidores de todos los caminos espirituales deberían comprender que si la duda se aplica constructivamente, puede mantener a las verdaderas religiones libres de la superstición del dogma y del fanatismo de las creencias ciegas. La religión debe considerarse como una ciencia, y es apropiado someterla a la prueba de la experiencia. En la India, los *rishis* utilizaron durante milenios, a la manera de científicos espirituales, la capacidad de razonamiento y de observación, así como la investigación sistemática para arribar a pruebas concluyentes y reproducibles sobre las

---

[22] Véase *Hechos* 2:1-21 (discurso 70).

[23] En una ocasión, Lahiri Mahasaya le pidió a Mahavatar Babaji que se materializara para satisfacer la curiosidad de algunos de sus amigos. Babaji reprendió a su discípulo: «Lahiri, ¿es que me llamas por una bagatela? —La mirada del Maestro era severa—. La verdad es para los buscadores sinceros, no para quienes son movidos sólo por una vana curiosidad. Es muy fácil creer cuando uno ve; no se requiere, entonces, de búsqueda espiritual alguna. La verdad suprasensorial merecen descubrirla quienes logran vencer su natural escepticismo materialista». (Véase *Autobiografía de un yogui,* capítulo 34).

[24] «Puesto que has bebido y te has embriagado del pozo que bulle, que yo mismo he excavado» (*Evangelio de Tomás,* versículo 13; citado de la obra de Antonio Piñero y col., *Textos gnósticos: Biblioteca de Nag Hammadi* Vol. II [Trotta, Madrid, 1999]). Véase la nota al pie de la página XXXI en la Introducción (volumen I). Perduran hasta la actualidad los relatos acerca de los viajes y obras divinas que llevó a cabo Tomás durante los años que, hasta su muerte, estuvo en el sur de la India. *(Nota del editor).*

verdades divinas. Cuando la religión se aborda de manera científica, la creencia logra madurar y se convierte en percepción espiritual: el conocimiento directo adquirido a través de la intuición del alma que, incluso a aquellos *«que no han visto»*, les confiere la bendita certeza de una fe inquebrantable, que es independiente de los sentidos físicos.

Pocos comprendieron la resurrección de Jesús, y una gran mayoría no creyó en ella, aun cuando él apareció en forma visible ante cientos de personas y no sólo ante sus discípulos cercanos[25]. En aquellos días, la gente sólo pudo entender que Jesús había muerto y que después estaba vivo, pero no comprendían el arte y la ciencia de la ascensión y resurrección tal como se define en las inmemoriales escrituras del Yoga. Ninguna otra ciencia ha descrito en detalle el descenso del alma —la conciencia individualizada de Dios— hasta encarnarse en el hombre, y su ascenso evolutivo y espiritual para regresar al Espíritu. Después de hallarse perdida durante las épocas oscuras, la ciencia del *Kriya Yoga* ha resurgido en la época moderna como un método específico para acelerar la evolución espiritual de la conciencia humana y abrir el camino cerebroespinal interior de la ascensión, que permite liberar el alma a través del ojo espiritual y conducirla al reino del Espíritu Santo, la Conciencia Crística y la Conciencia Cósmica de Dios Padre.

La ciencia del yoga brinda a todas las almas los métodos para resucitar y ascender en el Espíritu

La vida y conciencia de una persona común y corriente se encuentra tan atada a las sensibilidades y apegos de la carne que no puede comenzar a ascender de la engañosa ilusión del cuerpo excepto al dormir o hasta que la muerte destruye la prisión corporal. Cuando el ser humano se sumerge cada noche en el estado subconsciente que subyace a la conciencia externa de vigilia, se eleva de modo parcial —mas no lo suficiente— de su identificación con el cuerpo. En el estado de sueño profundo sin ensueños, alcanza a tocar la frontera con la supraconciencia, pero al despertar regresa de nuevo a la tumba corporal. Al morir, se asciende un poco más, pero —al igual que en el caso del sueño— la liberación del sepulcro del cuerpo es involuntaria y sólo temporal. El ser humano debe encarnarse una y otra vez, hasta acabar con la fascinación que ejercen los deseos y apegos de la existencia física. ¿Por qué no aprender a trascender la identificación con el cuerpo de manera consciente y para siempre? Mediante la ciencia del yoga (la ciencia de

[25] *I Corintios* 15:6.

la unión con Dios) —más específicamente la técnica de *Kriya Yoga,* que es la aplicación precisa de dicha ciencia—, los maestros de la India han proporcionado la llave que conduce a la resurrección, la llave para alcanzar el reino de Dios.

Aquel que domina la técnica de *Kriya Yoga* vence la muerte al llevar su alma de modo consciente y a voluntad más allá de la identificación con el cuerpo físico y, luego, retornar una vez más a la conciencia de la forma mortal. Mediante este proceso, el practicante de *Kriya* experimenta el cuerpo sólo como el lugar de residencia material del alma, donde permanece el tiempo que desee; y una vez que el cuerpo ha cumplido su vida útil, él puede abandonarlo de forma voluntaria —sin sufrir el dolor físico o mental causado por el apego— y regresar a su hogar omnipresente en Dios.

Dijo San Pablo: *«Os aseguro, por nuestro regocijo en Jesucristo [...], que muero diariamente»**[26]. San Pablo conocía la técnica de *Kriya Yoga* u otra similar. Mediante esta técnica de ascensión, él retiraba la fuerza vital y la conciencia del cuerpo y entraba en el estado de bienaventuranza *(«regocijo»)* de la Conciencia Crística. En el estado de meditación trascendente, él podía experimentar a diario el estado de muerte consciente en que el alma logra desechar tanto la conciencia corporal como la inquietud y actividad física y mental del cuerpo, mientras que la respiración y los latidos del corazón disminuyen hasta llegar a un mínimo o cesar por completo. Después de dominar el estado supraconsciente en el que se suspende la respiración, el alma puede ascender por la espina dorsal y establecer contacto con la Conciencia Crística, para regresar luego al cuerpo, gracias a que, a voluntad, es capaz de conectar o desconectar la fuerza vital tanto de la actividad corporal como de los sentidos externos. El devoto que por medio de la meditación diaria trasciende de ese modo la conciencia del cuerpo puede decir con San Pablo: *«Muero diariamente»* («a diario resucito»), y con certeza conservará la conciencia cuando la muerte se presente y su alma ascienda desde el plano del cuerpo hasta el gozo celestial del estado que sobreviene a la muerte.

Tarde o temprano, todos los seres humanos deberán ascender para liberar el alma y conducirla, después de la muerte, al reino divino de la conciencia superior, y desde allí hasta su origen en la Infinitud del Espíritu. Existe únicamente un camino a la salvación y ese camino es

---

[26] *I Corintios* 15:31.

la comunión con Dios. Para ello no sólo se requiere dedicación y constancia en la práctica de los métodos esotéricos de meditación para trascender el cuerpo, sino también la aplicación de los principios crísticos relativos al comportamiento moral y espiritual —tan esenciales como la meditación— los cuales proveen los cimientos para perfeccionar, sostener y consolidar los logros del devoto en la meditación. Los pasos fundamentales de la ciencia del yoga denominados *yama* y *niyama* por Patanjali en sus *Yoga Sutras* y las cualidades del alma del devoto que avanza en su sendero hacia Dios tal como las estableció Sri Krishna en el *Bhagavad Guita*[27] se fusionan e iluminan armoniosamente el sendero de perfección crística que enseñó Jesús en el Sermón del Monte y en otros de sus discursos. Estos emisarios de Dios proclaman al unísono que el camino a la ascensión consiste en amar a todos, olvidándose de uno mismo al prestar servicio desinteresado y ayudar a la elevación espiritual de los demás; desprenderse del apego a los sentidos, a las posesiones y a las emociones que mantienen al hombre cautivo del cuerpo y del ego (la ira, el temor, la lujuria, la codicia); amar a Dios en forma suprema y meditar tan profundamente que uno pueda entrar a voluntad en el éxtasis de la supraconciencia —el portal a través del cual se alcanzan los estados finales de ascensión en la Conciencia Crística *(Kutastha Chaitanya)* y en la Conciencia Cósmica *(Sat-Chit-Ananda)*.

Practica los preceptos de los grandes maestros; no te limites a recitar lo que ellos han dicho, pues de ese modo insultarías su ofrecimiento de prodigarte el don de la liberación. El devoto aspirante debe comportarse de modo crístico y ser constante en la práctica de la meditación profunda para lograr trascender el ser físico, el ser astral y el caparazón de conciencia que lastran su alma, y encontrar así la gozosa resurrección en el Espíritu.

---

[27] «La ausencia de temor, la pureza de corazón, la perseverancia en adquirir la sabiduría y en practicar el yoga, la caridad, el dominio de los sentidos, la realización de los ritos sagrados, el estudio de las escrituras, la autodisciplina, la rectitud; la no violencia, la veracidad, el estar libre de ira, la renunciación, la serenidad, el no difamar, la compasión por todas las criaturas, la ausencia de codicia, la amabilidad, la modestia, la ausencia de inquietud; el esplendor de carácter, la misericordia, la paciencia, la pulcritud, el no odiar, la ausencia de vanidad: estas cualidades constituyen la riqueza de una persona inclinada hacia lo divino» *(God Talks With Arjuna: The Bhagavad Gita* XVI:1-3. Véase *El Yoga del Bhagavad Guita)*.

El *yama* y el *niyama* citados por Patanjali en los *Yoga Sutras* II:30 y 32 consisten en abstenerse de hacer daño y de robar, la veracidad, el control de la fuerza sexual, la ausencia de codicia, la pureza de cuerpo y mente, el contentamiento en toda circunstancia, la autodisciplina, la introspección (contemplación) y la devoción a Dios.

Después de esto, se manifestó Jesús otra vez a los discípulos a orillas del mar de Tiberíades. Se manifestó de esta manera. Estaban juntos Simón Pedro, Tomás, llamado el Mellizo, Natanael, el de Caná de Galilea, los de Zebedeo y otros dos de sus discípulos. Simón Pedro les dijo: «Voy a pescar». Le contestaron ellos: «También nosotros vamos contigo». Fueron y subieron a la barca, pero aquella noche no pescaron nada.

Cuando ya amaneció, estaba Jesús en la orilla; pero los discípulos no sabían que era Jesús. Les preguntó Jesús: «Muchachos, ¿no tenéis nada que comer?». Le contestaron: «No». Él les dijo: «Echad la red a la derecha de la barca y encontraréis». La echaron, pues, y no conseguían arrastrarla por la gran cantidad de peces. El discípulo a quien Jesús amaba dijo entonces a Pedro: «Es el Señor». Cuando Simón Pedro oyó «es el Señor», se vistió —pues estaba desnudo— y se lanzó al mar. Los demás discípulos vinieron en la barca, arrastrando la red con los peces, pues sólo distaban de tierra unos doscientos codos.

Nada más saltar a tierra, vieron preparadas unas brasas y un pez sobre ellas, y pan. Jesús les dijo: «Traed algunos de los peces que acabáis de pescar». Subió Simón Pedro y sacó la red a tierra, llena de peces grandes: ciento cincuenta y tres. Y, aun siendo tantos, no se rompió la red. Jesús les dijo: «Venid y comed». Ninguno de los discípulos se atrevía a preguntarle: «¿Quién eres tú?», pues sabían que era el Señor. Vino entonces Jesús, tomó el pan y se lo dio; y de igual modo el pez. Ésta fue ya la tercera vez que Jesús se manifestó a los discípulos después de resucitar de entre los muertos.

Después de haber comido, preguntó Jesús a Simón Pedro: «Simón, hijo de Juan, ¿me amas más que éstos?». Respondió él: «Sí, Señor, tú sabes que te quiero». Jesús le dijo: «Apacienta mis corderos». Volvió a preguntarle por segunda vez: «Simón, hijo de Juan, ¿me amas?». Respondió él: «Sí, Señor, tú sabes que te quiero». Le dijo Jesús: «Apacienta mis ovejas». Insistió por tercera vez: «Simón, hijo de Juan, ¿me quieres?». Se entristeció Pedro de que le preguntase por tercera vez «¿Me

quieres?» y le dijo: «Señor, tú lo sabes todo; tú sabes que te quiero». Le dijo Jesús: «Apacienta mis ovejas. En verdad, en verdad te digo que, cuando eras joven, tú mismo te ceñías e ibas adonde querías; pero cuando llegues a viejo, extenderás tus manos y otro te ceñirá y te llevará adonde tú no quieras».

Con esto indicaba la clase de muerte con que iba a glorificar a Dios. Dicho esto, añadió: «Sígueme».

Pedro se volvió y vio que les seguía el discípulo a quien Jesús amaba, que además durante la cena se había recostado en su pecho y le había preguntado: «Señor, ¿quién es el que te va a entregar?». Viéndole Pedro, preguntó a Jesús: «Señor, y éste, ¿qué?». Jesús le respondió: «Si quiero que se quede hasta que yo venga, ¿qué te importa? Tú, sígueme». Corrió, pues, entre los hermanos la voz de que este discípulo no moriría. Pero Jesús no había dicho a Pedro «No morirá», sino «Si quiero que se quede hasta que yo venga».

Éste es el discípulo que da testimonio de estas cosas y que las ha escrito, y nosotros sabemos que su testimonio es verdadero.

Hay además otras muchas cosas que hizo Jesús. Si se pusieran por escrito una por una, pienso que ni todo el mundo bastaría para contener los libros que se escribieran.

Juan 21:1-25

[Las últimas palabras que Jesús dirigió a sus discípulos y su ascensión al cielo, según los Evangelios de San Mateo y San Marcos:]

Por su parte, los once discípulos marcharon a Galilea, al monte que Jesús les había indicado. Al verlo, lo adoraron, si bien algunos dudaron. Jesús se acercó a ellos y les habló así: «Me ha sido dado todo poder en el cielo y en la tierra. Id, pues, y haced discípulos a todas las gentes, bautizándolas en el nombre del Padre y del Hijo y del Espíritu Santo, y enseñándoles a guardar todo lo que yo os he mandado. Y estad seguros que yo estaré con vosotros día tras día, hasta el fin del mundo».

Mateo 28:16-20

Luego les dijo: «Id por todo el mundo y proclamad la Buena Nueva a toda la creación. El que crea y sea bautizado, se salvará; el que no crea, se condenará. Éstos son los signos que acompañarán a los que crean: en mi nombre expulsarán demonios, hablarán en lenguas nuevas, agarrarán serpientes en sus manos y, aunque beban veneno, no les hará daño; impondrán las manos sobre los enfermos y se pondrán bien».

Con esto, el Señor Jesús, después de hablarles, fue elevado al cielo y se sentó a la diestra de Dios.

Ellos salieron a predicar por todas partes. El Señor colaboraba con ellos y confirmaba la Palabra con los signos que la acompañaban.

Marcos 16:15-20

La conciencia trascendente e inmanente de Jesús resucitado era absolutamente divina, aun cuando habitaba un cuerpo visible en la tierra. Puesto que Jesús era uno con el Soñador Infinito del onírico drama cósmico, podía superponer su presencia a las escenas oníricas que se proyectaban y representaban en la pantalla de las experiencias que la conciencia de cada uno de sus discípulos compartía: la barca, el agua y la abundante cantidad de peces que atrajo hacia la red constituían para él imágenes de la conciencia onírica que él podía manipular a voluntad para interactuar de nuevo con sus discípulos en su forma terrenal. Jesús era el mismo y, sin embargo, enigmáticamente no lo era, razón por la cual sus perplejos discípulos *«no sabían que era Jesús»* hasta que repitió el milagro que había llevado a cabo en su primer encuentro, al colmar de peces sus redes vacías. Incluso entonces, cuando Jesús los invitó a cenar con él, las vibraciones extremadamente refinadas de su forma resucitada les resultaban desconcertantes, pero *«ninguno de los discípulos se atrevía a preguntarle: "¿Quién eres tú?", pues sabían que era el Señor»*.

Las últimas instrucciones y bendiciones de Jesús a sus discípulos, y la disolución de su cuerpo material en el Espíritu

Después de la cena, Jesús se ocupó de asuntos pendientes relativos a Pedro. La noche anterior a su crucifixión, Jesús había profetizado que Pedro, sucumbiendo a debilidades kármicas interiores y a la tentación del engaño, negaría tres veces su vínculo con Jesús: *«Pero yo he rogado por ti, para que tu fe no desfallezca. Y tú, cuando hayas vuelto, confirma a tus hermanos»*. Ahora, en esta conmovedora escena en la costa del mar de Galilea (Tiberíades) y en un acto que confirmaba definitivamente que le había bendecido con su intercesión, Jesús le pidió tres veces a Pedro que reafirmara su amor por su Maestro y su dedicación para respaldar la misión del Buen Pastor de almas: *«Apacienta mis ovejas»*. Y cuando su discípulo respondió afirmativamente, Jesús reforzó tres veces la fe de Pedro, que lo sostendría cuando llegase la hora de su persecución.

Las palabras que Jesús dirigió a Pedro —*«cuando llegues a viejo, extenderás tus manos y otro te ceñirá y te llevará adonde tú no quieras»*— predecían el martirio de Pedro. En cambio, acerca de Juan él dijo: *«quiero que se quede hasta que yo venga»*. Juan debía hacer una contribución singular en la misión de Jesús. Con respecto al destino de los Apóstoles, se relata que mientras la mayoría de ellos sufrió el martirio, Juan sobrevivió milagrosamente a las persecuciones y, por último, se retiró a la isla de Patmos donde vivió hasta edad avanzada. Allí escribió el Apocalipsis, un libro poblado de vívidas imágenes donde describe su propia realización personal de las enseñanzas esotéricas de Jesús que, una vez descifradas las metáforas que encierra, concuerda totalmente con la antigua ciencia del Yoga: la ciencia de la meditación y de la unión con Dios.

Según los Evangelios de San Mateo y San Marcos, en sus últimas instrucciones a los Apóstoles Jesús hizo hincapié en el papel que desempeñarían en la obra de salvación que él había puesto en marcha: *«Id, pues, y haced discípulos a todas las gentes, bautizándolas en el nombre del Padre y del Hijo y del Espíritu Santo, y enseñándoles a guardar todo lo que yo os he mandado. Y estad seguros que yo estaré con vosotros día tras día, hasta el fin del mundo»*. Y también: *«El que crea y sea bautizado, se salvará; el que no crea, se condenará»*. Es decir, toda persona, sea cual sea su raza o nacionalidad, que *«crea»* (que haya adquirido el conocimiento a través de su propia comunión con Dios) y reciba el bautismo espiritual de inmersión en la Vibración Cósmica del Espíritu Santo —el gran Confortador u *Om,* que eleva el alma a la Conciencia Crística (el *«Hijo»*) y a la Conciencia Cósmica (el *«Padre»*)— *«se salvará»*. Pero todo el que se aferre a la ignorancia y de ese modo impida la entrada del poder redentor se condenará a sí mismo a permanecer en el «infierno» del sufrimiento que es inherente a la conciencia material.

Jesús declaró también que aquellos que guarden los sagrados preceptos de la verdad eterna, como él había mandado, estarán en sintonía con el Cristo Infinito y de ese modo comprobarán que él se encuentra siempre junto a ellos, *«hasta el fin del mundo»*. Puesto que Jesús se halla unido a la Inteligencia Crística eternamente omnipresente en la creación, su guía y protección continuará acompañando a los discípulos que se mantengan en sintonía con él, en tanto exista el cosmos manifestado.

Jesús además prometió que quienes comulgasen con la Conciencia Crística a través de la Vibración Cósmica del Espíritu Santo —*«en mi nombre»*— tendrían poder sanador para expulsar a los demonios del engaño satánico y de la enfermedad, tanto de sí mismos como de otras personas. *«Agarrarán serpientes en sus manos»* significa que, si permanecen *«en mi nombre»* —en la sagrada Vibración de *Om* imbuida de Cristo—, podrán hallar su propia ascensión suprema al elevar la sutil «fuerza serpentina» de *kundalini* a través de los centros astrales despiertos de la columna vertebral y el cerebro hasta alcanzar la conciencia de Dios. Quienquiera que experimente la unión con el Espíritu puede demostrar que es inmune a todo *«veneno»*, pues es capaz de transformar las vibraciones dañinas en vibraciones benignas y neutras.

Jesús luego dio cumplimiento a una profecía que les había hecho a sus discípulos con anterioridad sobre que verían *«al Hijo del hombre subir adonde estaba antes»*[28]. Después de haber pronunciado su discurso final, *«fue elevado al cielo»*, disolviendo su cuerpo (el *«Hijo del hombre»*) en la inefable y omnipresente Conciencia Crística *«a la diestra de Dios»* —la principal Inteligencia activa en la creación, la Inteligencia del Padre que se refleja en la creación manifestada.

«Hay además otras muchas cosas que hizo Jesús. Si se pusieran por escrito una por una, pienso que ni todo el mundo bastaría para contener los libros que se escribieran». Así concluye Juan —el amado discípulo— su Evangelio. Al leer estas palabras, sonrío con un comprensivo entendimiento que surge de mis propios intentos por elaborar una crónica de los hechos de los maestros crísticos. Tal como expresé en mi autobiografía: «Al registrar las vidas de Babaji, Lahiri Mahasaya y Sri Yukteswar, he considerado preferible omitir ciertos relatos milagrosos, los cuales no podría incluir sin escribir simultáneamente un volumen explicativo de la más abstrusa filosofía». En el presente comentario del Nuevo Testamento, y sobre todo en mi interpretación de la ciencia del yoga en el *Bhagavad Guita,* he procurado no sólo exponer un panorama más completo de las leyes metafísicas en que se basan los milagros que realizaron estos yoguis crísticos, sino esclarecer en particular los principios esotéricos y las técnicas de salvación que ellos enseñaron a sus discípulos —y que en los Evangelios o en el *Guita* apenas se dejan entrever o se presentan como metáforas de recóndito significado—. El dominio que San Juan mismo poseía de esa ciencia más profunda —que resulta evidente en su libro del Apocalipsis, pleno de simbolismo— es sin duda parte de aquello a lo que se refirió en la frase final de su Evangelio.

Ciertamente, la Biblia no agota todo lo relacionado con el cristianismo, como tampoco las escrituras de la India agotan todo el *Sanatana Dharma* del hinduismo. No es posible reducir la esencia de la religión a palabras escritas en vetustos libros; dicha esencia vive en abnegados hombres y mujeres con espíritu de sacrificio, ya sean conocidos o desconocidos, y en los santos que se encuentran embriagados con el gozo del alma. El hecho de pertenecer a una religión en particular le es impuesto

---

[28] *Juan* 6:62. (Véase el discurso 43, en el volumen II).

al ser humano por su nacimiento, su ubicación geográfica o el dogma, y si uno o más de estos factores determinan la fe religiosa de una persona, no hay mucho de lo cual pueda vanagloriarse. Quien juzga con una perspectiva impuesta y miope desdeña como paganismo el uso de cualquier otra forma de oración, culto o terminología para acercarse a Dios que no sea la suya propia. Sin embargo, el paganismo consiste realmente en la falta de expresión de las cualidades del alma, sin importar cuál sea la religión a la que se pertenezca.

La universalidad del mensaje que Jesucristo quiso que sus discípulos predicasen por el mundo entero

Si la mente del hombre se centrara por completo en deleitarse con las cualidades del alma y la bondad de sus semejantes, no le quedaría apetito para considerar las indigestas diferencias. Tal apreciación de los demás es el fundamento de la tolerancia, la cual se basa en el reconocimiento de la hermandad del hombre bajo la paternidad del único Padre, Madre, Amigo y Bienamado Dios. Ésta es la enseñanza de Cristo y el trasfondo espiritual universal del mandamiento que Jesús dio a sus apóstoles: *«Id por todo el mundo y proclamad la Buena Nueva a toda la creación»*. Bien sea que su mensaje se entienda de manera primordial como un camino de salvación basado en la moralidad espiritual y el amor a Dios y al prójimo, o se comprenda en su más sublime propósito de glorificar la ciencia de la ascensión del alma, en ambos casos incluye la expresión de las cualidades del alma que se promueven en todas las religiones, tradiciones y buenas costumbres.

Todos los profetas, a través de cuyas vidas resonó la verdad en las diferentes épocas, han sido manantiales de la Única Fuente Divina. Fue Dios quien habló a través de los Vedas y los Upanishads, de la Biblia y el Corán, del Dhammapada, el Talmud y el Grantha Sahib. Cada vez que la oscuridad asoló la tierra, quienes deambulaban a tientas lanzaron un ahogado clamor. Esta angustia de millones de almas sumidas en la ignorancia atravesó silenciosamente el éter de la conciencia humana. Al Mandato Divino, las almas divinas —aquellas que han disipado las tinieblas del engaño de su propio interior y que como hijos de Dios se han convertido en canales transparentes— se levantan del seno del tiempo para prodigar ayuda y redimir a las almas que permanecen sepultadas en la tumba de la ignorancia.

El mensaje de algunos de los profetas se centra en las necesidades de una época y cultura en particular; en cambio, aquellos emisarios de Dios a los que Él ha encomendado una misión de alcance mundial enuncian verdades universales que resuenan con relevancia atemporal en todas las épocas. Tal fue el mensaje que Jesús vivió y transmitió, como lo fue también la inmemorial ciencia del yoga inmortalizada en forma de escritura a través de las palabras de Bhagavan Krishna citadas en el *Bhagavad Guita,* que abrió desde los tiempos antiguos las puertas que conducen a la liberación del alma.

«Estad seguros que yo estaré con vosotros día tras día»: cómo percibir a Jesús dotado de forma y en su aspecto de Cristo infinito sin forma

Las almas liberadas como Jesús, cuya misión continúa más allá de su encarnación terrena, pueden materializar su cuerpo a voluntad en cualquier lugar de los cielos astrales o del mundo físico, y en cualquier momento, ya sea en el presente o incluso miles de años después de su ascensión. Por esa razón, Jesús pudo decir en verdad a sus discípulos: «*Y estad seguros que yo estaré con vosotros día tras día, hasta el fin del mundo*». Él inmortalizó su cuerpo y su espíritu. Todo devoto sincero puede contemplarle en su aspecto de Jesucristo, o bien percibirle en su unidad con el Cristo Infinito. San Francisco, que nació siglos después de Jesús, solía verle cada noche en Asís. Santa Teresa de Ávila le conoció tanto en la forma como en su aspecto de Cristo Sin Forma. Muchas almas sintonizadas con la Divinidad le han visto. Él ha venido a mí en numerosas oportunidades: cada vez que anhelo verle, él aparece ante mí, con maravillosos ojos en los que pueden verse los universos en rotación y de los cuales emana el amor de Dios, omnipresente en la Conciencia Crística. Todo devoto que haya alcanzado un estado de profunda concentración y cuya devoción sea pura y constante puede verle si mira con atención a través del omnisciente ojo espiritual situado en la frente, en el centro de la Conciencia Crística. Se requiere de intensidad y perseverancia en el esfuerzo; la mayoría de los devotos oran durante un tiempo breve, pero pronto se desaniman y desisten. Jesús no responde a tales esfuerzos poco entusiastas. Aun así, él escucha todas las oraciones, esperando que el devoto se torne receptivo y acoja conscientemente su presencia divina.

No se trata de visualizar a Jesús ni de intentar recrear la forma de Cristo por medio de la imaginación, lo cual daría como resultado una imagen proyectada por la mente subconsciente —semejante a las que se crean en los sueños nocturnos—, pero no sería el Cristo. En lugar de ello, es preciso orar incesantemente tal como Jesús enseñó. Si el devoto practica la técnica de *Kriya Yoga* y dirige su conciencia al reino de Dios en su interior, y ora luego una y otra vez para que Cristo se revele, podrá contemplar al verdadero Cristo justo frente a él. Al comienzo, será una visión que percibirá con el sentido de la vista. Cuando la visión pueda contemplarse tanto con los ojos abiertos como con los ojos cerrados, entonces, al aumentar el devoto la intensidad de su fervor y concentración, la presencia de Cristo se manifestará ante él como una forma materializada. Ésa es la visión suprema, en la que uno puede tocar el cuerpo de Jesús y hablar con él del mismo auténtico modo que cuando se encontraba en la tierra. La sensación tan íntimamente real de tocar una forma materializada no es la misma que el contacto con la burda materia de una forma encarnada, sino que consiste en percibir que la verdadera esencia del cuerpo es una combinación de vibraciones espiritualmente magnéticas modeladas según las ideaciones de la Bienaventuranza Cósmica provenientes de Dios, las cuales imparten a quien vive dicha experiencia un maravilloso e inspirador estremecimiento de gozo y bendiciones.

Jesús nació en un cuerpo humano; fue crucificado y él mismo se resucitó. Reconstruyó su cuerpo, y su alma se introdujo en esa forma resucitada. Sin embargo, no volvió a crear un cuerpo con la finalidad de permanecer confinado en él. Si bien Jesús apareció ante sus discípulos en su forma física en numerosas ocasiones después de su crucifixión, más tarde disolvió ese cuerpo nuevamente. Considerar a Cristo sólo como un ser encarnado en un cuerpo que fue crucificado y luego resucitó no es comprender lo que él realmente es. Tanto durante su encarnación como después de su resurrección, Jesús no fue únicamente una personalidad física, sino un recipiente de la infinita Conciencia Crística. Cuando resucitó en el cuerpo, resucitó su espíritu del confinamiento en una forma y lo fusionó con el omnipresente Espíritu. En su unidad con el Cristo Infinito, él resucita en cada cuerpo que nace; resucita en ti y en mí, en todos los seres de la tierra y en todo aquello que tiene vida. Él resucita en las centelleantes estrellas, en los planetas y en la inmensidad cósmica. Él resucita en todo lo que crece sobre la tierra, en la hierba y en la más tierna de las rosas. Él percibe su resurrección en cada forma que existe; renace en cada átomo y en cada célula del espacioso cosmos[29].

---

[29] «Jesús dijo: "Yo soy la Luz. La que está por encima de todos. Yo soy el Todo. El Todo provino de mí y el Todo ha llegado a mí. Llegad a un madero. Yo estoy allí. Levantad la piedra y me encontraréis allí"» (*Evangelio de Tomás*, versículo 77; citado de la obra de Antonio Piñero y col., *Textos gnósticos: Biblioteca de Nag Hammadi* Vol. II [Trotta, Madrid, 1999]).

En el *Bhagavad Guita* (XIII:13-17), el Señor Krishna, desde su propia unidad con la Conciencia Universal de Dios, alaba la trascendente e inmanente Omnipresencia del Espíritu:

> «Él reside en el mundo y envuelve todo por doquier; sus manos y pies están presentes en todas partes, al igual que sus ojos, oídos, bocas y cabezas; resplandece en todas las facultades sensorias y, sin embargo, trasciende los sentidos; permanece desapegado de la creación y, no obstante, es el Fundamento de todo; está libre de las *gunas* (modalidades de la naturaleza) y, sin embargo, disfruta de todas ellas.
>
> »Él está dentro y fuera de todo cuanto existe —animado e inanimado—; es cercano y a la vez lejano; es imperceptible por ser tan sutil.
>
> »Él, el Indivisible, se manifiesta en forma de incontables seres; Él los conserva y los destruye, y de nuevo los crea.
>
> »La Luz de todas las Luces, más allá de las tinieblas, el Conocimiento mismo, Aquello que debe conocerse y la Meta de todo saber, Él mora en el corazón de todos».

Es así como Jesús desea que sus devotos le conozcan: que no le limiten a una forma, sino que comprendan su resurrección en la omnipresencia y que le perciban en su unidad con la Luz Infinita de la Conciencia Crística. A través del ojo espiritual, los fieles pueden ver no sólo al Cristo con forma, sino también al Cristo sin forma que se siente en la vastedad de la percepción interior, porque Cristo ya se encuentra presente en ese divino centro de conciencia que existe en todo ser humano. Experimentar a Cristo como la Inteligencia Crística es mucho más maravilloso que sólo contemplar una imagen del Cristo Infinito que ha adquirido forma. Ese Cristo trascendental es el *«Hijo unigénito»*, el reflejo unigénito de la Conciencia Cósmica del Padre Celestial que mora en toda la creación.

«Va a venir acompañado de nubes (saldrá de las nubes de la ignorancia). *Todo ojo* (el ojo espiritual) *le verá»** (*Apocalipsis* 1:7). La meta que debes esforzarte por alcanzar es la unión con el Espíritu que se encuentra más allá del cuerpo de Cristo: resucitar del sepulcro de la ignorancia y, en la ascensión del alma, experimentar la resurrección del Cristo en tu interior.

Adenda

❖

Lecturas inspirativas para la verdadera adoración de Cristo
Parte I: La Navidad
Parte II: La Pascua

❖

Reseña del autor

❖

Metas e ideales de *Self-Realization Fellowship*

❖

Publicaciones y Lecciones de *Self-Realization Fellowship*

❖

Glosario

❖

Mapa de Palestina en tiempos del Nuevo Testamento

❖

Índice de los discursos contenidos en los volúmenes I, II y III

❖

Índice de los versículos del Evangelio comentados
en los volúmenes I, II y III

❖

Índice de otros versículos de la Biblia citados
en los volúmenes I, II y III

❖

Índice de las estrofas del *Bhagavad Guita* citadas
en los volúmenes I, II y III

❖

Índice alfabético

Lecturas inspirativas para la verdadera adoración de Cristo

Selecciones de las charlas, oficios inspirativos de meditación y escritos de Paramahansa Yogananda en los que conmemora la Navidad y la Pascua de Resurrección. Otros textos inspirativos adicionales de estas sagradas celebraciones se pueden encontrar en los diversos volúmenes de las Charlas y ensayos, *publicados por* Self-Realization Fellowship. *Además, algunas de estas selecciones se hallan disponibles en las grabaciones sonoras que en raras ocasiones se hicieron de la propia voz de Paramahansaji y que* Self-Realization Fellowship *conserva en el archivo histórico de su vida.*

Parte I

Parte II

Parte I

Un mensaje de Navidad

Celebra la Navidad en la Conciencia de Cristo

[*Descripción del primer oficio de meditación de Navidad de todo el día que tuvo lugar en la Sede Internacional de* Self-Realization Fellowship]

Al llegar la Navidad, la gente por lo general piensa en comprar obsequios para sus seres queridos. Unos pocos reflexionan sobre la belleza de la música navideña y de los oficios religiosos. La mayoría de quienes se suman a la celebración goza con el espíritu festivo del árbol de Navidad, con sus centelleantes «estrellas» eléctricas, sus guirnaldas de oropel y los obsequios vistosamente envueltos que se colocan bajo las ramas. Está bien celebrar el nacimiento de Cristo con villancicos, cenas e intercambio de obsequios, pero resulta lamentable si la festividad material constituye el único propósito de la celebración navideña, ya que no se obtiene con ello ningún beneficio espiritual.

Aprendamos a hacer de nuestra celebración de la Navidad una conmemoración auténtica de la sagrada vida de Cristo, una experiencia verdaderamente espiritual y edificante. En cierta ocasión, vi que una escopeta adornaba un árbol de Navidad y le señalé a mi anfitriona: «Señora, ese obsequio para su hijo es un insulto al Cristo que predicó: "*No matarás*". Un arma significa muerte, asesinato, venganza, un hermano luchando contra otro. Por dicha razón, esa arma está fuera de lugar en la celebración del natalicio del "Príncipe de la Paz"». La señora retiró la escopeta y la reemplazó por una hermosa edición de la Biblia para niños. En el Día de Navidad deberíamos intercambiar no sólo obsequios útiles, sino también aquellos que nos recuerden a Dios.

El significado original de los símbolos religiosos y de los días sagrados permanece a menudo en el olvido. Por eso mucha gente concibe la Navidad como un día festivo común y olvida a Cristo, el maestro de ceremonias. Cuando la Navidad se considera únicamente como una ocasión festiva, se pierde de vista su enorme significado espiritual. Así como en la proyección de una película la atención de los asistentes se centra principalmente en la narración y no en la música, así también en el espectáculo de la Navidad la atención se enfoca sobre todo en la celebración material y a Cristo se le relega a un segundo plano, a pesar de que a él le corresponde el papel fundamental.

Debemos regocijarnos de que un ser tan santo como Cristo le fuese enviado a la humanidad —perdida en el engaño— para servir como un ideal de perfección a seguir. Mostrarnos indiferentes a Cristo y rendirle homenaje de manera mecánica no nos reportará beneficio alguno. La Navidad ha de celebrarse de tal modo que material, mental y espiritualmente nos proporcione al menos un nuevo impulso para iniciar el camino crístico de la verdad al comenzar el año nuevo.

Así lo hicimos el año pasado [1931] en la Sede Central de *Self-Realization Fellowship*. Una breve descripción del modo en que conmemoramos la Navidad te brindará algunas sugerencias acerca de cómo las personas espirituales deben celebrar cada Navidad.

Para comenzar, efectuamos nuestras compras de Navidad con anticipación. Todos los residentes de Mount Washington y los invitados al festejo de Navidad recibieron un obsequio; por pequeño que fuese en valor monetario, estaba enriquecido con nuestro amor. Consideramos a todos los miembros de nuestra familia divina como personas muy cercanas a nosotros debido al vínculo espiritual que nos une; esa relación es más poderosa que los lazos materiales de naturaleza compulsiva. Nos reunimos en nombre de nuestro Único Padre y nos reconocemos como sus hijos, hechos a su imagen.

Sabíamos que preparar una cena para cien comensales, adornar el árbol de Navidad y hacer todos los arreglos consumiría un tiempo considerable, y que en el bullicio de la actividad Cristo podría desaparecer inadvertidamente del altar de nuestra atención, por lo cual, el día anterior a la Navidad ayunamos con frutas y suspendimos por completo las labores culinarias y demás preparativos para el día de Navidad. Nos sentamos alrededor del árbol de Navidad, exquisitamente decorado, y alternamos períodos de cantos y de meditación profunda desde las 8 de la mañana hasta las 4 de la tarde. Cenamos frutas y meditamos de nuevo hasta las 11 de la noche. Cuando nos retiramos, muchos de los invitados, con lágrimas en los ojos, dijeron: «Hoy hemos percibido a Dios y a Cristo. Hasta ahora, no sabíamos qué significaba sumergirse profundamente en la Conciencia Cósmica. La mayoría de nosotros había nadado en la superficie del mar del silencio, pero jamás nos habíamos sumergido tanto como para obtener las hermosas perlas del contacto con Dios».

Iniciamos la mañana de Navidad con una meditación, posteriormente hicimos los preparativos finales y por último llegó la tan esperada cena. Después se abrieron los misteriosos envoltorios de los regalos, luego concluimos con una meditación y cantamos hasta muy avanzada la noche. Fue así como nuestra Navidad comenzó en la conciencia de Cristo y culminó en su Conciencia Expandida.

No permitas que con la llegada de la Navidad tu conciencia se hunda en el pozo de la cena con pavo, en el intercambio de obsequios o en los bailes, fiestas y convites. Un pozo de pensamientos materialistas no es el sitio apropiado para celebrar el natalicio de Cristo. En vez de eso, retira tu conciencia de los confines de las festividades que sólo tienen un propósito material, y con los ojos cerrados atraviesa la puerta secreta del silencio de la meditación para contemplar el vasto altar de la paz que se extiende eternamente arriba, abajo, a la izquierda y a la derecha, delante y atrás, dentro y fuera de ti.

Si te sumerges aún más profundamente, verás a Cristo venir hacia ti envuelto en su flamígero manto de bienaventuranza, como la naciente alborada, y tu gozo danzará en cada átomo del espacio. Abre luego los ojos, contempla tu pequeño cuerpo y di: «El Gozo de Cristo desciende sobre el altar de mis pensamientos, sentimientos y devoción». Medita en esta afirmación: «La Paz de Cristo desciende como salud sobre cada tejido y célula de mi cuerpo».

Coloca a Cristo en el altar de todas tus actividades y posesiones. Di: «Poseo estas cosas en Cristo». Luego medita en esta afirmación: «Mi Paz Crística ha descendido sobre todos los miembros de mi familia, sobre mi país y sobre mi mundo». Contempla la Paz de Cristo que desciende sobre tu cuerpo y tus posesiones, y que se expande hacia tus vecinos, a todos los países, así como al altar unido de todos los corazones y todas las criaturas. Que el Gozo de Cristo se expanda desde tu cuerpo a todas las naciones, a América del Norte, América del Sur, Asia, Europa, Australia, a cada continente e isla, al sistema solar, a las islas de universos y a todos los seres. Medita en lo siguiente: «Mi Paz Crística desciende sobre cada ser vivo, sobre cada estrella viviente, sobre cada partícula de materia y del espacio».

Celebra la Navidad en el altar del vasto silencio interior. Celebra el nacimiento de Cristo en el santuario de cada deseo, de cada ser viviente del mundo y de todo el cosmos. Sabrás, entonces, que Cristo es el Divino Soberano que reina en el corazón de toda la creación finita.

Un mensaje de Navidad

Una cuna para el Cristo omnipresente

Durante la época de Navidad que se avecina, abre un nuevo portal de sublime devoción para que la Omnipresencia Crística pueda acudir de nuevo a tu conciencia. Cada día, cada hora, en cada dorado instante, Cristo ha estado llamando a los oscuros portales de tu ignorancia. Ahora, en este sagrado y augusto amanecer, Cristo viene de manera especial en respuesta a tu llamado interior, a fin de despertar dentro de ti su Conciencia Crística Omnipresente.

Teje una cuna de tiernas percepciones con los hilos de tu meditación, lo suficientemente espaciosa como para recibir en su acogedora vastedad al bebé de la Infinitud. Cristo nace en las verdes hojas de la hierba; su dulzura se mece en la cuna de todas las fragancias. El planeta opalescente engalanado de mares, la sabana del azur tachonada de estrellas, el amor carmesí de los santos y mártires que se han sacrificado por los demás, todos se proponen ofrecer un hogar al niño Cristo omnipresente.

El Cristo de la Omnipresencia duerme en el seno de la Eternidad; ansía renacer en todo tiempo y lugar, sobre todo en la calidez de tu genuino amor. Aun cuando el Cristo Infinito se encuentra presente en cada partícula del espacio como el esplendor de la siempre renovada sabiduría y expresión creativa, jamás podrás verle a no ser que Él decida que le contemples en la cuna de tu incesante devoción.

El cálido pesebre de tu corazón ha sido pequeño durante demasiado tiempo, y en él sólo albergabas amor por ti mismo; ahora es preciso que lo transformes en un lugar inmenso, donde pueda nacer el amor social, nacional e internacional, el amor por todas las criaturas y el amor del Cristo Cósmico, hasta que todo ellos se conviertan en el Único Amor.

La Navidad debe celebrarse no sólo con las festividades apropiadas y el intercambio de obsequios materiales, sino también con la meditación profunda e incesante, a fin de que tu conciencia se convierta en una catedral cósmica para Cristo, donde puedas ofrendar tus más preciados dones de amor, buena voluntad y servicio para inspirar física, mental y espiritualmente a aquellos de tus hermanos que se consideran tus enemigos, así como a los que son tus amigos.

El Cristo Infinito se halla por doquier; venera su nacimiento en los templos hindúes, budistas, cristianos, musulmanes, judíos y otros genuinos templos religiosos. Toda expresión de la Verdad fluye de la percepción del Cristo Omnipresente; así pues, aprende a venerar esa sagrada Inteligencia Universal en toda religión, creencia y enseñanza pura. Puesto que el Cristo Cósmico soñó la existencia del hombre —un ser divino—, deberías celebrar el nacimiento de Cristo en el amor que ha despertado ahora en ti y que sientes en la misma medida por cada raza y nacionalidad.

Cada capullo que se abre y cada destello astral es una imagen del Cristo Infinito; engalánalos todos con tu amor. Contempla en tu amor el nacimiento de un embriagador amor crístico por tus padres, amigos, parientes, vecinos y todas las razas. En el santuario de tu alma invita a tus pensamientos inquietos a reunirse y aquietarse para que así se mantengan al servicio del más profundo amor unánime por Cristo.

Al colocar los regalos navideños alrededor del árbol familiar, haz de cada pensamiento un altar de Cristo e impregna esos presentes con tu buena voluntad. Reverencia al Cristo que nace en toda la creación: en las estrellas, en las hojas, en los capullos, en el ruiseñor, en los ramilletes de flores y en tu aterciopelada devoción. Une tu corazón a todos los corazones, para que Cristo pueda nacer y permanecer allí por siempre y para siempre.

¿Cómo sabrás que Cristo está contigo?

Jesús nació en la cuna de la Conciencia Crística hace veinte siglos. Su Conciencia Crística universal renace en cada hombre sabio. ¿Te encuentras preparado para expandir tu alma en esta Navidad y contemplar dentro de ti el nacimiento del Cristo Omnipresente?

Celebrar el nacimiento de Jesús con obsequios y festividades muestra cierto respeto y consideración por los ideales de su vida. Pero la verdadera celebración de la Navidad consiste en meditar y preparar tu mente para esta sagrada época del año a fin de que puedas experimentar en tu interior el nacimiento de una nueva conciencia de fraternidad universal y amor por todas las criaturas vivientes. Desaloja de tu mente todo orgullo y prejuicio para que, en tu corazón expandido por el amor, puedas albergar de manera apropiada a la Conciencia Crística omnipresente.

Si en la Navidad tu poderosa voluntad no se ha dejado vencer por las pruebas de las tentaciones, sabrás que Cristo ha nacido realmente en ti.

Si en la Navidad que se avecina puedes conservar tu paz interior cuando te sientas crucificado por la inquietud, sabrás que Cristo está contigo.

Si en la Navidad puedes meditar con profundo gozo, a pesar de la agitada horda de pensamientos invasores, sabrás que Cristo se ha manifestado en ti como el gozo divino de la meditación.

Si ya no se despierta en ti un sentimiento de ira cuando la maldad de los demás te crucifica, sabrás que estás preparado para recibir a Cristo. Cuando sientas amor por todos, a pesar del odio que te puedan manifestar, sabrás que has creado dentro de ti un altar para Cristo.

Si en todo momento puedes sentir en tu interior el éxtasis del gozo incesante de la meditación, sabrás que Cristo está contigo para siempre y que en tu conciencia inmortal celebrarás la experiencia de la verdadera Navidad cada instante, cada minuto, cada día, cada año y por toda la eternidad.

La resurrección

«¡Es verdad! ¡El Señor ha resucitado!».

Lucas 24:34

El drama entero de la vida de Jesús fue un testimonio de la supremacía del espíritu del hombre sobre la materia. Él se había encarnado voluntariamente en un cuerpo humano, adoptando sus limitaciones inherentes, a fin de mostrar a las almas que se encuentran cautivas de la materia cómo vencer todas las formas de engaño que les fueron impuestas por el vasto poder del Satanás Cósmico. La resurrección de Jesús demostró la consumación de esa victoria: «y el último enemigo en ser destruido será la Muerte».

Paramahansa Yogananda

Dibujo: Heinrich Hofmann

Un mensaje de Navidad

Experimenta la presencia de Cristo

No pienses que, en el pesebre de Belén, Cristo era tan sólo un bebé indefenso, pues aun siendo un pequeño bebé, dentro de la conciencia de Jesús se encontraba el Dios omnipresente. De no ser así, ¿cómo podría haber hablado del modo que lo hizo, cuando todavía era un niño, sorprendiendo incluso a los sabios del templo? Aunque su cerebro era el de un niño, detrás de él y manifestándose a través de él se hallaba el todopoderoso espíritu de Dios. El espíritu universal de la Conciencia Crística estaba con él desde el principio.

Ésa es la verdadera razón por la que debemos celebrar su natalicio: recordar las divinas cualidades de Jesús y despertar en nuestra propia conciencia una mayor comprensión de la inspiradora y amorosa Presencia de Cristo. Es lamentable que tantos olviden por completo el verdadero propósito de la celebración de la Navidad y permanezcan enfrascados únicamente en el aspecto material de estas gozosas festividades.

Cristo continúa siendo un desconocido para ti porque las puertas de tu devoción aún se mantienen cerradas. Concede la debida importancia a la celebración de esta Navidad, y por medio de la meditación profunda y continua invita a Cristo a manifestarse en ti. Su amado discípulo San Juan dijo: «*Pero a todos los que le recibieron les dio poder de hacerse hijos de Dios, a los que creen en su nombre*»*. ¿Por qué no te preparas, entonces, para recibirle ahora? Resulta más fácil hacerlo en esta época del año que en ninguna otra, porque alrededor del mundo se esparce un espíritu de buena voluntad, amor y paz. Todo el cosmos celebra esta época de gozo motivado por la Luz que impregna el espacio entero.

Recuerda lo que Jesús era en realidad. A pesar de su grandeza, él vino a la tierra como un ser humano; él tuvo que afrontar todos los obstáculos y sufrimientos de un ser humano y los conquistó con éxito. Por esa razón él es un ejemplo para los demás, un ideal que todos debemos esforzarnos por alcanzar. Si él pudo triunfar, también nosotros podemos.

Debes vivir sin abrigar egoísmo, tal como hizo Jesús, y practicar fielmente el método de recogimiento interior que te permitirá experimentar dentro de ti la presencia de esa Gracia Omnipotente: el método de la constante meditación. Con toda certeza, Cristo acudirá a la catedral de tu silencio interior. Sumérgete tan profundamente en el grandioso silencio interior que te sea posible sentir la Vida única que penetra toda la creación. De ese modo percibirás la presencia de Cristo.

Cristo nace en la cuna de cada corazón amoroso. Por ello, debes preparar tu conciencia para recibirle. En lugar de regocijarte sólo con el aspecto material de esta celebración de la Navidad, haz de tu corazón una cuna donde Cristo pueda nacer de nuevo.

Asegúrate de impregnar de amor y buena voluntad los regalos navideños que hagas y reconoce el espíritu y la mano del Padre en los presentes que recibas. Concede tiempo adicional a la meditación, por lo menos desde una semana antes de Navidad y, uno de esos días, dedica varias horas a la comunión divina. Asegúrate de meditar también en la mañana de Navidad. Acepta el grandioso obsequio que fue la vida de Jesús y que el Padre destinó para ti. No permitas que la vida y el sufrimiento de Jesús hayan sido en vano. Él vino para darte gozo, gloria, paz y luz. Él te ofrece estos regalos en todo momento, pero te los prodiga con especial ternura y amor en esta sagrada época. Despierta; acepta los dones de la vida que Cristo te ha traído.

Cristo es el gozo que sientes en la meditación. Cristo es aquello que percibes en las horas de silencio más profundo. Despeja todos los obstáculos provenientes de los deseos materiales y deja entrar a Cristo en tu corazón. Abre los portales de la devoción y medita hasta que el niño Cristo nazca dentro de ti.

Te deseo una muy feliz Navidad y que logres recibir el mejor de los obsequios que alguien pueda desearte: la percepción del espíritu de Cristo en tu propio corazón. Que sientas su presencia el día de Navidad y todos los días del nuevo año. Abre tu corazón para recibir el maravilloso regalo de la Luz Divina. Medita. Medita hasta obtener resultados. Si persistes en tus esfuerzos, con toda certeza llegará la respuesta. Ama, presta servicio a los demás y medita.

Oficio de meditación navideña

Ven a la tierra donde reina Cristo

[Charla inspirativa impartida por Paramahansaji durante una de las meditaciones navideñas de todo el día que él dirigió en la Sede Internacional de Self-Realization Fellowship, *un día antes de llevarse a cabo la festiva celebración social del día de Navidad]*

Hoy celebramos a Cristo en su unidad con el Espíritu; mañana celebraremos la venida de Cristo en el cuerpo de Jesús. Prepararemos nuestra mente y nuestra conciencia para que con verdadero entendimiento podamos observar la Navidad como el nacimiento de Cristo en la cuna de nuestras almas y en todas las expresiones físicas y mentales de nuestra vida.

Miles de personas alrededor del mundo están celebrando la Navidad; para la mayoría consiste, ante todo, en una ocasión para llevar a cabo festejos e intercambiar obsequios. Pero la Navidad es mucho más que la celebración de una festividad para las multitudes. Para mí, la Navidad tiene un significado mucho más grandioso: tomar conciencia de la trascendencia de Cristo. Es una experiencia individual en la que descubro a Cristo como el Espíritu Universal que se manifiesta en mi propia conciencia. Eso es lo más importante: que nuestra celebración personal de la Navidad incluya la percepción real de Cristo.

Cuando una gran personalidad viene a la tierra, es costumbre dedicar un día especial para honrar a esa figura, a menudo en forma social o material. Si éste es el único modo en que las personas conmemoran el nacimiento de Cristo, considero que se trata de un insulto hacia él y que no es la celebración apropiada. En muchas ocasiones he dicho que él no sólo fue crucificado una vez a manos de gente ignorante, sino que continuamente lo crucifican aquellos que no conocen el verdadero significado de la vida y enseñanzas de Cristo. El ignorante profana su alma debido a su falta de entendimiento y a sus propias acciones erróneas.

Por supuesto, rendir homenaje a Cristo, cualquiera que sea la modalidad, siempre aporta algún bien. Las fiestas de la Navidad evocan el sentimiento de paz de esta alma divina que vino al mundo con el propósito de servir como un faro de luz para guiar a los corazones extraviados. También se halla presente el espíritu de gozo que prevalece en las celebraciones tradicionales de la Navidad. El gozo perfecto, el gozo que va asociado a la pureza, es el gozo de Dios. Aquellos que celebran esta festividad aunque sólo sea en forma material experimentarán algo de ese gozo. Sentirán, al menos por algún tiempo, una cierta sensación de libertad con respecto a sus preocupaciones, pesares cotidianos y algunos de los pensamientos hostiles y negativos que han contaminado el sentir de sus corazones. Y existe una fragancia esencial de amor en los sentimientos de sacrificio y amistad que se experimentan al dar obsequios. El amor, el divino amor de Dios, es la más inspiradora de las verdades que Jesús demostró; fue el poder mediante el cual él prodigó amor y misericordia a cambio del odio que recibió. Manifestar odio cuando se recibe odio es fácil y miserablemente humano; en cambio, amar en medio de la enemistad y la crueldad demuestra grandeza. El amor es el arma más poderosa y es capaz de destruir el odio. El espíritu que ha de predominar en la época de Navidad es recordar la ejemplar bondad divina de Jesús, que se expresó en todo cuanto hizo, y reflexionar sobre el Amor Divino que él brindó y sobre el hecho de que él vivió y murió en ese Amor para inspirar al mundo: la Navidad representa todo esto.

Con esta charla quiero explicarte el propósito de nuestra meditación navideña de todo el día. Es la preparación para recibir al niño Cristo en el altar de nuestra conciencia espiritual despierta. Mas el niño necesita una cuna. Su presencia abarca todas las estrellas y universos. Él es omnipresente y se encuentra por doquier, pero ama la cuna de los corazones, la cuna de nuestra conciencia divina individual. Y por esa razón, hoy preparamos esa cuna para él.

Prepara la cuna de tu conciencia para recibir a Cristo

Lo que hoy debemos recordar al preparar la cuna interior de nuestra conciencia para acoger a Cristo y mantenerlo allí es el modo divino en que Él vino a la tierra en la forma de Jesús, la manera en que fue sometido a prueba para traer a la humanidad una nueva Luz, una nueva Gloria, mostrando que el corazón humano puede liberarse de toda desesperanza y oscuridad mortal mediante la sintonía con la Invisible Luz que conduce hacia Dios.

Debes sumergirte cada vez más profundamente en el espíritu de la meditación, hasta llegar al punto donde la mente atraviesa las trincheras de los malos hábitos de la inquietud física y mental, para llegar al santuario de la paz y la bienaventuranza. Cuanto más profunda es la meditación, más fácil resulta percibir a Cristo. Quienes se sienten intimidados por el esfuerzo requerido y desisten nunca van más allá de los obstáculos del cuerpo y de la mente. La mayor victoria que debemos lograr es sobre nosotros mismos; consiste en vencer nuestras deficiencias mentales y malos hábitos. Deseo que vengas conmigo a la tierra que se encuentra más allá, donde reina Cristo. Para mí es muy fácil hacerlo. Cada día es Navidad, porque me regocijo en la gloria del Señor y compruebo que el niño Cristo en su aspecto de Conciencia Crística se encuentra siempre en la cuna de mi propia conciencia. Quiero que tú también tengas esa percepción.

¿Qué es la Conciencia Crística? Cristo es la Infinita Inteligencia de Dios que está presente en toda la creación. El Cristo Infinito es «el Hijo unigénito» de Dios Padre, el único Reflejo puro del Espíritu en el reino de lo creado. Esta Inteligencia Universal, *Kutastha Chaitanya* o Conciencia de Krishna según las escrituras hindúes, se manifestó plenamente en la encarnación de Jesús, Krishna y otros seres iluminados, y puede también manifestarse en tu propia conciencia. También tú eres hijo de Dios, y esa misma conciencia puede ser tuya. Recuérdalo siempre. Te doy el testimonio de San Juan, quien habló de recibir la divina conciencia que habitaba en Jesús: «Pero a todos los que la recibieron, les dio poder de hacerse hijos de Dios».

Es verdad que Cristo es el unigénito, el hijo único de Dios, pero esta afirmación no se refiere al cuerpo, sino a la Conciencia Crística que estaba presente en Jesús.

He visto a Jesucristo tal como era él cuando vivía en la tierra. Sin embargo, superior al cuerpo es la conciencia de Cristo, la cual se encuentra unida a Dios o Conciencia Cósmica. Cristo continúa siendo desconocido para aquellos que le conocen sólo como el cuerpo físico. Los únicos que verdaderamente le conocen son aquellos que le perciben como Espíritu.

El divino poder de la realización crística es una experiencia interior, que pueden recibir quienes sienten devoción pura por Dios y por su inmaculado reflejo como Cristo. El poder de las iglesias y templos se desvanecerá. La espiritualidad verdadera ha de surgir de los templos de las grandes almas que día y noche permanecen en el éxtasis de Dios. En la India he conocido almas así, cuya gloria sobrepasa la de todos los edificios religiosos juntos. Recuerda: Cristo busca los templos de las almas sinceras; él ama el silencioso altar de la devoción erigido en tu corazón, donde moras con él en un santuario iluminado por la luz perpetuamente encendida de tu amor. Aquellos que meditan con devoción recibirán a Cristo en el altar de calma de sus propias conciencias.

La estrella de Oriente que nos conduce a Cristo

La estrella de Oriente que condujo a los tres magos hasta el sitio donde se encontraba Cristo no era una estrella del firmamento, sino una estrella espiritual. Sería imposible que repentinamente apareciera un cuerpo celeste de semejantes características y permaneciese tan cerca de la tierra sin que se produjera una colisión.

La oscuridad consiste en la ausencia de luz material visible, pero tras la oscuridad material se encuentra la luz espiritual, que está en todas partes. Cuando uno rasga la oscuridad de los ojos físicos cerrados, contempla la luz del ojo espiritual —el ojo intuitivo del alma, que todo lo ve—. A través del ojo espiritual se puede entrar en la esfera del silencio despierto. Allí, detrás de las nubes de la oscuridad, se percibe a Cristo. Hoy prepararemos nuestras mentes por medio de la meditación hasta que nuestra conciencia atraviese por completo el ojo telescópico y contemple la divina conciencia del Cristo Infinito que se expande por doquier.

Trata de imaginarlo: si toda tu vida transcurriese en esta sola habitación, sin tener ningún contacto con lo que se encuentra más allá de sus paredes y sin saber siquiera que existe alguna otra cosa, seguramente dirías que éste es todo tu mundo. Sin embargo, si alguien te condujera al mundo exterior, descubrirías que las dimensiones de tu «mundo» son, en realidad, insignificantes. Lo mismo sucede con la percepción de la Conciencia Crística. El alcance de la conciencia mortal es, en comparación, como observar sólo la superficie que ocupa un diminuto grano de mostaza y excluir el resto del cosmos. La Conciencia Crística es Omnipresencia, es el Señor que habita en cada poro del espacio infinito y satura cada átomo. Cuando en la meditación profunda miramos atentamente a través del ojo espiritual, contemplamos la luz espiritual de la cual proviene la creación de Dios y que inunda la vasta esfera de nuestro despertar en Cristo.

Preparemos hoy nuestra conciencia para celebrar espiritualmente el nacimiento de Cristo. Permitamos que Cristo —el único reflejo puro de la Conciencia de Dios Padre en la creación— se haga presente en nuestra conciencia.

Todos aquellos que han alcanzado el estado crístico pueden retener la apariencia física que tenían en sus encarnaciones terrenales y manifestar esas formas ante sus devotos sinceros.

Una visión de Cristo

Si cuando oras a Jesús no puedes verle, eso se debe a que no estás esforzándote verdaderamente. Si deseas percibir a Cristo, has de meditar con intensidad y perseverancia. Renuncia al sueño, disciplina el cuerpo, controla la mente, incinera la oscuridad de los ojos cerrados con tu meditación; de esa manera, Cristo estará contigo. Tan cierto como que Dios existe, así también recibirás la respuesta a tus oraciones si haces el esfuerzo apropiado.

Muchas veces he visto a Cristo manifestado en una forma. En cierta ocasión en que me hallaba en Boston, durante una época en la que me encontraba muy ocupado, de pronto advertí que había permanecido tres días sin recordar a Dios. Estaba totalmente absorto en su obra, privándome del sueño y de todo lo demás. Por eso me parecía que, al pasar por alto la meditación, había excluido a Dios. Esta reflexión me resultó tan dolorosa que empaqué mis pertenencias y le dije a Dios: «Voy a abandonar toda esta actividad. Es por Ti por lo que estoy haciendo todo esto y, sin embargo, ¡a causa de ello te he olvidado!». ¿Qué objeto tiene contar con una organización espiritual si Dios se encuentra ausente? Es como preparar un banquete para un huésped de honor, y que él no esté presente en la mesa. Me senté a meditar, y oré a Dios: «¡Me marcho ahora mismo!».

Su voz replicó: «¡No!».

Yo argumenté: «Pero ¿qué sentido tiene todo esto si hace que yo te olvide?».

La voz de Dios respondió: «Siempre estoy contigo».

Yo deseaba que Dios me demostrase de algún modo lo que me estaba asegurando: «Muy bien; si siempre estás conmigo, quisiera verte como Krishna y Cristo, en compañía de todos sus discípulos, caminando sobre un mar dorado». Mientras decía estas palabras, contemplé ante mí esa visión: Krishna y Cristo con sus discípulos caminaban hacia mí sobre un resplandeciente mar dorado. Pensé: «Tal vez sea una alucinación. Si el devoto que está meditando aquí conmigo también ve esta visión, entonces creeré». En ese momento, esa persona vio la misma manifestación que yo percibía. La habitación se llenó de una maravillosa fragancia que permaneció allí durante el día entero, y todo el que entraba podía percibirla.

Tales experiencias no son producto de la imaginación. A medida que avances en este sendero, verás las maravillas de Dios. En algún momento durante el mes de enero daré una demostración del poder de la mente sobre el cuerpo. Incluso cuando yo era niño solía mostrar ese poder; pero abandoné esa práctica porque lo que yo deseaba era el amor de Dios, no sus milagros. Sólo muestro su poder cuando Él me da su consentimiento. Estoy más interesado en la curación espiritual que en ninguna otra clase de curación o demostración fenoménica. Mi deseo es atraer a aquellos que aman a Dios. Prefiero una sola alma a una multitud, pero amo las multitudes de almas. En muchas ocasiones, daba la impresión de que mis amantes esfuerzos eran en vano, pero más tarde me sorprendía ver el desarrollo de algunos estudiantes sinceros. Puedo asegurar lo siguiente: Nadie que venga a mí con la mente abierta y receptividad espiritual se marchará sin haber tenido alguna percepción de Dios.

Muchos carecen de fe en Dios a menos que reciban alguna prueba de los poderes divinos. La fe es muy importante, porque los pensamientos negativos y la duda obstaculizan la receptividad al poder divino. La fe crece a medida que se ejercita; y cuando se tiene fe, todo puede lograrse. Si puedes aferrarte a una idea durante suficiente tiempo y no te das por vencido cuando te enfrentas con evidencias en sentido contrario —aunque el mundo entero diga que aquello es imposible—, y si puedes combatir los pensamientos negativos de la gente y mantener la fortaleza de tus propios pensamientos mientras trabajas en pos de tu meta, seguro que se manifestará.

Debes saber que Dios te pertenece

Cuando anhelamos a Dios, no hay nada que debamos crear o adquirir. Él ya es nuestro; Él está con nosotros, sepultado bajo los escombros de la duda y la falta de fe. Todo lo que debes hacer es *saber* que Dios te pertenece. Pero en lo que respecta a las posesiones materiales, nada te pertenece, y tendrás que mendigar cada cosa que desees obtener. ¿Por qué habrías de rebajarte a la condición de pordiosero si eres un hijo de Dios? Deja de desear tantas cosas. Simplemente dile al Señor: «Disfruto participando en tu drama cósmico, y me siento feliz con lo que Tú me envíes». Eso es vivir en el verdadero espíritu de Cristo.

Todo lo que te guste aparte de Dios es potencialmente destructivo para tu felicidad verdadera. Si tus sentidos se apoyan en Dios, te serán útiles, pero si no es así, serán destructivos. Si permaneces embriagado con la materialidad, te verás sacudido como las olas en una tormenta;

en cambio, si te encuentras a salvo en la Rivera Divina, verás que todas las olas de la vida forman parte del Océano de Dios, del Mar de la Conciencia Crística. La gente común y corriente sufre los golpes del torbellino de las emociones y los deseos, y es incapaz de advertir que el Océano Infinito es la esencia de su vida y de su ser. La meditación te brinda la oportunidad de comprender que todos somos olas de vida que danzan sobre el Mar de la Conciencia Crística en Dios. No vivas en la ignorancia; no mueras sumido en el engaño.

Yo solía orar a Dios con insistencia: «Pasan las horas, transcurrirán los días y los años, pero no desistiré hasta que Tú vengas a mí; te quiero a Ti, mi Bienamado, sólo a Ti». Finalmente, Él vino, y ahora siempre está conmigo. Nada puede arrebatármelo. No me importa si el mundo me acepta o me rechaza, o si los amigos me apoyan o me abandonan. Tengo a Dios a mi lado. Cuando Él está junto a ti, te libera de todo temor, y permaneces a salvo en su amor.

El mejor momento para el romance amoroso con Dios es por la noche, cuando te encuentras libre y el mundo duerme. Aparta tu corazón de todo lo demás y, en la meditación profunda, entrégaselo únicamente a Dios. Eso es lo que yo he practicado y ahora, sin importar lo que haga —ya sea trabajar o meditar—, mi mente permanece en Dios. Tú debes hacer lo mismo. Cuando estás embriagado de Dios, no pierdes el equilibrio aun cuando te encuentres en medio de los problemas y la actividad.

Jamás te retires a dormir sin antes haber establecido verdadero contacto con Dios. De esa manera, durante el día serás capaz de vencer toda tentación o fuerza destructiva que debas afrontar. Nadie podrá quitarte esa paz, nada podrá arrebatarte ese amor divino que existe entre tú y Dios. ¡Mantente firme en tu determinación!

El Señor está aguardando a fin de ver si acaso empleamos la libertad que Él nos ha concedido para buscarle a Él, nuestro Bienamado. Si le buscamos, eso le complace mucho más que cualquier otra cosa. Si en cambio usamos nuestra libertad para mantenernos alejados de Él, se llena de tristeza. Él desea que le amemos por nuestra propia voluntad, no porque Él sea grandioso y omnipotente, sino porque nos pertenece y somos sus hijos —expresiones de su Conciencia Única.

Si deseas ver a Dios, que no tiene forma, Él vendrá a ti como la Conciencia Crística asumiendo una forma —tal como se manifestó en el cuerpo de Jesús, en el cuerpo de Mahavatar Babaji o en el de otras grandes almas.

Recuerdo que una tarde, en los años de mi niñez en la India, me senté a meditar con un amigo y yo le prometí: «¡Esta noche veremos a Krishna!». Mi deseo de verle era inquebrantable. Tomé la resolución de que mis ruegos para conocer a Krishna hallarían respuesta. A no ser que tengas esa clase de devoción y determinación, ¿qué sentido tiene orar?; tu mente permanecerá ocupada con pensamientos inquietos. Con el transcurso de la noche, mi amigo comenzó a inquietarse porque aún no había atravesado las trincheras que se interponen en el sendero de la meditación. Finalmente me dijo: «¡Vayámonos a dormir ahora!». Pero yo estaba rebosante de gozosa expectación, esperando la llegada de Krishna. No veía nada; sin embargo, yo sabía que iba por buen camino. Dieron las seis de la mañana, y mi amigo insistía: «¡Vayámonos ya a dormir!». Pero yo repliqué: «¡Jamás me daré por vencido!». En el instante en que pronuncié estas palabras, se cumplió mi anhelo. Con los ojos abiertos, ¡contemplé al Señor Krishna! Mi amigo no podía verle, pero sintió su divina presencia. Cuando extendí la mano y toqué a mi compañero, él también pudo ver lo que yo veía. Mi primer amor —por Krishna— ¡fue correspondido!

«Mi primer amor —por Krishna— ¡fue correspondido!»

Si deseas ver a algún santo o avatar en particular, debes cultivar la conciencia divina a fin de percibir esa manifestación. Aquí mismo, en esta capilla, mientras yo daba un sermón, vino a mí San Francisco de Asís, y como resultado de esa experiencia escribí el poema «¡Dios, Dios, Dios!»[1]. Por eso afirmo que es maravilloso vivir en esa omnipresente Conciencia Crística. Primero debes percibir a Cristo en su unidad con el Espíritu y luego podrás verle con forma.

Self-Realization Fellowship está despertando esa divina conciencia en las almas fieles. Aquellos que mediten y reciban a Cristo en su conciencia serán los verdaderos santos.

Así pues, en este día en que llevamos a cabo la meditación de Navidad, prepara tu mente con ánimo inquebrantable en el corazón. Cuando alcances la percepción divina, todo se fundirá en el mar de la Conciencia Crística. Para mí, todo es Uno y se halla encendido con la misma conciencia única de Dios. Medita hoy tan profunda y fervientemente que puedas sentir a Cristo y saber que él es real —no un

[1] Este poema aparece en el libro *Songs of the Soul*, publicado por *Self-Realization Fellowship*.

mero concepto bíblico difundido mediante la exultación intelectual de otros—. Que Cristo se convierta hoy en una realidad en tu conciencia; que todas aquellas personas que encuentres en tu camino vean el reflejo de Cristo que tu vida emana. Cristo *es real:* él debe venir a ti.

¡Regocíjate!

Haz de esta Navidad una celebración real del nacimiento del bendito niño, esforzándote por experimentar la conciencia que se hallaba presente en él.

Haz de esta celebración una experiencia inspiradora y espiritual.

Mientras te ocupas afanosamente de preparar con gozo y entusiasmo las alegres celebraciones, no olvides ni por un momento a aquel cuyo natalicio se conmemora.

Que esta ocasión imprima en ti un nuevo impulso para revitalizar tu inspiración en el sendero crístico de la verdad y el amor.

Transfórmala en una oportunidad para expresar el amor crístico universal a todas las personas y a todas las criaturas, tanto notables como humildes, cercanas a ti o distantes, grandes o pequeñas, conocidas o desconocidas.

Al recordar el nacimiento físico de Jesucristo como un pequeño bebé, percibe su amorosa y eterna presencia en la Conciencia Crística omnipresente, que está siempre contigo sin importar dónde te encuentres ni lo que hagas.

Renueva tu resolución de practicar la autodisciplina —controlar el cuerpo, la mente y las emociones— y de esforzarte siempre por alcanzar el entendimiento crístico.

Establece dentro de ti la conciencia del Príncipe de la Paz como tu soberano interior, para que puedas afrontar tus cruces y pruebas de la vida con fortaleza, serenidad y una actitud victoriosa.

Medita hasta percibir que el Cristo Infinito reina en tu propio corazón.

Aprende a amar a aquellos que no te aman y a perdonar a quienes te hacen daño.

Rompe todas las limitaciones mentales de color, credo y nacionalidad, y recibe a todos —incluso a tus hermanos animales o inanimados— en el abrazo infinito y omnipresente de tu Conciencia Crística. De ese modo celebrarás auténtica y apropiadamente la venida de Jesucristo a la tierra.

Regocíjate y agradece al Divino Dador este maravilloso obsequio de luz y amor que Él te ha concedido.

¡Paz, gozo, paz!

Cómo debe celebrarse la Navidad

Durante veinte siglos, el mundo ha celebrado el nacimiento de Cristo de muy diversas formas. Algunos lo consideran como una oportunidad para reunirse con los familiares e intercambiar obsequios envueltos en papeles de vistosos colores. Los niños pequeños aguardan la Navidad como el momento en que Papá Noel les traerá nuevos juguetes y otros presentes que desean recibir. Cuelgan sus medias junto a la chimenea, y se dice que Papá Noel se desliza por la abertura cubierta de hollín y llena las medias con los tan anhelados regalos. ¡Con cuánta expectativa, los más pequeños permanecen en vigilia la noche anterior, esperando la mañana de Navidad, hasta que finalmente se sumergen en sus felices sueños! Las madres y los padres decoran con alegría el árbol familiar de Navidad, engalanándolo con paquetes de alegres colores.

Muchas personas que no tienen hogar ni familia esperan la Navidad como una ocasión del año en que serán invitadas a disfrutar de una cena especial de caliente comida casera. Las personas mundanas disfrutan de las reuniones sociales y su manera de celebrar el nacimiento de Cristo es beber hasta la ebriedad.

Para aquellos de mente práctica, la Navidad tiene también un aspecto material. Las Iglesias cuentan con el espíritu de la época navideña para lograr mayores colectas que les ayuden a llevar a cabo sus obras. Sobre la misma base, los comerciantes alientan las compras con la expectativa de obtener mayores ganancias. Nada hay de malo en utilizar los métodos empresariales para promover la obra espiritual de Cristo y establecer sus ideales en las almas receptivas; sin embargo, es una blasfemia usar a Cristo y sus ideales simplemente como un medio para obtener ganancias.

En muchas iglesias, la Navidad es sinónimo de grandes festividades, y se celebra con música, representaciones teatrales, ceremonias, reuniones y, en muchos casos, mediante obras de caridad adicionales. En oficios religiosos especiales, los fieles agradecen a Dios con fervor que haya enviado a su hijo bienamado «para redimir el mundo agobiado por el pecado». Quienes son profundamente espirituales —como los monjes y monjas sinceros que permanecen recluidos en sus monasterios y conventos— celebran la Navidad con una seriedad y un fervor aún mayor, meditando en Cristo.

Los que celebran la Navidad de un modo superficial convierten esta sagrada ocasión en poco más que un costoso acontecimiento social. Al menos obtienen de la Navidad unos cuantos obsequios, la gentileza y el afecto que acompañan a estos obsequios, así como algunos momentos pasajeros de alegría. ¡Cuán pocos reciben todas las bendiciones que trae consigo la Navidad cuando realmente se celebra con el pensamiento centrado en Cristo! La mayoría de la gente no sabe cómo debe celebrarse la venida de Cristo al mundo: contemplando en la cuna de su propio despertar espiritual —mediante la meditación profunda— el renacimiento de la divina Conciencia Crística que se manifestó en Jesús.

La pregunta es: ¿qué es lo correcto: celebrar el nacimiento de Jesucristo con la alegría mundana que se expresa en los brillantes adornos, las cenas festivas y el intercambio de obsequios, o reverenciarlo únicamente en espíritu?

Las fiestas de cumpleaños tienen como propósito que quien recibe el homenaje sienta que su vida es valiosa para los que festejan el aniversario de su nacimiento. Tales celebraciones sirven también para centrar la atención de los demás en las almas destacadas cuya vida es digna de reverencia y emulación. Jesús no necesita de nuestro homenaje para sentirse complacido y elevado, pero es correcto y apropiado que celebremos su natalicio cada Navidad, porque su vida es por siempre valiosa y fuente de inspiración para toda la humanidad y en todas las épocas. Es cierto que necesitamos celebrar su venida con el objeto de recordar su vida inspiradora, imperecedera y ejemplar, para que al pensar profundamente en él tal vez nos sintamos alentados a remodelar nuestras vidas para siempre siguiendo el modelo de su divina vida.

Millones de personas planean celebrar la próxima Navidad del modo habitual, como un acontecimiento exclusivamente social. Mas ¿quién desea aprovechar esta época especial para recordar a Cristo en forma espiritual e intercambiar los dones y cualidades del alma y del corazón?

¿Te traerá esta Navidad sólo el aire de romanticismo de las festividades religiosas y sociales, o celebrarás el verdadero significado de la Navidad? Te insto a celebrar el verdadero nacimiento de Jesús, percibiendo dentro de ti su amor universal, su capacidad de perdón, su carácter, su espíritu de renunciación y su devoción, y sintiendo el amor crístico por todas las razas hermanas y toda criatura viviente. A no ser que, en la Navidad que se avecina, hagas el esfuerzo de familiarizarte realmente con el Cristo siempre viviente —que nace en tu interior como renovada sabiduría y nueva dicha—, me temo que dejarás pasar otra preciosa e instructiva oportunidad sin prestarle la debida atención.

No te pido que excluyas la observancia social de la Navidad. Lo que deseo es asegurarme de que, a diferencia de tantos que olvidan a Dios, no omitas de tu celebración el aspecto espiritual, cuya importancia es fundamental. Suma a tus festividades sociales el segundo advenimiento de Cristo: su advenimiento a tu conciencia meditativa. Cristo es apenas una vislumbre en las festividades navideñas; pero en la cuna del éxtasis divino de la meditación, puedes verle y percibirle como una realidad eterna y siempre gozosa.

Prepárate para celebrar realmente la Navidad:

Haz de tu corazón un altar del amor de Cristo —un amor que vive en todas las razas y se prodiga a ellas por igual—, de manera que puedas amar a todos tus semejantes y percibir que cada templo corporal es la morada del omnipresente Cristo.

Perdona a todos tus enemigos —reales o imaginarios—, así como Jesús perdonó a sus adversarios. Colma tu corazón de compasiva comprensión hacia aquellos que, a cambio del bien que tú les procuras, te crucifican con sus desconsideradas acciones, palabras e ingratitud. Sea ésta tu oración: «Padre, enséñame a amar a mis hermanos sumidos en el error, que no saben lo que hacen. Permite que no los haga yo hundirse aún más en la maldad por causa de mi propia desconsideración; y que, por el contrario, mediante mi amor los persuada a encontrar mejores maneras de vivir».

Gobierna todas las acciones de tu vida con la honestidad y la valentía de Jesucristo.

A través del autodominio, vence las tentaciones, que son causa de sufrimiento, tal como Jesús venció las tentaciones de Satanás. Inclínate hacia todo lo bueno. Renuncia a los placeres temporales que proceden del uso indebido de los sentidos y busca la felicidad verdadera y perdurable del alma.

Corresponde al mal con el bien, brinda comprensión a cambio de incomprensión, y amabilidad a cambio de crueldad. En tu interior, reemplaza la intranquilidad con la paz, la inquietud con la calma y los placeres materiales con un gozo perdurable.

Regala los presentes espirituales de tus mejores cualidades a aquellos que las necesiten y recibe las ennoblecedoras cualidades espirituales de los grandes maestros, que te aman por tu propio bien.

Recuerda que, en tu conciencia despierta por la meditación, Cristo puede renacer cada Navidad o en cualquier otro momento. Contempla al omnipresente y siempre viviente Cristo que ha renacido por medio de tu devota atención. Haz que el Cristo desconocido se vuelva conocido para ti cuando comulgues con él como el siempre renovado y siempre creciente gozo de tu profunda meditación diaria. Ama a Cristo como el gozo de la meditación y, de ese modo, celebra todos los días la Navidad espiritual: su segundo advenimiento, la venida de Cristo a tu interior.

Contempla el renacimiento de Cristo en la magnificencia de toda la naturaleza, en tu sabiduría despierta, en todo aquello que muestra verdadera belleza y en todos aquellos que rezuman la fragancia de las cualidades crísticas.

Disfruta de todas tus actividades navideñas con el pensamiento en Cristo y en la paz de Cristo.

Intercambia obsequios como una ofrenda al Cristo presente en todos; y en el árbol de Navidad de tu calmada conciencia, ricamente decorada y reluciente con las divinas cualidades del alma, coloca el presente de tu corazón para Cristo. Allí recibe de Cristo el obsequio de sí mismo.

A través del portal de la meditación, libera tu gozo cautivo para que repose en el corazón de Cristo, que se halla presente por doquier. Haz que tu gozo dance en los planetas más remotos y en la vastedad del cielo, así como en las pequeñas olas de las almas que has conocido y amado y en quienes son tus seres más allegados. Así contemplarás a Cristo en la cuna de toda manifestación de la creación. Descubrirás el gozo omnipresente de Cristo en todos los santos, en todos los seres humanos, en todas las criaturas, en el cosmos tachonado de estrellas, en la cuna de tus pensamientos y en el templo de tu alma.

Un mensaje de Navidad

Sé tú un verdadero ser crístico

Éste es mi canto de Navidad que te ofrezco para que a través de la práctica de la meditación diaria prepares la cuna de tu conciencia y puedas contemplar al niño Cristo Infinito reposando allí de nuevo. Durante esta sagrada época, ora profunda y prolongadamente hasta que cada día se convierta en una verdadera Navidad mediante tu comunión divina.

Espiritualiza la ceremonia social de celebración en torno al árbol de Navidad y sus obsequios materiales, intercambiando con los demás y con todas las almas sinceras los dones espirituales de las cualidades del alma —el amor y la paz, el perdón y el gozo—, en un espíritu de fraternidad universal.

Con el fuego del patriotismo, enciende una llama resplandeciente de amor por todas las naciones de la tierra, a fin de ahuyentar la oscuridad de las guerras y los malentendidos. Como un verdadero hijo de Cristo, pronuncia en tu interior un voto solemne: «Amaré a cada pueblo de Dios como amo a mi propio pueblo».

Vive la unificadora influencia de Cristo en el hogar, en el trabajo, en la iglesia, en la sociedad, en la política, en el entendimiento internacional; de ese modo, el Señor Jesús estará contigo. Serás un verdadero cristiano —un ser crístico— unido a Cristo.

Mi mensaje de Navidad para todas las naciones de la tierra

[Escrito durante la Segunda Guerra Mundial]

¡Oh Cristo!, el nacimiento de tu amor en los corazones de todas las naciones jamás fue tan urgentemente necesario como ahora. Que en la Navidad que se avecina, y cada día, todos los corazones puedan percibir tu nacimiento como el Príncipe de la Paz.

¿Por qué las naciones de la tierra arrojan todos sus recursos y las vidas de los jóvenes a las llamas de la destrucción, cuando podrían utilizarlos para erradicar las enfermedades, la pobreza y la ignorancia y traer a la tierra la felicidad celestial?

A pesar de que las naciones, tus hijas, han olvidado que son hermanas, descendientes de los mismos padres materiales, Adán y Eva, y del único Dios Padre Celestial y Espiritual, y a pesar de que han hecho caso omiso de tus advertencias sobre que quien empuña la espada a espada perecerá, ¡oh Cristo!, aun así oro para que te manifiestes en sus corazones oscurecidos y les muestres una forma rápida de sanar de la fiebre de la guerra y del odio. Condúcelas a la luz de la paz y de la prosperidad perdurables. Bendice a tus hijas las naciones para que cooperen internamente con las leyes rectoras que emanan de la Inteligencia Crística Universal y pronto pongan fin a esta guerra y a los sufrimientos que acarrea. ¡Oh Cristo!, haz que todos comprendamos que la Conciencia Crística en que tú moras es el mejor refugio contra todo mal, y enséñanos a amar a nuestro Padre como tú lo amas.

Que ésta sea siempre tu oración: «En la salud o la enfermedad, en el éxito o el fracaso, en la alegría o la tristeza, en la alabanza o el vituperio, en la fama o la crucifixión, en la compañía o en la pérdida de mis seres queridos, en la victoria o la derrota, en la paz o la guerra, en la seguridad o la catástrofe, en la vida o la muerte, yo permanezco inmutable e inalteradamente leal y devoto, amándote a Ti, ¡oh mi Padre Celestial!, por siempre y para siempre».

Un mensaje desde el amoroso corazón de Cristo

Cristo envía a través de mí este inspirador mensaje de Navidad:

«Así como el esposo y la esposa se sacrifican uno por el otro, como los padres y las madres se sacrifican por sus hijos, como las familias se sacrifican por su país, así debería cada país sacrificarse por una Familia Mundial Unida constituida por toda la humanidad.

»Que esta época de Navidad sea un tiempo de gozoso sacrificio por los demás. Prívate de muchas cosas que son innecesarias a fin de que otros puedan tener lo esencial para vivir. Aceptaré esos obsequios como ofrendas personales que me dedicas en el templo de tu amoroso reconocimiento.

»Celebra esta Navidad permaneciendo en meditación conmigo el día de Nochebuena y estando también conmigo en todos los festejos del día de Navidad.

»Aunque nací hace muchos siglos, vuelvo a nacer en la cuna de tu amor cada vez que clamas por mi presencia con incesante devoción. Estoy a tu lado en la Navidad y, en verdad, en todo momento, si me llamas desde las secretas profundidades de tu corazón».

Alocución en el día de Navidad

La celebración interior de la Navidad

Libera tu mente, haz que todos los pensamientos inquietos desaparezcan de tu interior. Que el templo de tu devoción se convierta en un santuario apropiado donde nazca Cristo, el niño Cristo Infinito, con renovado poder para que seas capaz de sentir su presencia en tu conciencia.

«¡Oh Infinito Cristo viviente!, presente en el cuerpo de Jesús y en todos nosotros, manifiéstate en tu verdadera gloria, en el soberano poder de tu luz y en la omnisciencia de tu sabiduría. Ven desde el seno de toda la creación, y renace en la cuna de nuestra conciencia, para poder adorarte en verdad y con entendimiento en la reveladora luz de la sabiduría. ¡Oh Cristo!, purifica nuestra conciencia para que abarque el espacio entero y envuelva el canto de los pájaros y la sinfonía del amanecer que se difunde a través del cielo y las colinas, prodigándonos tu cálida vitalidad a través de la luz del sol. ¡Oh Tú!, el único reflejo puro de Dios en nuestro interior, revélate ante nosotros, porque Tú, nosotros y Dios somos uno. Permítenos comprender esta verdad.

»¡Oh Cristo!, en especial en esta sagrada mañana, manifiesta tu conciencia en nosotros, revela tu omnipresencia en torno nuestro, a fin de que podamos comprender lo que eres y percibirte tal como eres, tras el velo de la naturaleza y en la cuna de nuestro ser.

»*Om,* paz, Amén».

Muchos son los que ambicionan la pasajera gloria de los logros materiales. Quienes busquen al Infinito, sin demorar su búsqueda hasta mañana, alcanzarán la bienaventurada Meta que desean. Como ya he dicho, no es por el interés de una organización espiritual por lo que te busco. Trato de que tu conciencia comprenda que eres tú el que debe hacer la búsqueda, impulsado por el anhelo de tu propia voluntad. El maestro no pide nada del discípulo, ya que si el gurú dependiera del estudiante, podría no tener la completa libertad de proporcionarle la disciplina necesaria para que libere su alma.

Siempre estaré agradecido por la relación incondicional que tengo con mi gurú, Swami Sri Yukteswarji. Ahora comprendo por qué la mayoría de los grandes maestros guardan silencio, y sólo aquellos que se encuentran en sintonía con ellos pueden lograr que alguna vez rompan ese silencio. Su criterio acerca de la verdad es tan elevado y sincero que a los demás les resulta sumamente difícil comprenderlos. Jamás dejaré de reconocer todo cuanto mi gurú hizo por mí. Él desterró de mi alma todo vestigio de orgullo y de ego; sólo reina allí la gloria de Dios. Me siento muy feliz de que también tú hayas venido a nosotros por tu propio y supremo bien. Nuestro propósito es hacer que permanezcas aquí motivado únicamente por tu propia percepción de Dios.

Muchos celebran el día de Cristo sin conocer en absoluto cuál es el propósito de lo que deberían celebrar. Cristo tampoco reconoce esas celebraciones. Hay quienes convierten la Navidad en un evento meramente social: participan de las festividades con sonrisas inexpresivas, y luego la Navidad termina y se sienten contentos de que así sea. La celebración material de la Navidad tiene algunos aspectos favorables y otros desfavorables. Cristo viene a nuestra conciencia, en cierta medida, cuando nos sentimos felices y llenos de amor y generosidad. Sin embargo, si se honra el nacimiento de Cristo únicamente de modo material por medio de obsequios y reuniones sociales, pero Él se halla ausente de esos festejos, se malogra el verdadero propósito de la celebración.

No tomes a la ligera la celebración de la Navidad

No tomes a la ligera la celebración del nacimiento de Jesús. Estos días sagrados deberían recordarte al gran Cristo: la vida divina que se manifestó en Jesús. Éste es el aspecto espiritual de estas festividades.

En la mayoría de las celebraciones espirituales —incluidas las de Oriente— se llevan a cabo festejos materiales, que guardan semejanza con la alegría de compartir con los seres queridos una comida especial; sin embargo, este aspecto no debe ser el predominante. En el intercambio de regalos también se comparte el amor y se experimenta un sentimiento de expansión. Es Cristo mismo quien acepta aquello que obsequias con toda la sinceridad del corazón. Pero si obsequias algo a regañadientes o movido por la vanidad, Cristo se aleja. Y recuerda que no debes regalar nada que esté relacionado con el mal.

Siempre preparo mi mente para la Navidad —todo cuanto hago lo hago con gran alegría— y Cristo viene a mi conciencia con una intensidad aún mayor. Si Cristo viene, si te honra con su presencia, si acepta tu hospitalidad, jamás podrás decir: «Estoy cansado de él», como invariablemente ocurre con los placeres materiales. El Infinito Cristo es gozo incesante, felicidad sin límites, ¿cómo podría cansarte?

Él está llamando a la puerta de tu conciencia, pero ésta se encuentra cerrada por la ignorancia. ¿Cómo podría entrar? Debes prepararte para que él pueda nacer por segunda vez como la Conciencia Crística que ha despertado en tu interior.

Cristo vino por vez primera cuando nació la creación[1]. Cristo no nació únicamente en el cuerpo de Jesús, pues la Conciencia Crística ya se encontraba manifestada en toda la creación. Jesús se sintonizó con esa Conciencia Crística y la manifestó en su vida.

¿Cuál es el significado de la «Segunda Venida»?

Así pues, hoy festejamos el nacimiento de Jesús el Cristo, de Jesús el que sabía plenamente lo que «Cristo» significaba. ¿Qué es Cristo, entonces?

Eones atrás en la esfera de la Eternidad, cuando Dios se encontraba solo como el siempre existente y siempre renovado Gozo, Él reflexionó: «Estoy solo, y no hay nadie más que disfrute de Mí». Musitó un deseo y así nació el Espíritu Santo (simbolizado en la Virgen María). El Espíritu Santo (o María) lleva en su seno la Conciencia Crística (simbolizada por el Hijo), que es el reflejo de la Conciencia Cósmica (Dios Padre) presente en la creación entera y más allá de ella.

Así pues, la Conciencia Crística ya ha venido en verdad por segunda vez, en el cuerpo de Jesús. También vino en el cuerpo de Mahavatar Babaji, Lahiri Mahasaya, Sri Yukteswar y todas las grandes almas; y ese mismo Cristo debe renacer en tu propia conciencia. Ése es el significado de la «Segunda Venida» de Cristo.

Jesús fue un modelo de la omnipresente Conciencia Crística. Su vida muestra que él había conquistado todas las limitaciones y se había unido a Dios en todo cuanto existe. Merced a su conciencia omnipresente, él tuvo conocimiento de la muerte de Lázaro y pudo decir: *«Lázaro duerme»*, y traerlo de nuevo a la vida desde la tumba. Quienes observan la vida de manera superficial, le adjudican el valor de su mera apariencia; pero cuando se observa la vida en profundidad, más allá de la densa manifestación, se puede contemplar la única Vida Eterna en todas partes.

Destruye los muros de todas las limitaciones

Destruye los muros de las limitaciones que alejan de ti la Conciencia Crística: la avaricia, el egoísmo, la conciencia de casta o de raza. Dios desea ser el único amor presente en todos los credos y nacionalidades,

[1] *«Antes de que Abrahán existiera, Yo Soy»* (*Juan* 8:58).

sin importar cuál sea la forma de culto o el color de la piel de los creyentes. Cristo anhela entrar en todos los corazones humanos, pero las barreras del egoísmo y del prejuicio se lo impiden. Es verdad que la Infinita Conciencia Crística se encuentra presente en todo lugar de modo invisible, pero si deseas experimentar la manifestación de Dios en forma visible debes demoler los muros de la ignorancia. Dios te ha concedido la libertad de excluirle o permitirle la entrada. El impedimento no se encuentra en tu visión, sino en tu conciencia. Cristo ya está contigo, él ya ha venido, pero las limitaciones que surgen de los prejuicios oscurecen su divina presencia. Si deseas que Cristo venga a tu conciencia de manera perceptible, debes derribar todos los obstáculos; es Satanás quien ha construido esos muros.

Rompe todas las limitaciones, de modo que la cuna de tu conciencia sea lo suficientemente espaciosa para albergar al niño Cristo Infinito.

Los dones provenientes de la Conciencia Crística

Tan pronto como medites en los centros de percepción espiritual que se hallan en la espina dorsal, valiéndote de la práctica de los métodos del yoga, la Conciencia Crística te concederá la presencia de la calma. La calma es uno de los más grandes dones de Dios; es la visión propia del Espíritu, la percepción intuitiva y pura del alma. Cuando te comportas de manera errónea, se debe a que no estás calmado. Ora para que se te conceda permanecer por siempre en esa calma interior del alma.

Otra cualidad del Infinito Cristo es la misericordia. Aun cuando la omnipotente Conciencia Crística se manifestaba plenamente en el cuerpo de Jesús, él permitió que le crucificasen; pero con el inmenso poder que poseía en su unidad con la Conciencia Crística, él pudo perdonar y por eso ha permanecido en el corazón de los seres humanos durante todos los siglos que han transcurrido desde entonces. Él tenía el poder para destruir a sus enemigos, y sin embargo dijo: *«Padre, perdónalos, porque no saben lo que hacen»*. Éste es un don de la Conciencia Crística: un amor que ni la ira ni el odio podrán destruir jamás. Ofrece en silencio ese amor de Cristo a aquellos que te hacen daño, y una vez que sus corazones sientan ese amor, el demonio del odio se desvanecerá y serán sanados.

Satán ejerce su influencia en todas partes. No obstante, si puedes destruir el mal que se halla en tu corazón y construir allí un altar de misericordia y amor divinos, Cristo vendrá y reinará allí.

La nobleza de corazón y el espíritu de servicio —tener la grandeza moral suficiente como para comportarse con nobleza en toda situación y servir a todos— son también dones provenientes de la Conciencia Crística. Servir a todos significa ser conscientes de que tú moras en todos y no tan sólo en ese pequeño cuerpo que llamas tuyo, pues todos estamos hechos de la misma conciencia omnipresente de Dios. El egoísmo es la causa fundamental de las guerras y de todas las formas de desavenencia; también constituye la muerte de la espiritualidad. Cuando limitas tu conciencia a tu propio cuerpo y lo juzgas todo teniéndote en cuenta sólo a ti, estás rechazando la Conciencia Crística. Debes comenzar a considerar a los demás como una extensión de tu propio ser. «Soy yo mismo quien está sufriendo en ese cuerpo; soy yo quien está colmado de felicidad en esa persona». Servir al prójimo es una de las mejores inversiones para expandir la conciencia. Hacer por los demás lo mismo que haces por ti mismo es el modo social de cultivar la Conciencia Crística.

El verdadero amor de Cristo viene a abrir aquellos regalos de Navidad que son expresiones del despertar espiritual de la conciencia. El gozo que sientes con la venida de Cristo no proviene de la felicidad emocional que te produce el hecho de recibir obsequios materiales. La bienaventuranza es el estado de conciencia que surge del contacto con el Cristo interior. Ésa es la celebración de Navidad que deseo grabar en tu conciencia.

Celebra la Navidad astral en los centros espirituales situados en la espina dorsal

Para disfrutar de la verdadera Navidad debes celebrar el nacimiento de la Conciencia Crística en los centros espirituales de percepción divina situados en el cerebro y en la espina dorsal. En meditación profunda, pueden contemplarse todas las luces astrales de los centros espinales y se produce un intercambio entre la Conciencia Crística y tu propia conciencia. Ésa es la verdadera celebración de la Navidad.

Cuando la Conciencia Crística venga a ti, descubrirás dentro de tu ser el Cosmos entero, con los mundos y universos en rotación pendiendo como adornos del árbol navideño de la columna vertebral. Así es como Jesús celebraba la «Navidad», es decir, el nacimiento de la Conciencia Crística en su interior.

¿Cuántos hombres viven hoy en día con Cristo en su corazón como lo hizo Jesús? La belleza de las estrellas y la gloria de la luna nacieron en la mente de Jesús. Todo se halla contenido en la Conciencia

Crística que se manifestaba en Jesús. Él celebraba dicha Conciencia Crística en las percepciones de sus centros cerebroespinales.

Si realmente deseas conocer a Jesús, medita en la Conciencia Crística que estaba presente en él. De ese modo, podrás decir mañana: «¡Oh, sí! He celebrado la Navidad en la forma apropiada». El mañana traerá el resultado. ¿Por qué dejar pasar el día de hoy, si hoy mismo puedes hallar a Cristo? Incluso si hoy no puedes percibir a Cristo, recuerda que él viene cada día, pero debes estar preparado para *recibirle*. El ciego no conoce la belleza del sol. Cristo está presente en ti, pero tú no lo sabes. Debes prepararte para su venida mediante la práctica del silencio y la meditación.

Dos formas de unirte a Cristo

Simplemente sé feliz en toda circunstancia. Manifiesta buena voluntad hacia todos. Desecha todas las limitaciones ocasionadas por los prejuicios. Toma la determinación de actuar de acuerdo con las normas morales. Entonces, Cristo estará siempre contigo. Ésta es una manera de permanecer en sintonía con la Conciencia Crística, de celebrar la Navidad.

Pero existe una segunda forma de celebrar la Navidad, mucho más profunda, que consiste en elevar la conciencia por la columna vertebral hacia los centros más elevados de conciencia, situados en el cerebro. Éste es el modo más grandioso de celebrar el nacimiento de Cristo, en el silencio de tu alma, allí donde nadie sabe lo que atesoras ni lo que amas. Dedícale a Cristo un canto glorioso que nadie pueda oír, un canto rebosante de amor, una plegaria eterna que surja de tu corazón; así, Cristo se manifestará una segunda vez. Contemplarás al Cristo de las iglesias, al Cristo de las antiguas tradiciones sagradas. El Hombre al que nadie conoce, el Cristo desconocido, se te revelará dentro de tu propio ser.

Toma hoy la resolución de encontrar a ese Cristo. Abre los portales de tu corazón, expande tu ser prestando servicio material, moral y espiritual a los demás y, a medida que desarrolles la calma por medio de la meditación profunda y que el fuego de tu devoción se incremente cada vez más, contemplarás el rostro de Cristo.

Recuerda: es preciso avivar las llamas resplandecientes de tu devoción y no debes continuar con el viejo hábito de dirigirle a Cristo sólo unas cuantas plegarias tibias. Crucifica tu ignorancia espiritual; detén las tormentas de la discordia mental. Cristo debe venir a ti, pues es de primordial importancia para tu felicidad. Haz esta promesa a

Cristo: «No permitiré que mi vida transcurra esta vez sin haberte conocido, ¡oh Cristo!». No dejes que él venga y se desvanezca silenciosamente sin que puedas percibirle.

Alguien dijo en una ocasión: «¿Dónde está el progreso? ¿Acaso no avanzamos lentamente hacia la muerte?». Esto es verdad para quienes no conocen a Cristo, pero aquellos que le conocen pueden comprobar que no están avanzando hacia el valle de sombras de la muerte, sino hacia las cimas de la Conciencia Crística, donde la muerte no existe. Al ver el destello de la luz omnipresente de Cristo, exclaman llenos de gozo: «¡Oh, Cristo!, por medio de mi meditación y mis oraciones, ahora vienes de nuevo a mi vida». Y le perciben en todas partes: en los corazones de los hombres, en la fragancia de las flores y en todas las demás cosas creadas.

Pueda Cristo venir a tu conciencia por segunda vez como prosperidad, como salud, como la percepción y el cumplimiento de todas tus esperanzas en la conciencia divina. Y pueda Cristo venir a ti cuando encuentres el amor divino al perfeccionar tu amor en alguna relación humana y al descubrir la omnipresencia en tu propia conciencia humana. Pueda Cristo venir, prodigándote infinita bienaventuranza, infinita sabiduría e infinito gozo, al nacer en la cuna de tu corazón. Pueda Cristo venir a ti por segunda vez en la vibración de *Om* en tu cuerpo, el *Om* a partir del cual fueron creados todos los cuerpos, todos los universos. Pueda Cristo venir por segunda vez, mas ahora a tu propio ser, y establecerse en tu conciencia para siempre.

Parte II

Un mensaje de Pascua de Resurrección

¡Resucita!

Así como Cristo resucitó su conciencia del sepulcro de las limitaciones mortales, así también debes tú aprender, mediante la práctica de la meditación, a resucitar tu mente de la tumba de los deseos materiales y de la prisión del cuerpo para alcanzar la conciencia de la omnipresencia.

Resucita tu calma, que se halla sepultada bajo los escombros de la inquietud; resucita tu sabiduría, que permanece oculta bajo la mortaja de la ignorancia mundana; resucita tu amor, que está enterrado bajo el suelo de los mundanos apegos humanos —el limitado amor a la familia, a la sociedad y al país—, y transfórmalo en amor divino por todos.

Del mismo modo que, en estado de éxtasis, Jesús retiró su mente del cuerpo y la unificó con el Espíritu omnipresente, así debes tú, mediante la constante práctica de la meditación, desarrollar dentro de tu ser la conciencia de Cristo y, a través de dicha conciencia, unir tu alma con el omnisciente Espíritu, unir tu vida con la Vida Eterna.

Un mensaje de Pascua

Mi deseo de Pascua para ti

Mientras reside en el templo del cuerpo, la vida constantemente resucita los viejos tejidos fortaleciéndolos con la energía y vitalidad de las nuevas células. De modo similar, la Conciencia Crística continúa remodelando y revivificando el cosmos —infectado por el virus mortal del cambio—, así como la totalidad de universos, los resplandecientes sistemas solares y estelares, la tierra y todo cuanto ha sido creado. Esa Conciencia resucitó el cuerpo de Jesús, el Hijo del hombre, después de su crucifixión. Como Hijo de Dios, Jesús sabía que su vida era una con la Vida Cósmica, que revivifica todo cuanto existe, y por ello declaró: «*Destruid este santuario y en tres días lo levantaré*».

Ésta es mi oración de Pascua de Resurrección. Puedan todos los sinceros devotos de Dios, inspirados por la transparente pureza de sus vidas, comenzar a irradiar —al igual que lo hizo Jesús— la Luz Infinita, presente de manera equitativa en todo, y recordar esta verdad durante tanto tiempo olvidada: cada uno de ellos es potencialmente un Hijo de Dios.

Deseo que te sientas tan inspirado y apoyado por los resultados de la práctica del *Kriya Yoga* que continúes en la senda de *Self-Realization* hasta el final, y aprendas a resucitar tu alma, que ha permanecido encerrada en la tumba del engaño, y logres unificarla con la siempre renovada vitalidad del Espíritu. Que puedas así elevar tu alma por encima de los estados del sueño y de la vigilia, a fin de expandirla hasta alcanzar a Dios en la esfera de la supraconciencia.

Contempla tu Ser inmortal resucitado con Cristo en la esclarecedora Luz de la Conciencia Crística, que se halla presente en cada alma, en cada flor, en cada átomo.

Un mensaje de Pascua

Resucita en Dios la conciencia de tu alma

Bastará que contemples a Cristo en la luz de tu devoción para que él resucite del sepulcro de tu indiferencia.

Él resucitará de los aprisionantes muros de la carne, si tú, que eres un hijo de Dios que aún permanece dormido, sales de tu prisión corporal y te elevas hasta alcanzar la libertad en el Espíritu.

Crucifica tu ignorancia y tus anquilosantes malos hábitos, resucita de la tumba de la estrechez mental y elévate hacia la inmensidad de la Fraternidad Cósmica.

Resucita tu alma del sepulcro de las reencarnaciones.

La fragancia de Cristo asciende desde las tumbas vivientes de la conciencia humana de todos los devotos sinceros y desciende sobre el santuario de su devoción. Purifica el altar de tu corazón con lágrimas de arrepentimiento, para que la Conciencia Crística, el amor por todas las razas y por todas las criaturas, pueda resucitar y manifestarse dentro de ti.

Cuando tu cuerpo sea crucificado por la enfermedad, elévate a la conciencia de salud.

Cuando tu mente sea crucificada por las pruebas y las tentaciones, asciende a la esfera del dominio propio.

Cuando te encuentres en la tumba de la melancolía, resucita tu ser en la conciencia del gozo.

Cuando hayas quedado sepultado bajo los escombros de la inquietud, resucita tu mente y condúcela a la perpetua calma del profundo silencio meditativo.

Tu amor por Dios ha permanecido durante largo tiempo oculto dentro de ti, crucificado por tu indiferencia interior. Mediante la profunda meditación diaria, despierta tu fervor espiritual y resucítalo, para que pueda elevarse a la conciencia de la Bienaventuranza Absoluta.

Una oración de Pascua

Resucita mi ser en Ti

¡Oh Espíritu!, ordena a mi alma que salga del sepulcro de la mezquindad para dirigirse hacia la inmensidad de tu omnipresencia. Eleva su conciencia encerrada en la materia y condúcela a la omnipresente libertad en Ti.

Enséñame a resucitar mi sabiduría, que ha permanecido sepultada bajo los escombros de la ignorancia, y a resucitar mi ser del dogmatismo, conduciéndolo a la vida eterna en tu Sabiduría.

Despierta mi compasión divina, envuelta en la mortaja del egoísmo.

Resucita mi amor divino, enterrado bajo el túmulo de los apegos.

Bendíceme, para que logre rescatar mi alma de la oscura sepultura del mal y llevarla hacia la luz del bien perpetuo.

Enséñame a resucitar mi alma de la tumba de los placeres temporales y a conducirla hacia tu eterna felicidad.

Levanta mi alma enterrada bajo el suelo de la tristeza y llévala hacia tu Gozoso Ser.

Despiértame, a fin de que sea yo capaz de escapar de la tumba de la carne y percibir mi cuerpo cósmico después de liberar mi alma de este terrón de arcilla que es el cuerpo para que se una a Ti y se vuelva omnipresente.

Resucita mi conciencia del sepulcro de la locura y voracidad de los deseos terrenales, para que pueda yo sumergirme en la omnipresente, eterna y siempre gozosa Paz de Cristo que se encuentra en mi interior.

Así como Jesús resucitó en sólo tres días de todas las limitaciones de su cuerpo mortal, bendíceme para que también yo pueda resucitar con prontitud y para siempre de la tumba de todos mis malos hábitos y ascender hacia la libertad en la Sabiduría de Cristo, presente en mi interior.

Arranca el loto de mi devoción del fango del olvido terrenal y colócalo en tu divino pecho, donde se mantiene siempre despierto tu recuerdo de mí.

¡Resucita mi ser en Ti!

Una oración de Pascua

¡Bendícenos, oh Cristo!

Con solemne reverencia, te rendimos hoy homenaje, ¡oh nuestro grandioso Señor Jesús!, en quien se hallaba manifestado el Cristo Universal y cuya gracia descendió sobre nosotros. Te ofrendamos, ¡oh Cristo!, las flores de nuestros pensamientos, que simbolizan la fragancia de la devoción de nuestros corazones.

Tanto los dioses como nuestras almas celebran por toda la eternidad el acontecimiento de tu resurrección, para que nuestra conciencia pueda hallar también la resurrección en la Conciencia Crística, a fin de que nos elevemos por encima de nuestra ignorancia y manifestemos la suprema sabiduría de esa Inteligencia Infinita.

Bendícenos esta mañana, ¡oh Cristo!, para que comprendamos el significado universal de tu resurrección, para que nuestras almas, que son reflejo de la Conciencia Crística, resuciten por siempre jamás en tu Conciencia Inmortal.

¡Oh Cristo Universal, despierta en nuestro interior! Te hemos crucificado con nuestra ignorancia. Resucita de nuevo dentro de nosotros como la eterna Sabiduría Crística y la dicha perenne.

Condúcenos de las tinieblas a la luz, elévanos de la ignorancia a la sabiduría, resucítanos del estado de aflicción y llévanos a la bienaventuranza eterna en Ti, ¡oh Cristo Infinito!

Una oración de Pascua

El Cristo de la Pascua Cósmica

¡Oh Jesús!, tu alma se desprendió del polvo de la muerte y se engalanó con las deslumbrantes joyas de los vitatrones en tu cuerpo resucitado. Asimismo, como Omnipresencia Crística, tu espíritu renueva constantemente todas las luminarias —las gemas cósmicas de las resplandecientes estrellas, los universos físicos y astrales, los planetas densos o luminosos, los seres humanos o angélicos, las moléculas, los átomos, electrones, protones y vitatrones— y coloca estos deslumbrantes adornos en tu Ser Infinito.

Jesús, viviste y fuiste crucificado, y luego volviste a vivir en un cuerpo resucitado. La Conciencia Crística, crucificada sin cesar por los fariseos del cambio, aparece una vez más en los universos renovados, en los seres reencarnados, en este mundo material y en el fulgor de los cielos.

De la tumba invernal donde yacen las floraciones sin vida, ¡oh Cristo!, has resucitado en renovados capullos de rosas, caléndulas, campanillas, jazmines y en una infinita variedad de flores. Las multicolores flores de los vitatrones en constante mutación que crecen en los jardines de la tierra astral son fragantes altares de tu Presencia. Las nuevas naciones —que emergen del sepulcro de las guerras creadas por ellas mismas y marcadas por destrucciones atómicas, cambios y revoluciones—, todas ellas muestran nuevas fases de tu Ser Indestructible. Tras la transparente tumba de las siempre cambiantes olas de la creación, contemplamos tu inmutable Presencia Oceánica.

En esta Pascua de Resurrección, celebramos tu presencia como Jesús y como el Cristo de la Pascua Cósmica.

Una oración de Pascua

Resucítanos de las tinieblas del engaño

La Pascua de Resurrección nos deleita con sus tradicionales lirios de Pascua, los conejos con obsequios y los huevos de Pascua pintorescamente decorados. Pero yo oro para que, cuando celebres la resurrección de Cristo, las flores simbolicen el inmaculado lirio de la sabiduría crística que se abre en el jardín de tu alma, y que experimentes en tu corazón la dulzura del amor de Cristo y disfrutes de los multicolores huevos de sus bendiciones de auténtica felicidad, y que, como el veloz y generoso conejo, puedas apresurar tu paso hacia el Hogar Divino.

En el secreto templo interior de la meditación profunda, dirígele a Cristo la siguiente oración:

«Tú resucitaste de la esclavitud del cuerpo, del karma, de la ignorancia y de la reencarnación, con el objeto de inspirarnos con tu invisible y omnipresente sabiduría para que pudiésemos saber cómo resucitar la imagen divina presente en nuestro interior y liberarla del confinamiento corporal creado por las tentaciones sensoriales. Resucita nuestra visión y condúcenos del miasma de la duda a la región del entendimiento invencible. Enséñanos a abandonar la atmósfera de la pequeñez mental y a hacer resurgir nuestra generosidad en el reino del amor por todos.

»Resucítanos de las tinieblas del engaño y guíanos hacia la esfera de tu suave resplandor. Rescátanos de los prejuicios de raza y de clase social, y enséñanos a resucitar nuestro espíritu de fraternidad al avanzar hacia la unidad universal. Bendícenos, ¡oh Cristo!, para que a partir de este momento utilicemos nuestro sentido interior de discernimiento intuitivo y logremos cumplir todas las leyes mentales, morales y espirituales que nos permitirán resucitar nuestras almas de la fascinación del engaño cósmico, a fin de alcanzar la libertad eterna del contacto con Dios».

Un mensaje de Pascua

Despertar espiritual en la Pascua de Resurrección

Por breve tiempo, la pequeña ola de la Vida Crística jugó para beneficio de todos sobre el regazo de la Vida Cósmica, y luego se desvaneció en la ternura del Océano, mas no para morir, sino para deleitarse con la Ambrosía eterna y retornar de nuevo con la finalidad de anunciar la inmortalidad, incluso la de su existencia finita. El océano de Dios palpitó de nuevo en el Príncipe Jesús resucitado.

Las flores se marchitan para no regresar jamás, pero Jesús sólo se sumió en el sueño para obedecer el dulce mandato de la Naturaleza y despertó una vez más para anunciar su dominio sobre ella.

Al regresar Jesús de la tierra de la que no hay retorno, acalló la risa de las multitudes de mirada incrédula y la atrevida afirmación poética según la cual ningún viajero vuelve jamás de los confines de la muerte.

Cuando Jesús apareció resucitado en este plano mundano, él revivió en los corazones de infinidad de mortales una esperanza que permanecía sepultada en la inmortalidad de cada alma: la esperanza de que también ellos pueden desprender el aguijón de la muerte de su imperecedero pecho de eternidad.

Cristo se ocultó una vez más para demostrar que él no sólo era capaz de resucitar su naturaleza eterna en el cuerpo de Jesús, sino también en cada capullo y en cada ser viviente que sonriese en el jardín de la creación a lo largo de todas las incontables eras por venir.

Cristo resucitó no sólo en la mañana de Pascua: unido a la Infinita Conciencia Crística, él renace en la aurora de cada alma que despierta. Nuestras almas mueren a diario, cada vez que nos sepultamos en la tumba de la ignorancia; pero de nuevo resucitamos en la Sabiduría Cósmica.

Desecha la conciencia de mortalidad que abrigas durante el sueño del engaño y resucita tu alma para que viva en la Luz de la Inmortalidad que reina por siempre. ¡Que así sea tu despertar espiritual en esta Pascua!

Meditación sobre la resurrección

Cristo ha resucitado. Él ha resucitado de las limitaciones del cuerpo físico, del cuerpo astral y del cuerpo causal hasta abarcar la Omnipresencia. Unificado con la omnipresente Conciencia Crística, Jesús ha resucitado en el corazón de cada flor, en cada rayo de sol y en cada noble pensamiento. Ha resucitado en la era atómica, y todas las devastaciones que ésta origine no podrán ocultar el nacimiento de su espíritu de nueva vida, de una nueva humanidad, que surge de la cuna de la sabiduría y del amor universal.

Cristo ha resucitado en nuestras mentes, en nuestros corazones, en nuestras almas; no existe separación alguna entre él y nosotros. Él camina en el jardín de nuestro amor, en el jardín de nuestra sagrada devoción, en el jardín de nuestra meditación y en nuestra práctica de *Kriya Yoga*.

Cristo ha resucitado en cada átomo y en cada célula; ha resucitado en las nubes; ha resucitado en todos los planetas. Ha resucitado en los universos y en las radiaciones errantes que circundan los universos y en la fría luz que se encuentra aún más allá. Ha resucitado y ha trascendido los universos hasta alcanzar la quietud de la Conciencia Cósmica. Y él volverá a resucitar en ti, a través de tu devoción y de tu práctica de *Kriya Yoga*. Cuando tu sabiduría despierte, contemplarás la resurrección de Cristo en tu interior. Por medio de tu meditación y de tu comunión divina, resurgirás con él, abandonando el sepulcro del cuerpo y la conciencia mortal para ascender a la infinitud eternamente bienaventurada del Espíritu.

«¡Oh Cristo!, tú has resucitado en Espíritu. Nos llena de júbilo tu resurrección, que reafirma tu promesa de que, como hijos de Dios que hemos descendido al sepulcro del cuerpo, también nosotros volveremos a ascender al reino de nuestro Padre. En esta Pascua de Resurrección, depositamos a tus pies de omnipresencia toda nuestra devoción, todo el clamor de nuestros corazones, todo el perfume de bondad que hay en nosotros. Somos tuyos, ¡recíbenos! A través de la Conciencia Crística, haz que resucitemos contigo en el Espíritu Eterno y permítenos vivir en ese reino de Bienaventuranza por siempre y para siempre».

RESEÑA DEL AUTOR

Paramahansa Yogananda, cuyo nombre de familia era Mukunda Lal Ghosh, nació el 5 de enero de 1893 en Gorakhpur, ciudad del norte de la India situada cerca del Himalaya. Desde su más tierna infancia fue evidente que su vida estaba destinada a cumplir un propósito divino. Quienes le conocieron más íntimamente recuerdan que, incluso desde niño, él poseía un extraordinario conocimiento y experiencia en el campo espiritual. De joven dirigió sus pasos hacia muchos de los santos y filósofos de la India, con la esperanza de encontrar un maestro iluminado que le guiase en su búsqueda espiritual.

En 1910, a la edad de 17 años, encontró por fin al reverenciado sabio de la India Swami Sri Yukteswar y se hizo su discípulo. En la ermita de este gran maestro pasó la mayor parte de los diez años siguientes, recibiendo su estricta pero amorosa disciplina espiritual. En 1915, después de haberse graduado en la Universidad de Calcuta, su gurú le confirió los votos de monje en la antigua y venerable «Orden de los Swamis» de la India, recibiendo el nombre de Yogananda (que significa bienaventuranza, *ananda,* mediante la unión divina, *yoga*).

En 1917, Sri Yogananda inició la obra a la que consagraría su vida entera, con la fundación de una escuela para niños cuyo programa educativo —basado en sus principios de «el arte de vivir»— integraba los métodos educativos modernos con la disciplina del yoga y la enseñanza de principios espirituales. Tres años más tarde, fue invitado, como representante de la India, a un Congreso Internacional de Religiosos Liberales celebrado en Boston (Estados Unidos). Su conferencia en el Congreso, sobre el tema «La ciencia de la religión» recibió una entusiasta acogida. En los años siguientes, dio conferencias y clases en la costa oriental de Estados Unidos, y en 1924 emprendió una gira por este país, dando conferencias en las numerosas ciudades que visitó. Para las decenas de miles de occidentales que asistieron a sus conferencias durante la siguiente década, sus discursos acerca de la unidad entre «las enseñanzas originales de Jesucristo y el Yoga original que enseñó Bhagavan Krishna» eran una revelación. El 28 de enero de 1925, el diario *Los Angeles Times* informaba: «El Philarmonic Auditorium muestra el extraordinario espectáculo de miles de personas [...] que, una hora antes del comienzo de la conferencia anunciada, han sido informadas de que no podrán entrar, pues la sala con 3.000 asientos ya se encuentra repleta. La atracción es Swami

Yogananda: un hindú que invade Estados Unidos para traer a Dios al seno de la comunidad cristiana, predicando la esencia de la doctrina cristiana».

Posteriormente, ese mismo año, Sri Yogananda estableció en Los Ángeles la sede internacional de *Self-Realization Fellowship*, la sociedad que había fundado en 1920 con el fin de diseminar sus enseñanzas y perpetuar la obra que había comenzado.

«Paramahansa Yogananda trajo a Occidente no sólo la promesa eterna de la India de que es posible lograr la unión con Dios, sino también un método práctico mediante cuya aplicación los buscadores de la Verdad de cualquier origen social pueden acercarse rápidamente a esa meta —escribió el Dr. Quincy Howe, Jr., profesor de lenguas antiguas en la Universidad de Scripps—. El legado espiritual de la India, valorado originalmente en Occidente sólo en el nivel más eminente y abstracto, se encuentra en la actualidad a disposición, como práctica y experiencia, de cuantos anhelan conocer a Dios, no en el más allá, sino en el aquí y ahora. [...] Yogananda ha puesto al alcance de todas las personas los métodos de contemplación más elevados».

El 1 de diciembre de 1926, el diario *The Cincinnati Enquirer* informaba: «Ayer, en el Hotel Sinton, miles de hombres y mujeres saludaron a Swami Yogananda, pero cientos de personas no pudieron entrar. En esta entusiasta multitud, había literatos, médicos, líderes de moda, clérigos y, de hecho, seguidores provenientes de diversos estratos sociales. El receptivo público, que escuchaba con profunda atención al Swami, le interrumpía continuamente con sus aplausos». Y según lo publicado en el *Washington Post* el 25 de enero de 1927: «Aproximadamente 5.000 personas colmaron el auditorio para escuchar su conferencia inicial [...] en el Washington Auditorium, donde el Swami ha superado todos los récords de interés prolongado».

Después de quince años de enseñar en Occidente, Sri Yogananda regresó a la India en 1935. Allí tuvo lugar la esperada reunión con su gurú, Swami Sri Yukteswar, que le honró con el título religioso más elevado de la India, Paramahansa, el cual se confiere a aquellos que se considera que han alcanzado la unión irrevocable con Dios. Mientras permaneció en su tierra natal, viajó, dio conferencias y se entrevistó con numerosas e ilustres personalidades espirituales, incluyendo a Mahatma Gandhi, quien le solicitó que lo iniciara en *Kriya Yoga*.

Después de regresar a Estados Unidos hacia fines de 1936, Yogananda comenzó a reducir el número de las conferencias públicas que daba por todo el país, con el fin de dedicarse a establecer su obra mundial sobre sólidos cimientos y escribir las obras que llevarían su mensaje a las generaciones futuras. La narración de su vida, *Autobiografía de un yogui,* se publicó en 1946 y fue ampliada considerablemente por él en 1951. El libro, reconocido desde el comienzo como una obra cumbre, ha sido reimpreso por *Self-Realization Fellowship* ininterrumpidamente desde su primera edición, hace más de sesenta años, y ha inspirado a nuevos lectores década tras década.

Paramahansa Yogananda entró en *mahasamadhi* (el abandono definitivo del cuerpo físico en el momento de la muerte realizado de forma voluntaria y consciente por un maestro iluminado) el 7 de marzo de 1952. Su fallecimiento provocó una gran profusión de reverentes expresiones de aprecio por parte de líderes espirituales, dignatarios, periodistas, amigos y discípulos de todo el mundo. Dan Thrapp, ex redactor religioso del diario *Los Angeles Times,* afirmó en 1992: «A lo largo de la historia, pueden encontrarse personas que han venido a este mundo, como Jesús, Buda y otros que poseían inspiración divina y eran capaces de expresar esa inspiración de algún modo. Ellos tenían tal carisma que su influencia se esparcía. Yo creo que Yogananda fue uno de esos personajes. [...] Era un ser inspirado [...] uno de los grandes. Él demostró la manera en que podemos alcanzar una clase de fe pura y verdadera: una fe universal».

En 1977, el gobierno de la India emitió un sello postal conmemorativo en honor del renombrado gurú y le homenajeó con las siguientes palabras: «En la vida de Paramahansa Yogananda, el ideal de amor a Dios y servicio a la humanidad se manifestó en su plenitud. [...] Aunque la mayor parte de su existencia transcurrió fuera de la India, podemos contarle entre nuestros grandes santos. Su obra continúa prosperando y refulgiendo cada vez más, atrayendo hacia la senda espiritual a personas de todas las latitudes».

Eruditos y periodistas se han hecho eco de esta valoración de la influencia que sigue teniendo Sri Yogananda. «Pocos libros han tenido un mayor impacto sobre la teología popular que la *Autobiografía de un yogui* de Paramahansa Yogananda», señala Phyllis Tickle, ex redactor religioso de la revista *Publishers Weekly.* Sus enseñanzas «dejaron una huella imborrable en el camino de la espiritualidad de Estados Unidos —escribió el Dr. Robert S. Ellwood, ex decano de la Facultad de Estudios Religiosos en la Universidad del Sur de California—. Yogananda, un ser extraordinario, profundo, dulce, poético, extático y embelesado con la vida cósmica, se ha convertido en una notabilidad que ha transformado el curso de la vida religiosa en Estados Unidos».

La obra espiritual y humanitaria que inició Paramahansa Yogananda continúa hoy en día bajo la dirección de Sri Mrinalini Mata, una de sus más cercanas discípulas y su sucesora como actual presidenta de *Self-Realization Fellowship/Yogoda Satsanga Society of India*[1]. Además de la publicación de las conferencias, escritos y charlas informales de Paramahansaji (entre los cuales se incluyen sus *Lecciones de Self-Realization Fellowship,* una serie completa de lecciones que se estudian en el hogar), la sociedad orienta a los miembros en su práctica de las enseñanzas de Sri Yogananda; supervisa las actividades de los templos, retiros y centros de meditación con que cuenta en todo el mundo, así como también las comunidades monásticas de monjes y monjas de *Self-Realization Fellowship;* y coordina, además, el funcionamiento del «Círculo mundial de oraciones», cuya finalidad es ayudar a quienes tienen necesidad de curación física, mental o espiritual, y contribuir a que exista mayor armonía entre todas las naciones.

[1] En la India, la obra de Paramahansa Yogananda se conoce como *Yogoda Satsanga Society.*

PARAMAHANSA YOGANANDA: UN YOGUI EN LA VIDA Y EN LA MUERTE

Paramahansa Yogananda entró en *mahasamadhi* (el abandono definitivo del cuerpo físico realizado en forma voluntaria y consciente por un yogui) el 7 de marzo de 1952, en Los Ángeles (California), luego de haber concluido su discurso en un banquete ofrecido en honor de S. E. Binay R. Sen, Embajador de la India.

El gran maestro universal demostró, tanto en la vida como en la muerte, el valor del yoga (conjunto de técnicas científicas utilizadas para alcanzar la comunión con Dios). Semanas después de su deceso, su rostro inmutable resplandecía con el divino fulgor de la incorruptibilidad.

El señor Harry T. Lowe, director del cementerio de Forest Lawn Memorial-Park de Glendale (en el cual reposa provisionalmente el cuerpo del gran maestro), remitió a *Self-Realization Fellowship* una carta certificada ante notario, de la cual se han extractado los párrafos siguientes:

«La ausencia de cualquier signo visible de descomposición en el cuerpo de Paramahansa Yogananda constituye el caso más extraordinario de nuestra experiencia. [...] Incluso veinte días después de su fallecimiento, no se apreciaba en su cuerpo desintegración física alguna. [...] Ningún indicio de moho se observaba en su piel, ni existía desecación visible en sus tejidos. Este estado de perfecta conservación de un cuerpo es, hasta donde podemos colegir de acuerdo con los anales del cementerio, un caso sin precedentes. [...] Cuando se recibió el cuerpo de Yogananda en el cementerio, nuestro personal esperaba observar, a través de la cubierta de vidrio del féretro, las manifestaciones habituales de la descomposición física progresiva. Pero nuestro asombro fue creciendo a medida que transcurrieron los días sin que se produjera ningún cambio visible en el cuerpo bajo observación. El cuerpo de Yogananda se encontraba aparentemente en un estado de extraordinaria inmutabilidad. [...]

»Nunca emanó de él olor alguno a descomposición. [...] El aspecto físico de Yogananda instantes antes de que se colocara en su lugar la cubierta de bronce de su féretro, el 27 de marzo, era exactamente igual al que presentaba el 7 del mismo mes, la noche de su deceso; se veía tan fresco e incorrupto como entonces. No existía razón alguna para afirmar, el 27 de marzo, que su cuerpo hubiera sufrido la más mínima desintegración aparente. Debido a estos motivos, manifestamos nuevamente que el caso de Paramahansa Yogananda es único en nuestra experiencia».

METAS E IDEALES
de
Self-Realization Fellowship

Según los estableció su fundador, Paramahansa Yogananda
Presidenta: Sri Mrinalini Mata

Divulgar en todas las naciones el conocimiento de técnicas científicas definidas, mediante cuya aplicación el hombre puede alcanzar una experiencia personal y directa de Dios.

Enseñar a los hombres que el propósito de la vida humana consiste en expandir, a través del esfuerzo personal, nuestras limitadas conciencias mortales, hasta que éstas lleguen a identificarse con la Conciencia Divina. Establecer con este objetivo templos de *Self-Realization Fellowship* en todo el mundo, destinados a la comunión con Dios y a estimular a los hombres a erigir templos individuales al Señor, tanto en sus hogares como en sus propios corazones.

Revelar la completa armonía, la unidad básica existente entre las enseñanzas del cristianismo y las del yoga, tal como fueran expresadas originalmente por Jesucristo y por Bhagavan Krishna respectivamente; y demostrar que las verdades contenidas en dichas enseñanzas constituyen los fundamentos científicos comunes a toda religión verdadera.

Destacar la única autopista divina en la cual convergen finalmente las sendas de todas las creencias religiosas verdaderas: la gran vía de la práctica diaria, científica y devocional de la meditación en Dios.

Liberar a la humanidad del triple sufrimiento que la agobia: las enfermedades físicas, las desarmonías mentales y la ignorancia espiritual.

Fomentar la práctica de la «simplicidad en el vivir y nobleza en el pensar»; y difundir un espíritu de confraternidad entre todos los pueblos, a través de la enseñanza del eterno principio que los une: su común filiación divina.

Demostrar la superioridad de la mente sobre el cuerpo y del alma sobre la mente.

Dominar el mal con el bien, el sufrimiento con el gozo, la crueldad con la bondad y la ignorancia con la sabiduría.

Armonizar la ciencia y la religión, a través de la comprensión de la unidad existente entre los principios básicos de ambas.

Promover el entendimiento cultural y espiritual entre Oriente y Occidente, estimulando el mutuo intercambio de las más nobles cualidades de ambos.

Servir a la humanidad, considerándola como nuestro propio Ser universal.

Publicada también por Self-Realization Fellowship...

AUTOBIOGRAFÍA DE UN YOGUI
Paramahansa Yogananda

Seleccionada como uno de los 100 mejores libros espirituales del siglo XX, esta célebre obra autobiográfica presenta un fascinante retrato de una de las figuras espirituales más ilustres de nuestro tiempo. Con cautivadora sinceridad, elocuencia y buen humor, Paramahansa Yogananda narra la inspirativa historia de su vida: las experiencias de su extraordinaria infancia; los encuentros que mantuvo con numerosos santos y sabios durante la búsqueda que emprendió en su juventud, a través de toda la India, en pos de un maestro iluminado; los diez años de entrenamiento que recibió en la ermita de un venerado maestro de yoga, así como también los treinta años en los que vivió y enseñó en Estados Unidos. Además, relata las ocasiones en que se reunió con Mahatma Gandhi, Rabindranath Tagore, Lutero Burbank, Teresa Neumann (la santa católica estigmatizada) y otras renombradas personalidades espirituales tanto de Oriente como de Occidente.

Autobiografía de un yogui no es sólo el relato hermosamente escrito de una vida excepcional, sino también una introducción profunda a la milenaria ciencia del yoga y su tradición inmemorial de la práctica de la meditación. El autor expone claramente las leyes sutiles, aunque bien definidas, que rigen tanto los sucesos comunes de la vida cotidiana como los acontecimientos extraordinarios que generalmente se consideran milagros. La subyugante historia de su vida constituye el trasfondo que permite apreciar y absorber de inolvidable manera los más hondos misterios de la existencia humana.

El libro (en su edición original en inglés) fue publicado por primera vez en 1946 y ampliado en 1951 con el material que agregó Paramahansa Yogananda. Desde entonces, *Self-Realization Fellowship* lo ha reimpreso sin interrupción. Ampliamente reconocida como una obra clásica de la literatura espiritual moderna, *Autobiografía de un yogui* ha sido traducida a muchos idiomas y se emplea como libro de texto y de consulta en un gran número de universidades. Este *bestseller* permanente ha sido acogido con entusiasmo por millones de lectores en el mundo entero.

* * *

«Un relato excepcional». ***—The New York Times***

«Un estudio fascinante expuesto con claridad». ***—Newsweek***

«Nunca antes se había escrito, ya sea en inglés u otra lengua europea, algo semejante a esta exposición del Yoga». ***—Columbia University Press***

«Una auténtica revelación [...] podría ayudar a la humanidad a alcanzar una mejor comprensión de sí misma [...] autobiografía en su máxima expresión [...] escrita con delicioso ingenio e irresistible sinceridad [...] tan fascinante como una novela». ***—News-Sentinel,*** Fort Wayne (Indiana)

«Una de las obras más importantes sobre el yoga y la filosofía espiritual de Oriente. [...] Un clásico en su género». ***—Cuerpomente*** (España)

OTRAS OBRAS DE PARAMAHANSA YOGANANDA

Los libros mencionados a continuación se pueden adquirir
en diversas librerías o solicitar a:
Self-Realization Fellowship
3880 San Rafael Avenue • Los Angeles, California 90065-3219, EE.UU.
Tel.: (323) 225-2471 • Fax: (323) 225-5088
www.yogananda-srf.org

El Yoga de Jesús: *Claves para comprender las enseñanzas ocultas de los Evangelios*

Este conciso libro, compuesto por una selección de textos provenientes de una obra profusamente elogiada de Paramahansa Yogananda y publicada en tres volúmenes, *La Segunda Venida de Cristo*, confirma que Jesús —al igual que los antiguos sabios y maestros de Oriente— no sólo conocía los fundamentos del yoga, sino que enseñó a sus discípulos esta ciencia universal cuya finalidad es alcanzar la unión con Dios. Sri Yogananda muestra que el mensaje de Jesús no promueve las divisiones sectarias; se trata más bien de un sendero unificador por medio del cual los buscadores de todas las religiones tienen la posibilidad de entrar en el reino de Dios.

El Yoga del Bhagavad Guita: *Una introducción a la ciencia universal de la unión con Dios originaria de la India*

Este libro, una recopilación de textos seleccionados de la traducción y comentario del *Bhagavad Guita* (*God Talks With Arjuna* [Dios habla con Arjuna]) que realizó Paramahansa Yogananda —una exhaustiva obra muy elogiada por la crítica—, brinda a los buscadores de la verdad una introducción ideal a las eternas y universales enseñanzas del *Guita*. Por vez primera (en español) se presenta la secuencia completa e ininterrumpida de la traducción original (del sánscrito al inglés) que del *Bhagavad Guita* realizó Paramahansa Yogananda.

La búsqueda eterna

El volumen I de la antología de charlas y ensayos de Paramahansa Yogananda contiene 57 artículos que cubren numerosos aspectos de sus enseñanzas sobre «el arte de vivir». Explora aspectos poco conocidos y rara vez explicados de temas como la meditación, la vida después de la muerte, la naturaleza de la creación, la salud y la curación, los poderes ilimitados de la mente humana y la eterna búsqueda humana que sólo en Dios encuentra su plena satisfacción.

El Amante Cósmico

Constituye el volumen II de la antología de charlas y ensayos de Paramahansa Yogananda. Entre su amplia variedad de temas, se incluyen los siguientes: *Cómo cultivar el amor divino; Cómo armonizar los métodos físicos, mentales y espirituales de curación; Un mundo sin fronteras; Cómo controlar tu destino; El arte yóguico de superar la conciencia mortal y la muerte; El Amante Cósmico; Cómo encontrar el gozo en la vida.*

El viaje a la iluminación

El volumen III de la antología de charlas y ensayos de Paramahansa Yogananda presenta una combinación única de sabiduría, compasión, guía práctica y aliento en docenas de temas fascinantes, por ejemplo: *Cómo acelerar la evolución humana; Cómo manifestar juventud eterna;* y *Cómo percibir a Dios en la vida diaria.*

Donde brilla la luz: *Sabiduría e inspiración para afrontar los desafíos de la vida*

Gemas de sabiduría ordenadas por temas; una extraordinaria guía que los lectores podrán consultar rápidamente para obtener un tranquilizador sentido de orientación en momentos de incertidumbre o de crisis, o para lograr una renovada conciencia del siempre presente poder de Dios, al que podemos recurrir en nuestra vida diaria.

Vive sin miedo: *Despierta la fuerza interior de tu alma*

Paramahansa Yogananda nos enseña el camino para romper los grilletes del temor y nos revela el modo de vencer nuestros propios impedimentos psicológicos. *Vive sin miedo* es un testimonio de la transformación interior que podemos lograr si sólo abrigamos fe en la divinidad de nuestro verdadero ser: el alma.

Por qué Dios permite el mal y cómo superarlo

Paramahansa Yogananda ofrece fortaleza y solaz para afrontar los períodos de adversidad al esclarecer los misterios de la *lila* o drama de Dios. A través de este libro, el lector llegará a comprender el motivo por el cual la naturaleza de la creación es dual —la interacción divina entre el bien y el mal— y recibirá orientación sobre la forma de superar las más desafiantes circunstancias.

Triunfar en la vida

En este libro extraordinario, Paramahansa Yogananda nos muestra cómo alcanzar las metas superiores de la vida al manifestar el ilimitado potencial que se halla en nuestro interior. Él nos ofrece consejos prácticos para lograr el éxito, describe métodos definidos para crear felicidad perdurable y nos explica cómo podemos sobreponernos a la negatividad y la inercia al poner en acción el poder dinámico de nuestra voluntad.

Susurros de la Eternidad

Selección de oraciones y de las experiencias espirituales que Paramahansa Yogananda alcanzaba en elevados estados de conciencia durante la meditación. Expresadas con ritmo majestuoso y extraordinaria belleza poética, sus palabras revelan la inagotable variedad de la naturaleza de Dios y la infinita dulzura con la que Él responde a aquellos que le buscan.

La ciencia de la religión

En cada ser humano —escribe Paramahansa Yogananda— existe un íntimo e ineludible deseo: superar el sufrimiento y alcanzar la felicidad imperecedera. En esta obra, él explica cómo es posible satisfacer estos anhelos, examinando la efectividad relativa de las diferentes vías que conducen a dicha meta.

La paz interior: *El arte de ser calmadamente activo y activamente calmado*

Una guía práctica e inspiradora que ha sido recopilada de las charlas y escritos de Paramahansa Yogananda, la cual nos muestra cómo podemos permanecer «activamente calmados» al crear la paz interior mediante la meditación, y a estar «calmadamente activos» al concentrarnos en la serenidad y gozo de nuestra naturaleza esencial, a la vez que vivimos una vida dinámica, plena de satisfacciones y espiritualmente equilibrada.

En el santuario del alma: *Cómo orar para obtener la respuesta divina*

Esta recopilación de textos, extraídos de las obras de Paramahansa Yogananda, constituye un inspirador compañero, pleno de devoción, que nos revela cómo hacer de la oración una fuente diaria de amor, fortaleza y consejo.

Cómo conversar con Dios

Al explicar ambos aspectos de la naturaleza de Dios: el trascendente, como Espíritu universal; y el íntimo y personal, como Padre, Madre, Amigo y Amante de todos, Paramahansa Yogananda señala cuán cerca de cada uno de nosotros está el Señor y cómo podemos persuadirle a «romper su silencio» y respondernos de un modo tangible.

Meditaciones metafísicas

Más de 300 meditaciones, oraciones y afirmaciones que elevan el espíritu y pueden ser aplicadas para desarrollar e incrementar la salud y la vitalidad, la creatividad, la confianza en nosotros mismos y la calma, además de ayudarnos a vivir más plenamente en la conciencia de la gozosa presencia de Dios.

Afirmaciones científicas para la curación

Paramahansa Yogananda presenta en esta obra una profunda explicación de la ciencia de las afirmaciones, exponiendo con claridad por qué las afirmaciones surten efecto y cómo utilizar el poder de la palabra y del pensamiento, no sólo para lograr la curación sino también para realizar los cambios deseados en cada aspecto de nuestra vida. El libro incluye además una amplia variedad de afirmaciones.

Máximas de Paramahansa Yogananda

Selección de máximas y sabios consejos que reflejan la sinceridad y amor que Paramahansa Yogananda expresaba al responder a cuantos acudían a solicitar su guía. Las anécdotas que aparecen en este libro —relatadas por sus discípulos más próximos— proporcionan al lector la oportunidad de participar, en cierto modo, en las situaciones que ellos vivieron con el Maestro.

La ley del éxito

Explica los principios dinámicos que nos permiten alcanzar nuestras metas en la vida y compendia las leyes universales que conducen al éxito y la realización, tanto en el ámbito personal y profesional como en el espiritual.

Dos ranas en apuros: Un cuento sobre el valor y la esperanza

Una encantadora parábola basada en una antigua fábula narrada por Paramahansa Yogananda. Este cuento deleitará tanto a niños como adultos con su cautivante relato y con su trasfondo de sabiduría universal, que nos muestra que nada es imposible cuando recurrimos a la fortaleza interior con la que Dios nos ha dotado.

GRABACIONES CON LA VOZ DE PARAMAHANSA YOGANANDA

(Sólo en inglés)

- *Awake in the Cosmic Dream*
- *Be a Smile Millionaire*
- *Beholding the One in All*
- *Follow the Path of Christ, Krishna, and the Masters*
- *In the Glory of the Spirit*
- *One Life Versus Reincarnation*
- *Removing All Sorrow and Suffering*
- *Self-Realization: The Inner and the Outer Path*
- *Songs of My Heart*
- *The Great Light of God*
- *To Make Heaven on Earth*

OTRAS PUBLICACIONES DE SELF-REALIZATION FELLOWSHIP

La ciencia sagrada *Swami Sri Yukteswar*

El gozo que buscas está en tu interior: *Consejos para elevar el nivel espiritual de la vida diaria* *Sri Daya Mata*

Sólo amor: *Cómo llevar una vida espiritual en un mundo cambiante* *Sri Daya Mata*

La intuición: *Guía del alma para tomar decisiones acertadas* *Sri Daya Mata*

En la quietud del corazón *Sri Daya Mata*

Mejda: *La familia, niñez y juventud de Paramahansa Yogananda* *Sananda Lal Ghosh*

El matrimonio espiritual *Hermano Anandamoy*

FOLLETO INFORMATIVO GRATUITO: *Un mundo de posibilidades jamás soñadas*

Las técnicas científicas de meditación que enseñó Paramahansa Yogananda —entre las que se incluye el *Kriya Yoga*—, así como su guía sobre la manera de llevar una vida espiritual equilibrada, se describen en las *Lecciones de Self-Realization Fellowship.* Si desea recibir mayor información al respecto, sírvase solicitar el folleto gratuito *Un mundo de posibilidades jamás soñadas.*

Contamos con un catálogo de las publicaciones y grabaciones de audio y vídeo realizadas por Self-Realization Fellowship, que se encuentra a disposición de quienes lo soliciten.

RECURSOS ADICIONALES RELACIONADOS CON LA CIENCIA DEL KRIYA YOGA QUE ENSEÑÓ PARAMAHANSA YOGANANDA

Self-Realization Fellowship se halla consagrada a ayudar desinteresadamente a los buscadores de la verdad en el mundo entero. Si desea información acerca de los ciclos de conferencias y clases que se imparten a lo largo del año, los oficios inspirativos y de meditación que se celebran en nuestros templos y centros alrededor del mundo, el calendario de retiros y otras actividades, le invitamos a visitar nuestro sitio web o ponerse en contacto con nuestra sede internacional:

www.yogananda-srf.org

Self-Realization Fellowship
3880 San Rafael Avenue
Los Angeles, CA 90065-3219
(323) 225-2471

LAS LECCIONES DE SELF-REALIZATION FELLOWSHIP

Guía e instrucciones personales de Paramahansa Yogananda sobre las técnicas yóguicas de meditación y los principios de la vida espiritual

Si se siente atraído hacia las verdades espirituales descritas en *La Segunda Venida de Cristo,* le invitamos a suscribirse a las *Lecciones de Self-Realization Fellowship.*

Paramahansa Yogananda creó esta serie de lecciones, aptas para su estudio en el hogar, con el fin de brindar a los buscadores sinceros la oportunidad de aprender y practicar las antiguas técnicas yóguicas de meditación presentadas en este libro —incluida la ciencia del *Kriya Yoga*—. Las *Lecciones* ofrecen también los prácticos consejos de Paramahansa Yogananda para lograr un equilibrado bienestar físico, mental y espiritual.

Las *Lecciones de Self-Realization Fellowship* están disponibles mediante una cuota simbólica (destinada a cubrir los gastos de impresión y de envío). A todos los estudiantes se les brinda, de forma gratuita, orientación personal sobre sus prácticas, por parte de monjes y monjas de *Self-Realization Fellowship.*

Para más información...

Hallará una explicación detallada acerca de las *Lecciones de Self-Realization Fellowship* en el folleto gratuito *Un mundo de posibilidades jamás soñadas.* Si desea recibir un ejemplar de dicho folleto y una solicitud de suscripción a las *Lecciones,* le sugerimos visitar nuestro sitio web o ponerse en contacto con nuestra sede internacional.

GLOSARIO

(Las siguientes definiciones sucintas se suministran como referencia práctica para el lector que no se encuentre familiarizado con los términos sánscritos y la filosofía del yoga descritos en las enseñanzas de Paramahansa Yogananda. Al consultar el Índice alfabético, en la página 559, se podrán ubicar en el texto explicaciones más detalladas de los conceptos principales).

alma: Espíritu individualizado. El alma es la naturaleza verdadera e inmortal del ser humano y de todas las formas de vida; se encuentra sólo temporalmente cubierta por las vestimentas de los cuerpos causal, astral y físico. La naturaleza del alma es el Espíritu: Gozo siempre existente, siempre consciente y eternamente renovado.

Apara-Prakriti: (véase *Prakriti*).

Arjuna: el discípulo excelso a quien Bhagavan Krishna entregó el mensaje inmortal del *Bhagavad Guita;* uno de los cinco príncipes pandavas y figura central en la gran epopeya hindú, el *Mahabharata.*

ashram: una ermita espiritual; a menudo, un monasterio.

astral (cuerpo): el cuerpo sutil del ser humano hecho de luz, prana o vitatrones; la segunda de las tres envolturas que revisten sucesivamente al alma: el cuerpo causal, el cuerpo astral y el cuerpo físico. La energía del cuerpo astral vitaliza al cuerpo físico, así como la electricidad ilumina una bombilla. El cuerpo astral consta de 19 elementos: inteligencia, ego, sentimiento y mente (conciencia sensorial); cinco instrumentos de conocimiento (las facultades sensoriales que operan dentro de los órganos físicos de la vista, el oído, el olfato, el gusto y el tacto); cinco instrumentos de acción (las facultades ejecutivas dentro de los instrumentos físicos de procreación, excreción, habla, locomoción y ejercicio de la habilidad manual); y cinco instrumentos de la fuerza vital, que realizan las funciones de circulación, metabolismo, asimilación, cristalización y eliminación.

astral (luz): la luz sutil que emana de los vitatrones (véase *prana*); la esencia estructural del mundo astral. A través de la omnicomprensiva percepción intuitiva del alma, los devotos que alcanzan profundos estados de concentración en la meditación pueden percibir la luz astral, especialmente como el ojo espiritual.

astral (mundo): la esfera sutil de la creación del Señor, un universo de luz y color compuesto de fuerzas más sutiles que las atómicas, es decir, por vibraciones de la energía vital o vitatrones (véase *prana*). Cada ser, cada objeto, cada vibración en el plano material tiene un equivalente astral, pues la «maqueta» del universo material yace en el universo astral (cielo). Cuando tiene lugar la muerte física, el alma humana, revestida de un cuerpo astral de luz, asciende a uno de los planos astrales, superior o inferior, según sus méritos, para continuar su evolución espiritual en la mayor libertad de ese reino sutil. Allí permanece por un tiempo, kármicamente predeterminado, hasta su nuevo nacimiento en un cuerpo físico.

avatar: del sánscrito *avatara,* cuyas raíces son *ava,* «abajo», y *tri,* «pasar». Las almas que alcanzan la unión con el Espíritu y después retornan a la tierra para ayudar a la humanidad se denominan avatares o encarnaciones divinas.

avidya: literalmente, «no conocimiento», ignorancia; la manifestación de *maya,* la ilusión cósmica [o engaño cósmico] en el ser humano. Esencialmente, *avidya* es la ignorancia del hombre con respecto a su naturaleza divina y a la realidad única: el Espíritu.

Babaji: (véase *Mahavatar Babaji*).

Bhagavad Guita: «El canto (o la canción) del Señor». Antigua escritura de la India, cuyos dieciocho capítulos forman parte del sexto libro *(Bhishma Parva)* del poema épico *Mahabharata* y consisten en un diálogo entre el avatar Bhagavan Krishna y su discípulo Arjuna, en vísperas de la histórica batalla de Kurukshetra. El *Guita* es un profundo tratado sobre la ciencia del yoga (la unión con Dios); sus eternas enseñanzas conducen a la felicidad y al éxito en la vida diaria. El *Guita* es tanto un hecho histórico como una alegoría: una disertación espiritual sobre la batalla que se libra en el interior del ser humano, entre sus buenas y sus malas tendencias. Dependiendo del contexto, Krishna simboliza al gurú, al alma, o a Dios, mientras que Arjuna representa al devoto que aspira a conocer a Dios. Respecto a esta escritura universal, Mahatma Gandhi escribió: «Quienes mediten en el *Guita* cosecharán cada día un renovado gozo y una nueva comprensión. No existe, en verdad, un solo conflicto espiritual que el *Guita* no pueda resolver».

Cabe señalar aquí que las citas del *Bhagavad Guita* que aparecen en este libro proceden de la traducción del sánscrito al inglés que realizó Paramahansa Yogananda. La obra que comprende esa traducción completa se titula *God Talks With Arjuna: The Bhagavad Gita—Royal Science of God-Realization* (publicada por *Self-Realization Fellowship*).

Bhagavan Krishna: un avatar que fue rey en la antigua India muchos siglos antes de la era cristiana. En las escrituras hindúes, uno de los significados atribuidos a la palabra *Krishna* es «Espíritu omnisciente». Así pues, *Krishna* —al igual que el término *Cristo*— es un título espiritual que denota la estatura divina del avatar, su unidad con Dios. El título *Bhagavan* significa «Señor». En su temprana juventud, Krishna vivió como un pastor de vacas que deleitaba a sus compañeros con la música de su flauta. En el desempeño de este papel, a menudo se considera que Krishna representa al alma que toca la flauta de la meditación para guiar a todos los pensamientos descarriados de vuelta al redil de la omnisciencia.

Bhakti Yoga: la vía espiritual para llegar a Dios que enfatiza el amor, con una entrega total, como el medio más importante para alcanzar la comunión y la unión con Dios. (Véase *yoga*).

Brahma-Vishnu-Shiva: tres aspectos de la inmanencia de Dios en la creación; representan la función trina de la Inteligencia Crística *(Tat)* que guía las actividades de creación, preservación y disolución de la Naturaleza Cósmica. (Véase *Trinidad*).

Brahman (Brahma): Espíritu Absoluto. En ocasiones, Brahman aparece escrito en sánscrito como *Brahma,* con una *a* corta al final, pero el significado es el mismo: el Espíritu o Dios Padre, y no el concepto limitado de «Brahma el Creador» (que se pronuncia con una *ā* larga al final, *Brahmā*) perteneciente a la tríada Brahma-Vishnu-Shiva. (Véase *Brahma-Vishnu-Shiva*).

bulbo raquídeo: esta estructura situada en la base del cerebro (en el extremo superior de la médula espinal) es el principal punto de entrada de la fuerza vital (prana) en el cuerpo. Constituye el asiento del sexto centro cerebroespinal, cuya función es recibir y dirigir el flujo entrante de energía cósmica. La fuerza vital se almacena en el séptimo centro *(sahasrara),* ubicado en la parte superior del cerebro, y desde ese reservorio se distribuye a todas las partes del cuerpo. El centro sutil localizado a nivel del bulbo raquídeo es el interruptor principal que controla la entrada, almacenamiento y distribución de la fuerza vital.

casta: en su concepción original, no era una condición hereditaria sino una clasificación basada en las aptitudes naturales del ser humano. Éste ha de pasar, en su proceso evolutivo, por cuatro etapas distintas, que los antiguos sabios hindúes denominaron *Sudra, Vaisya, Kshatriya* y *Brahmin.* El *Sudra* está interesado primordialmente en satisfacer sus necesidades y deseos corporales; el trabajo físico es el que mejor se adapta a este estado de desarrollo. El *Vaisya* ambiciona tanto el lucro mundano como la satisfacción de los sentidos; tiene mayor capacidad creativa que el *Sudra* y busca ocupaciones tales como las de granjero, hombre de negocios, artista, o cualquier otra en la que su energía mental encuentre satisfacción. El *Kshatriya,* después de haber satisfecho a lo largo de muchas vidas los deseos propios de los estados de *Sudra* y *Vaisya,* comienza a buscar el significado de la vida; trata, por lo tanto, de superar sus malos hábitos, controlar sus sentidos y hacer lo que es correcto. Las ocupaciones de los *Kshatriyas* son las de nobles gobernantes, estadistas y guerreros. El *Brahmin* ha conquistado su naturaleza inferior, tiene una afinidad natural por las actividades espirituales y, puesto que conoce a Dios, es capaz de enseñar y ayudar a otros a liberarse.

causal (cuerpo): el hombre, en su condición de alma, es esencialmente un ser revestido de un cuerpo causal. Su cuerpo causal es una idea matriz de los cuerpos astral y físico. El cuerpo causal está compuesto de 35 elementos ideacionales que corresponden a los 19 elementos del cuerpo astral más los 16 elementos materiales básicos del cuerpo físico.

causal (mundo): tras el mundo físico de la materia (átomos, protones, electrones) y el sutil mundo astral de luminosa energía vital (vitatrones), se encuentra el mundo causal, o ideacional, del pensamiento (ideatrones). Después de que el ser humano ha evolucionado lo suficiente para trascender los universos físico y astral, pasa a residir en el universo causal. En la conciencia de los seres causales, los universos físico y astral se reducen a su esencia: pensamiento. Todo lo que el hombre físico pueda hacer en la imaginación, el hombre causal puede hacerlo en realidad, siendo la única limitación el pensamiento mismo. Finalmente, el ser humano se desprende de la última envoltura del alma —su cuerpo causal— para unirse con el Espíritu omnipresente, más allá de todos los reinos vibratorios.

centro crístico: el *Kutastha* o *ajna chakra,* situado a nivel del entrecejo y conectado directamente por polaridad con el bulbo raquídeo; centro de la voluntad y de la concentración, así como de la Conciencia Crística; asiento del ojo espiritual.

chakras: en el yoga, los siete centros ocultos de vida y conciencia situados en la espina dorsal y en el cerebro, que vitalizan a los cuerpos físico y astral del ser humano. Estos centros son llamados *chakras* («ruedas») porque la energía concentrada en cada uno de ellos es similar al cubo de una rueda del cual parten rayos de luz y energía vitales. Enumerados en orden ascendente, estos *chakras* son los siguientes: *muladhara* (el centro coccígeo, ubicado en la base de la espina dorsal), *svadhisthana* (el centro sacro, unos cinco centímetros por encima del *muladhara*), *manipura* (el centro lumbar, en el área opuesta al ombligo), *anahata* (el centro dorsal, en el área opuesta al corazón), *vishuddha* (el centro cervical, en la base del cuello), *ajna* (tradicionalmente localizado a nivel del entrecejo y, en realidad, directamente conectado por polaridad con el bulbo raquídeo; véase también *bulbo raquídeo* y *ojo espiritual*) y *sahasrara* (en la parte superior del cerebro).

Los siete centros son salidas o «puertas disimuladas», divinamente planificadas, atravesando las cuales el alma ha descendido al cuerpo y, a través de las cuales, deberá pasar nuevamente cuando ascienda mediante un proceso de meditación. El alma escapa hacia la Conciencia Cósmica subiendo siete peldaños sucesivos. En su ascensión consciente a través de los siete centros cerebroespinales abiertos o «despiertos», el alma viaja por la autopista que conduce al Infinito: la verdadera senda que el alma sigue en sentido inverso, para volver a unirse con Dios.

Generalmente, los tratados de yoga consideran *chakras* sólo a los seis centros inferiores, y se refieren por separado al *sahasrara* como el séptimo centro. A los siete centros, sin embargo, a menudo se les llama «lotos» (flores de loto), cuyos pétalos se abren —es decir, se vuelven hacia arriba— en el despertar espiritual, a medida que la vida y la conciencia ascienden por la espina dorsal.

chitta: sentimiento intuitivo; el agregado de conciencia al cual son inherentes *ahamkara* (ego), *buddhi* (intelecto) y *manas* (mente o conciencia sensorial).

Conciencia Cósmica: el Absoluto; el Espíritu trascendental que existe más allá de la creación; Dios Padre. También el estado de meditación denominado *samadhi,* en el que se experimenta la unión con Dios tanto más allá de la creación vibratoria como dentro de ella. (Véase *Trinidad*).

Conciencia Crística: la conciencia de Dios proyectada en forma inmanente en la creación entera. En las escrituras cristianas se le llama «el hijo unigénito», el único y puro reflejo de Dios Padre en la creación. En las escrituras hindúes se le denomina *Kutastha Chaitanya* o *Tat,* la conciencia universal, o inteligencia cósmica, del Espíritu presente en toda la creación. (Los términos «Conciencia Crística» e «Inteligencia Crística» son sinónimos, como también lo son «Cristo Cósmico» y «Cristo Infinito»). Es la conciencia universal, la unión con Dios, manifestada por Jesús, Krishna y otros avatares. Los grandes santos y los yoguis la conocen como *samadhi,* el estado de meditación en el cual la conciencia se identifica con la inteligencia divina existente en cada partícula de la creación; ellos sienten el universo entero como su propio cuerpo. (Véase *Trinidad*).

Conciencia de Krishna: Conciencia Crística; *Kutastha Chaitanya.* (Véase *Conciencia Crística*).

conciencia, estados de: en la conciencia mortal, el ser humano experimenta tres estados de conciencia: vigilia, sueño onírico y sueño profundo; pero no es consciente de su alma, la supraconciencia, ni tiene la experiencia personal de Dios. El hombre crístico, en cambio, sí tiene esta experiencia. De igual modo que el hombre mortal es consciente de todo su cuerpo, el hombre crístico es consciente de todo el universo y lo siente como su propio cuerpo. Más allá del estado de conciencia crística está la conciencia cósmica: la experiencia de la unidad con Dios tanto en su conciencia absoluta —más allá de la creación vibratoria— como en su omnipresencia manifestada en los mundos fenoménicos.

Cristo: el título honorífico de Jesús: Jesús el Cristo. Este término también denota la inteligencia universal de Dios inmanente en la creación (a la cual se hace referencia, en algunas ocasiones, como el Cristo Cósmico o el

Cristo Infinito) o se emplea en relación con los grandes maestros que han alcanzado la unidad con esa Conciencia Divina. (El vocablo griego *Christos* significa «ungido», al igual que la palabra hebrea *Messiah*). (Véase también *Conciencia Crística* y *Kutastha Chaitanya*).

dharma: los principios eternos de justicia que sustentan toda la creación; el deber inherente al ser humano de vivir en armonía con estos principios. (Véase también *Sanatana Dharma*).

diksha: iniciación espiritual; de la raíz verbal sánscrita *diksh*, «consagrarse». (Véase también *discípulo* y *Kriya Yoga*).

discípulo: aspirante espiritual que acude a un gurú para que él le lleve hasta Dios y, con este fin, establece una relación espiritual eterna con el gurú. En *Self-Realization Fellowship*, la relación gurú-discípulo se establece mediante la *diksha*, es decir, la iniciación en *Kriya Yoga*. (Véase también *gurú* y *Kriya Yoga*).

egoísmo: el ego es el principio denominado *ahamkara* (literalmente «yo hago») y es la causa básica de la dualidad o la separación aparente entre el hombre y su Creador. *Ahamkara* somete al ser humano al dominio de *maya*, bajo el cual el sujeto (ego) aparece falsamente como objeto; las criaturas imaginan que son las creadoras. Al eliminar la conciencia del ego, el ser humano despierta a su divina identidad, su unidad con la Vida Única: Dios.

Ejercicios Energéticos: Al igual que un pez está rodeado de agua, el ser humano está rodeado de energía cósmica. Los Ejercicios Energéticos, creados por Paramahansa Yogananda y enseñados en las *Lecciones de Self-Realization Fellowship*, capacitan al ser humano para recargar su cuerpo con esta energía cósmica o prana universal.

elementos (cinco): la Vibración Cósmica, *Om*, estructura toda la creación material —incluido el cuerpo físico humano— por medio de la manifestación de cinco *tattvas* (elementos): tierra, agua, fuego, aire y éter. Éstas son fuerzas estructurales, de naturaleza inteligente y vibratoria. Sin el elemento tierra, no existiría el estado de materia sólida; sin el elemento agua, no existiría el estado líquido; sin el elemento aire, no existiría el estado gaseoso; sin el elemento fuego, no habría calor; y sin el elemento éter, no existiría el sutil trasfondo necesario para proyectar la película del cosmos. En el cuerpo, el prana (la energía cósmica vibratoria) entra a través del bulbo raquídeo y luego se divide en las cinco corrientes elementales mediante la acción de los cinco *chakras* inferiores, es decir, los centros coccígeo (tierra), sacro (agua), lumbar (fuego), dorsal (aire) y cervical (éter). La denominación sánscrita de estos elementos es *prithivi, ap, tej, prana* y *akasha*, respectivamente.

energía cósmica: (véase *prana*).

Espíritu Santo: la sagrada Vibración Cósmica Inteligente que Dios proyecta para estructurar y sostener la creación a partir de su propia Esencia vibratoria. Constituye, por lo tanto, la Santa Presencia de Dios, su Palabra, omnipresente en el universo y en toda forma, el vehículo del perfecto reflejo universal de Dios o Conciencia Crística. El Paráclito, el Confortador, la Madre Naturaleza Cósmica, Prakriti. (Véase *Om* y *Trinidad*).

éter: la palabra sánscrita *akaśa,* traducida generalmente como «éter» o «espacio», se refiere de manera específica al elemento vibratorio más sutil que existe en el mundo material. (Véase *elementos*). El término deriva de *ā,* «hacia», y *kasha,* «ser visible, aparecer». *Akasha* es el sutil «trasfondo» sobre el cual se torna perceptible el universo material. «El espacio confiere dimensión a los objetos, mientras que el éter separa las imágenes —explicó Paramahansa Yogananda—. El espacio saturado de éter constituye la línea divisoria entre el cielo, o el mundo astral, y la tierra. Todas las fuerzas más sutiles que Dios ha creado están compuestas de luz, o formas hechas de pensamiento, y simplemente se hallan ocultas en el fondo de una vibración particular que se manifiesta como éter».

evangelios: la palabra «evangelio» (del latín «evangelĭum», y éste del griego «euangélion») significa literalmente «buena nueva».

Según los historiadores, en los años que siguieron inmediatamente a la ascensión de Jesús, los relatos sobre su vida se difundían más que nada de boca en boca; las diferentes comunidades que integraban el creciente movimiento cristiano tenían variadas recopilaciones de narraciones y dichos. Si bien la crucifixión y resurrección de Jesús ocurrieron en el año 30 d. C., el primero de los cuatro evangelios canónicos (la mayoría de los eruditos creen que fue el de Marcos) no se escribió sino hasta casi cuarenta años después. (Los cristianos primitivos consideraban las escrituras judías como sus libros sagrados; y, puesto que muchos esperaban el inminente regreso de Jesús a la tierra, aparentemente no sentían la necesidad de contar con más escrituras. Aun cuando las primeras epístolas o cartas pastorales del apóstol Pablo fueron escritas alrededor del año 50 o 52, ningún relato sistemático sobre la vida y enseñanzas de Jesús se había escrito hasta que apareció la narración de Marcos, aproximadamente en el año 70).

Los historiadores generalmente concuerdan en que tanto Mateo como Lucas se basaron en los escritos de Marcos; y ambos, además, podían consultar material de otras fuentes. Los eruditos atribuyen diferencias adicionales en el contenido y el énfasis de los cuatro evangelios (que se escribieron en distintos períodos entre los años 70 y 90 d. C.) a los sucesos y preocupaciones particulares que debían confrontar las comunidades cristianas independientes —algunas de ellas de origen judío, y otras, gentil— esparcidas en diversas regiones del Imperio Romano oriental a medida que el movimiento evolucionó en forma gradual desde sus raíces judías hasta transformarse en una religión totalmente independiente. (Se cree que el

Evangelio de Tomás, también citado en esta obra, fue compilado durante el mismo período que los cuatro evangelios canónicos, es decir, unas pocas décadas después de la ascensión de Jesús).

Con respecto a los autores de los cuatro evangelios que constituyen el Nuevo Testamento, Mateo y Juan, por supuesto, son los nombres de dos de los doce discípulos originales de Jesús. Marcos, según Papías, obispo de Hierápolis en Asia Menor (c. 130), era el asistente e «intérprete» de Pedro, discípulo de Jesús; y escribió lo que le escuchó a Pedro relatar acerca de las palabras y hechos de Jesús. En versiones surgidas al comienzo del cristianismo, se señala que Lucas era el compañero de viajes de Pablo, quien había conocido personalmente a Pedro, Juan y Santiago, hermano de Jesús. Para una perspectiva general acerca de lo que los historiadores conocen sobre la autoría de los Evangelios, véase *Three Gospels* [Tres Evangelios] (Simon and Schuster, Nueva York, 1997), del profesor Reynolds Price de la Universidad Duke.

fuerza vital: (véase *prana*).

Guiana Yoga: el sendero que conduce a la unión con Dios, mediante la transmutación de la capacidad discernidora del intelecto en la sabiduría omnisciente del alma.

gunas: los tres atributos de la Naturaleza: *tamas, rajas* y *sattva* —obstrucción, actividad y expansión, o masa, energía e inteligencia, respectivamente—. En el ser humano, las tres *gunas* se expresan como ignorancia o inercia, actividad o esfuerzo, y sabiduría.

gurú: maestro espiritual. Aunque la palabra *gurú* con frecuencia se usa en forma incorrecta, para designar a un mero profesor o instructor de cualquier tema, un verdadero gurú es un maestro divinamente iluminado que ha superado toda limitación y realizado su identidad con el Espíritu omnipresente. Tal maestro está singularmente capacitado para guiar a otros en su viaje interior hacia la realización divina.

Cuando un devoto está preparado para buscar a Dios con determinación, el Señor le envía un gurú. Mediante la sabiduría, inteligencia, realización espiritual y enseñanzas de este maestro, Dios guía al discípulo. El discípulo que sigue las enseñanzas y la disciplina del maestro podrá satisfacer el deseo de su alma de recibir el maná de la presencia de Dios. Un verdadero gurú, a quien Dios le ha encomendado ayudar a los buscadores espirituales sinceros, en respuesta al profundo anhelo de sus almas, no es un instructor común: es un vehículo humano, cuyo cuerpo, palabra, mente y espiritualidad Dios utiliza como un canal para atraer a las almas perdidas y guiarlas de regreso a su hogar de inmortalidad. Un gurú es una encarnación viviente de la verdad contenida en las escrituras; es un agente de salvación designado por Dios en respuesta a la exigencia del devoto de que le libere de la esclavitud de la materia.

«El cultivar la compañía del gurú —escribió Swami Sri Yukteswar en *La ciencia sagrada*— es no sólo encontrarse en su presencia física (ya que esto es a veces imposible), sino que significa principalmente mantenerle en nuestros corazones y sintonizarnos e identificarnos con él en principio». (Véase *maestro*).

Gurudeva: «maestro divino». Término sánscrito que denota respeto y se usa habitualmente para dirigirse o referirse al propio preceptor espiritual; a veces se traduce como «maestro».

Gurús de *Self-Realization Fellowship:* los Gurús de *Self-Realization Fellowship (Yogoda Satsanga Society of India)* son Jesucristo, Bhagavan Krishna y una sucesión de excelsos maestros de la era contemporánea: Mahavatar Babaji, Lahiri Mahasaya, Swami Sri Yukteswar y Paramahansa Yogananda. Demostrar la armonía y la unidad esencial que existe entre las enseñanzas de Jesucristo y los preceptos del yoga enseñados por Bhagavan Krishna constituye parte integrante de la labor encomendada a SRF. A través de sus sublimes enseñanzas y de su divina mediación, todos estos Gurús contribuyen al cumplimiento de la misión de *Self-Realization Fellowship* de ofrecer a toda la humanidad una ciencia espiritual práctica para alcanzar la unión con Dios.

Se denomina *guru-parampara* al traspaso del manto espiritual del gurú al discípulo que ha sido designado para continuar la sucesión espiritual del gurú. Así pues, la sucesión directa de gurús a la que perteneció Paramahansa Yogananda está formada por Mahavatar Babaji, Lahiri Mahasaya y Swami Sri Yukteswar.

Antes de su fallecimiento, Paramahansaji expresó que era el deseo de la Divinidad que él fuese el último en la sucesión de Gurús de *Self-Realization Fellowship.* Ningún discípulo o líder de su sociedad asumirá jamás el título de gurú. «Cuando me haya ido —dijo él—, las enseñanzas serán el gurú. [...] Por medio de las enseñanzas, estarás en sintonía conmigo y con los Gurús que me han enviado».

Al preguntársele sobre la sucesión en la presidencia de *Self-Realization Fellowship/Yogoda Satsanga Society of India,* él manifestó: «Al frente de esta sociedad siempre habrá hombres y mujeres de realización. Dios y los Gurús ya saben quiénes son; ellos servirán como mi sucesor espiritual y representante a cargo de todos los asuntos espirituales y administrativos».

hinduismo: (véase *Sanatana Dharma*).

ilusión cósmica [o engaño cósmico]: (véase *maya*).

intuición: facultad omnisciente del alma, que permite al ser humano obtener una percepción directa de la verdad sin la mediación de los sentidos.

ji: sufijo que agregado a los nombres y títulos en la India denota respeto, como por ejemplo: Gandhiji, Paramahansaji, Guruji.

karma: los efectos de la acciones realizadas en el pasado, ya sea en esta vida o en vidas anteriores; del sánscrito *kri,* «hacer». La ley del karma —según se expone en las escrituras hindúes— equilibra la relación entre la acción y la reacción, la causa y el efecto, la siembra y la cosecha. En el curso de la justicia natural, todo ser humano —a través de sus propios pensamientos y acciones— se convierte en el arquitecto de su propio destino. Cualesquiera que sean las energías que, sabia o insensatamente, una persona haya puesto en movimiento, éstas habrán de retornar a ella como su punto de partida, cual un círculo que debe completarse inexorablemente. La comprensión del karma, como la ley de la justicia, ayuda a liberar la mente humana de todo resentimiento contra Dios o contra los demás. Cada persona lleva consigo su propio karma, encarnación tras encarnación, hasta que la deuda se salda o es trascendida espiritualmente. (Véase *reencarnación*).

Las acciones acumuladas de los seres humanos dentro de las comunidades, las naciones o el mundo entero, constituyen el karma colectivo, que produce efectos locales o de largo alcance, de acuerdo con el grado y la preponderancia del bien o del mal. Los pensamientos y las acciones de cada individuo, por lo tanto, contribuyen al bien o al mal del mundo y sus habitantes.

Karma Yoga: sendero que conduce a Dios por medio de la acción y el servicio realizados con desapego. Mediante el servicio desinteresado, la ofrenda a Dios de los frutos de las propias acciones y el considerarle como el único Hacedor, el devoto se libera del ego y conoce a Dios. (Véase *yoga*).

Krishna: (véase *Bhagavan Krishna*).

Kriya Yoga: sagrada ciencia espiritual que nació en la India hace milenios; comprende ciertas técnicas de meditación cuya práctica regular conduce a la realización de Dios. Como ha explicado Paramahansa Yogananda, la raíz sánscrita de *kriya* es *kri,* que significa «hacer, actuar y reaccionar»; esa misma raíz se encuentra en la palabra *karma,* el principio natural de causa y efecto. Así pues, *Kriya Yoga* significa «unión (yoga) con el Infinito mediante cierta acción o rito *(kriya)*». El *Kriya Yoga* —un tipo de *Raja Yoga* (el «rey» de los sistemas del yoga o sistema «completo»)— ha sido ensalzado por Krishna en el *Bhagavad Guita* y Patanjali en los *Yoga Sutras.* La ciencia del *Kriya Yoga* fue restablecida en esta era por Mahavatar Babaji y constituye la *diksha* (iniciación espiritual) impartida por los Gurús de *Self-Realization Fellowship.* Desde el *mahasamadhi* de Paramahansa Yogananda, la *diksha* es conferida por la persona asignada como su representante espiritual, el presidente de *Self-Realization Fellowship/Yogoda Satsanga Society of India* (o alguien designado por el presidente). Para recibir la *diksha,* los miembros de *Self-Realization Fellowship* deben cumplir con ciertos requisitos espirituales preliminares. Quien ha recibido esta *diksha* es un *Kriya yogui* o *Kriyaban.* (Véase también *gurú* y *discípulo*).

kundalini: la poderosa corriente de energía vital creativa alojada en un sutil conducto enrollado que se encuentra en la base de la espina dorsal. Durante el estado ordinario de vigilia, la fuerza vital del cuerpo circula desde el cerebro en sentido descendente a lo largo de la columna vertebral y hacia fuera, a través de este conducto enrollado *(kundalini),* vitalizando el cuerpo físico y anudando a la forma mortal los cuerpos astral y causal, así como el alma que habita en su interior. En los estados más elevados de conciencia, que son el objetivo de la meditación, la energía *kundalini* se revierte de manera que circule nuevamente en sentido ascendente a lo largo de la espina dorsal para despertar las facultades espirituales latentes de los centros cerebroespinales *(chakras).* También llamada «fuerza serpentina» por su forma enrollada.

Kutastha Chaitanya: Conciencia Crística. La palabra sánscrita *kutastha* significa «aquello que permanece inalterable»; *chaitanya* significa «conciencia».

Lahiri Mahasaya: *Lahiri* era el nombre de familia de Shyama Charan Lahiri (1828-1895). *Mahasaya,* un título religioso sánscrito, significa «de mente vasta». Lahiri Mahasaya fue discípulo de Mahavatar Babaji y gurú de Swami Sri Yukteswar (el gurú de Paramahansa Yogananda). Fue a Lahiri Mahasaya a quien Babaji reveló la antigua y casi extinguida ciencia del *Kriya Yoga.* Considerado un *Yogavatar* («Encarnación del Yoga»), él fue una de las figuras primordiales del renacimiento del yoga en la India moderna. Lahiri Mahasaya instruyó y bendijo a innumerables buscadores de la verdad que acudieron a él, sin tener en cuenta a qué casta o credo perteneciesen. Fue un maestro semejante a Cristo, dotado de poderes sobrenaturales, pero también fue un hombre de familia con responsabilidades terrenales, que mostró al mundo moderno cómo es posible alcanzar un equilibrio perfecto en la vida al combinar la meditación y el correcto desempeño de los deberes externos. La vida de Lahiri Mahasaya se relata en el libro *Autobiografía de un yogui.*

Lecciones de Self-Realization Fellowship: las enseñanzas de Paramahansa Yogananda, que se envían a estudiantes de todo el mundo en forma de una serie de lecciones, las cuales se encuentran a disposición de quienes buscan sinceramente la verdad. Estas lecciones contienen las técnicas de meditación yoga que enseñó Paramahansa Yogananda e incluyen, para quienes cumplen con ciertos requisitos, la técnica de *Kriya Yoga.*

Madre Divina: el aspecto de Dios que se manifiesta activamente en la creación; la *shakti,* o poder, del Creador trascendente. Otros términos que denotan este aspecto de la Divinidad son *Om, Shakti,* el Espíritu Santo, la Vibración Cósmica Inteligente, la Naturaleza o *Prakriti.* Este concepto también indica el aspecto «personal» de Dios que encarna las cualidades de amor y compasión de una madre.

Las escrituras hindúes enseñan que Dios es a la vez inmanente y trascendente, personal e impersonal. Se le puede buscar ya sea como el Absoluto o como la manifestación de alguna de sus cualidades eternas —el amor, la sabiduría, la bienaventuranza, la luz—; también en la forma de un *ishta* (deidad); o bien como el Padre, la Madre o el Amigo.

maestro: aquel que ha alcanzado el autodominio. También, un término respetuoso para dirigirse al propio gurú.

Paramahansa Yogananda ha señalado: «las características por las que se distingue a un maestro no son de orden físico sino espiritual. [...] La prueba de que alguien es un maestro es proporcionada únicamente por su habilidad para entrar a voluntad en el estado sin aliento *(savikalpa samadhi)* y por el logro de la bienaventuranza inmutable *(nirvikalpa samadhi)*». (Véase *samadhi*).

Paramahansaji afirma además: «Todas las escrituras proclaman que el Señor creó al hombre a su imagen omnipotente. El ejercer control sobre el universo parece algo sobrenatural, pero en realidad tal poder es natural e inherente a quienes alcanzan "el perfecto recuerdo" de su origen divino. Los hombres de realización divina [...] están libres del principio-ego *(ahamkara)* y del surgimiento de deseos personales; las acciones de los verdaderos maestros se encuentran, sin esfuerzo alguno, en armonía con *rita*, la rectitud natural. En las palabras de Emerson, todos los grandes seres se convierten "no sólo en seres virtuosos, sino en la Virtud misma; se cumple así el propósito de la creación, y Dios queda complacido"».

mahasamadhi: del sánscrito *maha,* «grande», y *samadhi.* La última meditación, o comunión consciente con Dios, durante la cual un maestro que ha alcanzado la perfección se funde con el *Om* cósmico y abandona el cuerpo físico. Un maestro invariablemente conoce de antemano el momento que Dios ha señalado para que abandone su morada corporal. (Véase *samadhi*).

Mahavatar Babaji: el inmortal *mahavatar* («gran avatar») que, en 1861, confirió la iniciación en *Kriya Yoga* a Lahiri Mahasaya, restituyendo así al mundo la antigua técnica de salvación. Perennemente joven, Babaji ha vivido durante siglos en el Himalaya, otorgando una constante bendición al mundo. Su misión ha sido ayudar a los profetas a llevar a cabo las labores específicas que se les han encomendado. Se le han conferido numerosos títulos que indican su elevada estatura espiritual; sin embargo, el *mahavatar* ha adoptado generalmente el sencillo nombre de Babaji, que procede del sánscrito *baba,* «padre», y *ji,* un sufijo que denota respeto. En *Autobiografía de un yogui* se puede encontrar más información sobre su vida y su misión espiritual. (Véase *avatar*).

mal: la fuerza satánica que encubre a la omnipresencia divina en la creación, manifestándose como desarmonías en el ser humano y en la naturaleza. También es un término general aplicado a cualquier cosa que esté en oposición con la ley divina (véase *dharma*) y que, por consiguiente, induzca al ser humano a perder la conciencia de su unidad esencial con Dios y le impida alcanzar la realización divina.

Mantra Yoga: comunión divina alcanzada mediante la repetición, concentrada y devocional, de los sonidos de las palabras raíz que tienen una potencia vibratoria espiritualmente beneficiosa. (Véase *yoga*).

maya: el poder de engañar inherente a la estructura de la creación, en virtud del cual el Uno adopta la apariencia de muchos. *Maya,* el principio, denota relatividad, contraste, dualidad, inversión, estados opuestos; es el «Satanás» (literalmente, «el adversario» en hebreo) de los profetas del Antiguo Testamento, y el «demonio» que Cristo describió pintorescamente como un «homicida» y un «mentiroso», porque *«no hay verdad en él»* (*Juan* 8:44).

Paramahansa Yogananda ha escrito: «La palabra sánscrita *maya* significa "la medidora"; es el poder mágico existente en la creación, mediante el cual lo Inmensurable e Indivisible parece contener limitaciones y divisiones. *Maya* es la Naturaleza misma —los mundos fenoménicos en constante flujo y transición—, la antítesis de la Divinidad Inmutable.

»En el plan y juego *(lila)* de Dios, la única función de Satanás o *maya* es el tratar de alejar al hombre del Espíritu y de la Realidad, empujándole hacia la materia y la irrealidad. "[...] el diablo ha pecado desde el principio, y el Hijo de Dios se manifestó para deshacer las obras del diablo" (*I Juan* 3:8). La manifestación de la Conciencia Crística dentro del hombre mismo destruye sin esfuerzo alguno los engaños u "obras del diablo".

»*Maya* es el velo de la transitoriedad presente en la Naturaleza: el perpetuo devenir de la creación. Cada hombre debe levantar este velo para ver, tras él, al Creador, el Ser Inmutable, la Realidad eterna».

meditación: en sentido general, concentración interior cuyo objetivo es percibir a Dios. La auténtica meditación, *dhyana,* consiste en experimentar conscientemente a Dios mediante la percepción intuitiva. Este estado se alcanza solamente después de que el devoto ha logrado una concentración firme mediante la cual desconecta su atención de los sentidos y no es perturbado por impresiones sensoriales provenientes del mundo externo. *Dhyana* es la séptima etapa del Óctuple Sendero del Yoga descrito por Patanjali; la octava etapa es *samadhi,* la comunión o unión con Dios. (Véase *Patanjali*).

mente supraconsciente: la facultad omnisciente del alma de percibir la verdad directamente; intuición.

ojo espiritual: el ojo único de la intuición y de la percepción omnipresente, ubicado en el centro crístico *(Kutastha)* o *ajna chakra,* a nivel del entrecejo. El devoto que medita profundamente contempla el ojo espiritual como un anillo de luz dorada que circunda a una esfera de color azul opalescente, en cuyo centro se encuentra una estrella blanca de cinco puntas. Microcósmicamente, estas formas y colores representan, respectivamente: el reino vibratorio de la creación (la Naturaleza Cósmica, el Espíritu Santo), el Hijo o la inteligencia de Dios en la creación (la Conciencia Crística) y el Espíritu sin vibración, más allá de toda la creación vibratoria (Dios el Padre).

El ojo espiritual es la puerta de acceso a los estados supremos de conciencia divina. En la meditación profunda, a medida que la conciencia del devoto se adentra en el ojo espiritual y en los tres reinos allí compendiados, experimenta sucesivamente los siguientes estados: la supraconciencia, es decir, el siempre renovado gozo de la realización del alma, y la unión con Dios como *Om* o Espíritu Santo; la conciencia crística, la unión con la inteligencia universal de Dios presente en toda la creación; y la conciencia cósmica, la unión con la omnipresencia de Dios que se encuentra tanto más allá de la manifestación vibratoria como dentro de ella. (Véase también *conciencia, estados de; supraconciencia;* y *Conciencia Crística*).

Explicando un pasaje de Ezequiel (43:1-2), Paramahansa Yogananda ha escrito: «A través del ojo divino ubicado en la frente («el oriente»), el yogui remonta su conciencia hasta la omnipresencia, escuchando la Palabra u *Om,* el divino sonido de "aguas caudalosas": las vibraciones de luz que constituyen la única realidad de la creación». En palabras de Ezequiel: *«Me condujo luego hacia el pórtico que miraba a oriente. En aquel momento la gloria del Dios de Israel llegaba por la parte de oriente; emitía un ruido como de aguas caudalosas, y la tierra resplandecía de su gloria».*

Jesús también se refirió al ojo espiritual: *«Cuando tu ojo es único, todo tu cuerpo estará iluminado [...]*. Mira, pues, que la luz que hay en ti no sea oscuridad»* (*Lucas* 11:34-35).

Om (Aum): la palabra raíz sánscrita, o sonido primordial, que simboliza aquel aspecto de la Divinidad que crea y sostiene todas las cosas; la Vibración Cósmica. El *Om* de los Vedas se convirtió en el sagrado *Hum* de los tibetanos; en el *Amín* de los musulmanes; y en el *Amén* de los egipcios, griegos, romanos, judíos y cristianos. Las grandes religiones del mundo afirman que todo lo creado se origina en la energía vibratoria cósmica del *Om* o Amén, la Palabra (el Verbo) o el Espíritu Santo. *«En el principio existía la Palabra, la Palabra estaba junto a Dios, y la Palabra era Dios. [...] Todo se hizo por ella [la Palabra u Om], y sin ella nada se hizo»* (*Juan* 1:1, 3).

En hebreo, *Amén* significa *seguro, fiel. «Así habla el Amén, el Testigo fiel y veraz, el Principio de la creación de Dios»* (*Apocalipsis* 3:14). Así como la vibración de un motor produce cierto sonido, así el omnipresente sonido de *Om* da fiel testimonio de la actividad del «Motor Cósmico» que sustenta la vida, y cada partícula de la creación, mediante la energía vibratoria. En las *Lecciones de Self-Realization Fellowship,* Paramahansa Yogananda enseña ciertas técnicas de meditación cuya práctica aporta la experiencia directa de Dios, manifestado como el *Om* o Espíritu Santo. Esa gozosa comunión con el divino Poder invisible (*«el Paráclito [el Confortador], el Espíritu Santo», Juan* 14:26) es la verdadera base científica de la oración.

Orden monástica de *Self-Realization Fellowship:* Paramahansa Yogananda escribió lo siguiente (en su comentario sobre la estrofa VI:1 del *Bhagavad Guita*): «Para quienes se hallan en el mismo sendero que yo he seguido y se sienten también atraídos hacia la renunciación completa con el fin de buscar y servir a Dios mediante los ideales yóguicos de la meditación y de las acciones prescritas por el deber, he perpetuado en la orden monástica de *Self-Realization Fellowship/Yogoda Satsanga Society of India* la sucesión de *sannyas* de la Orden de Shankara, en la cual ingresé cuando recibí de mi Gurú los sagrados votos de un swami. La obra organizativa que Dios, mi Gurú y mis Paramgurús han emprendido a través de mí no es llevada a cabo por empleados seculares, sino por aquellos que han dedicado su vida a los más elevados objetivos de renunciación y amor a Dios».

Los monjes y monjas de la Orden residen en los *ashram* de la sociedad y sirven a la obra mundial de Paramahansa Yogananda de muy diversas maneras, entre las que se incluyen: llevar a cabo oficios en los templos de *Self-Realization Fellowship,* así como retiros, clases y otras tareas espirituales y ministeriales; guiar por correspondencia a miles de estudiantes de estas enseñanzas cada mes; y administrar las variadas actividades de beneficencia que desarrolla la sociedad.

paramahansa: título espiritual que designa a un maestro. Sólo un verdadero gurú puede conferir este título a un discípulo idóneo. *Paramahansa* significa literalmente «cisne supremo»; en las escrituras hindúes, el cisne o *hansa* simboliza el discernimiento espiritual. Swami Sri Yukteswar le otorgó dicho título a su amado discípulo Yogananda en 1935.

Patanjali: famoso exponente del yoga; un sabio de la antigüedad cuyos *Yoga Sutras* compendian los principios del sendero del yoga, dividiéndolo en ocho pasos: 1) las proscripciones morales *(yama);* 2) las observancias correctas *(niyama);* 3) la postura de meditación *(asana);* 4) el control de la fuerza vital *(pranayama);* 5) el recogimiento interior de la mente *(pratyahara);* 6) la concentración *(dharana);* 7) la meditación *(dhyana);* y 8) la unión con Dios *(samadhi).*

Prakriti: Naturaleza Cósmica; en general, el inteligente y creativo poder vibratorio proyectado desde el Espíritu, que se objetiva y se convierte en la manifestación trina (causal, astral y física) del universo y del microcosmos del ser humano.

Específicamente, Maha Prakriti es la Creativa e Indiferenciada Inteligencia primordial de Dios, la Madre Naturaleza Creativa o el Espíritu Santo, que a través de la Vibración Cósmica de su propio Ser hace surgir toda la creación. Para-Prakriti (Naturaleza Pura) y Apara-Prakriti (Naturaleza Impura) guardan correlación con la terminología cristiana de Espíritu Santo y Satanás: respectivamente, el poder creativo que expresa la inmanencia de la Presencia vibratoria de Dios en la creación, y el oscuro poder de la ilusión cósmica que oculta la Omnipresencia Divina.

prana: chispas de energía inteligente, más sutiles que la energía atómica, que constituyen la vida; en las escrituras hindúes reciben la designación colectiva de *prana,* término que Paramahansa Yogananda tradujo como «vitatrones». En esencia, son pensamientos condensados de Dios, sustancia del mundo astral y principio vital del cosmos físico. En el mundo físico hay dos tipos de prana: 1) la energía vibratoria cósmica omnipresente en el universo, que estructura y sostiene todo cuanto existe; 2) el prana específico o la energía que satura y sustenta cada cuerpo humano a través de cinco corrientes o funciones. La corriente *Prana* realiza la función de cristalización; la corriente *Vyana,* la de circulación; *Samana,* la de asimilación; *Udana,* la del metabolismo; y *Apana,* la de eliminación.

pranayama: control consciente del prana (la vibración creadora o energía que activa y sostiene la vida en el cuerpo). La ciencia yoga del *pranayama* es la vía directa que permite desconectar conscientemente la mente de las funciones vitales y percepciones sensoriales que atan al hombre a la conciencia corporal. El *pranayama* libera así la conciencia del ser humano para que pueda comulgar con Dios. Todas las técnicas científicas que conducen a la unión del alma con el Espíritu pueden clasificarse como yoga, y el *pranayama* es el mejor método yóguico para alcanzar esta unión divina.

Raja Yoga: el sendero «regio», o más elevado, que conduce a la unión con Dios. Enseña la meditación científica como el método supremo para alcanzar la realización divina, e incluye los aspectos esenciales y más elevados de todas las demás formas de yoga. Las enseñanzas de *Raja Yoga* de *Self-Realization Fellowship* proporcionan un esquema de vida que conduce al perfecto desarrollo del cuerpo, de la mente y del alma, basado en la meditación denominada *Kriya Yoga.* (Véase *yoga*).

Rajarsi Janakananda (James J . Lynn): amado discípulo de Paramahansa Yogananda y su primer sucesor como presidente y líder espiritual de *Self-Realization Fellowship/Yogoda Satsanga Society of India* hasta su fallecimiento el 20 de febrero de 1955. El Sr. Lynn recibió de Paramahansaji la iniciación en *Kriya Yoga* por primera vez en 1932. Su progreso espiritual fue tan rápido que el Gurú amorosamente lo llamaba «San Lynn», hasta que le confirió el título monástico de Rajarsi Janakananda en 1951.

realización del Ser *(Self):* Paramahansa Yogananda definió la realización del Ser de la siguiente manera: «La realización del Ser consiste en saber —física, mental y espiritualmente— que somos uno con la omnipresencia de Dios; que no necesitamos orar para que ésta venga a nosotros, que no solamente estamos próximos a ella en todo momento, sino que la omnipresencia de Dios es nuestra propia omnipresencia, y nuestro ser es y será invariablemente siempre parte de la Divinidad. Lo único que necesitamos hacer es tomar mayor conciencia de ello».

reencarnación: doctrina según la cual los seres humanos se ven forzados por la ley de la evolución a encarnar una y otra vez en vidas progresivamente superiores; la evolución es retardada por las acciones y los deseos errados, y acelerada por los esfuerzos espirituales, hasta que finalmente se alcanza la realización del Ser y la unión con Dios. Habiendo así trascendido las limitaciones e imperfecciones de la conciencia mortal, el alma se libera para siempre de la necesidad compulsiva de reencarnar. *«Al vencedor le pondré de columna en el Santuario de mi Dios, y ya no saldrá de allí»* (*Apocalipsis* 3:12).

respiración: «El aflujo de innumerables corrientes cósmicas al ser humano mediante la respiración produce inquietud en su mente —ha escrito Paramahansa Yogananda—. De este modo, la respiración le liga a los efímeros mundos fenoménicos. Para escapar de los pesares de la transitoriedad y entrar en el bienaventurado reino de la Realidad, el yogui aprende a calmar el aliento por medio de la meditación científica».

rishis: seres excelsos que manifiestan la sabiduría divina; especialmente, los sabios iluminados de la antigua India a quienes les fueron revelados intuitivamente los Vedas.

sadhana: sendero de disciplina espiritual. Las instrucciones y prácticas específicas de meditación que el gurú prescribe a sus discípulos, quienes al seguirlas fielmente alcanzarán al final la realización divina.

samadhi: el peldaño más elevado del Óctuple Sendero del Yoga, tal como fue expuesto por el sabio Patanjali. El *samadhi* se alcanza cuando la persona que medita, el proceso de la meditación (por el cual la mente se retira de los sentidos, mediante el recogimiento interior) y el objeto de la meditación (Dios) se vuelven Uno. Paramahansa Yogananda ha explicado que «en los estados iniciales de la comunión con Dios *(savikalpa samadhi)* la conciencia del devoto se funde con el Espíritu Cósmico; su fuerza vital se retira del cuerpo, el cual aparenta estar "muerto", inmóvil y rígido. El yogui es completamente consciente del estado de animación suspendida en el que permanece su cuerpo. Sin embargo, a medida que progresa hacia estados espirituales más elevados *(nirvikalpa samadhi),* comulga con Dios sin que exista inmovilidad en su cuerpo y en su estado ordinario de vigilia, e incluso en medio de las apremiantes exigencias de los deberes mundanos». Ambos estados se caracterizan por la unión con la siempre nueva bienaventuranza del Espíritu, pero el estado de *nirvikalpa* lo experimentan sólo los maestros altamente avanzados.

Sanatana Dharma: literalmente «religión eterna». Nombre dado a las enseñanzas védicas en conjunto, las cuales fueron conocidas como hinduismo después de que los griegos denominaran *indos* o *hindúes* a las gentes que vivían a orillas del río Indo. (Véase *dharma*).

Satanás: literalmente, en hebreo, «el adversario». Satanás es la fuerza universal, consciente e independiente, que mantiene a todo y a todos engañados con la conciencia no espiritual de finitud y de separación de Dios. Para lograr este resultado, Satanás utiliza las armas de *maya* (ilusión cósmica) y *avidya* (ilusión individual, ignorancia). (Véase *maya*).

Sat-Chit-Ananda: término sánscrito para designar a Dios que expresa la naturaleza esencial del Espíritu como eterno Ser o Verdad *(Sat),* conciencia infinita *(Chit)* y siempre renovada Dicha *(Ananda).*

Sat-Tat-Om: *Sat,* la Verdad, el Absoluto, la Bienaventuranza; *Tat,* la inteligencia o conciencia universal; *Om,* la vibración cósmica inteligente y creadora, la palabra-símbolo de Dios. (Véase *Om* y *Trinidad*).

Self: (véase *Ser*).

Self-realization: (véase *realización del Ser*).

Self-Realization: modo abreviado de referirse a *Self-Realization Fellowship,* la sociedad fundada por Paramahansa Yogananda, el cual usaba él a menudo en charlas informales, diciendo por ejemplo «las enseñanzas de *Self-Realization*», «el sendero de *Self-Realization*», «la sede central de *Self-Realization* en Los Ángeles», etc.

Self-Realization Fellowship: la sociedad religiosa internacional, no sectaria, fundada por Paramahansa Yogananda en Estados Unidos en 1920 (y como *Yogoda Satsanga Society of India* en 1917), con la finalidad de difundir a través del mundo los principios espirituales y técnicas de meditación del *Kriya Yoga,* y fomentar un mayor entendimiento de la única Verdad subyacente a todas las religiones entre las personas de todas las razas, culturas y creencias. (Véase también «Metas e ideales de *Self-Realization Fellowship*», p. 514).

Paramahansa Yogananda ha explicado que el nombre de *Self-Realization Fellowship* significa «confraternidad con Dios a través de la realización del Ser, y amistad con todas las almas que buscan la verdad».

Desde su sede internacional en Los Ángeles (California), la sociedad publica las conferencias, escritos y charlas informales de Paramahansa Yogananda (así como su completa serie de *Lecciones de Self-Realization Fellowship,* aptas para el estudio en el hogar, y la revista *Self-Realization,* que él fundó en 1925); realiza grabaciones de audio y vídeo sobre sus enseñanzas; supervisa las actividades de los templos, retiros y centros de meditación de SRF, así como los programas para la juventud y las comunidades monásticas de la Orden de *Self-Realization;* lleva a cabo conferencias y ciclos de clases en diversas ciudades del mundo; y coordina el funcionamiento del «Círculo mundial de oraciones», una red de grupos e individuos dedicados a orar por las personas necesitadas de ayuda física, mental o espiritual, y por la paz y la armonía del mundo.

Self-Realization Magazine: una revista trimestral publicada por *Self-Realization Fellowship* que ofrece principalmente las charlas y escritos de Paramahansa Yogananda; incluye además otros artículos espirituales, informativos y prácticos, sobre temas de interés actual y de valor perdurable.

Ser *(Self)*: con mayúscula, este término denota el *atman* o alma, que se diferencia de la individualidad del ego o de la personalidad. El Ser es el Espíritu individualizado, cuya naturaleza es el gozo siempre existente, siempre consciente, siempre renovado. A través de la meditación, se logra experimentar estas cualidades divinas propias del alma.

Shankara, Swami: citado a veces como *Adi* («el primero») *Shankaracharya* (*Shankara + acharya,* «maestro»); el filósofo más ilustre de la India. La época en que vivió es incierta; muchos eruditos la sitúan en el siglo VIII o a principios del siglo IX. Él habló de Dios no como una abstracción negativa, sino como Bienaventuranza siempre nueva y positiva, eterna y omnipresente. Shankara reorganizó la antigua Orden de los Swamis y fundó cuatro grandes *maths* (centros monásticos de educación espiritual), cuyos líderes, en sucesión apostólica, llevan el título de Jagadgurú Sri Shankaracharya. El significado de *Jagadgurú* es «maestro mundial».

siddha: literalmente «aquel que ha tenido éxito». Aquel que ha alcanzado la unión con Dios.

Sonido Cósmico: (véase *Om*).

Sri: título de respeto. Cuando se usa delante del nombre de una persona religiosa, significa «santo» o «venerado».

Sri Yukteswar, Swami: Swami Sri Yukteswar Giri (1855-1936), *Guianavatar,* o «Encarnación de la Sabiduría», de la India; gurú de Paramahansa Yogananda y paramgurú de los miembros *Kriyabanes* de *Self-Realization Fellowship.* Sri Yukteswarji era discípulo de Lahiri Mahasaya. A petición del gurú de Lahiri Mahasaya, Mahavatar Babaji, escribió *The Holy Science (La ciencia sagrada),* un tratado sobre la unidad básica que existe entre las escrituras cristianas e hindúes, y entrenó a Paramahansa Yogananda para su misión espiritual en el ámbito mundial: la difusión del *Kriya Yoga.* Paramahansaji ha descrito con amor la vida de Sri Yukteswarji en *Autobiografía de un yogui.*

supraconciencia: la eternamente gozosa conciencia del alma omnisciente, pura e intuitiva. El término se usa a veces, en un sentido general, para referirse a los diversos estados de *samadhi* experimentados en la meditación; y, en forma específica, para indicar el estado inicial de *samadhi,* en el cual se trasciende la conciencia del ego y se toma plena conciencia del propio Ser como alma, hecha a imagen de Dios. Siguen después los estados superiores de realización: la conciencia crística y la conciencia cósmica.

swami: miembro de la más antigua orden monástica de la India, que fue reorganizada en el siglo VIII, o a principios del siglo IX, por Swami Shankara. Un swami toma los votos formales de celibato y de renuncia a las ataduras y ambiciones mundanas; se dedica a la meditación y a servir a la humanidad. Existen diez denominaciones clasificatorias dentro de la venerable Orden de los Swamis, como por ejemplo: Giri, Puri, Bharati, Tirtha, Saraswati y otras. Swami Sri Yukteswar y Paramahansa Yogananda pertenecían a la rama *Giri* («montaña»). El término sánscrito *swami* significa «aquel que es uno con el Ser *(Swa)*».

Trinidad: cuando el Espíritu manifiesta la creación, se convierte en la Trinidad: el Padre, el Hijo y el Espíritu Santo, o *Sat, Tat, Om.* El Padre *(Sat)* es Dios como el Creador que existe más allá de la creación (la Conciencia Cósmica). El Hijo *(Tat)* es la omnipresente inteligencia de Dios que se encuentra en toda la creación (la Conciencia Crística o *Kutastha Chaitanya*). El Espíritu Santo *(Om)* es el poder vibratorio de Dios que se objetiva o se convierte en la creación.

En la Eternidad se han sucedido muchos ciclos de creación y disolución cósmica (véase *yuga*). En el momento de producirse la disolución cósmica, la Trinidad y todas las demás relatividades de la creación se funden con el Espíritu Absoluto.

Upanishads: los Upanishads o *Vedanta* (literalmente «el final de los Vedas»), que se encuentran en ciertas partes de los cuatro Vedas, son el compendio esencial que constituye la base doctrinal de la religión hindú.

Vedanta: literalmente «el final de los Vedas»; la filosofía proveniente de los Upanishads, o última porción de los Vedas. Shankara (siglo VIII o principios del IX) fue el principal exponente del Vedanta, que afirma que Dios es la única realidad y que la creación es esencialmente una ilusión o engaño. Como el ser humano es la única criatura capaz de concebir a Dios, el hombre mismo debe ser divino y, por consiguiente, su deber es tomar plena conciencia de su verdadera naturaleza.

Vedas: las cuatro escrituras de los hindúes: *Rig Veda, Sama Veda, Yajur Veda* y *Atharva Veda.* Son esencialmente una literatura compuesta de cantos, rituales y recitaciones para vitalizar y espiritualizar todas las fases de la vida y actividad del ser humano. Entre la vastedad de textos de la India, los Vedas (de la raíz sánscrita *vid,* «conocer») son las únicas escrituras que no se atribuyen a ningún autor. El *Rig Veda* señala un origen celestial a los himnos y nos dice que proceden de «los tiempos antiguos», revestidos con un lenguaje nuevo. Se dice que los cuatro Vedas —revelados divinamente, de una era a otra, a los *rishis* («seres iluminados»)— poseen *nityatva,* «carácter definitivo para toda la eternidad».

Vibración Cósmica Inteligente: (véase *Om*).

vitatrones: (véase *prana*).

yoga: del sánscrito *yuj,* «unión». El sentido más elevado de la palabra *yoga* en la filosofía hindú es la unión del alma individual con el Espíritu mediante métodos científicos de meditación. Dentro del espectro más amplio de la filosofía hindú, el yoga es uno de los seis sistemas ortodoxos: *Vedanta, Mimamsa, Sankhya, Vaisesika, Nyaya* y *Yoga.* Existen también varios métodos de yoga: *Hatha Yoga, Mantra Yoga, Laya Yoga, Karma Yoga, Guiana Yoga, Bhakti Yoga* y *Raja Yoga.* El *Raja Yoga,* el yoga «real» (regio) o completo, es el que enseña *Self-Realization Fellowship* y del cual Bhagavan Krishna habla elogiosamente a su discípulo Arjuna en el *Bhagavad Guita:* «El yogui es superior a los ascetas consagrados a la disciplina corporal, superior incluso a quienes siguen la senda de la sabiduría o la senda de la acción; ¡sé tú, oh Arjuna, un yogui!» (*Bhagavad Guita* VI:46). El sabio Patanjali, máximo exponente del yoga, ha delineado ocho pasos precisos mediante los cuales el *Raja yogui* alcanza el *samadhi,* o unión con Dios. Éstos son: 1) *yama,* la conducta moral; 2) *niyama,* las observancias religiosas; 3) *asana,* la postura correcta; 4) *pranayama,* el control del *prana,* las sutiles corrientes vitales; 5) *pratyahara,* el recogimiento interior, el retiro de los sentidos de los objetos externos; 6) *dharana,* la concentración; 7) *dhyana,* la meditación; y 8) *samadhi,* la experiencia supraconsciente, la unión con Dios.

Yogoda Satsanga Society of India: nombre con el cual se conoce en la India la sociedad fundada por Paramahansa Yogananda. *Yogoda Satsanga* fue fundada por él en 1917. Su sede central, *Yogoda Math,* está situada a la orilla del río Ganges en Dakshineswar, cerca de Calcuta. *Yogoda Satsanga Society* tiene una filial *(math)* en Ranchi, Jharkhand (antes llamado Bihar), y numerosos centros diseminados por toda la India. Además de los centros de meditación de *Yogoda,* la organización cuenta con veintidós instituciones educacionales, las cuales abarcan desde la escuela primaria hasta el nivel universitario. *Yogoda,* una palabra creada por Paramahansa Yogananda, se deriva de *yoga,* «unión, armonía, equilibrio», y *da,* «aquello que confiere». *Satsanga* significa «confraternidad divina» o «confraternidad con la Verdad». Para Occidente, Paramahansaji tradujo este nombre al inglés como *Self-Realization Fellowship.*

yogui: aquel que practica el yoga. Cualquiera que practique una técnica científica para alcanzar la unión divina es un yogui. Puede ser tanto una persona casada como soltera, alguien con responsabilidades mundanas o bien que haya tomado votos religiosos.

yuga: un ciclo o subperíodo de la creación, mencionado en los antiguos textos hindúes. Sri Yukteswar describe en *La ciencia sagrada* un Ciclo Equinoccial de 24.000 años y la posición actual de la humanidad dentro del mismo. Este ciclo tiene lugar dentro del ciclo universal mucho más prolongado al que se refieren los textos antiguos, tal como fueron calculados por los antiguos *rishis* y que se indica en el capítulo 16 de *Autobiografía de un yogui.*

AGRADECIMIENTOS

La pintura «La Última Cena», de Carl Heinrich Bloch, aparece por cortesía de The Museum of National History ubicado en Frederiksborg Castle, Hillerød (Dinamarca).

La pintura «Jesús en el huerto de Getsemaní», de Heinrich Hofmann, aparece por cortesía de The Riverside Church (Nueva York) y New York Graphic Society.

La pintura «La captura de Jesús», de Heinrich Hofmann, aparece por cortesía del Hessisches Landesmuseum Darmstadt (Alemania).

El mapa de Palestina en tiempos del Nuevo Testamento incluye material elaborado por Bible Mapper (www.biblemapper.com).

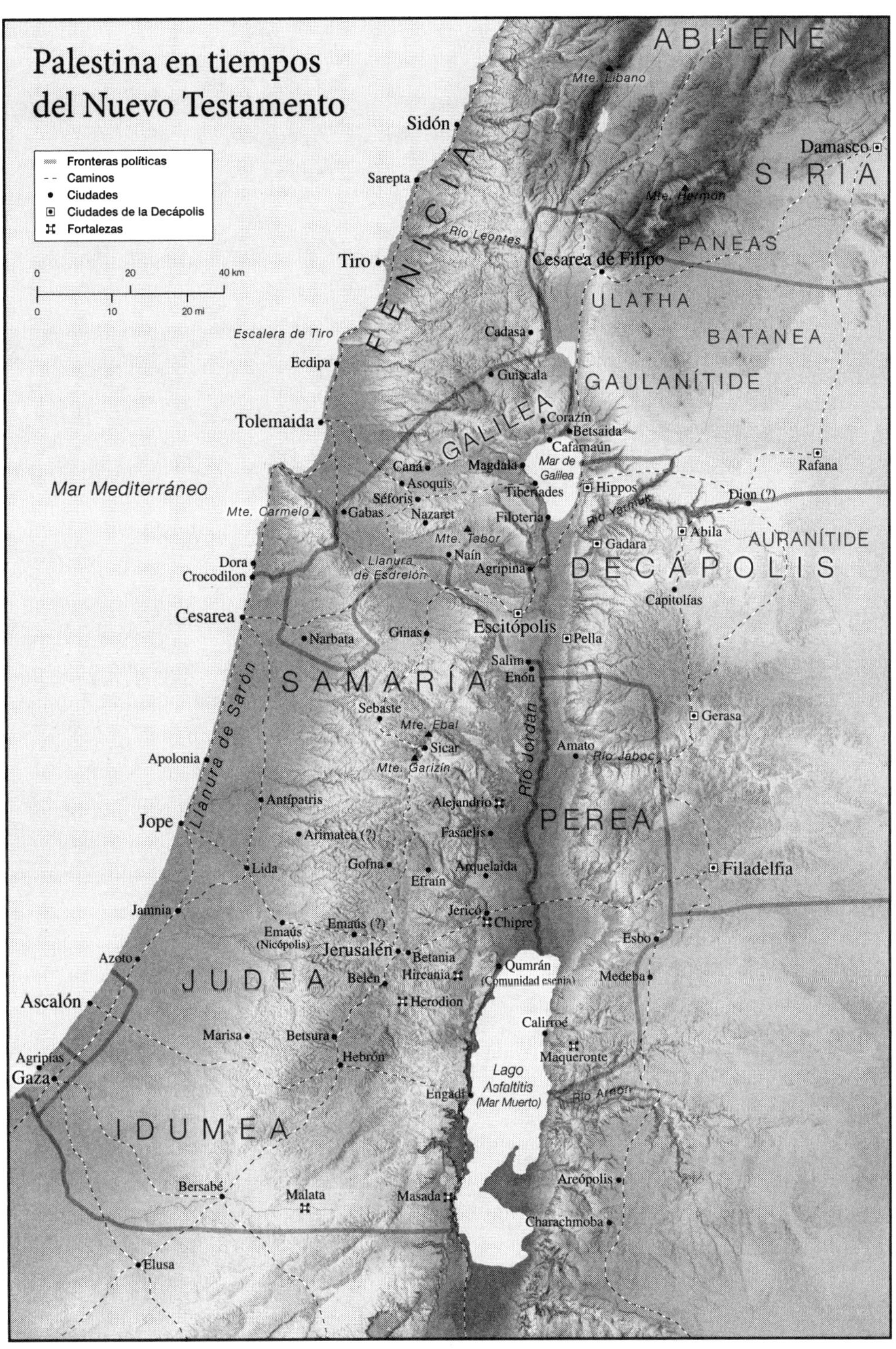
Palestina en tiempos del Nuevo Testamento
Fronteras políticas
Caminos
Ciudades
Ciudades de la Decápolis
Fortalezas
0 20 40 km
0 10 20 mi
ABILENE
Mte. Líbano
Sidón
Damasco
SIRIA
Sarepta
Mte. Hermón
FENICIA
Río Leontes
PANEAS
Tiro
Cesarea de Filipo
ULATHA
BATANEA
Escalera de Tiro
Cadasa
Ecdipa
Guiscala
GAULANÍTIDE
GALILEA
Tolemaida
Corazín
Betsaida
Cafarnaún
Caná
Magdala
Mar de Galilea
Rafana
Mar Mediterráneo
Asoquis
Séforis
Tiberíades
Hippos
Dion (?)
Mte. Carmelo
Gabas
Nazaret
Filoteria
Río Yarmuk
Abila
Mte. Tabor
Gadara
AURANÍTIDE
Dora
Llanura de Esdrelón
Naín
Crocodilon
Agripina
DECÁPOLIS
Capitolías
Cesarea
Escitópolis
Narbata
Ginas
Pella
Salim
SAMARÍA
Enón
Sebaste
Gerasa
Mte. Ebal
Llanura de Sarón
Sicar
Amato
Apolonia
Río Jaboc
Mte. Garizín
Río Jordán
Antípatris
Alejandrio
Jope
PEREA
Arimatea (?)
Fasaelis
Lida
Gofna
Arquelaida
Filadelfia
Efraín
Jamnia
Jericó
Chipre
Emaús (Nicópolis)
Emaús (?)
Esbo
Jerusalén
Betania
Azoto
Qumrán (Comunidad esenia)
JUDEA
Belén
Hircania
Medeba
Ascalón
Herodion
Calirroé
Marisa
Betsura
Maqueronte
Agripias
Hebrón
Gaza
Lago Asfaltitis (Mar Muerto)
Engadi
Río Arnón
IDUMEA
Areópolis
Bersabé
Malata
Masada
Charachmoba
Elusa

Índice de los discursos contenidos en los volúmenes I, II y III

Volumen I

Volumen II

Volumen III

Índice de los versículos del Evangelio comentados en los volúmenes I, II y III

(Listados según el orden en que aparecen en la Biblia)

(Los discursos 1 al 30 están en el volumen I; los discursos 31 al 56, en el volumen II; y los discursos 57 al 75, en el volumen III)

Evangelio según San Mateo

Evangelio según San Marcos

Evangelio según San Lucas

Evangelio según San Juan

Índice de otros versículos de la Biblia citados en los volúmenes I, II y III

(Los números romanos [I, II y III] que preceden a las páginas referenciadas indican el volumen)

Antiguo Testamento

Nuevo Testamento

Índice de las estrofas del *Bhagavad Guita* citadas en los volúmenes I, II y III

Índice alfabético

Nota: Los números romanos (I, II y III) que preceden a las páginas referenciadas indican el volumen.

Los versículos de los cuatro Evangelios están indexados en una lista aparte, en la página 551. Los pasajes citados de otros libros del Antiguo y del Nuevo Testamento se listan en la página 554, y los pasajes citados del Bhagavad Guita *se listan en la página 557.*

En general, no se incluyen en este Índice frases específicas de los Evangelios. Se remite al lector a una concordancia clásica de la Biblia para localizar el capítulo y el versículo donde aparece una determinada frase; puede consultarse luego la lista de la página 551 a fin de encontrar el comentario que de ese versículo se hace en esta obra.